刑行民衔接与轻罪治理
刑事法问题研究

彭文华 ◎ 主　编
陆一敏 ◎ 副主编

中国政法大学出版社

2025·北京

声　明　1. 版权所有，侵权必究。
　　　　2. 如有缺页、倒装问题，由出版社负责退换。

图书在版编目（CIP）数据

刑行民衔接与轻罪治理刑事法问题研究 / 彭文华主编. -- 北京：中国政法大学出版社, 2025. 5. -- ISBN 978-7-5764-2143-9

Ⅰ. D924.04；D925.204

中国国家版本馆 CIP 数据核字第 2025C5N387 号

出　版　者	中国政法大学出版社
地　　　址	北京市海淀区西土城路 25 号
邮寄地址	北京 100088 信箱 8034 分箱　邮编 100088
网　　　址	http://www.cuplpress.com（网络实名：中国政法大学出版社）
电　　　话	010-58908586（编辑部）58908334（邮购部）
编辑邮箱	zhengfadch@126.com
承　　　印	固安华明印业有限公司
开　　　本	720mm×960mm　1/16
印　　　张	44
字　　　数	700 千字
版　　　次	2025 年 5 月第 1 版
印　　　次	2025 年 5 月第 1 次印刷
定　　　价	179.00 元

目 录

第一单元

1. 以股权转让方式转让土地使用权：刑民关系与犯罪认定
   ——以《刑事审判参考》第1451号指导案例为中心 …… 陈少青 | 003
2. 产品质量民刑竞合关系的区分处断 ………………………… 庄绪龙 | 030
3. 场景理论下个人信息刑法规制范围的探析 ……… 杨 雪 徐之涵 | 059
4. 网络著作权保护刑民衔接的反思与展望 ………… 虞纯纯 张启飞 | 082
5. 轻罪治理背景下行刑双轨判罚合理衔接研究 …… 高 娜 罗瑞瑞 | 092
6. 防卫过当规制的刑民冲突之协调 …………………………… 王冰鑫 | 103
7. 民刑交叉视域下商业秘密案件实务检视、司法规则及审理
   模式优化 ………………………… 周保强 武东方 何晓兰 | 124
8. 行刑反向衔接中刑事追诉期限与行政处罚追责时效
   问题探究 ……………………………………… 陈 凯 罗 晶 | 140
9. 刑行衔接中若干理念问题厘清追责时效问题
   探究 ………………………… 上海市松江区人民检察院课题组 | 149

第二单元

10. 轻罪立法时代犯罪圈扩张风险及其应对 ……… 黄明儒 胡江涛 | 163
11. 论但书独立出罪的正当性
    ——轻罪时代的理论倡议 ……………………………… 张亚平 | 176

12. 轻罪治理的制度构建研究 …………………………… 孙　平 | 199
13. 超越刑事立法观之争："立罪理论"的倡导 ………… 赵　希 | 228
14. 轻罪治理背景下危害药品安全类刑事案件的办理 … 王　帅　王宇璇 | 253
15. 困境与纾解：轻罪时代下特殊盗窃的再审视 ……… 黄卓成 | 263
16. 轻罪检察治理的现实挑战与制度转型 ………… 曹　化　蒋　昊 | 285

第三单元

17. 轻微醉驾行为非犯罪化实体处理的必要性与法理依据研究
　　——以《关于办理醉酒危险驾驶刑事案件的意见》的出台为
　　背景的分析 ………………………………… 王志祥　杨彤彤 | 301
18. 网络犯罪防治的轻罪扩张及其限度
　　——以帮助信息网络犯罪活动罪为线索 ……………… 郭旨龙 | 319
19. 实质法益视野下操纵体育比赛行为的刑法规制 ……… 童云峰 | 334
20. 轻罪犯罪记录封存路径优化 …………………………… 田　野 | 356
21. 我国轻罪立法中的微罪规范设置及其合理根据 ……… 刘　浩 | 369
22. 我国自由刑轻缓化的本土实现
　　——以日本自由刑改革为比较的考察分析 …………… 赵新新 | 392
23. 犯罪附随后果的规范重塑 ……………………………… 张庆立 | 412
24. 帮助信息网络犯罪活动罪之轻罪梯次治理模式研究
　　——以J省Y市人民检察院办案实践为研究样本 … 王学涛　王杰 | 427

第四单元

25. 民营企业腐败犯罪司法适用的基本立场
　　——基于《刑法修正案（十二）》条款之诠释 … 张兆松　周　挺 | 441
26. 行贿犯罪从严治理的刑事一体化回应
　　——以《刑法修正案（十二）》为切入点 …………… 陈　伟 | 458

27. 行贿犯罪的均衡适用：积极预防立法理念的司法贯彻 ⋯ 马寅翔 | 483
28. 《刑法修正案（十二）》背景下行贿罪规范量刑实证
    研究⋯⋯⋯⋯⋯⋯⋯⋯⋯⋯⋯⋯⋯⋯⋯⋯⋯⋯⋯ 王　刚 | 504
29. 《刑法修正案（十二）》对行贿罪修正的脉络与司法
    应对⋯⋯⋯⋯⋯⋯⋯⋯⋯⋯⋯⋯⋯⋯⋯⋯⋯⋯⋯ 储陈城 | 533
30. 《刑法修正案（十二）》下贿赂犯罪的均衡量刑 ⋯⋯⋯ 杨建民 | 560

第五单元

31. 作为准罪名的电信网络诈骗罪 ⋯⋯⋯⋯⋯⋯⋯⋯⋯ 叶良芳 | 579
32. 论网络犯罪的看门人规制 ⋯⋯⋯⋯⋯⋯⋯⋯⋯⋯⋯ 单　勇 | 595
33. 互联网融资非法吸收公众存款罪中被告人认定 ⋯⋯⋯ 石家慧 | 624
34. 电信网络诈骗犯罪联合惩戒机制的问题检视和完善路径 ⋯ 严　磊 | 643
35. 涉外犯罪治理视角下涉案财物公诉制度的功能适用、
    司法探索及实践展望 ⋯⋯⋯⋯⋯⋯⋯⋯⋯⋯ 叶子祥　李　灿 | 669
36. 电信网络诈骗下游犯罪量刑失衡的治理方案
    ——从以刑制罪的视角展开 ⋯⋯⋯⋯⋯⋯ 李兰英　赖若涵 | 679

第一单元

以股权转让方式转让土地使用权：
刑民关系与犯罪认定
——以《刑事审判参考》第 1451 号指导案例为中心

陈少青*

摘　要：以股权转让方式转让土地使用权是否构成非法转让土地使用权罪，存在有罪论与无罪论之争。无罪论主张股权转让与土地使用权转让应严格区分，刑法适用不能刺破民商事外观，以及股权转让行为属于民事合法行为，民事合法行为必然不构成犯罪等观点，分别存在对民事外观主义与民事合法概念的误读，无论是民事外观还是民事合法/有效，均不能成为阻却犯罪的事由。股权转让是否成立犯罪，应围绕行为是否造成非法转让土地使用权罪之危害结果进行实质判断。若行为人通过招拍挂方式取得土地使用权，以股权转让方式转让土地使用权不影响土地出让金的缴纳与地块的开发利用，则不以犯罪论处。若行为人通过划拨方式或非法手段取得土地使用权，以及政府供地是为了实现特定目的，以股权转让方式转让土地使用权造成严重破坏土地市场秩序之危害结果，则构成非法转让土地使用权罪。

关键词：股权转让；土地使用权转让；刑民关系；危害结果

一、问题的提出

土地作为稀缺的重要资源，是我国经济发展的重要生产资料。目前，我国土地市场主要包含两个部分，即以政府供应用地为主的一级市场与以市场

---

* 作者简介：陈少青，中国人民大学法学院副教授。文章主要内容发表于《法学家》2024 年第 3 期。

主体之间转让、出租、抵押土地使用权为主的二级市场。为了维系土地市场正常的交易秩序，《城市房地产管理法》〔1〕对土地使用权的转让予以严格的限制。例如该法第39条规定，行为人以出让方式取得土地使用权的，转让房地产时，应当符合下列条件：①按照出让合同约定已经支付全部土地使用权出让金，并取得土地使用权证书；②按照出让合同约定进行投资开发，属于房屋建设工程的，完成开发投资总额的25%以上，属于成片开发土地的，形成工业用地或者其他建设用地条件。故土地使用权需要在满足资金支付、开发进度等条件的前提下才能予以转让。不仅如此，《刑法》还将以牟利为目的，违反土地管理法规，非法转让、倒卖土地使用权，情节严重的行为规定为犯罪。这些规定体现出了国家对于土地使用权的转让持审慎态度，严厉打击违规转让土地使用权的行为，确保土地市场秩序的稳定。

然而，考虑到土地使用权转让的成本较高、难度较大，现实中不少企业通过股权转让的方式变相达到土地使用权转让的效果，这一做法是否构成非法转让、倒卖土地使用权罪，成了理论界与实务界的争点与难点。对此，地方法院多将此类行为作有罪处理，〔2〕《刑事审判参考》也将"周某某等故意伤害、非法倒卖土地使用权、懿德公司非法倒卖土地使用权案"收录其中，法院认为，周某某在缺乏资金支付懿德地块受让款，懿德公司尚未被政府批准为用地单位，也未对土地进行开发的情况下，为牟利伙同徐某某以联合开发、转让股权为名加价向阳光公司转让土地使用权，该行为构成非法倒卖土地使用权罪。〔3〕不过，随着以股权转让方式转让土地使用权行为的日益普遍，学界主张无罪的观点越发有力，在公司享有土地使用权的情况下，股东转让部分或者全部股份的，不能认定构成非法转让、倒卖土地使用权罪。〔4〕与此

---

〔1〕《城市房地产管理法》，即《中华人民共和国城市房地产管理法》，为表述方便，本书中涉及我国法律，直接使用简称，省去"中华人民共和国"字样，全书统一，后不赘述。

〔2〕近年的有罪判决可参见辽宁省凌海市人民法院［2022］辽0781刑初80号刑事判决书，重庆市云阳县人民法院［2020］渝0235刑初272号刑事判决书，浙江省杭州市萧山区人民法院［2020］浙0109刑初162号刑事判决书等。需要说明的是，我国《刑法》第228条规定的是非法转让、倒卖土地使用权罪，不过鉴于非法转让与非法倒卖的认定机理相一致，为了行文的简洁性，本文围绕非法转让土地使用权罪进行研究，其理论论证与相关结论同样适用于非法倒卖土地使用权罪。

〔3〕参见中华人民共和国最高人民法院刑事审判第一、二、三、四、五庭主办：《刑事审判参考》，法律出版社2011年版，第188页。

〔4〕参见张明楷：《刑法学》（第6版），法律出版社2021年版，第1103页。

相呼应,司法实践中也出现了部分无罪判决,近期《刑事审判参考》第1451号指导案例——"青岛瑞驰投资公司、栾钢先非法转让土地使用权案"(以下简称"瑞驰投资公司非法转让土地使用权案"),系统阐释股权转让行为不构成犯罪的理由,这表明在以股权转让方式转让土地使用权是否构成犯罪的问题上,司法实践的立场开始逐渐转向——从有罪论转向无罪论。该案作为典型案例,成了分析股权转让行为是否构成犯罪的绝佳素材。本案基本内容如下:

(一)基本案情

2009年,栾钢先获得青岛中央商务区A-1-8地块对外招商投资信息,同年3月31日,由其所在的瑞驰投资公司与商务区开发建设公司签订协议书,约定由瑞驰投资公司对青岛中央商务区A-1-8地块A区进行开发建设及土地摘牌。同年12月,栾钢先以瑞驰建设公司名义通过招拍挂等方式获得青岛市市北区中央商务区A-1-8-B1地块,面积4255.3平方米,出让价款1.2亿元,并与青岛市国土资源和房屋管理局签订国有建设用地使用权出让合同。为实施该项目,2010年1月12日,瑞驰投资公司出资成立瑞驰建设公司,同年1月14日,在未支付全部土地使用权出让金、未取得土地使用权证书、未进行投资开发的情况下,瑞驰投资公司与华昱诚置业公司签订协议,约定将瑞驰建设公司100%的股份转让给华昱诚置业公司。至2010年6月,华昱诚置业公司共向瑞驰投资公司支付4846万元。扣除前期支付的保证金、拍卖费用,瑞驰投资公司通过上述交易获利3999万元。〔1〕

(二)裁判理由

二审法院认为,瑞驰投资公司实施的股权转让行为不成立犯罪,理由主要有四点:一是股权转让与土地使用权转让存在本质区别,不能将公司内部的股权转让当然地等同于土地使用权的转让;二是以股权转让方式转让土地使用权的行为符合公司法的规定,且目前没有强制性规定禁止以股权转让的方式实现转让土地使用权之目的,基于刑法谦抑性原则,不宜将未违反民事法律的行为作为犯罪处理;三是瑞驰投资公司虽然从股权转让中获利,但这属于土地交易过程中的股份溢价,且该转让是为了降低投资风险,而非纯粹

---

〔1〕 参见中华人民共和国最高人民法院刑事审判第一、二、三、四、五庭主办:《刑事审判参考》,人民法院出版社2022年版,第24页。

进行"炒地"之投机行为，其并无明显的牟利目的；四是以股权转让方式转让土地使用权的行为有利于提高土地利用效率、促进土地资源市场化配置改革，并不会侵害土地市场交易秩序。

（三）争点剖析

虽然二审法院对瑞驰投资公司的行为做了无罪化处理，但一审法院认为，瑞驰投资公司转让土地使用权违反土地管理法规，在没有满足资金支付、开发进度等条件的情形下，以转让瑞驰建设公司股权的方式将涉案地块土地使用权转让给华昱诚置业公司，扰乱市场秩序，并牟取了非法利益，该行为构成非法转让土地使用权罪。由此可见，一审法院与二审法院对于该案件的处理得出截然相反的结论，二者之间的争议主要有三点：其一，股权转让行为是否与土地使用权转让行为具有"同质性"，民法上的股权转让是否可以被实质性地评价为刑法上的土地使用权转让；其二，以股权转让方式转让土地使用权的行为是（民事）合法行为还是违法行为；其三，股权转让过程中的获利可否评价为"以牟利为目的"。

事实上，理论界主张此类行为不构成犯罪的重要依据正是集中在前两点，即股权转让与土地使用权转让的"异质性"，与股权转让行为本身的民事合法性，这背后的深层逻辑在于民法规范对刑法规范的适用存在制约——刑法不可以将民事合法行为作为犯罪处理。若想对此类行为予以妥善规制，需要在厘清刑民规范之间逻辑关系的背景下展开三点讨论：一是刑法能否"刺破"股权转让这一民事权利外观，将股权转让实质性地解释为土地使用权转让；二是以股权转让方式转让土地使用权的行为是否属于民事合法行为，"民事合法则刑事不成立犯罪"的刑民逻辑能否为此类案件的处理提供理论依据；三是倘若股权转让之表象与民事合法均无法成为阻却犯罪的事由，那么是否存在其他途径（如欠缺牟利目的、没有法益侵害性等）可以对此类行为的犯罪成立范围予以一定程度的限定。

以下，结合"瑞驰投资公司非法转让土地使用权案"，试对上述问题展开论述。

二、民事外观不能阻碍刑法的适用

关于以股权转让方式转让土地使用权的行为是否构成犯罪，有罪论与无罪论之争的逻辑起点为，股权转让是否可以被解释为土地使用权转让。具体而言，无罪论只有否认股权转让与土地使用权转让的"同质性"，将行为定性停留在股权转让层面，才能回避土地使用权转让本身的行政违法性，进而以股权转让民事合法为由阻却犯罪的成立。与之相对，有罪论直接将股权转让等同于土地使用权转让，进而在后者违反土地管理法规的基础上认定犯罪的成立。所以，有必要对股权转让与土地使用权转让的关系进行研讨，而其背后涉及的深层刑民关系问题是，如何理解并把握民事外观对刑事犯罪的影响，民法中的权利表象能否成为阻碍刑法适用的事由。

（一）根本分歧：刑法能否穿透民事外观

关于股权转让与土地使用权转让之间的关系，无罪论与有罪论的分歧可以分为两个层次：其表面分歧在于，无罪论强调两种转让的差异性，有罪论强调两种转让的关联性；表面分歧背后的根本分歧在于，无罪论主张民事外观影响犯罪的认定，有罪论没有将民事外观作为犯罪认定的考量要素。

1. 股权转让与土地使用权转让的差异与关联

无罪论主张，股权转让与土地使用权转让不能混为一谈。"公司股权转让与作为公司资产的土地使用权转让系两个独立的法律关系"，[1]二者在构成要件、转让条件、登记部门、发生税费以及适用法律等方面存在不同。[2]其中，最为核心的差异点是转让主体的不同，在股权发生变更的同时，"土地使用权并未变更，土地使用权仍然归属于同一公司所有"，[3]转让公司股权只会导致股权主体（即公司股东）发生变化，而不会使土地使用权主体发生改变，后者一直归属于公司本身。[4]除此之外，在"瑞驰投资公司非法转让土地使用权案"中，二审判决还从转让标的与转让效果两个方面阐释了股权转让与土地使用权转让的差异性。在转让标的方面，股权转让仅涉及股东对公司一定程度的财产支配参与权与收益分配权的转让，并不涉及公司特定实体资产（即土地使用权）的转让；在转让效果方面，股权转让要求工商登记部门变更股东登记事项，而土地使用权转让则要求土地使用权证记载的使用主体易名，

---

〔1〕 周光权：《非法倒卖转让土地使用权罪研究》，载《法学论坛》2014年第5期。

〔2〕 参见岳晓武：《正确认识股权转让与土地使用权转让》，载《中国国土资源报》2015年12月23日。

〔3〕 陈兴良：《刑民交叉案件的刑法适用》，载《法律科学（西北政法大学学报）》2019年第2期。

〔4〕 参见贵州省都匀市人民法院［2017］黔2701刑初49号刑事判决书、江西省南昌市中级人民法院［2018］赣01刑终685号刑事裁定书。

并重新核发产权证。[1]因此，以股权转让方式转让土地使用权的行为仅导致公司股东发生变化，作为公司产权的土地使用权本身并未发生任何改变，所以对于此类行为的规范评价应停留在民事股权转让层面，不得进一步延伸性地阐释为土地使用权转让。

与之相对，有罪说主张，股权转让与土地使用权转让本身属于"表里关系"。公司的股权转让在形式上看似没有导致土地使用权发生变化，但转让股权的股东已经实质上从土地使用权的增值中获得与直接转让土地使用权相似乃至相同的收益，[2]并获得了对土地使用权进行实质的控制、支配。在整个过程中，"以股权转让为形式，但其根基仍然在于土地使用权本身特有的资源属性和财产权属性，股权转让事实上可以达到土地使用权转让的效果"。[3]尤其是当目标公司所有资产集中在一块"裸地"时，股权转让实际上完全等同于资产转让（"瑞驰投资公司非法转让土地使用权案"即为典型代表）。因此，以股权转让方式转让土地使用权是通过股权这一"表象权利"的转让，达到土地使用权这一"实质权利"转让之目的。在司法实践中，有罪判决多以"进行公司股权转让等合法形式为名，行非法倒卖土地使用权之实"、[4]"形式上符合法律规定，但实质上通过合法手段掩盖其非法倒卖土地使用权的目的"、[5]"以转让公司股份名义转让涉案土地使用权，属于以股份转让形式掩盖非法倒卖土地使用权目的的行为"[6]等为由，认定成立非法转让、倒卖土地使用权罪。

2. 民事外观是否与犯罪认定相关联

虽然无罪论侧重于两种转让的差异性，有罪论侧重于两种转让的关联性，但即便是有罪论，也承认股权转让与土地使用权转让并非同一内容。二者属于"形式与本质"的关系这一点恰恰说明不能将股权转让与土地使用权转让完全等同视之，土地使用权转让只能在实质层面与股权转让予以互通，而在

---

[1] 参见中华人民共和国最高人民法院刑事审判第一、二、三、四、五庭主办：《刑事审判参考》，法律出版社2021年版，第27~28页。

[2] 参见邹清平：《非法转让、倒卖土地使用权罪探析》，载《法学评论》2007年第4期。

[3] 夏克勤、郭嘉：《供给侧改革背景下以股权转让方式实现土地使用权流转行为之法律规制》，载《法律适用》2017年第9期。

[4] 河南省商丘市中级人民法院［2020］豫14刑终7号刑事裁定书。

[5] 浙江省绍兴市越城区人民法院［2016］浙0602刑初621号刑事判决书。

[6] 浙江省永嘉县人民法院［2016］浙0324刑初578号刑事判决书。

形式层面,两种转让是存在明显差异的。至于两种转让在形式上存在何种不同,正是无罪论所阐释的内容。由此可见,无罪论与有罪论都承认股权转让与土地使用权转让存在形式上的差异性,但无罪论对于二者关系的分析停滞于此,强调要严格区分股权转让与土地使用权转让,有罪论则在认可形式的差异性的基础上,进一步透过现象看本质,强调股权转让与土地使用权转让的内在一致性。因此,无罪论与有罪论的根本分歧在于,是仅在形式上把握股权转让与土地使用权转让的不同,还是要透过形式来实质性地考量股权转让与土地使用权转让的内在关联。对此,学者将该分歧涉及的刑民关系问题概括为刑法能否刺破民商事外观或民事法律关系的面纱。

例如,陈兴良教授认为,如果一个案件表面上存在民事法律关系,但实际上这种民事法律关系是虚假的,行为人以此掩盖刑事犯罪,对此应当刺破民事法律关系的面纱,还其刑事犯罪的真实面貌。反之,如果一个案件形式上似乎存在刑事犯罪,但实质上则是民事法律行为,此时不能刺破民事法律关系的面纱进而构成刑事犯罪。在以股权转让方式转让土地使用权的案件中,就不能刺破股权转让的面纱而认定为非法转让土地使用权罪。[1] 又如简爱博士指出,当民商事权利外观和内容具有合法性或合理性时,刑法不应认定股权转让行为构成犯罪。[2] 再如,吴加明博士主张,刑事实质能否刺破民商事外观需要将民事外观与商事外观做区别处理,由于在外观主义问题上,商法较之民法贯彻得更为彻底,商事案件的审理在多数情况下仅做程序审查,而不做实质判断,所以刑事刺破民事外观要大胆,而刑事刺破商事外观要谨慎。在以股权转让方式转让土地使用权的案件中,由于形成了合法的商事外观——股权转让——这一形式是公司法上明文允许的合法行为,所以刑法不能轻言刺破,此类行为不宜被认定为犯罪。[3]

概言之,无罪论背后的理论逻辑为,以股权转让方式转让土地使用权之所以不构成犯罪,是因为刑法不能刺破股权转让这一民事权利外观,该外观

---

[1] 参见陈兴良:《刑民交叉案件的刑法适用》,载《法律科学(西北政法大学学报)》2019年第2期。虽然陈兴良教授没有明确提及"民事权利外观"或"外观主义"等术语,但将民事法律关系所形成的"外在面纱"(而非民事法律关系的内在本质)作为权利义务的认定依据进而影响刑法的适用,这与后述学者将外观主义纳入刑民关系处理的做法如出一辙。

[2] 参见简爱:《从刑民实体判断看交叉案件的诉讼处理机制》,载《法学家》2020年第1期。

[3] 参见吴加明:《"以股权转让方式转让土地使用权"行为的司法认定》,载《政治与法律》2018年第12期。

（而非外观背后的真实权利状况）对于规范的适用具有决定性意义，民事外观主义被纳入刑民关系的处理。反之，有罪论未曾考虑民事外观的相关理论，民事外观主义对于刑法的适用没有任何影响，而是直接将股权转让实质性地评价为土地使用权转让。问题是，何谓民事外观主义，刑法能否完全突破民事外观进行实质判断。

（二）民事外观主义之厘清

民事外观主义是指，权利所形成的外部表象或外观与权利内在的本质或实质发生龃龉，当事人之间的意思、权利等因素表里不一，善意第三人基于权利外观的信赖实施的法律行为受法律保护。[1]该理论主要适用于表见代理（《民法典》第172条）、善意取得（《民法典》第311条）、越权代表（《民法典》第504条）以及保理合同虚构应收账款（《民法典》第763条）等规定之中。例如，在表见代理中，行为人没有代理权、超越代理权或者代理权终止后，仍然实施代理行为，相对人有理由相信行为人有代理权的，代理行为有效，被代理人有义务履行合同。立法者之所以将欠缺被代理人真实意思表示的合同认定为有效，是因为相对人针对行为人具有代理权这一外观形成合理信赖，为了保护该信赖利益、维护交易安全，只能在一定程度上牺牲被代理人的利益。[2]因此，外观主义是与市场参与者的信赖利益、经济交易的动态安全绑定在一起的。

但是，民事外观主义的适用范围必须受到明确限制，因为民事权利义务的形成应当以当事人真实的意思表示为基础，在民事外观理论中，当权利外观与权利实在（权利的真实内容）不一致时，外观成了法律规制的依据，进而使得实体的权利义务关系被遮断，这在以后者为轴心的私法体系中，颇为另类。[3]2019年《全国法院民商事审判工作会议纪要》（以下简称《九民纪要》）明确指出：“从现行法律规则看，外观主义是为保护交易安全设置的例外规定，一般适用于因合理信赖权利外观或意思表示外观的交易行为。实际权利人与名义权利人的关系，应注重财产的实质归属，而不单纯地取决于公示外观。”外观主义只存在于对信赖利益予以侧重保护的部分例外场合，无论

---

〔1〕参见崔建远：《论外观主义的运用边界》，载《清华法学》2019年第5期。
〔2〕参见黄薇主编：《中华人民共和国民法典释义（上）》，法律出版社2020年版，第340页。
〔3〕多田利隆『信頼保護における帰責の理論』（信山社，1996年）216頁参照。

是民事审判还是商事审判,原则上都应采取穿透式审判思维(尤其是在处理民商事审判与行政监管等之间的关系时),透过外观探求真实的法律关系,明确当事人真实的意思表示。[1]

因此,民事外观主义适用于权利外观与权利实在相冲突,[2]进而导致第三人基于对权利外观的信赖而对权利实在产生认识错误的场合。通过牺牲真实权利人的利益来保护善意第三人的信赖利益的做法,本身属于突破民事主体真实意思表示所形成的权利义务关系的一种例外性规定。在以股权方式转让土地使用权的场合,无罪论主张"不得突破民商事外观"的观点与外观主义之内涵存在明显错位。其一,所谓的股权转让之"外观"不涉及第三人信赖利益的保护,转让股权方与取得股权方对股权转让本身以及股权转让能达到土地使用权转让之效果等方面均存在真实的意思表示,此时的权利外观与权利实在具有一致性,取得股权方不存在对权利真实内容的误认,这明显不属于外观主义的适用范围。其二,外观主义作为一种例外性规定,"重外观、轻实在"的做法必须予以严格限制,而"穿破外观、探究实在"才是民商法规范适用的一般原理。即便商法较之民法更为注重外观主义,也不能动摇其只能作为例外性规定的基本立场。既然外观主义不能成为民商事规范适用的一般性原则,那么也就不可能成为处理刑法与民商法之间逻辑关系的一般原理。因此,以股权转让方式转让土地使用权行为的刑法认定与民事外观主义之间并不存在必然关联。

(三) 刑法对民事外观主义的彻底否定

退一步讲,即便将外观主义更为抽象或笼统地理解为外观(Schein)优于实在(Sein),[3]从而能够将无罪论的观点(股权转让之外观优越于土地使用权之实在[4])与外观主义涉及的典型事例(善意取得、表见代理)大致予

---

[1] 参见最高人民法院民事审判第二庭编:《〈全国法院民商事审判工作会议纪要〉理解与适用》,人民法院出版社2019年版,第86页。

[2] 前述简爱博士的观点(即当民商事权利外观和内容具有合法性或合理性时,刑法不应认定为犯罪)存在可商榷之处。民事外观主义本身就是以权利外观与权利内容相冲突为前提,如果当事人的意思、权利等不相冲突,就不得适用外观主义。参见崔建远:《论外观主义的运用边界》,载《清华法学》2019年第5期,第6页。

[3] 喜多了祐『外観優越の法理』(千倉書房,1976年)65頁参照。

[4] 必须明确的是,在不能将前述外观主义相关内容作为理论基础的情况下,对于为何股权转让之外观优越于土地使用权转让之实在,为何不能透过外观对实在予以把握等问题,已然难以进行合理论证。

以统合，刑法也应当彻底突破外观主义的"束缚"，对犯罪的成立进行实质判断。

在民商事领域，对权利义务的认定之所以（有限地）"重外观之表象、轻内在之实质"，缘于其关注对财产动态安全的保护。与之相对，刑法更加重视对财产静态安全的保护。[1]在现实生活中，财产的安全分为两个侧面：一是"所有的安全"，即拥有财物之人于社会生活中的安全；二是"交易的安全"，即交易财物之人于社会生活中的安全。前者指向"所有之继续"这一静止状态的社会生活安全，后者指向"所有之获得"这一运动状态的社会生活安全。[2]静态安全维系着财产真实的权利义务关系，确保财产所有者（财产主体）享有的财产权受到法律的有效保护；动态安全维系着财产交易秩序的安全稳定，确保财产在市场的流通过程中顺畅高效。随着社会经济的不断发展，财产交易的动态安全越来越受到重视，因为每一个交易都不再是孤立的存在，而是成为社会总资本生产循环不可分割的组成部分；若交易过程中的某个契约无效导致后续全部交易都被溯及无效，则作为整体的资本增值循环将瞬间瓦解。故基于交易者之间信赖累积而形成的法律关系必须受到保障。[3]

民事外观主义对信赖利益的保护正是建立在对财产动态安全的基础上的，这一做法存在的隐忧在于，财产的动态安全优位于静态安全无疑带有为了社会利益（资本流通的整体安全）牺牲个人利益（真实权利人的财产权）之嫌，当真实权利人的财产权被弱化为维持社会经济秩序的一种手段时，个人的公平正义被迫让步于社会的安全效率，后者成了民法所欲实现的首要目的。与之相对，刑法的适用是以绝对的正义观念为基础的，"人是手段，而非目的"，个人权利不能成为某种政策实现的工具，为了确保刑事处罚的精确性，刑法特别强调真实权利的回归，任何权利的变动都必须建立在权利真实和意思真实的基础之上，[4]故刑法的适用必须杜绝为了交易安全牺牲真实权利人的合法权益，财产的真实权利义务关系（静态安全）才是刑法保护的对象。因此，即便民法能够在有限的范围内认可外观主义，将财产的动态安全作为

---

[1] 参见陈少青：《权利外观与诈骗罪认定》，载《法学家》2020年第2期。
[2] 鸠山秀夫『債権法における信義誠実の原則』（有斐閣，1955年）17頁参照。
[3] 喜多了祐『外観優越の法理』（千倉書房，1976年）86頁参照。
[4] 参见杨志琼：《权利外观责任与诈骗犯罪——对二维码案、租车骗保案、冒领存款案的刑民解读》，载《政法论坛》2017年第6期。

首要目的，刑法也要坚守保护个人公平正义的底线，权利外观永远不可能优越于权利实在，财产的静态安全所指向的真实财产权利才是财产犯罪的保护法益。

基于刑民不同的价值理念，外观主义在刑法领域没有丝毫的适用空间。事实上，刑事审判参考指导案例已经明确将民法上体现外观主义的相关制度隔离于刑法适用之外。在"杨某诈骗案"中，法院认为，行为人构成表见代理进而导致其所在单位承担相应的民事责任并不影响刑法中的犯罪认定。购房者基于对杨某编造的权利外观之信赖签订购房合同并交付购房款，本质上是对"公司售楼业务"这一虚假事实的误认，违背了购房者的真实意思，导致购房者遭受财产损失，构成诈骗罪。至于基于外观主义对购房者的信赖利益予以保护，并将损失转嫁给杨某所在单位，乃是民法规范的适用后果，其不能被作为刑事犯罪的认定前提或依据。[1]

因此，民事外观主义与刑法规范之间不存在任何兼容之可能，二者的适用相互独立，刑事犯罪的认定完全不受民事外观主义的影响。无罪论主张"不能刺破民事法律关系的面纱"或"不能刺破商事外观"的观点是对外观主义的一种误读。在刑法适用过程中，不应将股权转让与土地使用权转让截然区分，而是需要透过股权转让之形式，将此类行为实质性地解释为土地使用权转让。

三、股权转让合法/有效不能阻却刑事犯罪

对于以股权转让方式转让土地使用权，无罪论的另一核心论点在于不能将民事合法行为作为犯罪处理。[2]具体而言，"以转让股权方式转让土地使用

---

〔1〕 参见中华人民共和国最高人民法院刑事审判第一、二、三、四、五庭主办：《刑事审判参考》，法律出版社2018年版，第103~104页。本案的基本案情为，杨某在担任东方雅园项目售楼部销售经理期间，明知公司并未决定对外销售东方雅园项目二期商铺，却向杨某莉等9人虚构商铺即将对外销售的事实，要求将订购商铺的款项汇入其个人银行账户，并利用其保管的购房合同、房屋销售专用章、副总经理印章与客户签订房屋买卖合同，骗取1011万元用于挥霍。杨涛称他以公司名义和客户签订的房屋买卖合同有效，构成表见代理，其侵占的是单位财产，成立职务侵占罪，但法院认定杨涛的行为构成诈骗罪。

〔2〕 严格来讲，只要否认民事外观影响犯罪认定，将股权转让行为实质性地解释为土地使用权转让行为，就无需专门讨论股权转让行为是否民事合法，此时真正需要解决的问题是，该形式的土地使用权转让本身是否构成犯罪。但是，考虑到无罪论（以及大量学者在讨论刑民关系时）将"民事合法阻却刑事犯罪"作为刑民关系的底层逻辑，为了更为全面地分析无罪论的思维进路，本文会对"股权转让行为民事合法，故不成立犯罪"的论点进行研讨。

权益,从股权转让的角度完全符合我国公司法、土地管理法等相关法律的规定,因为形式上转让土地使用权的行为,实质上只不过是转让了公司的非货币财产。即使是股权的价值、价格受公司享有的土地使用权的影响,此类股权转让在公司法上也是允许的"。〔1〕既然股权转让行为在公司法上是合法的,那么就不能将这种在民事上的合法行为认定为刑事犯罪,否则将导致各个部门法之间出现矛盾或冲突。〔2〕在"瑞驰投资公司非法转让土地使用权案"中,二审法院将股权转让行为符合公司法规定作为阻却犯罪成立的重要事由。由此可见,民事合法/违法与刑事犯罪之间的关系成了判断股权转让行为是否构成犯罪的重要一环。

(一) 民事合法/违法与刑事合法/违法之间难以对接

关于民事合法/违法与刑事合法/违法之间的关系,理论界存在违法一元论与违法相对论之争。其中,一元论又被分为严格的违法一元论与缓和的违法一元论。严格的违法一元论认为,"刑法上被评价为违法的行为,民法等其他法领域需作统一的违法理解,刑法以外的法的领域评价为违法,刑法也当然得作与其他法领域统一的违法理解",〔3〕刑民在合法、违法的判断上必须严格一致。缓和的违法一元论主张,刑事违法性需具备与刑罚处罚的严重程度相适应的质和量,刑民之间的违法性存在轻重和种别之分;〔4〕"不得认定不具有民事违法性的行为具有刑事违法性……不得认定不具有可罚的违法性的民事违法行为具有刑事违法性",〔5〕故民事合法则刑事必然不违法、民事违法则刑事可能违法。违法相对论一般认为,合法与违法在各个具体法领域应当进行相对判断,民事违法而刑事合法或者刑事违法而民事合法的情况是普遍存在的。〔6〕不过,近期也有相对论学者主张,刑民在违法性的判断上相互独立,而在合法性的判断上应该具有统一性,〔7〕即刑事/民事违法未必民事/刑事违法,民事合法则刑事合法。三种学说虽然在刑民违法性判断的相对性问题上

---

〔1〕 周光权:《非法倒卖转让土地使用权罪研究》,载《法学论坛》2014 年第 5 期。
〔2〕 参见陈兴良:《刑民交叉案件的刑法适用》,载《法律科学(西北政法大学学报)》2019 年第 2 期。
〔3〕 木村龟二「違法性の統一性の理論」法学セミナー 156 号(1969 年)48 頁。
〔4〕 佐伯千仭『刑法講義(総論)』(有斐閣,1974 年)176 頁参照。
〔5〕 王昭武:《经济案件中民刑交错问题的解决逻辑》,载《法学》2019 年第 4 期。
〔6〕 藤木英雄『可罰的違法性』(学陽書房,1975 年)120 頁参照。
〔7〕 参见简爱:《从刑民实体判断看交叉案件的诉讼处理机制》,载《法学家》2020 年第 1 期。

存在较大争议，但对于民事合法与刑事犯罪的关系，基本可以达成一致，即民事合法应阻却刑事犯罪。

问题是，何谓"民事合法/违法"？作为实质影响刑事违法性判断的重要概念，其内涵到底为何？对此，刑法学者似乎将之作为不证自明的前提概念来加以使用。但是，若将合法性概念切实地落脚至民事领域，则不难发现民事合法/违法这组概念远不如刑事合法/违法在刑法领域那般重要，前者对于民法规范的具体适用"无足轻重"，其最主要的作用仅限于在对民事法律事实做类型性区分时，将民事法律事实分为合法行为与违法行为。[1]例如，部分学者认为："合法行为，是指符合民法规定，至少不违反民法规定，能引起民事法律关系发生、变更或消灭的行为……违法行为，指违反民法规定，侵害他人合法权益，依法应承担民事责任的行为。"[2]与之相对，也有观点主张无须将违法性作为划分民事法律事实类型的标准，而应当基于客观事实是否与人的意志相关，将法律事实分为事件和行为，[3]故民事合法/违法概念并无存在的必要。对于上述理论争议，笔者无意论断何种观点更具妥当性，但至少可以明确，即便是主张否定民事合法/违法概念的后一种观点，也不会导致民法规范具体的理解与适用出现障碍。这组概念"不会影响与这些民事法律事实有关的民法规则的设计与适用，仅仅会导致这些民事法律事实在民法学概念体系中所处位置的差异"。[4]换言之，民事合法/违法最多"只影响民法知识的归类整合……无论是否将民事法律事实区分为合法行为和违法行为，都不会影响司法人员适用具体规定处理案件。其理论价值限于选择何种方式和路径搭建民法学的知识大厦，即是否将各种既定的民法规范分别纳入合法行为和违法行为的范畴"。[5]

因此，在民法领域，民事合法/违法即便得到承认，也不过是一组纯粹抽

---

[1] 另一个可能存在民事违法概念的领域为侵权责任法，但我国民法对于侵权责任的判断以"过错"为核心要件（《民法典》第1165条），违法性本身不具有独立价值，其被过错要件所吸收或替代。参见王利明主编：《中华人民共和国侵权责任法释义》，中国法制出版社2010年版，第3页。

[2] 梁慧星：《民法总论》（第5版），法律出版社2017年版，第64页。

[3] 参见法学教材编辑部编审，佟柔主编：《中国民法》，法律出版社1990年版，第37~38页；江平主编：《民法学》，中国政法大学出版社2007年版，第142~144页。

[4] 王轶：《论民事法律事实的类型区分》，载《中国法学》2013年第1期。

[5] 陈少青：《刑民交叉实体问题的解决路径——"法律效果论"之展开》，载《法学研究》2020年第4期。

象的理论概念，其仅停留在民法知识体系的顶层设计，既不会触及民法中具体的制度构建，也不会对特定民法规范的解释产生影响。这组概念与现实案件的审理、具体权利义务的认定等分处不同维度。既然如此，民事合法/违法又如何能够成为刑事违法性乃至犯罪成立与否的前提条件，对于法律规范的具体适用具有实质性的制约意义呢？既然民法之中无法衍生出与刑事合法/违法在刑法之中的定位与重要性基本相当、直接影响规范适用与责任承担等的民事合法/违法概念，那么后者就不可能影响刑事违法性的判断，违法一元论与违法相对论中的"民事合法/违法"仅是刑法学者将其对于刑事合法/违法的理解臆想般地"嫁接"至民法领域而已。

(二) 民事效力与刑事犯罪的判断具有相对性

无罪论所主张的"公司法上合法的股权转让行为不具有刑事违法性"的观点因存在对民事合法/违法概念的误读而不具有合理性，在民法领域，股权转让不能被称为民事合法，而应当认定为民事有效。事实上，无罪论在论证民事审判通行观点认为以土地使用权为内容的股权转让合法时，提及相关民事判决，[1]但该判决并不涉及股权转让行为合法/违法，而是该行为有效/无效。具体而言，最高人民法院在针对当事人提出的"股权转让协议系以合法形式掩盖非法目的，应认定为无效"时，认为"公司股权转让与作为公司资产的土地使用权转让为两个独立的法律关系，现行法律并无效力性强制性规定禁止以转让房地产项目公司股权形式实现土地使用权或房地产项目转让的目的"[2]，进而认定股权转让行为本身有效。民事判决在处理以股权方式转让土地使用权的案件中，涉及的民法规范无论是"以合法形式掩盖非法目的"还是"违反强制性规定"，最终均指向民事法律行为效力而非行为本身的违法性；行为是否违反强制性规定只不过是判断其在民事层面有效无效的依据，民法对于股权转让行为的定性需要落脚到民事效力上。

因此，即便刑法适用以民法对股权转让的行为定性为前提，也应将股权转让认定为民事有效而非民事合法，民事有效/无效与民事合法/违法应作截

---

[1] 参见周光权：《非法倒卖转让土地使用权罪研究》，载《法学论坛》2014年第5期。
[2] 最高人民法院［2013］民一终字第138号民事判决书。需要说明的是，最高人民法院虽然认为股权转让行为在民事层面有效，但并没有以此否定非法转让土地使用权罪的成立，其仅强调"无论是否构成刑事犯罪，该合同效力亦不必然归于无效"，最高人民法院［2016］最高法民终222号民事判决书。

然区分，这一点在理论界已日渐达成共识。其中，违法相对论者主张民事违法不影响刑事违法判断的重要依据正是民法对于行为的定性立足于有效/无效，而非合法/违法；[1]违法一元论者同样注意到两组概念的区别，主张民事合法行为与民事有效行为不可相混淆。[2]所以，在探讨以股权转让方式转让土地使用权涉及的刑民关系时，应围绕民事效力与刑事犯罪的关系展开。有学者认为，股权转让合同有效说明"当事人的法效意思得到承认，刑法不应将其评价为违法……合同违反行政规范，却被认定有效，意味着裁判者认为合同履行并不会危及管制价值，行为人承担行政责任即可"，[3]以此否定犯罪的成立。但是，在刑民交叉领域，民事效力与刑事犯罪之间具有相互独立性，这一点已日渐成为实务界的共识，对此首先需要对于行为构成犯罪是否影响民事效力这一传统命题展开研讨，再以此为基础，进一步判断行为民事有效是否可以阻却犯罪的成立。

1. 行为构成犯罪并不导致其在民事层面无效

一直以来，对于民事效力与刑事犯罪的关系，实务界主要围绕行为构成刑事犯罪是否影响合同效力来展开。例如，行为人采取虚构事实、隐瞒真相等手段诱使相对人陷入认识错误并签订民事合同，该行为构成诈骗罪是否会直接导致合同无效。对此，实务观点逐渐从"刑事犯罪则合同无效"转变为"刑事犯罪不影响合同效力，后者应根据民法进行独立判断"。[4]并且，2020年8月19日公布的最高人民法院《关于审理民间借贷案件适用法律若干问题的规定》（以下简称《民间借贷规定》）首次在司法解释层面确立了刑事犯罪并不导致民事无效的基本立场。根据《民间借贷规定》第13条第1款的规定："借款人或者出借人的借贷行为涉嫌犯罪，或者已经生效的判决认定构成犯罪，当事人提起民事诉讼的，民间借贷合同并不当然无效。人民法院应当根据《中华人民共和国合同法》第五十二条[5]以及本规定第十四条之规定，

---

[1] 参见王骏：《违法性判断必须一元吗？——以刑民实体关系为视角》，载《法学家》2013年第5期；简爱：《从"分野"到"融合"刑事违法判断的相对独立性》，载《中外法学》2019年第2期。

[2] 参见于改之：《法域冲突的排除：立场、规则与适用》，载《中国法学》2018年第4期。

[3] 谢鸿飞：《违反刑法的合同的类型与效力》，载《法律适用》2024年第1期。

[4] 肯定犯罪行为影响合同效力的判决参见中华人民共和国最高人民法院民事判决书［2013］民二终字第51号，否定的观点参见最高人民法院［2015］民申字956号，《中华人民共和国最高人民法院公报》2016年第1期。

[5] 《合同法》第52条的内容现在主要被规定在《民法典》第146、153、154条等条款中。

认定民间借贷合同的效力。"在非法集资案件中，行为人构成非法吸收公众存款罪或集资诈骗罪，并不直接导致集资所涉及的借贷合同无效。法院之所以作出这一处理，主要是考虑到刑民评价不同的法律事实。

刑民法律事实是否相同是处理刑民交叉案件的重要考量要素。例如1998年最高人民法院《关于在审理经济纠纷案件中涉及经济犯罪嫌疑若干问题的规定》第1条规定："同一公民、法人或其他经济组织因不同的法律事实，分别涉及经济纠纷和经济犯罪嫌疑的，经济纠纷案件和经济犯罪嫌疑案件应当分开审理。"《九民纪要》就民刑交叉案件的程序处理指出："同一当事人因不同事实分别发生民商事纠纷和涉嫌刑事犯罪，民商事案件与刑事案件应当分别审理。"由此可见，刑法评价不同的法律事实会导致刑民案件分别审理，而这也昭示着在实体法层面，刑民与民法分别在各自的诉讼程序中进行独立适用，即刑法上行为是否构成犯罪与民法上行为是否有效会被分别进行判断。在非法集资案件中，"单个的借款行为仅仅是引起民间借贷这一民事法律关系的民事法律事实，并不构成非法吸收公众存款的刑事法律事实，因为非法吸收公众存款的刑事法律事实是数个'向不特定人借款'行为的总和，从而从量变到质变"。[1]刑民评价法律事实的不同导致刑事犯罪与合同效力的判断具有相对性。

不过，这是否意味着只有当刑民评价的法律事实不同时，刑民规范才能各自独立适用，若刑民评价的法律事实相同，则刑民规范的适用就会相互影响呢？笔者认为，即便刑民评价的法律事实相同，刑民规范依然可以独立适用。因为民法规定行为效力，是为了确定当事人之间的权利义务关系，明确民事责任的分配，所以行为有效无效本质上是在民事法律效果层面进行判断。[2]这不仅意味法律效果层面的民事效力与行为评价层面的违法性相隔离，而且民事效力与刑事犯罪的关联性只能以法律效果为基点，故刑民交叉的本质是作为刑事法律效果的刑罚处罚措施与作为民事法律效果的民事效力之间的交

---

〔1〕"吴某军诉陈某富、王某祥及德清县中建房地产开发有限公司民间借贷、担保合同纠纷案"，《最高人民法院公报》2011年第11期。

〔2〕正是因为行为有效无效属于民事法律效果，所以《民法典》第153条以及后文提到的最高人民法院《关于适用〈中华人民共和国民法典〉合同编通则若干问题的解释》第16条等规定的核心内容，包括刑法在内的公法规范是否会影响私法领域的法律效果。参见易军：《论合同违反强制性规定无效的判断标准——以〈民法典合同编通则解释〉第16条为中心》，载《清华法学》2024年第1期。

错。如果两种法律效果各自在法领域中得到实现，并且不存在相互冲突，则刑民规范的适用就具有相对性。

值得注意的是，以法律效果为基点考虑犯罪成立与合同效力关系的做法，在 2023 年最高人民法院《关于适用〈中华人民共和国民法典〉合同编通则若干问题的解释》（以下简称《合同编解释》）中得到体现。根据《合同编解释》第 16 条的规定，合同违反法律、行政法规的强制性规定，若由行为人承担行政责任或者刑事责任能够实现强制性规定的立法目的的，人民法院可以认定该合同不因违反强制性规定而无效。具体到刑民关系领域，行为违反刑法构成犯罪，如果承担刑事责任——刑事法律效果——实现了刑法的立法目的，[1]则该行为在民法中并不当然无效，而是要根据民法规定进行独立判断。因此，《合同编解释》并未以刑民评价的法律事实是否相同为标准，而是从刑事法律效果是否充分的角度，重新阐述了刑事犯罪与合同效力之间的关系，只要刑事法律效果充分地实现刑法目的，刑事犯罪就不会影响民事行为的效力。

2. 行为在民事层面有效并不阻却其构成刑事犯罪

鉴于刑罚这一法律效果在一般情况下能够充分实现刑法目的，所以原则上刑事犯罪不影响民事效力，与之相呼应，民事效力同样不影响刑事犯罪，即便行为在民事层面有效，也不能以此阻却刑事犯罪的成立。在以股权转让方式转让土地使用权的场合，即便股权转让行为有效，也不能直接以此为依据，否定非法转让土地使用权罪的成立。具体理由如下：

首先，刑事犯罪不影响民事效力表明刑民的法律效果与规范适用相互独立，以此可以进一步得出民事效力不影响刑事犯罪的结论。《合同编解释》从法律效果层面明确了刑民规范的适用范围，当刑事法律效果充分实现刑法目的时，刑法规范的适用范围仅限于刑法领域内部，不及于民法，此时民法规范的适用具有独立性。这意味着刑民法律效果在各自的领域实现各自的规范目的，法律效果与规范适用均相互独立，刑事犯罪的认定与民事效力的判断互不干涉。

具体到以股权转让方式转让土地使用权的场合，此类行为恰恰符合《合

---

〔1〕 法律效果描述规范对国民生活的意义，是规范目的的直接体现，参见［德］伯恩·魏德士：《法理学》，丁晓春、吴越译，法律出版社 2013 年版，第 61 页；佐伯千仭「可罰的違法性の理論の擁護」『刑法における違法性の理論』（有斐閣，1974 年）386 頁参照。

同编解释》第 16 条规定的典型情形,即强制性规定旨在维护公共秩序、土地出让金等国家利益,认定合同有效不会影响该规范目的的实现。非法转让土地使用权罪的刑事法律效果是以维护土地市场秩序为目的,实现的是国家利益。与之相对,民法判断股权转让行为是否有效,仅涉及股权转让双方权利义务关系的确定,其法律效果是维护当事人的利益。认定合同有效进而实现当事人的利益并不会影响国家利益的实现。[1]反之亦然,刑民的法律效果与规范目的互不影响。所以,《刑法》上是否成立非法转让土地使用权罪不影响股权转让行为的效力,股权转让行为的效力也不影响非法转让土地使用权罪的成立。

其次,行为在民事层面有效的同时构成刑事犯罪,乃是常态现象。民事效力仅关联民事法律效果,用于明确当事人之间的权利义务关系以及民事责任的承担,其并不会赋予行为某种正当性依据进而成为否定犯罪成立的事由。在现实生活中,存在大量在民事层面有效却成立犯罪的情形。最典型的例证是,诈骗案件中的行为人以欺诈手段使被害人违背真实的意思表示而实施民事法律行为(向行为人或第三人交付财物)。根据《民法典》第 148 条的规定,被害人有权请求人民法院或者仲裁机构予以撤销,故以欺诈手段实施的民事法律行为可撤销,在未被撤销之前,该行为以及由此签订的合同等一直处于有效状态。[2]当行为人构成诈骗罪时,在犯罪既遂的时点,陷入认识错误的被害人显然不可能行使撤销权,此时欺骗行为在民法上具有有效性,即民事有效的欺骗行为构成诈骗罪。又如,在前述涉及表见代理的案件中,表见代理虽然民事有效,但完全可以构成针对合同相对人的诈骗罪。

最后,基于非法集资案件的处理思路也可以得出,股权转让行为有效不影响犯罪的成立。如前所述,《民间借贷规定》强调非法吸收公众存款罪或集资诈骗罪等犯罪的成立与单个借贷合同的效力属于两个不同的独立范畴,二

---

[1] 主要理由有二:"一是因为在转让方缺少资金的情况下,承认合同的有效性更有利于国有土地使用权的流通,更能发挥其价值;二是因为即使承认合同有效,国家利益的实现也还可以通过办理登记手续予以保障。"最高人民法院民事审判第二庭、研究室编者:《最高人民法院民法典合同编通则司法解释理解与适用》,人民法院出版社 2023 年版,第 196 页。

[2] 参见韩世远:《合同法总论》(第 4 版),法律出版社 2018 年版,第 243 页。需要说明的是,也有学者将可撤销的民事法律行为的效力认定为"未定的生效",从而与完全有效的情形相区分,以明确前者存在一定的效力障碍。参见杨代雄:《法律行为论》,北京大学出版社 2021 年版,373~374 页。但即便如此,在行为尚未撤销之前,依然应当认定行为有效,未定的生效是行为有效内部的一种特殊状态而已。

者的判断互不影响,其背后的理论依据在于刑民评价相同的法律事实,该观点放在以股权转让方式转让土地使用权问题的处理上,同样适用。在非法集资案件中,民法评价的是单个借贷合同的效力问题,而刑法则跳出具体合同效力之"局限",从更为宏观的层面整体性评价行为人签订多个借款合同是否对金融管理秩序造成破坏。与之相似,在以股权转让方式转让土地使用权的案件中,民法关注的是股权转让这一单个合同的效力问题,而刑法则跳出具体合同效力之"局限",从更为宏观的层面整体性评价行为人在取得土地使用权后又将土地使用权转让(此时同样涉及多个合同〔1〕)是否会对土地市场秩序造成破坏。所以,即便不考虑刑民法律效果的相对性,依然沿袭"因评价对象不同导致刑民规范适用相互独立"之传统思路,也应当认为刑民评价对象存在差异,刑民规范的适用相互独立,民法上认定股权转让行为有效不影响刑事犯罪的成立。

因此,对股权转让行为的民法评价,应当从民事合法/违法转为民事有效/无效,但即便如此,由于民事效力与刑事犯罪没有必然关联,故不能直接以股权转让民事有效为由,否定非法转让土地使用权罪的成立。

四、非法转让土地使用权罪成立范围的实质限缩

通过对上述刑民关系的探讨可以看出,无罪论中的两点核心理由(股权转让与土地使用权转让存在本质区别,二者不能相混同;股权转让行为是民事合法行为,民事合法行为必然不构成犯罪)难以成为否定刑事犯罪的依据。不过,这只表明基于民法规范否定刑事犯罪的思路缺乏可行性,并不意味着以股权转让方式转让土地使用权均构成非法转让土地使用权罪,犯罪的成立与否,最终要回归到构成要件要素的检验上。在"瑞驰投资公司非法转让土地使用权案"中,裁判理由除了涉及刑民关系的两点理由,还包括另外两点:一是瑞驰投资公司欠缺牟利目的;二是该行为本身没有侵害本罪的保护法益。因此,有必要通过对非法转让土地使用权罪的构成要件进行实质解释,进一步判断股权转让行为是否构成刑事犯罪。

(一)非法转让土地使用权罪构成要件的实质解释

根据《刑法》第228条的规定,非法转让土地使用权罪是指,以牟利为

---

〔1〕 股权转让行为是否构成非法转让土地使用权罪,需要结合土地一级市场与二级市场中涉及的各个土地出让行为(土地出让合同)进行综合判断,对此后文予以详述。

目的，违反土地管理法规，非法转让土地使用权，情节严重的行为。在以股权转让方式转让土地使用权的案件中，行为人之所以采取股权转让的方式进行"迂回操作"，正是因为其不满足土地使用权的转让条件，在未达到法定的土地开发进度或没有完全支付土地出让金等情况下，实质性地转让了土地使用权，违反《城市房地产管理法》第39条规定，符合本罪"违反土地管理法规"之要件。除此之外，对于股权转让行为是否构成本罪，还需对"牟利目的""转让行为"以及"犯罪结果"等要件做进一步判断。

1. 股权转让中获利表明行为人具有"牟利目的"

在司法实践中，行为人通过股权转让不仅能够实现转让土地使用权的效果，而且可以获得巨额收益，对于该收益能否证明行为人具有牟利目的，存在不同观点。在"瑞驰投资公司非法转让土地使用权案"中，法院认为，瑞驰投资公司虽然客观上获利3999万元，但其目的是降低投资风险，而非通过"炒地"进行商业投机。虽然瑞驰投资公司在客观上从股权转让中获得利润，但这源于土地交易市场发展过程中带来的股份溢价，被市场经济所允许，故瑞驰投资公司不具有牟利目的。[1] 与之相对，也有判决认为，行为人在转让股权的过程中，谋取土地使用权转让差价从而获得巨额利益本身即可证明行为人具有牟利目的。[2] 其中，后一种观点更具合理性。

行为人具有牟利目的不等于具有非法获利目的，本罪的构成要件不要求牟利目的具有非法性，只要在交易过程中主动谋取商业利益，即可认定具有牟利目的。企业在转让股权的过程中，以对方能够提供的最高/最优对价作为交易价，这本身就体现了企业意图实现利益最大化之诉求。况且，在商业活动中，企业自然会以追求利益为导向，带有牟利目的的商品交易是市场之常态。另外，企业转让股权的初衷即便是为了降低投资风险，也同样是牟利目的的一种表现形态，因为牟利不仅包括为增加收益，也包括为减少损失。在"瑞驰投资公司非法转让土地使用权案"中，瑞驰投资公司向华昱诚置业公司转让股权，追求利益的最大化并获得巨额收益，即便收益源于土地本身的市场增值，也仅表明其牟利具有正当性，并不能以此否定牟利目的本身的存在，

---

〔1〕参见中华人民共和国最高人民法院刑事审判第一、二、三、四、五庭主办：《刑事审判参考》，人民法院出版社2022年版，第29页。

〔2〕参见安徽省芜湖市中级人民法院［2009］芜中刑终字第178号刑事判决书。

所以应当认定瑞驰投资公司具有牟利目的。

2. 股权转让行为应实质解释为土地使用权"转让行为"

如前所述，虽然从公司法的角度来看，股权转让行为仅涉及公司股东的变更，土地使用权一直归公司所有，但不能由此直接断定股权转让行为不符合本罪的行为要件。股权转让能否被评价为土地使用权转让，必须"透过现象看本质"，民商事所形成的权利表象不能成为刑法适用的阻碍，后者必须穿过民事法律关系交织成的"迷雾"，直接触及问题的核心。行为人转让股权是为了实现转让土地使用权之目的，形式上的股权转让达到土地使用权转让之实质效果，刑法对于犯罪构成要件应采取实质解释，股权转让行为符合土地使用权转让之行为要件。

此外，在行政法领域，作为企业收购途径的股权转让，已然被明文规定为土地使用权转让的具体方式之一。例如《城市房地产转让管理规定》第3条规定："本规定所称房地产转让，是指房地产权利人通过买卖、赠与或者其他合法方式将其房地产转移给他人的行为。前款所称其他合法方式，主要包括下列行为：……（三）因企业被收购、兼并或合并，房地产权属随之转移的……"[1]无论是刑法理论还是行政法理论，都将维系土地使用权转让的正常秩序作为规范目的，在股权转让行为的性质这一点上，二者能够达成一定共识，股权转让行为应被实质性地解释为土地使用权转让行为。

3. 股权转让行为未必导致"犯罪结果"

无论是牟利目的要件还是犯罪行为要件，均难以对股权转让行为的犯罪成立予以有效限定，真正能够承担限缩本罪成立范围之机能的要件为犯罪结果。不过，理论界与实务界较少关注本罪的犯罪结果，而是直接将股权转让行为没有侵害本罪的保护法益作为否定犯罪成立的理由。由于非法转让土地使用权罪的保护法益为我国的土地市场秩序，[2]若股权转让行为不会对土地市场秩序造成破坏，没有侵犯本罪的保护法益，则不能以犯罪论处。

---

〔1〕 基于此，可以进一步明确在未满足资金支付、开发进度等条件的前提下的股权转让（即土地使用权转让）符合非法转让土地使用权罪中的"违反土地管理法规"之要件。

〔2〕 有学者将本罪的保护法益理解为"国家对土地使用权的管理秩序"。参见阮齐林：《中国刑法各罪论》，中国政法大学出版社2016年版，第193页。但非法转让、倒卖土地使用权罪作为扰乱市场秩序罪中的罪名，其保护法益应当落脚于市场秩序而非管理秩序（土地管理是维系市场秩序的一种手段），否则该罪就应移至妨害社会管理秩序罪一章中。

例如，简爱博士认为，股权转让虽然导致公司股东发生变动，但"不会使得该公司的相关资质发生变化，因此也就不存在危及土地资源的保护、开发及合理利用问题。刑法所保护的主要法益本质上并未受到损害"。[1]与之相似，"瑞驰投资公司非法转让土地使用权案"的裁判理由同样提及了股权转让本身没有侵害本罪保护法益："从国家政策调整的精神来看，在不损害公司及其他债权人利益的情况下，以公司股权转让的重组方式实现土地开发利用，对提高土地利用效率、促进土地资源市场化配置改革、进一步激发全社会创造力和市场活力具有重要意义。房地产类企业在项目开发过程中经常出现通过股权流转实现对土地使用权重新配置的情形，如将此类行为作为犯罪追究，将使股权转让行为产生严重的不安全性和不可预期性，既不利于建设市场化的土地交易秩序，也不符合相关政策精神。"[2]股权转让不仅不会侵害土地市场秩序，反而有利于提高土地利用效率，对市场秩序的维护起到积极促进作用。如果将此类行为一律入罪，反而会对土地市场秩序造成不利影响。

诚然，股权转让没有侵害本罪的保护法益是否定犯罪成立的根本性理由，不过若想合理限缩犯罪的成立范围，仍需落脚至犯罪构成要件层面，故有必要将欠缺法益侵害性这一点贯彻到具体构成要件要素的实质解释之中。由于"结果是行为给刑法所保护的法益所造成的现实侵害事实与现实危险状态"[3]，所以股权转让没有侵害法益会直接影响犯罪结果的实质认定。需要注意的是："在我国，由于犯罪构成要件本身具有浓厚的实质评价色彩，因此'行为'或者'结果'就被称为'危害行为'或'危害结果'。"[4]我国刑法中的犯罪结果是一种"危害结果"，如果行为所导致的结果欠缺危害性，则不属于刑法

---

[1] 简爱：《从刑民实体判断看交叉案件的诉讼处理机制》，载《法学家》2020年第1期，第122页。虽然该结论整体上具有一定合理性，但其中部分观点存在可商榷之处。股权转让未必"不会使得该公司的相关资质发生变化"。因为我国房地产开发的一大特点为"项目公司制"，在一般情况下，即使现有公司希望获取一宗新土地并开发，也会新设一个项目公司专门持有该宗土地，且该项目公司不再持有其他重大资产，即该土地使用权是项目公司的唯一资产，持有建设运营该宗土地是项目公司的唯一业务，而项目公司的资质（例如专业人员、资金实力、开发能力）均取决于股东的实力。如果股东发生变化，则完全有可能因不同股东实力的差异导致公司资质发生变化。

[2] 中华人民共和国最高人民法院刑事审判第一、二、三、四、五庭主办：《刑事审判参考》，人民法院出版社2022年版，第31页。

[3] 张明楷：《刑法学》（第6版），法律出版社2021年版，第213页。

[4] 黎宏：《刑法学总论》（第2版），法律出版社2016年版，第70页。

中的犯罪结果，〔1〕而"危害结果"中的"危害"正是指向法益侵害。另外，非法转让土地使用权罪的成立要求"情节严重"，所以该危害或法益侵害还需达到应受刑罚处罚的严重程度。

因此，以股权转让方式转让土地使用权之所以不构成非法转让土地使用权罪，是因为该行为不会严重破坏土地市场秩序，欠缺危害结果之"危害性"，即股权转让行为没有发生严重破坏土地市场秩序之危害结果。

（二）股权转让是否构成犯罪的具体展开

虽然股权转让可以以"未导致非法转让土地使用权罪的犯罪结果"为由，阻却犯罪的成立，但是这并不适用于全部的股权转让案件。在部分场合，行为人即便采取股权转让的方式，依然会对土地市场秩序造成严重破坏，从而符合本罪之危害结果，构成非法转让土地使用权罪。这是因为股权转让行为是否发生危害结果，并不取决于股权转让的方式本身是否被刑法所容许，而是取决于土地使用权的转让是否受到明确限制，如果行为人将受限的土地使用权擅自转让，无论是采取股权转让还是其他方式，都可能导致破坏土地市场秩序之危害结果。若想确定土地使用权转让是否受限，则需要结合行为人以何种方式取得土地使用权、政府与其达成何种协议进行判断。〔2〕所以，在认定股权转让行为是否构成犯罪时，不能将目光局限于土地二级市场，仅就转让方式的妥当性进行分析，而是需要将目光延伸至土地一级市场，将政府供应用地时的相关前提性内容作为判断土地使用权能否转让的重要依据。

1. 股权转让不构成犯罪的情形

作为非法转让土地使用权罪的法益，土地市场秩序之所以受刑法保护，是因为土地资源本身具有稀缺性，土地不仅是支撑国家经济发展的重要生产

---

〔1〕 这一点源于我国的立法规定，《刑法》第 14、15、18 条等均将犯罪结果表述为"危害社会的结果"或"危害结果"，这说明我国的犯罪结果必须是危害结果。

〔2〕 本罪的成立与否主要取决于股权转让行为是否发生危害结果，而危害结果是否发生与土地使用权的转让是否受到限制密切相关。需要注意的是，此处对于土地使用权转让是否受限的判断是一种刑法上的实质判断，即转让使用权是否对土地市场秩序造成严重破坏。即便使用权转让违反《城市房地产管理法》等行政法规，只要转让行为没有侵害土地市场秩序（很多场合甚至有利于土地的开发利用），就不属于刑法预设的、能够导致危害结果发生的行为类型。从这个意义上讲，股权转让行为之所以不构成犯罪，除了不满足危害结果之要件，还不符合"非法转让"之行为要件，即股权转让虽被实质性地解释为土地使用权的转让，但不属于土地使用权的非法转让。这涉及如何理解非法转让土地使用权罪中的"非法"要件，对此需要结合行政违法与刑事违法的关系以及行政犯的认定思路进行阐释，笔者将另行撰文予以探讨。

资料,而且对土地的使用承载着巨大的公共利益,国家建立土地交易市场,是为了实现对土地资源的保护、开发以及使用。故非法转让土地使用权罪对于土地使用权市场的保护,最终是为了实现对土地资源的合理使用。现实中,土地资源是否得到合理使用主要是从两个方面进行把握:一是国家是否获得足额土地出让金;〔1〕二是特定地块是否按计划顺利得到开发利用。

在行为人于土地一级市场以招拍挂的方式取得土地使用权后又将股权予以转让的场合,如果满足如下两个条件,则可以认定股权转让行为没有侵害土地市场秩序,不会导致非法转让土地使用权罪之危害结果,从而阻却犯罪的成立:其一,取得股权的新股东仍然会继续缴纳出让金,即股权转让不会妨碍国家获得足额土地出让金;其二,股权转让后,特定地块依然按计划得到开发利用,甚至由于新股东有着更为雄厚的资金基础,对于转让而来的土地使用权抱有更大热情,地块开发反而比股权转让之前更为高效。

在司法实践中,满足上述条件的案件较为常见,行为人之所以转让股权,多是因为其自身的经济状况、市场行情甚至是政府关于土地的规划等发生变化。此时将土地使用权转让给有开发能力的新股东,不会对土地市场秩序造成破坏。在"瑞驰投资公司非法转让土地使用权案"中,瑞驰投资公司通过招拍挂的方式获得地块,出让价款为1.2亿元,但之后由于房地产开发成本剧增,预留资金不足以开发该地块,才将土地使用权以股权转让的方式转让给华昱诚置业公司,后者不仅能够向政府支付足额的土地出让金,并且有充足的资金来完成地块的合理开发使用。该行为不仅没有造成危害结果,反而盘活了存量建设用地,使土地利用更加高效,不成立非法转让土地使用权罪。因此,在二审法院主张无罪的四点理由中,唯有最后一点理由(即股权转让欠缺法益侵害性)具有合理性,不过该理由还需要进一步落实至构成要件要素层面,通过否定危害结果来阻却犯罪的成立。

2. 股权转让构成犯罪的情形

股权转让作为土地二级市场常见的转让土地使用权的手段,虽然在大部分场合会促进土地的合理流转,但在某些情形下,考虑到行为人获得土地使

---

〔1〕 在司法实践中,开发商缴纳的土地出让金可能低于市场价,但这并不意味着政府一定没有获得足额土地出让金。因为部分地方政府为了快速拆迁,将拆迁任务交给开发商,由开发商实施拆迁并向被拆迁户支付补偿款,此时对于土地出让金应做实质的扩大解释,将开发商在拆迁过程中承担的(本应由政府支出的)费用也视其变相支付的土地出让金。

用权的具体途径——将土地一级市场与二级市场进行整体性把握，则不难发现土地使用权的转让受到了极大限制，股权转让行为造成严重破坏土地市场秩序之危害结果，构成非法转让土地使用权罪。

首先，行为人通过划拨的方式获得土地使用权，之后以股权转让的方式将土地使用权转让。与土地招拍挂不同，土地划拨是为了公共利益需要，在土地使用者缴纳补偿、安置等费用后将土地交付其使用，或者将土地使用权无偿交付给土地使用者使用，政府在土地划拨过程中没有严格按照市场规律进行交易，未获得与其市场价值相当的土地出让金，所以对于此类土地在二级市场的转让受到严格限制。根据《城市房地产管理法》第40条的规定，以划拨方式取得土地使用权的，转让房地产时，应当报有批准权的人民政府审批；政府准予转让的，应当由受让方办理土地使用权出让手续，并依照国家的有关规定缴纳土地使用权出让金。[1]如果行为人私自以股权转让的方式将通过划拨方式取得的土地使用权进行转让，无疑逃避了土地出让金的缴纳，破坏了土地市场秩序，造成严重的危害结果。例如在"李某某非法转让土地使用权案"中，李某某作为凌海市丰乐公司的实际控制人，在未到土地部门办理土地使用权转让土地手续的情况下，以转让丰乐公司股权的方式，将公司名下通过划拨取得的55.47亩土地转让给他人，获利110万元，构成非法转让土地使用权罪。[2]

其次，行为人采取非法手段获得土地使用权，之后以股权转让的方式将土地使用权转让。如果行为人在一级市场采取非法手段（如与国土资源局相关工作人员合谋、[3]操纵或干扰土地竞拍过程[4]等）取得土地使用权，之后的股权转让即便在二级市场上被视为常态的土地使用权转让行为，其本质

---

[1] 在民法领域，划拨的土地本身并非当然地属于公司财产，公司无权擅自对土地使用权进行处分。例如最高人民法院《关于破产企业国有划拨土地使用权应否列入破产财产等问题的批复》第1条规定："根据《中华人民共和国土地管理法》第五十八条第一款第（三）项及《城镇国有土地使用权出让和转让暂行条例》第四十七条的规定，破产企业以划拨方式取得的国有土地使用权不属于破产财产，在企业破产时，有关人民政府可以予以收回，并依法处置。纳入国家兼并破产计划的国有企业，其依法取得的国有土地使用权，应依据国务院有关文件规定办理。"这也进一步佐证了行为人对于通过划拨方式所获得的土地使用权不得擅自转让。
[2] 参见辽宁省凌海市人民法院［2022］辽0781刑初80号刑事判决书。
[3] 参见浙江省杭州市萧山区（市）人民法院［2020］浙0109刑初162号刑事判决书。
[4] 参见云南省高级人民法院［2019］云刑终1196号刑事判决书。

也是对之前非法取得土地使用权的一种"套现",对包含一级市场与二级市场在内的整个土地市场秩序造成严重破坏。换言之,非法转让土地使用权既包括将在一级市场合法取得的土地使用权进行非法转让,也包括将在一级市场非法取得的土地使用权进行转让,后者在二级市场上以股权转让方式进行的土地使用权转让,是行为人之前在一级市场非法取得土地使用权从而导致土地市场秩序遭到侵害的进一步延伸。股权转让不仅将之前非法取得土地使用权行为的危害性进一步放大,而且增加了政府维护、治理土地市场秩序的难度,造成严重的危害结果。例如,在"金某非法倒卖土地使用权案"中,金某以牟利为目的,通过成立虚假外资企业,虚构高新、环保等鼓励类项目等方式,向袍江管委会申请工业用地的土地使用权,在顺利取得土地后,并未按要求进行实际开发、生产、经营,而是在该土地上新建厂房后即以股权转让的方式将土地及厂房出售获利,非法获利1328万元,构成非法倒卖土地使用权罪。[1]

最后,行为人之所以能够取得土地使用权,源于政府供地所欲实现的特定目的,之后行为人违反其与政府签订的相关协议,以股权转让的方式转让土地使用权。政府为了对高新技术、环保或特定文化等产业进行招商引资,从而增加政府税收、优化产业结构,向特定公司提供土地使用权,在此过程中,政府多会对使用土地主体进行严格限制,以实现土地在特定产业方向上的开发利用。若行为人擅自进行股权转让,因更换股东而导致政府供地的目的诉求与承载于该土地上的公共利益相继落空,则土地资源无法得到合理使用。例如,在"志高集团非法转让土地使用权案"中,泰安志高集团与淮南市政府就合作建设淮南市志高文化科技动漫产业园签订协议,约定政府提供3200亩"零地价"土地用于动漫产业园开发,[2]并先期提供1200亩商住用地。同时,约定未经政府同意,志高集团不得将转让取得的土地再转让、抵押、合作开发。之后,志高集团通过股权转让的方式将1200亩土地使用权以12亿元的价格,转让给合肥坤发建设公司等三家公司。该股权转让行为不仅

---

〔1〕参见浙江省绍兴市越城区人民法院〔2016〕浙0602刑初621号刑事判决书。

〔2〕本案中,所谓"零地价"并非指政府划拨土地,而是采取政府先收取土地出让金再返还的方式实现的。严格来讲,政府私下同意以补贴等形式返还部分出让金的行为有违法之嫌,但即便如此,企业在拿回部分土地出让金的情况下转让股权,不仅使政府对该企业招商引资的目的落空,而且使政府损失巨额土地出让金,土地市场秩序遭到严重破坏。

没有获得政府同意，违反双方约定，而且导致用于动漫产业园开发的土地未能按规划得到合理使用，构成非法转让土地使用权罪。[1]

综上所述，对于以股权转让方式转让土地使用权行为的刑法认定，应围绕此类行为是否造成本罪的危害结果来展开，股权转让是否对土地市场秩序造成严重破坏是判断此类行为是否构成犯罪的核心依据。在行为人通过招拍挂方式合法取得土地使用权的场合，土地使用权的取得与转让基本属于市场行为范畴，之后通过股权转让方式转让土地使用权一般不会对土地市场秩序造成破坏，不以犯罪论处。反之，当行为人通过划拨方式或非法手段取得土地使用权，以及政府供地是为了实现特定目的时，行为人擅自实施股权转让造成严重破坏土地市场秩序之危害结果，构成非法转让土地使用权罪。

五、结语

以股权转让方式转让土地使用权是否构成刑事犯罪，应当通过对非法转让土地使用权罪的构成要件进行实质解释来进行判断。民法层面关于股权转让的法律评价和法律后果无法对刑法规范的适用产生制约。是否构成刑事犯罪，并不需要预先在民法层面对股权转让行为进行定性，而是应当直接在刑法层面判断行为是否具有法益侵害性、是否造成危害后果。通过形式上区分股权转让与土地使用权转让，以及基于股权转让合法来否定构成犯罪等观点，存在对刑民关系的些许误读，这说明刑民理论之间的沟通有待进一步加强。只有正确厘清刑民关系，"适度而不盲目"地将之作为犯罪认定的考量要素，才是对法秩序统一原理的妥善践行。

---

[1] 参见安徽省淮南市中级人民法院［2017］皖04刑终13号刑事裁定书。

产品质量民刑竞合关系的区分处断

庄绪龙[*]

摘　要：生产、销售伪劣产品罪保护的法益不仅包括抽象的产品质量监督管理制度，还包括人的生命、健康、安全等具体法益。前者是手段性法益，后者是更为重要的目的性法益。在产品质量刑民竞合视域，"出民入刑"的刑事优先立场并不科学，不仅完全架空了交易双方先前约定的民事责任，而且交易相对人遭受的经济损失也无法得到有效救济。生产、销售伪劣产品行为的犯罪化判断，不能局限于条文的形式逻辑，而是应在尊重本罪规范保护目的的前提下，充分考虑伪劣产品的流通环节、法益侵害类型以及销售行为的既未遂形态等因素。在整体上，生产、销售伪劣产品行为入罪化判断的核心在于对人身法益的侵害或者威胁，对于只侵害财产法益的情形，可考虑引入"法益恢复"理论经由民事责任承担的方式处理。

关键词：生产、销售伪劣产品罪；刑民竞合；规范保护目的；法益恢复；出罪

一、问题的提出

同一行为或者事实，既符合民事法律关系的成立条件，同时也满足《刑法》分则规定的犯罪构成要件，在性质上属于完全包容或者竞合关系。比如，张三与李四订立合同，委托李四生产某产品 10 万件（货值 1000 万元），并交付定金 300 万元。李四生产完毕后，向张三交付，张三付尾款 700 万元。张

---

[*] 作者简介：庄绪龙，苏州大学王健法学院暨公法研究中心副教授。本文系国家社会科学基金后期项目"法益恢复研究"（项目编号：23FFXB019）和江苏高校"青蓝工程"、苏州大学"仲英青年学者"项目的阶段性研究成果。

三向市场销售了 1000 件货物（货值 100 万元）后被消费者大量投诉并诉至法院，要求"退一赔三"。经检测，发现该批产品不合格。张三为此付出了 300 万元的损失。此时，张三的权利如何救济？依据形式逻辑，在民法上，张三可向法院提起违约之诉，要求李四承担民事责任。在刑法上，张三也可以直接向公安机关报案，追究李四的刑事责任。在这种民刑责任竞合的场景下，"出民入刑"现象在产品质量纠纷领域比较常见。

需要注意的是，这里两种法律关系的包容或者竞合，与理论界惯常讨论的"刑民交叉"问题存在较大差异。通常而言，所谓"刑民交叉"，主要是指"案件处于刑事和民事的临界点上，构成犯罪还是民事侵权、违约难以被决断的情形"。[1] 亦即，在行为或者事实的性质判断上，刑民立场不能兼容、非此即彼，是一种排斥关系，而不是包容、竞合关系。比如，在"尹某某娶丈母娘骗拆迁款案"中，民事上的合法行为（尹某某与妻子离婚，再与丈母娘结婚，丈母娘拿到户籍后获得拆迁款），能否作为犯罪处理？[2] 再如，在"帅某保险诈骗案"案中，民事上的有效合同行为（帅某伪造材料与保险公司签订合同，但保险公司报案时超过除斥期间），能否作为刑法中的犯罪？这类争议成了学界对刑民交叉问题讨论的中心议题。[3] 这种刑民交叉问题，在民刑法律关系判断上属于"二选一"的互斥关系，显然与上述民刑责任的竞合或者重复关系并不是同一问题。

理论上通常认为，由于刑法的保障法属性，刑民竞合或者完全包容关系的处理以及刑民责任承担的判断，不能交由当事人自由选择（自诉犯罪除外）。亦即，社会危害性严重到一定程度，该不法行为就进入刑法管辖范围，"刑事优先"或者"刑事排斥民事"立场几乎没有争议。[4] 比如，2020 年 12 月 29 日最高人民法院颁布的《关于在审理经济纠纷案件中涉及经济犯罪嫌疑若干问题的规定》（以下简称《经济纠纷案件规定》）第 11 条明确规定："人民法院作为经济纠纷受理的案件，经审理认为不属经济纠纷案件而有经济犯

---

〔1〕 周光权：《"刑民交叉"案件的判断逻辑》，载《中国刑事法杂志》2020 年第 3 期。

〔2〕 参见鲁开盛：《与前丈母娘结婚，该不该承担法律责任》，载《检察日报》2012 年 8 月 16 日；徐大发：《"娶丈母娘骗养老金"凸显制度漏洞》，载《检察日报》2012 年 8 月 16 日。

〔3〕 参见陈少青：《刑民交叉实体问题的解决路径——"法律效果论"之展开》，载《法学研究》2020 年第 4 期；王昭武：《法秩序统一性视野下违法判断的相对性》，载《中外法学》2015 年第 1 期。

〔4〕 参见刘仁文等：《立体刑法学》，中国社会科学出版社 2018 年版，第 171 页。

罪嫌疑的,应当裁定驳回起诉,将有关材料移送公安机关或检察机关。"最高人民法院案例库收录的入库案例"中国银行股份有限公司某分行诉伊某某等信用卡纠纷案"的裁判要旨也指出:"受害人有权就刑事责任主体之外的其他责任主体另行提起民事诉讼。"〔1〕该入库案例的言外之意是,另行提起民事诉讼,只有除刑事责任主体之外的其他责任主体才能作为适格当事人,而不能是刑事责任主体本人。换言之,如果刑事责任主体与民事诉讼的责任主体同一,则在刑事诉讼之外不能再另行提起民事诉讼。当然,根据《民法典》第187条"民事主体因同一行为应当承担民事责任、行政责任和刑事责任的,承担行政责任或者刑事责任不影响承担民事责任"的规定,在刑事责任承担之外,可就具有牵连关系的民事责任问题再行诉讼。〔2〕

在司法实践中,刑民包容、竞合关系的"刑事优先"或"刑事排斥民事"的立场也屡见不鲜。〔3〕比如,从事国际贸易的甲公司采购乙公司生产N95型号口罩500万只,合同签订后乙公司按照合同约定将口罩按时交付给甲公司。甲公司将该批次口罩销售至国外,但经进口国检测发现涉案口罩的"泄漏性"等指标存在质量问题,属于"不合格产品"。该批货物被退货后,甲公司按照合同约定向法院提起民事诉讼,要求乙公司解除合同并承担销售款30%的违约责任。然而,乙公司在民事诉讼过程中极力推脱承担违约责任,甲公司无法及时通过民事诉讼程序获得赔偿。甲公司为了给乙公司"施加压力",遂向法院撤回民事诉讼,转而以乙公司涉嫌生产、销售伪劣产品罪为由向公安机关报案。公安机关审查认为,乙公司生产的涉案口罩的确不符合国家强制性标准,符合《刑法》第140条生产、销售伪劣产品罪的立案条件,遂作出《立案决定书》对该案进行刑事侦查,乙公司遂被纳入刑事追诉程序。〔4〕

---

〔1〕参见山东省济宁市任城区人民法院〔2022〕鲁0811民初5488号民事判决书、山东省济宁市中级人民法院〔2023〕鲁08民终922号民事判决书。

〔2〕参见王利明:《"刑民并行":解决刑民交叉案件的基本原则》,载《中国刑事法杂志》2024年第2期。

〔3〕相关案例可参见上海市高级人民法院〔2020〕沪刑终131号刑事裁定书、上海市第三中级人民法院〔2021〕沪03刑终14号刑事裁定书、北京市第二中级人民法院〔2021〕京02刑终83号刑事裁定书、江苏省南京市中级人民法院〔2020〕苏01刑终817号刑事裁定书、陕西省西安市中级人民法院〔2021〕陕01刑初113号刑事判决书。

〔4〕该案是笔者受邀参加论证的一起真实案件,公安机关以生产、销售伪劣产品罪立案后,检察机关在审查起诉时左右为难,成为"难办案件"。

在该案中，缔约双方甲乙公司在出现产品质量问题后，甲公司首先选择按照购销合同的违约条款向人民法院提起民事诉讼，这是司法实践中的惯例。但由于乙公司在民事诉讼过程中的推诿，甲公司在权衡后选择向公安机关报警。显然，在本案中，对同一起事实的性质判断，存在民事诉讼和刑事犯罪两种法律关系的竞合甚至重复。通常而言，产品的生产、销售大都是通过签订购销合同的方式进行，缔约双方在合同签订时往往也约定产品质量标准和违约责任。那么，在出现产品质量问题后，尤其是达到刑事立案标准的严重产品质量问题，到底应该按照交易双方的合同约定（民事违约责任）处理，还是按照刑事犯罪认定，在司法实践中存在重大争议。

由此，本文的问题意识是，这种"刑事排斥民事"的理念和立场，将原本肇始于民事诉讼领域的经济纠纷直接纳入刑事追诉程序，完全不顾先前的合同行为及其违约责任承担的事前约定，在理论上是否合理，有无例外场域的区分？都需要认真反思。本文以《刑法》第140条生产、销售伪劣产品罪这一常见罪名为切入点，就刑民竞合关系的司法处断作类型化分析，以期对司法实践中"出民入刑"抑或"刑事排斥民事"的不当思维惯性进行辨别和修正。[1]

二、产品质量视域下"刑事排斥民事"立场的疑问

在商品经济社会，产品的生产、销售，是社会消费的基本需求，也是经济发展、社会进步的必要物质前提。然而，由于生产技术、仓储条件等客观条件的限制，以及人为化地在产品中掺杂掺假、以假当真、以次充好或者以不合格产品冒充合格产品等，产品质量与安全始终是全社会关注的焦点问题。民以食为天，食药领域的卫生安全，事关社会公众的生命、健康、安全等重大法益，其重要性不容忽视。我国《刑法》第140~148条分别就一般产品以及假药、劣药、食品、医疗器材以及农药、兽药、化肥、种子和化妆品等产品质量问题规定了生产、销售伪劣产品罪等10个罪名，通过刑事手段严格控制产品安全和质量，可谓是"法网恢恢"。然而，由于产品生产、销售领域的

---

[1] 需要说明的是，我国《刑法》规定的"生产、销售伪劣商品罪"，种类繁杂，体系庞大。为了研究的严谨性和结论的可靠性，本文暂时仅以《刑法》第140条"生产、销售伪劣产品罪"作为研究对象，本节其他特殊法条规定的假药、劣药、食品、医疗器械以及农药、兽药、化肥、种子和化妆品等暂不属本文研究的范围。

复杂性，即便刑法规制体系严密，也无法完全避免背信、欺诈等违约、违法行为导致的产品质量安全问题，以往发生的一些食药安全违法犯罪事件已经足以证明。〔1〕在产品质量问题领域，是否只要交付的产品存在质量问题，即不符合国家强制性标准或行业推荐标准，就只能属于刑事犯罪的规制范围，而排斥或者回避交易双方的民事纠纷本质？对此，本文认为回答是否定的，没有哪一种理论或者立场能够对某个领域所有类型的问题都能提供整齐划一的解释立场。具体理由阐释如下。

（一）实证考察：产品质量问题的现实图景

实践是理论的源泉。对于产品质量领域刑民竞合关系的立场选择，应该作充分的实证考察，才能全面、科学地回应。笔者通过"中国裁判文书网"数据库，对近五年来的产品质量犯罪的相关问题进行数据检索和实证考察，发现以下几个方面的规律。

第一，在涉案数量和比例方面，生产、销售伪劣产品罪在整个产品质量犯罪群中案发数量较大，比例较高。笔者以"生产、销售伪劣商品罪"（包含《刑法》分则第三章第一节全部罪名第 140～148 条）和"一审"为关键词，共检索到 23 077 件（其中，犯罪未遂数量为 1843 件）；再以"生产、销售伪劣产品罪"（仅指《刑法》第 140 条）和"一审"为关键词，共检索到 3873 件（其中，犯罪未遂的数量为 1131 件）。〔2〕由此可见，在数量比例上，《刑法》第 140 条生产、销售伪劣产品罪仅仅是《刑法》分则第三章第一节"生产、销售伪劣商品罪"罪群体系中的 10 个罪名之一，但实践中的适用比例却占 17%，这也与生产、销售伪劣产品罪作为本节犯罪普通条款和兜底罪名的基本属性相吻合。不难推测，生产、销售伪劣产品罪的高发，可能就是本文第一部分指出的"出民入刑"的结果。

第二，在案发原因方面，经由梳理发现，肇始于经济纠纷领域的产品质量问题，被以生产、销售伪劣产品罪纳入刑事追诉程序，主要存在三种情形：其一，市场监督管理部门在履行职责过程中发现犯罪线索依法移送司法机关；其二，消费者向监督管理部门举报产品存在质量问题，经由核实移送司法机

---

〔1〕 参见蔡道通：《注水肉类案生产、销售伪劣产品罪的刑法体系解释》，载《北方法学》2024年第 2 期。

〔2〕 检索时间为 2018 年 1 月 1 日至 2023 年 12 月 31 日。

关；其三，在产品质量民事纠纷中，民事交易一方绕过民事诉讼向公安机关报案。就第三种情形而言，其实大多数案件的交易双方都存在购销合同，并且在合同中详细约定了产品质量标准以及违约责任承担等条款。比如，王某强与李某于2015年5月签订买卖协议，将标价2300余万元的键合线生产机组分批次销售给李某。但在使用过程中，李某经安装调试、反复维修仍生产不出市场接受的产品，据多名操作工人反映存在诸多机械质量问题。2016年5月12日，王某强和李某签订"退货还款"协议，明确认可退火装置和复绕机存在严重质量问题，不能生产出合同约定以及符合行业标准的合格产品。但该案最终还是被以销售伪劣产品罪起诉到法院，被告人王某强被判处有期徒刑15年，并处罚金1200万元。[1]由此可见，实践中有相当部分生产、销售伪劣产品罪，显然是"出民入刑"的结果，甚至民事案件尚未定论，一方当事人即向公安机关报案，刑事案件就此产生。另外，在产品质量领域的刑事附带民事诉讼中，当事人撤回附带民事起诉的主要原因并不是自愿放弃赔偿，而是要求"重判行为人"。[2]笔者以"合同纠纷""违约金（判决结果）""民事一审""判决书"等关键词搜索，共计检索到1 515 912件相关案件。其中，笔者再以"不合格产品"和"伪劣产品"全文搜索进行类型细化，分别检索到21 289件和10 311件案件，合计31 609件。[3]由此可见，因产品质量引起的民事诉讼数量基数不容小觑。换言之，该基数庞大的民事诉讼案件，也极有可能因一方当事人绕过民事诉讼而直接向公安机关报案，或者在民事诉讼尚未审结前转而向公安机关报案，从而导致刑事案件发生，由此衍生了"出民入刑"的失控现象。

第三，在刑罚适用方面，由于本罪是数额犯，刑罚轻重的主要依据是涉案产品的销售价格。按照《刑法》的规定，销售数额超过200万元，直接责任人员和主管人员将面临有期徒刑15年或者无期徒刑的重罚。在司法实践中，产品的生产、销售往往都是大宗交易，销售数额超过200万元进而被判

---

〔1〕 参见河北省邢台市中级人民法院［2018］冀05刑初10号刑事判决书、河北省高级人民法院［2018］冀刑终320号刑事裁定书。

〔2〕 参见河北省秦皇岛北戴河新区人民法院［2020］冀0392刑初62号刑事附带民事裁定书。

〔3〕 检索时间为2018年1月1日至2023年12月31日。当然，在"不合格产品"与"伪劣产品"所对应的数据可能存在部分重合。《产品质量法》使用的法定概念是"不合格产品"，但在实践中司法机关往往将"不合格产品"与"伪劣产品"的概念混用。

处有期徒刑 15 年的案件并不鲜见。[1]然而，这种重刑重罚立场，其实与生产、销售行为本身甚或产品质量本身并无必然关系，其主要是由涉案产品的价格决定的。比如，在"郑州某环保科技有限公司案"中，其销售的油气回收处理装置只有 3 台，但销售价格却达到 230 万元。最终涉案单位被判处罚金 200 万元，直接责任人员薛某华被判处有期徒刑 15 年，并处罚金 150 万元。反之，如果涉案单位生产、销售的是价值较低的产品，即便生产、销售数量多，持续时间长，但销售价格如果只有 20 万元，则可在二年以下有期徒刑或者拘役的量刑幅度内裁量。这种刑罚裁量，罪刑关系是否合理？换言之，刑罚的轻重取决于与犯罪行为本身无关的涉案产品数量与价格，依据何在？或许有观点会认为，生产、销售价格越高，行为人获得的利润就可能越高，配置更高法定刑就存在根据。笔者认为，这种观点并不合理。一方面，生产、销售伪劣产品罪打击的是破坏社会主义市场秩序以及危及人们生产、生活利益的行为，获取利润的多少与该罪的法益保护之间没有必然关系；另一方面，本罪的量刑依据是销售价格，并非实际利润。换言之，销售价格高并不意味着利润就高，这也是基本常识。故而，这种完全以销售价格为量刑依据的立场，值得反思。当然，在当前《刑法》并未修改的前提下，比较理性的方式是在司法适用层面进行合理解释和限缩。

综上，关于生产、销售伪劣产品罪的实践生态，本文从案件数量（刑、民视角）、案发原因以及刑罚轻重等诸多方面作出了不完全考察。经由考察和分析，可以初步得出的基本结论是：

其一，在刑事案件的案发原因方面，存在一定的"运气主义"色彩，如果民事交易一方向公安机关报案，刑事案件的案发几乎是必然结果。[2]由此，在数量基数庞大的涉产品质量的民事案件中，存在向刑事案件转化的潜在风险。反之，如果民事交易一方不向公安机关报案，则仅仅就是一桩民事案件。由此可见，民、刑诉讼机制的区分不在于民刑关系本身，而完全在于一方当事人的个人意志甚至性格脾气，这并不科学，也不严肃。其二，在刑事优先的思维定势下，刑民竞合案件一旦转化为刑事案件，由于量刑的依据主要是

---

[1] 参见浙江省杭州市中级人民法院[2017]浙 01 刑初 120 号刑事判决书、辽宁省鞍山市中级人民法院[2020]辽 03 刑初 77 号刑事判决书、北京市房山区人民法院[2018]京 0111 刑初 864 号刑事判决书和北京市第二中级人民法院[2020]京 02 刑终 69 号刑事裁定书。

[2] 参见陈坤：《运气与法律》，载《中外法学》2011 年第 1 期。

销售数额，不少被告人都面临高达 15 年有期徒刑的重刑以及巨额罚金，对企业经营、发展乃至生存来说是不能承受之重。有论者指出，当市场领域仍然存在大量背信、欺诈等违约甚或违法行为时，民刑竞合的司法政策选择应结合当下的社会状况谨慎作出判断，否则将会人为地制造选择性执法的不公正现象。[1]其三，被害人的损失，尤其是间接损失，在刑事案件中（不管是刑事退赔还是附带民事诉讼）几乎都得不到法院的有效支持，司法救济因程序选择的区别而存在差异。

（二）横向比较：产品质量民刑竞合关系的特殊性

理论上，对于民刑竞合关系的程序选择和实体判断，尽管"刑事排斥民事"的观点在诸如民间借贷与集资犯罪、故意伤害与民事侵权等竞合领域比较流行，但这并不代表所有民刑竞合关系都应秉持刑事优先抑或"刑事排斥民事"的一维立场。事实上，几乎任何一个法学领域的问题，尤其是存在争议的领域，通常不存在一个可以包打天下的理论抑或观点能够圆满解决该领域的所有问题。故而，以民间借贷与集资犯罪、故意伤害与民事侵权等民刑关系应秉持刑事优先立场为由论证产品质量领域问题处置也应遵循刑事优先立场可能并不合适。

其一，民间借贷与集资犯罪的民刑关系，并不纯粹是竞合逻辑。对于集资类犯罪尤其是非法吸收公众存款罪的刑法设置，理论界的质疑颇多。质疑者的主要理由是，非法吸收公众存款在本质上属于民间借贷。一个人向另外一个人借款，不论约定利息有多高，借款合同均成立且有效。只不过，如果借款方违约不支付约定的利息，出借方向法院提起诉讼，法院并不会否定合同的成立和效力，只是不会全部支持约定的高额利息而已（但支持 LPR 的 4 倍）。质疑者的疑问便是，向一个人借款（无论利息约定多少）不是犯罪，但为什么公开向多个人高息借款就是犯罪？换言之，民事合法行为的集合，为什么就直接演变为犯罪行为？不得不说，单纯从推理逻辑上分析，这的确令人费解。故有部分论者指出，非法吸收公众存款罪应予废除。[2]但本文认为，从事理逻辑的角度来看，非法吸收存款行为并不只是民间借贷合同的简单汇

---

[1] 参见蔡道通：《注水肉类案生产、销售伪劣产品罪的刑法体系解释》，载《北方法学》2024 年第 2 期。

[2] 参见刘宪权：《论互联网金融刑法规制的"两面性"》，载《法学家》2014 年第 5 期；赵星、张晓：《论废除非法吸收公众存款罪》，载《河北学刊》2014 年第 5 期。

集，而是包含金融风险防控的额外规范保护目的。众所周知，金融风险尤其是系统性金融风险，比如金融秩序失范引发的挤兑风险、坏账风险，对经济社会的负面影响甚巨，防范金融风险是国家职能的义务所在，刑法即是最严厉的保障手段。[1]其实，即便是国家允许的银行业等金融机构也不得违背金融规律高息吸储，否则也会引发挤兑风险与坏账风险。[2]由此，《刑法》规制民间高息吸储的正当性与民间借贷的合法性并不冲突，其并不是纯粹的法律竞合关系，对高息吸储行为的入罪化包含了更高位阶的价值考量，与少数个人之间的民间借贷关系并不处于同一维度。

其二，民事侵权的不法本质与产品质量纠纷问题不可同日而语。必须承认的是，不管是轻微侵权还是严重侵权，自始至终都是不受法律保护的不法行为，侵权人与被侵权人事先不可能存在任何契约性。如果存在某种被允许的"契约"，则根本不可能发生民刑竞合关系的判断难题。比如，张三欠李四债务，张三同意李四砍掉自己的小手指抵债。此时，李四的侵权行为因得到了张三的真实承诺而欠缺违法性，显然不属于刑事犯罪的范畴，也就不存在所谓的民刑竞合关系。这显然与产品质量领域的质量纠纷存在本质差异。在产品质量纠纷领域，提供产品本身通常不是违法行为。[3]由于交易双方存在违约责任的明确约定，在出现产品质量问题后，到底适用合同约定的违约责任，还是作为犯罪纳入刑事追诉程序，就完全是一种法律适用上的竞合关系。这和侵权与犯罪之间的民刑界分显然不是同一问题。归纳而言，故意伤害民事侵权行为与借贷性诈骗一样，其侵权、"诈式借贷"本身就带有不法的底色，其在满足一定条件（如达到轻伤以上、诈骗数额较大）后，秉持刑事优先立场，并无疑问。这是因为，从行为本质属性上看，侵权与"诈式借贷"等都带有不法的"原罪属性"，在不法程度较轻时通过民事诉讼解决，一旦达到《刑法》及司法解释规定的构罪条件就应作为犯罪处理，这无疑是科学的结论。但在产品质量纠纷领域，产品生产者、销售者的行为并未带有不法的

---

〔1〕 参见彭冰：《非法集资活动规制研究》，载《中国法学》2008年第4期。

〔2〕 参见胡宗金：《非法吸收公众存款罪的规范目的与规制范围》，载《法学家》2021年第6期。

〔3〕 当然，如果提供产品本身是违法的，如完全不提供产品，或者提供的是完全不能使用的产品，就不再是这里所讨论的因产品质量纠纷引起的罪与非罪的问题，而可能构成诈骗罪、合同诈骗罪等。参见[日]芝原邦尔：《经济刑法》，金光旭译，法律出版社2002年版，第90页。

"原罪属性",而是伴随产品质量问题的出现,才会产生民刑竞合关系的选择困境。显然,这和侵权与故意伤害以及"诈式借贷"等所谓的民刑界分关系,并不是同一逻辑。

(三) 必要反思:产品质量民刑竞合"刑事优先"立场的场景化区分

党的二十届三中全会明确强调:"加强产权执法司法保护,防止和纠正利用行政、刑事手段干预经济纠纷。"在当前强化对民营经济和产权保护的时代背景下,对于产品质量领域刑民交叉问题的立场选择,尤其是对刑民竞合关系的判断,需要历史地、辩证地分析。2016 年 11 月 4 日,中共中央、国务院发布《关于完善产权保护制度依法保护产权的意见》。该文件第 4 项也明确规定:"妥善处理历史形成的产权案件……以发展眼光客观看待和依法妥善处理改革开放以来各类企业特别是民营企业在经营过程中存在的不规范问题。""20 世纪八九十年代创业的企业家,在起家之初的经营过程当中,多多少少都有些问题,现在看起来肯定有一些不规范、不合法的地方。"[1]经由上文的实证考察,在我国当前产品质量纠纷领域存在大量民事诉讼案件。该基数庞大的民事诉讼,极有可能因一方诉讼当事人诉讼策略的改变而向刑事诉讼转化。换言之,在产品质量纠纷领域,存在尖锐的民刑竞合关系抑或矛盾。对此,张明楷教授明确地指出:"必然会导致大量民事纠纷转化为刑事案件,也必然导致生产厂家不敢轻易与对方签订合同,进而严重影响经济发展。"[2]应该认为,上述政策和精神对于民营企业起步、发展进程中存在问题的处置立场,是客观且科学的举措。

当前,我国民营经济发展态势虽然迅猛,但在诸如产品质量、纳税义务等领域仍然存在各种各样的问题,这是社会主义初级阶段市场经济的"附随结果"。虽然我们祭起刑法的大旗治理产品质量犯罪,但在当前的国情背景下产品质量问题仍然无法杜绝,这是不言而喻的事实。由此,产品质量领域的民刑竞合关系如何取舍,就不仅是一个单纯的法律判断,而是关涉经济发展、社会稳定和民生保障的综合性问题。在国家层面,某种行为犯罪化评价的外部限制原则就是要经得起"没有超过实现其目的的必要限度"的验证。[3]张

---

[1] 参见周乔:《产权保护不是"原罪"护身符》,载《法人》2017 年第 2 期。
[2] 参见张明楷:《刑法学》(第 6 版),法律出版社 2021 年版,第 948 页。
[3] 参见 [美] 道格拉斯·胡萨克:《过罪化及刑法的限制》,姜敏译,中国法制出版社 2015 年版,第 238 页。

维迎教授主张"要善待那些曾经为社会作出过贡献的优秀的人"。[1]在强调民营经济保障和企业家权利保护的时代背景下,对待经济发展进程中的问题,包括产品质量问题引发的民刑竞合关系判断,比较科学的立场应该是谨慎运用刑罚思维而重视经济思维,即"经济问题,经济手段解决"。[2]如果动辄以所谓符合犯罪的构成要件,主张"刑事优先"或者"刑事排斥民事"立场,无异于"一棍子打死"。经济活动乃至经济犯罪具有不同于自然犯的特征,刑法不可不分青红皂白地一网打尽。[3]不可否认的事实是,生产、销售伪劣产品罪的犯罪对象可谓是五花八门、包罗万象,涉及生产、生活的方方面面,几乎是经济社会生活的全面折射。[4]这也就意味着,作为《刑法》分则第三章第一节"生产、销售伪劣商品罪"罪群体系中的兜底条款,《刑法》第140条更多的是民生条款、社会保障性条款。在民刑竞合关系的司法处断上,民生与社会保障因素也应予充分考虑。

本文主张,关于产品质量问题引发的民刑竞合关系,在应然判断的走向上,应当坚持以下两个基本立场。

其一,刑事优先或者"刑事排斥民事"立场应当慎重,不能罔顾交易双方约定的违约责任,径直以满足犯罪的构成要件为由随意启动刑事程序。其实,交易双方之间就标的物的质量标准、违约责任的契约行为,是典型的商事活动行为。"商法调整的商事关系是商人以追求利润为目的从事特定营业所形成的经营关系。"[5]既然交易双方存在契约,纠纷的解决当然应尊重其先前的约定责任。张明楷教授认为:"既然合同双方明确了产品质量标准与违约责任,那么出卖人、承揽人提供不合格产品时,完全可以通过合同约定的退货、退款、支付违约金等民事方式处理,根本不需要《刑法》第140条。"[6]其

---

[1] 参见张维迎:《要善待为社会做出贡献的人》,载《经济观察报》2004年8月24日。

[2] 林钰雄主编:《没收新制(二):经济刑法的新纪元》,元照出版公司2016年版,主编序部分。

[3] 蔡道通:《注水肉类案生产、销售伪劣产品罪的刑法体系解释》,载《北方法学》2024年第2期。

[4] 据不完全统计,涉案犯罪对象主要有奶粉、烟草(卷烟、电子烟)、酒类(白酒、红酒、啤酒、香槟酒等)、保健品、柴汽油、食用油(大豆油、花生油、香油等)、饮料、肉类(注水)及肉制品、洗护用品(洗衣液、洗发水、沐浴露等)、口罩、工业盐(氯化钾)、建筑材料(钢材、管桩、水泥等)、机动车与非机动车(拼装报废的汽车、电动车)、冷凝机、压缩机、电子产品(晶体管、驱动电路模板、主接口板)、轮胎等生活资料和生产资料。

[5] 参见施天涛:《商事关系的重新发现与当今商法的使命》,载《清华法学》2017年第6期。

[6] 参见张明楷:《刑法学》(第6版),法律出版社2021年版,第948页。

二,虽然强调刑事优先或者"刑事排斥民事"的立场应当慎重,但这并不意味着产品质量问题只能经由民事诉讼处理。具体而言,在民刑竞合关系的司法处断上,应充分考量产品质量领域的影响因素后再综合判断。比如,在宏观方面,本罪的规范保护目的如何正确解释?在微观方面,交易相对方是不特定的普通消费者还是流通环节特定的销售者(中间商),以及产品销售的既、未遂形态等诸多要素,是否也会影响民刑竞合关系的判断?这些都需要统合思考。

三、产品质量犯罪化治理的应然考量因素

由于技术、管理、运输、仓储等各环节因素的叠加,产品质量问题并不罕见。如上所述,在刑民竞合关系方面,"刑事优先"抑或"刑事排斥民事"的主流立场并不能解决产品质量问题,还可能会人为制造新的社会问题。其实,在面对产品质量问题时,单一化的刑事入罪思维非但与交易双方约定的民事违约责任冲突,而且也忽视了《刑法》第140条的规范保护目的。在逻辑上,只有正确理解生产、销售伪劣产品罪的规范保护目的,进而分析产品质量问题犯罪化的应然考量因素,才能对产品质量问题的解决,尤其是民刑竞合关系的处理提供合理依据。

(一)规范保护目的:生产、销售伪劣产品罪保护法益的双重性

一般认为,《刑法》第140条规定生产、销售伪劣产品罪的保护法益,是社会主义市场经济秩序,即国家对产品质量的监督管理制度,具体就是正常商品的生产、流通秩序。[1]对此,本文认为,还存在进一步解释或者细化的空间。其实,不管是社会主义市场经济秩序,还是国家关于产品质量监督管理秩序等宏观指向,抑或是相对中观的"正常商品生产、流通秩序",都并没有触及该罪法益保护的本质。理论上,刑法规定某一犯罪所要保护的法益到底为何,应从规范保护目的的视角进行分析。[2]规范保护目的,是指立法者

---

[1] 参见高铭暄主编:《新编中国刑法学》,中国人民大学出版社1998年版,第558页;张明楷:《刑法学》(第6版),法律出版社2021年版,第943页;陈兴良主编:《罪名指南》(第2版),中国人民大学出版社2008年版,第218页;冯军、梁根林、黎宏主编:《中国刑法评注》(第2卷),北京大学出版社2023年版,第1387页。

[2] 参见胡树琪:《生产、销售伪劣产品罪中"伪劣产品"的相对解释》,载《法学评论》2021年第2期。

制定法规范时所欲实现的目的，是立法者为协调不同利益冲突而形成的价值判断或评价立场。[1]规范保护目的折射出了刑法配置的目的理性，即在设计犯罪构成体系时，应以刑罚之理性为根本导向。[2]规范保护目的的理论优势在于，其跳出了纯粹经验事实的模糊性判断纠葛，更清晰地理解法规范的保护范围及构成要件体系的必要成分，"触底式"地分析罪名背后法益保护的真正内涵。

具体到生产、销售伪劣产品罪，其规范保护目的在于通过对产品质量制度、秩序的维护，切实保障社会公众的利益。具体而言，本罪的设置主要是通过对产品质量监督管理制度的塑造，从根本上来看是为了保护社会公众的生命、健康、安全等人身性利益。亦即，法律通过对产品生产、分发的严密规范，以保障最终消费者的质量和安全。[3]换言之，在规范保护目的的视角下，本罪所保护的法益具有双重性，即作为集体法益的产品质量监督管理制度与作为具体法益的公民的生命、健康、安全等。在逻辑上，宏观视角的社会主义市场经济秩序、国家关于产品质量监督管理制度，以及中观视角的正常商品生产、流通秩序，都是一种抽象的集体法益，是本罪保护法益第一防护线的阻挡层，而微观视角的公民的生命、健康、安全则是背后的真正法益。二者除了属于抽象与具体的关系外，还属于形式与本质、手段与目的的关系。相较于前者的手段性特征，后者的目的性属性才是更为重要的核心法益。[4]其实，抽象化、形式化的秩序、制度等所谓集体法益，其本身并不是刑法设罪的根本保护目的，只是人的生命、健康、安全等核心法益保护的必要手段，即应把"集体法益还原为个人法益的普遍保护手段"。[5]如果与具体利益脱离，秩序、制度等抽象法益便会失去其应有的实体内容以及利益可归属的附着

---

[1] 于改之：《法域协调视角下规范保护目的理论之重构》，载《中国法学》2021年第2期。

[2] Vgl. Roxin, Strafrecht Allgemeiner Teil（Ⅰ），Verlag C. H. Beck, München, 2006, S. 205~206.

[3] 参见[美]哈伯特 L. 帕克：《刑事制裁的界限》，梁根林等译，梁根林校，法律出版社2008年版，第351页。

[4] 参见蓝学友：《规制抽象危险犯的新路径：双层法益与比例原则的融合》，载《法学研究》2019年第6期；王飞跃：《论抽象危险犯个罪裁判规范的续造》，载《中国法学》2022年第2期；贺卫：《生产、销售伪劣产品罪及其特殊罪名的犯罪对象区分——以"销售假口罩案"为例》，载《政治与法律》2020年第11期。

[5] 参见欧阳本祺：《论集体法益向个人法益的比例还原》，载《环球法律评论》2024年第4期。

点，从而变得极为模糊、笼统。〔1〕具有参考价值的是，域外有些国家直接明确了产品质量犯罪侵害的就是具体的个人法益，而非抽象的制度抑或秩序。比如，《斯洛伐克刑法典》第269条和《捷克刑法典》第253条就规定了"在商品的质量、数量、重量或者所提供服务的种类、质量、数量上欺骗消费者""以损害消费者的手段造成他人财产损失"的情形，罪名直接认定为"损害消费者罪"。〔2〕《克罗地亚共和国刑法典》第284条规定"以欺诈消费者为目的，经营产品质量不相符的产品"，构成"欺诈消费者罪"。〔3〕

本文认为，在刑民竞合关系司法处断的问题上，犯罪化评价的根本依据是：具体法益是否遭受现实化的侵害，而不是抽象的制度、秩序有无被违反。"在面临刑法规范与立法事实的裂缝时，必须立足于个罪之构成要件与法益衡量进行解释。"〔4〕立法的抽象性与司法实践的复杂性之间并不总是环环相扣的，总有一些缝隙或者漏洞。在这些缝隙和漏洞的应对策略上，可能存在不同的解释立场。从法经济分析的视角来看，当数个目的各自支持不同的解释彼此竞合或者相互冲突时，必须在这些相关的目的、利益或原则之间进行衡量。〔5〕如果仅违反经济行政管理秩序，但未造成具体法益侵害，则属于违法行为而非犯罪。〔6〕具体而言，在这种抽象秩序与具体法益等多个内含于法律条文中的目的发生矛盾时，应以该法律条文背后的规范保护目的为中心，秉持正确、科学的价值判断与法益衡量立场，否则将极有可能人为制造价值逆反的司法错乱。比如，在"陆某代购案"中，陆某未经批准代购药品，的确侵犯了国家的药品管理秩序，但其客观上对于白血病患者的生命、健康以及财产具有正向的促进价值。亦即，抽象的秩序价值固然值得法律保护，但与具体患者的生命健康法益相比，显然应该退居其次。故而，在整体性评价视

---

〔1〕参见崔志伟：《经济犯罪的危害实质及其抽象危险犯出罪机制》，载《政治与法律》2022年第11期。

〔2〕参见《斯洛伐克刑法典》，陈志军译，中国人民公安大学出版社2011年版，第156页；《捷克刑法典》，陈志军译，中国人民公安大学出版社2011年版，第147页。

〔3〕参见《克罗地亚共和国刑法典》，王立志译，中国人民公安大学出版社2011年版，第126页。

〔4〕参见姜涛：《法益衡量中的事实还原运用——刑法解释的视角》，载《法律科学（西北政法大学学报）》2021年第2期。

〔5〕参见张永健：《法经济学分析：方法论20讲》，北京大学出版社2023年版，第45页。

〔6〕何荣功：《自由秩序与自由刑法理论》，北京大学出版社2013年版，第285页。

角,陆某的行为欠缺可罚的违法性。〔1〕

当然,良善的制度、秩序作为人类社会运行的保障,其重要性不言而喻,当然值得法律保护,这也是古罗马法中"只要有社会就会有法律"这一格言的根本依据。〔2〕刑法的碎片性和最后手段性属性,决定了其不是法益保护的首要和唯一手段,只是提供辅助性保护。〔3〕同理,作为法益类型的秩序,对其加以保障并不是只有刑法和犯罪化这一种渠道,其他诸如行政处罚、民事责任承担等方式也是秩序维护的基本路径。在多种秩序保障的路径选择方面,遵循经济原则就应该是必然结论。比如,在产品治理问题视域,如果侵害的仅仅是财产法益,《消费者权益保护法》《食品安全法》规定的"退一赔三"或"退一赔十"等惩罚性赔偿制度便足以震慑生产、销售者非法牟利的不良动机,从而实现秩序维系的社会防卫目的。当然,如果产品质量威胁到了社会公众的人身法益,祭出刑法大旗严惩生产者和销售者,则无可厚非。换言之,在产品质量问题视域,秩序保障的方式应具体问题具体分析,而不宜在形式上简单地以所谓满足民、刑构成要件即应启动刑法机制。一言以蔽之,由于生产、销售伪劣产品罪带有"侵害私法益犯罪"的基本属性,〔4〕在犯罪化判断上也应在实质上判断有无侵犯公民的生命、健康、安全等人身法益,而不能仅仅以所谓销售数额为标准径直认定侵害了市场经济秩序、产品质量监督管理制度,进而无视由产品质量问题引发的民刑竞合关系直接作为犯罪处理。

(二)产品质量领域民刑竞合关系处理的考量因素

其一,伪劣产品的流通环节需要甄别。如上所述,生产、销售伪劣产品罪法益保护的双重性决定了本罪实质考察的基点应该是人的生命、健康、安全等人身法益,而不是抽象的秩序、制度等价值符号。这也就意味着,伪劣产品所处的流通环节应该是考查的重点。具体而言,如果伪劣产品仍然处于生产者占有或者控制状态,或者生产者将其销售给中间商,被中间商占有或者控制,还未流向市场和具体的消费者,此时伪劣产品的生产、销售侵害的

---

〔1〕 参见湖南省沅江市人民检察院沅检公刑不诉〔2015〕1号。

〔2〕 参见〔美〕E.博登海默:《法理学:法律哲学与法律方法》,邓正来译,中国政法大学出版社2017年版,第241页。

〔3〕 车浩:《刑事立法的法教义学反思——基于〈刑法修正案(九)〉的分析》,载《法学》2015年第10期。

〔4〕 参见白建军:《犯罪圈与刑法修正的结构控制》,载《中国法学》2017年第5期。

就是所谓的秩序、制度等抽象法益,并未侵害公民的人身法益。比如,张三生产劣质口罩,卖给中间商李四,销售数额为100万元。李四收到货后,在向市场销售前发现口罩存在质量问题。在这种情形下,虽然张三的生产、销售行为已经处于犯罪既遂形态,但该伪劣产品并未实际流向市场,并未对人的生命、健康、安全等本罪保护的核心法益造成实质化侵害。显然,这和李四将该批口罩销往市场,对消费者的生命、健康、安全等法益造成实质化危害存在本质区别,需要区分。对此,张明楷教授认为,出卖人或者承揽人只向特定合同当事人生产、销售产品,而不是向不特定人生产、销售产品,并没有破坏市场经济秩序。[1]相反,如果伪劣产品已经被生产者直接销售给消费者,或者生产者销售给中间商,中间商再销售给具体的消费者,此时伪劣产品就对公民的人身法益造成了实质化的侵害或者威胁。显然,上述两种流通环节的形态对于本罪法益保护而言存在本质差异,应予考虑区分。

其二,本罪的既、未遂形态需要区分。按照《刑法》的规定,生产、销售伪劣产品罪罪刑评价的基本条件是"销售金额"。关于"销售金额"的认定,最高人民法院、最高人民检察院《关于办理生产、销售伪劣商品刑事案件具体应用法律若干问题的解释》(以下简称《生产、销售伪劣商品刑事案件解释》)第2条第1款规定,"销售金额"是指生产者、销售者出售伪劣产品后所得和应得的全部违法收入。该规定的言外之意是,"销售金额"不仅包括已经实收数额还包括应收数额。换言之,中间商尚未提货后尚未支付的款项,也应被认定为本罪犯罪数额。尽管如此,这里的前提是"出售伪劣产品后"。这应如何理解?比如,甲乙双方签订购销合同,乙公司提前支付货款,但甲公司尚未生产,当然不能评价为"出售伪劣产品后"。再如,乙公司提前付款后,甲公司也已经生产完毕(伪劣产品)储存在仓库,乙公司尚未提货,此时是否属于"出售伪劣产品后"?按照动产交付的民法立场,此时并未完成交付,动产物权效力尚未被移转至买受人。[2]但甲、乙公司的合同已经成立且货款已经收讫。在《刑法》上,是否可以评价为"出售伪劣产品后"?对此,本文认为,《刑法》关于"出售伪劣产品后"以及犯罪数额的认定应从属于民法上的物权转移效力,对该尚未转移物权的伪劣产品不宜计算为"销售金

---

[1] 参见张明楷:《刑法学》(第6版),法律出版社2021年版,第947页。
[2] 参见王利明等:《民法学》(下),法律出版社2020年版,第778页。

额",只能认定为未遂。不仅如此,生产、销售伪劣产品犯罪的未遂形态还存在多种样态,比如中间商进货后尚未向下游中间商再次销售,或者未向消费者销售即被举报查扣,也属于未遂形态。理论上,未遂与既遂形态对于法益侵害而言存在本质差别,虽然《生产、销售伪劣商品刑事案件解释》第2条第2款对未遂情形的处罚作了规定,但在产品质量民刑竞合关系的判断上不宜"一刀切",应根据对法益侵害的属性作实质化判断。

(三) 产品质量民刑竞合关系判断的应然方向

在产品质量民刑法律关系竞合方面,理论上通常秉持"刑事优先"或者"刑事排斥民事"立场,司法机关秉持《经济纠纷案件规定》第11条也大致如此操作。但正如上文所分析的,这种不假思索的结论存在巨大的实践障碍。一方面,一概通过刑事手段处理原本属于经济纠纷、合同争议,合同交易方由此涉刑入罪,其后果可能就是会严重阻碍商品经济发展;另一方面,通过刑事手段处置产品质量问题,相较于成熟的民事责任承担(如违约金条款),合同交易方亦即"被害人"往往难以通过退赃退赔抑或刑事附带民事形式获得赔偿,这会严重影响其经济利益的实现。[1] 在法哲学上,刑法从某种意义上来说是一种集体谴责机制,其有关犯罪与刑罚设定必须反映民众的共同价值观。[2]《刑法》第140条规定生产、销售伪劣产品罪的出发点,显然是基于产品的实际消费者视角,而不包括非实际消费者的中间商、销售商。换言之,在产品质量纠纷领域存在两种类型:一是伪劣产品造成实际消费者生命、健康、安全等法益的侵害,消费者必然要求严惩生产者、销售者;二是在伪劣产品的流通环节,生产者与中间商因产品质量问题发生纠纷。显然,对于前者而言,广大消费者因伪劣产品而遭受法益侵蚀形成的"集体谴责情绪",是《刑法》第140条适用的正当性基础。但对于后者而言,此时的矛盾通常还只是局限于生产者与中间商之间。此时,民事违约责任与刑事犯罪的民刑竞合关系的判断,与不特定的消费者无关,不属于刑法"集体谴责机制"的范畴,而只是平等民事主体之间的经济纠纷。

---

[1] 笔者在"中国裁判文书网"以"刑事案件""刑事附带民事诉讼""生产、销售伪劣产品罪"为关键词搜索,仅查阅到17起案件,大量涉刑案件并不存在附带民事诉讼情形。检索期限为2014年1月1日至2024年7月31日。

[2] See Sanddra G. Mayson, "The Concept of Criminal Law", *Criminal Law and Philosophy*, Vol. 14, 2020, pp. 449~450.

归纳而言,在应然视角,关于产品质量民刑竞合关系的判断和处置,既往"刑事优先"或者"刑事排斥民事"主流方向和立场应当反思和改变。"解释者在刑法实施上有一定的能动性,其并不只是法律的'朗读者',还是法律的最终适用者。"[1]本文认为,在产品质量民刑竞合关系的处置方向上,首先应明确生产、销售伪劣产品罪真正保护的法益并不是抽象的秩序、制度,而是具体的人的生命、健康、安全等实质性法益。[2]在此基础上,再具体考量涉案产品的流通环节以及生产、销售的既未遂形态,以判断有无对本罪保护的法益造成实质性侵害,最终构建一套既能满足本罪法益保护目的,又能合理出罪的双重评价体系。

四、产品质量民刑竞合司法处置的"法益恢复"方案

(一)"法益恢复"理论的引入

如上所述,对于产品质量民刑竞合的关系,当前的主流理论观点和《经济纠纷案件规定》的实践立场大都支持"刑事优先"或者"刑事排斥民事"方案。在理论上虽然无可挑剔,但却有"利用刑事手段插手经济纠纷"的嫌疑。对此有观点认为,对《刑法》第 140 条规定的"销售"应作合理的限缩解释,即如果合同双方当事人签订了买卖合同或者承揽合同,约定了产品质量标准和违约责任,出卖人、承揽人提供了不合格产品的,不应认定为《刑法》第 140 条规定的"销售"。其主要理由是,出卖人、承揽人只是向特定合同当事人生产、销售产品,而不是向不特定人生产、销售产品,难以认为破坏了市场经济秩序。[3]但司法实践并不认可这一观点。司法机关认为,中间商购入大量伪劣产品,显然不是为了供特定的哪个顾客或哪一个群体使用,这些产品最终还是向不特定的消费者销售。在客观上,生产者的行为在本质上仍然对市场经济秩序具有破坏性,不能因为暂时没有流向社会便否定其违法性。[4]

---

[1] 参见姜涛:《刑法解释的价值判断》,载《中国社会科学》2023 年第 7 期。
[2] 参见刘天宏:《经济秩序法益的应然类型与刑法保护》,载《政治与法律》2024 年第 2 期。
[3] 张明楷:《刑法学》(第 6 版),法律出版社 2021 年版,第 948 页。
[4] 参见上海市高级人民法院〔2020〕沪刑终 131 号刑事裁定书、上海市第三中级人民法院〔2021〕沪 03 刑终 14 号刑事裁定书、北京市第二中级人民法院〔2021〕京 02 刑终 83 号刑事裁定书、江苏省南京市中级人民法院〔2020〕苏 01 刑终 817 号刑事裁定书、陕西省西安市中级人民法院〔2021〕陕 01 刑初 113 号刑事判决书。

本文认为，上述关于生产、销售伪劣产品罪客观行为即"销售"的限缩解释虽然"用心良苦"，但在犯罪论体系的闭环解释中却"无能为力"。这是因为，出卖人、承揽人即便只是与特定的购买人建立买卖、服务合同关系，也只能评价为"销售"。如上文所举的"口罩案"，甲、乙公司订立口罩的购销合同，乙公司将货物实际交付甲公司，甲公司支付货款，该"销售"行为显然已经完成且既遂。甲公司在发现产品存在质量问题后，向乙公司交涉并提起民事诉讼，以及后续向公安机关报案的事实，都说明乙公司在客观上完成了"销售"行为。并且，甲公司在购进货物后，客观上的确有向不特定社会公众出售的可能性，这就难以判断是否会危害市场经济秩序，司法机关的担忧不无道理。本文主张，购销双方之间产生质量纠纷，罪与非罪界限判断的核心并不在于"销售"的认定，而是在于承认属于"销售"的前提下，考察该"销售"行为有无实质性地侵犯人的生命、健康、安全等具体法益。如果生产、销售的伪劣产品仍然处于流通环节，比如生产者向中间商销售后，中间商将该批产品储存在仓库尚未向社会公众出售，则可引入"法益恢复"理论，否定其刑法上的需罚性并考虑出罪，仅以民事责任承担的方式处置即可。

理论上，所谓法益恢复，是指犯罪行为已经停止于既遂形态，但行为人通过自主有效的行为控制得以消除法益危害的实际危险或者自主恢复被其先前犯罪行为侵害的法益。[1]近年来，肇始于司法实践的法益恢复理论被学界普遍关注并承认，逐渐成了经济犯罪、财产犯罪等出罪化、轻刑化的理论基础。[2]

按照上述界定，在生产、销售伪劣产品罪中，也存在"法益恢复"的除罪化空间。如上所述，本罪的规范保护目的是禁止因产品质量问题侵害人的生命、健康、安全等具体法益。一方面，生产、销售行为完成即犯罪既遂后，如果不特定人的生命、健康、安全等人身法益尚未遭受实质性威胁和侵害，在事实上完全可以通过"撤回"的方式实现"法益恢复"。比如，生产者将

---

[1] 参见庄绪龙：《"法益可恢复性犯罪"概念之提倡》，载《中外法学》2017年第4期。

[2] 主要文献有杜宇：《法益修复与功能违法论》，载《中国社会科学》2024年第3期；刘科：《"法益恢复现象"：适用范围、法理依据与体系地位辨析》，载《法学家》2021年第4期；庄绪龙：《"法益恢复"刑法评价的模式比较》，载《环球法律评论》2021年第5期；赵运锋：《论刑法条文中的"程序性要素"》，载《法学》2021年第7期；姜涛：《重构主义的刑法实践模式》，载《法学》2022年第1期；卢勤忠：《程序性附加条件与客观处罚条件之比较》，载《法学评论》2021年第1期；宋盈：《"既遂后民事追认"的法律效果审视》，载《政治与法律》2018年第5期；孙本雄：《事后行为出罪的法理依据及判断标准》，载《现代法学》2023年第1期。

伪劣产品销售给中间商，中间商将该货物储存在仓库即被举报案发，此时根本不存在危害人的生命、健康、安全的可能性，只不过侵害了中间商的财产法益。换言之，在这种情形下，并不存在危及人身法益的可能性，本质上就是生产者与中间商之间的经济纠纷。此时，完全可能通过"法益恢复"的方式，即生产者承担民事责任的方式"撤回"先前销售伪劣产品的犯罪行为；另一方面，中间商已经将伪劣产品销售给消费者，消费者也已经实际使用（食用），此时也要在客观上考察到底侵害的是人身法益还是财产法益。如果侵害的仅仅是财产法益，同理可以比照上述情形按照民事方式处理。王泽鉴教授认为，由产品质量引发的纯粹经济损失，在性质上属于"不完全给付"。债权人因债务人不完全给付，致受纯粹经济上的损失时，得依债务不履行规定，请求损害赔偿。[1]其实，产品质量问题既可能侵害人身法益，也可能只是侵害财产法益，二者的差异明显。如果将其等同视之，在法教义学视角也不满足法律条文体系解释中"内部体系"协调的要求。[2]

事实上，这种根据法益类型区分的解释方向，尤其是对仅侵害财产法益情形作民事处置的立场，在法经济学分析视角下也可以得到印证。根据"卡尔多-希克斯"标准及其主张的二阶价值极大立场，在肯定两种目的均有正当性的前提下，因既有法律解释方法面临多重目的的竞合冲突，权衡利弊得失，作出最妥适的目的解释结论，即用最少的代价追求最大限度地实现一阶层次的所有价值。[3]"这个世界中的所有利益都有人主张，因此一种利益的实现总以牺牲其他利益为代价。"[4]既然如此，如果以较小代价的利益牺牲能够实现某位阶更高的利益主张，显然是较优的选择。在产品质量问题仅仅侵害财产法益的违法实体类型方面，经由"法益恢复"理论，通过承担民事责任的方式"出刑入民"，相比于严苛的刑事惩罚而言显然是"较小代价"，何乐而不为？归纳而言，在产品质量犯罪问题上，如果伪劣产品的生产、销售行为已经处于既遂形态，但并未现实化地威胁、侵害消费者的人身法益，而仅仅是侵害了财产法益，则完全可以通过违约金、消费者权益惩罚性赔偿等民事责任承担的方式解决。这是因为，单纯财产法益侵害层面的产品质量问题，本

---

[1] 参见王泽鉴：《民法学说与判例研究》（重排合订本），北京大学出版社2016年版，第742页。
[2] 参见车浩：《法教义学与体系解释》，载《中国法律评论》2022年第4期。
[3] 参见张永健：《法经济学分析：方法论20讲》，北京大学出版社2023年版，第239~240页。
[4] [德] 菲利普·黑克：《利益法学》，傅广宇译，商务印书馆2016年版，第18页。

质上就是经济纠纷。在经济纠纷解决的方式选择上，经由"法益恢复"路径实现对刑事制裁的限制，就是对包括交易自由在内的人类自由的有效保障。从本质上而言，刑法保护财产权利利用可能性的意义，实际上是在保护个人实现自由发展的一般条件和基本工具。〔1〕如果经由其他诸如"法益恢复"方式也可实现对个人自由发展所需的财产权保障，则不失为一种更为理性的选择。

需要探讨的是，生产、销售伪劣产品罪保护的产品质量监督管理秩序、制度，是否可以在"法益恢复"理论框架下得以自洽？本文认为，回答也是肯定的。从类型区分的视角来看，秩序、制度法益存在单纯型和利益型两种情形。所谓"单纯型秩序法益"，是指行为人一旦实施侵害某种行为，该秩序法益就完全失控，在事实上不可能再还原或者"恢复"，这是一种事实判断。比如，《刑法》第161条违规披露、不披露重要信息罪就是如此。如果相关信息一经披露就被不特定人所知，行为人对信息的扩散就会彻底失去控制，就不可能被还原或者"恢复"。与此相反，所谓"利益型秩序法益"，是指虽然在形式上表现为秩序法益被破坏，但该秩序法益并不是纯粹抽象的价值符号，而是一种可还原为具体人的利益的"聚合型"秩序法益。〔2〕此时，伴随具体法益的还原或者"恢复"，该类型的秩序法益自然也可能被恢复。比如，在非法吸收公众存款罪中，如果被害人"追赃挽损"的具体法益能够被及时恢复，该罪内涵的金融管理秩序当然也就自然回归至原点。〔3〕故而，诸如集资犯罪、产品质量犯罪等犯罪类型，侵犯的秩序、制度并不是纯粹不可逆的。此时，完全可以通过"法益恢复"的理论工具，即经由民事责任承担方式，实现民刑竞合关系的妥善处理。

经由"法益恢复"途径处置产品质量民刑竞合关系，不但存在坚实的理论基础，还具有刑事诉讼方式所不具备的天然优势。

一方面，对于涉罪主体而言，生产、销售伪劣产品罪绝大部分是单位犯罪，个人犯罪的比例较小。一旦涉罪，即对单位判处罚金，对直接责任人员和主管人员判处相应刑罚，这对于企业经营、发展乃至生存而言，都将是严

---

〔1〕 车浩：《重构财产犯罪的法益与体系》，载《中国法律评论》2023年第4期。

〔2〕 参见刘天宏：《经济秩序法益的应然类型与刑法保护》，载《政治与法律》2024年第2期。

〔3〕 参见庄绪龙：《应将"法益恢复"作为刑事合规的实质根据——以集资犯罪的刑法处置为例》，载《法治现代化研究》2023年第3期。

峻的挑战。故而，在产品质量民刑竞合关系的判断上，优先运用民事方式处理更为科学、理性。《民法典》第 1206 条规定，产品投入流通后发现存在缺陷的，生产者、销售者应当及时采取停止销售、警示、召回等补救措施，这说明产品质量纠纷通过民事责任承担方式处理，存在明确依据。

另一方面，对被害人的损失而言更具保护价值。在刑事诉讼中通过退赃退赔等方式，被害人损失弥补的效果十分微弱。最高人民法院入库案例指出，在刑民交叉案件中，如果民事纠纷和刑事犯罪系由同一法律事实引起，犯罪分子给被害人造成的损失已经刑事判决确认并责令退缴、退赔，即使能否实际追缴到位尚不清楚，人民法院在民事诉讼中对相应损失也将不再支持。[1] 笔者以"刑事案件""刑事附带民事诉讼""生产、销售伪劣产品罪"为关键词搜索，仅查阅到 17 起案件，大量涉刑案件并不存在附带民事诉讼。[2]

即便是在刑事附带民事诉讼中，原告的赔偿诉请也不一定得到支持。通过对该 17 起案件的分析可知，刑事附带民事诉讼原告主张的赔偿请求，法院对于支付的货款等直接损失通常予以支持，但对于其他间接性损失，刑事判决几乎不予理涉或者不能完全支持。比如，王某将不合格的辣椒种子卖给宋某，销售额为 6.4 万元。因为种子的质量不合格造成大量减产，损失估计约为 170 万元。在该案中，法院只判决王某返还宋某 6.4 万元货款，其他间接损失并未理涉。[3] 再如，被告人张某某伙同他人非法倒换汽油，将油罐车中的成品汽油抽出，加入劣质轻质油后运输至加油站，导致多辆加油的汽车受损。最终，石油公司共支出受损车辆维修费用 256 万元。不仅如此，石油公司还与各被害人协商另赔偿受害人车损共计 500 万元左右。本案中，附带民事诉讼原告单位中石油河北分公司要求被告人赔偿经济损失 800 余万元。法院生效判决认为，附带民事诉讼原告提供的证据证实支出受损车辆维修费用 256 万元，至于附带民事诉讼原告赔偿受害人的其他损失，系双方协商自愿达成，与张某某的犯罪行为无关，法院不予支持。[4] 由此看来，通过刑事诉讼方式处置产品质量问题，对"被害人"遭受的损失的救济是微乎其微的。相

---

[1] 参见北京市高级人民法院［2009］高民终字第 1145 号再审判决书。

[2] 实践中，一旦启动刑事诉讼程序，通常即意味着民事诉讼的终结，被害人不会被允许再单独提起民事诉讼。

[3] 参见河南省临颍县人民法院［2020］豫 1122 刑初 252 号刑事附带民事判决书。

[4] 参见河北省任丘市人民法院［2016］冀 0982 刑初 527 号刑事附带民事判决书。

反,如果通过民事方式处理,则存在充分、扎实的法律依据。比如,《民法典》第 1207 条规定:"明知产品存在缺陷仍然生产、销售,或者没有依据前条规定采取有效补救措施,造成他人死亡或者健康严重损害的,被侵权人有权请求相应的惩罚性赔偿。"故而,充分发挥民事责任承担中违约金、惩罚性赔偿的制度优势,就对"被害人"的损失救济而言,是更为客观的立场。

(二)产品质量民刑竞合"法益恢复"方案的具体展开

1. 生产者向中间商销售既遂,但中间商尚未向消费者销售:应以"法益恢复"的民事责任承担方式处置,不宜作为犯罪处理

在司法实践中,生产者与中间商之间的产品质量经济纠纷十分常见,这在市场经济中几乎不可避免。在纠纷解决的方式上,由产品质量问题衍生的民刑竞合关系也时有发生。此时,不宜忽视法益保护的基本原理,径直按照所谓刑事优先或者"刑事排斥民事"的立场处置。如上所述,生产、销售伪劣产品罪的保护法益具有双重性,宏观面向视域下的产品质量制度管理秩序仅仅是抽象、拟制的法益,而微观面向视域下人的生命、健康、安全等具体法益才是本罪设置的根本所在。具体而言,在生产者向中间商销售既遂但中间商尚未向消费者销售的情形下,矛盾纠纷仅仅限于生产者与中间商之间,与消费者还没有发生实质关联,也就不存在因为产品质量问题侵害人的生命、健康、安全等具体法益的可能性。换言之,此时"既遂"的仅仅是生产者、中间商之间合同交易关系的实现,还并未侵害本罪真正需要保护的法益。在这种情形下,唯一需要解决的就是中间商的经济损失。在逻辑上,由于生产者与中间商之间必然存在买卖合同关系,此时当然可以按照合同关系解决。其实,按照合同关系解决,尤其是通过违约责任承担、违约金偿付等方式,就是本文所倡导的"法益恢复"理念的立场。亦即,虽然按照形式逻辑的论证,生产者向中间商提供了不合格产品,按照刑法的规定在形式上的确符合生产、销售伪劣产品罪的构成要件,但在解决方式上完全可以通过退货、赔偿损失等"法益恢复"的弥补途径解决中间商的损失。上述"口罩案"就是这种情形。本文主张,在这种民刑竞合关系的处理上,应充分尊重法益保护的基本原理,透过现象看本质,而不是浮于表面的形式逻辑,否则将会陷入"合法不合理"的司法泥沼。

2. 生产者或中间商已经向消费者销售既遂：应实质化考察法益侵害的性
　　质，再决定民刑竞合的处置方向

生产者或中间商向消费者销售完毕后，在法律逻辑上就应当拟制性地认为，不特定人的生命、健康、安全等具体法益已经现实化地遭受了来自伪劣产品的威胁，在实质层面显然属于既遂形态。但上述结论只是原则性推定，是否存在"法益恢复"的空间，还需要结合非暴力性、非权力性、非人格性的标准进行实质化考察。〔1〕如果消费者已经使用（食用）且现实化地造成人身法益损害或者威胁，则不可能存在"法益恢复"的空间，只能按照刑事犯罪的逻辑认定，这也是本罪法益保护的根本要求。〔2〕但是，如果伪劣产品并未侵害其人身法益，而仅仅在形式上侵害了消费者的财产法益，那么需要进一步思考该行为的性质以及有无"法益恢复"的空间。〔3〕

比如，甲公司是生产建筑所用管桩的公司。按照国家相关规定和建设项目的要求，管桩型号主要有A和B两种，前者是高品质型号，后者是低品质型号。甲公司与乙、丙等22家建设公司签订合同，共计销售8万米A型号高品质管桩。但经市场监督管理局检查发现，甲公司在该段时间内生产的A型号高品质管桩只有2万米。经核查，甲公司对外销售的6万米管桩系B型号低品质产品，但其冒充为A型号的高品质产品。但对于该6万米管桩的交易相对方，在购销合同中无一例外都标明要求甲公司提供A型号高品质产品。并且，最终也是以A型号高品质产品的售价交易。

对于此案，如何处理？实践中，办案机关认为，对于建筑工程中的产品质量问题，应以生产、销售伪劣产品罪认定。〔4〕主要理由是：其一，按照《产品质量法》第2条第2款和第3款的规定，"产品"的范围，是指经过加工、制作、用于销售的产品，建筑工程本身并不属于《产品质量法》中的

---

〔1〕参见庄绪龙：《"法益可恢复性犯罪"概念之提倡》，载《中外法学》2017年第4期。

〔2〕当然，在证明方式上，只需要明确该不合格、伪劣产品对于人的生命、健康等存在现实化侵害或者威胁的可能性即可，不需要实际发生伤亡后果。

〔3〕侵害人身法益与财产法益区分的标准，应主要以产品本身的功能作为依据，一般应当排除偶然因素引起的小概率事件。比如，电瓶车、电动汽车的蓄电池如果存在质量问题通常是财产纠纷，如偶然引起火灾伤及人身法益，则是小概率事件。

〔4〕参见常熟市人民法院［2022］苏0581刑初5号刑事判决书；江苏省常熟市人民检察院常检诉抗［2013］1号刑事抗诉书；时延安、许丽娟：《建筑工程中严重偷工减料行为的定性》，载《中国检察官》2013年第8期。

"产品"。但建筑工程使用的建筑材料，建筑构配件和设备，属于前款规定的产品范围的，适用该法规定。其二，该6万米管桩的交易相对方，在合同中明确要求甲公司提供 A 型号高品质产品，并且建筑工程的图纸也明确要求（建议）使用 A 型号高品质管桩。其三，该6万米管桩的交易相对方，向甲公司付款的标准是高品质的 A 型号管桩，甲公司"以次充好"，属于《刑法》第140条规定的生产、销售伪劣产品罪。

显然，如何解释上述案件中的"以次充好"，是本案性质确定的关键。具体而言，本罪中的"次"，是否必须是"伪劣产品"？《生产、销售伪劣商品刑事案件解释》第1条第3款规定，《刑法》第140条规定的"以次充好"，是指以低等级、低档次产品冒充高等级、高档次产品，或者以残次、废旧零配件组合、拼装后冒充正品或产品的行为。本文认为，该规定有待商榷。伪劣产品与不合格产品是两个完全不同的概念。不合格产品认定标准，应以《产品质量法》的规定为依据，如果产品不满足产品质量的强制标准，当然属于"伪劣产品"。[1]但这并不意味着所有的"伪劣产品"都属于不合格产品。如果满足产品质量的强制性标准（即低品质合格产品），但是不满足客户的需求（如图纸标注、建议使用高品质产品），是否属于本罪中的"以次充好"？

本文主张，此时需要结合本罪法益保护的基本原理，坚持基于实质标准进行区分和判断。这是因为，社会实践中不少建筑图纸虽然标注了高品质管桩或者其他建筑材料的要求或者建议，但可能属于"标准过剩"。[2]即，原本并不需要高品质的产品，但为了标榜建筑质量安全或者强化品质的卖点，有些设计公司惯常建议就高使用高品质材料。换言之，高品质材料其实与该建设工程的安全无关，使用符合强制性标准的低品质产品也完全满足该建设工程的要求。比如，建设项目为一栋二层小楼，用低品质的 B 型号管桩完全可以满足建设要求，但设计公司或开发商为了达到其独特的商业目的，要求使用高品质的 A 型号管桩，这其实只与其商业利益有关，而与生产、销售伪劣产品罪保护的法益无关。故而，上述案件中该6万米管桩是否应被纳入"以次充好"的犯罪数额，应以相关建筑的应然标准考察而非以"标准过剩"

---

〔1〕 参见郭立新：《论生产、销售伪劣产品罪的几个争议问题》，载《法学评论》2001年第1期。

〔2〕 "标准过剩"在社会生活中普遍存在。比如，大学生张三需要买一部电脑用于学习和工作，价值三五千元的普通配置电脑也完全满足，并不需要买一部价值一两万元的高配置电脑。

的图纸要求为依据？亦即，如果在客观上该建筑项目基于建设要求确实需要高品质管桩才能保障建筑品质和安全，以低品质产品冒充高品质产品就属于刑法中的"以次充好"。反之，如果低品质产品完全可以满足建设项目的需求，生产者或销售商以低品质产品冒充高品质产品，并未危及本罪保护的产品质量安全法益，则不应以生产、销售伪劣产品罪认定，而是可能涉嫌合同诈骗罪或者经由"法益恢复"路径以民事责任承担方式解决。

3. 生产者尚未向中间商或消费者销售情形：区分交易主体后再实质化判断有无法益侵害危险

实践中，伪劣产品犯罪的既未遂形态并存情形并不鲜见。《生产、销售伪劣商品刑事案件解释》第 2 条第 2 款规定，伪劣产品尚未销售，货值金额达到《刑法》第 140 条规定的 3 倍以上的，以生产、销售伪劣产品罪（未遂）定罪处罚。最高人民法院、最高人民检察院《关于办理非法生产、销售烟草专卖品等刑事案件具体应用法律若干问题的解释》第 2 条第 2 款也规定："销售金额和未销售货值金额分别达到不同的法定刑幅度或者均达到同一法定刑幅度的，在处罚较重的法定刑幅度内酌情从重处罚。"显然，上述司法解释明确了生产、销售伪劣产品罪未遂入刑的基本立场。但是，上述司法解释不区分生产者与中间商、生产者与消费者交易主体的立场并不科学。本文主张，对于生产者而言，伪劣产品生产完毕但尚未销售的，民刑竞合关系应遵循以下立场。

其一，如果交易主体是生产者与特定的中间商，不论伪劣产品的性质如何，即是否危害人的生命、健康、安全等法益，均不应作为犯罪处理。理由非常简单，按照本部分第一种情形的分析，如果生产者销售的对象是中间商，即便销售既遂，此时也仍处于中间商的控制之下，尚未流向社会对不特定消费者的人身法益造成侵害。在"举重以明轻"的出罪原理下，尚未销售的，当然也不能作为犯罪处理。《生产、销售伪劣商品刑事案件解释》第 2 条第 2 款的涵摄范围不应包括此种情形。

其二，如果交易主体是生产者与不特定的消费者，在产品生产完毕尚未销售的情形下，应进一步区分。一方面，如果该产品因质量问题而可能危及人的生命、健康、安全等重大人身法益，即便是尚未销售，在刑法上也应作否定性评价。比如，生产者生产不符合质量标准的口罩，虽然尚未向社会销售（但存在向社会销售的极大可能性）即被查扣，基于对人身法益特殊性的考量，也应按照上述司法解释的规定作犯罪化处置。另一方面，与此相反，如果该产品质量问题并不危及人身法益,而仅仅可能造成消费者财产法益的损害,此时尚未销售的产品,不应被作为本罪的犯罪对象。比如,生产者生产不符合质量标准的钢笔,不可能危及人身法益,此时即便被查扣也不应认定为犯罪。此时,由于尚未销售给消费者,也不存在民事责任承担的可能,可以考虑通过行政处罚的方式处理。

经由类型化区分和分析,产品质量引发的刑民竞合关系,在处理方式上不宜遵循刑法优先或者"刑事排斥民事"的"一刀切"模式。在应然意义上,对产品质量刑民竞合关系的处理,应在充分考虑流通环节、犯罪形态、法益侵害类型等影响性要素的基础上进行综合考量。

交易类型与犯罪形态、法益侵害类型对处理方式的影响

交易类型	犯罪形态	法益侵害类型	可能的处理方式
生产者→中间商	既遂	×	民事责任
生产者→中间商	未遂	×	民事责任
生产者→中间商→消费者	既遂	人身法益	刑事责任
生产者→中间商→消费者	既遂	财产法益	民事责任
生产者→中间商→消费者	未遂	人身法益	刑事责任
生产者→中间商→消费者	未遂	财产法益	民事责任

五、结语

针对产品质量问题引发的纠纷,《民法典》《产品质量法》《刑法》等不同法域皆存在相关规定,由此形成刑民竞合关系。关于产品质量民刑竞合的司法处置方式,现阶段理论和实践中通行的"刑事优先"抑或"刑事排斥民事"立场并不科学。即便在形式逻辑上,行为人生产、销售的数额达到了《刑法》第140条规定的入罪标准,也不能绕过民事责任承担方式而径直将其纳入刑事追诉程序。在这种刑民竞合关系的处置上,应充分考虑刑法的价值与具体条文背后的规范保护目的。目的是一切法律的创造者,此等目的所形成的共同效应在于使社会共同生活具有可能性。[1]在制定法竞合乃至冲突的

---

〔1〕 参见高金桂:《利益衡量与刑法之犯罪判断》,元照出版公司2003年版,第30页。

场域下,司法者正确解释、适用法律至关重要。耶林认为,司法者是法律进步的先锋。司法者的使命是,不仅要适用法律,而且要去"寻得法律"。法律适用的过程,也是一种法律获得完满与扩充的活动。[1]哈尧茨也主张,司法者在宪法框架内,对制定法规则所蕴含的正当目的的发现与探索,不仅是司法裁判的重要内容,也是"法律创造是司法的本质"的实现过程。[2]

  本文主张,在静态的法律体系作用于动态的司法裁判的过程中,尤其是在刑民竞合关系这种特殊性场景下,应存在一个具有辨识能力的中介性体系,这就需要解释者抑或司法者自觉发掘条文背后的类型差异,并与经济社会发展的现实需要相匹配,向社会输出一些既饱含科学理性、人道主义又不违反制定法规范保护目的的优秀案例和法治思想。其实,为社会发展提供法治思想的资源也是司法机关的重要使命。这是因为,有些法律原则是在司法裁判过程中被发掘出来的,而不是本身就被制定好的。[3]卡恩指出,法治不只是一个司法判决问题,法官对事件的认知可以很好地体现法律想象的作用。[4]比克尔甚至认为,美国最高法院的功能之一就是"带领美国人民走出道德荒原",始终强调司法对于社会道德的塑造功能。[5]比如,美国1963年通过"吉迪恩诉温赖特案"确立了政府有义务为请不起律师的被告人提供法律援助义务的"吉迪恩规则";1966年审理的"米兰达诉亚利桑那州案"明确了被告人有沉默权的"米兰达规则"。在这两起案件的处理过程中,美国联邦最高法院并没有单纯就案论案,而是在综合案件事实和人权保障理念的基础上,出于维护社会整体正义的考量,推翻了原审判决,进而提炼出了更具正义价值的法律原则。这不仅使得刑事诉讼法规发生了重大变化,也带动了关于国家与个人、权利与权力之间关系的重新思考,进一步促进了法治文明进程。

---

〔1〕 [德] 鲁道夫·冯·耶林:《法学是一门科学吗》,奥科·贝伦茨编注,李君韬译,法律出版社2010年版,第84页。

〔2〕 参见 [瑞士] 阿图尔·迈尔-哈尧茨:《法律续造的战略方面与战术方面——关于法官造法的界限问题》,柯伟才译,载《苏州大学学报(法学版)》2022年第1期。

〔3〕 Joseph Raz, "Legal Principle and the Limits of Law", *The Yale Law Journal*, Vol. 81, No. 5, 1972.

〔4〕 参见 [美] 保罗·卡恩:《法律的文化研究:重构法学》,康向宇译,刘晗校,中国政法大学出版社2018年版,第145页。

〔5〕 Alexander M. Bickel, "The Supreme Court, 1960 Term-Foreword: The Passive Virtues ", *Harvard Law Review*, Vol. 75, No. 1, 1961, pp. 40~79.

"如果一个政府具有发现法律的最佳机制，那这个国家就再幸运不过了。"[1]

应该承认的是，我国当前经济社会发展仍带有不平衡的基本属性，产品质量问题不可避免，这是基本的社会现实。在出现产品质量问题后，如果直接绕过民事责任承担方式，强行纳入刑事追诉程序，并不符合经济社会发展的现状，有极端冒进之嫌。另外，在损失承担方面，"被害人"的经济损失几乎无法通过刑事退赃退赔等方式得到有效救济。这都决定了生产、销售伪劣产品罪的司法适用，应当与民事侵权或违约责任之间保持必要的呼应和关联，而不是将民刑竞合关系简单割裂为"出民入刑"。事实上，生产、销售伪劣产品罪保护的法益，并不是抽象的产品质量监督管理秩序，而是人的生命、健康、安全等具体人身性法益，这是本罪判断的逻辑起点，未实际指向任何主体利益的秩序不应成为刑法上的法益。[2]无数司法实例证明，没有法益作为判断可罚性的理论支撑，经济犯罪的"口袋化"倾向将不足为奇。[3]故而，在民刑竞合关系的处置上，应将本罪的法益侵害后果类型化，即将真正侵害人身法益的行为（包括既遂、未遂）入罪化，以凸显对不可恢复的人身法益的特殊保护，但对于那些事实上不可能侵害人身法益而仅侵犯财产法益的情形，应考虑经由"法益恢复"路径予以除罪化。唯有如此才能在打击犯罪与经济发展、人权保障之间保持协调和平衡。

---

[1] 参见王人博：《法的中国性》，广西师范大学出版社2014年版，第97页。

[2] 参见崔志伟：《经济犯罪的危害实质及其抽象危险犯出罪机制》，载《政治与法律》2022年第11期。

[3] 参见刘艳红、周佑勇：《行政刑法的一般理论》（第2版），北京大学出版社2020年版，第241页。

场景理论下个人信息刑法规制范围的探析[*]

杨 雪 徐之涵[**]

摘 要：个人信息的变动性导致了侵犯公民个人信息罪中对个人信息的保护界限不明确。场景理论蕴含的动态分析框架可有效应对这一问题，而场景理论仅限于对已公开信息的关注，需在植入我国刑法适用的过程中同时扩张至对未公开个人信息的保护。场景理论发展出的"元数据""数据食物链"概念为初始场景的确定、场景变更的合理性提供了理论支持。信息主体、信息处理者、处理目的三个要素同时构成了初始场景，初始场景合法性是刑法介入的首要判定限制，而场景变更则决定了刑法介入的时机。在同一目的、关联目的、无关目的三种场景变更情形中，存在不同的判断路径。可根据具体情形采用不同的判断规则明确个人信息的刑法规制范围。

关键词：个人信息；侵犯公民个人信息罪；场景理论；初始场景；场景变更

一、问题的提出

近年来，大数据统计等数字技术的发展势头迅猛，这既为医疗、科研等领域带来了便利，也不可避免地带来了问题：如何在数字时代保护个人信息？为回应这一问题，我国《刑法修正案（七）》增补了侵犯公民个人信息罪，后又通过《刑法修正案（九）》进行了进一步修改。然而，在适用该罪名的

---

[*] 基金项目：国家社会科学基金青年项目"社会治理背景下社区矫正的多维功能研究"（20CFX036）

[**] 作者简介：杨雪，南京师范大学法学院副教授，中国法治现代化研究院研究员；徐之涵，南京师范大学法学院硕士研究生。

过程中，对"个人信息"保护场景的理解并不明晰。

不同于信息时代到来前，如今个人信息的流动不再限于人与人的交往，个人信息流动性的增强注定了对其的理解不应囿于单一的认知。就同一信息而言，其极有可能出现于不同场景，且不同的场景可能指向不同的保护需求。以"刘某丰、王某丰侵犯公民个人信息案"[1]为例，行为人了解到客户公司的账户中含有大量个人简历，可通过将年费过期或倒闭的公司账号出售的方式打包出售账号内的公民简历从而获利。后行为人向他人购买公民简历，购得个人简历11 839份。辩护人认为，行为人所侵害的简历信息不同于常规的信息，该信息本身存在对外公开的属性。同时，简历来源于人力资源工作人员私下的微信群，时间跨度比较大，致使大部分个人信息发生了较大的变化，失去了其特定性，不应被作为定罪量刑的依据。此案体现出了一个问题：在特定场景公开的个人信息，变更至其他场景是否仍能受到保护？

而这也可引申出了一个相反的问题：在非法场景公开的个人信息，若变更至合法场景是否可出罪？以"黄某丰非法获取公民信息案"[2]为例，行为人接受"测试软件是否运行正常"的业务和玩网络游戏打装备卖钱。行为人基于开展业务的需要，从相关客户处非法获取并使用非法个人身份信息注册六七千个账号。行为人认为，起诉中提到的业务开展完全是合法合规的，其注册账户未使用身份证注册，只是随机英文字母注册，与本案无关。辩护人认为，行为人电脑中所储存的公民个人信息，并非其本人使用非法手段收集、购买或者交换获取，该批公民个人信息在行为人被动接收前，已经被非法收集，涉及的全部公民个人身份信息均已被侵犯，行为人的行为与损害后果的发生并不具有因果关系。

追根究底，这两个问题均是由同一个问题引申而来的：如何理解刑法保护"个人信息"的范围？"个人信息"的概念本身具有模糊性，其范围难以确定，反而导致了实践中更多适用性争论的产生。为回应这一问题，本文在梳理"个人信息"界定困难缘由的基础上，运用场景理论对刑法应介入保护个人信息的场景进行确定。以"是否公开"为标准对"个人信息"进行初步分类，继而根据目的关联性对场景理论在司法实践中的运用进行进一步明晰，

---

[1] 参见广东省深圳市龙华区人民法院［2020］粤0309刑初77号刑事判决书。
[2] 参见广东省深圳市龙岗区人民法院［2020］粤0307刑初1334号刑事判决书。

探寻明确的判定标准及路径，以期解决司法实践中个人信息保护方式不明确的问题。

二、"个人信息"的保护困境及其应对

（一）困境：个人信息的变动性

2009年《刑法修正案（七）》增设了侵犯公民个人信息罪，"个人信息"这一概念开始进入人们的视野。然而，"个人信息"这一概念在《刑法》中仅存在概括性表述，内涵及外延极为模糊。

对于"违反国家有关规定"的含义，最高人民法院、最高人民检察院《关于办理侵犯公民个人信息刑事案件适用法律若干问题的解释》第2条进行了扩张解释，将部门规章与法律、行政法规一并纳入其中，超出了《刑法》第96条对"违反国家规定"中"国家规定"范围的限制。该司法解释的这一扩张性规定虽然契合了惩治侵犯公民个人信息犯罪的现实需要，却背离了罪刑法定原则的要求。[1]空白罪状的设置要求刑法关注前置规范的规定，前置规范的变更影响着刑法的介入。然而，过于繁复的部门规章不利于对个人信息的理解。《儿童个人信息网络保护规定》《电信和互联网用户个人信息保护规定》《证券期货业网络和信息安全管理办法》等规章均对个人信息进行了更加具体的细化保护，而这些规范又明确指出此类规范根据《网络安全法》《个人信息保护法》等法律法规制定。由此可见，"国家规定"对"个人信息"的规定陷入了循环往复之中，看似扩张的保护范围实际上仍受限于前置法律规范，尤其是《网络安全法》和《个人信息保护法》。因此，重点关注这两部法律有助于初步明确个人信息的意涵。

2016年11月7日公布的《网络安全法》将"个人信息"的概念界定为："以电子或者其他方式记录的能够单独或者与其他信息结合识别自然人个人身份的各种信息，包括但不限于自然人的姓名、出生日期、身份证件号码、个人生物识别信息、住址、电话号码等。"[2]2017年，最高人民法院、最高人民检察院《关于办理侵犯公民个人信息刑事案件适用法律若干问题的解释》

---

[1] 参见胡江：《侵犯公民个人信息罪中"违反国家有关规定"的限缩解释——兼对侵犯个人信息刑事案件法律适用司法解释第2条之质疑》，载《政治与法律》2017年第11期。

[2] "以电子或者其他方式记录的能够单独或者与其他信息结合识别自然人个人身份的各种信息，包括但不限于自然人的姓名、出生日期、身份证件号码、个人生物识别信息、住址、电话号码等。"

进一步明确了公民个人信息的概念，在前述规定的基础上，将财产状况、行踪轨迹等更多的内容纳入个人信息的范围，同时强调了"公民个人信息"的"可识别性"，直指个人信息应为"以电子或者其他方式记录的能够单独或者与其他信息结合识别特定自然人身份或者反映特定自然人活动情况的各种信息"。2021年，《个人信息保护法》对个人信息进行了新的界定，不同于《网络安全法》对个人信息类型的具体描述，《个人信息保护法》仅保留"以电子或者其他方式记录的与已识别或者可识别的自然人有关的各种信息，不包括匿名化处理后的信息"的概括性描述。这样的规范摒弃了过往立法中具体的举例描述，再次强调"可识别性"，并通过消极规定明确匿名化信息不受保护。此时，"个人信息"概念的变更基本完成，规范变更导致的个人信息变动暂告一段落。

然而，即使明确了"个人信息"的概念，前置法所强调的"可识别性"这一标准在实践中却无法体现出较为统一的规则。有学者分析道，"个人信息"的"可识别性"并不存在刚性规则，而是取决于多种因素，如识别目标、识别主体、识别概率、识别风险等。[1]无论是识别目标、识别主体还是识别概率、识别风险，均会由于处在不同场景之中而产生变化。如今，个人信息应用的场景更加多元、复杂，个人信息作为数字生产的原料和动力被裹挟在广泛的数字传播中，生成于特定的应用场景，却又独立于特定应用场景而存在的个人信息无法被作为孤立的固化内容加以保护。[2]就同一"个人信息"而言，即使同样具有可识别性，出现于不同的"场景"可能带来全然不同的结果。出现于租房/卖房网站的"公民住址"只是普通的民事交易的途径，而出现于要债网站的"公民地址"则可能会成为刑事犯罪的开端。由此可见，个人信息本身具有的变动性使其陷入了实践中对其保护范围的判定困境。

因此，个人信息的变动性决定了对个人信息的认识和保护无法继续限于特定场景，而需根据变化前后的场景具体分析。若欲更好地保护个人信息，则需探寻更加适宜的动态分析标准。

（二）应对：动态分析标准的探寻

基于个人信息在实践中的变动性，仅以静态标准进行界定已然不足，学界试图寻找新的判定标准以满足实践中的动态需求。2004年，美国纽约大学

---

［1］参见丁晓东：《论个人信息概念的不确定性及其法律应对》，载《比较法研究》2022年第5期。

［2］参见林凌、程思凡：《个人信息场景化传播困境及保护研究》，载《当代传播》2021年第5期。

的海伦·尼森鲍姆指出，在信息时代，传统的理论无法回应有关隐私的根本争议，尤其是针对公共监控问题。海伦就此提出了新的隐私保护框架：场景公正理论。她认为，应当将隐私保护与特定场景联系起来，要求信息收集和传播的场景适宜并遵守特定场景中的分配规范。[1]由于敏感个人信息与私密信息都涉及隐私，这一理论首先在民法领域获得了较多学者的支持。王利民认为，对敏感个人信息的判断有必要兼采场景理论，场景理论可以有效应对敏感信息外延不确定、敏感个人信息范围多变等问题。[2]王鹏鹏同样认为，场景理论扩展和丰富了敏感个人信息的范畴，可缓解敏感个人信息界定的僵化问题。[3]

场景理论所体现的动态分析特征也使其被逐步适用于民法之外的法律。李昱指出，信息处理者在处理的过程中，不得使已公开的个人信息流向可能显著升高信息主体匿名性权益丧失风险的领域，此种动态性的视角和对个人信息流动性的关注，与场景理论有异曲同工之妙。[4]赵祖斌也直言，场景理论是一种动态分析框架，在该理论引导下，可以动态地保护个人信息，兼顾各方利益，以达到动态平衡。[5]

随着对场景理论动态分析框架的了解深入，刑法学者对该理论的支持也体现了更多方面。张勇指出，在对敏感个人信息的保护过程中，所谓的"私法公法化"和"公法私法化"并不可取，敏感个人信息应当受到公法和私法的多元化、多层次保护，而在不同的具体场景中，敏感与非敏感的标准因人、因事而异，有必要借鉴国外场景理论与相关立法，兼采静态和动态认定方法。[6]在此基础上，部分刑法学者进一步指出，场景理论在特定问题中为刑法标准的确定提供了相应依据。熊波认为，场景理论为数据分类分级提供了指导性方案。[7]欧阳本祺则根据场景理论为间接识别提出了基本

---

[1] See Helen Nissenbaum, "Privacy as Contextual Integrity", 79 Wash. L. Rev. 119 (2004).

[2] 参见王利明：《敏感个人信息保护的基本问题——以〈民法典〉和〈个人信息保护法〉的解释为背景》，载《当代法学》2022年第1期。

[3] 参见王鹏鹏：《论敏感个人信息的侵权保护》，载《华中科技大学学报（社会科学版）》2023年第2期。

[4] 参见李昱：《已公开个人信息的刑法保护原理及其规则》，载《人民检察》2022年第8期。

[5] 参见赵祖斌：《从静态到动态：场景理论下的个人信息保护》，载《科学与社会》2021年第4期。

[6] 参见张勇：《敏感个人信息的公私法一体化保护》，载《东方法学》2022年第1期。

[7] 参见熊波：《数据分类分级的刑法保护》，载《政法论坛》2023年第3期。

规则。[1]同时，场景理论在数据爬取、人脸识别、人工智能等具体的刑法问题中也提供了一定的指引。[2]

此时，场景理论已经在刑法特定问题上体现出了其适用价值。然而，若欲使该理论在司法实践中发挥作用，仍需进一步讨论如何运用场景理论以明确刑法对个人信息的保护路径。

（三）适用：场景理论的刑法植入

由于法益侵害性是判定刑法是否可以介入的一个重要因素，学界一度就侵犯公民个人信息罪所涉法益进行探讨。随着学界对场景理论的理解加深，场景理论成了部分学者确定侵犯公民个人信息罪法益的依据。蔡燊认为，虽然信息利用利益无法通过刑法法益检验，但场景公正理论作为判断个人信息权法益受侵害程度的方法有其价值，信息价值只有在具体情境中才能被完整判断。[3]李川和杨胜刚认为，在场景理论的指引下，侵犯公民个人信息罪的保护法益应为个人法益，但个人信息同样具有社会属性，在不同场景之下需要不同的保护力度。[4]马永强进一步指出，在对侵犯公民个人信息罪情节的理解中，还需结合信息被利用的可能场景，判断是否有足够的法益侵害。基于场景理论，对公民个人信息的保护，应根据场景的不同，遵循不同的判断规则，以适应不同场合中的情况。[5]

然而，场景理论在法益判断上的价值并未体现出该理论在实践中的作用，对场景理论的适用并非毫无争议。谷兆阳直指该理论不是私密信息的合理判定标准。他认为，场景理论无论是处于学说中还是处于司法实践中，均未发展出一般性的方法论以及操作规则，并且囿于其与现行法律制度不相融、忽视了个人信息的聚合性特征及易于造成人格法益保护的"真空地带"等多重

---

[1] 参见欧阳本祺：《论刑法中个人信息的识别》，载《南京师大学报（社会科学版）》2023年第6期。

[2] 参见侯跃伟：《共享视角下数据爬取行为刑法规制理念重塑与路径展开》，载《江苏社会科学》2024年第2期；刘方可：《论人脸识别信息的三个基础性问题——兼论侵犯公民个人信息罪行为方式补充》，载《前沿》2021年第4期；闫立、吴何奇：《重大疫情治理中人工智能的价值属性与隐私风险——兼谈隐私保护的刑法路径》，载《南京师大学报（社会科学版）》2020年第2期。

[3] 参见蔡燊：《侵犯公民个人信息罪的保护法益及其运用——从个人信息的公共属性切入》，载《大连理工大学学报（社会科学版）》2022年第3期。

[4] 参见李川、杨胜刚：《法益重塑与模式更新：场景化视域下个人信息刑法保护的动态转向》，载《广西大学学报（哲学社会科学版）》2023年第6期。

[5] 参见马永强：《侵犯公民个人信息罪的法益属性确证》，载《环球法律评论》2021年第2期。

因素，不宜作为司法实践中识别私密信息的主流标准。[1]杨楠指出在场景理论之下难以明确划分出具体的适用场景。[2]这一论断并非毫无价值，即使是上文提及的认可场景理论在法益确定上的价值的学者，也更多将认定基础置于法益之上，仅以场景理论为辅助性判断原则，未发展出场景理论的具体适用路径。而试图提出方案的学者也并未完全提出场景划分的具体方案，仅以场景理论为手段，提出了新的判断路径。储陈城和魏培林提出了"场景式判断+知情同意"的模式，对已公开个人信息存在的场景予以具体划分，进行初步判断。譬如将其划分为"共享性场景""营利性场景"和"违法犯罪性场景"，当场景式理论判断无法界定已公开个人信息的利用是否属于合理范畴时，再以知情同意规则来进行规制。[3]王雨田和周明提出了场景融入和场景抽离的双重路径，首先根据场景中的要素进行初步判断，再抽离出场景，回归到信息本身。[4]这些方案并未回应场景划分标准不明确的问题，虽试图初步划分场景，但在无法细分时仍将关注点转为后续应对方案。同时，此类方案对场景的划分将重点置于场景本身的性质上，尤其关注利益等场景特性，这样的判定逻辑试图根据利益进一步确定对信息的使用是否侵害了法益，却忽视了一个问题：同一信息在不同场景之中的危害是难以衡量的，而这与是否涉及利益等特性无关。

提出场景理论的海伦·尼森鲍姆在近年来也就这一问题进行了更为深入的研究。海伦与科尔斯滕·马丁通过改变情境行为主体、信息类型、信息流/信息使用这三个要素所涉40个具体要素进行民意调查，根据统计结果对民众认知的隐私（即有必要保护的个人信息的因素）进行了更加细致的认定。他们发现，满足隐私期望，即对必要个人信息的保护取决于环境因素，比如接收信息的行为者及信息的用途。在他们的统计中，购买信息在零售情境中对满足隐私期望有积极影响，但在医疗保险情境中则不适宜被使用，政治信息

---

[1] 参见谷兆阳：《论"场景理论"不是私密信息判断的合理标准》，载《科技与法律（中英文）》2022年第4期。

[2] 参见杨楠：《已公开个人信息刑法规制的分层建构》，载《政治与法律》2024年第5期。

[3] 参见储陈城、魏培林：《刑法视阈下已公开个人信息的合理利用——以个人自治法益观为中心的探讨》，载《重庆邮电大学学报（社会科学版）》2023年第5期。

[4] 参见王雨田、周明：《公民个人信息的刑法归类研究——基于场景理论的判断标准构建》，载《山东法官培训学院学报》2023年第2期。

在搜索和图书馆情境中可以为人们提供便利，但在零售和医疗情境中则可能侵害信息主体权益。[1]由此可见，即使同样涉及利益，信息在场景中的使用目的不同也会使得侵害结果的确定产生变化。因此，对场景理论的适用有必要根据所涉场景的共性将个人信息类型化，继而结合对不同场景中个人信息的使用目的进行进一步判断，得出具有普适价值的方法论。在场景理论核心理论基本明确后，海伦·尼森鲍姆与宝拉·基夫特对该理论进行了更加全面的阐述，试图对场景理论中的重要因素进行解析，继而建构更完善的判定框架。他们就美国国家安全局收集电话数据问题提出了"元数据"（Metadata）概念，认为该概念对个人信息保护路径的确定同样发挥着极为重要的作用。元数据是"关于数据的数据"，在信息搜索中扮演重要角色，可以根据元数据将其他信息进行分类。他们结合场景理论进行分析，认为如今的元数据与过往的认知不同，当元数据提供者改变了其提供信息的意愿、元数据的接收者极大地提高了聚合、存储、组合和分析元数据的能力或元数据分享的风险超过了最初目的时，就会改变数据的属性，损害信息的敏感性。[2]因此，当信息主体不再自愿共享他们的元数据时，便会影响到对个人信息再次使用的合理性认定。由此可见，元数据概念可以为个人信息保护路径的确定提供引导：个人信息首次被使用的场景应当被着重关注，个人信息初始场景的变更极有可能损害信息主体权益，成为判断刑法是否可以介入的首要标准。然而，仅对初始场景进行认定并不足以明确刑法对个人信息的保护方案，个人信息变动性带来的困境仍需妥善应对。在正视个人信息变动性这一特征后，海伦·尼森鲍姆提出了数据食物链（Data Food Chain）的隐喻，以此强调信息的流动（flow）在场景理论中的重要性，并指出了上下级数据链的发展过程，即数据分析师根据推理原则从低阶数据推理或合成到高阶数据时沿着数据链向上移动的过程，而这样的过程会给信息主体带来强烈不安，亟须新的管理规范进行制约。[3]这一隐喻与个人信息变动性相呼应，同时指出了实践中存在关联

---

〔1〕 See Kirsten Martin & Helen Nissenbaum, "Measuring Privacy: An Empirical Test Using Contextto Expose Confounding Variables", 18 Colum. Sci. & Tech. L. Rev. 176（2016）.

〔2〕 See Paula Kift & Helen Nissenbaum, "Metadata in Context - An Ontological and Normative Analysis of the NSA's Bulk Telephony Metadata Collection Program", 13 ISJLP 333（2017）.

〔3〕 See Helen Nissenbaum, "Contextual Integrity up and down the Data Food Chain", 20 Theoretical Inq. L. 221（2019）.

性的信息所属场景。依此路径，在明确个人信息所涉初始场景后，可进一步根据场景关联性，对个人信息保护进行进一步细化讨论，确定刑法介入路径及保护原则。然而，如何理解场景中的关联性，此种关联性是否仅存在"上下级"关系有待进一步讨论。海伦·尼森鲍姆对场景理论基本理念的发展延伸内容对我国个人信息的刑法保护路径的构建同样有着启示作用：首先正确认识个人信息所涉初始场景，继而根据场景变更情况判定刑法介入情境。

综上，基于场景理论得出的动态分析标准可有效应对由信息变动性带来的个人信息保护困境，根据场景理论的内置概念意涵和具体应用标准，可进一步得出使其适应于我国刑法运用的个人信息保护路径。个人信息中的元数据为首次出现的初始场景，对其中蕴含的信息主体、使用目的等要素属性的变更可能损害个人信息的敏感性，造成对个人信息的侵犯。而具体的侵犯程度是否达到刑法介入的范畴，则需根据场景变更的关联性进行进一步分析，在正视数据食物链背后信息变动的正当性的基础上明确不当变动界限，以确定侵犯个人信息的场景变更情形及判定原则。

三、刑法介入"个人信息"保护的场景探索

在确定初始场景前，有一个问题值得注意：场景理论的关注重点在于公开信息，尤其是公共监控问题，这也使得支持场景理论的学者们多关注已公开个人信息。但这并不意味着未公开个人信息不适用场景理论，产生这种现象的原因在于相较于已公开个人信息的复杂性，在民事领域未公开个人信息显然涉及个人隐私，对其加以保护的合理性显得毋庸置疑。然而，刑法的谦抑性要求对个人信息的保护更加全面和审慎。因此，仍需明确场景理论在未公开个人信息情境中的适用路径。在判定场景变更情形之前，应首先以是否公开为标准，将"个人信息"区分为"已公开个人信息"及"未公开个人信息"对两类个人信息所涉初始场景进行讨论。

（一）"已公开个人信息"的刑法介入限度

在"已公开个人信息"情境中，有学者指出，我国对已公开个人信息的保护向来不足，依据我国《个人信息保护法》，处理已公开个人信息无须获得信息主体的知情同意，信息一旦公开，信息处理者便可依据自身意愿处理信息，甚至不需要关注信息主体原本公开该信息时的意图，也不必将使用"个

人信息"的范围限制于信息被公开时的用途。[1]然而，这一现象显然忽略了"场景"对"个人信息"的影响，已经公开的"个人信息"应当被完整地称为"已经在特定场景中被公开的'个人信息'"。因此，对于已公开"个人信息"应当根据其被公开场合而进行区别界定。学界一般认为，"已公开个人信息"又可被进一步细分为意定公开和法定公开两类，即个人出于本人意志的主动公开和为维护公共利益在公权力机关参与下的被动公开。

在意定公开的场合中，又分为绝对的公开和相对的公开两类。正如有学者所说，发布朋友圈、仅特定人群可见的微博内容发布等行为便是典型的相对的公开，由于"公开"要求不限定于部分人群，针对特定人的传播就有可能不构成"公开"。[2]指向不特定人群的"公开"属于绝对的公开，而指向特定人群的"公开"则为相对的公开。

在相对的公开的场合，应当严格限定"合理处理"的范围。在该场合中，个人信息的公开目的、公开范围等较为明确，个人在选择公开时对后续的处理存在明显的合理期待。因此，一旦违背了个人的合理期待，便极有可能侵害其信息权益，刑法具有干预可能性。[3]对于信息主体而言，原公开场合便为其所期待处理相应个人信息的"场景"，"场景"的更换可能突破信息主体的原有期待，对其"个人信息"造成侵害，使得刑法得以介入。

在绝对的公开的场景中，处理他人信息的行为也并非基于公开信息访问的不受限性而完全摆脱了刑法的桎梏。个人在处理本人信息时，必然受制于发布信息时的有限理性与信息偏差，难以充分预见到后续的处理可能。因此，在情势变化时，应当允许其拒绝他人继续处理原信息。如果后续处理行为可能对信息主体权益造成重大影响，则应当告知并征得信息主体的事前同意。[4]同时，绝对公开的信息也同样存在场景性。正如有学者所举之例，个人在公开社交平台分享的个人生活，其中可能包括消费习惯等个人信息。信息处理者对相关信息的商业利用应当受限于分享主体的合理预期，若将信息出售给犯罪

---

[1] 参见马新彦、刘睿佳：《已公开个人信息弱化保护的解释论矫正》，载《吉林大学社会科学学报》2022年第3期。

[2] 参见刘晓春：《已公开个人信息保护和利用的规则建构》，载《环球法律评论》2022年第2期。

[3] 参见宋伟卫：《处理已公开个人信息的刑法边界》，载《吉林大学社会科学学报》2022年第6期。

[4] 参见齐英程：《已公开个人信息处理规则的类型化阐释》，载《法制与社会发展》2022年第5期。

集团或者进行"人格画像",此时显然超出了合理预期,不应被容忍。[1]从商业场景转向犯罪场景抑或是人格分析场景便构成对原有场景的超越,应当受到相应的限制,虽然无须如同对待相对公开的信息那般严格,但一定的限制是必然存在的。回归"黄某丰非法获取公民信息案",已被非法收集的个人信息于后行为人而言已可被视为绝对公开。然而,这并不意味着此类个人信息不值得保护,后续的使用已经超出了信息主体的原有认识,更不必论合理预期,必然不能因此缘由进行出罪辩护。因此,在绝对公开的场景之下,仍需正确认识个人信息所处场景,对此进行合理保护。

在法定公开的场景中,由于法定公开信息关涉公众知情权等公共利益的实现,因此对此类公开信息的保护程度可远低于对意定公开的信息的保护。在此场景之中,公共利益的法定性使得信息主体与其个人信息的直接利益之间出现了分离,因不直接涉及信息主体利益的个人信息,故是否值得保护本就存在质疑。以"吴某侵犯公民个人信息案"[2]为例,行为人非法购买公民电话信息。辩护方认为,行为人所购买的电话号码只有数字,没有姓名、住址、征信等与个人匹配的信息,未直接获取他人的信息及侵犯他人利益,在购买的号码中已实名登记的只占12%左右,而这些个人信息行为人无法得知也无法使用,不应认为单纯的电话号码是典型的个人信息,其不能直接侵犯个人利益,不应是侵犯公民个人信息罪的客体。

然而,直接利益与信息主体的分离并不意味着对法定个人信息的使用毫无限制。针对重大突发公共卫生事件[3]和司法公开[4]等场景均有学者进行过量化研究,在以此为代表的法定公开场景中,公权力机关应当秉持比例原则,把握法定公开信息的范围及程度,将无关该特定"场景"的"个人信息"隐匿,不得以公共权益为借口突破"个人信息"所处的相应场景。同时,公权力机关应当在合理范围内尊重公民的拒绝权,不得严重影响公民的个人

---

[1] 参见宋伟卫:《处理已公开个人信息的刑法边界》,载《吉林大学社会科学学报》2022年第6期。

[2] 参见广东省广州市黄埔区人民法院[2018]粤0112刑初1201号刑事判决书。

[3] 参见王芳、郑雨欣、朱宏智:《政府信息公开中的个人隐私保护:基于重大突发公共卫生事件情境的研究》,载《信息资源管理学报》2022年第5期。

[4] 参见张新宝、昌雨莎:《已公开裁判文书中个人信息的保护与合理利用》,载《华东政法大学学报》2022年第3期。

权益，以达到公共权益与个人利益的动态平衡，保护公民的"个人信息"。由此可见，即使是在法定公开场景之下，也应当对个人信息所处场景进行明确，以限制后续的不当使用。因此，在法定公开场景下，虽然可以要求信息主体对其直接利益进行一定程度的让渡，但仍应结合个人信息公开场景对其后续使用进行限制，以防不当侵害的发生。

（二）"未公开个人信息"的刑法介入限度

学理上并未对"未公开个人信息"产生相对统一的分类。然而，随着大数据时代的来临，在当前的司法实践和学理探讨过程中，难免会出现"敏感信息""私密信息"等概念混同适用的问题。[1]这也一度引发了上文提及的适用场景理论的合理性讨论。实际上，概念混用的本质原因在于不同法规的用词不同。在我国《民法典》中，对"个人信息"的保护倾向于对人格权中所涉的"个人隐私"的保护，故为与"信息隐私权"相对，更宜适用"私密信息"这一概念。我国《个人信息保护法》则直接选用了"敏感信息"这一概念。当前，学界对于"敏感信息"与我国《个人信息保护法》规定的"非敏感信息"（抑或是与我国《刑法》"侵犯公民个人信息罪"中规定的"重要信息""一般信息"）的领域划分并未完全达成一致，出于便利讨论的考虑，在"未公开个人信息"语境中，本文仅针对刑法介入"敏感信息"的保护范围进行讨论。

由于我国《刑法》与《个人信息保护法》对于"敏感信息"与其他信息的区分方式并不完全一致，二者的界定范围也不宜完全一致。同时，敏感个人信息具有开放性，加之《个人信息保护法》具有行政管理和公民自治的双重属性，《刑法》在作出判断时，需要保持相对独立性。有学者据此提出了两点判断规则：第一，对同等规范目的的一般个人信息的界定，刑法应从属于行政法认定；第二，《刑法》与《个人信息保护法》关于"敏感信息"规定的边界，应独立作出实质判断。[2]其中，第一个规则指向了我国《刑法》与相关行政法规的衔接，这与刑法谦抑性原则要求相一致，自然具有合理性。而第二个规则则与场景理论相契合。

---

[1] 参见姬蕾蕾：《私密信息界定的司法困境及其破解方向》，载《上海大学学报（社会科学版）》2022年第6期。

[2] 参见石经海、李鑫：《侵犯公民个人信息犯罪行刑衔接的困境与出路》，载《吉林大学社会科学学报》2023年第5期。

由于已公开信息的公开场景存在特定性，易对所涉场景界限进行判断，而"未公开个人信息"场景的界定则较为复杂。有学者提出了四个步骤进行判定：首先，应基于信息参与者之间的特定关系来判断某类信息是否具有私密性。其次，根据参与主体的共同利益来确定具体情境。再次，确定权利人的隐私利益在共享利益中的范围。最后，出现新的情境时，评估利益关系、伦理价值以及情境目的等变量，对初设的信息规范进行修正与约束。[1]实际上，这一路径明确了场景界定中的三个重要因素：信息主体、信息处理者、处理目的（利益），而对变量的评价实为对这三个要素的评价。因此，这一路径在信息的交互性明确后，已确定了"个人信息"所涉及的"初始场景"。

"初始场景"的确定不仅是场景变更判定的前提，也是刑法首次介入保护时机的确定依据。上文提及的"黄某丰非法获取公民信息案"即涉及"在非法场景公开的个人信息，若变更至合法场景是否可出罪"的问题。在此"初始场景"中使用的个人信息已经应当由刑法介入进行保护，主导场景变更的信息处理者即使在后场景中合法使用相应信息，也仍是犯罪的延续，不应凭此出罪。由此可见，初始场景首先决定了刑法的介入可能。若初始场景合法，才需进一步通过场景变更确定刑法介入的合理时机。此时，场景变更的具体情形决定了刑法介入的合理性。然而，未公开个人信息初始场景确定的复杂性同样导致了其场景变更并非如数据食物链的上下级变更那般单一。未公开个人信息在初始场景中受限于特定的信息交互性，此种限制易导致将处理目的与初始场景中所限范围混为一谈。以非公开形式传递的个人信息的初始场景的范围确为信息交互的双（多）方，而处理目的则需独立进行判断，对相应信息的使用或可允许在同一目的之下进行进一步的处理，并非完全限于初始场景，而数据食物链的存在更是提出了在上下关联目的中处理的可能。值得注意的是，上下关联虽为关联目的中较为重要的部分，但仍可能存在平行关联目的，上下关联目的与平行关联目的共同组成了关联目的之下的变更。

细言之，在场景变更中，存在同一目的之下的变更和关联目的之下的变更两类，而在关联目的之下的变更中又存在上下关联目的变更和平行关联目的的变更两类。同一目的之下的变更只改变了信息接收方，其余要素并未改变，

---

[1] 参见姬蕾蕾：《私密信息界定的司法困境及其破解方向》，载《上海大学学报（社会科学版）》2022年第6期。

且信息接收方的变更对信息的传递无任何实质性影响，目的变更前后将指向同一结果。而关联目的之下的变更除信息主体这一要素外，其余要素均可能发生改变，但处理目的的变更不得完全超出原处理目的，数据食物链提及的上下级变更在处理目的上进行了分解或聚合提炼，使得前后目的呈现出了（被）包含关系。平行关联目的之下的变更并不常见，此种变更与同一目的变更类似，可在变更前后得到同一结果，不同于同一目的变更的是，平行关联变更前后目的发生了部分实质性变更，如实现目的途径等。举例而言，通过特定员工向特定岗位内推的个人简历若被提供至其他岗位，处理范围便已超过初始场景所限范围，而处理目的的不同则会影响到对场景变更的判定。若认为个人信息的处理目的为通过内推获得工作，则推荐至其他岗位仍为出于同一目的的处理。若将处理目的的局限于通过内推获得特定岗位的工作，则推荐至其他岗位变更了处理目的，由于获得工作和获得特定岗位的工作呈现出包含关系，应当认为处理目的存在关联，且此种关联为上下关联。而同样将通过内推获得特定岗位的工作作为原处理目的，若将信息主体简历推荐至其他单位的同一岗位，信息主体可以获得同一结果（获得特定工作），却突破了原始目的的期待手段（内推），变更了原处理目的。虽然这些情形的认定结果可能一致，但是认定路径却大相径庭。由此可见，即使明确了个人信息的初始场景，场景变更也仍较为复杂，需进一步细化讨论。

综上，针对"未公开个人信息"，信息的交互性确定了"个人信息"的"初始场景"，若"初始场景"便已侵犯信息主体的合法权益，则无论场景变更情况如何，刑法均可介入进行保护。若"初始场景"尚未侵犯信息主体的合法权益，则需依据场景变更进一步明确刑法对个人信息保护的合理性。

四、场景理论下"个人信息"司法认定的具体展开

在初始场景合法的情况下，无论是"已公开个人信息"还是"未公开个人信息"，"初始场景"是否变更都决定了刑法何时可以对"个人信息"进行保护。然而，场景的变更并不易于判断，且场景变更也并非仅限于数据食物链的上下级变更。在中国裁判文书网上，笔者以案由"侵犯公民个人信息罪"、裁判时间从 2020 年至 2023 年、刑事案件、判决书为条件进行检索，同时选取"侵犯公民个人信息罪"高发地区，分别为北京市 62 件、山西省 49 件、辽宁省 90 件、上海市 126 件、江苏省 601 件、浙江省 305 件、安徽省

106 件、河南省 623 件、湖北省 147 件、湖南省 296 件、广东省 501 件、四川省 109 件，并通过随机抽样从中抽取 30 个案件进行分析。

表 1 侵犯公民个人信息罪判决书随机抽样结果统计表

序号	案名	案号
1	赵某侵犯公民个人信息案	江苏省连云港经济技术开发区人民法院［2021］苏 0791 刑初 198 号刑事判决书
2	李某薇、徐某芳侵犯公民个人信息案	信阳市中级人民法院［2021］豫 15 刑终 574 号刑事判决书
3	庞某凯、黄某风等侵犯公民个人信息案	广东省江门市中级人民法院［2021］粤 07 刑终 290 号刑事判决书
4	任某光、陈某侵犯公民个人信息案	四川省成都市中级人民法院［2020］川 01 刑终 242 号刑事判决书
5	赵某杰、李某洪、杨某等侵犯公民个人信息案	广东省珠海市中级人民法院［2020］粤 04 刑终 111 号刑事判决书
6	李某侵犯公民个人信息案	江苏省无锡市锡山区人民法院［2021］苏 0205 刑初 584 号刑事判决书
7	刘某东、杜某年等侵犯公民个人信息案	淮安市洪泽区人民法院［2021］苏 0813 刑初 195 号刑事判决书
8	吴某、张某、葛某宇等侵犯公民个人信息案	安徽省滁州市中级人民法院［2020］皖 11 刑终 195 号刑事附带民事判决书
9	王某侵犯公民个人信息案	苏州市吴江区人民法院［2021］苏 0509 刑初 1281 号刑事判决书
10	章某烁、陈某烨等侵犯公民个人信息案	江苏省靖江市人民法院［2021］苏 1282 刑初 526 号刑事判决书
11	谭某某、吴某某侵犯公民个人信息案	辽宁省抚顺市中级人民法院［2020］辽 04 刑终 15 号刑事判决书
12	赵某侵犯公民个人信息案	江苏省连云港市连云区人民法院［2021］苏 0703 刑初 206 号刑事判决书
13	徐某侵犯公民个人信息案	河南省正阳县人民法院［2021］豫 1724 刑初 625 号刑事判决书
14	王某犯侵犯公民个人信息案	湖南省宜章县人民法院［2021］湘 1022 刑初 507 号刑事判决书

续表

序号	案名	案号
15	王某智侵犯公民个人信息案	江苏省连云港市连云区人民法院［2021］苏0703刑初249号刑事判决书。
16	叶某桥侵犯公民个人信息案	广东省广州市从化区人民法院［2021］粤0117刑初958号刑事判决书
17	杨某、杨某等侵犯公民个人信息案	四川省大邑县人民法院［2021］川0129刑初221号刑事判决书
18	向某兰侵犯公民个人信息案	湖南省溆浦县人民法院［2021］湘1224刑初381号刑事判决书
19	赵某侵犯公民个人信息案	河南省固始县人民法院［2020］豫1525刑初722号刑事判决书
20	谢某峰、孟某侵犯公民个人信息案	广东省深圳市龙华区人民法院［2020］粤0309刑初1447号刑事判决书
21	陈某波、徐某伦侵犯公民个人信息案	广东省广州市白云区人民法院［2020］粤0111刑初3399号刑事判决书
22	刘某礁、李某侵犯公民个人信息案	河南省开封市鼓楼区人民法院［2020］豫0204刑初145号刑事判决书
23	元某宗侵犯公民个人信息案	山西省太原市中级人民法院［2020］晋01刑终156号刑事判决书
24	陈某某、赖某某侵犯公民个人信息案	上海市黄浦区人民法院［2020］沪0101刑初622号刑事判决书
25	郭伟监侵犯公民个人信息案	苏州市吴江区人民法院（2020）苏0509刑初1843号刑事判决书
26	罗某侵犯公民个人信息案	浙江省永嘉县人民法院［2020］浙0324刑初881号刑事判决书
27	熊某亮侵犯公民个人信息案	苏州市吴江区人民法院［2020］苏0509刑初1829号刑事判决书
28	李某等侵犯公民个人信息案	江苏省常州市天宁区人民法院［2020］苏0402刑初561号刑事判决书
29	杜某、姜某侵犯公民个人信息案	四川省成都市新都区人民法院［2020］川0114刑初672号刑事判决书
30	邹某启侵犯公民个人信息案	广东省深圳市宝安区人民法院［2020］粤0306刑初388号刑事判决书

在这 30 份判决书中，有 1 份判决书所涉的"个人信息"指向征信信息，征信信息属于法定公开信息，故该案件为统计案例中唯一一个法定公开的案例。[1]法定公开的信息所处初始场景明确且固定，正如上文所述，使用场景应限于初始的法定公开场景，突破原公开场景的变更将使特定公开信息完成毫无关联的变更，发生了明确的场景变更。同时，18 个案件所涉信息均为未公开个人信息，此类案件具有较高同质性。以王某智侵犯公民个人信息罪、侵犯公民个人信息案为例，行为人利用服务之便，获取他人手机号及验证码，并将其发送至各类软件拉新微信群，提供给其他行为人进行京东、淘宝等软件账号的注册，注册账号成功便获得相应报酬。[2]在此类案件中，手机号及验证码所有者在获取服务的过程中提供了个人的手机号，其个人信息初始场景应为获取服务的场景。在无注册软件认知的情况下被迫提供手机号及验证码并完成注册，由于手机号及验证码所有者无公开意愿，该信息属于未公开信息，即使手机号及验证码具有相应软件的指向性，但不应认为个人信息所处场景未产生变更，实为个人信息所处场景完成了毫无关联性的变更，场景变更过程较为明晰。由此可见，在法定公开和未公开情形下，变更前后场景毫无关联，场景变更的判定较为明晰。然而，意定公开的场景变更判定则较为复杂。

在 11 个所涉个人信息均属于意定公开个人信息案件中，有 1 个案件与法定公开、未公开个人信息场景类似，发生了毫无关联性的变更。在"李某薇、徐某芳侵犯公民个人信息案"中，行为人利用发送礼品的方式吸引周围居民办理实名制手机卡，后为牟利将办理的 50 张实名制手机卡以 4500 元的价格出售给他人。[3]虽然信息主体自愿提供其个人信息，但是行为人并未准确告知信息主体后续对其信息的处理方式，以隐瞒的方式变更了利用他人个人信息的场景。办理手机卡的场景与售卖手机卡后可能使用相应个人信息的场景毫无可预计的关联。在此类情形中，个人信息所处场景发生了毫无关联的变更，刑法显然可以介入进行相应保护，认定路径明晰。然而，其余 10 个意定公开个人信息的案件涉及的场景较为难以认定。我国《个人信息保护法》第

---

[1] 详见辽宁省抚顺市中级人民法院［2020］辽 04 刑终 15 号刑事判决书。
[2] 详见江苏省连云港市连云区人民法院［2021］苏 0703 刑初 249 号刑事判决书。
[3] 详见信阳市中级人民法院［2021］豫 15 刑终 574 号刑事判决书。

6条作出了"与处理目的直接相关"的规范性要求,在意定公开个人信息场景中,由于初次公开表达了信息主体使用其个人信息的首次同意,为规避法律的制裁,信息处理者一般会在后续处理时不脱离原处理目的,而这也就进一步出现了两种情形:信息处理前后场景中使用个人信息的目的完全一致、信息处理前后场景中使用个人信息的目的存在直接关联。这使得场景变更难以在目的层面进行分辨,为明确其变更及场景理论在此类案件中的适用,本文将在此基础上进行进一步的细化讨论,将意定公开个人信息分为"同一目的下场景变更"及"关联目的下场景变更"两个类别,并明确在此类场景变更不明晰的案件中的判定规则。

(一) 同一目的下场景变更

在同一目的下的场景变更情形中,对场景变更前后所涉个人信息的使用目的是一致的。以"吴某、张某、葛某宇等侵犯公民个人信息案"为例,行为人创建了贷款App并置于多家贷超内,继而将部分客户注册的所有个人信息及授权提取的个人信息推送给其他贷款App,并为其代挂在其他贷超内进一步获取个人信息,后将该App售卖给他人以供放贷使用。[1]在该案中,行为人所出售的个人信息在买卖前后使用目的未变,均为贷款。在此次抽样统计中,此类案件共有3件,如婚恋网站中介向其他婚恋网站提供个人信息、售卖艺术品的网站获取在其他艺术品售卖网站的使用者的信息等。此类案件在司法实践中并不常见。然而,这并非由于同一目的下场景变更情形较少,而是由于即使出于同一目的,也可能会出现营利和非营利目的的区分,较典型的非营利目的的情形是医疗场合下的场景变更:信息处理者为使信息主体获取相应医疗救助而将其个人信息转移至可能提供相应医疗救助的医院、研究机构等。信息共享趋势下的科研、智慧法院等均属于非营利目的之下出于同一目的的场景变更。

在营利目的之下,必然要对场景变更的合理性进行确定。有学者指出,个人信息合理使用应当受到合理目的、合理方式、未造成不合理侵害三大要素约束。[2]而在意定公开场景之中,合理目的是难以作为明确分辨标准的。

---

[1] 详见安徽省滁州市中级人民法院 [2020] 皖11刑终195号刑事附带民事判决书。

[2] 参见吴国喆、王文文:《数据共享视域下个人信息"合理使用"的场景化判定》,载《西安交通大学学报(社会科学版)》2023年第3期。

与此同时，根据我国《刑法》的规定，若欲定罪则需符合"情节严重"的条件，这自然会造成"不合理侵害"。因此，在同一目的之下进行场景变更判断时，"合理方式"成了重要的判断原则。提出"三大要素约束"的学者就此原则谈道，根据是否存在约定，"合理使用"方式应分为三类：一是基于用户协议的约定方式，不得从事超出协议范围的行为；二是基于法律规定的处理方式；三是基于行业惯习的处理行为。[1]在意定公开的场景之中，所涉情形均可被视为基于用户协议的约定方式，此处的协议并不等同于书面意义上的协议，而是信息主体与信息处理者之间对于初次公开信息场景的共识。因此，应当将目光重新聚焦于"协议"之上。授权人与行为人之间首次根据"协议"交换相应"个人信息"便为该案的"初始场景"。此时，"协议"不仅涉及使用目的，同样涉及"协议主体"，当行为人突破原"协议"双方而将"个人信息"转移至"第三方"时，便已突破"原始情景"，若未获得授权人的新授权，便不再属于"合理使用"，刑法可以介入进行相应保护。

而在非营利目的之下，便不能简单地一概而论。数字技术为多领域带来了便利，如在健康医疗、智慧法院等场合，越来越多的人提倡"个人信息"的共享以促进公共利益的实现，而公共利益的实现也会被反馈给个人。因此，出于同一目的而对"个人信息"的"初始场景"进行变更并非全然不合理。在涉及营利目的的案件中，单纯出于营利目的而进行的场景变更违反了相关法律，致使行为人受到了刑法的规制。然而，这并不意味着出于非营利目的而进行的场景变更均不侵犯公民的"个人信息"。"个人信息"所保护的个人权利与出于非营利目的所指涉的普遍利益并不存在高下之分，二者是协同一致的。因此，仍需对此提出进一步的限制。

有学者就健康医疗的个人信息披露提出了几项限制路径，比如落实数据的分级分类管理制度，确立数据的共享原则与共享模式，明确利益相关者在数据共享各个环节的权责；实行更加严格的知情同意要求与标准，区分收集同意与共享同意；进行数据脱敏及数据匿名化等。[2]这些路径同样适用于其他出于非营利目的而使用"个人信息"的场合。逐一细看这些限制路径，分

---

[1] 参见吴国喆、王文文：《数据共享视域下个人信息"合理使用"的场景化判定》，载《西安交通大学学报（社会科学版）》2023年第3期。

[2] 参见陈怡：《健康医疗数据共享与个人信息保护研究》，载《情报杂志》2023年第5期。

级分类管理制度指向我国《刑法》规定中"一般信息""重要信息"的区分，而这影响着"初始情景"的范围限度，即"一般信息"的"初始场景"比"重要信息"的"初始场景"更为广泛。收集同意与共享同意的区分指向了二次授权，二次授权赋予了行为人变更"初始场景"的正当性。数据脱敏及数据匿名化使"个人信息"的"可识别性"降低乃至消失，难以继续称其为"个人信息"，进一步导致了"初始场景"的消亡。

诚然，也有学者认为，在科研信息处理活动中克减个人信息权利，有助于促进个人信息的合理利用，因此可以通过法律法规等框定个人信息权利克减的适用范围，通过利益衡量合理构建个人信息权利克减的实体内容，通过利益沟通科学筑构个人信息权利克减的程序设计，通过司法审查确保个人信息权利克减真正符合公共利益，进而赋予克减个人信息权利的正当性。[1]然而，正如上文所述，不应依据是否营利对个人信息的保护进行判断，在科学研究场合中，也可以利用相应措施使得对"个人信息"的利用不突破"初始场景"或者获得突破"初始场景"的许可。因此，即使是在出于非营利目的而使用"个人信息"的场合中，"初始场景"是否变更也仍然是刑法介入的重要判断标准。若欲达成个人权益与公共利益之间的平衡，在处理个人信息时，仍不应突破征得信息主体同意的前提，但是可在个人对处理自己信息具有较高容忍度及合理期待的必要场景中，限缩知情同意规则的适用，代之以信息主体知情，即使其没有同意也推定其默示同意。这种模式可被概括为"场景合理+知情+推定同意=合法处理"。[2]此处"场景合理"的"场景"并非单纯指向"初始情景"，而是涵括了"初始场景"的社会延续，即授权者在首次授权时，认识到"初始场景"的合理延伸，并对此表示认可。在此情形下，即使未获得二次授权，出于"场景合理"也仍可限制刑法的介入。

综上所述，在分析对"个人信息"的使用是否突破"初始场景"这一问题时，无论出于何种目的，"合理"始终是重要的判断标准。场景变更时的主体合理、方式合理等均为判断刑法介入的条件，应结合具体情境进行针对性分析，既完成对"个人信息"的保护，又保证大数据发展的可能。

---

〔1〕参见徐磊：《科学研究中个人信息权利的克减及其限度》，载《科学学研究》2024年第2期。

〔2〕参见蔡星月：《数据主体的"弱同意"及其规范结构》，载《比较法研究》2019年第4期。

(二) 关联目的下场景变更

在关联目的下的场景变更的情形中，对场景变更前后所涉个人信息的使用目的存在直接关联，且多以数据食物链中的上下变更为表现形式。以"元某宗侵犯公民个人信息案"为例，元某宗作为建筑装饰公司的营业经理，为提高团队业绩，通过同行、开发商、物业、空调售卖公司、装修材料销售公司等渠道，获取公民个人信息并提供给本公司业务人员联系客户。[1]在该案中，"同行、开发商、物业、空调售卖公司、装修材料销售公司等"前端信息处理者拥有可能需要装修的客户信息，而行为人所在"建筑装饰公司"需要相应的前端信息，前后两场景处理信息的主体对"个人信息"的使用具有直接关联。在此次抽样统计中，此类案件共有 7 件，如将业主信息售卖至装修等相关公司、将考试报考信息或学籍信息售卖至教育咨询公司、将学生信息提供给相应保险公司等。

在同一目的下的场景变更判断中，已经提及合理性判断。不同于同一目的下的场景变更判断的是，关联目的下的场景变更判定多为对目的变更合理性的判定。同时，由于目的出现了变更，且场景的变更也更为复杂，因此合理性判定标准也因此变得更为多元。由此可见，合理性判定标准对场景是否变更的认定起到了至关重要的作用。然而，"合理"并非单纯的法律概念，这导致了在司法实践过程中难以以明确标准解读"合理"的范畴，需要借助一定的判断要素对合理性判定标准进行确定。

我国《个人信息保护法》中反复出现了"合理"的概念：第 1 条规定了"合理利用"，第 6 条提及了"合理的目的"，第 13 条与第 27 条规定均要求了"合理的范围内"，第 24 条从反面要求"不得对个人在交易价格等交易条件上实行不合理的差别待遇"，第 51 条明确了"合理确定个人信息处理的操作权限"。梳理其对"合理"的使用，可以初步探索合理性判断涉及的要素。第 1 条规定提纲挈领地提出"合理性"要求，并未涉及具体要素。第 6 条规定关注了主体同意要素。第 13 条与第 27 条规定对范围的要求实则是对场景变更的限度提出了要求。然而，之所以需要对合理性判定标准进行确定，便是因为在意定公开场景中场景变更的限度难以确定，需依靠更明晰的要素进行明确。针对这一问题，有学者指出，对"合理范围"的解读应当从处理者规制

---

[1] 详见山西省太原市中级人民法院［2020］晋 01 刑终 156 号刑事判决书。

视角回归到信息主体权益视角,在"推定同意"的合法性基础之上,"合理范围"应以公开时的"合理预期"为标准。[1]依此方案,"合理范围"指向了主体同意这一要素,场景变更的限度可以此为核心进行分辨。第 24 条和第 51 条的规定关注了信息处理者应承担的义务,关注到了方式合理的要素,而这些义务指向了场景变更前的主体同意及对主体同意可能限度的推测,因此应当认为这两条规定并未完全脱离主体同意这一要素。由此可见,在场景变更时,主体同意要素是最为核心的一环,其余要素均为这一要素的延伸。同时,上文已提及,在首次授权时,信息主体认识到"初始场景"的合理延伸,并对此表示认可,即使未获得二次授权,仍可限制刑法的介入。因此,场景变更时合理性判定标准的明确问题进一步聚焦于是否需要获得主体二次同意判断。

  站在民事法律的角度看待主体同意这一要素,同意规则对此问题的影响较大,而同意规则本身引发了较多讨论,方案便难以确定。然而,上文已将个人信息所涉场景进行了数次细分,问题可在一定程度上简化,此时的讨论重点已经缩至意定公开前提下具有关联目的的场景中主体同意对场景变更的影响。有学者在"合理使用"问题中提出了"分离性标准",即将信息处理行为分为两类:可分离使用类和不可分离使用类。不可分离的使用可能会违反处理者的合法义务,从而间接损害到信息主体的权利。因此,在此种使用方式中,应赋予信息主体一定的控制权。特别针对与人格尊严密不可分的处理情形,不可分割的使用与相关规范价值联系在一起,主体应具有控制与人有必然联系的事物的能力。[2]由于"合理使用"同样指向了主体同意,这一标准对主体同意标准的确定同样具有启发性。若个人信息与信息主体间存在特定联系,二者不可分离,在此情形中,主体同意具有单一指向性,并无对初始场景和可能延伸场景的使用许可,即使两个场景所涉目的存在关联性,信息处理者也无权擅自处理其信息。将业主信息售卖至装修等相关公司类案例便属于此情形,业主信息与业主存在极强的身份及财产性联系,业主同意提供个人信息仅是出于购房及物业等获取附属于房屋本身服务的需求,装修

---

[1] 参见彭诚信、王冉冉:《自行公开个人信息利用规则的合理范围研究》,载《厦门大学学报(哲学社会科学版)》2023 年第 3 期。

[2] 参见王冉冉:《已公开的个人信息的合理使用及其缩限》,载《现代法学》2023 年第 4 期。

虽为购房的延伸场景，但信息处理者无权进行处理，若欲处理此类信息，必须获得信息主体的二次同意。仅在个人信息与信息主体间的关联性已经较弱，二者确可分离时，才可在未获二次许可时突破初始场景，在关联目的之下的延伸场景中处理个人信息。

综上，在意定公开情形中，基于可分离性标准进一步划分出两类情景，在不可分离的情境中获取了主体二次同意才符合场景变更的合理性，而可分离情境中可适当降低要求，在关联目的的场景变更中未获二次同意也可符合场景变更的合理性，无需刑法介入进行保护，仅涉民事或行政规范。

五、结语

在数字时代，"个人信息"保护的重要性毋庸置疑，而个人信息的流动性却使得对其保护不可同日而语。在个人信息传播愈发多变的今天，无法仍以较为刻板的分析框架对其进行分析，否则对个人信息的保护也会受到限制。场景理论为个人信息保护提供了动态分析标准的可借鉴范式，而这并不意味着可以直接将其作为我国刑法适用的规范，仍应在充分理解其内在意涵和运用机理后，结合我国司法实践特征探寻适应中国特色的刑法适用路径，真正发挥全面规范保护个人信息的作用。场景理论的适用限于公开个人信息，忽视了未公开个人信息，而公开个人信息与未公开个人信息共同构成了个人信息。因此，在保护过程中，应充分注意公开个人信息和未公开个人信息的特征，结合场景理论进行具体分析。在区别公开个人信息和未公开个人信息后，场景理论中的元数据数据食物链概念提供了路径引导，为初始场景的确定及场景变更的认定提供思路，而其中的规定却并不周全，仍需进一步延伸。信息的交互性明确了初始场景，如元数据般发挥着基础性作用，为刑法对个人信息的保护明确了保护门槛，而真正确定刑法介入时机的场景变更却并非仅存在数据食物链的上下级变更。在我国的司法实践中，场景变更时的目的可能存在毫无关联、存在关联和完全一致这三种情形，上下级变更仅为存在关联目的的变更情形中的一种，而不同情形下的判定规则并不一致，需结合具体情境并适用不同的同意规则进行合理性判定，以明确刑法保护的正当性。刑法作为最后一道防线，承担了在数字时代保障公民"个人信息"安全的职责，应当为数字时代的稳定发展和数字社会的长治久安发挥效用。

网络著作权保护刑民衔接的反思与展望

虞纯纯　张启飞[*]

摘　要：《著作权法》和《刑法》的相继修改完善了著作权的刑法保护，契合当前严厉打击著作权相关犯罪的需要。但在网络环境下侵犯著作权罪的司法认定存在扩大化现象，相关术语与《著作权法》中的规定不一致，容易导致刑民脱节。基于刑法的保障法地位，侵犯著作权罪的认定应以违反《著作权法》为前提，"两法"保持衔接，对"通过信息网络传播"进行限制解释。在最大限度地保护著作权人合法权益的前提下，要体现刑法谦抑性原则，同时使罪刑法定原则得到有效贯彻。

关键词：著作权；侵犯著作权罪；《刑法修正案（十一）》；刑法保护

在前互联网时代，我国刑法对传统侵犯著作权的相关犯罪能够提供全面的保障。随着互联网技术的快速发展，在网络环境下实施的侵犯著作权的行为会严重威胁到著作权人的合法权益，传统刑法难以适应互联网背景下打击侵犯著作权相关犯罪的需要。基于此，全国人民代表大会常务委员会先后于2020年11月和12月对《著作权法》和《刑法》进行了修改，通过新增侵犯著作权罪的行为方式、扩大行为对象、增设新的行为类型及提高本罪的法定最高刑和最低刑等方式，以维护著作权人的合法权益。总体而言，2020年12月通过的《刑法修正案（十一）》对侵犯著作权罪的修改进一步扩张了本罪的处罚范围，加重了本罪的处罚力度，进一步严密了刑事法网，表现出了对著作权犯罪"又严又厉"的刑事政策倾向。修改后的《著作权法》和《刑

---

[*] 作者简介：虞纯纯，浙江省杭州市滨江区人民检察院第二检察部副主任；张启飞，浙江警察学院法律系副教授，法学博士。

法》对网络侵犯著作权的行为及时进行立法回应，加强了对网络著作权的刑法保护，但并没有完全解决实践中存在的刑民脱节问题，因此有必要对当前网络著作权刑法保护中存在的问题进行反思，以改进网络环境下著作权的刑法保护。

一、网络著作权刑法保护的现状

2020年11月修正的《著作权法》改变了原《著作权法》中的许多规定，同时新增了不少规定，比如将视听作品纳入著作权的保护范围、重新界定合理使用的界限并引入惩罚性赔偿制度等。该次修改距上次修改已逾十年，是《著作权法》的第三次大修，进一步加强了网络环境下著作权的行政保护。作为《刑法》的前置法，《著作权法》的修改必然会影响到侵犯著作权罪的犯罪成立。基于此，《刑法修正案（十一）》对侵犯著作权罪也作出了相应修改。当前，我国刑法对著作权的保护主要表现为：

（一）将著作权的保护法益从"著作权"扩大到"著作权或者与著作权有关的权利"

1997年《刑法》仅将侵犯著作权的情形规定为犯罪，《刑法修正案（十一）》将"与著作权有关的权利"也纳入了本罪的构成要件范围，其原因在于对2020年11月修正的《著作权法》的回应，与我国《著作权法》的立法模式有关。[1]当前世界各国关于《著作权法》的立法模式主要有版权体系与作者权体系两种，前者对作品的"独创性"要求较低，并无"邻接权"的概念，表演、广播等邻接权是通过作品的著作权来加以保护的，该种模式以美国、英国为代表。后者则强调作品的独创性因素，将没有独创性或者独创性较小的作品排除在了著作权之外，以"邻接权"对其加以保护，该模式以德国、意大利为代表。[2]相比较而言，作者权体系中作品"独创性"中的"创造性"要高于版权体系，由此导致在版权体系下受保护的录音、广播、表演等作品在作者权体系下由于不能满足其"创造性"的要求而难以得到保护。为弥补作者权体系对作品权利保护的不周，故在著作权基础上建立了邻接权

---

[1] 时延安、陈冉、敖博：《刑法修正案（十一）评注与案例》，中国法制出版社2021年版，第237页。

[2] 王国柱：《邻接权客体判断标准论》，载《法律科学（西北政法大学学报）》2018年第5期。

制度，以对作品提供周延和充分的保护，二者的分立体现出了作者权体系在应对技术变迁过程中对自身在理论上的创新和在逻辑上的自足。[1]新修正的《著作权法》将原来第四章和第五章的章名"出版、表演、录音录像、播放""法律责任和执法措施"分别改为"与著作权有关的权利""著作权和与著作权有关的权利的保护"。从《著作权法》区分规定著作权和邻接权的做法可以看出，我国《著作权法》采用的是著作权与邻接权两分的作者权体系。新修正的《著作权法》将著作权的保护法益从"著作权"扩大到"著作权或者与著作权有关的权利"，加强了"与著作权有关的权利"的保护，赋予其和"著作权"同等保护的法律地位。

因此，在我国《著作权法》中，狭义的著作权和邻接权是两种不同的权利。但是，在《刑法修正案（十一）》通过之前，我国刑法对此并没有作出明确区分。2017年《刑法》第217条仅笼统规定"有下列侵犯著作权情形之一"，构成侵犯著作权罪，对著作权和录音、录像等邻接权进行不区分的保护，显然与我国《著作权法》采用的区分著作权和邻接权的作者权体系的立法模式不相协调。此前，司法解释也将邻接权纳入了2017年《刑法》第217条的处罚范围，但也存在和《著作权法》立法模式相悖的问题。《刑法修正案（十一）》将2017年《刑法》第217条中的"有下列侵犯著作权情形之一"改为了"有下列侵犯著作权或者与著作权有关的权利的情形之一"，及时回应了《著作权法》的修改，对狭义著作权和邻接权进行了区分，扩大了著作权的刑法保护范围，同时也与《著作权法》的立法例相协调。

（二）将"通过信息网络向公众传播"的行为方式纳入刑法规制的范围

侵犯著作权罪最早规定在1994年《全国人民代表大会常务委员会关于惩治侵犯著作权的犯罪的决定》第1条，是以1990年颁布的《著作权法》为基础制定的，1990年《著作权法》第10条规定的复制权、发行权是"未经著作权人许可，复制发行"入罪的依据。受当时科技水平发展的影响，1997年修订《刑法》时，该罪沿袭了1994年单行刑法的规定，没有发生变动。2001年《著作权法》修正时，在第10条中增加了信息网络传播权，但是《刑法》仍没有将"通过信息网络向公众传播"的行为纳入其中。显然，制定于20世

---

[1] 李陶：《媒体融合背景下报刊出版者权利保护——以德国报刊出版者邻接权立法为考察对象》，载《法学》2016年第4期。

纪 90 年代的刑法难以适应互联网背景下打击侵犯著作权犯罪的需要，为应对实践发展带来的困境和挑战，最高司法机关相继出台规范性文件对"复制发行"进行扩张解释，以弥补刑事立法的不足。2004 年最高人民法院、最高人民检察院《关于办理侵犯知识产权刑事案件具体应用法律若干问题的解释》（以下简称《知识产权解释》）第 11 条第 3 款规定："通过信息网络向公众传播他人文字作品、音乐、电影、电视、录像作品、计算机软件及其他作品的行为，应当视为刑法第二百一十七条规定的'复制发行'。"2005 年最高人民法院、最高人民检察院《关于办理侵犯著作权刑事案件中涉及录音录像制品有关问题的批复》规定："未经录音录像制作者许可，通过信息网络传播其制作的录音录像制品的行为，应当视为刑法第二百一十七条第（三）项规定的'复制发行'。"2011 年最高人民法院、最高人民检察院、公安部《关于办理侵犯知识产权刑事案件适用法律若干问题的意见》（以下简称《知识产权意见》）第 12 条第 1 款也规定："'发行'，包括总发行、批发、零售、通过信息网络传播以及出租、展销等活动。"

前述规范性文件的出台为处理在互联网环境下通过信息网络实施侵犯著作权行为的案件提供了依据，值得肯定。但是，《著作权法》中的复制权、发行权、信息网络传播权是相互不同的权利，后者不可能被"视为"前者，前述规范性文件将通过信息网络传播作品等行为解释为复制发行，不但超出了词义的射程范围，而且缺乏法律依据，导致《刑法》和《著作权法》在关键术语的使用上形成了完全的割裂，[1]有违罪刑法定之嫌。侵犯著作权罪作为一种法定犯，构成犯罪必须以违反《著作权法》为前提，刑法作为最后法，在作为前置法的《著作权法》修改时应作出有针对性的回应，在前置法保护的基础上增加第二道屏障，保证在民事责任和刑事责任之间形成轻重有序的责任体系。[2]鉴于网络技术对著作权保护范式的冲击，《刑法修正案（十一）》在 2017 年《刑法》第 217 条第 1 项和第 3 项"复制发行"之后新增"通过信息网络向公众传播"的行为方式，与《著作权法》相衔接，以应对利用信息网络实施的侵犯著作权及相关权利的行为。

---

[1] 王迁：《论著作权保护刑民衔接的正当性》，载《法学》2021 年第 8 期。
[2] 赵秉志主编：《〈刑法修正案（十一）〉理解与适用》，中国人民大学出版社 2021 年版，第 215 页。

(三) 将"避开或破坏权利人为保护其著作权及其相关权利而采取的技术措施的行为"入罪

将规避技术措施入罪系《刑法修正案（十一）》对侵犯著作权罪修改后新增的一种行为类型，即将避开或破坏权利人为保护其著作权及相关权利而采取的技术措施的行为纳入刑法规制。从刑法理论上讲，避开或者破坏权利人保护措施的行为是一种帮助行为，属于实质的帮助犯，在刑法修改之前，这种未经权利人许可而避开或破坏权利人采取的保护措施的行为，属于侵犯著作权罪的共同犯罪，只能按照侵犯著作权罪的帮助行为认定。但是，在按照共同犯罪进行处理时，容易突破刑法上的共犯从属性原理。故立法者将规避措施纳入刑法规制，并将原来属于帮助的行为提升为实行行为，正式作为侵犯著作权罪的一种新的行为类型，从而使得帮助行为的正犯化，以避免前述突破共犯从属性原理的质疑。[1] 此外，《信息网络传播权保护条例》第4条及新修正的《著作权法》第53条都规定权利人可以采取技术措施保护信息网络传播权。此次刑法修正，是与《著作权法》等行政法规的有效衔接，将原来作为行政处罚或者帮助犯进行处罚的行为规定为刑法上的犯罪行为，加强了对信息网络传播权的刑法保护力度。

此外，《刑法修正案（十一）》还将"美术"纳入了侵犯著作权罪的保护范围，将"电影、电视、录像作品"修改为"视听作品"，将侵犯表演者权的行为作为侵犯著作权罪的一种新类型加以规定，与新修正的《著作权法》相协调。需要说明的是，《刑法修正案（十一）》对侵犯著作权罪中"作品"的认定被限制在了"法律、行政法规规定"的范围内，而没有采取《著作权法》中对作品的开放式认定，有利于知识产权的发展，是刑法谦抑性的体现。在法定刑修改方面，《刑法修正案（十一）》提高了侵犯著作权罪的法定最低刑和最高刑。将本罪基本犯的法定刑由原来的"三年以下有期徒刑或者拘役"改为"三年以下有期徒刑"，删除"或者拘役"，法定最低刑变为有期徒刑；本罪加重犯的法定刑也由原来的"三年以上七年以下有期徒刑"改为"三年以上十年以下有期徒刑"，将法定最高刑由原来的七年提高到十年，进一步加大处罚力度，从严惩处侵犯著作权犯罪。

---

〔1〕 劳东燕主编：《〈刑法修正案（十一）〉条文要义》，中国法制出版社2021年版，第147~148页。

二、网络环境下著作权刑法保护的反思

《刑法修正案（十一）》对侵犯著作权罪的重大修改及《著作权法》的修订，加强了网络环境下著作权的法律保护，也与我国加入的《世界知识产权组织版权条约》相接轨。当前，我国已经建立了较为完备的民事、行政、刑事网络著作权法律保护体系，能够满足司法实践的需要。但是，网络著作权的刑法保护仍有值得反思之处。

（一）侵犯著作权罪中相关术语与《著作权法》中的规定不一致

《刑法修正案（十一）》对侵犯著作权罪的修改并没有完全解决 2007 年最高人民法院、最高人民检察院《关于办理侵犯知识产权刑事案件具体应用法律若干问题的解释（二）》（以下简称《知识产权解释（二）》）第 2 条将"复制发行"解释为"包括复制、发行或者既复制又发行的行为"所导致的"发行"一词在《刑法》与《著作权法》中含义不一致的问题。[1] 根据现行《著作权法》第 10 条的规定，发行是指"以出售或者赠与方式向公众提供作品的原件或者复制件的权利"，但是前述司法解释一方面将"复制发行"解释为"复制或发行"，另一方面又将"出租"行为也纳入"发行"的范围，与《著作权法》上关于"发行"的含义严重偏离，导致在《著作权法》中属于合法的行为可能因符合刑法中侵犯著作权罪的"发行"而构成犯罪。

（二）新增加的"通过信息网络传播"有可能造成新的刑民脱节

在《刑法修正案（十一）》施行以前，对于著作权的保护，《著作权法》和《刑法》存在严重的刑民脱节问题，最典型的是在我国 2001 年《著作权法》明确规定发行权和信息网络传播权的情况下，前述司法解释仍将"通过信息网络传播"解释为"复制发行"，导致架空了《著作权法》对信息网络传播权的规定。在《刑法修正案（十一）》将《刑法》第 217 条"复制发行"和"通过信息网络向公众传播"并列规定的情况下，前述司法解释因为与修改后的刑法规定不一致而自然失效，修改后《刑法》与《著作权法》的规定基本保持一致，实现了刑民衔接。但是，如何理解此处的"通过信息网络传播"呢？是否所有通过网络电台、网络电视台传播电影、电视剧等影视作品的行为都属于"通过信息网络传播"呢？根据《著作权法》第 10 条的规

---

[1] 王迁：《论著作权保护刑民衔接的正当性》，载《法学》2021 年第 8 期。

定,通过信息网络传播是指以有线或者无线方式向公众提供,使公众可以在其选定的时间和地点获得作品,并非任何通过信息网络传播的行为都属于侵犯著作权罪中的通过信息网络传播。简言之,《著作权法》规定的通过信息网络传播仅指交互式传播,如果将其扩大到非交互式传播,会与《著作权法》的规定不一致,有可能造成新的刑民脱节。

(三)侵犯著作权罪的司法认定存在扩大化的现象

2004年《知识产权解释》第5条规定,违法所得数额3万元以上属于"违法数额较大",非法经营数额5万元或者复制品数量在1000张以上属于"有其他严重情节";违法所得数额在15万元以上属于"违法所得数额巨大",非法经营数额25万元以上或者复制品数量在5000张以上属于"有其他特别严重情节";2007年《知识产权解释(二)》第1条将"有其他严重情节"中复制品的数量由原来的1000张修改为500张,将"有其他特别严重情节"中复制品的数量由原来的5000张调整为2500张,违法所得数额和非法经营数额未作调整。《知识产权解释(二)》将《知识产权解释》中规定的复制品数量减半,降低了该种行为方式的入罪标准,扩大了本罪的处罚范围。对此,2008年最高人民检察院、公安部《关于公安机关管辖的刑事案件立案追诉标准的规定(一)》第26条对上述规定予以了确认。在网络空间中,著作权是以电子信息的方式进行传播的,不具有物质载体,以侵权复制品的数量作为情节严重的标准,并不合适。[1]此外,2011年《知识产权意见》第13条规定,传播他人作品的实际被点击数达到5万次以上或者以会员制方式传播他人作品,注册会员达到1000人以上也属于《刑法》第217条规定的"其他严重情节"。"点击"是一种临时性复制的行为,《知识产权意见》将点击数量作为侵犯著作权罪的入罪标准,其实质就是变相承认临时性复制是复制的一种。《知识产权意见》引入点击数量标准,解决了网络时代侵犯著作权罪在定罪方面存在的障碍,但在点击量没有明确的认定标准的情况下,容易导致不当扩大本罪的处罚范围。

三、网络著作权刑法保护路径的展望

面对日益多元化的社会风险,刑法一般采取扩大规制范围的方式,将具

---

[1] 于志强:《网络空间中著作权犯罪定罪标准的反思》,载《中国刑事法杂志》2012年第5期。

有潜在危险性的行为也纳入刑法评价体系。[1]但刑法作为打击网络著作权犯罪的最后一道防线，应承认民刑衔接的正当性，在认定侵犯著作权犯罪时应保持谦抑，在刑事立法扩张的背景下，在司法认定上应进行限缩，限制其处罚范围，以保障知识的合理传播和使用。

（一）侵犯著作权罪的认定应以违反《著作权法》为前提

我国《著作权法》第53条根据侵权行为的严重程度，规定了民事、行政等轻重有序的法律责任体系，并且规定，"构成犯罪的，依法追究刑事责任"。应当指出，此处的"构成犯罪的"应以《刑法》为依据，并且以违反《著作权法》为前提。如果某种行为不属于《著作权法》上的侵权行为，根据二次违法性原理，就不能认定为构成侵犯著作权的犯罪。基于刑法的从属性，刑法应以版权法法益为保护对象。[2]侵犯著作权罪作为一种典型的法定犯，需要以违反作为前置法的《著作权法》为前提，当某种行为符合《著作权法》的规定并受其保护时，显然不可能构成侵犯著作权罪。有学者认为，我国《刑法》第217条没有将"违反《著作权法》规定"作为构成要件要素。因此，侵犯著作权罪的构成并不以违反《著作权法》为前提条件，将"违反《著作权法》规定"作为侵犯著作权罪的构成要件，不符合罪刑法定的要求。[3]笔者认为，基于法定犯的二次违法性原理，在根据刑法认定法定犯是否构成犯罪时，必须以行为首先违反前置法为前提，这样才能体现出法定犯二次违法原理及"出行入刑"的特征。那种认为某种行为在不违反《著作权法》也不构成民事侵权的情况下，直接依据刑法就可以构成侵犯著作权罪的观点明显违反了法秩序统一性原理。

（二）侵犯著作权罪中相关术语的认定应与《著作权法》保持一致

正如前文所述，司法解释等规范性文件对"复制""发行""通过信息网络传播"等关键术语的解释与《著作权法》的规定不一致，导致受到《著作权法》保护的行为有可能受到《刑法》打击，有违法秩序统一性原理。有观点认为，对刑法的概念没有必要完全按照其他法律的规定作出解释，对刑法

---

[1] 刘延炀：《电子书版权刑事保护困境及其回应》，载《中国出版》2021年第5期。

[2] 张浩泽、朱丹：《版权法与刑法的衔接——以法益的立法保护为路径》，载《中国出版》2020年第6期。

[3] 贾学胜：《著作权刑法保护视阈下"复制发行"的法教义学解读》，载《知识产权》2019年第6期。

概念的解释应当在刑法用语可能具有的含义内，选择符合刑法目的的解释，进而认为《刑法》意义上的"发行"的本质是通过复制他人作品，并传播给不特定公众的行为，不同于《著作权法》意义上的"发行"。[1]笔者认为，从法秩序统一性原理和民刑衔接的角度出发，认定侵犯著作权罪必须以《著作权法》中的相关术语为基准。上述观点将侵犯著作权罪中的"发行"作出与《著作权法》完全不同的解释，将"复制"与"发行"相混淆，违背了法律解释的基本原则。法定犯的二次违法性决定了其不同于自然犯，对法定犯的认定应以行政违法性为前提，对法定犯构成要件的解释通常应当保持与法定犯解释的一致性，对关键术语的解释，应尽量保持与行政法规的含义相同，[2]提高两法衔接效率，[3]保持行政违法行为和刑事违法行为之间的有效衔接。

（三）对新增加的"通过信息网络传播"应进行限制解释

适时修改完善惩治网络犯罪的法律规定，形成惩治网络犯罪的高压态势，是网络时代刑法扩张的应有之义。[4]前文所述，《刑法修正案（十一）》将"通过信息网络传播"入罪，终结了该行为是否属于"复制发行"的争论，弥补了刑事处罚的漏洞。《著作权法》第10条虽然规定了"信息网络传播权"，但没有对信息网络传播权涵盖下的信息网络传播行为的认定标准作出规定。[5]"网络传播"不同于"网播"和"网络转播"，网播属于典型的通过网络实施的非交互式传播，例如网络电台或者网络电视台按照预定的时间表通过网络传播作品；而网络转播是在接收到广播或电视台的现场直播信号后，实时通过网络进行转播，例如网站在接收电视台的信号后转播奥运会和世界杯等赛事。[6]在《著作权法》分别规定信息网络传播权和广播权的情况下，应对"通过信息网络传播"进行限制解释，刑法意义上的信息网络传播仅指交互式远程传播，网播和网络转播等非交互式传播则属于广播权的范畴。据

---

[1] 李小文、杨永勤：《网络环境下复制发行的刑法新解读》，载《中国检察官》2013年第6期。
[2] 张绍谦：《试论行政犯中行政法规与刑事法规的关系——从著作权犯罪的"复制发行"说起》，载《政治与法律》2011年第8期。
[3] 顾亚慧、陈前进：《版权案件"两法衔接"的挑战、审视与应对》，载《中国出版》2020年第18期。
[4] 喻海松：《网络犯罪的立法扩张与司法适用》，载《法律适用》2016年第9期。
[5] 周树娟、利子平：《网络环境下著作权犯罪的立法扩张与司法限缩——以〈刑法修正案（十一）〉为切入点》，载《江西社会科学》2022年第3期。
[6] 王迁：《论〈著作权法〉对"网播"的规制》，载《现代法学》2022年第2期。

此,若将侵犯著作权罪中的"通过信息网络传播"不加区分地解释为交互式传播和非交互式传播,将网播和转播等非交互式传播作为本罪的行为方式,会导致不当地扩大刑法处罚的边界。

四、结语

信息网络技术的快速发展,给著作权的刑法保护带来了挑战。当前,经过对《著作权法》和《刑法》的修改,我国已经建立起了较为完整的"两法"衔接体系,能够较好地为网络著作权提供法律保护。尽管新型的网络传播技术对著作权制度产生了冲击,但现有的法律制度仍能满足实践的需求。[1] 在网络环境下,刑事立法的扩张契合了当前打击著作权相关犯罪的需要,但在认定侵犯著作权犯罪时应遵从法秩序统一性原理,严格遵循罪刑法定原则,在加强对著作权进行刑法保护的同时,对相关构成要件进行限制解释,以满足社会公众对文化传播的需求。

---

[1] 王迁、闻天吉:《中国网络版权保护20年》,载《中国出版》2020年第23期。

轻罪治理背景下行刑双轨判罚合理衔接研究

高 娜 罗瑞瑞*

摘 要：我国采取违法和犯罪区分的二元违法构成体系，行政执法与刑事司法在程序、规范层面呈现分立态势。轻微刑事案件中被不起诉对象"不刑不罚""应罚未罚"、轻罪处罚程序设置之间没有完全衔接等成了突出问题，轻罪治理改革对行刑衔接体制带来的衍生问题亟须处理。行刑双轨判罚的合理衔接需要通过检察监督促进行政执法部门与刑事司法部门对此问题形成整体认知和建立主导机制，从行刑判罚位阶的规范补拓、完善行政激励与协同式监督机制等方面予以解决。

关键词：轻罪治理；行刑双轨判罚；反向衔接

党的二十大报告指出：坚持依法治国、依法执政、依法行政共同推进，坚持法治国家、法治政府、法治社会一体建设。近些年来，我国刑事犯罪结构发生明显变化，轻罪案件数量和占比持续上升，最高人民检察院印发的《2023年—2027年检察改革工作规划》明确提出，构建治罪与治理并重的轻罪治理体系。落实好轻罪不起诉后的非刑罚法律责任，做好行刑反向衔接工作，是推进轻罪治理现代化的重要一环。[1]

为加强检察机关与行政执法机关的衔接配合，共同促进严格执法、公正司法，积极构建检察监督与行政执法衔接制度，2023年7月14日，最高人民

---

* 作者简介：高娜，江苏省苏州市姑苏区人民检察院第七检察部副主任，法学硕士；罗瑞瑞，江苏省苏州市姑苏区人民检察院第一检察部检察官助理，法学硕士，通讯地址江苏省苏州市姑苏区南环西路28号，邮编215000。

〔1〕李冠豪、李密：《轻罪不起诉后行刑反向衔接机制的有效运行》，载《人民检察》2023年第20期。

检察院印发《关于推进行刑双向衔接和行政违法行为监督 构建检察监督与行政执法衔接制度的意见》（以下简称《双向衔接意见》），确立了行刑反向衔接中的监督机制。妥善处理好轻罪治理改革给行刑衔接体制带来的衍生问题，不仅是提升检察机关轻罪治理质效的应然要求，更是推进中国式刑事司法现代化发展的应有之义。

一、问题的提出：透过非法捕捞案件初探行刑双轨判罚现状

1. 案情简介

2023年4月20日，犯罪嫌疑人周某某、沈某某合作在太湖水域使用定制串联（倒须）笼壶（网眼13毫米）捕捞水产品，周某某负责收、放笼壶，沈某某负责摇船，被江苏省太湖渔政监督支队当场查获。现场查获渔获物共计7.25千克。经江苏省太湖渔政监督支队认定，周某某、沈某某捕捞水产品水域属太湖银鱼翘嘴红鲌秀丽白虾国家级水产种质资源保护区，保护区全年禁渔，不得从事任何捕捞、收购、加工销售等作业。周某某、沈某某捕捞水产品所用渔具为长江流域重点水域禁用渔具。

行为人周某某、沈某某非法捕捞的水产品数量较小，犯罪情节较轻微，并自愿缴纳生态修复补偿金，检察机关综合各量刑情节对其作出相对不起诉决定，但在刑事不起诉之后，行为人却将面临新的处罚——行政处罚。渔业执法部门认为，二人在禁渔区、禁渔期使用禁用工具捕捞水产品，情节特别严重，应处没收渔船。

2. 案例所折射出的问题

非法捕捞水产品罪被规定于《刑法》第340条，其法定刑为三年以下有期徒刑、拘役、管制或者罚金，是典型的轻罪罪名。2021年，长江10年禁渔令发布后，非法捕捞水产品罪呈现高发态势。近些年来，检察机关共办理长江流域非法捕捞犯罪案件16 200件26 600人。[1]在着力构建中国特色轻罪治理体系背景下，做好非法捕捞水产品这一轻罪的行刑衔接是进一步巩固渔业资源生态修复与保护效果的有效举措，更是实现生态环境领域轻罪治理的重要任务。

---

[1] 该数据来源于2023年6月5日，最高人民检察院召开的主题为"生态检察助力美丽中国建设"新闻发布会，最高检副检察长张雪樵介绍。

为落实宽严相济刑事政策，检察机关结合案情及量刑情节，对于犯罪情节较轻微的非法捕捞案件作出相对不起诉决定。不起诉之后，行政检察部门就是否需要对被不起诉人作出行政处罚制发《检察意见书》，送达行政主管部门。但在司法实务中，对非法捕捞行为的行政处罚严厉程度堪比刑罚，行为人经常面临着被没收渔具、吊销捕捞许可证、没收渔船等需要付出沉重经济代价的处罚。甚至有行为人在得知渔船将被没收后，宁愿选择刑罚。例如，本案当中的周某某、沈某某对于渔船将被没收的处罚决定拒不接受，对抗情绪十分激烈，产生了较为负面的社会效果。这与最高人民检察院推动轻罪治理体系、构建提升社会治理现代化水平的目标背道而驰。

笔者对非法捕捞刑事案件进行检索，发现类似情况并不少见。除此之外，实践中还有一类问题值得注意。在非法捕捞水产品罪的立案追诉标准中，在禁渔期、禁渔区内使用禁用工具或者禁用方法捕捞的，并没有规定具体的数量或者数额标准。[1] 上述案例中，周某某、沈某某非法捕捞的水产品仅为7.25千克。在不起诉的同类案件中，行为人非法捕捞数量不同，使用的渔具种类、数量不同，甚至所驾驶的渔船的大小也不同。若不加区分地一律没收渔具或没收渔船，在将没收渔具、没收渔船货币化的情形下，其裁量性的处罚内容存在明显差异，这显然有违反实质公平正义之嫌。

二、轻罪案件行刑双轨判罚衔接不畅的主要表现及困境分析

在刑事实践中，轻罪比例结构调整、涉罪人数激增，由此衍生出了"以罚代刑""以刑代罚"等行刑处罚接轨错位、检察机关向行政执法机关反向移送案件衔接不畅、行刑衔接配套保障措施不力、检察审查过滤效果不佳等问题，[2] 亟待处理。

(一) 行刑判罚认同错位的实体困境

1. 不起诉类型单一

轻罪时代到来，不起诉案件增多，从正向衔接到反向衔接，"两法衔接"的内涵在新时期也发生了重大变化。《刑事诉讼法》第177条明确了对被不起

---

[1] 参见最高人民检察院、公安部《关于公安机关管辖的刑事案件立案追诉标准的规定（一）》(2008年6月25日施行) 第63条。

[2] 张杰：《行刑衔接视阈下轻罪出罪路径优化探析》，载《法学论坛》2024年第2期。

诉人需要给予行政处罚、处分的，人民检察院应当提出检察意见，移送有关主管机关处理。目前，在实践中，行刑衔接后双轨判罚的不起诉案件绝大部分为相对不起诉案件，其他类型不起诉案件较少出现。

法定不起诉、存疑不起诉是不是需要反向衔接？和相对不起诉有什么不同？对于上述两个问题，尚无明确规范层面定论。争议最为集中的当属对存疑不起诉是否可适用行刑反向衔接双轨判罚。有观点认为，不能反向衔接：一是存疑不起诉被单独规定在《刑事诉讼法》第175条中，而法定不起诉与相对不起诉则被规定在第177条第1款、第2款，反向衔接的规定是在第3款，于法无据；二是存疑不起诉不是终局性处理，在刑案未了之前就给予行政处罚，有违刑事优先原则。

尽管存在上述争议，但最高人民检察院以发布典型案例的方式确定了存疑不起诉和法定不起诉、相对不起诉都应当进行反向衔接的实务导向。在2024年4月7日，最高人民检察院印发第二批行刑反向衔接典型案例，其中包括了"唐某涉嫌使用虚假身份证件罪法定不起诉行刑反向衔接案""刘某等5人涉嫌开设赌场罪存疑不起诉行刑反向衔接案"等案例。

2. 以刑代行、不刑不罚现象突出

一方面，在行政机关向检察机关移送犯罪线索的过程中普遍存在"一移了之"的情形，存在"以刑代行"的监管误区。但《行政执法机关移送涉嫌犯罪案件的规定》第11条第2款规定："行政执法机关向公安机关移送涉嫌犯罪案件前已经作出的警告，责令停产停业，暂扣或者吊销许可证、暂扣或者吊销执照的行政处罚决定，不停止执行。"2017年《行政处罚法》第28条规定："违法行为构成犯罪，人民法院判处拘役或者有期徒刑时，行政机关已经给予当事人行政拘留的，应当依法折抵相应刑期。违法行为构成犯罪，人民法院判处罚金时，行政机关已经给予当事人罚款的，应当折抵相应罚金。"可见，法律禁止对同一违法行为在行政处罚和刑事处罚上进行重复评价，但涉及行政处罚和刑事处罚重复评价的范围仅限于自由罚和金钱罚，这也是因为在法理上对一事不再罚规则的内部结构尚未探明，立法不宜贸然进行设定。[1]

另一方面，构成犯罪但因情节轻微而作出不起诉决定的案件，存在不诉

---

〔1〕 黄锫：《行政执法中一事不再罚规则的体系化阐释》，载《浙江学刊》2024年第3期。

了之现象，后续的行政处罚等替代性责任追究落空。[1]在这类案件中，涉案人不需要被判处刑罚，但这并不代表无须承担责任。在行刑反向衔接制度确立之前，检察机关作出不起诉决定的案件并未被全部移送行政机关，相对不起诉决定的宣布成为案件办理的最后步骤；开展的一些具结悔过、赔礼道歉或赔偿损失等工作，作出行政处罚的建议，也多以口头方式为主。[2]《双向衔接意见》印发后，不起诉案件线索需由行政检察部门就是否需要对被不起诉人作出行政处罚制发《检察意见书》，送达行政主管部门。但不少检察意见一发了之，跟踪督促缺位，行政主管机关内部对不起诉案件的后续处罚也缺乏相应的规范机制，行政处罚答复"看情况"，尚未走上"应发尽发""发出必复"的规范化之路。

3. 行政处罚比例原则适用缺位

比例原则是指行政主体实施行政行为时，应当兼顾行政目的的实现和保护相对人的权益，以实现行政目的和目标为限，尽可能使相对人的权益遭受最小的侵害，从而平衡行政行为保护之公益与相对人之私益。一般理解其有三个子原则：一是适当性原则，即行政行为应当能实现目的或有助于实现目的，且该目的具有正当性；二是必要性原则，行政行为在裁量范围内有多种方式实现上述目的的，应当选择对当事人侵害性最轻的一种；三是均衡性原则，即采取的措施与达到之目的相称（合乎比例），而不能超过必要的限度。

并非所有相对不起诉案件均需给予严厉的行政处罚，而是要结合个案的性质、情节、再犯可能性、预防必要性等进行"实质性"审查。[3]但实务中存在这样一种情形，对于所有作出相对不起诉决定的案件，均不作区分、不作考量，绝对化地提出行政处罚的检察意见，过度地进行行政处罚，行政处罚比例原则的适用一直处于缺位状态。另外，需要指出的是，该类行政处罚从形式上看似乎并不是无法可依。

以上文所述的"周某某、沈某某非法捕捞水产品案"为例，渔政部门拟作出没收渔船的行政处罚。主要依据 2020 年 12 月 17 日最高人民法院、最高

---

[1] 李勇、丁亚男：《检察环节行刑反向衔接类型化规则建构》，载《中国检察官》2024 年第 5 期。

[2] 王军：《不起诉后检察权规范运行问题研究——以行政执法和刑事司法衔接为视角》，载《时代法学》2022 年第 3 期。

[3] 周佑勇：《行政执法与刑事司法的双向衔接研究——以食品安全案件移送为视角》，载《中国刑事法杂志》2022 年第 4 期。

人民检察院、公安部、农业农村部印发《依法惩治长江流域非法捕捞等违法犯罪的意见》。其中规定了对于检察院作出不起诉决定、需要行政处罚的案件，由农业农村（渔政）部门依法给予行政处罚。同时，《渔业法》第 38 条也规定，违反关于禁渔区、禁渔期的规定进行捕捞的，或者使用禁用的渔具、捕捞方法进行捕捞，没收渔获物和违法所得，处 5 万元以下的罚款；情节严重的，没收渔具，吊销捕捞许可证；情节特别严重的，可以没收渔船；构成犯罪的，依法追究刑事责任。

（二）行刑判罚衔接机制的程序障碍

在轻罪案件中通过行刑判罚衔接实现出罪仍存在很多程序性障碍，如双向移送衔接承运不足、案件监督配套机制无章可循、跨地域衔接不畅等。故而实践中出现了检察机关作出不起诉决定后，行政机关行政处罚不够及时、衔接不够严密等问题。

1. 双向移送承运不足

双向移送属于行政执法与刑事司法的衔接工作范畴，包括正向移送与反向移送。在实现轻罪行为非罪化处理的过程中，应当更加重视并用足、用好的是反向移送，由此实现轻罪数量下降，减轻社会治理的刑罚成本，减少犯罪结构中的轻罪绝对数量。[1]

首先，反向移送的法律规定可操作性较低。2021 年 9 月，最高人民检察院发布《最高人民检察院关于推进行政执法与刑事司法衔接工作的规定》，明确在内容上突出双向衔接并规定反向移送的启动情形。但规定过于原则化，对移送的统一标准、双向移送衔接配套运行机制、移送后的反馈机制均未作详细规定。例如，在部分故意伤害等轻微刑事不起诉案件中，案件在移交检察机关前已经过调解程序，公安机关认为依法不能再进行行政处罚。但也有观点认为，如果该违法行为已经触犯了行政法律的规定，理应承担行政责任。另外，当行政机关先行进行了处罚，一旦检察机关不起诉并反向移送，行政机关是否还要再次进行处罚，同样存在不同认识。

其次，行政机关内部案件正向移送动力缺失。行政执法机关不依法向公安机关移送涉嫌犯罪案件的，检察机关要依法监督。但行政责任体系的闭环阻碍了轻微罪案件行刑衔接的推进。一方面，对行政违法行为处以罚款，是行

---

[1] 张杰：《行刑衔接视阈下轻罪出罪路径优化探析》，载《法学论坛》2024 年第 2 期。

政执法部门重要的收益来源，而行政机关对于案件是否移送又享有自主权，[1]出于对自身部门利益的保护，实践中行政机关在多数情况下选择"以罚代管"，案件转移缺乏自身动力。另一方面，随着矛盾化解等基层治理方式推广，行政机关倾向"有案不移"，多用柔性手段代替刚性执法，通过和解协议终止对违法行为的追究，致使部分轻微违法犯罪行为由此逃脱刑事制裁。[2]

最后，行政执法与刑事司法衔接信息共享平台未能真正打通。行政执法与刑事司法衔接信息共享平台建设由来已久，但是这一平台与检察机关、相关行政执法机关案件管理系统并未实质化贯通运行，平台信息更新只能依靠行政执法机关自行决定录入行政执法案件，难以保证案件录入的即时性、全面性、准确性、覆盖面，检察机关不能及时、准确地通过该信息共享平台获取涉嫌犯罪的行政执法案件信息，导致多数犯罪线索在平台外被发现、监督、移送、完成，现有的信息共享平台未起到实际作用。

2. 案件监督机制运行乏力

一方面，在"两法衔接"工作中，检察机关作为法律监督机关，享有和行使宪法赋予的法律监督职责，需要对行政机关移送案件、对公安机关是否立案、反向衔接案件移送后的处理等情况进行监督。根据《最高人民检察院关于推进行政执法与刑事司法衔接工作的规定》第6条的规定，人民检察院对行政机关应当移送而不移送的案件应当受理。但由于检察机关对于行政执法案件的信息情况了解受限，对行政机关移交案件的监督力度不够，监督方式以事后的书面审查为主等原因，实践中监督"力不从心"，监督质效难以提升。

另一方面，监督措施与激励措施的双重匮乏导致缺乏推动力。在新业态经济不断变化、犯罪圈持续扩张的背景下，行政机关执法能力提升慢与监管需求扩大之间的矛盾愈发明显，行政处罚被提起复议或者诉讼的潜在风险已然升高，行政机关参与行刑衔接的意愿较低。若检察机关经审查后认为案件达不到刑事犯罪程度再返还给行政机关，行政机关还要对案件重新启动调查程序，反之亦然。一方主体不愿移送，另一方主体也不愿接收，程序性机制的匮乏给行政机关在系统内"消化"案件制造了足够的理由。因此，如何构

---

[1] 李怀胜：《网络犯罪案件的行刑衔接机制研究——以反电信网络诈骗等网信监管为样本》，载《中国刑事法杂志》2022年第4期。

[2] 李煜兴：《行刑衔接的规范阐释及其机制展开——以新〈行政处罚法〉行刑衔接条款为中心》，载《中国刑事法杂志》2022年第4期。

建合理的激励和监督制约机制来提升行政执法机关与检察机关的衔接意愿，是下一步制度改进的题中应有之义。[1]

3. 异地行刑反向衔接阻力明显

行刑反向衔接不是制发一纸检察意见即可，更要跟踪督促行政机关，确保对被不起诉人的行政处罚尽快落实到位。在同一区域内行刑衔接是反向衔接的一种常规形态，若违法行为发生在异地，需要由异地的行政机关予以处罚时，检察机关该如何打通区域限制，确保刑事处罚与行政处罚顺利衔接，厘清行政权和检察权边界，做到"到位不越位"？检察机关在制发检察意见后，又该如何跟踪、督促异地行政机关落实行政处罚，确保处罚能精准衔接落地？实践中，由于缺少反向衔接监督工作异地协作机制，存在异地送达及督促联系不对等、协调不顺畅、案件管辖权争议、处罚时效超期等问题，"发而不回"现象较为普遍。[2] 异地行刑反向衔接工作常态化机制缺失，导致检察机关难以启动异地行刑衔接程序。基于此，我国须打破程序流转的区域壁垒。

三、轻罪案件行刑双轨判罚衔接机制的完善路径

在轻罪案件的办理中，从立法和司法解释层面对行刑判罚位阶规范完善是轻罪治理的题中之义，构建行政激励机制与协同式监督机制是行刑双规判罚衔接的可选择路径，运用大数据法律监督赋能行刑衔接是合理优化方案。

（一）行刑判罚位阶的规范补拓

目前，我国犯罪治理处于由"厉而不严"向"严而不厉"的转型过程中，为有效回应风险时代社会公众对安全的诉求，轻罪治理亟待以更为多元、综合视角，在既有的规范框架内寻求"入罪出刑"的有效途径。解决轻罪案件的行刑双规判罚衔接问题，应当在法教义学的思想立场下，适当地诉诸立法补充，在构建轻罪案件二元制裁模式的路径选择上，应当采取"适时立法，全面解释"的方法加以完善。

1. 提高反向移送立法位阶，增强立法话语权

目前关于反向移送机制的立法大多为规范性文件形式，法律位阶较低，

---

[1] 李怀胜：《网络犯罪案件的行刑衔接机制研究——以反电信网络诈骗等网信监管为样本》，载《中国刑事法杂志》2022年第4期。

[2] 张原、霍炎豪：《行政执法与刑事司法反向衔接的实质化运行》，载《人民检察》2023年第S2期。

不具有普遍约束力。需要进一步提高反向移送立法位阶，增强立法话语权，推动实践中对反向移送机制的重视与落实。针对这一问题，2021年《行政处罚法》第27条增加了关于反向移送的规定，让这一机制有了向法律规定的飞跃。进一步提高行政机关在反向移送工作中的参与度及积极性，应当对《行政处罚法》第27条进行细化规定，如明确衔接适用范围，在具体行政行为的情节轻重、数额大小、后果大小等方面对行政处罚与刑事处罚的衔接予以明确。同时，完善检察机关的反向移送规定，充分考虑移送案件的行为人是否构成行政违法，如需追究行政责任，应当向有关行政执法机关提出检察意见书或司法建议等。如果行为人的行为既不构成犯罪，也未违反行政法规范，也应当及时将处理结果通知先前移送案件的行政执法机关。

2. 完善双轨判罚衔接进路，全面解释规范标准

除适时对相关法律及部分作出修改外，在构建轻罪案件行刑双轨制判罚衔接机制的过程中，还需要对轻微违法行为与刑事犯罪行为的行刑边界作出全面解释，严格把握构成要件进行严格区分，准确作出判断。同时，可以适时推出指导性案例，对轻罪案件的规制界限形成全方位的研究与指导，平衡行政制裁与刑事制裁。例如，在非法捕捞水产品罪中，司法实践中，司法机关通常需要对捕捞时间、捕捞地点、行为人主观目的、渔获物的价值和捕捞方法、工具等进行实质性判断。在此基础上，应当以清单形式列明具体构罪要件、主要证据要求，形成非法捕捞水产品行为"罪"与"非罪"的衔接清单，由农业农村部和司法部门分别负责清单中的专业性问题和规范性问题，以形成主客观一致、定性与定量相结合的移案标准，提高案件移送的精准度。[1]

3. 重塑案件移送制度，建立从程序到实体的移送规则

对同一类型的行为，不仅要明确处罚种类、轻重尺度，在处罚轻重上给出合理过渡与衔接，防止出现同一行为有不同处罚结果不同的情况，[2]还应明确涉嫌行政违法案件反向移送的规范标准。即只要有证据证明行为人的行为违反行政法规范的相关规定，如存在客观违法事实，即便不法行为不符合

---

[1] 李煜兴：《行刑衔接的规范阐释及其机制展开——以新〈行政处罚法〉行刑衔接条款为中心》，载《中国刑事法杂志》2022年第4期。

[2] 周佑勇、刘艳红：《行政刑法性质的科学定位（上）——从行政法与刑法的双重视野考察》，载《法学评论》2002年第2期。

犯罪构成条件，如无法证明主观罪过或者犯罪情节轻微，也应当优先移送行政执法部门处理。在行政犯罪中，对于不需要追诉的嫌疑人不予立案侦查不代表其可以逃避行政机关的监管，故而公安机关应当在移送时强化与行政执法部门的协作配合。如果法官、检察官在审查案件过程中发现了涉嫌犯罪的行为虽然不构成犯罪但是达到行政处罚标准的案件线索，应当及时移送给相关行政机关，从而使行政违法行为得到应有的行政处罚。

(二) 完善行政激励与协同式监督机制

反向移送机制要按照法律规定正确开展，确保检察机关能够不遗漏应当移送的案件，同时移送后行政执法机关能够及时、准确地进行行政处罚，确保违法人员依法受到应有的行政处罚，都离不开有效的行政激励与协同式监督机制。

第一，针对行政机关内部案件移送动力不足等问题，采用正反双向激励机制。一方面，检察机关对于行政机关的处理意见要加以充分参考，进一步明晰行政机关在轻罪治理中的重要地位，在一定程度上提升行政机关在行政执法中的威望。另一方面，对于"有案不移"情况的出现，应当明确具体的追责机制，体现对行政机关人员在处理行刑衔接案件中的准确评价。

第二，针对轻罪案件监督机制运行乏力问题，检察机关应该转变监督思路，从以事后监督为重转向事后监督与过程监督并重的协同式监督模式。一是应当切实履行主体责任，主动在案件办理过程中排查行刑衔接案件是否应移尽移，明确设置专人专岗对接，确保反向衔接机制不被空置。二是应当加强对行政机关接受案件处理结果的监督。如在检察机关将案件移送给行政机关后，行政机关若作出不立案决定，将卷宗退回给检察机关，应当允许检察机关二次移送，但应明确没有新事实、新证据等特殊情况不能多次移送。三是要充分发挥内部监督制约作用，明确正向衔接由刑事检察部门继续牵头负责，反向衔接和行政违法行为监督均由行政检察部门牵头负责，以加强协同履职，形成监督合力，[1]统筹推进行刑双向衔接与行政违法行为监督。

(三) 大数据法律监督赋能行刑合理衔接

作为新时代检察机关法律监督工作的重要内容之一，行刑反向衔接工作由于执法主体多元、案件数量庞杂，常规的监督方式已经不能适应数字时代的

---

〔1〕 张相军：《统筹推进行刑双向衔接与行政违法行为监督》，载《人民检察》2023年第11期。

需要，引入大数据法律监督业已成为促进行刑反向衔接工作提质增效的最优选择。比如，北京市海淀区人民检察院研发了"轻罪治理图鉴"监督模型，以盗窃、危险驾驶、诈骗等多发轻罪案件数据为基础，提取了发案特点、作案方式等数据要素，建立数据库进行数据碰撞，从而提高了检察机关的办案效率。〔1〕

为此：一是要建立数据信息共享机制。坚持"线上+线下"两条线并进，各行政机关在录入案件基本信息时，以案件数额、情节等涉及行政执法与刑事立案界限的重要信息作为抓取参数，将接近或符合刑事立案标准、符合轻罪类的案件自动筛选、传输到行刑衔接平台的数据库中。二是加快执法司法信息共享平台的建设。建立起公安机关、检察机关和其他行政机关的数据共享库，打通数据壁垒。比如，积极推动在司法部牵头建设的全国行政执法信息平台中嵌入"两法衔接"模块。三是推动大数据法律监督模型建立。根据刑事案件特点及行政机关执法案件情况，以常见行政处罚案由或刑事罪名为切入点进行建模，找出行刑衔接工作中存在的脱节、遗漏等问题。四是强化数据分析研判。通过数据比对、碰撞深挖监督线索，实现对行刑衔接工作的双向监督，减少"以罚代刑""不刑不罚"的情况，提高检察机关对行刑反向衔接工作的法律监督效能。

四、结语

四大检察是新时代新征程检察机关法律监督的基本格局。行刑反向衔接是检察机关进一步激活监督职能的一项程序性机制，也是对行政检察案源的供给侧改革，更是检察机关"四大检察"融合发展的新路径。2024年全国检察长会议提出了"刑事检察要推动构建中国特色轻罪治理体系、刑事诉讼制约监督体系""行政检察站位要高、视野要宽、方向要明确、路子要走稳"的要求。但在目前轻罪治理背景下，行刑反向衔接面临的阻力与困难远超正向衔接，其完善需要通过检察监督促进行政执法部门与刑事司法部门对此问题形成整体认知和建立主导机制。〔2〕同时，检察机关在监督实效上要保持谦抑性，尊重行政机关的首次判断权。

---

〔1〕 北京市海淀区人民检察院：《轻罪治理白皮书（2018-2023）》。

〔2〕 刘艺：《检察机关在行刑反向衔接监督机制中的作用与职责》，载《国家检察官学院学报》2024年第2期。

防卫过当规制的刑民冲突之协调

王冰鑫*

摘 要： 自 1997 年《刑法》修订以来，至少从文义来看，刑民有关防卫过当的成立条件的规定存在差异，这直接导致了防卫过当规制的刑民冲突。但是，刑法规定的认定标准只是规范标准，民法规定的认定标准才是实体标准。因此，刑民采取的两套认定防卫过当的标准的性质并不相同。根据行为过当与结果过当的不同组合以及《民法典》的相关规定，防卫过当的实体类型在逻辑上可以被区分为三大类（又可以被进一步分为五小类）。由于"类型 3-2"不成立防卫过当，因此"系争情形"只包含了其中四小类（即"类型 2-1""类型 2-2""类型 3-1-1"和"类型 3-1-2"）。对于这四种情况，应当根据具体情况分别妥当处理。除"类型 3-1-2"外，在其他三种子类型中，防卫人原则上均应当承担刑事责任。此外，与"类型 1"相比，这三种子类型的危害明显更为轻微。因此，在量刑过程中，均应当类推适用《刑法》第 20 条第 2 款（应当减轻或免除处罚），并且对"系争情形"中承担刑事责任的防卫人给予相较于"类型 1"中的防卫人的更轻的刑罚。

关键词： 防卫过当；刑民交叉；刑民冲突；二元论；类推适用

自《民法通则》于 1986 年颁布以来，在 1997 年的《刑法》修订之前，我国刑法和民法有关防卫过当的立法完全相同。[1]但是，至少从文义来看，

---

* 作者简介：王冰鑫，中国人民大学刑事法律科学研究中心 2022 级刑法学专业博士研究生。
〔1〕参见高铭暄、王红：《刑民交叉视角中的防卫过当》，载《贵州大学学报（社会科学版）》2020 年第 3 期。

现行《刑法》与《民法典》有关防卫过当成立条件的规定却并不一致。[1]相较于1979年《刑法》，1997年《刑法》规定的防卫过当的成立范围明显更窄（限于"明显超过必要限度造成重大损害的"情形）。[2]同样，由于现行《刑法》和《民法典》有关防卫过当成立条件的规定分别与1997年《刑法》[3]和《民法通则》[4]相同，那么这就导致，相较于《民法典》的规定，《刑法》对防卫过当规定了更为严格的成立条件。[5]如此一来，如何协调防卫过当规制的刑民冲突就成了一个需要研究的问题，而这也正是本文的问题意识。

一、民刑防卫过当新二元论的提出

由上可知，对于防卫过当的认定，《刑法》比《民法典》更为严格，如此会导致三种情况：第一，倘若行为人的防卫行为根据《民法典》的规定不构成防卫过当，则更不可能根据《刑法》的规定被认定为防卫过当。换言之，在"没有超过必要限度造成不应有的损害"的范围内，对于特定的防卫行为，《刑法》和《民法典》均认为"不构成防卫过当"。在这个意义上，根据《刑法》和《民法典》分别得出的结论并无冲突。第二，倘若特定的防卫行为已经"超过必要限度造成不应有的损害"但是又没有达到"明显超过必要限度造成重大损害"的程度（以下简称"系争情形"），那么在系争情形的范围内，根据《刑法》与《民法典》各自得出的结论就存在冲突。一方面，《刑法》认为"不构成防卫过当"；另一方面，《民法典》认为"构成防卫过当"。第三，倘若特定的防卫行为已经"明显超过必要限度造成重大损害"，那么根

---

[1] 《刑法》第20条第2款规定："正当防卫明显超过必要限度造成重大损害的，应当负刑事责任，但是应当减轻或者免除处罚。"《民法典》第181条第2款规定："正当防卫超过必要的限度，造成不应有的损害的，正当防卫人应当承担适当的民事责任。"

[2] 1997年《刑法》之所以修改防卫过当的成立条件，目的是放宽正当防卫的限度条件。换言之，放宽正当防卫的限度条件的目的，是通过对防卫过当规定更为严格的成立条件的方式实现的。参见高铭暄：《中华人民共和国刑法的孕育诞生和发展完善》，北京大学出版社2012年版，第197页。

[3] 1997年《刑法》第20条第2款规定："正当防卫明显超过必要限度造成重大损害的，应当负刑事责任，但是应当减轻或者免除处罚。"

[4] 《民法通则》第128条规定："因正当防卫造成损害的，不承担民事责任。正当防卫超过必要的限度，造成不应有的损害的，应当承担适当的民事责任。"

[5] 有学者指出，相较于1997年之后的《刑法》中的防卫过当条款，民法（《民法通则》）有关防卫过当的规定更为宽松。不过，她同时指出，这种"宽松"同时表现在客观和主观两个方面。参见王洪芳：《正当防卫在民、刑法上的构成条件比较》，载《乐山师范学院学报》2003年第5期。

据《刑法》和《民法典》分别作出的判断也没有冲突，即二者均认为"构成防卫过当"。[1]因此，对于这三种情况，刑民之间可能发生冲突的只有第二种情形（即"系争情形"）。但是，对于系争情形下的这种刑民冲突究竟应该如何理解，则存在不同的看法。

有观点认为，在系争情形下，刑民之间的冲突是一种违法评价的冲突（民刑防卫过当二元论）。这种观点的逻辑是，既然系争情形在刑法上不构成防卫过当，那么就成立正当防卫。这样一来，对于同样的行为，刑法和民法的违法评价就有所不同，即前者将之评价为合法（正当防卫），后者将之评价为违法（防卫过当）。例如，有学者指出，在刑法上不构成犯罪或阻却刑事责任未必意味着民法上也不构成侵权行为或阻却民事责任的成立。对于防卫行为"正当与否"的评价而言，民法和刑法各自的判断标准不同。[2]换言之，在该学者看来，针对系争情形，刑民之间确实存在违法评价的冲突，而此种冲突根源于二者评价标准的差异。

相反的观点认为，对于系争情形，刑民之间不存在违法评价的冲突（民刑防卫过当一元论）。也就是说，在刑法上被认定为正当防卫的，不可能再在民法上被认定为防卫过当。对此主要有几点理由：①基于法秩序统一性原理，刑法上被认定为合法的行为不能同时在民法上被认定为违法。②民刑防卫过当二元论与见义勇为观念不符。一些在刑法上构成正当防卫的、属于见义勇为的行为，竟然需要承担民事责任，这令人难以接受。③根据既判力理论，一旦某一防卫行为在刑事审判中被认定为正当防卫（应受法律保护和鼓励），其就不能在民事诉讼中被认定为防卫过当。④倘若肯定逆防卫的理念，对于系争情形，因为其在民法上构成防卫过当，自然也就可以允许原加害人实施

---

[1] 王政勋教授认为，在防卫过当的问题上，刑法和民法的规定存在三种关系。对此，参见王政勋：《正当行为论》，法律出版社2000年版，第199~200页。然而，在王政勋教授看来，既存在"刑法上的正当防卫"，也存在"民法上的正当防卫"，而且特定的防卫行为可以一方面构成民法上的防卫过当，另一方面又构成刑法上的正当防卫。对此，参见王政勋：《正当行为论》，法律出版社2000年版，第199页。但是，从本文的立场出发，因为刑法和民法共享一套区分正当防卫和防卫过当的实体标准（虽然这一标准被明文规定于民法中），自然也就无所谓"刑法上的正当防卫"和"民法上的正当防卫"之区分。相应地，对于同一防卫行为在实体上究竟是构成正当防卫还是防卫过当这一问题，刑法和民法也不可能给出两个截然不同的回答。在这个意义上，虽然本文所说的"三种情况"与王政勋教授所谈论的"三种关系"有些类似，但是笔者的看法与王政勋教授的观点却并不相同。

[2] 参见王洪芳：《正当防卫在民、刑法上的构成条件比较》，载《乐山师范学院学报》2003年第5期。

逆防卫。如此一来，受到刑法保护和鼓励的正当防卫，竟然成了民法上的不法侵害，这令人难以认同。⑤为了发挥行为规范的功能，刑法保护甚至鼓励的行为，不应在民法上担责。〔1〕

在笔者看来，民刑防卫过当一元论给出的理由颇具说服力。但是，由于刑民有关防卫过当立法的差异，特别是考虑到系争情形的存在，民刑防卫过当二元论也有其合理之处。在这个意义上，倘若民刑防卫过当一元论只是竭力否认系争情形的存在，进而认为民刑有关防卫过当的立法只是文字表述上的差异而实质相同，则并不妥当。例如，有学者指出，民法有关防卫过当成立条件的规定完全可以与刑法的相应规定"无缝相接"，二者应当做相同的解释。至于1997年《刑法》的修改，则完全是技术性、程序性的，而非确立了民刑防卫过当二元论。此外，在司法实践中，也不存在可以支持民刑防卫过当二元论的判例。而且，在实务中强行采取防卫过当认定的刑民两套标准也是不可行的。〔2〕笔者认为，此种理解有待商榷：第一，正如本文一开始所提及的，1997年《刑法》修改防卫过当的成立条件的目的就是放宽正当防卫的限度条件，这就必然导致刑法上的防卫过当的成立范围相较于民法而言更为狭窄。尽管这一修订所带来的效果未必那么令人满意，〔3〕但是却不能因此否定其明确的立法目的。因此，并不能认为1997年《刑法》的修改只是技术性、程序性的。第二，据学者研究，在司法实践中，确实存在着一部分认定被告的行为构成民法上的防卫过当但是却不成立刑法上的防卫过当的民事判例，这就挑战了民刑防卫过当一元论。〔4〕第三，民刑防卫过当二元论在实务中是否可行的问题，不应成为否认其合理性的充分理由。尽管可以认为，准确界定已经构成民法上的防卫过当但同时"未明显超过必要限度也未造成重大损害"的防卫行为并不容易，〔5〕但是也不宜在刑民立法明显存在差异的情况下强行采取民刑防卫过当一元论。

因此，笔者认为，只要承认系争情形的存在，刑民冲突也就是存在的。

---

〔1〕 参见陈航：《"民刑法防卫过当二元论"质疑》，载《法学家》2016年第3期。

〔2〕 参见陈航：《"民刑法防卫过当二元论"质疑》，载《法学家》2016年第3期。

〔3〕 参见陈航：《"民刑法防卫过当二元论"质疑》，载《法学家》2016年第3期。

〔4〕 参见高铭暄、王红：《刑民交叉视角中的防卫过当》，载《贵州大学学报（社会科学版）》2020年第3期。

〔5〕 参见陈航：《"民刑法防卫过当二元论"质疑》，载《法学家》2016年第3期。

换言之，在我国立法上，对于防卫过当的认定，刑民确实采取了两套标准。在这一点上，笔者与民刑防卫过当二元论的看法一致，但是这并不意味着笔者完全赞同其观点的其他方面。具体而言，尽管刑民确实采取了两套标准来认定防卫过当，然而这两套标准的性质却并不一致，即民法规定的认定标准是实体标准，而刑法规定的认定标准则只是规范标准。换言之，一个行为在实体上究竟是防卫过当还是正当防卫（即究竟应当被整体法秩序评价为违法还是合法）这一点由民法决定，而刑法只是从民法防卫过当中抽取其中的一小部分（明显超过必要限度造成重大损害的）进行规制，并将之认定为防卫过当。在这个意义上，刑法规定的所谓防卫过当的认定标准并不是实体标准，而只是规范标准。所以，尽管笔者部分赞同民刑防卫过当二元论（即对于防卫过当的认定，刑民存在两套标准），但这并不意味着这必然与法秩序统一性原理相违背。在这一点上，笔者的观点又与民刑防卫过当一元论相同（即对于判定防卫行为究竟是正当防卫还是防卫过当的实体标准而言，在整体法秩序中，只存在一套标准）。为表示与现有的民刑防卫过当一元论和二元论的区别，再加上考虑到刑民立法确实对防卫过当的规定有所不同，笔者将自己的观点称为"刑民防卫过当新二元论"。[1]

在笔者看来，刑民之间存在防卫过当认定标准的冲突这一事实与防卫过当认定的实体标准究竟是一个还是两个这一点根本就是两个不同的问题。即使看到了民刑防卫过当二元论的缺陷，也没有必要彻底采取民刑防卫过当一元论，然后再通过解释论上的办法试图消除刑民之间的立法分歧，并因此衍生出民法从属型一元论和刑法从属型一元论。[2]

二、防卫过当的实体标准与规范标准的分离

通说认为，正当防卫包括防卫意图、防卫起因、防卫对象、防卫时间和防卫限度这五个条件。其中，防卫限度条件是指，正当防卫不仅不能明显超

---

[1] 实际上，对于现有的刑民防卫过当一元论和二元论，笔者都是持部分肯定和部分否定的态度。因此，笔者的观点也可称为"刑民防卫过当新一元论"或"折中说"。不过，这只是名称的差异而已。

[2] 对于民刑防卫过当一元论的批判以及民法从属型一元论和刑法从属型一元论的争论，参见于改之：《刑民法域协调视野下防卫限度之确定》，载《东方法学》2020年第2期。

过必要限度，而且不能给不法侵害人造成重大损害。[1]显然，通说所指的防卫限度条件是根据《刑法》第 20 条第 2 款反向推理得出的。考虑到《刑法》第 20 条第 1 款并没有明文规定正当防卫的限度条件，这一做法倒也无可厚非。但是，只有在通说同时肯定《刑法》第 20 条第 1 款和第 2 款是非此即彼的关系的情况下，其根据《刑法》第 20 条第 2 款有关防卫过当的规定反向推理出正当防卫之限度条件的做法才能成立。所谓非此即彼的关系是指，在其他条件均符合的情况下，倘若特定的防卫行为不构成《刑法》第 20 条第 2 款规定的防卫过当，那么就只能属于《刑法》第 20 条第 1 款规定的正当防卫。所以，通说背后所隐藏的逻辑是：凡是刑法没有肯定防卫过当的，也就否定了防卫过当；否定了防卫过当，自然就是正当防卫。问题在于，虽然否定防卫过当就意味着成立正当防卫，但是"刑法没有肯定防卫过当"这一点，却并不能推导出这样的结论：刑法否定了防卫过当。实际上，通说所采取的此种"刑法没有肯定就意味着否定"的逻辑，正与奥地利法学家凯尔森的观点相一致。凯尔森认为，如果原告的诉求有相应的法律规范作为依据（即存在将原告所诉请的行为规定为义务的法律规范），那么法院就应支持其诉求。相反，倘若欠缺相应的法律规范（即将原告所诉请的行为规定为义务的法律规范并不存在），那么法院应驳回原告的诉求。在凯尔森看来，驳回原告的诉求是因为既然法律规范没有将原告所诉请的行为规定为义务，那就意味着该义务被否定了（或者说，被告有权不实施原告所诉请的行为）。[2]显然，通说采取的也是此种逻辑（刑法没有肯定防卫过当，那就意味着否定了防卫过当）。

笔者认为，此种看法值得商榷。因为，只有在禁止类推或事实构成已经被穷尽列举的情况下，这种理解才是妥当的。[3]换言之，如果《刑法》第 20 条第 2 款已经涵盖了防卫过当的所有情形，那么通说的逻辑确实是必然的：要么适用《刑法》第 20 条第 2 款认定为防卫过当，要么就不能适用相应条款而不是防卫过当，无论如何都没有第三种可能。但是，欠缺调整案件事实的相应法律规范，并非必然意味着一种否定，而可能是其他情况。例如，德国学者卡尔·拉伦茨就肯定了"制定法漏洞"的概念。在他看来，这里的"制

---

[1] 参见高铭暄、马克昌主编：《刑法学》（第 10 版），北京大学出版社 2022 年版，第 127~132 页。
[2] 参见［奥］凯尔森：《纯粹法理论》，张书友译，中国法制出版社 2008 年版，第 102~103 页。
[3] 参见［奥］恩斯特·A. 克莱默：《法律方法论》，周万里译，法律出版社 2019 年版，第 155 页。

定法",意指可以适用的、存在于制定法或习惯法中的法规则的总体。[1]显然,根据卡尔·拉伦茨的说法,倘若"可以适用的、存在于制定法或习惯法中的法规则的总体"尚且可能存在漏洞,那么单纯制定法本身(即存在于制定法中的、可以适用的法规则的总体)可能存在漏洞这一点也就不足为奇了。换言之,如果欠缺对特定的案件事实进行调整的法律规范,并不必然意味着制定法表达了否定的态度,而可能只是因为制定法存在漏洞。因此,通说的凯尔森式理解并不合理。正如有学者所指出的,凯尔森的"一般否定句"的假设原则上应当被否定,因为它扩大了单纯由文义所产生的有限作用,也因此同时忽视了法律目的之作用。[2]基于此,本文所要质疑的就是,我国《刑法》第20条第2款的规定,真的已经穷尽列举了防卫过当的所有情形了吗?与通说截然相反的是,本文的回答是否定的。作为一种现象,从存在论的角度来说,防卫过当作为正当防卫超越限度条件的情况,二者自然是非此即彼的关系,可是这必然意味着《刑法》第20条第2款与第20条第1款之间也是同样的关系吗?在通说看来,这一点似乎不言而喻,笔者却认为并非如此。对此,主要有以下三点理由:

第一,基于规范与事实二分的必要性,不能认为《刑法》第20条第2款一定是防卫过当的实体标准,它也可能只是规范标准。对于某一特定的法律规则或法律规范而言,除了法律后果外的部分,无论是称为"假定条件+行为模式"[3]、"法定事实构成"[4]还是简单称为"要件"[5],基本上可以使用"成立条件"这一语词来概括,因为其表达的意义无非是,在满足一系列必要条件的情况下,才能发生特定的法律后果。"成立条件"作为法律规则逻辑结构的一部分,无疑是规范构造的产物,这一点对于《刑法》第20条第2款来说也不例外。如果我们从知识或者说科学认知的角度将"明显超过必要限度

---

[1] 参见 [德] 卡尔·拉伦茨:《法学方法论》(第6版),黄家镇译,商务印书馆2020年版,第465页。有关"制定法漏洞"的概念和种类的更详细的论述,参见 [德] 卡尔·拉伦茨:《法学方法论》(第6版),黄家镇译,商务印书馆2020年版,第465~478页。

[2] 参见 [奥] 恩斯特·A. 克莱默:《法律方法论》,周万里译,法律出版社2019年版,第155~156页。

[3] 参见舒国滢主编:《法理学导论》(第3版),北京大学出版社2019年版,第102~104页。

[4] 参见 [德] 齐佩利乌斯:《法学方法论》,金振豹译,法律出版社2009年版,第43、140页。

[5] 参见王泽鉴:《民法思维——请求权基础理论体系》,北京大学出版社2009年版,第157~158页。

造成重大损害"视为防卫过当类型的"定义",即"对于一种事物的本质特征或一个概念的内涵和外延的确切而简要的说明"[1],那将不可避免地陷入误区。因为无论如今多么强调刑事政策或外在的其他标准对刑法体系的影响,刑法作为法律系统的一部分从某种程度上讲在规范上依然是关闭的。"……法律系统的任务不是去建立知识联系……而是建立规范上的联系(着重号为原文所加)。"[2]"规范上关闭和认知(审理)上开放相结合的典型形式就是条件程序形式……至于某些条件程序让输入的事实究竟是否存在,这通过规范是无法判断的,而只有通过认知(审理)才能搞清楚。"[3]在这里,卢曼直截了当地指出了法律规范的封闭性。法律规范所展现出来的"成立条件"与"法律后果"相联系的规范构造,仅仅是一种人为的构造。这种构造的确是在受到事实影响的基础上建构起来的,这在具体案件的法律适用中或法律随着社会变迁而发展的过程中都有体现。但是,在法律系统中,区分规范与事实的重要意义是任何其他职能系统都不具备的。[4]因此,《刑法》第 20 条第 2 款充其量只是表达了这样一件事:假设"明显超过必要限度造成重大损害"的成立条件满足,则"应当减轻或者免除处罚"(即使这样的情况依然应当被认定为犯罪)这样一种规范上的逻辑关联。尽管《刑法》第 20 条第 2 款有关防卫过当的规定在某种程度上反映了防卫过当实然类型的某些特征,但人们却完全不能直接将这一法律规范的"成立条件"等同于防卫过当的"定义"。而且,撇开规范与事实二分的立场不谈,还需要指出的是,无论任何法典(当然也包括刑法)都不可能是绝对完整、精确的(否则就没有解释法律的必要了),[5]所以《刑法》第 20 条第 2 款必然包含了防卫过当的所有类型这一点也就未必一定能够成立。在笔者看来,我国《刑法》第 20 条第 2 款并不必然穷尽了防卫过当的所有类型。在这个意义上,该条款所规定的就可能只是防卫过当的规范标准,而非实体标准。

第二,除了规范和事实不容混淆的基本立场,之所以说直接将刑法条文

---

[1] 中国社会科学院语言研究所词典编辑室:《现代汉语词典》,商务印书馆 2016 年版,第 309 页。

[2] [德] 卢曼:《社会的法律》,郑伊倩译,人民出版社 2009 年版,第 40 页。

[3] [德] 卢曼:《社会的法律》,郑伊倩译,人民出版社 2009 年版,第 42 页。

[4] 参见 [德] 卢曼:《社会的法律》,郑伊倩译,人民出版社 2009 年版,第 43 页。

[5] 参见林钰雄:《新刑法总则》,元照出版有限公司 2020 年版,第 46 页。

的规定看作"定义"的观点并不合理,更重要的原因在于,与构成要件相比,正当化事由具有开放性的特征。罗克辛教授指出,就刑事政策上的目标而言,正当化事由与构成要件并不相同,二者在方法论上也存在差异。[1]正当化事由的目标不是描述行为:[2]"……人们所容许的具体的侵犯方法又取决于各种无法复制的危急和胁迫情势的诸多细节……成文法只是架构出了规范人们举止的框架……"[3]为了解决社会冲突,立法者所采用的方法只是一些数量有限的、实质性的秩序原则。[4]"经过一番变换之后,这些原则就决定了正当化事由的具体内容。"[5]与规则相比,原则在结构上具有相对的开放性,在内容上也具有模糊性。[6]因此,正当化事由的具体内容也就具有开放性。或者说,正当化事由具有开放性。如此一来,既然正当防卫属于正当化事由,[7]那么也就可以肯定正当防卫的开放性。显然,从存在论角度看,正当防卫与防卫过当是非此即彼的关系。因此,正当防卫所具有的开放性特征便不可避免地会对防卫过当的类型产生相应的影响。所以,防卫过当的类型必然也是开放的和多元的,这恰恰说明了为什么将"明显超过必要限度造成重大损害"所能涵摄的情况视为防卫过当的唯一情形(或者说将其等同于防卫过当的定义)的做法并不合理。我们不能指望《刑法》第20条第2款已经把防卫过当的类型全部囊括,实际情况也并非总是那么简单。

总之,不构成犯罪的现象类型不可能像构成犯罪的现象类型那样确定无疑,其必然是开放的;用罪刑法定主义和认定犯罪时的方法论去要求正当化事由是不合适的。正当化事由的该特殊性再次表明,通说将《刑法》第20条第1款与第2款的规定视为非此即彼的关系,并且想当然地认为《刑法》第

---

[1] 参见[德]克劳斯·罗克辛:《刑事政策与刑法体系》,蔡桂生译,载陈兴良主编:《刑事法评论》(第26卷),北京大学出版社2010年版,第267页。

[2] 参见[德]克劳斯·罗克辛:《刑事政策与刑法体系》,蔡桂生译,载陈兴良主编:《刑事法评论》(第26卷),北京大学出版社2010年版,第267页。

[3] [德]克劳斯·罗克辛:《刑事政策与刑法体系》,蔡桂生译,载陈兴良主编:《刑事法评论》(第26卷),北京大学出版社2010年版,第267~268页。

[4] 参见[德]克劳斯·罗克辛:《刑事政策与刑法体系》,蔡桂生译,载陈兴良主编:《刑事法评论》(第26卷),北京大学出版社2010年版,第264~265页。

[5] [德]克劳斯·罗克辛:《刑事政策与刑法体系》,蔡桂生译,载陈兴良主编:《刑事法评论》(第26卷),北京大学出版社2010年版,第265页。

[6] 参见李可:《原则和规则的若干问题》,载《法学研究》2001年第5期。

[7] 参见陈兴良:《正当化事由研究》,载《法商研究(中南财经政法大学学报)》2000年第3期。

20条第2款已经涵盖了防卫过当的所有类型，再据之反向推导出正当防卫限度条件范围的看法是不妥当的。那么，只有在解读《刑法》第20条第2款时正确认清其规范本质，才能彻底摆脱通说的凯尔森式理解的窠臼。

第三，从刑民关系的角度看，防卫过当的实体标准也只能根据民法而非刑法确定。有学者指出，对于刑法和前置法关系的理解，应当区分两类法律规则，即调整性规则和保护性规则。前者由前置法规定，后者可能由前置法和刑法共同规定。此外，因为社会关系参加者之间的权利和义务是由前置法规定的调整性规则设定的，所以作为第二性保护规则的刑法在形式上受制于前置法规定的第一性保护规则，在实质上则受制于前置法中的调整性规则的规定以及经此类规则调整后形成的调整性法律关系的内容。在这个意义上，该学者提出了"前置法定性与刑事法定量"这一命题，并将之作为所有刑事犯罪的认定机制。〔1〕对此，也有学者提出了反对意见。他认为，前置法上合法的行为不能在刑法上被认定为犯罪，但是刑法上的违法性判断依然是独立进行的，犯罪与行政、民事违法之间也具有"质"的不同而非仅仅是"量"的差别。如果前置法与刑法的规范目的不同，则前置法上的违法性判断并不制约刑法上的违法性判断；如果前置法与刑法的规范目的相同，则只意味着二者得出的结论一致，而并不意味着刑法从属于前置法。对于认定犯罪而言，前置法上的违法性判断只是提供了"判断资料"。〔2〕前置法和刑法是一种"烟"与"火"的关系。〔3〕

限于本文主旨，对于前置法和刑法的关系问题，笔者无法详细地进行分析。但是，至少在防卫过当的认定这一点上，应当肯定《刑法》第20条第2款对《民法典》第181条第2款的从属性。倘若赞同前述学者提出的"前置法定性与刑事法定量"这一命题，自然可以毫无障碍地得出这一结论。但是，即使从反对"前置法定性与刑事法定量"这一命题的观点出发，也未必就不能得出同样的结论。通说认为，防卫过当一方面是一种非法侵害行为，另一方面又是一种以正当性为前提的失当行为。前者是其负刑事责任的根据，后

---

〔1〕 参见田宏杰：《行政犯的法律属性及其责任——兼及定罪机制的重构》，载《法学家》2013年第3期。

〔2〕 参见周光权：《论刑法所固有的违法性》，载《政法论坛》2021年第5期。

〔3〕 参见周光权：《法秩序统一性原理的实践展开》，载《法治社会》2021年第4期。

者是刑法对其减免刑罚的根据。[1]由此推断,《刑法》第 20 条第 2 款具有双重目的：①对防卫人施加一定的刑事责任（惩罚防卫过当的防卫人,保护原来的不法侵害人）。②基于行为的防卫性质减免原来的防卫人的法律责任（保护原来的防卫人）。类似地,民法理论上认为,《民法总则》第 181 条第 2 款（与《民法典》第 181 条第 2 款的规定完全相同）所规定的"适当的民事责任"在肯定防卫人需要承担民事责任（补偿和制裁）的同时,也蕴含着一般应当减轻其应承担的民事责任的意思。[2]显然,《民法典》第 181 条第 2 款一方面保护了原来的防卫人,另一方面也保护了原来的不法侵害人。所以,《刑法》第 20 条第 2 款与《民法典》第 181 条第 2 款的规范目的并无本质区别。

在肯定这一点的前提下,对于防卫过当的认定就必须承认民法上的违法性判断与刑法上的违法性判断具有"质"的一致性。实际上,反对"前置法定性与刑事法定量"这一命题的学者所提出的、所谓的刑事违法性判断的独立性也不过是依托于刑法所具有的特殊的规范目的。[3]那么,对于特定的法律制度而言（例如本文所关注的防卫过当）,为什么不能肯定"前置法定性与刑事法定量"这一命题呢？在刑法和民法的规范目的相同的情况下,如果不是"前置法定性",那么又是什么东西可以被作为"定性"的标准呢？对此,主张刑法具有独立违法性判断的学者认为,此时决定违法性的仍然不是前置法的条文本身,而是其背后的、前置法试图维护的法秩序。[4]在笔者看来,这一看法令人费解。正如本文第一部分所述,倘若特定的防卫行为符合了《刑法》第 20 条第 2 款的规定,那么根据《刑法》和《民法典》的规定,该行为总是会成立防卫过当,此时刑法和民法的违法性判断一致。这样一来,难道防卫过当的实体标准（在防卫限度条件的意义上,判断防卫行为是否具有违法性的标准）不是由《民法典》规定,而是由《民法典》背后的、其所试图维护的法秩序规定？可是,《民法典》背后还有什么法秩序？这属实难以想象。因此,无论"前置法定性与刑事法定量"这一命题在一般意义上是否

---

[1] 参见高铭暄、马克昌主编：《刑法学》（第 10 版）,北京大学出版社 2022 年版,第 134 页。
[2] 参见陈甦主编：《民法总则评注》（下册）,法律出版社 2017 年版,第 1298~1299 页。
[3] 参见周光权：《法秩序统一性原理的实践展开》,载《法治社会》2021 年第 4 期；周光权：《论刑法所固有的违法性》,载《政法论坛》2021 年第 5 期。
[4] 参见周光权：《法秩序统一性原理的实践展开》,载《法治社会》2021 年第 4 期。

正确，至少在防卫过当的规制或认定的问题上，还是应当肯定《刑法》第20条第2款对《民法典》第181条第2款的从属性。综上所述，从刑民关系出发，本文认为，《刑法》第20条第2款就只是防卫过当的规范标准，而《民法典》第181条第2款才是其真正意义上的实体标准。后者在实体上区分了正当防卫和防卫过当，而前者只是规定了一部分防卫过当行为的刑事可罚性（当然，其同时也规定了刑罚的减免）。

三、对系争情形的分类处理

本文的问题意识是协调防卫过当规制下的刑民冲突。为此，本文第一部分提出了"刑民防卫过当新二元论"。在此基础上，本文第二部分确立了"防卫过当的实体标准与规范标准的分离"这一命题。到此为止，至少在认定防卫过当的实体标准层面，刑民之间的冲突已经被消解：既然共享一套实体标准（由《民法典》规定），二者也就不存在冲突。但是，尚需解决的问题是，对于本文第一部分提出的系争情形，应当如何妥善处理？从实体的角度看，系争情形无疑构成防卫过当，但其同时又并不符合刑法上有关防卫过当的规范标准。由于系争情形符合《民法典》第181条第2款的规定，因此原来的防卫人无疑需要承担"适当的民事责任"。但是，其是否需要承担刑事责任呢？

主张"前置法定性与刑事法定量"之命题的学者指出，如果想动用刑法规制前置法上的违法行为，必须经过刑法的两次定量筛选（"刑事法定量"）：①对于前置法归责的不法行为类型，刑事立法从中选取一部分法益侵害严重的行为类型，并结合刑事归责原则（主客观相统一）将它们确立为犯罪行为类型，最终形成罪状（罪状的确立）。②确立刑事司法上的追诉标准（罪量的确立）。[1]在笔者看来，这里的罪状和罪量显然是指犯罪的构成要件的层面。所以，倘若前置法上的特定违法行为不符合刑法规定的罪状和罪量（或者说，不符合犯罪的构成要件），自然不能被认定为犯罪，也不能动用刑法加以规制。在这个意义上，由于不符合《刑法》第20条第2款所规定的防卫过当的成立条件，似乎就不应动用刑法规制系争情形。但是，笔者认为，

---

[1] 参见田宏杰：《刑民交叉问题的实体法立场与分析方法》，载《政治与法律》2021年第12期。

如此理解并不妥当。显然,《刑法》第20条第2款并不是犯罪的构成要件层面的罪状和罪量的规定。因此,虽然系争情形不符合《刑法》第20条第2款的规定,但它却有可能符合刑法分则的有关规定。在三阶层的体系之下,存在正当化事由,只是意味着行为不具有违法性,但是并不影响其构成要件符合性。[1]防卫过当也不是独立的罪名,其具体构成何种犯罪依然需要根据其符合的犯罪构成确定。[2]对此,民法理论上的看法也是类似的。例如,民法理论上一般认为,过错侵权责任的构成要件由《民法典》第1165条第1款规定,具体包括过错、侵害行为、损害和因果关系四个要件。此外,相较于广义的责任抗辩,狭义的责任抗辩(包括正当防卫等抗辩事由)并不关注侵权责任的某一要件是否具备的问题,而是与侵权责任的不承担或者减轻有关。如此一来,对于系争情形,其一方面符合民法中过错侵权责任的构成要件,另一方面也符合刑法分则中相关犯罪的构成要件。与此同时,系争情形虽然符合《民法典》第181条第2款,但是却不符合《刑法》第20条第2款。所以,在肯定系争情形具有民法上的违法性的前提下(符合《民法典》第181条第2款),从"刑事法定量"的角度来看,系争情形可以被刑法规制(倘若符合刑法分则相关犯罪的构成要件)。对此,有学者指出,1997年《刑法》的修改使得存在一部分"超过必要限度"但是不"明显"或者虽然"明显超过必要限度"但是"没有造成重大损害"的情形,这部分仍然符合正当防卫的限度要件,也是成立正当防卫的,所以应区别"必要限度"与"正当防卫限度要件"这两个概念。按照该学者的观点,系争情形超过了必要限度,其在旧刑法下是防卫过当,在新刑法下则是正当防卫。[3]类似的观点认为,根据1997年《刑法》的"明确规定",系争情形均不构成防卫过当而成立正当防卫。[4]但是,基于法秩序统一性原理,特别是在民法上有关防卫过当的规定没有发生变动的情况下,不宜将系争情形直接视为刑法上的正当防卫。更确切地说,在整体法秩序内,不应当存在合法或违法判断的双重标准,而且1997年《刑法》也没有"明确规定"将系争情形直接纳入正当防卫。在笔者

---

[1] Vgl. Welzel, Das Deutsche Strafrecht, 11. Aufl., 1969, S. 80.

[2] 参见张明楷:《刑法学》(第6版),法律出版社2021年版,第282页。

[3] 参见王政勋、贾宇:《论正当防卫限度条件及防卫过当的主观罪过形式》,载《法律科学(西北政法大学学报)》1999年第2期。

[4] 参见劳东燕:《正当防卫的异化与刑法系统的功能》,载《法学家》2018年第5期。

看来，正如上文所述，《刑法》第 20 条第 1 款并没有明确正当防卫限度条件的内涵究竟是什么，而根据《刑法》第 20 条第 2 款反向推理其含义的做法则并不合理。当然，在肯定了系争情形可以被刑法规制的前提下，还需对"如何规制"的问题进行更精细的分析。为完成这一任务，还需要同时研究防卫过当的实体类型。

（一）系争情形的四种具体类型

根据《刑法》第 20 条第 2 款的规定，符合刑法所设定的规范标准的防卫过当仅指"正当防卫明显超过必要限度造成重大损害的"情形。在目前的司法实践中，对于如何理解"明显超过必要限度"（行为过当）和"造成重大损害"（结果过当）二者之间的关系，"双重条件说"占据着优势地位。例如，最高人民检察院明确指出："行为人的防卫措施虽明显超过必要限度但防卫结果客观上并未造成重大损害，或者防卫结果虽客观上造成重大损害但防卫措施并未明显超过必要限度，均不能认定为防卫过当。"[1] 在"双重条件说"看来，"明显超过必要限度"和"造成重大损害"的规制对象分别是"防卫措施"（或"防卫行为"）和"防卫结果"，而只有在行为和结果限度均超越的情况下，才能判定防卫不符合限度要件而认定为防卫过当。这样一来，防卫行为和防卫结果将同时对防卫限度要件产生影响。这也是刑法学界目前的通说，[2] 并得到了立法机关的支持。[3]

可以认为，对于行为过当与结果过当的关系而言，目前的刑法学界有不断强化行为过当重要性的趋势，并尝试从很多角度通过各种方式论证行为过

---

[1]"陈某正当防卫案"，最高人民检察院指导性案例 45 号。最高人民法院也持相同观点，参见"赵某华被控故意伤害案"，载最高人民法院刑事审判第一庭、第二庭主办：《刑事审判参考》，法律出版社 2004 年版，第 104~105 页。

[2] 参见童伟华、王献英：《正当防卫限度判断的路径修正与视角转换》，载《广西社会科学》2020 年第 6 期；高铭暄：《正当防卫与防卫过当的界限》，载《华南师范大学学报（社会科学版）》2020 年第 1 期；吴颖超、吴光侠：《论正当防卫与防卫过当的成立要件及认定方法——以 93 号指导案例的故意伤害为视角》，载《法律适用》2019 年第 22 期；高铭暄、马克昌主编：《刑法学》（第 10 版），北京大学出版社 2022 年版，第 132 页；劳东燕：《结果无价值逻辑的实务透视：以防卫过当为视角的展开》，载《政治与法律》2015 年第 1 期；郭泽强、胡陆生：《再论正当防卫的限度条件》，载《法学》2002 年第 10 期。

[3] 参见王爱立主编：《中华人民共和国刑法条文说明、立法理由及相关规定》，北京大学出版社 2021 年版，第 50 页。

当在防卫过当中的重要地位，这种做法也得到了许多学者的支持。[1]对于文献中的此种趋势，笔者持肯定态度。在笔者看来，《刑法》第 20 条第 2 款规定的防卫过当的两个成立条件（行为过当+结果过当）之间的关系可以用两个基本命题来概括：第一，在防卫过当的认定中，行为过当具有决定性地位。第二，结果过当具有独立意义，并且可能对行为过当造成影响。对于这两个基本命题，笔者曾专门撰文进行论证和说明。[2]限于本文主旨，这里不再重复。

在肯定上述两个基本命题的基础上，针对行为过当与结果过当的不同组合之下的情形，可以作出不同的评价：①行为结果均过当的，显然同时满足《刑法》第 20 条第 2 款和《民法典》第 181 条第 2 款。这种情形不仅在实体上就是防卫过当，在刑法规范的意义上也是防卫过当（实体防卫过当的一部分）。对于此种类型，以下称为"类型 1"。②行为过当但结果不过当的，必然符合《民法典》第 181 条第 2 款的规定，但是未必符合刑法分则规定的相关犯罪既遂的构成要件（由于涉及正当防卫的案件多被认定为故意伤害罪，[3]以下均以该罪为例进行论述）。具体而言，由于刑民共享一套防卫过当的实体标准，那么刑法规范意义上的防卫过当中的行为过当和结果过当的关系也必然适用于民法。在这个意义上，前述两个基本命题中的第一个基本命题也同时适用于"超过必要限度"和"造成不应有的损害"。[4]由此可以推论，既然"明显超过必要限度的"必然"超过必要限度"，那么在行为过当但结果不过当的情况下，其必然同时在民法的意义上"造成了不应有的损害"。所以，对

---

[1] 参见石经海、黄亚瑞：《防卫过当司法认定中的困惑、误区与匡正》，载《法律适用》2019 年第 21 期；陈兴良：《正当防卫的司法偏差及其纠正》，载《政治与法律》2019 年第 8 期；贺卫：《正当防卫制度的沉睡与激活》，载《国家检察官学院学报》2019 年第 4 期；司伟攀：《正当防卫认定有关问题探究——以最高检"第十二批指导性案例"为例》，载《法律适用》2019 年第 10 期；张宝：《防卫限度司法认定的困境与出路》，载《法学杂志》2016 年第 10 期；储陈城：《正当防卫回归公众认同的路径——"混合主观"的肯认和"独立双重过当"的提倡》，载《政治与法律》2015 年第 9 期；劳东燕：《防卫过当的认定与结果 无价值论的不足》，载《中外法学》2015 年第 5 期。

[2] 参见王冰鑫：《防卫过当中行为过当与结果过当的关系》，载《研究生法学》2020 年第 1 期。

[3] 有文献通过实证分析的方式研究了司法实践中的防卫过当认定的具体状况，至少从其选取的样本来看，绝大多数防卫过当案件适用的罪名是故意伤害罪。参见尹子文：《防卫过当的实务认定与反思——基于 722 份刑事判决的分析》，载《现代法学》2018 年第 1 期。

[4] 民法学上也有观点认为，"超过必要限度"是对防卫行为的控制，而"造成不应有的损害"就是指"超出限度造成的损害"。参见陈甦主编：《民法总则评注》（下册），法律出版社 2017 年版，第 1298 页。显然，这里的"不应有的损害"是指防卫行为所造成的结果。因此，在这种观点看来，对于民法意义上的行为过当与结果过当的关系而言，行为过当仍然占据主导地位（其决定了结果过当的有无）。

于行为过当但结果不过当的情形,其在实体上仍为防卫过当。在此基础上,还可以区分为两种子类型:第一,没有造成重大损害(即造成重伤、死亡后果)〔1〕,但是达到了轻伤标准,满足了故意伤害罪(轻伤)既遂的构成要件。对于此种类型,以下称为"类型2-1"。第二,没有造成重大损害,也没有达到轻伤标准,因此不符合故意伤害罪(轻伤)既遂的构成要件。对于此种类型,以下称为"类型2-2"。③行为结果均不过当的,必然不符合《刑法》第20条第2款(没有造成重大损害),但是可能符合《民法典》第181条第2款:第一,"超过必要限度"但是不明显的,仍然满足《民法典》第181条第2款,其必然同时在民法的意义上造成了不应有的损害。因此,对于这种情况,其在实体上仍为防卫过当。对于此种类型,以下称为"类型3-1"。在这一类型之下,又可以区分出两种类型:倘若防卫过当行为造成了轻伤结果,此时便符合了故意伤害罪(轻伤)既遂的构成要件,本文将此种类型称为"类型3-1-1"。倘若防卫过当行为没有造成轻伤结果,此时故意伤害罪(轻伤)既遂的构成要件便没有被满足,本文将此种类型称为"类型3-1-2"。第二,没有"超过必要限度"的,既不符合《刑法》第20条第2款(没有造成重大损害),也不符合《民法典》第181条第2款。对于此种类型,以下称为"类型3-2"。

综上所述,根据行为过当与结果过当的不同组合以及《民法典》第181条第2款的规定,防卫过当的实体类型可以被区分为三大类。在这三大类之下,又可以区分为五小类(由于不符合民法规定,"类型3-2"不成立防卫过当)。显然,本文第一部分提及的系争情形包括其中的四类,即"类型2-1""类型2-2""类型3-1-1"和"类型3-1-2"。

(二)对四种具体类型的处理方案

在前述有关系争情形的四种具体类型中,比较容易处理的是"类型3-1-2"。首先,因为防卫过当人的防卫行为及其结果在实体上就是防卫过当,所以其需要在民法上承担民事责任。其次,由于防卫行为没有造成轻伤后果,不符合故意伤害罪(轻伤)既遂的构成要件,因此不可能使防卫过当人承担

---

〔1〕 最高人民法院、最高人民检察院、公安部《关于依法适用正当防卫制度的指导意见》第13条规定:"准确认定'造成重大损害'。'造成重大损害'是指造成不法侵害人重伤、死亡。造成轻伤及以下损害的,不属于重大损害。防卫行为虽然明显超过必要限度但没有造成重大损害,不应认定为防卫过当。"

故意伤害罪（轻伤）既遂的刑事责任。最后，虽然防卫过当的行为具有违法性，但是其既没有"明显超过必要限度"也没有造成严重后果（甚至连轻伤结果都没有造成）。因此，考虑到行为的防卫性质以及整体情节，根据《刑法》第 13 条但书，应当认为"类型 3-1-2"属于"情节显著轻微危害不大"的情形（不构成犯罪）。

相较于"类型 3-1-2"，"类型 2-2"的情形要复杂得多：第一，防卫行为及其结果在实体上构成防卫过当，防卫过当人需要承担民事责任，这一点并无疑义。第二，基于同样的理由，与"类型 3-1-2"一样，"类型 2-2"下的防卫过当人也不可能承担故意伤害罪（轻伤）既遂的刑事责任。第三，由于"类型 2-2"的情节与类型 1 相比更轻微，而且它们在实体上都属于防卫过当，根据"当然解释"的基本原理，[1]既然"类型 1"因为符合了《刑法》第 20 条第 2 款而获得刑罚的减免，那么自然也可以对"类型 2-2"类推适用《刑法》第 20 条第 2 款（有利于行为人的类推解释）。此外，在其他条件相同的情况下，对"类型 2-2"中的防卫人的量刑，应当轻于对"类型 1"中的防卫人的量刑。第四，与"类型 3-1-2"相比，由于防卫行为已经"明显超过必要限度"，此时便很难说其符合《刑法》第 13 条但书的规定，故而防卫人原则上应当承担刑事责任。一般认为，明显以造成重伤结果为犯罪目的但是却没有造成重伤结果的，成立故意伤害罪（重伤）的未遂。[2]因此，倘若防卫过当人持有重伤故意，同时其行为属于重伤行为，应当认定其行为构成故意伤害罪（重伤）未遂。在此种情况下，整个量刑过程为：首先适用《刑法》第 234 条第 2 款的法定刑（三年以上十年以下有期徒刑），其次根据《刑法》第 23 条第 2 款"比照既遂犯从轻或减轻处罚"，然后在此基础上类推适用《刑法》第 20 条第 2 款（应当减轻或者免除处罚），最后比照"类型 1"给予更轻的刑罚。第五，如果防卫过当人只持有轻伤故意，其行为不构成犯罪。根据司法实践，倘若行为人意图造成轻伤结果但是没有造成轻伤结果，其不承担刑事责任。[3]

对于"类型 2-1"和"类型 3-1-1"而言，情况也同样非常复杂。二者

---

[1] 参见王利明：《法律解释学》，中国人民大学出版社 2016 年版，第 187~189 页。
[2] 参见《刑法学》编写组编：《刑法学》（下册·各论），高等教育出版社 2019 年版，第 120 页。
[3] 参见张明楷：《刑法学》（第 6 版），法律出版社 2021 年版，第 1120 页。

的共同点是：①防卫行为及防卫结果在实体上成立防卫过当，同时满足了故意伤害罪的构成要件（均造成轻伤后果）。②不符合《刑法》第20条第2款。③与"类型1"相比，它们的情节更为轻微。因此，在其他条件相同的情况下，对"类型2-1"和"类型3-1-1"中的防卫人的量刑，应当轻于对"类型1"中的防卫人的量刑。④基于上文研究"类型2-2"时提出的同样理由，也可以对它们类推适用《刑法》第20条第2款（应当减轻或者免除处罚）。⑤倘若防卫过当人持有重伤故意的，无论是在"类型2-1"之下还是在"类型3-1-1"之下，其行为均构成故意伤害罪（重伤）未遂。⑥防卫过当人仅持有轻伤故意的，二者均成立故意伤害罪（轻伤）既遂。二者的差异是：其一，在"类型2-1"之下，防卫行为"明显超过必要限度"；在"类型3-1-1"之下，防卫行为只是"超过必要限度"。其二，"类型3-1-1"的社会危害性更小（行为危险程度更低）。因此，在均成立故意伤害罪（重伤）未遂或故意伤害罪（轻伤）既遂的情况下，对"类型3-1-1"的量刑应当更轻。

有学者认为，"类型2-1"和"类型2-2"虽然不是正当防卫（仍然认为其本质上就是防卫过当），但刑法宽容了此种后果轻微的情形（没有造成重大损害）。[1]可是，虽然我国刑法比较重视犯罪定量的要素，《刑法》第13条但书也只是说"情节显著轻微，危害不大"的不认为是犯罪。"没有造成重大损害"只不过是损害不够"重大"，就一定"显著轻微"吗？就算没有结果过当，行为毕竟过当，且这种"过当"是"明显"超过必要限度的，既然行为因素在正当防卫限度要件中具有非常重要甚至决定的意义，那怎么还能直接认为是因为"显著轻微"而被刑法所宽容了呢？（甚至连"轻微"都算不上，因为已经"明显"了。）基于"前置法定性+刑事法定量"的原理，既然不符合《刑法》第13条但书的规定，在已经分别符合了故意伤害罪（轻伤）既遂的构成要件与故意伤害罪（重伤）未遂的构成要件的情况下，"类型2-1"和"类型2-2"就必须要被作为犯罪处理，问题只是如何处理而已。

综上所述，对于系争情形的四种具体类型的处理方案，可参见下图：

---

[1] 参见邹兵建：《正当防卫中"明显超过必要限度"的法教义学研究》，载《法学》2018年第11期。

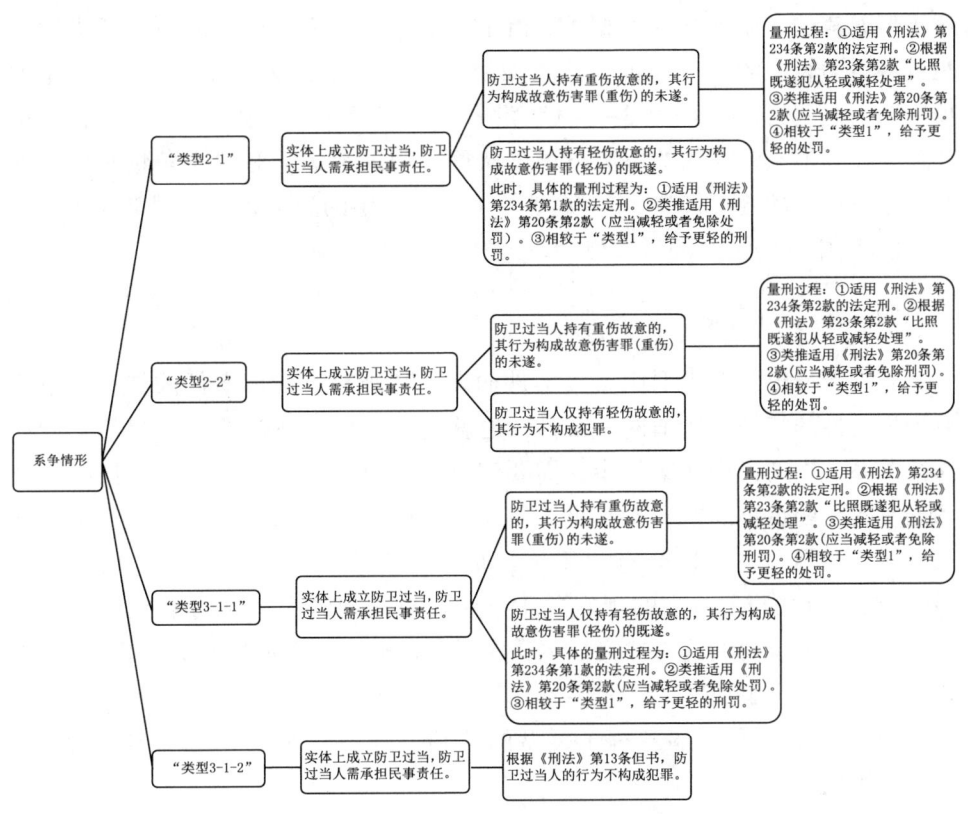

图1 针对"系争情形"的分类处理方案

由上图可知,对于系争情形的四种具体类型而言,有不少处理方案是类似的,但是仍然需要注意一些重要的区别:第一,当防卫过当人的行为构成故意伤害罪(重伤)未遂时,即使具体的量刑过程相同,针对不同的类型,也仍需在量刑结果上有所区分:①与"类型2-1"相比,仅从罪行轻重的角度考虑,在其他条件相同的情况下,"类型2-2"的量刑应当更轻。②与"类型2-1"相比,"类型3-1-1"后者的量刑应当更轻。③"类型2-2"和"类型3-1-1"的情节难以直接区分轻重,故法院应当根据具体情况斟酌决定何者的量刑更轻。第二,当防卫过当人的行为构成故意伤害罪(轻伤)既遂时,针对不同的类型,仍需在量刑结果上有所区分。显然,仅从罪行轻重的角度考虑,在其他条件相同的情况下,与"类型2-1"相比,"类型3-1-1"的量刑应当更轻。当然,这里提出的几点区别都是针对"系争情形"内部的不同子类型而言的。倘若与"类型1"相比，那么"系争情形"的所有子类型均是危害更为轻微的：一方面，"类型2-1"和"类型2-2"均没有造成"重大损害"；另一方面，"类型3-1-1"没有"明显超过必要限度"。因此，无论如何，在其他条件相同的情况下，仅从危害程度考虑，对"系争情形"（即"类型2-1""类型2-2"和"类型3-1-1"）中的防卫人的量刑都应当比对"类型1"中的防卫人的量刑更轻。

四、本文的结论

有学者指出，对于刑民交叉案件而言，其既具有民事案件的特征，也具有刑事案件的特征。所谓同一案件，也就是（由同一法律事实引起的）同一法律关系。在刑民交叉案件中，需要建立特别机制同时解决行为人民事责任和刑事责任的承担问题。[1]因此，本文重点研究的"系争情形"属于刑民交叉案件。显然，之所以会有"系争情形"的存在，是因为现行《刑法》与《民法典》有关防卫过当的规定并不一致，故而导致了防卫过当规制刑民冲突。那么，妥善协调这一冲突，也就成了合理解决此类刑民交叉案件的关键。在笔者看来，为解决这一问题，需要坚持"民刑防卫过当新二元论"，并在细致区分"系争情形"的各种子类型的基础上分别"对症下药"。具体而言，本文得出以下结论：

第一，至少从文义来看，现行《刑法》与《民法典》有关防卫过当成立条件的规定并不一致。但是，此种"不一致"并不意味着导致了"违法评价的冲突"。具体而言，尽管刑民确实采取了两套标准来认定防卫过当，然而这两套标准的性质却并不相同：刑法规定的认定标准只是规范标准，民法规定的认定标准才是实体标准。

第二，根据行为过当与结果过当的不同组合以及《民法典》的相关规定，防卫过当的实体类型可以被区分为三大类（又可以被进一步分为五小类）。由于"类型3-2"不成立防卫过当，因此"系争情形"具体包括了四种子类型。

第三，对于"系争情形"包含的四种子类型（即"类型2-1""类型2-2""类型3-1-1"和"类型3-1-2"），需要根据具体情况分别处理。具体而言，本文之所以给出了"图1"中的处理方案，主要有三点考虑：①除

---

[1] 参见田宏杰：《刑民交叉研究：理论范式与实践路径》，载《交大法学》2023年第1期。

"类型3-1-2"外,其他三种类型均不宜被视为符合了《刑法》第13条但书的规定。因此,防卫过当人原则上均应当承担刑事责任,除非其行为既不符合故意伤害罪(轻伤)既遂的构成要件,也不符合故意伤害罪(重伤)未遂的构成要件。②与"类型1"相比,"系争情形"的前三种子类型显然更为轻微(即"类型2-1""类型2-2"和"类型3-1-1")。因此,在量刑过程中,均应当类推适用《刑法》第20条第2款(应当减轻或免除处罚),并且对"系争情形"中承担刑事责任的防卫人给予相较于"类型1"中的防卫人更轻的刑罚。

民刑交叉视域下商业秘密案件实务检视、司法规则及审理模式优化

周保强　武东方　何晓兰*

摘　要：审视司法实务和现状，商业秘密民刑交叉案件在审理程序上存在问题。宏观上，知识产权民刑交叉案件审理模式亟待优化，"先刑后民"或"先民后刑"审判模式均存在缺陷，"三合一"审判模式虽更具有优势性，但尚未达到资源整合、理念统一、程序集约的理想效果，需要通过制度设计加以优化；微观上，刑法修正案将侵犯商业秘密罪的入罪标准由"重大损失"变更为"情节严重"，商业秘密民刑交叉案件中的事实认定规则有待更新。应对本罪的认定标准和计算方法进行厘清，并完善"三合一"审判模式下事实认定的具体程序。

关键词：商业秘密；司法适用；情节严重；民刑交叉；"三合一"审判模式

一、问题的提出

随着数字经济时代的到来，商业秘密呈现出不断增长的保护需求、分散式立法模式与权益保护方式的脆弱性，促成了商业秘密刑法保护的扩张倾向，但商业秘密民刑交叉案件在适用过程中似乎存在一定的问题。[1]在宏观上，

---

* 作者简介：周保强，上海市闵行区人民检察院第六检察部副主任；武东方，上海市闵行区人民检察院第二检察部检察官助理；何晓兰，上海市闵行区人民检察院第二检察部检察官助理。

〔1〕参见唐稷尧：《扩张与限缩：论我国商业秘密刑法保护的基本立场与实现路径》，载《政治与法律》2020年第7期。

商业秘密民刑交叉案件的审理模式仍然有待优化。具体而言，在诉讼程序上，知识产权领域普遍存在民刑交叉案件，在处理这类案件时，审理程序的选择应更有利于保护当事人合法权利、更有利于公正有效地解决问题。因而，我国知识产权的审判程序试点工作也在不断进行，经历了"多庭并立"模式、"一庭独审"模式到"三审合一"模式的多种尝试。如今，在知识产权司法改革中，我国不仅设立了知识产权法院，而且全面推进了知识产权"三合一"审判模式，建立了更具专业性、统一性、革新性的知识产权审判体系，标志着知识产权审判体制改革迈上新的台阶，但"三合一"审判模式仍然存在一定的缺陷。[1]因此，笔者通过优化程序性机制，希冀为侵犯商业秘密行为的司法适用提供更为优良的操作范式。

在微观上，商业秘密民刑交叉案件中也存在事实认定上的问题亟待解决，为契合知识产权的发展要求，《刑法修正案（十一）》对本罪进行了修改，将原本作为入罪标准的"重大损失"变更为"情节严重"，但问题在于目前的侵犯商业秘密罪的罪状表述，与前置法——《反不正当竞争法》第32条（侵犯商业秘密行为）——几乎完全一致，以至于侵犯商业秘密行为的民刑边界较为模糊。由于立法的更改，可行的界分标准仅有"情节严重"，而这一标准仍有待于司法实践加以检验。此外，由于《刑法修正案（十一）》刚生效不久，以往的司法适用规则存在一定的片面性，侵犯商业秘密罪入罪标准的认定标准和计算方法仍然有待更新，从而才能够妥善解决商业秘密民刑交叉案件的具体认定问题。

二、商业秘密民刑交叉案件问题检视

作为企业形成自身独特定位、维持优势竞争地位的无形财富，商业秘密能够为持有人带来显著的经济效益，因而成了现代企业的生命线。与此同时，为了获取互联网交易中的大量商业机会，不法分子经常将目光投向商业秘密，涉商业秘密犯罪时有发生。为顺应国家加大知识产权保护的立法趋势，有必要对于民刑交叉领域内商业秘密案件的司法适用现状进行检视，发现其中所存在的问题。

---

〔1〕 参见周澎：《探索知识产权审判"三合一"制度——以专利确权纠纷为切入点》，载《南海法学》2017年第3期。

（一）商业秘密案件的事实认定较为混乱

1. 罪与非罪的界限认定不明

商业秘密的刑事保护力度偏弱，多通过民事途径加以解决，涉商业秘密犯罪在司法适用中存在过度谦抑的情况。[1]商业秘密一旦被侵犯，极易造成较为高额的经济损失，虽然多数侵犯商业秘密行为，若满足30万数额标准，都有着构成刑事犯罪的可能，但从实际情况来看，涉商业秘密刑案数量与当今商业秘密被侵犯现状并不相符合。对于何谓"重大损失"，司法实务中原本就有着较大的争议，更何况在《刑法修正案（十一）》以后，将入罪标准从原本的"重大损失"，降低到"情节严重"这一标准。若无法对于罪与非罪的界限加以明晰，显然无法满足司法实务的需要。

具体而言，在涉商业秘密部门法中，刑法与前置法在行为规范要求上几乎一致，商业秘密的刑事不法行为与民事侵权行为，仅从行为构成的角度而言，很难加以区分。一般而言，当侵权行为满足刑法分则对应罪名中"情节严重"的要求时，即满足了刑事违法性的要求成立刑事犯罪。不过，商业秘密刑事案件存在过度谦抑的情形，显然因为罪与非罪的边界存在一定模糊，而导致刑事案件数量偏少，司法人员有意无意地忽视了刑事责任的认定，而并未考虑到在涉及知识产权类的案件中，刑事责任和民事责任实则在责任承担模式上相互独立，并存在不互相折抵或者影响的情形，刑事责任承担并不会带来民事责任减免，对于被害人经济损失的赔偿，也只能作为量刑因素予以考量。正如有学者认为的，对同一侵犯知识产权行为的判断，往往需要同时经过民事诉讼程序和刑事诉讼程序加以认定，实体法上的竞合引起了程序法上的冲突，从而出现了知识产权民刑交叉的现象。[2]结合司法实务的现状来看，司法机关往往会停滞在前置法的责任认定层面，而忽视了对刑事责任的独立判断。并且，侵犯知识产权行为从构成民事侵权到刑事犯罪，存在认定逻辑上的递进性，法院在审理时也可能会忽视这种递进关系，从而作出不严谨的判决。

2. 入罪标准的计算方式较为繁杂

由于《刑法修正案（十一）》刚生效不久，在司法实务中，仅存在"重

---

[1] 夏朝羡、贾文超：《民刑交叉视域下的商业秘密刑法保护——从〈中华人民共和国刑法修正案（十一）〉对侵犯商业秘密罪的修改切入》，载《广西警察学院学报》2021年第1期。

[2] 江苏省南京市中级人民法院课题组，姚志坚：《知识产权民刑交叉案件审理模式的理性分析与路径选择》，载《中国应用法学》2020年第6期。

"大损失"的认定路径。但"重大损失"的认定标准其实也尤为复杂。根据最高人民法院、最高人民检察院《关于办理侵犯知识产权刑事案件具体应用法律若干问题的解释（三）》（以下简称《知识产权解释（三）》），"重大损失"的内容包括损失数额（30万元）、获利数额（30万元）、企业经营状况（破产、倒闭）。[1]此外，在损失计算方法上，根据《知识产权解释（三）》第5条的规定，侵犯商业秘密行为所造成的损失数额或者违法所得数额，即通过销售利润损失、合理许可使用费的损失以及商业价值的研发成本等加以确定。在此之外，还认为补救成本应当被纳入损失数额，而这些损失计量方式均可供选择，判断标准并不唯一。

  刑法以及司法解释中的标准过于驳杂，导致了在司法实务中进行适用时较为混乱，无法用同一种标准计算"重大损失"。在［2019］粤0115刑初646号案中，[2]依照侵权人获得的实际利润计算权利人的损失数额。在［2019］湘0902刑初335号案中，[3]则参照商业秘密、专利民事司法解释中规定的损害赔偿数额的计算方法进行认定。在［2019］粤1972刑初3865号案中，[4]则主要根据其研究开发成本确定重大损失数额。而在［2019］鄂05知刑初2号案中，[5]法院则认为应充分考虑权利人的综合投入、保密成本、商业秘密的市场占有度、竞争优势丧失的可能性、维权成本及侵权的性质、手段、影响、扩散后果，从整体上进行综合分析判断给权利人造成重大损失

---

  [1] 根据2001年发布的最高人民检察院、公安部《关于经济犯罪案件追诉标准的规定》，"重大损失"标准，一为50万元以上的"直接经济损失"，二为致使权利人破产或造成其他严重后果。但在2004年的最高人民法院、最高人民检察院《关于办理侵犯知识产权刑事案件具体应用法律若干问题的解释》（下称《知识产权解释》），将《关于经济犯罪案件追诉标准的规定》中的"直接经济损失"更改为给权利人造成"重大损失"，而最高人民法院、最高人民检察院《关于办理侵犯知识产权刑事案件具体应用法律若干问题的解释（三）》较为全面，涵盖了损失内容与损失认定方法，根据新法优于旧法的基本原则，故不对旧规定以及旧司法解释加以讨论。

  [2] 刘鑫侵犯商业秘密一审刑事判决书，广州市南沙区人民法院［2019］粤0115刑初646号刑事判决书。

  [3] 冷少海侵犯商业秘密一审刑事判决书，益阳市资阳区人民法院［2019］湘0902刑初335号刑事判决书。

  [4] 李小强侵犯商业秘密罪一案刑事一审判决书，东莞市第二人民法院［2019］粤1972刑初3865号刑事判决书。

  [5] 覃世林侵犯商业秘密一审刑事判决书，宜昌市中级人民法院［2019］鄂05知刑初2号刑事判决书。

的数额。在［2018］粤0607刑初7号案中，[1]法院依照有利于被告人的认定事实原则，根据相关司法解释的有关规定，核定重大经济损失的数额由研发人员工资、研发设备购置、研发物件支出、房租和公证费、鉴定费、微谱分析费以及与本案直接关联的律师代理费等组成。可见，在司法实务中，对于"重大损失"的具体认定方案主要取决于审判人员的选择，因而存在较大的随意性。但由于重大损失的数额会直接影响被告人的定罪量刑，定罪判断标准的随意性无疑会对判决统一性、司法公信力造成不利影响。[2]尤其是《刑法修正案（十一）》实施后，并没有出台配套的司法解释对何为"情节严重"予以说明，也会导致在司法实务中的认定问题更为严重。

（二）民刑交叉案件的现有审理模式存在问题

侵犯知识产权行为多涉及民刑交叉领域，而民刑交叉案件兼具了民事案件的特征与刑事案件的特征，无论是在实体方面还是在程序方面都较为复杂，这就给案件审理带来了极大的难度。[3]商业秘密民刑交叉案件由于刑法与前置法存在较高的相似性而更加复杂。可以看出，涉及商业秘密的案件，并不能简单地归属于民事或者刑事的一种，而是民刑交揉、叠加的复合性案件。商业秘密民刑交叉案件具有纵向的重合包容的多层法律关系，原本由民事法律所调整的行为，已经超出了民法调整范围而进入了刑法评价领域。关于民刑交叉的审理过程，传统模式为先进行刑事案件审理，再处理民事问题的"先刑后民"模式。近年来，也有学者提出了民事程序优先的"先民后刑"模式。如何对于诉讼程序加以选择，应当由民事程序优先还是刑事程序优先还是交叉审理，对于商业秘密案件能否正确处理较为关键，但从目前的司法实践而言难以确定。[4]

1. 商业秘密案件刑事附带民事诉讼缺乏规范基础

根据最高人民法院《关于适用〈中华人民共和国刑事诉讼法〉的解释》（以下简称《刑诉解释》）的规定，刑事附带民事诉讼的条件是：人身权利

---

［1］潘国鹏侵犯商业秘密一审刑事判决书，佛山市三水区人民法院［2018］粤0607刑初7号。

［2］吴允锋、刘水灵：《侵犯商业秘密罪"重大损失"的认定研究》，载《法学杂志》2010年第9期。

［3］参见陈兴良：《刑民交叉案件的刑法适用》，载《法律科学（西北政法大学学报）》2019年第2期。

［4］参见杨兴培：《刑民交叉案件法理分析的逻辑进路》，载《中国刑事法杂志》2012年第9期。

受到侵犯或者财物的毁坏。[1]商业秘密作为知识产权的具体内容之一,并不属于人身权利,也不属于可以毁坏的实体性财物,在审理侵犯商业秘密罪时,被害人可能无法提起附带民事诉讼,因而侵犯商业秘密行为民刑交叉案件的诉讼程序选择可能会存在一定程度的障碍。虽然在民刑交叉领域中,实际上的习惯做法会将之纳入附带民事的诉讼,表明程序性立法的缺失不影响司法实务的具体走向。但这一做法并非不存在问题,由于我国《刑诉解释》的规定限制了刑事附带民事诉讼的范围,司法机关若不加以遵守,在商业秘密民刑交叉案件中,径直选择适用刑事附带民事诉讼程序进行审理,实则属于程序违法,当事人有权因为程序违法问题对于判决结果不予认可。显然,在知识产权民刑交叉领域中,若并不存在商业秘密案件刑事附带民事诉讼的规范基础,也就意味着司法实务并不能随意进行程序选择。

2. "先刑后民"的固有审理模式存在缺陷

一般而言,"先刑后民"审理模式是处理民刑交叉案件诉讼关系时所适用的一般原则。[2]该模式是指在民事诉讼活动中发现涉嫌刑事犯罪时,在查清涉嫌刑事犯罪的事实后,由法院先对刑事犯罪进行审理,再就涉及的民事责任问题进行处理,或者由法院在审理刑事犯罪的同时附带审理民事问题,法院不应单独就其中的民事责任予以审理判决。[3]在民刑交叉领域,"先刑后民"模式作为审理原则之一存在着一定的优势,我国理论界不少学者也是"先刑后民"审理模式的支持者,该审理模式在处理商业秘密民刑交叉案件时,存在一定的弊端。

从价值取向而言,刑事犯罪侵犯的是国家利益或社会秩序等公权利,而

---

[1] 《刑诉解释》第175条规定:"被害人因人身权利受到犯罪侵犯或者财物被犯罪分子毁坏而遭受物质损失的,有权在刑事诉讼过程中提起附带民事诉讼;被害人死亡或者丧失行为能力的,其法定代理人、近亲属有权提起附带民事诉讼。因受到犯罪侵犯,提起附带民事诉讼或者单独提起民事诉讼要求赔偿精神损失的,人民法院一般不予受理。"

[2] 关于"先刑后民"模式较为明确的规定为:①《民事诉讼法》(2023年修正)第153条第5项,"本案必须以另一案的审理结果为依据,而另一案尚未审结的",本案诉讼应当中止,等待另一案的审理结果。②1998年最高人民法院《关于在审理经济纠纷案件中涉及经济犯罪嫌疑若干问题的规定》第12条:"人民法院已立案审理的经济纠纷案件,公安机关或检察机关认为有经济犯罪嫌疑,并说明理由附有关材料函告受理该案的人民法院的,有关人民法院应当认真审查。经过审查,认为确有经济犯罪嫌疑的,应当将案件移送公安机关或检察机关,并书面通知当事人,退还案件受理费;……"

[3] 肖建国、宋春龙:《责任聚合下民刑交叉案件的诉讼程序——对"先刑后民"的反思》,载《法学杂志》2017年第3期。

民事侵犯行为侵犯的是个人的私权利。在面临利益抉择时，"先刑后民"模式体现的是公权优先的价值理念，而"先民后刑"模式体现的是私权优先的价值理念。从其侧重点而言，刑法注重的是通过国家强制力对犯罪行为进行处罚，对被害人的损失加以弥补并非其主要目的；而民法的目的则在于对被害人受损权利进行弥补与救济，两者并不一致。尤其是在处理涉及侵犯商业秘密这一类经济利益的犯罪行为时，被害人对被告人的检举揭发往往基于弥补其亏损的目的，行为人是否会受到刑罚的处罚，并非其重点考虑因素。武断地选择"先刑后民"的方式，以刑事审判结果作为民事审判的依据，在发现商业秘密侵犯行为涉嫌犯罪时，便对民事纠纷案件的起诉予以驳回起诉，无疑会导致原告符合法律要求的起诉被强行终结，致使原告的程序选择权无法顺利行使。〔1〕

从救济效率而言，不同于人身权利侵犯和传统的财产侵犯行为，商业秘密被侵害的不利后果会随着时间的延长而迅速扩大，因而需要及时予以制止。民事程序中诉前禁令以及证据保全等措施的存在，使其相较于刑事程序在防止损害扩大层面上存在优势。〔2〕此外，刑事程序中侦查终结和审查起诉阶段的时限较为漫长，在"先刑后民"模式下，民事诉讼程序终结，法院无法对涉案财产采取保全措施，可能会导致案件到了审判阶段时，当事人欲采取财产保全措施时，能够执行的财产已然全部转移，法院想要执行也无能为力。〔3〕此外，在刑事程序中，嫌疑人潜逃或者案件久侦不破的现象也时常发生，由于选择了"先刑后民"的模式，权利人受阻于刑事程序未结案的因素，不能选择优先通过民事程序获得赔偿，也会引发私力救济与公力救济之间的冲突。〔4〕

3. "先民后刑"审理模式存在不足

由于"先刑后民"审理模式存在理论以及适用方面的不足，有学者从"民刑分庭"和"民刑合庭"两种方案提出了"先民后刑"的思路。并认为，

---

〔1〕 参见赵文艳：《先刑后民原则的异化与扬弃——兼论刑民交叉案件的处理模式》，载《福建警察学院学报》2009年第1期。

〔2〕 卢宇、王睿婧：《知识产权审判"三审合一"改革中的问题及其完善——以江西为例》，载《江西社会科学》2015年第2期。

〔3〕 张金梅：《对附带民事诉讼案件可考虑诉前财产调查》，载《检察日报》2008年10月6日。

〔4〕 参见王立梅、张军强：《商业秘密刑民交叉案件审理模式的再思考》，载《江淮论坛》2020年第1期。

与"先刑后民"审理模式相比,"先民后刑"审理模式在案件审理逻辑、弥补权利人损失、当事人诉讼权利的行使等方面具有优势。[1]但在对商业秘密案件的处理过程中,这种模式也存在诸多弊端。

一般而言,民事诉讼与刑事诉讼的证据标准存在较大差异,民事诉讼采用的是优势证据原则,即只要一方当事人的证据达到优势,符合高度盖然性的要求,就能够使法官达到内心确信并予以认定。而刑事诉讼的证据采信标准则相对严格,需要达到"排除合理怀疑"的要求。在"先民后刑"模式下,如果在民事程序中认定商业秘密不构成侵权,根据民事程序审理后的生效判决,在刑事案件中应当认定犯罪不成立,反之亦然。但民事诉讼在侵权数额认定方面较之刑事诉讼,采取相对"从宽"的标准,两者的判断标准并非一致但侵权数额对商业秘密案件罪与非罪的界定却十分关键。若在刑事诉讼中,直接对民事审判的认定结果加以适用,可能会造成冤假错案。[2]

其次,诚如前文所述,在"先民后刑"的审理模式下,被害人的权利更容易得到有效的救济,但存在刑事诉讼被告人权利受损以及证据收集等方面的缺陷。依照民事诉讼程序的规定,完整经历民事一审、二审程序的时间可达 9 月 15 天甚至更久。[3]依据"先民后刑"的原则处理侵犯商业秘密案件,如何处理犯罪嫌疑人、被告人的刑事强制措施时间会成为难以解决的问题。此外,在"先民后刑"模式下,由于民事诉讼程序的优先性,刑事取证工作的开展便会受到一定的限制,行为人隐匿、毁灭罪证的风险会大大增加。

三、入罪标准的司法适用规则之厘清

侵犯商业秘密罪存在行为方式较为模糊、情节标准适用不明等问题,导致在司法实务中无法进行准确适用。为达到在司法实务中准确适用之目的,笔者认为,有必要明确侵犯商业秘密行为罪与非罪的边界,同时探明入罪标准具体内涵的认定方式,从而建立可供统一行使的司法适用规则。

---

[1] 参见黄娟:《知识产权刑民交叉案件解决之"先民后刑"思路:选择理由与实施机制》,载《暨南学报(哲学社会科学版)》2011 年第 2 期。

[2] 江苏省南京市中级人民法院课题组、姚志坚:《知识产权民刑交叉案件审理模式的理性分析与路径选择》,载《中国应用法学》2020 年第 6 期。

[3] 计算方式为正常审理期限:一审 6 个月+上诉 15 日+二审 3 个月(在此基础上还可以延长)。

(一) 补救成本之考量

《刑法修正案（十一）》对于侵犯商业秘密罪的修改，部分落实了《中华人民共和国政府和美利坚合众国政府经济贸易协议》（以下简称《中美协议》）有关商业秘密的约定。《中美协议》要求商业秘密权利人发生实际损失不再作为本罪的入罪门槛，而在规范表述上将"重大损失"修改为"情节严重"，但何谓"情节严重"仍不明确，值得探究。《中美协议》同时指出，作为过渡措施，可以由补救成本充分证明刑事执法门槛的"重大损失"，以显著降低启动刑事执法的所有门槛。[1] 补救成本对应的补救行为，其目的在于对知识产权受侵害的状态进行修复，使其尽可能恢复原状，将这一成本要素纳入"情节严重"标准，存在一定的合理性。[2]《知识产权解释（三）》也认可了这一内容，并进一步指出补救成本包括：商业秘密的权利人为减轻对商业运营、商业计划的损失或者重新恢复计算机信息系统安全、其他系统安全而支出的补救费用。[3] 可以看出，补救成本不同于销售利润损失等直接经济损失，并非商业秘密侵权行为所导致的直接损失，而是在遭受损失之后，为了及时止损而采取的一系列保护措施所产生的经济损失。正如裁判案例观点指出"补救成本"的相关支出应当属于间接经济损失，[4] 基于这一观点，可以认为《知识产权解释（三）》认可了"重大损失"包括间接经济损失，但由于《知识产权解释（三）》并未确认补救成本的具体判断方式，在司法实践中依旧存在难以计算等困难。

由于间接经济损失在多数情况下难以进行具体量化，间接经济损失应当仅限于"补救成本"。具体而言，对于市场竞争优势削弱、企业商誉降低等其余间接经济损失的内容，难以通过具体数值加以量化，在损失数额上就无法通过精确的判断程式加以计算，存在一定的模糊性，若将其直接纳入"情节严重"的考察范围，则缺乏一定的合理性。但实际上，当企业产生了企业商誉降低等抽象的间接经济损失，也往往采取了一定的补救手段加以挽回，因

---

[1] 贺志军：《侵犯商业秘密罪"重大损失"之辩护及释法完善》，载《政治与法律》2020年第10期。

[2] 参见何腾姣：《论侵犯商业秘密罪中的补救成本》，载《电子知识产权》2020年第6期。

[3] 林广海、许常海：《〈关于办理侵犯知识产权刑事案件具体应用法律若干问题的解释（三）〉的理解与适用》，载《人民司法》2020年第34期。

[4] 第85号刑事审判指导案例"王宗达损害商业信誉、商品声誉案"。参见最高人民法院刑事审判一至五庭主办：《中国刑事审判指导案例》（第3卷），法律出版社2017年版，第418页。

而这些内容能够被"补救成本"所涵盖，便可以通过"补救成本"进行计算。此外，根据《知识产权解释（三）》，"补救成本"应当被纳入损失数额，但"补救成本"并不同于直接经济损失，因而在损失数额的计算方式上，应当将"补救成本"作为间接经济损失，与销售利润损失等其他直接经济损失进行累计计算，也就是意味着，在根据《知识产权解释（三）》认定直接损失之后，还应当计算"补救成本"的部分，从而确认"情节严重"所对应的具体数额。

（二）具体计算方式的确认

《刑法修正案（十一）》与《知识产权解释（三）》出台前，司法实务中所适用的计算标准较为混乱，主要原因在于对不同司法解释中计算方法的选择性适用。成本法的主要依据为最高人民法院《关于审理不正当竞争民事案件应用法律若干问题的解释》第17条第2款的规定，但这一规定目前已然失效。剩余几种计算方法则大多依据本条第1款的规定参照适用《专利法》第71条第1款关于侵犯专利权的损害赔偿数额进行确定。但在《知识产权解释（三）》正式施行后，最高人民检察院、公安部《关于修改侵犯商业秘密刑事案件立案追诉标准的决定》依照该标准进行了修改。可见，在刑事案件中，计算损失数额的标准已经明确，因而在刑事案件中，对于造成的损失数额或者违法所得数额并不需要按照民事经济损失的认定方法进行认定，而是按照《知识产权解释（三）》的一般认定标准，对直接经济损失与间接经济损失进行累计计算。

（三）"情节严重"的综合考虑

"情节严重"这一标准的设立意味着侵犯商业秘密罪从结果犯变为情节犯，可见该罪在入罪门槛上得到了一定程度的降低。一般而言，在司法解释中，对于"情节严重"的具体标准，都包括行为性质与严重结果标准。因此，根据当然解释，"情节严重"的认定标准，可以包括"重大损失"的入罪标准，现行司法解释规定的数额要求、结果要求仍然有效。其次，《知识产权解释（三）》中已有的包括"倒闭""破产"等入罪情形，也可以作为在以后的司法实务中认定"情节严重"的标准。[1]但随着司法实践经验的积累，情

---

[1] 参见徐宏、潘若喆：《侵犯商业秘密罪中"重大损失"认定标准重构》，载《中国检察官》2020年第18期。

节严重的类型还应当结合不断出现的情形综合考虑，如侵犯商业秘密的次数、商业秘密是否涉及重大行业等因素，以及司法实务中，存在的"倒闭、破产"同等严重程度的其他非物质性损害，如停产、清算、解散等因素，都可以考虑是否应当一并纳入"情节严重"标准的考量范围。[1]

四、商业秘密民刑交叉案件审理模式的选择与优化

(一)"三合一"审判模式的证成

就我国知识产权审判的发展模式而言，20世纪90年代之前，我国在司法实践中一直采取刑民行三审分立的审判模式。但知识产权案件所具有的专业性较强，也导致不具备此方面专业知识的法官，在审理此类案件时，对关键事实的认定遭遇了诸多困难，尤其涉及民刑交叉领域的问题，法官往往并不具备综合性素质，对于侵犯商业秘密等知识产权侵权案件做到妥善处理存在诸多困境。此外，由于前文所述及理由，在三审分立模式下无论是"先刑后民"还是采取"先民后刑"也都难以做到程序的合理衔接。因此，自1993年起，北京、广东等省市的高级人民法院及部分中级人民法院陆续成立了专门的知识产权审判庭，探索知识产权民事、行政和刑事案件审判"三合一"模式，即由知识产权审判庭统一审理知识产权民事、行政和刑事案件。目前，我国"三合一"审判模式已经趋于成熟，足以表明"三合一"模式的选择在制度方面并不存在障碍。

在试点实践的实操层面，1996年上海市浦东新区进行首次试点后，二十多年以来知识产权"三审合一"制度已经在全国落地生根、全面开花，为全国法院的知产审判提供了可复制、可推广的宝贵经验。[2]目前形成了以不同城市为代表的五种模式。[3]浦东模式开启了国内知识产权"三审合一"试点的先河，将本由不同法庭审理的涉及知识产权案件的民事、行政与刑事案件统一归属于基层人民法院知识产权庭审理；在试点初期产生的上诉案件由中级人民法院各庭分开审理，但后来也在中级人民法院层级进行了"三审合一"。武汉则试行全市知识产权案件统一由江岸区人民法院进行集中审理，涉

---

〔1〕参见潘莉：《侵犯商业秘密罪：如何界定"情节严重"》，载《检察日报》2020年11月25日。
〔2〕刘婧：《"三合一"审判助力知产强国建设——知识产权审判"三合一"改革试点20周年回顾》，载《人民法院报》2016年7月8日。
〔3〕以城市进行区分：浦东模式、武汉模式、西安模式、重庆模式。

及上诉的案件交由武汉市中级人民法院知识产权庭进行审理的模式，在试点之初就较为彻底地进行了改革。西安模式更加注重以法官为核心进行知识产权审判庭的组织，行政案件与刑事案件的合议庭人员组织采取"本庭+知产庭"法官的合议庭组织模式。此外，还将知识产权刑事案件的一审统一交由西安市中级人民法院管辖。重庆则探索了一种基层人民法院和中级人民法院知识产权审判庭统一审理全部知识产权案件，高级人民法院知识产权审判庭统一指导知识产权民事、刑事和行政审判工作的新型试点方法，体现了一种"三级联动、三审合一、三位一体"的知识产权审判管理模式。[1]

（二）"三合一"审判模式的路径优化

"三审合一"有利于统一司法标准，提高审判质量，实现知识产权的全方位救济，但对域外国家的知识产权审判程序进行研究，可以发现目前我国的试点工作相对较为彻底，难以参照适用。[2]在具体制度安排上，从目前的试点工作的现状看来，"三合一"审判模式往往更注重于跨程序审判人员的程序性合作这一形式上的合一，但在实践中并未在审判指导思想、理念、规则等方面进行改变，依然坚持着先前"先刑后民"的逻辑，审判人员只是在形式层面被聚集在了一起，并未做到实质意义上的合一。尽管诸多试点类型能够为最终模式的确认提供多元化的实践经验，但最终选择何种适合国情的模式才是试点的最终目的，应注意避免试点工作流于形式。在针对各项试点工作的探索过程中，需要发现各类具体模式所存在的问题及优势，从庭审程序改造、审判思维转变、审判管理制度调整以及相关人才的培养等角度进行综合考查试点情况，明确何种"三审合一"模式值得确立，适度完善其中缺陷后加以推广。对于本文而言，针对该模式应当如何优化，才能更合理地解决商业秘密案件中的程序问题，更需要进一步思考。

1. 审判模式的规范性优化

"三审合一"模式的前提在于制度层面的确认，尽管前文提到，诸多规定

---

[1] 唐亚南：《"三审合一"：知识产权审判的探索与创新》，载《人民法院报》2010年7月7日。

[2] 以德国为例，由于知识产权刑事案件并没有归属于专门法院进行审理，因此只能适用的是普通刑事案件诉讼程序。而在美国，尽管知识产权刑事案件的处理具有高度专业化和体系化的特点，CAFC（美国联邦巡回上诉法院）也并未获得对刑事案件的管辖权，在诉讼程序的衔接方面仅仅实现了对民事与行政案件的"二合一"审判。日本在知识产权的审理模式上与美国较为相似，在民事与行政之间实行"二合一"的审判模式，刑事案件则并未设置特别的处理程序。

已经在制度层面进行了建设,但该制度的施行,缺乏一定的规范基础,因而需要在规范效力层级更高的法律文件中就案件管辖范围、知识产权庭的设立、人员构成和职责,以及诉讼程序、受理条件等事项作出明确规定,从而在不突破三大诉讼法原则和理念的基础上,建立一种对知识产权侵权行为有序、统一的裁判程序。

此外,在"三合一"审判模式下,实际上采取的是一种民刑并举的庭审方式,需要将民事附带刑事诉讼这一程序予以确认。诚如前述,依据《刑诉解释》第175条的规定,在侵犯商业秘密刑事案件中,如果被害人希望提起附带民事诉讼,难以找到相应的制度予以支撑。不过,从司法实务层面而言,《最高人民法院公报》刊登的"西安市人民检察院诉裴某良侵犯商业秘密案"便适用了刑事附带民事诉讼程序进行案件的审理,因而这一程序性问题所涉及的操作范式并不存在具体适用过程中的困难。由于缺乏规范基础而任意进行程序选择缺乏一定的合理性,在选择"三合一"审判模式的背景下,也需要将该类司法实务与规范之间的冲突予以解决,避免司法资源的无端浪费,同时也能够在统一审理的过程中,避免判决结果的互相冲突。

2. 事实认定的具体程序设计

在事实认定层面,并非在整个案件中都适用统一逻辑进行处理。刑事、行政、民事诉讼中的证据确实充分并排除合理怀疑、清楚且具有说服力、高度盖然性的证明标准具有逐级递减的特征,导致基于同一个基础事实,因证明标准差异而出现事实认定差异,这种差异显然并非跨类别法官组成的合议庭经内部协商所能轻易达成共识。[1]针对案件中不同事实,需要准确认定是否具有三种程序之间的牵连关系,区分适用民事、行政、刑事规则。针对本文所讨论的民刑交叉问题而言,对同一事实进行认定时,由于"三合一"审判模式下的事实认定问题,并不存在相应的司法解释加以阐释,因而准确把握商业秘密案件中"同一事实"的判断标准,做到逻辑的准确区分意义重大。在"三合一"审判模式下如何进行事实的区分,因本文讨论焦点为商业秘密民刑交叉问题,所以以侵犯商业秘密的案件为例,对这一庭审流程予以设计。

---

〔1〕 王多、王启亮、孟强:《知识产权刑事诉讼体制的集成改革模式——兼论以审判为中心对"三审合一"的辩证规制》,载《法院改革与民商事审判问题研究——全国法院第29届学术讨论会获奖论文集(上)》,2018年,第329~337页。

在商业秘密民刑交叉案件中，共存在三个核心争议点：涉案信息性质、是否存在侵权行为、重大损失（情节严重）的计算。具体认定流程如下：

第一层次，即如何针对涉案信息性质进行确认。由于《刑法修正案（十一）》将商业秘密修改后，刑法条文中已然删除商业秘密的定义条款，因而何谓商业秘密有待前置法加以确认。由此，无论是在民事裁判中，还是在刑事案件中，对于侵犯商业秘密案件涉案信息性质的认定以及涉案信息是否属于权利人等事实，都只能依据《反不正当竞争法》和最高人民法院《关于审理不正当竞争民事案件应用法律若干问题的解释》的规定进行确认，同时按照民事程序予以查明，并不存在涉案信息在民事程序中被认定为商业秘密，而在刑事程序中则并不成立商业秘密的情形。刑事程序中对于商业秘密的认定无须推翻商业秘密按照民事程序认定的结果，进行重新认定，由此才能在商业秘密的具体认定上能够维护"三合一"审理模式下的统一性。

第二层次，即对于是否存在侵权行为如何进行判断。由于在司法实务中，侵犯商业秘密行为罪与非罪的界限往往依赖于情节标准，而非通过客观行为加以区分，可见在基础事实的认定方面，对于商业秘密侵权行为的违法性判断是一致的，因而民刑证据在这一部分多具有相似性。刑事程序中侦查活动的要求在于全面、迅速地收集证据材料。此时，原告所提供的鉴定意见等民事领域中的证据材料，并非不能在刑事程序中加以适用。不过考虑到民事诉讼中采用谁主张谁举证的举证原则，民事诉讼中也并不存在侦查机关帮助当事人调查取证的情形，而在采取"三合一"审判模式的情况下，当事人的调查取证行为与侦查机关的证据收集行为是并行不悖的，民事诉讼中的当事人可以借助侦查机关所调取的证据从而实现对自身有利的效果。有学者认为，公权力的介入会使得原告所获取的证据更加充实与全面，民事主体在这一审判模式下的平等性被打破，不利于民事诉讼中当事人的实质性对抗。[1]笔者以为，由于采取"三合一"审判模式，因而当事人的调查取证与侦查机关的证据收集行为是并行不悖的，也并无生效在先的判决文书，因而刑民诉讼将无法将对方的生效判决书作为证据适用。在不同诉讼程序中的诉讼参与人均在收集调取证据，从而为实现各自的诉讼目的而努力，对于不同主体所收集

---

〔1〕 江苏省南京市中级人民法院课题组、姚志坚：《知识产权民刑交叉案件审理模式的理性分析与路径选择》，载《中国应用法学》2020年第6期。

的证据,也需要通过适用不同证据规则分别加以处理,因而在民事程序中并不存在侦查机关帮助当事人调查取证的情形,不会打破民事诉讼主体的平等性,实则能够在维护现行程序规则的基础上,达到实质统一的目的。

第三层次,即关于侵权数额或者犯罪"情节严重"如何认定。在确认涉案信息属于商业秘密且存在侵权行为的情况下,民事侵权数额根据刑事司法解释(《知识产权解释(三)》)的计算标准进行确定也并不存在障碍。根据以往的刑事司法习惯,对于"重大损失"的认定方式,多借鉴《专利法》的认定标准,或采取成本法等民事计算标准,且《知识产权解释(三)》也不过是对于司法解释以及司法习惯的汇总与适当优化,因而针对"情节严重"应当如何认定这一问题,应当沿用过去的认定标准。《知识产权解释(三)》的规定内容较为丰富,第一项是若不法分子采用不正当手段获取他人商业秘密,尚未使用时,损失数额可以通过合理许可使用费加以计算。第二项是若不法分子以不正当手段获取权利人的商业秘密后,已经使用的,损失数额可以通过销售利润损失加以计算。[1]而其余四项也均被划分为不同的行为类型,从而确定应通过何种损失数额加以计算。可见《知识产权解释(三)》所确定的损失数额认定规则,与以往的计算方式并无较大的差异性,仅仅是根据不同的行为方式以及损害结果的表现形式,对于计算方式进行了一定程度的细化,因而在损失数额的认定标准上,刑事程序中的认定路径还是参照适用了民事计算标准,与民事程序并不具有较大的区别,同时根据司法解释的观点,继续沿用以前的认定标准,也能够维系法律适用的连贯性以及损失判断的统一性。

五、结语

《刑法修正案(十一)》的修法路径旨在与前置法保持高度契合,虽然在民刑衔接上维系了良好的协调性与统一性,但这一立法变更也导致刑民边

---

[1] 《知识产权解释(三)》第 5 条规定:"实施刑法第二百一十九条规定的行为造成的损失数额或者违法所得数额,可以按照下列方式认定:(一)以不正当手段获取权利人的商业秘密,尚未披露、使用或者允许他人使用的,损失数额可以根据该项商业秘密的合理许可使用费确定;(二)以不正当手段获取权利人的商业秘密后,披露、使用或者允许他人使用的,损失数额可以根据权利人因被侵权造成销售利润的损失确定,但该损失数额低于商业秘密合理许可使用费的,根据合理许可使用费确定……"

界变得更加模糊，在具体事实认定上缺乏统一的适用规则，从而导致商业秘密案件在民刑交叉领域处于较为混乱的局面。为解决前述问题，厘清商业秘密刑民的区分点在于"情节严重"标准，并对这一标准的具体内涵和计算方式加以阐释，以解决商业秘密的司法适用问题。而在宏观上，商业秘密民刑交叉案件审理模式选择也存在争议，由于"先刑后民"与"先民后刑"的审理模式均存在缺陷，而"三合一"审理模式则具有明显的优势性，不过该模式在具体运用上仍然有待优化，结合司法实务，商业秘密案件的刑事附带民事诉讼这一程序性选择较为契合"三合一"的审理模式，符合商业秘密司法适用的需要。而在事实认定方面，通过确认核心争议焦点、优化其认定标准与计算路径，从而为司法实务提供可供参考的认定范式。

行刑反向衔接中刑事追诉期限与行政处罚追责时效问题探究

陈 凯 罗 晶[*]

摘 要：行刑反向衔接中，应当根据违法行为的处罚依据区分适用刑事追诉期限与行政处罚追责时效。在自然犯中，其违法性来源于违反《刑法》而非违反前置的行政法规。根据《刑法》第37条，被"行政处罚"本质上就是以非刑罚处罚措施承担刑事责任，因此自然犯被"行政处罚"后的财产罚、人身罚都是原"刑事责任"的体现，故不受行政处罚追责时效的约束。在行政犯中，关于行政责任与刑事责任的具体适用，应当考虑行政责任内容与刑事责任内容是否具有相同的法效果。根据《行政处罚法》第35条的规定，行政处罚中的人身罚和财产罚与刑罚具有同种法效果，因此可以互相折抵。但行政处罚中的行为罚等其他与刑罚存在无法兼容的法效果时，行政责任与刑事责任应当分别适用。

关键词：行刑反向衔接；刑事追诉期限；行政处罚追责时效

一、问题导出

根据《刑事诉讼法》第177条、《行政处罚法》第27条及最高人民检察院《关于推进行政执法与刑事司法衔接工作的规定》、[1]最高人民检察院《关于推进行刑双向衔接和行政违法行为监督 构建检察监督与行政执法衔接制度的

---

[*] 作者简介：陈凯，江苏省宜兴市人民检察院第一检察部副主任、二级检察官。罗晶，江苏省宜兴市人民检察院第一检察部主任、一级检察官。

[1] 最高人民检察院《关于推进行政执法与刑事司法衔接工作的规定》第8条规定："人民检察院决定不起诉的案件，应当同时审查是否需要对被不起诉人给予行政处罚。对不被起诉人需要给予行政处罚的，经检察长批准，人民检察院应当向同级有关主管机关提出检察意见，……"

意见》（以下简称《行刑衔接意见》）的规定，[1]检察机关开展行刑反向衔接工作限定于检察机关作出不起诉决定的案件。因此，本文讨论的行刑反向衔接也在这一语境下展开，即检察机关经审查依法作出不起诉决定，不追究刑事责任或者免予刑事处罚，但是需要给予行政处罚，向有关行政主管机关提出处理建议，并移送相关案件的法律活动。行政反向衔接既符合国家治理体系中行政执法与刑事司法的一体化履职趋势，又促进了刑罚与行政处罚之间的罪责统一和均衡，让行政执法机关和刑事司法机关之间的协调合作更加完善，旨在消除不法行为的追责盲区。在司法实践中，行政执法机关与刑事司法机关对行刑交叉案件的刑事追诉期限与行政追责时效存在不同的理解，导致该类案件下行处理不畅。检察机关对部分不起诉类案件经出具建议行政处罚的检察意见，行政机关以该类案件的行政追责时效超期为由不予行政处罚，因此出现了"不刑漏罚""免刑逃罚"的现象。这类现象在一定程度上影响了行政执法与刑事司法一体化追责体系作用的发挥，导致"应罚不罚""不应罚而罚"，亟须两法机关形成对这一问题的共识。

二、司法实务现状

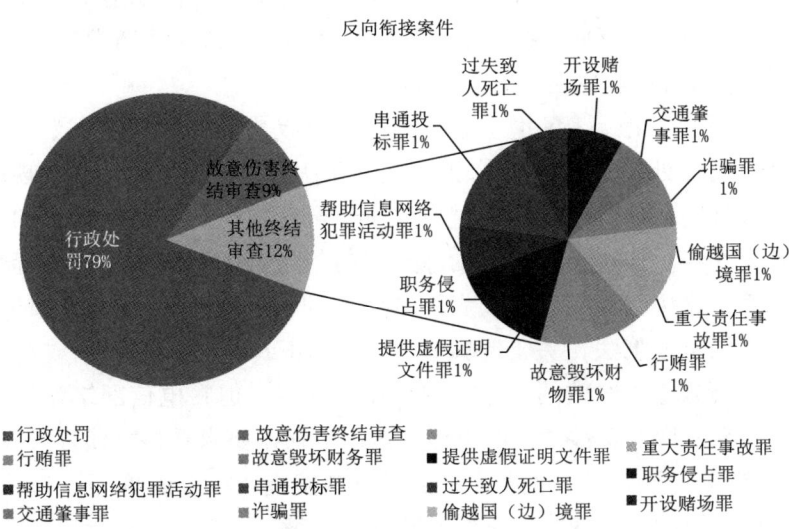

---

[1] 最高人民检察院《关于推进行刑双向衔接和行政违法行为监督 构建检察监督与行政执法衔接制度的意见》第3条规定："……检察机关决定不起诉的案件……行政检察部门审查后，认为需要给予行政处罚的，经检察长批准，提出检察意见，移送行政主管机关处理……"

（一）基于已有数据的分析

自 2023 年 7 月 14 日最高人民检察院发布《行刑衔接意见》部署行刑反向衔接工作由行政检察部门牵头以来，以笔者所在的基层检察院为例共受理反向衔接案件 111 例，其中 88 例案件制发建议行政处罚的检察意见后经跟踪已经处罚完毕，有 10 例故意伤害轻伤类案件根据现行刑事政策终结审查不予制发行政处罚的检察意见，另有 13 例案件因行政执法机关提出超越行政处罚追责时效而终结审查，占比达 11.7%。在这 13 例案件中，相关行政执法部门涉及广泛，包括公安机关、安全生产监督部门、工商行政主管部门、市场监督管理部门、医疗保险保障部门等均有涉及，涉嫌罪名种类复杂，既包含与社会治安有关的开设赌场罪、交通肇事罪、诈骗罪等，也涉及职务侵占罪、串通投标罪、提供虚假证明文件罪等其他犯罪类型。

由此可见，虽然情节轻微涉罪案件在符合不起诉标准后通过行政处罚的方式给予行政处罚已经成为司法实践中的常态。但在行刑衔接实务工作中因衔接双方标准不一、沟通不足等问题，导致移交行政机关的案件在行政处罚上超过追责时效而终结案件，从而实质上对涉案嫌疑人作不处罚处理，影响了重大责任事故、提供虚假证明文件、医保诈骗等类型的明显应罚案件的处罚力度，导致在行刑反向衔接后出现了行政处罚缺位这一"新常态"。

（二）反向衔接后追责"逾期"的原因分析

1. 刑事诉讼程序是否应包含在"发现"行政违法行为前的争议

根据《行政处罚法》第 36 条的规定，违法行为在 2 年内未被发现的，不再给予行政处罚；涉及公民生命健康安全、金融安全且有危害后果的，上述期限延长至 5 年。法律另有规定的除外。前款规定的期限，从违法行为发生之日起计算；违法行为有连续或者继续状态的，从行为终了之日起计算。由此可见，不同于《刑法》关于刑事追诉期限中止或者延长的规定，《行政处罚法》并未对行政追责时效的中止或延长作出规定。但在电信网络诈骗及其关联犯罪、聚众赌博等案件中，由于刑事案件中证据要求严格、侦查难度较高，刑事诉讼周期一般较长，此类案件经历刑事侦查、审查起诉等诉讼程序后，检察机关作出不起诉处理并移送行政机关的时间，可能距离"行为终了之日"超过 2 年，此时是否超过行政处罚时效在不同部门内存在不同理解。行政机关往往将接收到反向衔接案件的时间认定为己方发现该案违法行为的时间，将刑事程序与行政程序作为两个独立的程序对待，再加上行政处罚追责时效远远短于刑事诉讼追诉时效，致使部分在刑事诉讼程序阶段耗费较长时间的案件移交至行政机关后在行政处罚程序上已经追责时效逾期，行政机关因此作出不予处罚决定，终结审查。对此，笔者认为，《行政处罚法》第36条对发现违法行为的主体未作限定规定，因此"发现"之日的理解应当从实质角度出发，司法机关和行政机关皆为查处违法行为的公权力机关，因此无论是司法机关发现还是行政机关发现，都应当被同等视为行政处罚程序追责时效起算之日。同时，全国人民代表大会常务委员会法制工作委员会在《关于提请明确对行政处罚追诉时效"二年未被发现"认定问题的函的研究意见》（法工委复字〔2004〕27号）的研究意见中明确了《行政处罚法》规定"发现"违法违纪行为的主体是处罚机关或有权处罚的机关，公安、检察、法院、纪检监察部门和司法行政机关都是行使社会公权力的机关，对律师违法违纪行为的发现都具备《行政处罚法》规定的法律效力。上述任何一个机关对律师违法违纪行为只要启动调查、取证和立案程序，均可视为"发现"。这一意见虽然是全国人民代表大会常务委员会法制工作委员会回复司法部关于律师违纪违法行为的观点，但笔者认为，律师违纪违法行为与其他违纪违法行为具有同质性，因此可以作为其他行政机关在行政处罚程序中执行追责时效制度的重要参考。

2. 治安类案件中存在较为突出的法条竞合问题

治安类案件属于行刑反向衔接案件中较为常见的类型，比如侵财类案件、人身类案件、扰乱公共秩序类案件等。根据《治安管理处罚法》第22条的规定，违反治安管理行为在6个月内没有被公安机关发现的，不再处罚。由于《行政处罚法》第36条明确规定，其他法律另有规定的除外，因此治安类案件的行政处罚追责时效优先适用《治安管理处罚法》规定的6个月，而非《行政处罚法》规定的2年。但《治安管理处罚法》与其他行政法规同样存在一般法与特别法的竞争问题，例如在医保诈骗类案件中，行为人骗取医保基金的行为需要行政处罚时，既符合《治安管理处罚法》第49条的规定，也符合《医疗保障基金使用监督管理条例》（以下简称《医保条例》）第41条的规定。因此，笔者认为，《医保条例》属于医保领域的行政法规，按照特别法优于一般法的原则，此类行为应当将《医保条例》而非《治安管理处罚法》作为处罚依据。同时，《治安管理处罚法》第4条也明确了违反治安管理行为适用特别法优于一般法的原则。《医保条例》未对行政追责时效作特殊规定，因此参照《行政处罚法》第 36 条的规定，医保诈骗类案件的行政处罚追责时效为 2 年而非 6 个月。

治安类案件中的法条竞合不仅有一般法、特别法竞合的情形，还存在新旧法适用的问题。同样以医保诈骗类案件为例，《医保条例》于 2021 年 5 月公布施行。由于《行政处罚法》第 36 条规定，实施行政处罚，适用违法行为发生时的法律、法规、规章的规定。但是，作出行政处罚决定时，法律、法规、规章已被修改或者废止，且新的规定处罚较轻或者不认为是违法的，适用新的规定。按照上述法条明确的从旧兼从轻原则，由于《医保条例》相较于《治安管理处罚法》处罚较重，因此如果是发生在 2021 年 5 月之前的医保诈骗类案件则应当适用《治安管理处罚法》也就是旧法，发生在 2021 年 5 月之后的医保诈骗类案件适用新法同时也是特别法。这也导致了同一类案件因为适用新旧法的问题，其行政处罚追责时效存在不同。

3. 刑事追诉期限与行政处罚追责时效的竞合问题

这类案件在司法机关发现后刑事追诉期限以内启动刑事追诉程序，后经检察机关作出不起诉决定流转至行政机关，行政机关认为即使按照司法机关发现违法行为的时间点进行计算，也已经超出了行政处罚追责时效，因此对其不予行政处罚。举例说明：2021 年 6 月，刘某经营的医保定点药店通过冒名使用他人的医保凭证购药后进行转售牟利；2023 年 7 月，公安机关立案侦查刘某的骗取医保资金行为，后由于犯罪情节轻微检察机关对其作出不起诉决定。该案经查实刘某的行为构成诈骗罪，且根据《刑法》第 87 条关于追诉期限的规定，由于刘某的犯罪行为法定最高刑不满 5 年，其刑事追诉期限为 5 年，刘某的行为从其犯罪成立之日的 2021 年 6 月至被公安机关立案侦查的 2023 年 7 月未超过 5 年，因此刘某的行为未超过刑事追诉期限。刘某被不起诉后，检察机关通过反向衔接机制将该案流转至医保部门并建议行政处罚，医保部门认为，本案的违法行为发现之日距离其发生之日已经超过 2 年的行政处罚追责时效，因此不予处罚。

在对该案的处理上，刑法学者与行政法学者显然有着不同的意见。刑法学者秉承着刑事优先的原则，认为根据《刑法》第 37 条的规定，给予构成犯罪的行为人"行政处罚"在性质上属于刑事责任的承担方式，可以说是以"行政之名"行"刑事之实"，同时在刑法理论上认为第 37 条中的"行政处罚"属于非刑罚处罚措施〔1〕，本质上属于刑事责任的实现方式。行政法学者则认为没有一部规范性文件，包括《行政处罚法》和《行政执法机关移送涉嫌犯罪案件的规定》，在具体的条文中明确规定"刑事优先"原则，行政处罚具有独立的程序价值。〔2〕

笔者认为，想要厘清一般行政处罚与《刑法》第37条语境下的行政处罚的区别，就必须对行政处罚的事项与刑罚的种类进行对比区分，两者究竟是对立互斥关系、包容关系还是交叉关系。根据《行政处罚法》的规定，行政处罚的种类大致可被分为申诫罚、行为罚（能力罚）、财产罚、人身罚四大类。而刑罚的种类主要为人身罚、财产罚。对于行政处罚中常见的限制开展生产经营活动、责令停产停业、吊销许可证等行为罚措施，刑罚除了从业禁止等禁止性措施外缺乏烈度轻缓的行为罚措施。由此可见，行政处罚的事项与刑罚的种类显然是一种交叉关系。两者相较而言，刑罚的种类较狭窄但一般处罚强度高，行政处罚的事项种类较广泛但处罚强度较为轻缓。因此，《刑法》第37条语境下的行政处罚既然被降格处理为行政处罚，便仅能在其具体罪名所配置的刑罚种类对应的行政处罚事项范围内进行行政处罚。

具体原因是：①在自然犯的讨论范围内，按照刑法学者的观点，行为人根据《刑法》第37条被"行政处罚"属于通过非刑罚处罚措施承担刑事责任。根据"举重以明轻"原则，同种适用刑法的较严重犯罪行为如果仅配置人身罚、财产罚等刑罚种类，适用《刑法》第37条处理的犯罪行为往往较为轻缓，却要在行政处罚中适用行为罚等其他种类的行政处罚，实际上对行为人造成了更为严厉的处罚，有"轻罪重罚"之嫌疑，甚至会导致行为人拒绝接受检察机关对其作出的不起诉决定，因为对于行为人来说刑罚反而更加轻缓、行政处罚更为严厉，这无疑背离了《刑法》第37条的立法初衷。②在行政犯的讨论范围内，同一违法行为同时根据其刑事法规、行政法规在两个层次分别追究其刑事责任、行政违法责任，也就是所谓的双罚制。比如，危险驾驶罪的行为既要承担相应的刑事责任，根据《道路交通安全法》的规定，还要承担吊销机动车驾驶证这一行为罚的行政违法责任。因此，危险驾驶罪的行为根据《刑法》第37条被"行政处罚"仍然属于通过非刑罚处罚措施承

---

〔1〕 参见张明楷：《刑法学》（第6版），法律出版社2021年版，第816页。
〔2〕 参见练育强：《行刑衔接中的行政执法边界研究》，载《中国法学》2016年第2期。

担刑事责任,而非承担其行政违法责任。因此,对于行为人来说,其因《刑法》第 37 条被"行政处罚"与因违反行政法规被行政处罚两者的内涵并不相同。以危险驾驶罪为例,行为人在醉酒驾驶被查处后公安机关根据《道路交通安全法》第 91 条的规定,对其处以吊销机动车驾驶证这一行为罚种类的行政处罚;后行为人即使被检察机关决定不起诉,根据《刑法》第 37 条对其处以"行政处罚",公安机关也不能采取行为罚种类的行政处罚,否则将违反"一事不再罚"的原则。基于上述两点理由,无论是自然犯还是行政犯,其行为发现之日如已超出行政处罚追责时效但在刑事追诉时效内,则依据《刑法》第 37 条被"行政处罚"后,行政机关依法应当对其作出人身罚和财产罚种类之内的行政处罚决定,因为这一情形下的行政处罚决定本质上属于该行为刑事责任的非刑罚化实现。同时,笔者同意行政机关在这一情形下拒绝作出行为罚等种类的行政处罚决定,原因是这类行政处罚决定已经超越了刑事责任的范畴,不应受到刑事追诉时效的规制。

三、针对解决反向衔接中的时效问题的建议

(一)刑事追诉期限与行政处罚追责时效两个制度内涵有共通之处

两者的设立均为了限制司法机关对追诉权、处罚权的无限制使用。这两个制度的设立,一方面可以敦促两法机关积极履职、提高办案效率,另一方面可以为出罪和出罚提供法律依据,避免"滥刑重罚"的执法理念。但相较于刑事法律在追诉时效上关于中止、中断的具体规定,在两法衔接的背景下,行政法的立法者应当考虑在行政处罚追责时效方面增添类似中止、中断等制度性规定,以针对两法衔接这一情况。同时,立法者也需要考虑将行刑衔接案件中"发现"违法违纪行为的主体明确扩展为处罚机关或有权处罚的机关(公安、检察、法院、纪检监察部门和司法行政机关),以便更好地衔接两法案件。理由是虽然两法在时效长短上产生的差距来自所管辖案件对社会的危害性,应予以的打击力度也随之有异,但在反向衔接中,时效问题不应成为打击违法行为的阻碍。从实质公平性角度出发,刑事犯罪相较于行政违法更具社会危害性和法益侵害性,应当优先予以制裁,哪怕是经审查后作不起诉处理或是判决免予刑事处罚,其违法性也不可磨灭。如果因司法机关的刑事诉讼程序流转导致超过行政追责时效,就会出现未启动刑事程序、"较轻"的违法行为被行政处罚,而已达到刑事处罚边缘、"更重"的违法行为反而无法

处罚的结果，颠倒行为责任与处罚结果的配置，违反处罚的实质公平原则。

(二) 关于治安类案件在行刑反向衔接中存在法条竞合的问题

笔者认为，检察机关作为行刑反向衔接的牵头机关，应当具体问题具体分析，提出个性化检察意见，与各行政机关之间应建立更加紧密的协作机制，加强信息共享与沟通。一方面，党的二十大报告强调"完善基层综合执法体制机制"，我国地方政府在新一轮机构改革背景下开展基层综合行政执法改革，基层行政执法机关的机构设置、人员编制、管理体制面临新一轮的变更重组，检察机关需防止在改革的阵痛期与行政执法机关遭遇协同障碍。另一方面，我国行政法规涉及的部门十分广泛，行政立法主体多元，立法层面存在"碎片化""叠床架屋"的现象。检察机关在行刑反向衔接中应当重视行政法规的效力、新旧法变迁、一般法与特殊法等法条竞合问题，时刻关注各层级行政法规的立法动向，以精准化的检察意见推进行政刑事执法一体化。

(三) 刑事追诉期限与行政处罚追责时效区分适用

关于两者的适用问题，笔者坚持"刑事有限优先原则"，秉持该原则在自然犯和行政犯语境下对这一问题有着不同的解答。在自然犯语境下，由于不存在刑事责任和行政责任的竞合交叉问题，根据《刑法》第37条被"行政处罚"本质上就是以这种非刑罚处罚措施承担刑事责任，因此自然犯被"行政处罚"后的财产罚、人身罚都是原"刑事责任"的化身，故不受行政处罚追责时效的约束，只需考虑有无超越刑事追诉时效。同时，自然犯根据《刑法》第37条被"行政处罚"如含有行为罚等刑罚无法折抵的行政处罚种类，应当受行政处罚追责时效的约束，因为其处罚依据为相应的行政法规，而非原"刑事责任"。在行政犯语境下，由于其违法性来自其违反行政法规而受刑罚，因此，行政犯需面临刑事责任和行政责任是否双重承担的问题。笔者认为，现行法律法规并未规定对同一违反行政法上义务的违法行为在追究刑事责任后，不得再承担行政责任。因此关于行政责任与刑事责任的具体适用，应当考虑行政责任内容与刑事责任内容是否具有相同的法效果。根据《行政处罚法》第35条的规定，行政处罚中的人身罚和财产罚与刑罚具有同种法效果，因此可以互相折抵。但对于行政处罚中行为罚等其他与刑罚存在无法兼容的法效果时，行政责任与刑事责任应当分别适用。[1]因此，笔者认为，根

---

[1] 参见江苏省宿迁市宿城区人民法院 [2017] 苏1302行初348号行政判决书。

据《刑法》第 37 条被"行政处罚"后，如含有人身罚和财产罚，与刑罚具有同种法效果，只需考虑有无超越刑事追诉时效，不受行政处罚追责时效的约束，理由是行政犯区别于一般的行政违法行为，具有较高的可谴责性和处罚必要性。如含有行为罚等与刑罚存在无法兼容的处罚种类时，由于其处罚依据为违反行政法规，本质上属于承担行政责任，因此需受行政处罚追责时效的约束。

刑事追诉期限与行政处罚追责时效的竞合，其背后为刑事责任和行政责任对于同一违法行为的具体适用问题，两者虽然都是公法的责任，但由于刑罚属于最严厉的措施，重点在于制裁与惩罚；行政处罚注重比例原则、重点在于消除不良后果，教育违法者。因此，两者的具体适用需通过考虑有无相同的法效果进行分别对待。

刑行衔接中若干理念问题厘清 追责时效问题探究

上海市松江区人民检察院课题组[*]

摘　要：当前，加强行政执法与刑事司法的反向衔接是检察工作新的业务增长点。为此，在司法实践中必须首先厘清刑行衔接的四大理念问题：首先，不起诉后给予行政处罚，因根本就不存在刑罚，故刑行衔接并不违反一事不再理原则。其次，因《刑法》与《行政处罚法》在规范保护目的和处罚种类上的差异，故刑行并罚并不违反禁止双重评价原则。再次，即使承认理论上刑行并罚具有合理性，但从实践角度而言，明确刑行界限仍然具有必要性。最后，至于实践中孰先孰后的问题，考虑到司法重公正、行政重效率，建议采用"刑事优先为原则、行政优先为例外"的规则，从而确保刑事诉讼与行政诉讼程序相协调。

关键词：两法衔接；反向衔接；实践问题；理念厘清

所谓刑行衔接是指刑事司法端向行政执法端的衔接。在司法实践中，刑行衔接问题既包括实体方面的问题，也包括程序方面的问题，但无论是实体法问题还是程序法问题，从根本上讲都涉及理念的问题。可以说，理念问题不解决，刑行衔接就无法得到彻底贯彻。其中，既有对"是否违反一事不再理原则"和"是否违反禁止双重处罚原则"的担忧，也有对"行政违法与刑事违法界限把握不清"和"刑事优先抑或行政优先"的顾虑。这些深层次的

---

[*] 课题组成员：周少华，上海市松江区人民检察院党组成员、副检察长；郁卫平，上海市松江区人民检察院第六检察部主任；陈龙鑫，上海市松江区人民检察院政治部副主任；张庆立，上海市松江区人民检察院第六检察部副主任。

理念问题必须尽快解决。

一、是否违反"一事不再理"之理念厘清

近年来,在司法实践中,不起诉适用率得到大幅提升,在相对不起诉案件中,检察机关往往会提出给予被不起诉人行政处罚的检察意见,但实践中就公安机关根据该检察意见另行作出行政处罚是否违反"一事不再理"的原则多有疑问。据河南省许昌市襄城县人民检察院的统计:该院2017年1月1日至2020年5月1日依法作出相对不起诉116件121人,包括交通肇事案88人占72.73%,危险驾驶案13人占10.74%,盗窃案9人占7.43%。其中,检察机关仅对涉嫌交通肇事罪、危险驾驶罪的101名被不起诉人向公安交警部门提出吊销驾驶证的检察意见,而公安机关又仅对涉嫌危险驾驶罪的13名被不起诉人作出了吊销驾驶证的行政处罚。[1]可见,检察机关既没有对所有被不起诉人提出给予行政处罚的检察意见,行政机关也没有对所有被不起诉人给予相应的行政处罚,甚至在检察机关发出检察意见的前提下,公安机关也没有对涉嫌交通肇事罪的被不起诉人给予行政处罚。究其原因在于,实务部门对"刑行衔接"与"一事不再理原则"的关系缺乏正确认识,尤其是在诸多工作尚未理顺的情况下,这一原因直接导致了实践中刑行衔接不顺、不畅,乃至不通的问题。事实上,检察机关在作出相对不起诉决定后,向公安机关提出给予行政处罚的检察意见,公安机关根据这一检察意见另行作出行政处罚,并不违反"一事不再理"的原则。具体理由如下:

(1)从法学理论上讲,"一事不再理"原则是一项诉讼法上的理论原则,就刑事诉讼法而言,通常是指对已发生法律效力的实体裁判或者涉及一定实体内容的程序性裁判,不得就同一事实再次起诉和审判。该原则的理论基础在于维护生效裁判的既判力,强调对于已经发生法律效力的裁判"不再理"。[2]检察机关在作出相对不起诉决定后,向公安机关提出给予行政处罚的检察意见,公安机关根据这一检察意见另行作出行政处罚,由于在这一处理过程中并不存在"生效裁判",自然也不存在"维护既判力"的必要,当然更不存在违反"一事不再理"原则的问题。事实上,质疑的意见本质上是担心允许

---

[1] 李雅:《相对不起诉案件"刑行衔接"现状与对策》,载《检察日报》2020年7月1日。
[2] 宋英辉主编:《刑事诉讼原理》(第2版),法律出版社2007年版,第150~155页。

公安机关另行作出行政处罚可能会造成重复评价，即相对不起诉的刑事法评价和行政处罚的行政法评价。然而，刑法理论中的禁止重复评价的核心要义在于禁止双重处罚，[1]由于相对不起诉案件并不存在"刑事罚"，公安机关另行作出行政处罚自然也不存在双重处罚的问题，更不会违背禁止重复评价的原则。

（2）从法律依据上看，2021年新修订的《行政处罚法》第27条第1款规定："……对依法不需要追究刑事责任或者免予刑事处罚，但应当给予行政处罚的，司法机关应当及时将案件移送有关行政机关。"现行《刑事诉讼法》第177条第3款也规定："……对被不起诉人需要给予行政处罚、处分或者需要没收其违法所得的，人民检察院应当提出检察意见，移送有关主管机关处理。有关主管机关应当将处理结果及时通知人民检察院。"《人民检察院刑事诉讼规则》第373条第2款规定："对被不起诉人需要给予行政处罚、政务处分或者其他处分的，经检察长批准，人民检察院应当提出检察意见，连同不起诉决定书一并移送有关主管机关处理，并要求有关主管机关及时通报处理情况。"《公安机关办理刑事案件程序规定》第293条第2款规定："人民检察院提出对被不起诉人给予行政处罚、处分或者没收其违法所得的检察意见，移送公安机关处理的，公安机关应当将处理结果及时通知人民检察院。"上述法条均清楚地表明，检察机关在作出不起诉决定后，完全可以向公安机关提出给予行政处罚的检察意见，公安机关根据这一检察意见也完全可以另行作出行政处罚，而且应当及时将是否作出行政处罚以及具体作出何种行政处罚等处理结果通知人民检察院。

（3）从逻辑经验而言：一方面，从思维逻辑上讲，假如检察机关在作出相对不起诉决定后，向公安机关提出给予行政处罚的检察意见，而公安机关却无权另行作出行政处罚，这就意味着已然构成犯罪的被相对不起诉人既没有被追究刑事责任，也无法追究行政违法责任，与一般违法行为人应被追究行政违法责任相比，被相对不起诉人承担的法律责任反而更轻，显然不当。另一方面，从办案经验上讲，对嫌疑人作出相对不起诉决定和给予行政处罚的检察意见，属于检察机关对案件的一次处理，公安机关另行作出行政处罚，是对检察意见的接受和落实，属于一次处理中的一部分，而不是另行作出的

---

[1] 张明楷：《刑法格言的展开》，法律出版社2003年版，第292页。

第 2 次处理，而且根据法律规定，公安机关在处理完毕后，还应及时将处理结果通知人民检察院，从而还带有一定程度的事后行政监督意味。

二、是否违反"禁止双重处罚"之理念厘清

抛开不起诉中的刑行衔接这一实质上系"免刑入行"的单罚场景，探讨"刑行双罚是否违反禁止双重处罚原则"无疑更具深层意义。长期以来，关于行政处罚与刑事处罚能否并列适用的问题，理论界和实务界多有争论。其中，"排斥适用说"认为，行政处罚与刑事处罚同属公法责任，而且在责任严厉性上具有递进性，因而不得重复追究。"并科适用说"认为，不同法律责任之间由于立法目的初衷不同，可以同时适用。"附条件并科适用说"认为，根据行政法规中关于处罚冲抵的规定，只有在处罚类型呈现异质化时，方可合并适用。随着实践的发展和理论研究的深入，传统的"排斥适用说"呈现逐步弱化的趋势，而"并科适用说"和"附条件的并科适用说"则正获得越来越多的支持和认可。例如 2021 年修订的《行政处罚法》第 35 条就规定："违法行为构成犯罪，人民法院判处拘役或者有期徒刑时，行政机关已经给予当事人行政拘留的，应当依法折抵相应刑期。违法行为构成犯罪，人民法院判处罚金时，行政机关已经给予当事人罚款的，应当折抵相应罚金；行政机关尚未给予当事人罚款的，不再给予罚款。"可见，刑事处罚与行政处罚的折抵仅限于行政拘留折抵拘役或有期徒刑、罚款折抵罚金，这恰恰从反面印证了其他种类的行政处罚完全可以与刑事处罚并科适用。再如，最高人民检察院发布的第 146 号行政检察类案监督指导性案例清楚地表明，醉酒驾驶机动车的犯罪行为应承担刑行双罚的法律责任，除依法追究刑事责任外，还应由公安机关交通管理部门依法吊销机动车驾驶证。[1]这充分表明，司法机关对其他种类的行政处罚与刑事处罚并科适用的结论完全予以认同。由此可见，刑行衔接不仅意味着相对不起诉后给予行政处罚不违反一事不再理的原则，而且意味着刑行双罚也不违反禁止双重处罚的原则。

并科适用是否需要附条件以及应附何种条件的问题，既涉及"并科适用说"和"附条件的并科适用说"的区别，也事关并科适用的范围，亟须厘清。

---

[1] 刘艺：《检察监督推动"刑行双罚"统一适用——检察指导性案例第 146 号评析》，载《人民检察》2022 年第 12 期。

目前，理论界大致存在如下三种观点：第一种观点即"目的手段差异说"。其认为，现行行政法所规定的一事不再罚原则仅限于拘役和有期徒刑吸收行政拘留、罚金吸收罚款，可见只有当法律基于不同宗旨与目的采取不同性质的制裁手段时，方可并科适用。反之，当法律基于相同宗旨和目的采用同质的制裁手段时，针对性质不同的行为或者程度差别的行为，则应择一处罚或者择重处罚。[1] 第二种观点即"事理关联性说"。其认为一个违法行为同时违反了刑法及行政法时，意味着其所侵害的社会关系彼此不同，自然可以刑行双罚，不违反禁止重复处罚原则。但为了保证制裁后果的合理性，应坚持行政罚总和在制裁力度上不超过刑罚本身，以及"事理关联性"的标准，即行政罚与犯罪行为、刑罚之间必须具有事实、法律、属性、原理和因果关系等方面的关联性。[2] 第三种观点即"比例原则说"。其认为，不管是从"禁止以罚代刑"原则出发，还是从"行政法与刑法二者目的的差别"出发，刑行双罚都不违反禁止重复处罚原则，只是需受比例原则的制约，既然有罪宣告已实现了否定性评价，那么根据比例原则，出于处罚均衡性考虑，就应当将性质相似的处罚予以折抵，而且特别强调这一折抵属于执行折抵，而非宣告刑的折抵。[3] 就本质而言，"比例原则说"倾向于"并科适用说"，"目的手段差异说"则更倾向于"附条件的并科适用说"，而"事理关联性说"则类似于二者的折中说。

我们认为，"附条件的并科适用说"更为可取。理由如下：①"比例原则说"所强调的折抵系执行折抵，而非宣告折抵，实际上是一种彻底的"并科适用说"，认为即使是法律允许折抵的性质相似的处罚，也可以作出并列宣告，仅仅是在具体实际执行中予以折抵，这可能存在对法律理解的偏差。修订的《行政处罚法》第35条明确规定："违法行为构成犯罪，人民法院判处罚金时，行政机关已经给予当事人罚款的，应当折抵相应罚金；行政机关尚未给予当事人罚款的，不再给予罚款。"这清楚地表明罚金与罚款不仅可以在执行时折抵，而且当罚金已确定时，罚款就不再适用，而不是并科适用。②"事理关联性说"一方面主张将并科适用的范围限制在"事理关联性"的范围之内，

---

[1] 张明楷：《刑法格言的展开》，法律出版社2003年版，第303~308页。

[2] 解志勇、雷雨薇：《基于"醉驾刑"的"行政罚"之正当性反思与重构》，载《比较法研究》2020年第6期。

[3] 曾文科：《刑行衔接视野下"未经处理"的认定规则》，载《法学》2021年第5期。

力图限制并科的扩张适用,但另一方面又将"事理关联性"解释为"包括了事实、法律、属性、原理和因果关系等方面的关联性",使得"事理关联性"的概念无限扩张,几乎找不到处于关联性之外的典型例证,反而证明存在事理关联的例证俯拾即是,并科适用成了名义上有条件、实际上无条件的混沌规则。③"目的手段差异说"坚持了"附条件的并科适用说",将并科适用的条件明确为"法律基于不同宗旨与目的,采取不同性质的制裁手段",即当刑法与行政法的宗旨和目的不同,刑事制裁与行政制裁的手段性质不同时,即可并科。一方面,在维护法秩序统一的同时,维护了不同法律部门各自的法律体系;另一方面,考虑到手段性质的相似性和轻重程度的差别,符合对不同的违法行为,国家在应对手段上保持合比例性的法治精神。

三、有无必要"划清行政违法与刑事违法界限"

实践中两法衔接不畅的一大共性原因即行政违法与刑事违法的实体法界分标准不清,如在证券、安全生产、环境保护等领域,"情节严重"既被规定为"加重行政处罚的标准",又被设定为"区分行政违法与刑事犯罪的标准",而行政法与刑法对何为情节严重又缺乏明确的解释标准,加之"主要责任""领导责任""管理责任"等影响责任分配的概念表述不清,致使两法衔接不畅的问题始终未能解决。既然原则上行政处罚与刑事处罚并处并无不当,那么究竟还有无必要为"行政违法与刑事违法划定界限"则是需要进一步思考的问题。然而,有观点认为,针对"刑行衔接"案件的法律适用,传统分析路径过度关注刑事违法与行政不法的界分标准,但二者之间并非互相排斥之关系,应当抛弃"非此即彼"的思考方式,转用法律竞合和法律冲突的思维,只要不违反法秩序的统一,不同部门法就可以并用,且在违反一事不二罚的前提下,行为人也应承担多重法律责任。因此,"彻底划清刑法与行政法的界限"本就不应当是努力的方向。[1]可见,反对划定界限的观点最重要的理由就在于:认为刑法与行政法在处理刑行衔接案件时属于法律竞合,只要不违反法秩序的统一,就完全可以并科适用,既然可以并科就没有必要寻找二者的界限。上述理由看似正确,但无论是从刑法中犯罪概念的但书规定来

---

[1] 简爱:《从"分野"到"融合"刑事违法判断的相对独立性》,载《中外法学》2019年第2期。

看，还是从刑事诉讼法中相对不起诉决定后提出检察意见的程序设计来看，抑或是从司法实践中实务部门寻求划清二者界限的努力来看，都难有说服力。事实上，上述刑行并罚的结论往往是从实体的视角、在处罚结果的层面加以探讨，实践中多见于在先刑后行的情形下探讨法院判处刑罚后行政主体能否再作出行政处罚的场合；而力求划清刑行界限，往往是从程序的视角、在处罚过程的层面加以讨论，实践中多见于在由行入刑的情形下探讨防止行政机关以罚代刑的场合。可见，在认识刑事处罚与行政处罚的关系时，融合说站在处罚的角度主张目的手段不同自然可以并罚，而界限说则站在立案的角度主张以尽量明确的定罪标准区分刑行界限，融合说和界限说都是必要的，不能以此击彼、以偏概全，而是应当从不同视角、不同侧面、不同路径去认识两种观点的机能。从这个意义上说，科学划定行政违法与刑事违法之间的界限仍然十分重要。

理论界，关于行政处罚与刑事处罚的具体界限标准，主要存在"量的差异说""质的差异说""质量的差异说"三种不同的观点。其中，"量的区别说"认为，刑事违法与行政违法之间的区别仅在于违法程度的不同，即刑事违法性等于行政违法性加可罚的违法性之和。"质的区别说"认为，刑事违法性与行政违法性具有本质区别，刑法与行政法根据各自不同的立法目的，对违法行为进行评价，从而判断是否需要给予刑法上或行政法上的制裁。"质量区别说"认为，刑事违法性与行政违法性不仅在社会危害性方面具有违法程度上的差别，而且在侵害社会伦理方面具有质的差别，刑事违法严重侵害社会伦理，具有反社会性，而行政违法未严重侵害社会伦理，不具有反社会性。[1]在司法实践中，普遍流行"法益损失衡量说"。该说认为，无论是从法秩序统一原理的角度出发（对于违规行为的处理需要多种法律规范的协调适用），还是从积极刑法观的角度出发（刑事处罚范围的扩张势必与行政处罚范围产生一定程度的重叠），在划定行政处罚与刑事处罚界限时，都应坚守刑法谦抑性的立场，控制刑事处罚范围，具体可通过衡量保护法益的损失，适当区分行政不法与刑事不法。[2]实际上，上述"法益损失衡量说"所坚持的以衡量保

---

[1] 许亚洁：《网络服务者的个人信息保护义务及其刑事责任》，载《青海社会科学》2021年第1期。

[2] 陈禹衡：《法秩序统一原理下身份证件类犯罪的刑行衔接优化》，载《江汉学术》2022年第4期。

护法益的损失程度来区分行政不法与刑事不法，与"量的区别说"所主张的刑事违法与行政违法之间的区别仅在于违法程度的不同，在本质上是一致的。因此，可以说，"法益损失衡量说"就是一种"量的区别说"。

纵观上述争议，我们坚持"统一的质量区别说"，即刑事违法与行政违法的区别不仅是违法程度上的量的差别，而且是违法属性上的质的差别。同时，量的差别与质的差别是统一的，量的差别决定了质的差别，而质的差别则主要体现为量的差别。理由如下：①刑事违法与行政违法存在违法程度上的量的差别，既与我国刑法理论中情节犯、数额犯所体现的罪量理论相适应，也与我国刑事与行政二元治理的体制机制的国情相适应，还与我国《刑法》中的但书规定相适应。因此，承认二者在违法程度上量的差别是合适的。②刑事违法与行政违法存在违法属性上的质的差别，刑法与行政法各有其立法目的，根据现行法律规定，刑法的立法目的在于"惩罚犯罪，保护人民"，《行政处罚法》的立法目的在于"为了规范行政处罚的设定和实施，保障和监督行政机关有效实施行政管理，维护公共利益和社会秩序，保护公民、法人或者其他组织的合法权益"，二者显著的差别在于行政处罚法将"规范、保障、监督行政权依法行使"亦作为其立法目的的内容。同时，传统刑法学理论往往认为，犯罪是独立的个人对抗统治阶级的活动，尽管随着刑法范围的不断扩张，这一判断受到了极大的削弱，但至少可以说明犯罪确实更多地带有反社会的倾向。相反，对行政违法行为反社会的倾向则几乎可以忽略不计。另外，从人们的观念来看，犯罪行为与一般行政违法行为也具有本质上的差别，这一点从犯罪行为所带有的刑法外制裁的实证考察中就可以获得证明，尽管各界对这种刑法外制裁多有诟病，但其至少可以说明犯罪行为与一般行政违法行为在社会容纳度上具有质的差别是客观存在的事实。③量的差别与质的差别并非不可逾越的鸿沟，根据辩证唯物主义哲学的基本立场，量变是质变的必要准备，质变是量变的必然结果，既然行政违法行为与刑事违法行为存在量的差别，而且这一量的差别已经越过了刑法所设定的定罪量刑标准，行政违法行为就会被提升为刑事违法行为，"规范、保障、监督行政权依法行使、维护公共利益和社会秩序"的目的就会被"打击犯罪"的目的所替代。④"统一的质量区别说"更加符合处于理论界主流地位的"刑事违法性判断的相对论"。针对刑事违法性的判断，历来存在严格的违法一元论、缓和的违法一元论和违法相对论的争议，三者争议的焦点就在于行政违法在刑事违法判断中的作用。由于犯罪构成要件的规定,刑事违法性判断往往要依赖于行政法规的规定,又由于不同的操作流程和办案机制,刑事违法性判断又具有独立性,在"完全依赖"与"完全割裂"之间的最佳平衡点即刑事违法性判断的相对论。其中,依赖性的一面契合了量的差异说,独立性的一面与质的差异说不谋而合,而依赖性与独立性又统一于"相对论"这一概念之下。

四、是否遵循"刑事优先"之理念厘清

现行《刑事诉讼法》第 177 条第 3 款规定:"对被不起诉人需要给予行政处罚、处分或者需要没收其违法所得的,人民检察院应当提出检察意见,移送有关主管机关处理。有关主管机关应当将处理结果及时通知人民检察院。"根据这一规定,似乎意味着相对不起诉应遵循"刑事优先"的思路。然而,从教义学的角度来看,这并非无可置疑。上述法条的用语为"需要给予",既包括"人民检察院认为需要给予行政处罚、处分或者需要没收其违法所得的,应当提出检察意见"的内容,也可以包括"人民检察院认为不需要给予行政处罚、处分或者需要没收其违法所得的,不应提出检察意见"的内容。如果将前者视为"刑事优先"的依据,那么后者似乎也可以为"行政优先"提供正当性基础。实践中刑事与行政的先后次序确实值得探讨。既然刑事违法与行政处罚之间可以并科适用,那么在具体适用时究竟是行政优先抑或刑事优先就是必须回答的问题。实践中,以往就这方面的争议不断。"刑事优先说"认为,刑行并罚时应当坚持刑事优先,先由司法机关按照刑事诉讼程序追究行为人的刑事责任,再交由行政机关由其追究行为人的行政责任。"行政优先说"则主张,刑行并罚时应当坚持行政优先,这既符合违法相对性理论,也满足了刑法谦抑性的要求,如对危险驾驶行为的处理,实践中就是先处以行政处罚,再进一步认定达到严重社会危害程度时,方才移交司法机关处理。从目前争论的结果来看,无论是从二者之间仍需划定界限的角度观察,还是从 2021 年修订的《行政处罚法》第 27 条第 1 款的规定内容审视,或者是从有关学者针对不起诉后转行政处罚衔接机制的论证推论,[1]似乎刑事优先都更为可取。甚至有观点直接认为,《行政处罚法》第 27 条第 1 款规定:"违法

---

〔1〕 赵义冰:《相对不起诉案件"刑事–行政"衔接问题研究》,载《枣庄学院学报》2022 年第 3 期。

行为涉嫌犯罪的，行政机关应当及时将案件移送司法机关，依法追究刑事责任。对依法不需要追究刑事责任或者免予刑事处罚，但应当给予行政处罚的，司法机关应当及时将案件移送有关行政机关。"这就是对"刑事优先原则"的立法确认。[1]对此，我们认为，刑事优先不宜绝对化，建议确立"刑事优先为原则、行政优先为例外"的适用规则。具体的例外情形包括"情况紧急需要先行行政处置的"或者"行政处罚与刑事处罚界限把握不清的"。具体理由如下：

第一，以刑事优先为原则确实具有明显的优势。与行政处理相比，刑事处理具有证明标准要求更高、事实认定更精准、程序设计更完备、程序结构更公正、刑事制裁更严厉的优势。刑事处理优先，既可以节省行政阶段取证认证、事实认定的时间，提高执法效率，又有利于确保国家机关规范公正行使职权，保障违法行为人的合法权利，还有利于维护"在一行为触犯数法条的法律竞合时择一重处罚"的基本理论预设，尽管在刑行并罚的情况下"择一重处罚"仅限于"性质相似的处罚"，但性质相似的重处罚已生效时，轻处罚就不再适用，从而有效避免了执法资源的浪费和司法执法的冲突。

第二，以刑事优先为原则并不意味着刑事优先的绝对化。《行政处罚法》既有第27条第1款关于"刑行双向移送"的规定也存在第35条已决的行政拘留折抵拘役或有期徒刑刑期和罚款折抵罚金的规定，而后者恰恰说明法律并不禁止行政处罚先于刑罚，反观前者关于双向移送的规定，法律仅仅要求"违法行为涉嫌犯罪时行政机关应当及时移送"，是对移送时限的要求，并没有禁止行政机关先行处置，也不意味着确立了绝对的"刑事优先"原则。

第三，尽管刑事处罚重于行政处罚，但行政处罚也具有种类多、效率高的特点，在应对突发紧急情况、维护社会公共利益方面具有得天独厚的优势。一方面，如暂扣许可证件、责令停产停业的行政处罚为行政处罚所特有，且这一特有的行政手段对于防止危害行为继续、危害后果扩大具有针对性效果。另一方面，司法注重公正、行政注重效率的价值目标差异，使得在应对紧急情况时，唯有发挥行政手段的效率，才能及时应对，从而最大程度地维护社会公共利益。因此，有必要承认行政优先作为紧急情况下的例外规则的地位。

---

[1] 王廷祥、姜安妮、王莉莎：《涉税犯罪检察办案的实践探索与优化举措》，载《中国检察官》2021年第23期。

第四，如前所述，"统一的质量区别说"作为行政处罚与刑事处罚的界限是合适的，但不能据此认为立法者在所有领域都将这一界限转化为了清晰可见的标准，也不能认为立法者所得出的自认为清晰可见的标准可以准确应对实践中所有的行为类型，这就意味着在实践中不可避免地存在"因界限把握不清而行政优先"的现象。存在确实不一定意味着合理，尤其是在现行法律明确规定罚款和行政拘留可以折抵刑罚的情况下，这种"行政优先"是否系一种错误更是不无疑问。实际上，由于折抵在性质上属于执行的折抵，而不是宣告上的替换，恰恰可以说明现行法律并没有否定行政优先情况下行政行为的效力，或者可以说现行法律默认了"行政优先"的做法。

　　综上所述，在司法实践中，要做好刑行衔接工作，就必须厘清刑行衔接的四大理念问题。首先，不起诉后给予行政处罚，根本就不存在刑罚，导致刑行衔接并不违反一事不再理的原则。其次，《刑法》与《行政处罚法》在规范保护目的和处罚种类上的差异，导致刑行并罚并不违反禁止双重评价原则。再次，即使承认理论上刑行并罚具有合理性，但从实践角度来看，明确刑行界限仍然具有必要性。最后，至于实践中孰先孰后的问题，考虑到司法重公正、行政重效率，建议采用"刑事优先为原则、行政优先为例外"的规则，从而确保刑事诉讼与行政诉讼程序相协调。

第二单元

轻罪立法时代犯罪圈扩张风险及其应对

黄明儒　胡江涛[**]

摘　要：随着轻罪时代的来临，犯罪治理演变为轻罪治理，而轻罪治理的犯罪圈不断膨胀，重点强调对刑事集体法益领域的保护，主要表现为竞合犯、风险预防犯、辅助犯等方面轻罪扩张。刑法体系正由自由刑法向安全刑法转移，使轻罪治理面临刑法工具主义、刑罚的重刑主义、轻罪罪犯标签难消解的风险。为保证积极立法时代轻罪治理的正当性，轻罪治理应坚持消极刑法观，刑法中明确轻罪为三年以下法定刑的犯罪，轻罪刑罚应注重非监禁刑的适用，并构建轻罪犯罪记录封存制度，保证轻罪行为人的再社会化，实现轻罪治理的独立性与体系性。

关键词：轻罪治理；立法扩张；非监禁刑；犯罪记录封存

一、提出问题

轻罪在我国刑事法领域并非一个独立的实然性刑法概念，而是一个应然性概念。1997年《刑法》颁布至今，共颁布有12部修正案，罪名数量已经由最初的413个变为483个，其中法定最高刑为三年以下有期徒刑（含3年）罪名101个（笔者称之为"绝对轻罪"），基本犯三年以下有期徒刑的罪名203个（笔者称之为"相对轻罪"），两者占全部罪名的62%，刑事法网不断增大，网眼愈加细密。另一方面，分析近十年《中国法律年鉴》公布的刑事

---

[*] 基金项目：国家社会科学基金项目"风险社会背景下行政犯扩张及其适用限缩研究"（19BFX061），湖南省教育厅研究重点项目"中国特色刑法教义学体系构建研究"（22A0111）。

[**] 作者简介：黄明儒，湘潭大学法学院教授、博士生导师；胡江涛，湘潭大学博士研究生，主要研究方向：刑法学。

裁判数据，被判处三年以下有期徒刑人数从 2011 年的 80.7 万增长至 2020 年的 126.7 万，占比从 77% 上升至 82%，三年以上有期徒刑人数占比却在不断下降，从 23% 降至 16% 左右。[1]在一定意义上，我国犯罪结构已发生重大改变，刑事治理已经进入"轻罪时代"[2]。

表 1　全国人民法院审理刑事案件生效裁判被告人轻罪与重罪率

年份	2011	2012	2013	2014	2015	2016	2017	2018	2019	2020	2021
轻罪率	76.67%	78.28%	82.28%	84.36%	84.55%	86.17%	76.70%	84.28%	83.82%	82.09%	80.11%
重罪率	23.25%	21.66%	17.65%	15.57%	15.36%	13.74%	23.17%	15.63%	16.08%	16.94%	14.89%
无罪率	0.08%	0.06%	0.07%	0.07%	0.08%	0.09%	0.13%	0.08%	0.10%	0.07%	0.05%

在日益强调宽严相济、厉而不严的犯罪治理语境下，通过扩张轻罪促进刑法积极参与社会治理是否属于对刑法的路径依赖？所谓的"轻罪化"究竟是一种重刑化思维还是一种轻刑化思维？值得思考的是，轻罪是不是情节轻微、危害结果显著不大的罪名或罪行？轻罪的立法扩张是否天然与安全刑法所强调的预防集体安全的法益危害结果相冲突？轻罪立法扩张却也在适用中酿生了正当性危机，也诱发了对轻微犯罪治理机制的深入思考。

二、轻罪立法的扩张领域与类型考察

（一）轻罪犯罪圈扩张的领域

轻罪立法扩张主要表现在两个方面：一是新增轻罪；二是修改原有罪状扩张轻罪涵摄范畴。通过对我国刑法修正案的考察，轻罪集中体现在四个领域：

第一，刑法对公共安全的保护。在公共安全领域新增 5 个绝对轻罪，3 个相对轻罪，增加对恐怖主义的宣扬行为、醉驾、飙车、殴打公共交通工具驾驶员等行为的独立入罪，强调对危害公共安全治理。

第二，刑法保障经济秩序的稳定发展。破坏社会主义市场经济秩序罪之新增相对轻罪，主要集中于破坏金融管理秩序犯罪，罪名涉及骗取贷款、票据承兑、金融票证罪，妨害信用卡管理、违法运用资金罪等。其他如妨害药

---

[1] 数据来源：中国法律年鉴社主编的 2002—2022 年《中国法律年鉴》。
[2] 卢建平：《轻罪时代的犯罪治理方略》，载《政治与法律》2022 年第 1 期。

品管理罪，对外国公职人员、国家公共组织人员官员行贿罪等。

第三，刑法关注弱势群体的个人权益保护。特别是对未成年权益的保护，绝对轻罪如虐待被监护、看护人罪，相对轻罪如负有照护职责人员性侵罪，雇用童工从事危重劳动罪，组织残疾人、儿童乞讨罪，组织未成年人进行违反治安管理活动罪。也增设了"侵犯公民个人信息罪"以保护公民个人信息。[1]

第四，刑法塑造良好的社会管理秩序。社会秩序、网络秩序、公共卫生秩序、税收等出现了新情况，妨害社会管理秩序犯罪成了新增轻罪最多的章节，特别是扰乱公共秩序罪，如冒名顶替罪、代替考试罪、帮助网络信息犯罪活动罪、拒不履行信息网络安全管理义务罪、组织考试作弊罪、高空抛物罪、袭警罪等。

（二）轻罪立法的扩张类型

通过对轻罪立法类型文本总结，轻罪扩张显著表现为三种类型："竞合犯""风险预防犯""辅助性犯罪"，[2]三者类型化可能存在交叉。

1. 轻罪竞合犯

轻罪竞合犯可以分为前置法处罚行为违法与犯罪的竞合以及原有罪名剥离出的轻罪之间的法条竞合。前者如行为人多次实施同性质扰乱社会秩序行为，"第1次"是行政违法，"第2次"或"多次"则因受行政违法处置而演变为刑事犯罪。在刑法中，走私普通货物、物品罪将1年内曾因走私被给予2次行政处罚后，又走私法的行为入罪；逃税罪将5年内因逃避缴纳税款受过刑事处罚或者被税务机关给予2次以上行政处罚又逃税行为入罪等。多数罪名在司法解释以及立案追诉标准中作出类似规定。据统计，至少有120多个罪名存在这种情况，这俨然成了入罪普遍化规则配置。[3]另外，轻微违法犯罪行为的法条竞合，即从原罪名中剥离与拆分出的罪名，与原罪名法条竞合。《刑法修正案（十一）》）最为典型，例如妨害药品管理罪被从生产、销售

---

[1] 根据《刑法修正案（七）》新增第253条之一，侵犯公民个人信息罪，法定最高刑为三年以下有期徒刑或者拘役，并处或者单处罚金，《刑法修正案（九）》将本罪的主体由特殊主体修改为一般主体，增加一档三年以上七年以下有期徒刑，并处罚金的法定刑。

[2] 参见［美］道格拉斯·胡萨克：《过罪化及刑法的限制》，姜敏译，中国法制出版社2015年版，第53页。

[3] 李怀胜：《多次行为入罪化的立法价值与体系性反思》，载《政治与法律》2020年第7期。

假药罪中剥离,高空抛物罪、妨害驾驶罪从以危险方法危害公共安全罪剥离,非法植入基因编辑、克隆胚胎罪从非法行医罪中剥离,冒名顶替罪从使用虚假身份证件、盗用身份证件罪中剥离,侵害英雄烈士名誉、荣誉从侮辱、诽谤罪中剥离,等等。有学者认为,拆分而增设的新罪从依附到独立,弥补原有罪名不能包容法益的弊端。〔1〕但本质上,新增的轻罪罪名是重复性立法、情绪性立法,更像是一种注意规定。在司法适用中,新增罪名与原罪名法条竞合时,容易选择性入罪或轻行为重罪化。

2. 轻罪风险预防犯

风险预防犯分为预备行为入罪与危险行为入罪,是对抽象危险的预防。抽象危险的扩张导致刑法从原来的"行为-实害"刑法模式偏向了"犯罪人-危险"刑法模式。〔2〕

预备行为风险预防入罪,是将原本刑法总则规定的准备工具与制造条件行为,直接在刑法分则中独立成罪。我国刑事立法有两个预备行为风险预防入罪,即准备实施恐怖活动罪与非法利用信息网络活动罪。典型的预备行为则是对"设立网站、通讯群组"行为的评价。立法上将"设立网站、通讯群组"等同于"发布信息"。但本质上"设立网站、通讯群组"的行为阶段应该是"发布信息"的预备行为,预备之预备的"为实施违法犯罪"设立网站、通讯群组则是一种典型风险预防犯。危险行为入罪是指实施的犯罪行为没有造成实质法益侵害或引起法益侵害的结果。新增的危险驾驶罪、高空抛物罪、妨害安全驾驶罪、危险作业罪等都属于抽象危险犯行列。除此之外,有的罪名直接将罪状修改为抽象危险犯,以降低入罪门槛,如生产、销售、提供假药罪删除了"足以严重危害人体健康"、扰乱无线电通讯管理秩序罪删除了"造成严重后果",污染环境罪将"造成重大环境事故,致使公私财产遭受重大损失或人身伤亡的严重后果"改为"严重污染环境",而妨害传染病防治罪则增加了引起"依法采取甲类传染病预防、控制措施的传染病"传播或有传播的严重危险等。轻罪危险行为犯使刑法不再是回应过去的损害,而是避免未来的损害,成了维护行政秩序包括预防重罪的工具。〔3〕

---

〔1〕 陈兴良:《妨害药品管理罪:从依附到独立》,载《当代法学》2022年第1期。

〔2〕 [德] 科讷琉斯·普赫特维茨:《论刑法的机能主义化》,陈昊明译,载李昊、明辉主编:《北航法律评论》(2014年第1辑),法律出版社2014年版,第55~56页。

〔3〕 姜涛:《社会风险的刑法调控及其模式改造》,载《中国社会科学》2019年第7期。

3. 轻罪辅助犯

辅助犯罪则是将共同犯罪中的帮助行为予以单独罪名，与预备行为预防入罪一样，原本由刑法总则规定帮助行为入罪，在刑法分则将帮助行为独立入罪。如帮助信息网络犯罪活动罪和提供侵入、非法控制计算机信息系统程序、工具罪等。有学者认为，此类罪名强调的是量刑规则，是网络犯罪帮助行为的独立法定刑，是一种注意规定，强调此类罪不得再依照《刑法》第27条的规定从轻、减轻或免除处罚。[1] 但在实践中，帮助信息网络犯罪活动罪自创设以来，便逐步发展成治理电信诈骗、网络犯罪的"口袋"罪名，只要在网络空间存在帮助行为，就独立入罪，并没有依托于被帮助的犯罪。除了新增独立的轻罪辅助犯罪名之外，还有为弥补原有轻罪的漏洞而将帮助行为纳入罪名的罪状修改，如生产、销售假药罪增加药品使用单位人员明知而提供假药行为；强迫劳动罪增加了招募、运送或其他协助的帮助行为入罪，制造毒品罪将明知制毒而为犯罪人生产、买卖、运输，以共犯论处等。

综上，从轻罪立法的领域可以看出，刑法体系正由自由刑法向安全刑法转移，显著特征便是积极刑法观下的刑事立法对集体法益保护愈加明显，也体现了立法者对社会风险的担忧。而在轻罪立法类型上则表现为刑法法益保护的前置化，即社会危害性从"较重"前置到"轻微"；从"危害结果出现节点"前置到"行为完成节点"；从"行为完成节点"前置到"具体危险出现节点"或"抽象危险出现节点"，[2] 这又可被称为预防性立法。可以肯定的是，在风险社会背景下，我国轻罪预防性立法才是刑法扩张的主要趋势。

三、轻罪立法扩张的现实风险及审视

轻罪从表面上看是犯罪圈大小的划定问题，根本上涉及的却是现代国家如何在法治框架内妥当处理对危害社会行为的制裁这一课题。[3] 虽说很多刑法学者都赞同犯罪圈的扩张，并以积极立法观理论为这一扩张背书，[4] 但在

---

[1] 张明楷：《刑法学》（第6版），法律出版社2021年版，第1382~1383页。
[2] 王强军：《功能主义刑法观的理性认识及其限制》，载《南开学报（哲学社会科学版）》2019年第3期。
[3] 何荣功：《我国轻罪立法的体系思考》，载《中外法学》2018年第5期。
[4] 付立庆：《论积极主义刑法观》，载《政法论坛》2019年第1期；周光权：《积极刑法立法观在中国的确立》，载《法学研究》2016年第4期；张明楷：《增设新罪的观念——对积极刑法观的支持》，载《现代法学》2020年第5期等，都赞同增设新罪。

实践中，轻罪扩张却已经产生以下三种最为明显的风险，在轻罪治理的图景中，仍需对此进行正当化审视。

（一）轻罪立法工具主义

风险社会理论的推广，司法与立法呈现一种逻辑怪圈，每当司法机关对某些危害程度轻微行为、非典型或新型危害行为入罪化之时，由于刑法上轻罪规范支持不够，借以集体法益的秩序与安全，推动了我国的刑法的立法扩张，也显现为轻罪预防性立法。"预防刑法是指基于防范和化解重大风险，把实害结果发生之前的能引发实害结果的关联行为予以犯罪化的立法。"[1]实际上是将人身危险性判断加入了罪量要素，表现出了明显的社会防卫思想，导致轻罪入罪不再要求出现法益侵害的结果，只要出现抽象的危险就予以入罪，这类犯罪对法益的客观威胁是有限且遥远的。而且，何种社会制度法益或者何种秩序、公共安全法益会受到刑法保护，终究是立法者的一种价值选择。需要立法者进行合理与正当性权衡，这也就引发了蕴含集体法益的行政犯对个人法益的空间的压缩。轻罪预防立法以保护抽象的社会秩序之名能够轻松地实现刑法扩张的目的，从而弱化法益的刑罚限制机能。[2]但这动摇了法秩序的统一性，虚化违法与犯罪的界限，使轻罪立法陷入"工具主义"窠臼之中。

从轻罪扩张的形态可以看出，轻罪的立法主要是法定犯、秩序法、行政犯。有学者指出："法定犯并非由刑法创造出来的，而是在国家行政管理与调控中被创造出来。它们表达的不是对刑法自体恶的记载，而是对行政法律法规的保护与强调。"[3]如高空抛物罪，组织考试作弊罪，使用虚假身份证件、盗用身份证件罪等，与自然犯不同，不具有天然的可谴责性，因其刑罚较轻，多数犯罪不认同自身犯罪人的身份以及犯罪刑罚合理性。如果立法者倚重刑法去解决冲突，容易掩盖问题与转移社会治理的视线，进而形成是一种过于简单化的社会治理方式。[4]当然，增设新的轻罪，也能避免轻微行政违法行

---

[1] 姜敏：《刑法预防性立法：罪型图谱和法治危机消解》，载《政法论坛》2021年第6期。
[2] 孙国祥：《集体法益的刑法保护及其边界》，载《法学研究》2018年第6期。
[3] 刘艳红：《"法益性的欠缺"与法定犯的出罪——以行政要素的双重限缩解释为路径》，载《比较法研究》2019年第1期。
[4] 姜涛：《社会风险的刑法调控及其模式改造》，载《中国社会科学》2019年第7期。

为类推入罪或适用于重罪的可能,[1]削除行政处罚剥夺自由的权力,避免行政权滥用,保护公民的权利和自由。[2]刑罚本身就是一种剥夺犯罪人权利的恶害,因此对其扩张应始终保持审慎的态度。

(二)轻罪刑罚的监禁刑偏重

刑罚措施也是轻罪治理重要方面,笔者将轻罪刑罚分为监禁刑与非监禁刑,非监禁刑罚是犯罪人被判处缓刑、管制、单处附加刑、免予刑事处罚,监禁刑是指犯罪人被判处三年以下有期徒刑、拘役,具体情况如表2[3]:

表2 轻罪中刑罚占比情况

年份	有期徒刑占比	拘役占比	监禁刑占比	管制占比	缓刑占比	单处附加刑占比	免予刑事处罚占比	非监禁刑占比
2011	45.28%	9.51%	54.79%	1.84%	38.36%	2.74%	2.27%	45.21%
2012	43.04%	12.27%	55.31%	1.40%	38.66%	2.57%	2.06%	44.69%
2013	42.49%	13.96%	56.45%	1.54%	37.40%	2.60%	2.01%	43.55%
2014	43.10%	14.52%	57.62%	1.22%	36.84%	2.40%	1.92%	42.38%
2015	44.90%	15.15%	60.05%	1.13%	34.88%	2.21%	1.73%	39.95%
2016	44.41%	15.70%	60.11%	0.90%	34.53%	2.27%	1.90%	39.60%
2017	42.73%	16.31%	59.04%	0.76%	35.72%	2.36%	2.12%	40.96%
2018	47.43%	16.47%	63.90%	0.62%	33.28%	0.81%	1.39%	36.10%
2019	49.31%	18.55%	67.86%	0.42%	29.38%	0.78%	1.55%	32.14%
2020	49.44%	16.96%	66.40%	0.31%	31.68%	0.67%	0.94%	33.60%
2021	49.45%	18.87%	68.33%	0.21%	30.45%	0.48%	0.53	31.67%

结合表1与表2,轻罪比率上升,轻罪监禁刑率也同比上升,有期徒刑占比接近50%。而非监禁刑在总体上是降低的。尽管非监禁刑比率和轻罪比率并不一定高度一致,但应该保持大致的水平,或者也应该随着轻罪比率的提高而不断提高,但实际上,非监禁刑比率却维持在一个较低的水平。

---

[1] 周光权:《论通过增设轻罪实现妥当的处罚——积极刑法立法观的再阐释》,载《比较法研究》2020年第6期。

[2] 王华伟:《轻微犯分流出罪的比较考察与制度选择》,载《环球法律评论》2019年第1期。

[3] 数据来源:中国法律年鉴社主编的2012—2022年《中国法律年鉴》。

单处罚金刑是重要的非监禁刑措施,是刑罚轻缓化理念的重要体现,笔者将单处罚金刑单独统计,见表3。[1]可见,单处罚金刑远远低于其他刑罚,甚至不足1%。原因可能在于司法机关考虑到执行难问题,或者认为单处罚金刑无法实现罪责刑相适应,是"花钱赎罪"。[2]

表3 轻罪单处罚金刑占比[3]

年份	单处罚金刑	轻罪总人数	占比
2017	22 944	974 212	2.36%
2018	9733	1 205 298	0.81%
2019	10 742	1 392 472	0.77%
2020	8345	1 267 892	0.66%
2021	6995	1 459 418	0.47%

实施监禁刑的初衷在于将罪犯与正常社会隔离,以实现刑罚的报应、惩罚、抚慰被害人功能,杜绝罪犯对社会的危害。但轻罪的行为人往往并不是反社会的人,没有很大的主观恶性,其行为危害性小,有的甚至只是危险犯,不是实害犯。贝卡里亚说过:"正义的刑罚应是必要的刑罚。"[4]报应论与预防论争论使刑罚实践陷入了严重迷思,"以至于为了惩罚犯罪而牺牲人权保障等现象频发"。[5]轻罪处罚偏重监禁刑,会使宽严相济的刑事政策黯然失色。刑罚的目的应是改造和教育犯罪人,惩罚只是手段,"更重要的是帮助犯罪人再社会化"。[6]我国司法部预防犯罪研究所的统计数据显示:2000年世界主要发达国家对罪犯适用缓刑和假释比例高达全部被判处刑罚人数的70%以上,形成了以非监禁刑为中心的刑罚适用模式和执行模式。[7]对轻罪的治理也具

---

[1] 由于《中国法律年鉴》从2018年才开始统计"单处罚金刑",笔者只将相关年份单处罚金刑数列出。
[2] 张明楷:《责任刑与预防性》,北京大学出版社2015年版,第399页。
[3] 数据来源:中国法律年鉴社主编的2018—2022年《中国法律年鉴》。
[4] [意]切萨雷·贝卡里亚:《论犯罪与刑罚》,黄风译,商务印书馆2008年版,第55页。
[5] 姜涛:《重构主义的刑法实践模式》,载《法学》2022年第1期。
[6] 彭文华:《我国刑法制裁体系的反思与完善》,载《中国法学》2022年第2期。
[7] 王充、杨玲玲:《构建轻罪治理模式 助力社会治理无"死角"》,载《人民论坛》2018年第11期。

有借鉴意义。

(三) 轻罪犯罪人附随标签难消解

我国《刑法》第100条规定:"依法受过刑事处罚的人,在入伍、就业的时候,应当如实向有关单位报告自己曾受过刑事处罚,不得隐瞒。"行为人一旦犯罪,不论是轻罪还是重罪,一律无差别地承担前科报告义务。在轻罪时代到来后,大量轻罪行为人被贴上犯罪人的标签,犯罪标签产生的效应对于行为人再次回归社会产生严重的阻碍作用。2023年全国检察机关共批准逮捕50.7万件72.6万人,决定起诉121万件168.8万人。其中,杀人、抢劫等严重暴力犯罪仅有6.1万人,[1]如此庞大的轻微犯罪人回归社会是一个亟待解决的社会治理问题。

我国法律将对行为人犯罪后产生的附随后果分为八类:承担如实报告等特定的义务、禁止或者限制职业、禁止或限制考试资质、限制户籍、限制信誉或荣誉、排斥社会保障、限制有关风险性作业或者收养等行为、在一定时间内不予签发护照等其他限制。犯罪人一旦被标签化,该不利后果不仅由其个人承担,还会影响其子女的升学就业等问题。对犯罪标签的歧视,实际上是在剥夺轻罪人再社会化的机会,会导致其再次犯罪。相较于重罪而言,就凸显了"轻罪不轻"的态势。

四、轻罪治理体系构建的图景设想

轻罪扩张并不是犯罪圈扩张的手段,而是犯罪治理的目的,应构建轻罪独立的治理体系与刑罚处遇,保证轻罪行为人再社会化。笔者从轻罪犯罪发展的逻辑演进出发,给予相关建议与设计。

(一) 刑法明确犯罪分层治理模式

刑事立法日益呈现活性化和犯罪化倾向,对轻罪治理模式的选择必须坚持刑法的谦抑性,轻罪治理的前提是以"犯罪"为基础,轻罪首先是区别于行政违法,其次才是区别于重罪。

第一,坚持治安处罚与刑法二元制裁模式。轻罪治理应将目光置于完善刑法规范化与科学性方面,在现有的刑法立法体系下,《刑法》明确了轻重罪范畴,无需另外单设轻犯罪法。毕竟,一部新法的诞生必然伴随着漫长的立

---

[1] 数据来源:最高人民检察院发布2023年全国检察机关主要办案数据。

法工作，还要考虑与《刑法》《刑事诉讼法》等其他法律的协调问题，我国刑法条文也势必随之进行大量修改，这并不符合刑法稳定性的要求。另外，治安处罚也不应被纳入轻罪范畴，我国刑法上的"犯罪"概念与资本主义国家两大法系的许多国家不太相同，域外不少轻罪处罚相当于我国的治安处罚，我国刑罚整体上比许多国家的刑罚起点高。刑法作为公民权利保护的最后一道屏障，应当具有谦抑性，未经其他部门法律的缓冲而把刑法推到社会治理的第一线，其结果无疑是社会和刑法本身的双重崩坏。〔1〕

第二，以法定刑三年以下有期徒刑的基本犯或最高刑为轻罪治理核心范畴。轻罪区分标准必须依赖法定刑的预判并分层，否则根本无法在追诉与审判阶段进行明确的分层定性。我国程序法已经先于实体法开展轻罪治理，新修订的《刑事诉讼法》将认罪认罚从宽制度落地，速裁案件范围扩张至可能判处三年以下有期徒刑的所有犯罪。〔2〕我国当前轻罪治理的形势颇为迫切，轻罪的划分界限无需照抄域外国家的刑法条款，〔3〕在我国刑法立法条文、司法实践以及司法机关的统计数据中，轻罪与重罪多以三年有期徒刑为界限，三年以下有期徒刑犯罪为轻罪，三年以上为重罪。这样分层既能兼顾总则与分则的罪刑结构体系，又有我国轻罪诉讼程序实践的基础。

（二）变革轻罪刑罚制裁体系

在轻罪治理上，刑罚要逐步提升非监禁化、非刑罚化的力度，监禁刑只是作为轻罪惩治的兜底措施。轻罪刑罚结构改良要在罪责刑一致原则的指导下进行，保证"重者恒重，轻者恒轻"的刑事政策。

第一，扩张单独罚金刑适用。并科罚金刑模式使轻罪罚金刑仍依附于自由刑，依旧是以监禁刑为中心的轻罪治理模式。随着轻罪刑罚体系之建立，

---

〔1〕 黄明儒、项婷婷、王振华：《刑法修改的理性研究》，中国检察出版社2019年版，第3页。

〔2〕《刑事诉讼法》第222条第1款规定，基层人民法院管辖的可能判处三年有期徒刑以下刑罚的案件，案件事实清楚，证据确实、充分，被告人认罪认罚并同意适用速裁程序的，可以适用速裁程序，由审判员一人独任审判。2014年《刑事案件速裁程序制度试点工作的办法》规定，对危险驾驶、交通肇事、盗窃、诈骗、抢夺、伤害、寻衅滋事、非法拘禁等犯罪情节较轻、依法可能判处1年以下有期徒刑、拘役、管制，或者依法单处罚金的案件，可以适用速裁程序。

〔3〕 德国以法定最高刑1年以上自由刑为界限区分轻重罪；奥地利以3年以上自由刑为界限区分轻重罪；法国作出重罪、轻罪、违警罪区分规定，重罪是10年以上徒刑至无期徒刑；轻罪是10年以下监禁刑，违警罪是罚金或其他剥夺权利刑罚的犯罪；《美国模范刑法典》作出重罪、轻罪、微罪、违警罪的区分规定，重罪是指处1年以上监禁刑的犯罪，微罪为不超过1年监禁刑的犯罪，轻罪是指没有特别规定其等级或刑罚的犯罪，违警罪是指仅处以罚金、罚金和没收或其他民事制裁的犯罪。

所有轻罪都可增设单处罚金刑刑罚措施,发挥罚金刑的替代刑罚功能,相较于监禁刑,罚金刑可以防止交叉感染,有效防止再犯,而且发生错误时易于补救,也更有利于犯罪人的再社会化。单处罚金刑不能一判了之,不能怠于执行,这需要罚金执行方式保持灵活性,设置一次缴纳、分期缴纳、随时追缴以及减少或免除缴纳等机制,还适当建立罚金替代与惩治措施,如公益义务服务和限制自由刑两种替代措施。[1]若轻罪行为人不能单处罚金刑,应优先考量适用管制、缓刑,两者同样可避免短期自由刑的交叉感染。若轻罪符合累犯、情节严重以及轻罪行为人非监禁刑罚执行难等情况,则考虑或转为监禁刑,即有期徒刑或拘役。

第二,加大对轻罪非刑罚处罚措施的适用。刑法明确轻罪可以单独适用非刑罚处罚措施,根据轻罪行为人的实际情节,考虑缓刑禁止令与职业禁止非刑罚措施的适用,实现分层多元的轻罪轻缓治理结构。针对现有非刑罚处罚方法种类偏少的情形,可以适当予以扩充,比如轻微环境犯罪行为人,可责令限期补救、植树造林等恢复性措施;对情节轻微危险驾驶行为人,科以社区服务、协助维持交通秩序等义务。

第三,着重强化轻罪社区矫正刑罚执行方式。轻罪刑罚措施的执行与社区矫正具有天然的亲和力,社区矫正是一种恢复性司法,恢复性司法能够提升被害人对处理结果的满意度,更有效地减少犯罪,节约刑事司法的成本。轻罪的社区矫正运用得当具有两个功能:一是控制和监督轻罪非监禁刑行为人的行为,避免和减少其重新犯罪以及对社会造成的威胁或危害;二是为轻罪非监禁刑行为人提供改造环境,在教育、培训、就业、戒除恶习等方面提供帮助等。社区矫正在轻罪治理中除教育复归之外兼具预防再犯的风险管理等职能。轻罪刑罚执行人若在社区矫正期间违反社区矫正法或相关规定,可适用类似累犯或缓刑取消那样的制度,对轻罪行为人重新适用轻罪监禁刑。

(三)构建轻罪犯罪记录封存制度

建构我国的轻罪治理体系,还应当结合犯罪人数量逐年增长的趋势,构建轻罪犯罪封存记录制度,真正落实犯罪行为矫正的效果,减弱轻罪标签的负面效应。由于轻罪也存在实质的危害性差别,轻罪犯罪记录封存也需进行

---

[1] 李森、陈烨:《我国轻罪刑事立法现象及其实践路径探究——对刑法修正的批评所引发的思考》,载《北京警察学院学报》2019年第4期。

差异化构建。

(1) 轻微罪无实刑则无犯罪记录。为平衡犯罪预防以及犯罪人重新融入社会的权益,笔者建议轻罪行为人若只裁判适用非刑罚处罚措施,应与免除刑罚、宣告无罪的判罚效果一致,即没有刑罚附随效果——犯罪记录。轻罪若适用缓刑也可以设立类似犯罪前科消灭那样的制度,在考验期满原判决不执行的情形下,将视为原刑事判决未曾发生生效,表明犯罪人没有受到刑罚惩戒,避免"罪犯"标签负效应。但非刑罚处罚措施或缓刑、管制等的轻罪罪犯,需要执行社区矫正,只有在社区矫正期限届满、认真接受改造教育任务,没有重新违法犯罪危险时,才享有无犯罪记录。

(2) 轻罪实刑启动犯罪记录封存制度。轻罪被判处实刑或刑罚措施,即有期徒刑、拘役、附加刑等,犯罪前科的消灭必须满足两个条件:一是实质性条件,犯罪行为人刑罚执行完毕,其认真接受教育改造、真心悔罪;二是程序性条件,即怎么执行犯罪记录封存。笔者提出:犯罪记录封存程序启动需附加期限,这与减刑或假释制度类似,即轻罪行为人在刑罚执行完毕相当期限后,才能启动前科消灭程序。这既能体现刑罚的惩戒性,又能鼓励轻罪行为人积极改造。启动程序可分为两种类型:一是依申请犯罪记录封存制度,即检察官或行为人都能申请;二是依职权法定犯罪记录封存制度,即无须犯罪行为人等申请,法院或检察院直接主导。轻罪行为人犯罪记录封存之后,免予《刑法》第100条的报告义务,犯罪记录不得再被提起和进行任何形式的法律评价,任何个人或机关只有法定事项才能查阅或披露。犯罪记录一旦封存,将产生两方面的法律效果:一是有犯罪记录人员司法复权,与普通人一样享有权益;二是禁止对犯罪记录进行公开和传播,对违反这一规定行为可进行相关追责。构建轻罪犯罪记录封存制度才能真正落实轻罪治理的"轻轻"刑事政策,"这也契合'过而能改,善莫大焉'的历史传统"。[1]

五、结语

轻罪治理是从进入刑事程序就开始,轻罪治理刑事程序的轻缓化应与实体法保持同步。当前,检察机关正在力推"少捕慎诉慎押",针对轻罪案件等强化羁押必要性、社会危险性审查,破除"构罪即捕即诉"的传统观念,这

---

[1] 彭新林:《立足现实构建犯罪记录消灭制度》,载《检察日报》2021年11月2日。

完全契合轻罪治理在程序法上的适用。而轻罪治理刑事程序最为关键的就是非羁押措施适用、附条件不起诉、认罪认罚从宽等轻罪分层治理措施。轻罪治理是一个体系性的变革，其本质上就是权力与权利的博弈，在保障权利的同时限制权力，这样才会显示出轻罪治理制度的创新性与目的性，我们不能一味追求刑法解决所有社会治理的问题。当今的世界潮流是刑事治理的轻缓化，但我们不能因噎废食，也不能急于求成，先基于轻罪治理立法与司法适用及时发现与解决问题，以充分发挥实践的价值属性，稳步推进实现轻罪刑事治理能力现代化。

论但书独立出罪的正当性
——轻罪时代的理论倡议

张亚平*

摘 要：我国刑法学理论将《刑法》第13条中的但书定性为体系内的入罪限制条件，认为但书情节与分则条文中作为犯罪定量因素的情节性质相同，相互照应。然而，司法实践中，但书却被作为体系外独立的出罪事由。理论与实践龃龉不合的根本原因在于对但书情节与分则条文中罪量情节之关系的不同解读。但书不属于罪量体系，但书情节与分则条文中的罪量情节具有本质区别，两者承载的功能不同。罪量情节的功能在于从违法性的程度上限制入罪范围。但书情节则是刑事政策考量下需罚性阙如的出罪事由。需罚性决定于预防必要性，包括特殊预防必要性和一般预防必要性，因而但书情节包括征表特殊预防必要性阙如的情节和征表一般预防必要性阙如的情节。行为构成犯罪，就具备应罚性，但若"危害不大"，就可以因不具有需罚性而根据但书出罪。

关键词：但书；出罪；罪量；情节

《刑法》第13条在正面规定犯罪概念之后，又规定"但是情节显著轻微危害不大的，不认为是犯罪"，此即"但书"规定。当前，我国已经步入轻罪时代。轻罪时代，立法积极扩张，而司法则应适当谦抑、克制。利用但书对轻微犯罪积极出罪，是轻罪治理这一系统工程的重要内容。当前，我国刑法学界多数学者均将但书归属于罪量范畴，并认为"犯罪概念中的定量因素是

---

* 作者简介：张亚平，宁波大学法学院教授。

我国刑法的创新"。[1]与此相应，但书被界定为入罪限制条件，与分则条文中的情节是照应关系，不具有独立的出罪功能。然而，司法实务却并没有接受这种理论定位，总体上更倾向于将但书作为独立的出罪事由。本文认为，"入罪限制条件说"不符合我国刑法设立但书的功能定位，严重制约了但书出罪功能的发挥。但书不同于罪量，不是入罪限制条件，与分则条文不具有照应关系。在当前轻罪治理的时代背景下，应当构建符合我国司法实践的但书理论体系，赋予但书独立出罪的司法功能。

一、但书的性质及出罪机制：理论与实践龃龉不合

但书的实践出罪机制与其性质定位密切相关，原则上秉持何种性质定位，实践中就应当确立与之对应的出罪事由。然而，现实情况却并非如此，呈现出理论上的性质定位与实践中的出罪机制龃龉不合的尴尬局面。

（一）但书性质的理论定位：体系内的入罪限制条件

但书的性质问题，即但书是犯罪构成体系内入罪的限制条件还是体系外出罪事由？这一问题与犯罪概念的定量因素或者说罪量密不可分。

我国学者一般将但书置于罪量概念体系中进行讨论，认为罪量包括总则但书及分则条文中的情节严重、数额较大、造成严重后果、多次等量的规定。如储槐植教授等认为，但书"情节显著轻微危害不大"和刑法分则具体罪状的数量因素，共同组成犯罪概念中的定量因素。[2]储槐植教授后来又进一步指出，我国刑法采取的是立法定性+定量的模式，其所谓的"立法定量"包括总则中的但书和分则条文中的罪量要素，且总则中的但书与分则条文中的罪量要素相互照应。[3]梁根林教授据此将罪量分为积极的罪量和消极的罪量。消极的罪量是指但书关于"情节显著轻微危害不大的，不认为是犯罪"的规定，这一规定从消极的侧面排除了"情节显著轻微危害不大"行为的可罚性；积极的罪量则是刑法分则条文以明示或暗示的方式规定的反映行为不法程度的罪量要素，是但书这一消极罪量要素在刑法分则罪状中的正面展开。[4]陈兴良教授创造性地提出了"罪体-罪责-罪量"的犯罪成立体系。其中的罪量

---

[1] 储槐植：《我国刑法中犯罪概念的定量因素》，载《法学研究》1988年第2期。
[2] 储槐植：《我国刑法中犯罪概念的定量因素》，载《法学研究》1988年第2期。
[3] 储槐植、汪永乐：《再论我国刑法中犯罪概念的定量因素》，载《法学研究》2000年第2期。
[4] 梁根林：《但书、罪量与扒窃入罪》，载《法学研究》2013年第2期。

是指"在具备犯罪构成本体要件的前提下，表明行为对法益侵害程度的数量要件"。"刑法对于罪量的规定包括两个方面：一是刑法总则关于犯罪概念中的但书规定，情节显著轻微危害不大的，不以犯罪论处……二是刑法分则关于具体犯罪的规定中，有关数额较大、情节严重的规定。"[1]可见，储槐植教授、陈兴良教授、梁根林教授等均认为，罪量既包括分则条文中的罪量构成要件要素，也包括总则中的但书。

在这种意义上的罪量概念下，但书的性质必然会被归结为犯罪构成体系内的入罪限制条件。与此相应，但书的出罪功能要么被否定，要么只能在犯罪构成要件体系内得以发挥。否定但书的出罪功能的主要理由在于，在罪刑法定原则限定下，罪与非罪的判断只能根据犯罪构成，在犯罪构成之外不应存在决定犯罪成立的任何条件。同样，认定行为不构成犯罪也只能根据构成要件。如有学者认为："对于刑法分则已明确规定了犯罪界限、标准的，也不应在法律规定的犯罪标准之上，再去适用'情节显著轻微危害不大的，不认为是犯罪'的规定。""不能在因具有较大社会危害性已规定为犯罪的情形中再划出一块'情节显著轻微危害不大'的范围。"[2]还有学者直接否定但书的司法功能："但书规定只是立法者写给自己的原则性宣言，并不具有实质性的出罪功能。在立法领域，立法者在'但书'精神指导下规定了具体的犯罪情节、数额、危害结果等犯罪构成要件；在司法领域，判断罪与非罪的标准仍然应当回归犯罪构成体系中来。"[3]

当前，多数学者坚持入罪限制条件说，并认为但书的出罪功能只能在犯罪构成体系内得以发挥，主张根据但书的提示，对构成要件进行实质解释，符合构成要件的行为，就是根据但书指引，将"情节显著轻微危害不大"的行为过滤之后的当罚行为。张明楷教授认为："刑法上的违法当然是指值得科处刑罚的违法，构成要件所描述的是值得科处刑罚的违法行为；情节显著轻微危害不大的行为，原本就不会被刑法类型化为构成要件行为。"[4]周光权教

---

[1] 陈兴良：《作为犯罪构成要件的罪量要素——立足于中国刑法的探讨》，载《环球法律评论》2003年第3期；陈兴良：《规范刑法学》（第4版·上册），中国人民大学出版社2017年版，第193页。

[2] 王尚新：《关于刑法情节显著轻微规定的思考》，载《法学研究》2001年第5期。

[3] 李翔：《论我国〈刑法〉第13条"但书"司法化之非》，载《东方法学》2016年第2期。

[4] 张明楷：《刑法学》（第6版），法律出版社2021年版，第119页。

授反对直接援引但书规定宣告无罪，认为但书所规定的行为，从实质上看根本不符合刑法分则某一条文的规定，是不构成犯罪的行为。对但书规定必须理解为：行为因不符合刑法分则罪状的规定，不具备犯罪成立条件，所以可以被认定为"情节显著轻微，危害不大"，从而"不认为是犯罪"。[1]梁根林教授结合扒窃型盗窃罪的罪量对此进行了更加详细的解释："扒手"所具有的不同于机会犯的特殊的人的主观不法属性，是被函摄在扒窃不法行为定型中并提升扒窃行为不法至刑事可罚性程度的函摄罪量要素。因此，在对扒窃型盗窃罪进行构成要件判断时，就应当根据但书的指引，对扒窃进行实质解释，将"扒手"所蕴含的主观不法融入扒窃的罪量判断。[2]王昭武教授、付立庆教授、王华伟博士等持基本相同的观点。[3]

与此相对，我国较为传统的观点认为，但书是独立的出罪根据，在犯罪构成的判断之后加以运用。[4]当前，仍有学者坚持体系外出罪标准说。杨兴培教授等认为，但书是社会危害性出罪的法定理由，是犯罪构成的"体外要件"。[5]王复春博士认为，但书出罪不是在刑法体系内判断，而是基于刑事政策判断。但书出罪的前提是行为符合构成要件、违法且有责。[6]

(二) 但书出罪的实践逻辑：体系外的独立出罪事由

与理论上对但书的性质定位龃龉不合，司法实务更倾向于将但书作为体系外独立的出罪事由，不仅权威司法解释奉行此立场，而且在个案处理中也不乏遵循这种出罪逻辑的判决或不起诉决定。

最高司法机关发布的司法解释或者解释性规定中存在大量根据但书独立出罪的规定。例如，2003年9月4日，最高人民法院、最高人民检察院《关于办理非法制造、买卖、运输、储存毒鼠强等禁用剧毒化学品刑事案件具体

---

[1] 周光权：《刑法总论》（第3版），中国人民大学出版社2016年版，第5页。
[2] 梁根林：《但书、罪量与扒窃入罪》，载《法学研究》2013年第2期。
[3] 王昭武：《犯罪的本质特征与但书的机能及其适用》，载《法学家》2014年第4期；付立庆：《刑法总论》，法律出版社2020年版，第91页；王华伟：《中国刑法第13条但书实证研究——基于120份判决书的理论反思》，载《法学家》2015年第6期。
[4] 王作富：《中国刑法研究》，中国人民大学出版社1988年版，第67页；司法部法学教材编辑部编审，何秉松主编：《刑法教科书》，中国法制出版社1995年版，第146页。
[5] 杨兴培、王冠：《社会危害性的出罪原理和出罪事由》，载钱叶六主编：《出罪事由的理论与实践》，法律出版社2019年版，第5页。
[6] 王复春：《但书：一种体系外出罪机制》，载赵秉志主编：《刑法论丛》（2016年第2卷·总第46卷），法律出版社2016年版。

应用法律若干问题的解释》第 5 条第 1 款规定："本解释施行以前，确因生产、生活需要而非法制造、买卖、运输、储存毒鼠强等禁用剧毒化学品饵料自用，没有造成严重社会危害的，可以依照刑法第十三条的规定，不作为犯罪处理。"其中"因生产、生活需要……自用"显然是构成要件之外的出罪事由，属但书情节。再如，2014 年 8 月 12 日最高人民法院、最高人民检察院发布的《关于办理走私刑事案件适用法律若干问题的解释》第 9 条第 4 款规定："不以牟利为目的，为留作纪念而走私珍贵动物制品进境，数额不满十万元的，可以免予刑事处罚；情节显著轻微的，不作为犯罪处理。"由于走失珍贵动物制品罪不要求"以牟利为目的"，所以"以牟利为目的"不是走失珍贵动物制品罪的构成要件，"不以牟利为目的""为留作纪念"便属于构成要件之外的出罪事由。此外，最高人民法院于 2006 年 1 月 11 日发布的《关于审理未成年人刑事案件具体应用法律若干问题的解释》第 6 条；最高人民法院于 2009 年 11 月 16 日修订通过的《关于审理非法制造、买卖、运输枪支、弹药、爆炸物等刑事案件具体应用法律若干问题的解释》第 9 条；2023 年 12 月 13 日最高人民法院、最高人民检察院、公安部、司法部发布的《关于办理醉酒危险驾驶刑事案件的意见》第 12 条等，都存在将但书作为体系外独立出罪事由的相关规定。

权威司法解释中的规定其实已经足以表明司法实践中但书的独立出罪功能，因为司法解释本身就是司法机关的立场，对具体案件的处理具有规范性的指导作用。可以想象的是，实践中必然存在大量根据相关司法解释将但书作为独立的出罪事由的案件，只不过对此进行准确的数据统计恐怕不太现实。有学者对裁判文书网及最高人民法院公报上的案例以"情节显著轻微"为关键词进行检索，试图统计但书出罪的数据情况，[1]应当说是有意义的。但毫无疑问，这一统计数据必然存在较大偏差，并不能准确反映但书出罪的全貌，因为大量的根据但书出罪的案件，已经在检察机关审查起诉环节以不起诉的方式结案，未能进入法院审判环节。即使在统计时再加上中国检察网（12309 网站）上的不起诉案例，也可能存在大量未进入统计数据的无罪处理案件。因为：一方面，并非所有的不起诉案件都上网；另一方面，在有些情况下，

---

[1] 王华伟：《中国刑法第 13 条但书实证研究——基于 120 份判决书的理论反思》，载《法学家》2015 年第 6 期。

公安机关及其他行政执法机关在进行行政处罚后，认为行为不构成犯罪，就不再将案件移送刑事立案。因此，本文并不采取数据统计的方式来证明实践中适用但书出罪的整体情况，只通过典型案件中但书适用的情况对此予以说明。

应当说，如果没有相关司法解释，实践中对能否适用但书对符合犯罪构成要件的行为出罪存在不同意见。例如，《刑法修正案（八）》增设危险驾驶罪之后，在行为人血液酒精含量达到80毫克/100毫升，符合"醉酒驾驶机动车"构成要件的情况下，能否再根据但书规定予以出罪，理论和实践均有不同看法。直到2023年12月13日最高人民法院、最高人民检察院、公安部、司法部联合发布《关于办理醉酒危险驾驶刑事案件的意见》，才最终定纷止争。与此相似，《刑法修正案（八）》增加了扒窃等非数额型盗窃类型后，对于扒窃是否一律入罪，实务判决乱象丛生，[1]理论观点一般倾向于对扒窃入罪进行适当限制，但限制的路径有所不同。有学者认为，虽然行为符合分则条文扒窃型盗窃罪的构成要件，但仍可以根据总则但书予以出罪。但也有相反观点认为，扒窃虽未明确规定罪量要素，但包含涵摄罪量要素，而这种涵摄罪量要素必须在扒窃行为这一客观不法基础上，着眼于作为扒窃行为人的"扒手"的人的主观不法属性。[2]此观点实际上是从指导构成要件的解释方面实现但书对于扒窃型盗窃罪的出罪功能。

尽管存在争议，但司法实践中将但书作为构成要件之外的出罪事由似乎成了常态，不论是在法律明确规定罪量的犯罪中，还是在法律未明确规定罪量的犯罪中，都普遍存在将但书作为体系外出罪事由的判决或不起诉决定。

例如，醉酒型危险驾驶罪是明确要求罪量的犯罪，"醉酒"就蕴含着行为不法含量达到一定程度，司法解释将"醉酒"的标准界定为血液酒精含量为80毫克/100毫升以上。在实践中，在行为人醉酒驾驶机动车，符合危险驾驶罪的构成要件的情况下，根据但书进行出罪的不起诉决定比比皆是。例如，李某某醉酒驾驶小型客车，血液酒精含量为143.96毫克/100毫升。检察机关认为："被不起诉人李某某的行为，情节显著轻微危害不大，根据《刑法》第

---

〔1〕 周斌、卢杰：《聚集扒窃入刑：专家担心打击面过大致选择性执法》，载《法治日报》2011年5月11日。

〔2〕 梁根林：《但书、罪量与扒窃入罪》，载《法学研究》2013年第2期。

13条之规定，不认为是犯罪。"〔1〕

故意伤害罪也是明确要求罪量条件的犯罪，因为本罪的既遂要求伤害的结果，且根据法条关系及公安部《公安机关办理伤害案件规定》（公通字〔2005〕98号）第28条规定，行为造成轻伤害后果，才按照故意伤害罪追究刑事责任。但在实践中，对符合故意伤害罪构成要件的行为根据但书出罪的情形屡见不鲜。例如，2022年7月21日被害人索某某在牧场放牧时，因草场收费问题与博拉镇勾达村尼某某、周某某等人发生口角，索某某遭尼某某、周某某等人殴打，索某某下颌骨髁突骨折，经鉴定为轻伤二级。检察机关认为，周某某等的上述行为，"情节显著轻微、危害不大，不构成犯罪"，决定对周某某不起诉。〔2〕再如，2022年9月29日，李某某及其哥哥李某乙搬运苞谷秆经过李某甲家门口院坝边时，李某甲以弄脏其院坝为由不让经过，遂发生争吵打斗。在打斗过程中，李某某造成李某甲右侧第5~7肋骨骨折，属轻伤二级。检察机关认为，本案被害人李某甲有重大过错，激化了矛盾，才导致了后来的伤害结果，李某甲对自己的轻伤害结果负主要责任。案发后，双方达成刑事和解，李某某赔偿了李某甲的医疗费及其他费用。"李某某的违法情节显著轻微、危害不大，不构成犯罪。"〔3〕

不过，在明确要求罪量的犯罪中，司法机关更多的是根据《刑法》第37条之规定对情节（显著）轻微的行为定罪免刑处理。应当说明的是，根据但书"不认为是犯罪"和根据《刑法》第37条定罪免刑，两者的性质不同，但在出罪效果上，两者本质上具有相通之处，定罪免刑也应被纳入但书出罪的考量范围。〔4〕例如，2023年7月张某盗窃他人电动自行车，经鉴定，该电动车市场零售价为人民币2346.00元。检察机关认为："因盗窃财物的价值刚达到陕西省盗窃犯罪的刑事立案追诉标准，犯罪情节轻微，积极赔偿被害人损失，取得被害人谅解，并自愿认罪认罚，本次犯罪系临时起意，无前科劣迹，……根据《刑法》第37条规定，免予刑事处罚。"〔5〕

有的犯罪的构成要件规定中没有关于罪量的要求，甚至也不包含所谓的

---

〔1〕榆阳检刑不诉〔2024〕32号不起诉决定书。
〔2〕甘肃省夏河县人民检察院夏检刑不诉〔2023〕31号不起诉决定书。
〔3〕陕西省镇巴县人民检察院镇巴检刑不诉〔2023〕15号不起诉决定书。
〔4〕夏伟：《"但书"出罪运行机制实证研究》，载《中国法学》2023年第4期。
〔5〕陕西省勉县人民检察院勉县检刑不诉〔2023〕99号不起诉决定书。

涵摄罪量，只要行为人实施符合构成要件的行为，即构成犯罪。对于此类犯罪，依然可以根据但书予以出罪。例如，在"张某华伪造居民身份证案"中：被告人张某华不慎遗失居民身份证，因其户口未落实，无法向公安机关申请补办，遂于 2002 年 5 月底以其本人真实身份信息让他人伪造了居民身份证一张。上海市静安区人民法院一审判决认为，被告人张某华应承担相应的法律责任，但无证据表明张某华主观上有为实施犯罪或从事违法行为而伪造居民身份证的故意，故张某华的行为属情节显著轻微、危害不大，不能认定为犯罪。上海市静安区人民检察院抗诉认为，行为人主观上是否出于从事违法或犯罪活动的动机并不影响犯罪构成。虽然张某华伪造的居民身份证内容真实，但并不能改变其犯罪性质。上海市第二中级人民法院裁定维持原判。[1]

二、但书独立出罪的依据：但书情节不同于分则条文中的罪量情节

可以看出，但书性质的理论定位及实践出罪机制龃龉不合的原因，关键在于对"情节"的理解。我国《刑法》在总则但书中规定"情节显著轻微危害不大的，不认为是犯罪"，同时在分则条文中，一般也规定情节严重（恶劣）、数额较大、造成严重后果等，才构成犯罪。分则条文中的情节、数额、后果等可以被概括统称为情节。我国学者简单将总则但书中的情节与分则条文中的情节混同，认为但书情节与分则条文中的情节是照应关系，并自然由此得出结论，但书是体系内的入罪限制条件。然而，司法实践却并没有将但书情节等同于分则条文中的罪量情节，因而也就顺其自然地将但书作为了体系外独立的出罪事由。笔者认为，但书情节与分则条文中的罪量情节在内涵、性质与功能等方面均存在根本性差别，由此决定但书是体系外独立的出罪事由。

（一）分则条文中的情节：作为罪量构成要件要素的入罪标准

我国刑法立法定性又定量，构成要件不仅描述违法性的性质，而且描述

---

[1] 海市第二中级人民法院 [2004] 沪二中刑终字第 220 号刑事裁定书。需要说明的是，二审法院虽然也是根据《刑法》第 13 条的规定维持原判，但其理由是，张某华伪造居民身份证的行为"表面上符合刑法分则规定的犯罪客观构成要件，似乎具有刑事违法性，但由于该行为的社会危害性不大，根据《刑法》第 13 条规定可不认为是犯罪，则该行为也就不具有刑事违法性"。笔者认为，此说理观点值得商榷。伪造居民身份证的正当目的不是违法阻却事由，张某华的行为符合构成要件，也具有刑事违法性，只是不需要处以刑罚。

违法性的程度，即符合构成要件的行为在量的方面也是达到了值得科处刑罚程度的行为。构成要件不是空洞的"观念形象"，而是包含着定量要求的不法类型。"无论在探求事务本质的物本逻辑的面向，还是从语义学的角度，我们都无法想象一个干瘪的、没有任何质量的'构成要件皮囊'。"〔1〕构成要件中描述违法性程度的要素可被称为罪量构成要件要素，简称罪量要素。亦即，罪量要素是指刑法分则条文中规定的对于犯罪成立所要求的量的条件的要素。

"法律不理会琐细之事"，行为及其危害结果轻微，没有达到一定量的程度，不值得对其科处刑罚。世界各国刑法不论采取何种立法模式，最终都以不同形式将轻微违法行为排除在刑罚处罚范围之外。在立法仅定性不定量的模式下，司法人员会通过不同路径，积极对轻微违法行为作出罪处理。例如，在德国，根据实质的违法性理论，不法是利益侵害或法益侵害，具有内容填充与程度变化，是一个可以量化的概念。构成要件虽然是对生活事实的抽象，是一种所谓的定性的行为类型，但并非一种不包含质量的、空洞的、纯粹的"观念形象"，而是包含了一定的量的预设。德国刑法学者也发展出了不同的不法量化评价方法，如 Kruepelmann 尝试从行为不法、结果不法及罪责三个角度对犯罪行为事实进行量的评估，其中的不法含量包括行为不法和结果不法。〔2〕日本刑法也没有明确规定罪量要件，但在理论上发展出了可罚的违法性理论。"可罚的违法性理论是日本独自发展起来的理论之一……是认为要构成刑法上违法，在违法性的质以及量方面值得科处刑罚必须达到一定强度的见解。"〔3〕

与德国、日本等国家通过刑事司法将轻微违法行为排除于刑法处罚范围的做法不同，我国刑法在立法层面就实现了这一任务。我国刑法分则条文是对可罚的违法行为的类型化规定，符合分则条文规定的犯罪构成要件的行为，在量的方面也达到了值得处罚的程度。因此，对于符合构成要件的行为，就不能再基于违法性的程度轻微而对其进行出罪处理。换言之，符合构成要件的行为的出罪事由，不应是反映违法性程度的因素。我国有学者认为："立法中的定量规定并不能代替或消除司法过程中的数量评价，司法中对于轻微危害行为的罪与非罪的区分，仍然需要法官根据可罚的违法性理论作出评价。"〔4〕

---

〔1〕 王莹：《情节犯之情节的犯罪论体系性定位》，载《法学研究》2012年第3期。
〔2〕 王莹：《情节犯之情节的犯罪论体系性定位》，载《法学研究》2012年第3期。
〔3〕 [日]日高义博：《违法性的基础理论》，张光云译，法律出版社2015年版，第3页。
〔4〕 刘士心：《论可罚的违法性》，载《中国刑事法杂志》2009年第3期。

此观点混淆了我国刑法在立法方式上和日本刑法的差异。

原则上，分则条文规定的犯罪都包含罪量要素，只不过有的犯罪需要明确规定罪量，有的则不需要明确规定。不需要明确规定罪量的犯罪大体包括两种情形：一是该行为危害严重，即便是最低限度的不法含量，也应当予以刑罚处罚，例如故意杀人罪、抢劫罪、强奸罪等。二是轻微犯罪的不法含量与相应的行政违法的不法含量界限甚微，立法无法准确描述，于是将两者的界限交由司法人员根据具体情况判定。在第二种情况下，最高司法机关有时会总结规律，以司法解释的形式划定刑事不法与行政违法在量的方面的界限。如果最高司法机关也没有明确规定两者的界限，那么只能通过其他方式如"法答网""检答网"等，统一司法适用标准。例如，《刑法》第280条规定的伪造、变造、买卖国家机关公文、证件、印章罪，没有明确规定罪量要求，也没有权威司法解释对此予以规定，于是应具体办案法官的咨询，相关人员便通过法答网给出了具有一定权威性的意见：伪造、变造、买卖三本（张/个）公文、证件、印章，便达到了犯罪程度。[1]

有的条文没有关于罪量的规定，且权威司法解释、意见、会议纪要，甚至法答网、检答网等也都没有对罪量进行规定，那么在具体案件的处理过程中，司法人员便只能根据非罪量要素的但书情节，决定是否定罪处罚。例如，《刑法》第353条及《治安管理处罚法》第73条均规定了"引诱、教唆、欺骗（教唆、引诱、欺骗）他人吸食、注射毒品"的不法行为，且《刑法》并没有明确规定量的条件。不仅如此，2012年5月16日最高人民检察院、公安部《关于公安机关管辖的刑事案件立案追诉标准的规定（三）》第9条规定："引诱、教唆、欺骗他人吸食、注射毒品的，应予立案追诉。"据此，即使仅引诱、教唆、欺骗1人吸食、注射少量毒品，原则上也是犯罪，只有在特别例外的情形下（且该例外情形不属于不法要素），才可以根据但书出罪，仅予以行政处罚。

罪量要素征表违法性的程度，而原则上"违法是客观的"，因此罪量要素原则上也应是客观性要素，如数额（数量）较大、造成严重后果、多次等。"情节严重（恶劣）"是综合性的罪量要素，在不同的犯罪中可能包含多项内容，但不论具体内容是什么，原则上都应当是客观性要素。例如《刑法》

---

[1]《法答网精选答问（第七批）》，载《人民法院报》2024年7月18日。

第 293 条规定，"随意殴打他人，情节恶劣的"构成寻衅滋事罪。根据 2017 年 4 月 27 日印发的最高人民检察院、公安部《关于公安机关管辖的刑事案件立案追诉标准的规定（一）的补充规定》第 8 条之规定，情节恶劣主要指以下情形：①致 1 人以上轻伤或者 2 人以上轻微伤的；②引起他人精神失常、自杀等严重后果的；③多次随意殴打他人的；④持凶器随意殴打他人的；⑤随意殴打精神病人、残疾人、流浪乞讨人员、老年人、孕妇、未成年人，造成恶劣社会影响的；⑥在公共场所随意殴打他人，造成公共场所秩序严重混乱的。在这些情节恶劣的具体情形中，既有体现结果不法的因素，如致 1 人以上轻伤或 2 人以上轻微伤；也有体现行为不法的因素，如持凶器随意殴打他人、在公共场所随意殴打他人。

值得讨论的是，罪量要素是否可以是主观性要素？例如，能否仅仅根据行为人基于卑劣动机而实施行为，就认定其行为属于情节严重而值得以刑罚处罚？张明楷教授曾认为："犯罪动机在以情节严重、情节恶劣为构成要件的犯罪中可能影响定罪。当刑法分则条文规定情节严重、情节恶劣是犯罪的构成要件时，其中的'情节'不限于特定内容，可能包含了犯罪动机。如果行为人在其他方面没有严重或恶劣情节，但行为人实施该行为的动机十分卑劣，就可能被认定为情节严重或情节恶劣，因而应以犯罪论处。"〔1〕陈兴良教授也认为："罪量……就其内容而言是既有主观要素又有客观要素，因此是主客观的统一，具有复合性。……在罪量要素中仍然包含了一些主观要素，例如情节严重或者情节恶劣中的情节，就包含反映行为人主观恶性的情节。"〔2〕但是，张明楷教授后来转变立场，将分则条文中的"情节严重""情节恶劣"称为整体的评价要素，认为"作为整体的评价要素的'情节严重'中的情节，并不是任何情节，只能是指客观方面的表明法益侵害程度的情节"。其基本理由是：其一，如果行为本身的违法性没有达到值得科处刑罚的程度，那么即便其主观上再值得谴责，也不应当认定为犯罪。其二，责任是对违法行为及其结果的责任，它必须与违法行为及其结果相关联，并无在内容上独立于违法性之外的责任。〔3〕王莹教授对张明楷教授的观点进行了适当修正，认为在

---

〔1〕 张明楷：《刑法学》（第 2 版），法律出版社 2003 年版，第 252~253 页。
〔2〕 陈兴良：《规范刑法学》（第 4 版·上册），中国人民大学出版社 2017 年版，第 194 页。
〔3〕 张明楷：《犯罪构成体系与构成要件要素》，北京大学出版社 2010 年版，第 241~243 页。

构成要件基本不法量域之内的情节,在特殊情况下也包括主观要素的内容,即"情节是包含主观与客观方面的综合性因素"。[1]

笔者赞成张明楷教授及王莹教授的观点。刑法分则条文中作为量的构成要件要素的"情节严重""情节恶劣"之情节,原则上是客观性的情节,行为人的主观因素原则上不能被单独作为情节严重之情节。但当主观因素影响行为的违法程度时,该主观因素也应归属于情节严重之情节。这类主观因素往往是行为人实施行为的动机或方法,进而对行为的违法性程度产生影响。这种情形类似于主观的违法要素。例如,最高人民检察院、公安部《关于公安机关管辖的刑事案件立案追诉标准的规定(二)》第3条第4项规定:"虽未达到上述数额标准,但具有下列情形之一的:……3. 为进行违法活动而注册的。"

(二)但书情节:刑事政策考量下需罚性阙如的出罪事由

与分则条文中的罪量情节不同,但书中"情节显著轻微"之情节是刑事政策考量下处罚必要性降低甚至阙如的特别事由。刑事政策是刑法的灵魂,不仅刑事立法是刑事政策的直接体现,刑事司法也应当反映刑事政策的要求。罗克辛教授指出:"只有允许刑事政策的价值选择进入刑法体系中去,才是正确之道……法治国和社会福利国之间其实也并不存在不可调和的对立性,反而应当辩证地统一起来:没有社会福利正义的国家秩序,实际上就不是法治国。"[2]

行为构成犯罪原则上就应当受刑罚处罚,但实际上是否受罚,还应当考量刑事政策上的处罚必要性。德国传统刑法理论就明确区别应罚性和需罚性,从20世纪50年代开始,应罚性和需罚性就被认为是确定犯罪和处罚的两大条件。在法理上具有社会侵害性的行为,即具有应罚性而成立犯罪,但是否需要以刑罚加以制裁,则必须考虑刑事政策上刑罚的制裁能否达到目的,应罚性因而是犯罪成立的判断依据,而需罚性则是处罚与否的判断依据。[3]罗克辛教授突破这种传统看法,进一步将需罚性纳入犯罪论体系进行整体评价,提出目的理性的犯罪论体系。罗克辛教授认为,在犯罪阶层体系中即应同时

---

[1] 王莹:《情节犯之情节的犯罪论体系性定位》,载《法学研究》2012年第3期。

[2] [德]克劳斯·罗克辛:《刑事政策与刑法体系》(第2版),蔡桂生译,中国人民大学出版社2011年版,第15页。

[3] 许玉秀:《当代刑法思潮》,中国民主法制出版社2005年版,第89~90页。

考虑行为的应罚性和需罚性。应罚性考虑的是行为的主客观可归责性,需罚性考虑的是预防必要性。[1]我国有个别学者接受了这种犯罪论体系。[2]但笔者认为,这种犯罪论体系与我国刑法的规定难以契合,我国刑法以但书的形式将需罚性作为犯罪概念的一部分,并将其作为出罪事由予以规定。需罚性并非对行为是否成立犯罪的评价标准,而是对成立犯罪行为进行处罚的进一步限制。

刑事政策在应罚性与需罚性之间架起了沟通桥梁,宽严相济刑事政策之"宽"的一面则为具有应罚性而不具有需罚性的行为排除于犯罪的范围提供了政策依据。应罚性是根据刑法所确立的构成要件进行评价后的应然结果,即行为符合刑法分则条文规定的犯罪构成要件,就对应着刑罚后果,原则上就应当受到刑罚惩罚。而最终是否处以刑罚,还应根据宪法及刑事政策审视是否有处罚的必要。[3]如果行为人不具有任何再犯危险性、行为不具有任何一般预防必要性,那么对行为人就没有处罚的必要,不具有需罚性。

我国《刑法》第13条规定:"一切……危害社会的行为,依照法律应当受刑罚处罚的,都是犯罪,但是情节显著轻微危害不大的,不认为是犯罪。"这种表述的逻辑是,行为本来已经构成犯罪,包括量的方面也达到了基本的犯罪构成要件,但综合评价,如果情节显著轻微危害不大,不具有刑罚处罚必要性,可以不认为是犯罪。质言之,能进入但书评价范围的,是经过构成要件评价,符合犯罪构成要件、违法且有责的行为。

但书不是对违法性程度进行评价而得出的结论,对违法性的程度进行评价的结论决定了行为是否应当受刑罚处罚。因此,但书情节不是罪量要素,不同于分则条文中的情节(包括数额、后果、行为次数等)。如果罪量要素没有达到定罪所要求的程度,就表明该行为尚不构成犯罪,对于不构成犯罪的行为,当然没有必要援引但书出罪。相应地,如果罪量要素达到了定罪所要求的程度,就不能再根据罪量情节轻微而认为行为不构成犯罪。例如,一旦确定血液酒精含量达到80毫克/100毫升为醉酒,在此状态下驾驶机动车便构成危险驾驶罪,那么就不能再认为"血液酒精含量不满150毫克/100毫升"

---

[1] 许玉秀:《当代刑法思潮》,中国民主法制出版社2005年版,第90页。
[2] 姜涛:《需罚性在犯罪论体系中的功能与定位》,载《政治与法律》2021年第5期。
[3] 姜涛:《需罚性在犯罪论体系中的功能与定位》,载《政治与法律》2021年第5期。

属于危险驾驶罪中的情节显著轻微。

一旦将但书情节混同于罪量情节,那么与之相关的理论观点都将难以自圆其说。例如,王莹博士认识到构成要件不是一个空洞的规范违反,而是一个具有渐变的不法含量的构造,是一个质量统一体,但她将但书也归属于罪量体系,从而将本属于但书的情节也作为情节犯之情节,并将情节犯之情节类型化为构成要件基本不法量域的情节和溢出构成要件基本不法量域的情节。[1]笔者难以认同此判断。既然构成要件是质量统一体,就表明违法性的质与量均来源于构成要件,构成要件不仅描述、表征违法性的质,而且表征违法性的量,在构成要件之外原则上不存在反映罪量的情节。但是,王莹博士又将犯罪后的表现、被害人因素等本属于但书情节的因素也纳入溢出构成要件基本不法量域的情节犯之情节,从而也将其归入罪量要素。但是,犯罪后表现不是构成要件的内容,既不描述行为的性质,也不表征行为或结果的不法含量程度,与违法性的量没有关系,不应属于罪量,只反映行为的需罚性。

有学者正确地认识到了但书是"一种体系外出罪机制",但依然混淆但书情节与罪量情节,认为但书出罪的动因包括构成要件事实的个案综合评价,以及违法性被部分排除。[2]笔者认为,构成要件的个案综合评价以及违法性被部分排除不属于但书出罪的动因,相关情节也不应归属于但书情节。论者认为,情节、后果等不纯正罪量要素既是对构成要件符合性的判断,也是但书的具体内容,并以非法经营罪为例,认为如果非法经营行为并未达到情节严重,在性质上应当肯定行为已经成立非法经营罪,但行为因为情节显著轻微危害不大而不被认为是犯罪。但是,既然承认罪量是构成要件,那么缺乏该构成要件,犯罪就不成立。同样,表征违法性程度的情节也不是但书情节。实际上,违法性来源于构成要件,在构成要件之外不存在征表违法性程度的情节。即使是溢出构成要件基本不法量域的情节,如最高人民检察院于2006年发布的《关于渎职侵权犯罪案件立案标准的规定》关于刑讯逼供罪的立案标准的规定中"造成错案的""造成嫌疑人、被告人轻伤、重伤、死亡的"等,虽然不是基本构成要件内容,但也是对构成要件的整体评价,能反映构

---

[1] 王莹:《情节犯之情节的犯罪论体系性定位》,载《法学研究》2012年第3期。
[2] 王复春:《但书:一种体系外出罪机制》,载赵秉志主编:《刑法论丛》(2016年第2卷·总第46卷),法律出版社2016年版。

成要件的整体不法程度。正当防卫、紧急避险等是违法阻却事由,不是违法性的根据。

三、但书情节的类型

但书出罪是在刑事政策考量下对具备应罚性的行为因需罚性阙如而作的处罚限制,因此但书情节就是反映行为需罚性的情节。刑罚正当化的根据在于报应和预防,对符合构成要件、违法且有责的行为,应当予以刑罚处罚,这是实现报应的当然要求,而最终是否处罚还应考量预防的必要性,即需罚性。罗克辛教授认为,需罚性就是预防必要性,如果一种惩罚在特殊预防和一般预防意义上并不是必要的,那么就不需要这种惩罚。[1]预防必要性包括特殊预防必要性和一般预防必要性,相应地,但书情节要包括表征特殊预防必要性阙如的情节和表征一般预防必要性阙如的情节。

(一)表征特殊预防必要性阙如的情节

特殊预防又称再犯预防,指的是预防行为人再次实施犯罪。如果行为人再犯罪的可能性微弱甚至没有再犯罪可能性,那么就没有必要通过刑罚预防其再次犯罪。再犯可能性预测是复杂的社会学和心理学问题,但是可以通过某些情节大致判断。

表征再犯可能性的情节既可能是主观性的情节,也可能是客观性的情节。主观性情节主要包括行为人目的正当、动机良善等。换言之,行为人虽然出于故意或过失实施犯罪,但其实施犯罪的动机并不恶劣,并非有意追求不法目的,就足以表明其再犯罪的可能性较小。

目的正当是再犯可能性的重要判断依据。例如,在前述"张某华伪造居民身份证案"中,张某华伪造居民身份证并非出于其他非法目的,而是用于正常的日常生活。再如鲍某某等为表演猴戏而携带6只野生猕猴,客观上该行为的确构成非法运输珍贵、濒危野生动物罪,但其主观并无恶意,"是为了使用个人驯养的猕猴表演""利用农闲时间异地进行猴艺表演营利谋生",人身危险性不大,属于"但书"中的"情节显著轻微"。[2]还比如,四川巴中

---

[1] [德]克劳斯·罗克辛:《德国刑法学 总论》(第1卷·犯罪原理的基础构造),王世洲译,法律出版社2005年版,第699页。

[2] 冯锦华:《犯罪的本质是法益侵害——河南新野耍猴艺人无证运输猕猴案判决后的思考》,载《森林公安》2017年第1期。

的农民吴婆婆因在山梁上种植的庄稼被经常出没的野猪糟蹋，为了驱赶野猪，吴婆婆在山上搭棚睡了5年时间，且想了其他办法，如放收音机等，但效果都不是太好。无奈之下便架设电网，电死了3只野猪。[1]吴婆婆实施该行为，是在不得已的情况下为了保护自己辛苦种植的庄稼不被野猪糟蹋，目的正当，情节显著轻微。

不仅具体案件中可以根据行为人的目的正当性推定其再犯可能性较小，预防必要性不大，从而认定其行为属于"情节显著轻微"，而且权威司法解释也将目的正当作为但书出罪的事由。例如前述2014年8月12日最高人民法院、最高人民检察院发布的《关于办理走私刑事案件适用法律若干问题的解释》第9条第2款规定，"不以牟利为目的，为留作纪念"而走私珍贵动物制品进境，便是从行为人的目的正当方面认定其行为"情节显著轻微"。还比如2003年9月4日最高人民法院、最高人民检察院发布的《关于办理非法制造、买卖、运输、储存毒鼠强等禁用剧毒化学品刑事案件具体应用法律若干问题的解释》第5条规定："本解释施行以前，确因生产、生活需要而非法制造、买卖、运输、储存毒鼠强等禁用剧毒化学品饵料自用，没有造成严重社会危害的，可以依照刑法第十三条的规定，不作为犯罪处理。"其中"因生产、生活需要""自用"表明，行为人实施行为出于正当目的，"情节显著轻微"。

行为人基于良善动机而实施行为，也可以推定其再犯可能性较小，从而根据但书出罪。有不少学者认为，刑法目的犯中的目的本质上也是动机。[2]笔者原则上赞成这一观点，但同时认为，两者之间仍然存在细微差别，犯罪动机是行为人潜在的内心动因，而犯罪目的则相对较为明显，更直接地支配行为人实施某种行为。不过，不论是"目的型"动机，还是纯粹意义上的动机，两者都是重要的酌定量刑情节，能反映出行为人实施犯罪的主观恶性以及社会对该行为的排斥程度，从而也能反映出对该种行为予以刑罚处罚的必要性程度。一般而言，动机卑劣，更会招致社会谴责；动机良善，则能够获得社会谅解。例如，父母出于教育子女的动机，对子女人身造成伤害，如果"危害不大"，在一般情况下不具有处罚的必要性。

---

[1] 张杨：《66岁婆婆电死野猪被判拘役：已在山梁上搭棚睡5年，防其糟蹋庄稼》，载《成都商报》2020年4月1日。

[2] 李希慧、王彦：《目的犯论纲》，载高铭暄、赵秉志主编：《刑法论丛》（第5卷），法律出版社2002年版，第71页。

"但书"中反映行为人再犯危险性较低的情节也可能是客观性情节，这些客观性情节既可以是酌定情节，也可以是法定情节。法定情节例如，犯罪较轻且具有自首情节的，可以直接根据《刑法》第67条之规定免除处罚，也可以援引但书规定"不认为是犯罪"。酌定情节主要包括初犯、偶犯、行为人的事前事后表现（如赔礼道歉、退赔损失等）等。从以往的司法解释来看，这些情节是较为普遍的但书出罪情节。例如，最高人民法院于2013年1月16日发布的《关于审理拒不支付劳动报酬刑事案件适用法律若干问题的解释》第6条规定："拒不支付劳动者的劳动报酬，尚未造成严重后果，在刑事立案前支付劳动者的劳动报酬，并依法承担相应赔偿责任的，可以认定为情节显著轻微危害不大，不认为是犯罪；……"在此解释中，"支付劳动者的劳动报酬，并依法承担相应赔偿责任"可谓事后表现。最高人民法院研究室负责人就本解释中的相关问题答记者问时进一步明确指出："具体而言，拒不支付劳动者的劳动报酬，尚未造成严重后果，在刑事立案前支付劳动者的劳动报酬，并依法承担相应赔偿责任的，可以认定为情节显著轻微危害不大，不认为是犯罪。"再如，最高人民法院、最高人民检察院于2017年5月8日发布的《关于办理侵犯公民个人信息刑事案件适用法律若干问题的解释》第10条规定："实施侵犯公民个人信息犯罪，不属于'情节特别严重'，行为人系初犯，全部退赃，并确有悔罪表现的，可以认定为情节轻微，不起诉或者免予刑事处罚；确有必要判处刑罚的，应当从宽处罚。"此解释将初犯、事后表现（退赃、有悔改表现）作为但书出罪的情节。

（二）表征一般预防必要性阙如的情节

一般预防是指通过刑罚的适用唤醒国民的规范意识或者威慑其他人不再实施犯罪。如果对行为进行惩罚既不利于唤醒国民的规范意识，也不能起到威慑他人的效果，那么就可以认为该惩罚不具有一般预防的效果，该类行为就不具备处罚必要性。具体而言，在以下三种情况下，行为一般不具有一般预防的处罚必要性。

第一，如果一项行为并不会引起不良的社会影响，对行为进行处罚不能获得公众认同，那么这种刑罚处罚就不利于唤醒规范意识。国法不能背离天理、人情，公众认同是法律规范的指引功能得以有效发挥的前提。特别是以塑造社会公平正义、维护社会基本秩序为己任的刑事司法，更需要获得公众的认同。刑事司法获得公众认同的条件是，其判决结论符合常理、常情，其传递的价值观念必须与公众朴素的价值观念相一致。如果普通公众认为某种行为即使违反刑法也可以被谅解，那么刑事司法就应适当关照公众的价值观念。例如，行为人基于正当目的或善良动机而实施违法行为，既不具有特殊预防必要性，在一般情况下也不具有一般预防的必要性。如前述为表演猴戏而运输猕猴，如果仍机械地定罪处罚，就难以获得公众的认同；为保护自己种植的玉米，迫不得已才架设电网，电死野猪，如果仍对行为人进行处罚，也会让普通民众难以接受。

第二，如果一项行为违反刑法规范，但并不会引起法益侵害的结果，即使别人实施了该行为，也不会对社会造成危害，那么就没有必要预防该行为。

犯罪是侵害法益的行为，刑法通过将侵害法益的行为规定为犯罪从而实现对法益的保护。在不少情况下，行为违反刑法规范，但实际上并不具有实质的法益侵害性，那么就没有必要通过刑事制裁维护规范效力，实现一般预防目的。例如，在2023年6月26日国家林草局修订发布《有重要生态、科学、社会价值的陆生野生动物名录》将野猪从"三有"野生动物名录中删除之前，在野猪泛滥的地区，少量捕杀野猪的行为实际上不具有法益侵害性，对该行为可以根据但书予以出罪。还比如，在抽象危险犯中，行为具有发生法益侵害结果的抽象危险就构成犯罪，但在不少情况下，具有抽象的危险的行为产生实际结果的可能性趋近于零，理论上一般认为对这种情况不应定罪判刑，但对如何出罪却存在不同意见。笔者不赞成通过反证以否定抽象危险犯之危险，从而对没有发生实害结果的抽象危险犯行为予以出罪的思路。[1]笔者认为，在具体情形中，危险与实害的关联程度会有所不同。关联越紧密，危险性越高，越值得处罚；关联越疏远，危险性越低，处罚的必要性越低。关联程度会趋于无限小，但在原理上不会是零。刑法规定抽象危险犯的目的在于预防实害结果的发生，如果行为的抽象危险与实害之间的关联程度极低，对该行为进行处罚，实际上就会背离刑法立法目的。以危险驾驶罪为例，行为人醉酒驾驶机动车，都具有发生实害结果的抽象危险，只不过危险与实害结果的关联程度会因醉酒程度、道路状况、周边环境等而有所不同，从趋近于零到发生实际危害结果而转化为交通肇事罪。关联程度越低，意味着情节越轻微，当低到一定程度甚至趋近于零时，就可以视为"情节显著轻微"，从

---

[1] 张亚平：《法定犯违法性判断"从属性说"之坚守》，载《法商研究》2023年第5期。

而根据"但书"出罪。

第三，一般人不会模仿的行为，不具有一般预防的必要性。例如，财产犯罪中行为人与被害人的特殊关系不是否定性的构成要件要素，将其作为出罪事由，是因为应罚性基础上的需罚性不强。此类犯罪往往具有特殊的原因，一般人不会效仿，不具有一般预防的必要性，从而可归入但书中的"情节显著轻微"。如果"危害不大"，则可以根据但书"情节显著轻微"而出罪。实际上，不少司法解释均将财产犯罪中行为人与被害人的特殊关系作为出罪事由。例如，最高人民法院、最高人民检察院于2013年4月2日发布的《关于办理盗窃刑事案件适用法律若干问题的解释》第8条规定："偷拿家庭成员或者近亲属的财物，获得谅解的，一般可不认为是犯罪；追究刑事责任的，应当酌情从宽。"

四、但书独立出罪的适用对象："危害不大"的犯罪行为

但书是刑法总则紧随犯罪概念之后规定的概括性出罪事由，原则上适用于分则条文规定的所有罪名。显而易见的是，因需罚性阙如而出罪受制于应罚性，应罚性越强，因需罚性阙如而出罪的空间便越小。对于危害较大的犯罪，不宜根据但书出罪；只有危害不大的犯罪，才可能因需罚性阙如而根据但书出罪。

这里涉及但书中的"情节显著轻微"和"危害不大"的关系问题。《刑法》第13条但书将"情节显著轻微"和"危害不大"连接表述，中间没有逗号或顿号隔开，即"情节显著轻微危害不大"，而《刑事诉讼法》第16条关于法定不起诉的第一种情形"情节显著轻微、危害不大，不认为是犯罪的"，在"情节显著轻微"和"危害不大"之间以顿号隔开。顿号表示并列的词语之间的停顿，表明"情节显著轻微"和"危害不大"属并列词语，二者共同限定"不认为是犯罪"的范围。问题是，"情节显著轻微"和"危害不大"两者的内容是相互一致，还是分别表示不同的内容？对此问题，我国刑法学者关注不多。陈兴良教授认为，情节"显著轻微是对行为而言的……危害不大就是对结果而言的，是指没有造成较大的危害结果"。而且，"危害不大"限于结果犯中结果的危害不是很大。关于情节显著轻微和危害不大的关系，陈兴良教授认为："但书规定的情节显著轻微与危害不大，其含义是有所不同的，它不是同义反复；但同时必须注意，但书规定的适用条件是一个

整体，情节显著轻微、危害不大是一种综合判断，而不是根据单一指标得出的结论。"[1]这一观点有前后矛盾之嫌：既然危害不大仅限于结果犯中的未造成严重后果，那么情节显著轻微与危害不大就不是一个整体，不能将两者并列进行综合判断，否则但书将无法适用于不要求发生结果的行为犯或危险犯。与此类似，有学者认为："在适用刑法第 13 条但书时，必须同时具备情节显著轻微和危害不大这两个条件，仅仅情节显著轻微或者仅仅危害不大是不能适用但书的。"[2]还有学者将"危害不大"理解为犯罪构成整体性评价为"可罚性不大"，认为"情节显著轻微"和"危害不大"呈现出一种微观评价和宏观评价相对应的关系，"情节显著轻微"是以法益侵害为基本刻度，针对犯罪构成中的具体要素的评价，而这些具体要素被囊括在"情节"这个概念中；而"危害不大"是对犯罪构成的不法是否达到值得科处刑罚程度的一种整体性评价。"情节显著轻微"和"危害不大"不是一种平面的"或"或者"且"的关系，而是一种于不同维度进行的微观与宏观的视角呼应。[3]

笔者认为，但书中的"危害不大"是对符合分则条文所规定的犯罪构成要件行为所承载的社会危害性程度的综合评价的结论，即符合犯罪构成要件因而也具有一定程度的社会危害性，但综合评价社会危害性不大。只有这种符合犯罪构成要件且社会危害性不大的行为，才能基于"情节显著轻微"出罪。

首先，社会危害性轻微，不符合犯罪构成要件中量的条件的行为，不能根据但书出罪。

原则上，刑法所规定的犯罪行为都具有严重的社会危害性，严重的社会危害性是犯罪的本质特征，但是即使是"严重"的社会危害性也有程度差别，有的犯罪行为的社会危害性达到了刑法所要求的严重程度，但总体而言仍属于"严重"中的最低档。例如，在数额型盗窃罪中，盗窃数额刚好满足立案标准（假如盗窃罪的立案标准是 3000 元，实际盗窃数额为 3005 元），故意伤害罪中的伤害程度符合轻伤标准。刑法分则条文都以不同形式明确规定或者涵摄了一定程度的罪量条件，达到了分则条文所规定的罪量条件，才值得以

---

[1] 陈兴良：《但书规定的法理考察》，载《法学家》2014 年第 4 期。
[2] 张永红：《我国刑法第 13 条但书研究》，法律出版社 2004 年版，第 7~8 页。
[3] 王华伟：《中国刑法第 13 条但书实证研究——基于 120 份判决书的理论反思》，载《法学家》2015 年第 6 期。

刑罚处罚。反之，如果行为的社会危害性没有达到分则条文所规定的罪量条件，就表明该行为尚不构成犯罪。不构成犯罪，也就不能根据但书出罪，实际上也无罪可出。例如，行为人酒后驾驶机动车，血液酒精含量未达到80毫克/100毫升，本来就不符合危险驾驶罪的构成要件，不构成犯罪，就不能再根据但书出罪。相反，如果行为量的条件没有达到犯罪的程度，却引用但书规定予以出罪，反而不符合犯罪构成理论。例如，行为人利用职务便利收受贿赂，但贿赂物价值仅有5000元，尚未达到"数额较大"的定罪标准，该受贿行为不符合受贿罪的罪量条件，不构成受贿罪。在这种情况下，如果司法人员根据但书规定，认为该受贿行为"情节显著轻微危害不大"，从而不认为是犯罪，反而不妥。

有不少学者在描述但书的出罪功能时，表述为行为形式上符合犯罪构成，但不具有严重的社会危害性，所以应根据但书出罪。例如，有学者认为："双重制约格局使犯罪的认定分为两步：第一步，看是否符合犯罪构成，如果不符合，则直接排除其犯罪性（形式判断）；第二步，如果符合犯罪构成，再看是不是情节显著轻微危害不大，如果是则不认为是犯罪；如果不是才认为犯罪（实质判断）。"[1]笔者认为，这种观点也是不妥当的，其问题在于没有厘清但书情节与分则条文中罪量要素之间的关系。在持此类观点者看来，如果构成要件也是实质判断，那么符合构成要件就具有了严重的社会危害性，也就不能根据但书进行再一次的实质评价而出罪。既然如此，只好将构成要件判断视为形式的判断，在此之后，再进行实质性的社会危害性判断。其实不然，犯罪构成不是纯粹形式的判断，符合犯罪构成的行为，原则上都具有社会危害性。社会危害性是立法者将行为纳入刑法规制的实质根据，立法者一旦将某类行为规定于刑法从而成为法定犯罪，那么符合该罪的构成要件的行为就蕴含着立法者确定的社会危害性。反之，如果行为的社会危害性程度没有达到立法者预设的程度，也就不可能符合刑法条文所描述的构成要件。

其次，社会危害性较大的行为，也不能根据但书出罪。

但书出罪只适用于"危害不大"的行为，如果行为符合犯罪构成要件，具备了较大的社会危害性，便不能再根据其他需罚性情节阙如出罪。如果行为人实施故意杀人行为，那么不论出于何种良善动机（如安乐死），不论平时

---

〔1〕 储槐植：《刑事一体化论要》，北京大学出版社2007年版，第106~109页。

表现得多么优秀，不论事后有何种悔改表现，都不能根据但书出罪。如前所述，但书出罪的理论根据在于需罚性较低，但是需罚性受制于应罚性，应罚性越强，根据需罚性低而出罪的可能性便越小。

刑法分则条文规定的法定刑对应于犯罪行为社会危害性程度。法定刑高就表明该犯罪的社会危害性程度高。反之，法定刑低就表明该犯罪的社会危害性程度低。因此，可以根据法定刑的高低来表示社会危害性的程度差别。在我国《刑法》中，三年有期徒刑是一个具有明显标志性意义的刑期，刑法分则条文中有235处以三年以下有期徒刑作为犯罪较轻的法定刑。因此，我国刑法学界一般认为可以将法定刑为三年有期徒刑作为轻罪与重罪的划分标准。有学者认为，"但书"出罪功能的适用范围要受到一定程度的限制，应当立足于我国刑事立法与司法实际主要限定为轻微犯罪出罪。轻罪是指法定刑为三年以下有期徒刑的犯罪，微罪是指可判处拘役及以下刑罚的犯罪。[1]笔者对此表示赞同。

有争议的是，犯罪的法定刑较重，为三年以上有期徒刑甚至更重，但具有法定的减轻处罚情节，如从犯、犯罪预备、犯罪未遂、未满18周岁的未成年人犯罪、聋哑人犯罪等，经减轻处罚后，应当在三年以下有期徒刑判处刑罚的，能否再根据但书出罪？例如，走私淫秽物品罪的法定刑为三年以上十年以下有期徒刑，但行为是走私团伙中的从犯，所起作用较小，依法可以减轻处罚，即在三年以下有期徒刑量刑，在这种情况下，还能否根据但书情节对其不予处罚？笔者认为，刑法总则规定的减轻处罚，是对分则条文规定的法定刑的修正，实际上也是法定刑，是修正的法定刑，故也可以对此种情形根据但书予以出罪。

五、结语

将但书定性为入罪限制条件，其初衷在于严格遵守罪刑法定原则。但是，"入罪注重合法性，出罪注重合理性""形式入罪，实质出罪"，根据但书对符合犯罪构成要件的行为进行出罪，并不违背罪刑法定原则。但书情节与分则条文中的罪量情节具有本质区别，两者承载的功能不同。刑法分则条文中的情节是定罪情节，其立法目的在于从违法性的程度上限制刑法的处罚范围，

---

〔1〕 夏伟：《"但书"出罪的运行机制实证研究》，载《中国法学》2023年第4期。

故只能是反映行为不法程度的各种因素。但书情节是出罪情节,是反映处罚必要性程度的情节,即只要"合理",就可据以出罪。对于符合犯罪构成要件,依法应当予以刑罚处罚的行为,还应根据预防必要性考量是否需要处罚。不具备应罚性的行为,不构成犯罪;具备应罚性,但不具备需罚性的行为,也没有必要定罪处罚。但书独立出罪不仅具有理论正当性,而且在当下的轻罪治理背景下,也具有重要的现实意义。轻微犯罪应罚性不强,只要不具有预防必要性,就可以根据但书积极出罪。

轻罪治理的制度构建研究

孙 平*

摘 要： 轻罪治理体系中，违法犯罪"二元制裁体制"符合我国刑法对犯罪的概念和定义，刑法的"单轨制"立法模式，符合我国当下的国情，皆应予以延续。通过对外国刑法犯罪分层的起源和理论依据的研究，得出我国刑法中没必要明确规定轻重罪的划分，轻罪治理主要体现在诉讼程序和刑罚执行两个方面。轻罪的刑事政策以"轻轻"政策为导向，理当通过完善轻罪的划分、审理程序、程序出罪出刑制度、刑罚非监禁化制度、犯罪前科消灭制度等，完善轻罪治理体系的具体制度。我国刑法立法的未来发展与轻罪治理体系的构建，应以健全完善当前轻罪治理具体制度为基础，并与其他部门法的体系化、法典化发展相协调，在划清治理边界的同时又可相互衔接，顺应社会时代发展的规律和治理犯罪的需要。

关键词： 立法模式；犯罪分层；轻罪；非监禁刑；犯罪前科消灭

根据相关研究，我国已进入轻罪时代，严重暴力犯罪数量与重刑率的下降和轻微犯罪数量与轻刑率的上升，呈现"双降双升"趋势。并且，统计数据表明：自2013年年始，宣告刑为三年以下有期徒刑的轻刑案件占比超过80%、重罪比率均在20%以内，迄今已经维持了10年（2017年是例外）。[1]

轻罪具有犯罪社会危害性较小、罪责较轻、犯罪人认罪悔过可能性较大、再犯率相对较小、重新融入社会较快、社会关系较好修复等特征。轻罪时代的到来，进一步丰富了我国宽严相济的刑事政策的内容和要求，即要合理分

---

* 作者简介：孙平，北京师范大学刑事法律科学研究院暨法学院副教授，法学博士。

〔1〕 卢建平：《为什么说我国已经进入轻罪时代》，载《中国应用法学》2022年第3期。

配司法资源，有针对性地治理犯罪，建立多层次的诉讼程序，推行刑罚轻缓化与制裁多元化，在提高司法效率的同时保证治理效果，促进刑事法治发展，促进公民权利保障。

目前，我国刑法理论界对轻罪的研讨涉及重铸刑法典的道路选择问题，主要包括是否采取"一元制裁体制"将所有违法行为纳入犯罪治理体系，扩大轻罪犯罪圈，甚至设立单独的"轻犯罪法"，以及刑事立法模式的选择问题，即采取统一的刑法典的"单轨立法模式"，还是采取刑法典+附属刑法的"双轨立法模式"。从应对当前实践问题来看，轻罪治理研究主要集中在轻罪的划分、刑罚非监禁化、出罪出刑机制、附随后果等方面。但在研究过程中，对于制度设计的依据，尤其是在借鉴外国法时，缺乏追本溯源的理论论证以及与我国具体实践相结合的创新思考。本文从比较法视角，对我国治理轻罪体系制度的宏观研究有感而发，分享几点思考，供学者们参考和批判。

所谓"体系"，在《现代汉语词典》中意为若干有关事物或某些意识互相联系而成的一个整体。至于轻罪治理体系，本文认为是按照刑事一体化的理念，将实体法、程序法和刑事政策有机结合构建的预防和惩治轻罪的各种相关联的制度及其理论依据的总和。我国轻罪治理体系的制度构建，关乎违法犯罪制裁体制与刑法立法模式的选择，犯罪分层制度的确立，更需要刑罚非监禁化、程序出罪出刑化、犯罪前科消灭制度等配套制度的完善。而这些体制、模式与制度的选择与完善，要以我国国情、刑法理论与轻罪刑事政策为基础和依据。

一、刑事制裁体制与立法模式之选择

（一）选择的理论依据

轻罪归罪的本质在于刑法通过织密法网积极参与社会治理，以凸显刑法体系从"厉而不严"向"严而不厉"的轻缓化转向。[1]轻罪治理强调维护社会秩序，预防损害结果发生，彰显安全价值。织密轻罪法网需要树立积极的刑法观，但又涉及与刑法谦抑性原则的协调。

刑法谦抑性原则，又称必要性原则，是指在立法和司法上，刑法是最后

---

[1] 徐岱、王沛然：《中国轻罪治理体系规范检视与路径选择》，载《社会科学战线》2022年第10期。

手段，应当谨慎克制地使用，只有在没有其他有效手段可以抑制违法行为或保护合法权益时，才应使用刑法来制裁。刑法谦抑原则起源于大陆刑法，在大陆刑法中又被称为"刑法补充性原则"。大陆刑法国家普遍采取"刑法定性+司法定量"的违法犯罪"一元制裁体制"，具有"严而不厉"的结构特征。在此基础上，"刑法谦抑性"主要体现在刑之谦抑上。对于违警罪、轻罪而言，主要体现在刑罚尤其是监禁刑的必要性上，为此设立了开放式刑罚和刑罚易科制度。相较而言，我国"刑法定性+定量"的违法犯罪"二元制裁体制"具有"厉而不严"的结构特征，"刑法谦抑性"主要体现在罪之谦抑上，系中国式"刑法谦抑性原则"的体现。自由与安全是刑事立法的基本价值取向，随着经济发展、科技进步，促使人们进入风险社会，一些社会风险普遍存在，威胁到了公共安全与社会民生，以至于在其他手段已难以有效抑制风险的发展和保护法益的需求时，就需要刑法积极介入，织密刑事法网，预防损害结果发生。从这个角度上讲，轻罪的积极刑法观与刑法谦抑性原则并不冲突，[1]但是二者仍需要进行平衡。首先，并不是所有风险社会中的危险行为都要动用刑法手段规制，轻罪的积极立法观应主要体现在对公共安全与社会民生法益的保护上。其次，基于前述轻罪的特征，并不是所有轻罪犯都需要动用自由刑手段处罚，轻罪刑罚的谦抑性应体现在开放式刑罚和刑罚易科制度的完善上。因此，应基于积极刑法观织密轻罪法网，通过刑法谦抑性限制轻罪自由刑的必要性，从而实现轻罪治理的"严而不厉"。

因此，在轻罪治理体系视域下，我国刑事制裁体制和刑法立法模式选择所依托的价值理念是将刑法谦抑性原则与积极刑法观结合起来，形成"严而不厉"的轻罪法网，从而实现刑法管理社会、保障安全的职能。为此，本文赞成维持"二元制裁体制"，并认为采取"双轨制"立法模式尚不具备完全必要性。

（二）二元刑事制裁体制的保留

如上所述，大陆法国家的刑法通常会将所有的失范行为都纳入犯罪分层的范围，对犯罪"只定性不定量"，因此犯罪圈广泛，将类似于我国治安处罚法规定的违法行为，当作违警罪纳入刑事处罚体系，从而采取一元制裁体制。而我国刑法则对犯罪"既定性又定量"，犯罪与违法行为的区别在于法益受到

---

[1] 梅传强、王心一：《轻罪治理的制度构建》，载《人民检察》2023 年第 15 期。

侵害的程度，因此犯罪门槛较高，对违法犯罪分别采取行政处罚和刑事处罚制裁机制，这被称为二元制裁体制。

有的学者认为，应对我国的二元制裁体制作出调整，变为一元制裁体制，即"实现刑法结构的统一化应是我国刑法未来发展的一个方向。也就是说将治安管理处罚、劳动教养连同其他保安处分措施一并纳入刑法"。[1]还有的学者建议在刑法之外专门制定《轻犯罪法》，并将《治安管理处罚法》等法律法规规定的危害行为统一纳入轻犯罪立法，[2]进而采取一元制裁体制。

本文认为，应当维持"二元制裁体制"，理由如下：

第一，"一元制裁体制"与我国"犯罪与违法分治"的传统做法相差甚远。我国对犯罪"既定性又定量"的二元制裁体制使得我国现行刑事立法规定的犯罪圈被限定在了一定的范围内。[3]"犯罪与违法分治"的传统做法符合"从量变到质变"的哲学观念，符合刑法谦抑性原则，符合我国刑法关于犯罪的概念和定义，也符合宽严相济刑事政策的要求。古人云："法宽则刑者少，刑者少则民为耻矣。"[4]这句话点明了刑法谦抑性的重要作用，刑法将犯罪限制在合理的范围内，受惩罚的人就少，这样人们便会知道犯法受刑是可耻的事。保持刑法的谦抑性，能够有效地维护刑法的威慑力，从而有效地实现社会治理。随着轻罪立法圈的扩大，犯罪标签效应产生的随附后果目前已引起了社会广泛关注和讨论，如果将所有违法行为都视作"犯罪"，纳入犯罪治理，犯罪标签的扩大化将给社会带来相当广泛的负面后果，这对于拥有14亿人口的泱泱大国而言，在人们的观念中恐怕也难以适应和接受。

第二，"二元制裁体制"中的不足之处，可以通过优化措施加以完善。我国治安管理处罚条例的立法模式，与清末、民国时期的违警罚法有着隐含的连续性，也受到了苏联当时行政处罚制度的影响。[5]法国于大革命时期设立了违警罪法院（tribunal de police），以惩治扰乱社会治安的轻微犯罪。违警罪法院名称中的"police"，就是"警察或治安"之意，直译为"警察法院或治

---

[1] 刘仁文：《关于调整我国刑法结构的思考》，载《法商研究》2007年第5期。
[2] 参见张明楷：《犯罪定义与犯罪化》，载《法学研究》2008年第3期。
[3] 参见王志祥、韩雪：《我国刑法典的轻罪化改造》，载《苏州大学学报（哲学社会科学版）》2015年第1期。
[4] 出自（宋）崔敦礼：《刍言·卷上》。
[5] 参见时延安：《犯罪化与惩罚体系的完善》，载《中国社会科学》2018年第10期。

安法院"。违警罪法院在每个市镇均有设立,由和平法官主持,而在非选区首府的市镇,则由镇长主持。根据1958年《法国第五共和国宪法》,行政机关制定行政条例,而违警罪由行政条例设立。虽然违警罪法院属于司法系统,诉讼程序体现了保障当事人辩护权和上诉权的司法特征,但是违警罪和违警罪法院,从设立之初直至现在,一直具有强烈的行政与治安管理色彩。"一元制裁体制"的主要优势是将违法行为纳入司法程序,更有利于保障被追诉人的权益,尤其是针对剥夺人身自由的处罚措施,可以提供更有效的司法救济保障。1810年《法国刑法典》规定行政机关可以对违警罪规定监禁刑,直至1992年《法国刑法典》取消第五级违警罪的监禁刑前,违警罪监禁最长达2个月,该监禁刑主要涉及由轻罪降级而来的违警罪,是轻刑化发展的结果。[1]由于第五级违警罪的监禁刑与轻罪刑罚极为邻近,法国法律对第五级违警罪的诉讼程序与刑罚制度的规定也与轻罪极为相似。例如,审理第五级违警罪,由共和国检察官或代理检察官出庭,而其他违警罪则由警长出庭作为公诉方;对第五级违警罪的判刑可以附加缓刑等。[2]1992年《法国刑法典》中取消了违警罪的监禁刑,轻罪的最低档监禁刑由原来的2个月以上,调至2个月以下。"二元制裁体制"的主要问题在于,我国在取消劳动教养后,在行政处罚中仍保留限制人身自由的行政处罚,而且行政拘留在近年来的立法中继续增设扩张,[3]行政机关由此获得了短期限制人身自由的处罚权。司法程序与行政处罚程序的最大区别在于前者的基本设计呈"三角形"平衡模式,由代表国家的公诉机关追诉犯罪嫌疑人或被告人,由中立的司法机关审理裁判,程序中被追诉人的辩护权和上诉权受到保障,诉讼地位得到加强,从而在相对平衡的关系中实现司法正义。而后者的行政机关既是"管理者"又是"裁判员",处罚机关和相对人之间是自上而下的"单线"处罚模式,处罚过程中缺乏第三方中立者的介入,面对强大的公权机关,当事人的权利保障相对弱化,容易引起处分权的滥用,在滥用行政拘留的情况下,则会侵犯到《宪法》所保护的公民人身自由权。目前,行政法学界和刑法学界关于行政拘留的讨论,有的学者主张"减少自由罚,增加财产罚"和设立"自由罚和财产罚之间的

---

[1] See Bernard Bouloc, Droit Pénal Général, Dalloz, 19ème Ed., 2005, p. 445.

[2] See Jean Mouly, La Classification Tripartite des Infractions Dans la Législation Contemporaine, RSC, 1982, pp. 25~26.

[3] 参见何荣功:《我国轻罪立法的体系思考》,载《中外法学》2018年第5期。

双向易科制度",[1]但大多数学者还是主张通过司法化完善行政拘留程序,但是具体的司法化路径有所不同。有的学者主张在行政法体系中实现行政拘留的司法化改造,并将行政拘留处罚决定纳入听证范围;[2]有的学者则倾向于将行政拘留纳入刑法体系从而实现司法化改革问题;[3]还有的学者建议设立行政处罚程序与刑事诉讼程序之间的独立行政拘留程序的"中间方案",核心是提供可选择、可放弃的事前司法审查机制,其实质是把行政诉讼救济机制前移至处罚决定执行之前。[4]

  本文认为,如果将受行政拘留处罚的行为并入刑事范畴,虽然在追诉时可以提供司法保障,但这是对违法行为予以犯罪化处理,轻罪的犯罪圈将随之扩大,行为人将受到刑罚处罚以及相应的附随后果,此种做法在加强行为人权益保障的同时又加重了处罚,非为理想的解决方案。而上述"中间方案"实质上是将行政诉讼救济机制前移至处罚决定执行之前,也是要在行政法范畴中解决问题,但行政诉讼是"民告官"的诉讼程序,与行政处罚程序的设计逻辑不同,也非理想的解决办法。相较而言,在保留"二元制裁体制"的基础上,本文赞成在行政法体系中实现行政拘留司法化改革的方案,具体做法可以比照刑事诉讼程序和刑罚制度设立相应保障制度。①听证程序。行政拘留司法化的核心措施,体现在处罚过程中,充分保障处罚相对人的辩护权和申诉权。因此,应当比照刑事诉讼程序将行政拘留纳入听证程序,引入第三方的监督,加强对公民权利的保障。我国《行政处罚法》规定了听证程序,但是该法律并未明确规定听证程序可以被适用于行政拘留,我国《治安处罚管理法》规定的处罚程序也未提及听证程序。但该法规定,相对人如果对处罚不服,可以提起行政复议行使上诉权。《行政复议法》第50条规定:"审理重大、疑难、复杂的行政复议案件,行政复议机构应当组织听证;行政复议机构认为有必要听证,或者申请人请求听证的,行政复议机构可以组织听证。……"根据上述规定,相对人只有在对行政拘留处罚不服提出行政复议后,才有可

---

[1] 参见胡建淼:《论行政处罚的手段及其法治逻辑》,载《法治现代化研究》2022年第1期。
[2] 参见李洪雷:《论我国行政处罚制度的完善——兼评〈中华人民共和国行政处罚法(修订草案)〉》,载《法商研究》2020年第6期。
[3] 参见刘仁文:《我国行政拘留纳入刑法体系构想》,载《法制与社会发展》2021年第5期。
[4] 参见高长见:《独立行政拘留程序之提倡——论行政拘留程序改革的"中间方案"》,载《行政法学研究》2023年第3期。

能申请听证。对此，基于加强相对人权利保障之理由，应当在作出涉及剥夺自由的行政处罚时，就赋予相对人申请听证的权利，并允许其聘请律师和赋予律师在诉讼中行使的权利，充分保障处罚相对人的辩护权，加强处罚程序的司法化特征。②缓罚制度。参照刑法的缓刑制度和认罪认罚从宽制度，设立行政拘留的缓罚制度。行政拘留作为一种行政处罚手段，主要作用是惩罚和教育，使相对人警醒和规范自身行为，避免实施犯罪。对于情节轻微，认罪认罚态度好的相对人，可以对行政拘留的处罚予以缓罚，其他的附加处罚不予缓罚，并将缓罚的考验期参照缓刑设为 2 年或者更长，考验期间任何违法行为都将引起撤销缓罚、与缓罚的行政拘留并科处罚，或者构成犯罪。③处罚易科制度。既然后文将论述轻罪监禁刑的替代措施，那么对于行政拘留，在一定条件下，也可以易科，用财产罚代替自由罚。

（三）"单轨制"立法模式的延续

大陆法国家往往采取刑法典加附属刑法（或行政刑法）的"双轨制"立法模式。以法国为例，所有重罪都被规定在刑法典中，而对于轻罪和违警罪，除了刑法典中的规定外，在附属刑法中，还存在大量的轻罪和违警罪规定，如《消费者法典》《道路交通法典》《公共卫生法典》等。这些轻罪和违警罪基本上按照刑法典总则中规定的轻罪、违警罪的标准、刑罚梯度和种类设立。从侵犯的法益来看，刑法典中的轻罪、违警罪，以自然犯为主，侵犯的法益包括人身、财产、国家及公共安宁；附属刑法中的轻罪、违警罪，皆为法定犯（或称行政犯），侵犯的法益包括社会各方面的管理秩序。我国目前 1997 年《刑法》主要采取刑法典加单行刑法的"单轨制"立法模式，将各部门、各领域涉及的犯罪都规定在刑法和单行刑法中，基本实现了刑法典的"典外无罪""典外无刑"[1]的完整性和统一性。

但是，随着社会的发展，刑法的管理职能日益凸显，法定犯的数量逐渐超过了自然犯的数量，世界已由自然犯时代进入法定犯时代。因此，主张"多元立法模式"的学者认为，我国的"单轨制"立法模式增加了立法和执法成本，增加了刑罚轻缓化的难度，不利于保持刑法典的稳定；[2]应当实行

---

〔1〕 参见赵路：《法治变革背景下的刑法法典化编纂：缘由、必要与意义》，载《刑法论丛》2021 年第 4 期。

〔2〕 参见刘仁文：《关于调整我国刑法结构的思考》，载《法商研究》2007 年第 5 期。

将现行刑法典分则中的行政犯转移到附属刑法中的解法典化，尤其主张在商法、经济法、行政法等法律中直接规定具体犯罪的构成要件与法定刑，从而有效地规制行政犯罪。[1]

主张"单轨制"立法模式的学者认为，我国早在1979年《刑法》时期，就采取"刑法典+单行刑法+附属刑法"的立法模式。由于这种立法模式存在不同规范之间缺乏协调、刑罚轻重失衡、刑事立法缺乏总体规划、整个刑法规范显得有些零乱、附属刑法立法的实益也极其有限等"水土不服"现象，因此1997年《刑法》放弃了这种立法模式，采取统一的刑法典的"单轨制"立法模式[2]。

对此，本文赞成该观点，并进一步认为，虽然1997年《刑法》至今已经历了12次修订，存在外在体系和内在体系上的问题，[3]但从目前我国社会发展以及法治建设状况来看，采取"双轨制"的立法模式并不是十分必要，应维持统一的"单轨制"立法模式。具体理由如下：

首先，"单轨制"和"双轨制"立法模式各有利弊。诚然，刑法的编纂应当追求稳定性。但是，稳定性是相对的。随着经济全球化的发展、风险社会的来临、高科技的飞跃、网络空间的蔓延，国际社会纷纷动员各国采用包括刑法在内的有效措施打击恐怖主义犯罪、有组织犯罪、腐败犯罪、网络犯罪、涉及人类克隆或基因编组犯罪等，不论是采取"单轨制"的我国，还是采取"双轨制"的大陆法国家，刑法典近二三十年都在经历不断地修订、更新，只不过程度有所不同，因此刑法典的稳定性是相对而言的。我国的"大一统"刑法典中包括大量经济犯罪罪名，随着我国经济的发展和法治的进步，这些被称为法定犯的经济犯罪经历了较为频繁的修订。"单轨制"立法模式在稳定性方面的劣势并不能掩盖其内容完整、形式统一的规范体系所体现的优势，即能克服因刑法立法上的过度分散而导致的混乱、重叠和冲突。[4]

其次，我国是保留死刑的国家，以经济犯罪为例，虽然刑法修正案废除

---

[1] 参见张明楷：《刑法的解法典化与再法典化》，载《东方法学》2021年第6期。

[2] 参见周光权：《我国应当坚持统一刑法典立法模式》，载《比较法研究》2022年第4期；赵秉志：《中国刑法立法晚近20年之回眸与前瞻》，载《中国法学》2017年第5期。

[3] 姜涛：《刑法再法典化的法理与蓝图》，载《中国法学》2023年第5期。

[4] 参见《高铭暄、张明楷、刘艳红、周光权：关于我国刑法法典化模式选择问题的讨论》，载《民主与法制》2021年第37期。

了一些经济犯罪的死刑,但是还有相当数量的经济犯罪涉及死刑、无期徒刑等极刑、重刑。如果认为刑法典中应保留较为严重的犯罪,统一和突出刑法对核心价值的关切与评判,那么将这些严重的经济犯罪从刑法典中剥离到附属刑法中,将削弱刑法典的地位和保障作用。行政刑法的发展离不开轻刑化的发展。若要实现经济领域行政刑法的发展,就需要进一步完善这一领域的行政管理法,使其系统化、完备化。当我们社会主义市场经济运行得更加规范,规则和监督更加严密、完备,违规行为能够被及时发现惩治时,犯罪空间和概率会变小,犯罪成本会增大,经济犯罪会得到有效抑制。在不久的将来,经济领域的犯罪也势必走向轻刑化。以采用双轨制立法模式的法国为例,该国法律官方公报网站显示:除了《刑法典》之外,还有七十余部法典涉及社会管理的各个方面。因此,"多法并治将会成为国家治理现代化的重要体现……刑法与其他部门法之间在规范意义上的协同治理将会进一步加强"。[1]我国刑法立法模式的选择,需要结合我国其他部门法的法典化进程来决定。如果采取双轨立法模式,还需要刑法典、行政法典、经济法典等主要部门的法典化同步运行,协调发展,在划清治理边界的同时保障不同制裁体系之间的有效衔接。在各部门法典化得到发展、条件成熟时,可以在附属刑法中按照刑法典总则的规定,尤其是关于刑罚的规定,设立法定刑三年有期徒刑以下的轻罪罪名,扩大轻罪犯罪圈,逐渐实现刑法的"严而不厉"。

最后,我国刑法立法模式和制裁体制的改革和完善,应当从有利于有效治理轻罪的角度出发,并以健全完善当前轻罪治理的具体制度体系为基础。随着社会的发展,轻罪时代的到来,刑事应对机制呈现轻刑化、非犯罪化趋势。因此,在维持"二元制裁体制"的基础上,应当通过完善轻罪的界定、审理程序、程序出罪出刑制度、刑罚非监禁化制度、犯罪前科消灭制度等,完善轻罪的治理体系的具体制度。如前文所述,实践中,轻罪案件已占据80%,完善治理轻罪具体制度,无论刑法立法模式的选择如何,皆是有备无患之事。

二、轻罪的划分与犯罪分层

(一)犯罪实质概念与形式概念的功能选择

犯罪概念,主要回答什么是犯罪的问题。犯罪概念有形式概念和实质概

---

[1] 刘艳红:《中国刑法的发展方向:安全刑法抑或自由刑法》,载《政法论坛》2023年第2期。

念之分。犯罪的形式概念是以刑法规定为根据定义犯罪，因此采用的是规范的标准。犯罪的实质概念是以一定的伦理道义或者政治教义为根据定义犯罪，因此采用的是价值的标准。[1]犯罪形式概念与犯罪构成或违法性相关联，实质犯罪概念以社会危险性的价值判断为基础。我国《刑法》第13条对犯罪概念的规定体现了犯罪实质定义与犯罪形式定义的统一，第13条的"但书"是行为实质出罪的规定，即"但是情节显著轻微危害不大的，不认为是犯罪"。

轻罪是我国理论界采用的术语，相对于犯罪概念而言，轻罪的定义或范围又是什么？是采取实质定义，还是采取形式定义，抑或是采取实质定义与形式定义相结合的混合定义？这似乎不是能轻易回答的问题。如果说犯罪概念是区分罪与非罪的价值判断标准，那么从治理轻罪角度来看，轻罪的实质出罪（罪与非罪）和轻罪的划分会涉及犯罪实质概念与犯罪形式概念的冲突与协调问题。

轻罪的实质出罪所涉及的犯罪实质概念和形式概念的冲突问题，主要是"抽象危险犯"出罪问题。因为"抽象危险犯"不要求产生具体结果，其所惩治的是行为给社会造成的危险状态，一旦行为符合犯罪构成要件便成立该罪。一旦成立就难以出罪。而且，第13条"但书"规定的虽然是罪与非罪划分的价值判断，但是它既抽象而又概括，对于"抽象危险犯"行为难以提供出罪的具体标准。这一犯罪实质概念和形式概念相冲突的问题，最终还是要通过司法实践总结出具体的标准来解决。以2023年12月13日发布的最高人民法院、最高人民检察院、公安部、司法部《关于办理醉酒危险驾驶刑事案件的意见》为例，该意见第12条对适用《刑法》第13条和《刑事诉讼法》第16条关于出罪的规定，列举了五种具体情形。因此，第13条的"但书"，为违法犯罪的"二元制裁"边界提供了划分依据，体现出了划分罪与非罪所应坚持的犯罪实质定义。但是，由于"情节显著轻微危害不大的"规定具有抽象的概括性，对于抽象危险犯而言，在解释应用时，需要结合具体罪名的立法目的和一般经验常识，作出实质性判断，做到情、理、法的统一。

关于轻罪的划分，司法机关期望通过立法对轻罪标准作出明确划分。而刑法中的犯罪实质定义，对我国轻罪划分标准的法定化问题提出了挑战。犯罪实质定义建立在社会危害性判断基础上，而我国有关轻罪划分标准的讨论

---

[1] 参见陈兴良：《形式与实质的关系：刑法学的反思性检讨》，载《法学研究》2008年第6期。

基本已形成统一意见，那就是参照法定刑的形式标准进行划分，以便指导司法实践作出案件分流处理。而犯罪实质定义在司法实践中则体现为司法机关对具体案件作出价值评价的结果。如果在我国刑法总则中按照犯罪实质概念对轻重罪作出定义，那将难以发挥对司法实践的指导意义，甚至会引发司法分流治理轻罪问题上的逻辑矛盾；如果按照犯罪形式概念定义轻重罪，又存在与犯罪概念中的社会危害性的犯罪本质相协调的问题；如果采取犯罪实质概念与犯罪形式概念相混合的方式定义轻重罪，则同样存在指导司法实践治理轻罪的问题。

由此可见，从治理轻罪的角度出发，在确定罪与非罪问题上应坚持犯罪实质概念，在轻罪重罪的划分上应坚持犯罪形式定义，按照法定刑的标准作出划分，并且该划分无需出现在刑法总则中，只要在相关诉讼法中规定对不同法定刑的罪名适用不同程序进行分流即可。对此，笔者将在后文中进一步论述。

（二）刑法犯罪分层的起源

轻罪与犯罪分层制度密切相关。犯罪分层，是指根据犯罪的严重程度将所有犯罪划分为不同层次犯罪的分类方法。在我国的法律文化传统中，也有"慎刑""轻刑"的犯罪治理思想，[1]但犯罪分层制度还是起源于大陆法国家。法国是最早在法律术语中使用轻罪的国家。法国的犯罪分层制度萌生于法国大革命时期，已存在二百余年，并对其他大陆法国家和英美国家产生了深远影响。相较于其他采取犯罪分层的国家，法国的犯罪分层制度对该国刑事体系的影响更加全面、系统，因此更具代表性。在法国刑法中，犯罪分层的意义不仅体现在追诉时效和刑罚消灭时效以及司法组织和司法程序的设置上，而且也决定着过失犯罪与故意犯罪、犯罪预备、犯罪中止、犯罪未遂、共犯等不同犯罪形态的刑事责任，以及刑罚轻刑化、非监禁化甚至非刑罚化的处理办法。[2]例如，在司法组织和程序上，重罪、轻罪、违警罪分别由重罪法院、轻罪法院和违警罪法院审理。在刑法总则中，重罪都是故意犯罪，大部分轻罪也是故意犯罪，而大部分违警罪则是过失犯罪；重罪未遂皆当受刑罚处罚，而轻罪未遂只在符合轻罪法律规定时才受罚，违警罪的未遂从不受罚；重罪和轻罪之共犯原则上受刑罚处罚，而违警罪的共犯则只在某些情

---

[1] 参见郭理蓉：《轻罪刑事政策研究》，中国法制出版社2023年版，第51页。
[2] 参见卢建平：《犯罪分层及其意义》，载《法学研究》2008年第3期。

况下才受罚。在刑法分则中，犯罪分类也可以成为某些罪名的构成条件。例如，未阻止实施犯罪的行为，只在实施侵犯人身的重罪或轻罪时才受刑罚处罚，未向司法或行政机关揭发犯罪的行为，只在涉及重罪时才受刑罚处罚。在刑罚方面，替代刑制度只适用于轻罪。

从历史角度来看，"罪分三等"原则最早体现在法国大革命期间审理严重程度不同的犯罪的三类法院组织的划分上。[1]法国大革命时期，由制宪会议（1789年7月9日至1791年9月30日）设立的刑事立法委员会与宪法委员会商议，对犯罪类别作出划分，起草了《市镇治安与矫正管理组织法》。市镇治安由市镇机关负责监督，该法在每个市镇均设立了违警罪法院，由和平法官主持，在非选区首府的乡镇则由镇长主持，审理轻微的违警罪，以确保维护各个地方的日常秩序和安宁；矫正管理由司法法官监督，该法设立轻罪法庭，惩治扰乱社会秩序、具有重罪倾向但又不值得处以重刑的轻罪。该法律于1791年7月19日和22日通过。之后，刑事立法委员会又以英国的抗辩制度为样本，设立了公开审理的、具有对抗性的审理重罪的诉讼程序，相关法律于1791年9月16日和19日通过。人民陪审员，作为社会良知，在当时新设立的刑事诉讼程序中发挥重要作用。这就发展成了审理重罪的重罪法庭，人民陪审员制度只适用于重罪法庭审理重罪案件，并延续至今。这一刑事诉讼改革与旧制度完全割裂，其实质意义大于形式意义。[2]1791年9月25日的《刑法》是法国首个正式的刑法典，确立了"罪分三等"原则，但由于各种原因，该法典未付诸实施。在拿破仑制定的刑法典和刑事诉讼法典中将犯罪按"重罪、轻罪、违警罪"的名称划分，一直沿用至今。重罪由重罪法院审理，轻罪由轻罪法院审理，违警罪由违警罪法院审理。由此可见，犯罪分层原则最早起源于司法组织实践的需要，而且在设立之初，就是针对严重程度不同的犯罪，适用不同的司法审判组织与管辖。

（三）犯罪分层的划分标准

1. 划分标准的理论分析

关于犯罪分层的标准，主要存在形式标准说和实质标准说两类。形式标准按照犯罪学中的犯罪严重程度作为轻重罪的分类界限，犯罪的严重程度由

---

[1] Emmanuel Dreyer, *Droit pénal Général*, LexisNexis, 2014, 3ème Edition, p. 146.

[2] Emmanuel Dreyer, *Droit pénal Général*, LexisNexis, 2014, 3ème Edition, p. 16.

刑罚予以体现，而刑罚标准也有法定刑和宣告刑之区分。实质标准是根据犯罪行为的社会危害性及其程度作出分类。

我国学界关于犯罪分层的主流观点，倾向以法定刑三年有期徒刑以下的刑罚作为轻罪的划分标准，也有学者认为应以宣告刑为划分标准。本文通过论述分析法国学界关于犯罪分层及其标准的理论观点，以期对我国犯罪分层的研讨提供参考。

法国刑法中的犯罪分层采取形式标准，而且是立法机关对犯罪规定的法定刑。理论上支持法定刑标准的观点可以被归纳如下：①法定刑与犯罪严重性相关联。1810年《拿破仑刑法典》依据犯罪严重程度作出犯罪分层，而犯罪严重程度的参照标准是自然人犯罪的法定主刑。这种犯罪分层符合法国当时建立在古典（客观）主义观念上的"一元论"犯罪构成理论。根据该理论，刑法是"犯罪行为"的法典，而不是"犯罪人"的法典。犯罪成立只考虑犯罪行为，而犯罪人的人格往往被忽略或者根据实行行为加以判断。犯罪行为能够揭示行为人的犯罪人格及其反社会性的程度。重罪由于具有严重性而使人们不再期望犯罪人有改过自新的可能，应科以令人畏惧的刑罚；轻罪涉及中等严重程度的违法，可以予以矫正，因此轻罪的刑罚又被称为"矫正刑"；违警罪不涉及犯罪人格问题，只给予简单的训诫处理。因此，犯罪分层决定着对严重程度不同的犯罪给予不同的刑罚处遇。[1]②法定刑标准作出的犯罪分层，符合刑事司法组织划分的需要。人们认为："犯罪越严重，立法者就应当要么为了被告人的利益要么为了社会的利益，对法院的组成及其程序规定更多的保障"。[2]正如法国勒瓦索尔教授所述："任何正直的人，都应当对其当下行为哪天可能受到评判的相关法院及相应程序具有确信。"[3]只要法定刑继续取决于犯罪的严重性，那么根据"罪分三等"原则事先客观确定相应的法律制度，就会对犯罪人产生威胁。因此，"罪分三等"原则符合司法分流的要求。[4]③除了"罪分三等"符合司法组织划分的理由外，还有一些学

---

[1] Jean Mouly, *La classification tripartite des infractions dans la législation contemporaine*, RSC, 1982, p. 6.

[2] Garraud, *Manuel de droit criminel*, 15ème Ed., No. 361, p. 775.

[3] G. Levasseur, *Réflexion sur la compétence. Un aspect négligé du principe de la légalité*, Mélange Hugueney, p. 13.

[4] G. Levasseur, *Réflexion sur la compétence. Un aspect négligé du principe de la légalité*, Mélange Hugueney, p. 7.

者认为，犯罪的客观严重性是立法者无法绕开的社会学数据。[1]

反对法定刑标准的观点认为：①由于缺乏客观的评价标准，立法者对犯罪严重性的判断全凭经验。因此，立法者采纳的刑罚与民众对犯罪行为严重程度的认识并不一定相符。例如，造成丧失劳动能力8天以下的故意暴力行为（《法国刑法典》第R625-1条），仅处1500欧元罚金，而对拒不归还代为保管的物品的滥用信任罪处以3年监禁并科375 000欧元罚金。两者相比，难道前者对社会秩序造成的混乱要小于后者？就保护法益而言，难道前者的他人人身完整性不如后者的他人财产那般正当？对此，立法者也许是认为在这两种情形下，犯罪所得收益不同，但是这无法使疑问消失。[2]②以立法者确定的刑罚作为犯罪分层标准不符合逻辑，"不是刑罚的严重性决定犯罪的严重性，而是犯罪的严重性决定刑罚的严重性"。[3]该观点也受到了反驳，被认为是不了解立法者的工作方法，因为在立法时正是根据犯罪的严重性来确定相应的法定刑的。

宣告刑是法官基于犯罪情节和犯罪人人格而宣判的刑罚处罚。在19世纪末期实证法学派的盛行时期，法国学界对法定刑标准"犯罪分层"的质疑达到高峰，提出以宣告刑为标准。主要观点概括如下：①宣告刑体现了对犯罪人的刑罚处遇。随着犯罪学的发展，人们认识到犯罪严重性与犯罪人的人格之间没有必然的联系。重罪犯罪人并不一定具有不可改过的人格。相反，实施的轻罪也能明显揭示出犯罪人冷酷无情的人格。犯罪人的不可改正性或可改正性，并不能从当时立法者赋予犯罪的严重性因素中推导得出。因此，这不是犯罪行为决定刑罚的选择，而是在犯罪行为之外存在的犯罪行为人的人格决定刑罚的选择。因此，实施的犯罪逐渐与宣告的处罚相分离。刑罚不再一成不变地与犯罪相联系，[4]它不再仅仅是针对犯罪行为的严重性作出的分级报应，而是逐步成为与犯罪人相匹配的处遇。[5]随着法国刑法中对减轻情

---

[1] Jean Mouly, *La classification tripartite des infractions dans la législation contemporaine*, RSC, 1982, p. 6.

[2] Garraud, *Manuel de droit criminel*, 15ème Ed., No. 361, p. 148.

[3] Rossi, Traité de droit pénal, 1er, p. 56.

[4] R. Merle, L'évolution du droit pénal contemporain, D. 1977, chr. 303.

[5] Jean Mouly, *La classification tripartite des infractions dans la législation contemporaine*, RSC, 1982, p. 4.

节的改革，法官可以依据自由裁量权，降到下一个刑罚梯度去选择符合犯罪人人格的刑罚，这更加剧了犯罪行为与实际宣判的刑罚之间的分离。②宣告刑作为犯罪分层标准，从监狱学的角度符合对犯罪人改造的需要。而以法定刑作为犯罪分层标准，从监狱学角度而言没有任何功效。1810年《法国刑法典》时代的犯罪学观点已经过时，犯罪学观念的发展导致犯罪分层的利益核心逐渐发生转变。如今，有相当数量的刑罚制度在实施时采用宣告刑而不是法定刑。[1]但是，法国犯罪分层的原则在刑事诉讼法中的体现，要早于在刑法中确立的时间，而且刑事诉讼的现代化改革也没有摒弃基于"罪分三等"作出的司法组织划分。重罪法院，是法国大革命的产物，保留了人民陪审员制度，令法国民众心怀眷恋，认为应予保留；违警罪法院每年要审理数以百万的案件，采取简易快速程序和罚金制度，也应予保留；轻罪法院由职业法官审理中等程度的犯罪和决定不交由重罪法院审理的严重程度的犯罪。[2]这三类法院在法国刑事诉讼法现代化改革中均被保留了下来。而宣告刑无法满足刑事程序中司法分流的需要，否则也会有"因果倒置"的逻辑错误之嫌。

　　实质标准是根据犯罪行为的社会危害性及其程度作出分类的。支持该标准的法国学者认为，犯罪的实质是对"社会秩序"或"社会常规结构"规则的违反，应当以抽象的思维方式，用实质标准代替刑法所规定的数量标准划分犯罪。因此，该理论认为重罪和轻罪具有"同质的社会危险性"，应被划分为一类。那么，按照实质标准，犯罪应被分为两层，即违反"社会秩序"的犯罪和违反"社会常规结构"的违警罪。因此，该观点批判的不仅仅是立法者所采取的犯罪分层的方法，而是质疑犯罪分层的依据。[3] 1983年《法国刑法典》改革草案的版本中，曾放弃了法定刑标准并在第1款中规定，"重罪和轻罪是对社会基本准则的侵害。违警罪是对社会生活结构的侵害"，其所采取的标准是所犯错误的严重性，也即犯罪的社会危害性及其程度。这样就将犯罪分成了两层：一层是违反社会秩序的重罪和轻罪，另一层是违反社会治安

---

〔1〕 Jean Mouly, *La classification tripartite des infractions dans la législation contemporaine*, RSC, 1982, p. 6.

〔2〕 J. H. Robert, *La classification tripartite des infractions selon le nouveau Code pénal*. Droit pénal, 1995, chr. No. 1

〔3〕 Jean Mouly, *La classification tripartite des infractions dans la législation contemporaine*, RSC, 1982, p. 5.

的违警罪。但是，这种设想在法国看来难以应对犯罪学上严重程度不同的犯罪，在程序上也与法国的司法组织不相符。因此，法国立法委员会认为还是有必要明确相关标准，指导犯罪分层，并认为传统的犯罪分层符合法国深层次的社会现实。[1]因此，于1986年提交的刑法改革草案版本便不再使用"对社会基本准则的侵害"和"对社会生活结构的侵害"的词语。

2. 形式标准的提倡

关于区分标准的选择，我国学者对此也有讨论，多数学者主张形式标准。[2]本文赞成形式标准，并将对支持的理由作出进一步阐述。实质标准，涉及犯罪的概念。我国刑法学认为，犯罪是依照法律应当受到刑罚处罚的危害社会的行为。一般违法行为是依照法律法规应当受到行政处罚的具有社会危害性的行为。实质标准揭示了罪与非罪的区别。如果说，形式标准与实质标准"互为表里"，那么就标准的适用主体而言，立法机关在立法时，需要根据实质标准决定是否将某个行为设立为犯罪，并在决定设立为犯罪的情况下，根据主客观要件评估犯罪对社会危害性的程度，确定相应的刑罚，经颁布后就是法定刑，也就是抽象判断犯罪轻重的形式标准，它体现了抽象犯罪的客观危害程度；司法机关在适用刑法时，需要根据实质标准判断是否将某个行为作为犯罪予以追究，并在决定追究犯罪的情况下，根据犯罪构成主客观要件、犯罪情节和犯罪人的人格定罪量刑，对犯罪给社会造成的危害程度作出具体判断，由此宣告的刑罚，是具体判断犯罪轻重的形式标准，它揭示了具体犯罪的客观危害与主观恶性的本质。因此，实质标准在不同语境下对应不同的社会危害性学说和观念，不具备明确性和可操作性。如果按照犯罪社会危害性程度的实质标准，只能作出犯罪和违法行为的本质区分结果，而轻罪重罪的区分，只能参照外在显现的形式标准，即刑罚标准作出划分，否则就缺乏划分的意义。

因此，本文认为，我国轻罪的划分标准，应采取形式标准，而且是形式标准中的自然人法定主刑标准。虽然采取形式标准，但是轻罪重罪术语及其

---

[1] J. H. Robert, *La classification tripartite des infractions selon le nouveau Code pénal*. Droit pénal, 1995, chr. No. 1

[2] 参见陈兴良：《轻罪治理的理论思考》，载《中国刑事法杂志》2023年第3期；敦宁、韩玫：《论我国轻罪范围的划定》，载《河北法学》2019年第2期；徐岱、刘佩：《论犯罪分层理论的立法走向——以宽严相济刑事政策为视角》，载《北方法学》2010年第5期。

形式标准不宜出现在刑法总则或单独的轻罪立法中。并且，虽然采取自然人法定主刑标准，但是不能忽视宣告刑在刑罚执行中的作用。主要理由如下：

（1）涉及犯罪实质概念与形式概念的协调问题。犯罪的形式概念是以刑法规定为根据定义犯罪，因此采用的是规范的标准。犯罪的实质概念是以一定的伦理道义或者政治教义为根据定义犯罪，因此采用的是价值的标准。[1]大陆法系国家的刑法典一般都没有明确规定犯罪概念。例如，法国刑法回避作出犯罪实质定义，只按照法定刑作出重罪、轻罪和违警罪的犯罪分层，并围绕该犯罪分层规定各种刑事制度。

受苏俄刑法影响，我国《刑法》第13条对犯罪作出了实质性定义，揭露了犯罪的社会危害性、刑事违法性和应受刑罚处罚性的特征，其中社会危害性是犯罪最基本的特征。[2]关于社会危害性，我国传统刑法理论认为，社会危害性是一定的人在故意或过失心理支配下实施的危害社会的行为。换言之，社会危害性由客观危害与主观恶性构成。[3]因此，根据传统学说，社会危害性包括对行为人刑事责任的评判。在传统学说之外还存在"客观说"，"主张从客观上理解和判断社会危害性或实质的违法性"。理由是："一方面，刑法禁止侵犯法益的行为，所以，即使行为人主观上没有故意与过失，侵犯法益的行为也是被刑法所禁止的；另一方面，对于合法行为以及所谓法律放任的行为，任何人都不能阻止、制止，但对于违法行为，任何人都可以阻止、制止。国家机关与一般公民遇到13岁的人或精神病患者杀人时，当然可以乃至阻止、制止。"[4]因此，根据客观说，社会危害性不包括对行为人刑事责任的评判。另外，我国《刑法》第5条规定："刑罚的轻重，应当与犯罪分子所犯罪行和承担的刑事责任相适应。"这里的刑罚显然不是指刑法分则中的法定刑，而是指法官按照罪刑法定原则，根据分则中的罪状和总则中的刑事责任和量刑规定，结合犯罪情节和犯罪人的人格宣告的刑罚。

刑法分则中的具体犯罪构成要件的行为及其法定刑罚，是罪刑法定原则的体现。具体构成要件的行为，从违法性的角度，无论根据有学者提出的形

---

[1] 参见陈兴良：《形式与实质的关系：刑法学的反思性检讨》，载《法学研究》2008年第6期。
[2] 参见高铭暄、马克昌主编：《刑法学》（第8版），北京大学出版社2017年版，第51~53页。
[3] 参见张明楷：《刑法学》（第5版），法律出版社2016年版，第88页。
[4] 参见张明楷：《刑法学》（第5版），法律出版社2016年版，第88页。

式的构成要件论还是实质的构成要件论,[1]皆未包括对行为人刑事责任的判断。因此,如果按照传统学说理解社会危害性,那么刑法分则中对具体犯罪构成要件作出的规范定义,与《刑法》第13条关于犯罪的实质定义所包含的内容便并不完全等同。就具体案件而言,法定刑并不能完全反映行为的社会危害性本质及其程度。

因此,在刑法总则中,如果按照法定刑标准作出犯罪分层,则存在与刑法总则中的犯罪实质定义及其所依据的传统学说相协调的问题;如果按照宣告刑标准作出犯罪分层,并以此指导司法实践,则会犯"因果倒置"的逻辑错误(参见上文)。

如果将社会危害性理解为客观的社会危害,以对应刑法分则中的罪状,则会呈现出将"社会危害性"形式化、规范化的趋势,远离通说,使我国刑法朝着大陆刑法关于犯罪的形式定义、"去苏俄刑法影响"的方向发展。

据此,本文不建议在刑法总则或单独的轻犯罪立法中使用轻罪重罪术语及其形式标准。研究轻重罪划分的初心在于有效治理轻罪,而且大陆法国家刑法中的犯罪分层主要也是被应用于刑事司法分流。因此,虽然犯罪分层在我国刑法中的引入有待进一步研讨,但这并不影响在刑事诉讼法中按照法定刑标准对严重程度不同的犯罪适用不同的司法组织和审判程序。

再者,犯罪分层对我国刑法而言并不涉及过失犯罪与故意犯罪、犯罪未遂、共犯等不同犯罪形态的刑事责任或罪名成立的问题。因此,轻罪重罪的划分也更无必要明确出现在刑法中。从治理轻罪的需要出发,刑法总则中可以丰富轻罪的刑罚制度,比如设立轻罪(法定刑三年有期徒刑以下的)刑罚的替代刑、定罪免罚制度等。就扩大轻罪犯罪圈与刑法谦抑性原则之间的协调问题,本文认为,刑法分则中轻罪犯罪圈的扩大,应以保护公共安全、社会民生等法益为主。以醉驾入刑为例,随着现代社会的发展,车辆使用普遍,道路安全关联千万家,醉驾入刑恰逢其时,至今治理效果显著,大幅度降低了酒驾案件发案率,避免了数以万计的人员伤亡和更多的家庭悲剧,直接规训了国民的驾驶行为习惯,推动了社会文明的进步,同时也凸显了刑法在公共安全、保障民生方面的显著成效。醉驾入刑存在的负面效应不是立法问题。就立法而言,《法国道路交通法典》对醉驾规定的法定刑为2年监禁并处4500

---

[1] 陈兴良:《行为论的正本清源——一个学术史的考察》,载《中国法学》2009年第5期。

欧元罚金，明显重于我国。醉驾入刑的犯罪圈的合理性问题，应通过司法予以解决。[1]2023年12月13日最高人民法院、最高人民检察院、公安部、司法部发布了《关于办理醉酒危险驾驶刑事案件的意见》，在总结醉驾入刑十余年实践经验的基础上，明确了醉驾行为的出入罪情形与处罚措施，为类似轻罪的治理指明了方向。

（2）法定刑标准具有明确性、统一性和可操作性。法定刑的优势在于与犯罪的严重性相关联，由立法机关根据犯罪的主客观严重性而设定，是实质标准的外在体现，不论是对于广大民众还是对于法律执行人员而言，都具有明确性、统一性；在司法实践中符合刑事司法分流的需要，具有可操作性。针对法定刑标准的质疑主要包括：立法者对犯罪严重性的判断全凭经验，立法者确定的刑罚与民众对犯罪行为严重程度的认识不相符等问题。立法者可以根据社会发展和打击犯罪的需要进行适当调整，刑法修正案作出犯罪化、非犯罪化、轻刑化、重刑化的立法实践就是对此缺憾的补救。

（3）轻罪的法定刑标准主要服务于司法实践中的轻罪治理。犯罪分层治理思路在我国刑事司法领域中早有体现。对于轻罪而言，其特殊策略主要体现为对轻罪案件处理的程序从简、从快、从宽，如采取简易程序、刑事速裁程序和刑事和解程序等专门针对轻罪案件设置的快速办理机制。[2]在此基础上，可以在我国司法组织中明确设立轻罪法庭，受理法定刑在三年有期徒刑以下的犯罪案件。因此，我国的轻罪治理主要体现为司法治理，以法定刑为标准的犯罪分层，应体现在刑事审判组织和程序的区分上。

（4）轻罪的宣告刑标准在刑罚执行中的作用不可忽视。宣告刑体现了实施犯罪的犯罪人应受到的刑罚处遇。宣告刑在三年有期徒刑以下的犯罪，其法定刑有可能在三年有期徒刑以上，但宣告刑揭示了犯罪人相对较轻的人身危险性，在刑罚执行过程中，宣告刑可以被作为刑罚适用和调整的参照标准，据此配备适当的执行方式，以便更加有效地矫正犯罪人，促进其回归社会。对于轻罪而言，刑罚的教育功能大于报应功能。因此，宣告刑对于矫正犯罪人具有重要意义，是治理轻罪中不可忽视的参照标准。

---

[1] 参见史立梅：《论醉驾案件的程序出罪》，载《中国法学》2022年第4期。
[2] 参见袁彬：《犯罪结构变化呼唤刑法精准治理》，载《人民论坛》2021年第23期。

(四) 我国轻重罪的划分

1. 实体法与程序法相结合

目前，我国大多数学者均将法定刑在三年有期徒刑以下作为轻罪的划分标准。这是因为，刑法中三年有期徒刑以下的刑罚出现频率最高而且多与拘役、管制、单处罚金等较轻刑种处于同一刑罚幅度，体现了对较轻犯罪的区别对待。在《刑事诉讼法》中，对可能判处三年有期徒刑以下刑罚的案件，可以适用独任审判员的简易程序（第216条）、速裁程序（第222条），或在符合某些条件下进行刑事和解（第288条）。在刑罚执行上，缓刑制度适用于被判处拘役、三年以下有期徒刑的犯罪分子，这些实体法和程序法规定都为将轻罪划分为三年有期徒刑以下刑罚的犯罪提供了依托和便利。

有的学者在此基础上作出了进一步区分，将轻罪分为纯正的轻罪和不纯正的轻罪。纯正的轻罪，是指最高法定刑为三年有期徒刑以下的犯罪。不纯正的轻罪，是指无论犯罪的最高法定刑是否为三年有期徒刑，只要该罪的法定刑中包含三年有期徒刑以下的量刑幅度，该部分犯罪就属于轻罪，因而也可以被称为罪量意义上的轻罪，并认为轻罪治理主要是就纯正的轻罪而言。[1]如果说纯正的轻罪是全罪均属于轻罪，那么不纯正的轻罪则只是部分属于轻罪，其余三年有期徒刑以上部分可能包括中罪和重罪。

2. 犯罪严重性与犯罪性质相结合

本文赞成轻罪划分标准为法定刑三年有期徒刑以下的犯罪，并据此设立轻罪法庭。这里的轻罪包括纯正轻罪和不纯正轻罪中的轻罪部分。根据初步统计，我国刑法中涉及三年有期徒刑以下的罪名大概有240个，几乎占总共罪名的一半，其中纯正的轻罪罪名有80余个，司法实践中纯正的轻罪占据相当大的比例，尤其是危险驾驶罪、帮助信息网络犯罪活动罪、高空抛物罪等轻罪，应当是治理的重点。当前，在司法实践中，不纯正的轻罪中的三年有期徒刑以下的轻罪部分，也被划入了轻罪的治理范畴，适用轻罪的司法制度。北京海淀区人民检察院发布的《轻罪治理白皮书（2018—2023）》参照的轻罪标准是法定刑在三年有期徒刑以下的刑罚，在受理的案件中，盗窃罪、故意伤害罪、诈骗罪的涉案人数位居前列。

除三年有期徒刑以下的轻罪之外，从三年有期徒刑以上直至死刑，可再

---

[1] 参见陈兴良：《轻罪治理的理论思考》，载《中国刑事法杂志》2023年第3期。

作出进一步划分，将重罪划分出去。重罪的标准，结合我国国情，可以按照现有法院管辖规定划分。根据我国《刑事诉讼法》第 21 条的规定，中级人民法院管辖危害国家安全、恐怖活动案件和可能判处无期徒刑、死刑的案件。这是根据犯罪性质和严重程度作出的管辖划分，中级人民法院就相当于我国的重罪法院。因此，根据现有的法院管辖规定，应将犯罪性质和法定刑作为划分重罪的标准，即重罪包括危害国家安全罪、恐怖活动罪和法定刑为无期徒刑、死刑的犯罪，重罪由中级人民法院管辖。其余的犯罪为中罪，即法定刑为三年以上有期徒刑的犯罪，由基层法院的普通刑庭（即中罪法院）审理。

这样，由轻罪法庭审理轻罪，可以适用简易程序、速裁程序和刑事和解。普通刑事法庭审理中罪，适用刑事诉讼的一般程序规定。重罪则由更高一级的中级人民法院管辖。

三、轻罪治理的政策与措施

（一）轻罪治理的政策及其理论依据

我国司法实践中，法定刑三年有期徒刑以下的轻罪，通常采取从快、从简的诉讼程序，这是我国轻罪刑事政策在刑事司法中的体现，彰显了我国宽严相济刑事政策中的"轻轻"政策。相较于社会危害性大的重罪，轻罪本来就应受到较轻的处罚。这里的"轻轻"政策，体现为对轻罪采取更为宽缓化的处理方式，将回归社会作为其宗旨，在设置轻罪立法、轻罪司法、轻罪刑罚执行时对行为人采取有利于其再社会化的模式来进行。"轻"处罚体现在立法上是设置相对灵活的刑罚方式，不仅仅以消极的处罚作为其刑罚承担模式，也可以通过弥补性社会行为来实现对其进行附加义务型处罚；在刑事司法上，以缩减司法流程、简化司法程序来实现司法资源的节约；在刑罚执行上，侧重于对其回归社会的塑造和改造，将消极的惩罚转变为积极的改造。[1]

对轻罪采取更为宽缓处理的"轻轻"政策的理论依据主要可被归纳如下：

现代刑罚的功能主要包括报应、教育和回归社会。刑罚的报应功能，针对犯罪行为本身，旨在恢复行为人所破坏的秩序，惩罚的合理性以刑法规范为标准，将罪刑的相当性作为评价的最终标准，因此刑罚的报应功能只针对过去的行为。而刑罚的教育功能则侧重于行为人标准，将行为人的行为表现、

---

[1] 凌萍萍：《轻罪刑事政策研究》，中国社会科学出版社 2022 年版，第 70 页。

主观恶性以及可宽容性作为基础，确定教育措施在刑罚中的比例，教育措施能够促使行为人改过自新，尽快回归社会，预防再犯，因此刑罚应着眼于行为人的未来。

监禁刑的惩治意义大于教化意义，其弊端在于不但可以使行为人社会生活能力退化还可能引发监禁群体"交叉感染"。刑法的谦抑性在刑罚中体现为刑罚的必要性。当犯罪无需用刑罚（尤其是监禁刑）予以惩治时，就无需动用封闭式刑罚。轻罪对社会秩序的破坏程度相对小，剥夺自由刑期相对短。因此，在对轻罪犯罪人进行量刑时需要考虑监禁刑的必要性。

如果轻罪行为人的人身危险性相对低，并有积极的悔改表现，自愿实施法益恢复行为，使得前行为的需罚性减弱乃至丧失，[1]那么为了促进轻罪行为人的回归与教化，传统的报应刑将不再是首选，刑罚的教育功能和回归社会功能将发挥主要作用。因此，应当提倡教育刑理念。轻罪的刑罚，在外文中也被称为"矫正刑"，轻罪法院也被称为"矫正法院"，反映出了教育、矫正理念在治理轻罪中的重要作用。刑罚的回归社会功能，侧重于行为人的未来，促使行为人为重新回归社会作出心理适应和技能适应的准备。

因此，轻罪刑事政策所体现的"轻轻"政策，以侧重刑罚的教育和回归社会理念为依据，并且在后者的影响下，轻罪的刑罚政策应当体现为：①减少监禁刑，降低刑罚的报应功能，避免封闭式监禁刑造成"交叉感染"；②增加考验措施，增强刑罚的教育、矫正功能，设置能够促使轻罪犯罪人积极悔改的救助措施，教育、感化犯罪人；③提倡刑罚开放性执行方式，发挥刑罚的回归社会功能，使轻罪犯罪人从心理和物理上与社会保持联系，避免标签效应的影响，提供人性化的处遇，感化行为人积极悔改，为回归社会做出努力。

轻罪刑事政策所依据的报应、教育和回归社会理念，不仅体现在轻罪的刑罚政策上，还应体现在治理轻罪的刑事诉讼程序和犯罪前科消灭制度上。

（二）刑罚的非监禁化措施

开放式刑罚措施，是刑法谦抑性原则的体现。为了促进轻罪刑罚的非监禁化，首先应当充分利用我国刑法中既有的刑罚资源，再根据需要设立新的非监禁化刑罚制度。

---

[1] 参见刘科：《司法解释中的出罪规范：类型、依据与完善方向》，载《中国法学》2021年第6期。

1. 倡导开放性刑罚制度

开放式的刑罚理念已经在我国刑法执行制度中有所体现。社区矫正，是开放性刑罚执行方式，结合了刑罚的教育功能和促进回归社会的功能。根据《刑事诉讼法》第 269 条的规定，社区矫正主要适用于被判处管制、被宣告缓刑、被暂予监外执行、被裁定假释四种情形。2019 年 12 月 28 日通过的《社区矫正法》明确了促进社区矫正对象顺利融入社会，预防和减少犯罪的立法宗旨，并对社区矫正工作体制和程序作出了具体规定。该法第 36 条规定："社区矫正机构根据需要，对社区矫正对象进行法治、道德等教育，增强其法治观念，提高其道德素质和悔罪意识。对社区矫正对象的教育应当根据其个体特征、日常表现等实际情况，充分考虑其工作和生活情况，因人施教。"第 41 条规定："国家鼓励企业事业单位、社会组织为社区矫正对象提供就业岗位和职业技能培训……"这些规定明确体现出了社区矫正作为开放式刑罚执行方式所应当发挥的教育功能和促进回归社会功能的作用。

除此之外，我国刑法中三年以下有期徒刑多与拘役、管制、单处罚金等较轻刑种处于同一刑罚幅度。其中，管制是开放式自由刑，为了促进刑罚的非监禁化，可以作为监禁刑的替代刑。另外，缓刑是非监禁的刑罚执行方式，适用于被判处拘役或三年以下有期徒刑的犯罪分子，应在刑事司法中得到充分适用。

因此，从治理轻罪的角度来看，应倡导对符合条件的犯罪人尽量适用缓刑，在有法律规定的情况下，尽量用管制代替监禁刑，以提高社区矫正的适用率，促进刑罚向轻缓化、开放性的方向发展，充分发挥社区矫正的个性化教育功能和促进轻罪犯罪人回归社会的功能。

2. 发挥罚金刑的替代刑作用

罚金刑的执行以犯罪人有一定金钱为前提，其优势相当明显：罚金不剥夺犯罪人的自由，犯罪人不被关押，从而可避免狱中的"交叉感染"；罚金使犯罪人仍然过着正常的社会生活，不影响其回归社会；罚金的执行可以增加国库收入；罚金在一定程度上剥夺了犯罪人继续实施经济犯罪的可能；罚金误判后可以纠正；等等。另一方面，罚金的缺陷也十分明显：罚金的效果会因贫富之差而完全不同，从而导致明显不公正；罚金是针对与受刑人的人格没有关系的财产适用的，犯罪人缴纳罚金后就不再有受刑的观念，其作为刑罚的效果差、作用小；罚金可以由犯罪人本人以外的人支付，因而容易违反刑罚的人身专属性本质；等等。[1]

针对罚金刑的优缺点，设计相应制度。我国刑法中的三年有期徒刑以下刑罚经常与并处或者单处罚金并列。例如，妨害安全驾驶罪，处一年以下有期徒刑、拘役或者管制，并处或者单处罚金。罚金是附加刑，在单处罚金的情况下，可以代替监禁刑，作为主刑宣告。虽然罚金可以单独使用，但是由于罚金刑自身存在的缺陷，在实践中即便是对于轻罪，判决单处罚金的情形也是比较少的。刑罚的非监禁化凸显了刑罚的教育功能和刑罚的个人化理念。为了促进刑罚的非监禁化发展，同时避免罚金刑的缺陷，对于人身危险性较小的犯罪人，可以在判处刑罚时将开放式刑罚制度与罚金相结合，即在犯罪人有能力支付罚金的情况下，可以将监禁刑的缓刑与罚金并科，管制与罚金并科。这样既可以避免由监禁刑引发的"交叉感染"和罚金刑矫正效果差的弊端，又可以保证开放性的刑罚执行方式对犯罪人的教育感化，同时通过减少犯罪人的财产来遏制其再犯的可能性。

3. 完善非监禁刑的考验制度

轻罪的刑事司法，倡导以缩减司法流程，简化司法程序来实现对司法资源的节约，但是治理过程不应流于形式，治理效果不应被忽视。轻罪的刑罚期限相对较短，多为非监禁的、开放的、人性化的执行方式。为了保证轻罪矫正效果的平稳性，对于轻罪刑罚的执行，应建立完备的考验制度。考验制度是犯罪人为了积极悔改、努力回归社会而应当遵守的法定义务和自愿接受的帮扶措施。考验制度体现了刑罚的教育功能和促进回归社会的功能。

关于开放式刑罚的执行，我国刑法针对被管制罪犯和缓刑犯都规定了大致相同的义务，包括遵守法律、行政法规，服从监督；按照执行机关或考察机关的规定报告自己的活动情况；遵守执行机关或考察机关关于会客的规定；离开所居住的市、县或迁居，应当报经执行机关或考察机关批准。除此之外，被管制罪犯，未经执行机关批准，不得行使言论、出版、集会、结社、游行、示威自由的权利。这是犯罪人应当遵守的法定义务。

在此基础上，根据《社区矫正法》的相关规定，还应当要求被判刑人履行特定义务，如自觉接受教育帮扶、积极参加职业教育或培训活动、积极参加公益活动、努力修复社会关系等。

---

[1] 参见张明楷：《刑法学》（第5版），法律出版社2016年版，第534~535页。

犯罪人通过履行相关法定义务和自觉接受帮扶措施，体现出积极改过自新、回归社会的态度，从而使开放性刑罚执行充分发挥矫正作用。帮扶措施首先涉及法治、道德等教育。以 2023 年 12 月 13 日发布的最高人民法院、最高人民检察院、公安部、司法部《关于办理醉酒危险驾驶刑事案件的意见》为例，该意见第 18 条规定，可以将犯罪嫌疑人自愿接受安全驾驶教育、从事交通志愿服务、社区公益服务等情况作为作出缓刑等处理的考量因素。由此可见，自愿接受安全驾驶教育、从事交通志愿服务、社区公益服务等情况就是对醉驾犯罪适用开放性刑罚执行方式的考验措施。

由此展开，针对涉及毒品的轻罪案件可组织安排毒品危害性教育，针对邻里之间、家庭成员之间的故意伤害轻罪可以组织安排和谐家庭、和谐社区的教育，针对盗窃、诈骗、强制猥亵、侮辱轻罪，可以组织开展公民素质教育，等等。

同时，可以将公益服务纳入考验制度，在自愿的前提下，对认罪认罚的犯罪人，将自愿接受公益服务，作为作出不起诉或给予缓刑的考量因素。

(三) 程序的出罪出刑机制

从犯罪治理的理念出发，对刑事案件需罚性的判断应贯穿刑事诉讼的始终，即国家专门机关对于不具有需罚性的被追诉人，均应有权作出程序出罪的处理。[1] 轻罪的刑事司法，倡导通过从快、从简的司法程序来实现司法资源的节约。但是，刑事司法追究犯罪、使犯罪人认罪服法的教育功能以及对被追诉人权利的保护不应因此而减弱。在追究犯罪的同时，应使犯罪人在刑事诉讼的整个过程中体验社会对犯罪行为的否定评价，体验司法裁判的权威与教育功能，使其感受到合法权益受到保障。为此，应在刑事诉讼的各个阶段为被追诉人提供出罪出刑、改过自新的机会。

1. 扩大附条件不起诉制度的适用

2012 年，我国《刑事诉讼法》确立了附条件不起诉制度。目前，该制度只适用于可能被判处一年以下有期徒刑、符合起诉条件但有悔罪表现的未成年人。在完善我国轻罪治理的道路上，完善轻罪案件的附条件不起诉制度，势在必行。附条件不起诉在我国司法实践中逐步形成了两种制度模式：一是

---

〔1〕 史立梅：《论刑事诉讼的多元治理范式》，载《政治与法律》2022 年第 12 期。

轻罪案件附条件不起诉模式。[1]

2018年我国《刑事诉讼法》第288条和第290条规定了刑事和解不起诉制度，适用于某些可能判处三年有期徒刑以下刑罚的民间纠纷案件，条件是犯罪人真诚悔罪、通过向被害人赔偿损失、赔礼道歉等方式获得被害人谅解，被害人自愿和解，且犯罪情节轻微，不需要判处刑罚。这也是一种附条件的不起诉。

2023年12月13日发布的最高人民法院、最高人民检察院、公安部、司法部《关于办理醉酒危险驾驶刑事案件的意见》第18条规定，可以将犯罪人自愿接受安全驾驶教育、从事交通志愿服务、社区公益服务等情况作为作出《刑事诉讼法》第177条规定的不起诉等处理的考量因素。这在一定程度上，也是附条件的不起诉。

据此，可以以醉驾案件附条件不起诉和刑事和解不起诉的实践为基础，将附条件不起诉制度化，在《刑事诉讼法》中规定，对法定刑在三年有期徒刑以下的轻罪案件，在符合一定条件的情况下，可以适用附条件不起诉制度，从而完善轻罪的程序出罪制度。

2. 设立新的刑罚宽免机制

刑罚宽免机制，也即定罪免罚机制，主要包括宽免刑罚和延期宣告刑罚制度。其优势在于，可以让轻罪犯罪人从刑事程序中体验到司法权威对其行为的否定性评价，认识到自身所犯的错误，同时感受到刑罚的威慑，并由此激励其彻底悔改，那么在经过积极履行相关义务并为回归社会做出努力的考验后，则免除刑罚或不再宣告刑罚，而且相关刑罚也不会出现在犯罪记录中。这是其与缓刑制度的最大区别。

以法国的制度为例，刑罚的免除适用于轻罪案件和某些违警罪。如果显示犯罪人已复归社会，造成的损失已予以赔偿，犯罪造成的危害已经停止，那么法院可以对犯罪人宣告宽免刑罚，而且可以决定不在犯罪记录上记载被宽免的刑罚。

延期宣告刑罚，是法院将刑罚判决延迟到其确定的日期作出，最终的判决取决于被告人在此期间的表现。延期宣告刑罚的威慑作用，可以激励犯罪人为消除犯罪后果和回归社会做出努力。当犯罪人正在努力回归社会，正在修复犯罪引起的损害时，犯罪引起的社会混乱即将停止，并且被告人出席开

---

[1] 陈瑞华：《轻罪案件附条件不起诉制度研究》，载《现代法学》2023年第1期。

庭，法院则可以命令延期宣告刑罚。基于此原因，延期宣告刑罚，往往是免去刑罚的前提条件。延期宣告分为普通延期和附考验期的延期。普通延期适用于实施轻罪的自然人和法人，附考验期的延期只对实施轻罪的自然人适用，尤其是对未成年人适用。考验期不超过一年，法院可以根据被告人在考验期间的表现，要么对其免除宣告刑罚，要么根据刑法规定宣告刑罚，要么根据法律规定对其作出新的延迟宣告刑罚的决定。

虽然轻罪的刑事诉讼程序快速、简洁，但是不能因此而忽视对轻罪犯罪人的教育、感化效果。附考验期的延期宣判与附考验期的缓刑相近似，只不过前者在宣判刑罚前进行考验，如果通过考验，则不再宣告刑罚；后者在宣判刑罚后进行考验，通过考验后则不再执行刑罚。附考验期的延期宣判，尤其可以对未成年人或刚步入成年的轻罪犯罪人提供程序上的出刑优待。它与附条件不起诉制度、附考验期的缓刑制度相并列，在刑事诉讼的各个阶段，给轻罪犯罪人提供积极改过自新、努力回归社会的机会，彰显轻罪刑事政策的教育感化、促进回归社会功能。

（四）犯罪前科消灭制度

轻罪刑事政策促进回归社会的功能，不仅体现在开放性刑罚执行方式、教育措施和技能培训上，还应当体现在刑罚执行完毕后，当事人可以在经过一定期限后，申请消除犯罪前科记录，减轻犯罪给其带来的标签效应，促使其更好地回归社会。

以法国为例，法国的犯罪前科消灭制度主要体现在犯罪记录制度和复权制度的设置上。关于犯罪记录，法国实行国家自动记录犯罪的制度，对刑事有罪判决进行信息化登记。犯罪记录的主要内容包括法院作出的重罪、轻罪和第五级违警罪的有罪判决，甚至还包括附缓刑的判决以及刑罚执行或消灭的记录，如特赦、减刑、假释等，第一至四级违警罪的判决不出现在犯罪记录中。查询犯罪记录以"摘录"的形式作出"报告单"（Bulletin），不同查询主体得到的摘录内容有所差异。报告单分为三个编号。第一号报告单只面向司法机关，上面记录了当事人犯罪的全部信息。第二号报告单面向某些行政机关，其记录的信息略作删节。第三号报告单记录的信息最少，[1]并根据当

---

[1] 第三号报告单只包括无缓刑或撤销缓刑的二年以上监禁的判决；在法院要求记录的情况下，二年以下监禁；执行期间无缓刑的禁止、丧权或无能力的判决。

事人（或者未成年人或受监护的成年人的法定代表人）的查询申请作出。

另外，法国还有复权制度，即由于犯人表现良好，在刑罚执行完毕后经过一定期限则消除有罪判决。复权有司法复权和法定复权两种方式，前者需由犯人提出申请，且复权以司法决定的形式作出，后者在满足一定条件时自动获得复权。获得复权的后果是消除有罪判决及其随附后果，包括判决自动引起的权利禁止、丧失和无资格等从刑。但是，有罪判决的消除，只是在上述犯罪记录的第二号和第三号"报告单"上消除，而第一号"报告单"上也就是面向司法机关发出的犯罪记录上仍然保留有罪判决，且不影响之后作为累犯的前罪记录。这样，表现良好的犯人在刑罚执行完毕的一定期限后，通过复权，在某些就业、出国等方面，将不再受到犯罪记录的阻碍。但是，如果再犯罪，仍可受到加重处罚。第一号"报告单"上的犯罪记录的删除，需要当事人提出申请，一旦相关司法机关判决不再在第一号"报告单"上保留犯罪记录，这才是纯粹意义上的犯罪记录消灭。

犯罪前科消灭与犯罪前科封存有所不同。前者是指将司法机关作出的有罪判决及刑罚执行制度从犯罪记录上清除；后者是指将有罪判决及刑罚执行制度置于不向外界公布的保密状态，在满足一定条件时仍然可以查询或解封。有学者认为，我国《刑事诉讼法》对未成年人规定的犯罪记录封存制度，是一种保密制度。[1]而且，未成年人犯罪记录封存制度是一种法定的自动封存制度，是基于保护未成年人隐私权需要而设立的福利措施。随着"惩罚过剩"问题更趋严重，轻微犯罪群体走向社会对立面的风险上升，社会治理所面临的隐患增大。即便将犯罪记录封存制度的适用范围扩大到成年人罪犯也充其量是治标之策，增设轻罪时代的轻微犯罪前科消灭制度才是治本之道。[2]如前文所述，未成年人犯罪记录封存制度是法定地、自动地保护未成年人隐私权的保密制度，这种福利制度的设计理念不适合成年人轻罪犯罪人的处遇，后者需要的是回归社会的便利，但是成年人应发挥主动性，为回归社会做出努力，经历时间考验并主动申请复权，撤销犯罪记录。

在我国，目前因犯罪记录给犯罪人及其亲属的就业和发展带来的负面影

---

[1] 参见梁云宝：《我国应建立与高发型微罪惩处相配套的前科消灭制度》，载《政法论坛》2021年第4期。

[2] 参见梁云宝：《中国式现代化背景下轻微犯罪前科消灭制度的展开》，载《政法论坛》2023年第5期。

响问题备受关注，由此展开犯罪记录封存或消除问题的讨论。我国刑法中规定了犯罪前科报告制度，并对未成年犯罪人在一定条件下免除报告义务。犯罪前科报告制度也需要以犯罪记录制度为保障和依据。犯罪记录一方面是基于国家治理和管理犯罪的需要，另一方面也不能成为犯罪人回归社会的障碍，这对于轻罪犯罪人而言显得尤为重要。因此，犯罪记录制度的建立应兼顾这两方面的功能。法国的犯罪记录制度，按照"分级查询"的思路设计，不同主体可以查询到不同的记录内容，这一点值得我们关注和参考。在我国，犯罪记录由公安机关记录和管理。根据2021年12月3日发布的《公安机关办理犯罪记录查询工作规定》，我国已建立个人、用人单位和行政机关不同查询主体查询犯罪记录的制度，犯罪记录是指人民法院确认有罪的生效裁判文书，其他情况均应当被视为无罪。在健全完善我国犯罪记录制度的基础上，还应建立我国轻罪犯罪人的复权制度，允许轻罪犯罪人在刑罚执行完毕经过一段期限后，提出复权申请，经批准后，其个人、用人单位可查询的犯罪记录将被删除，当事人和一般用人单位主体在申请开具无犯罪证明时，将不受到被删除的犯罪记录的影响。因此，可以通过借鉴外国立法例，从复权申请条件、程序和后果等方面设立我国的复权制度，并与犯罪记录制度相结合，构建我国的犯罪前科消灭制度。

四、结语

我国有刑法是治国重器的传统，从1979年《刑法》到1997年《刑法》再到以治理轻罪为切入点，展望新的制裁体制和立法模式，本文认为违法犯罪"二元制裁体制"符合我国刑法关于犯罪的概念和定义，刑法典的"单轨制"立法模式符合我国当下的国情，皆应予以延续。通过对外国刑法犯罪分层的起源和理论依据的研究，得出我国刑法中没必要明确规定轻重罪的划分，我国轻罪治理应主要体现在"程序治理""刑罚治理"两个方面。轻罪的刑事政策以"轻轻"政策为导向，理当通过完善轻罪的划分、审理程序、程序出罪出刑制度、刑罚非监禁化制度、犯罪前科消灭制度等，完善轻罪治理体系的具体制度。我国刑法立法的未来发展与轻罪治理体系的构建，应以健全完善当前的轻罪治理具体制度为基础，并与其他部门法的体系化、法典化发展相协调，在划清治理边界的同时相互衔接，顺应社会时代发展的规律和治理犯罪的需要。

超越刑事立法观之争:"立罪理论"的倡导

赵 希*

摘 要:伴随着我国刑事立法进入活跃化时期,立法论的讨论重回学术舞台中心,由此逐渐形成了以"积极刑法观"对垒"消极刑法观"为主导的刑事立法观之争。刑事立法观之争的发展经历了两个阶段,由最初的刑法应否要扩张其范围的抽象立场论辩,逐渐演化为刑法扩张界限为何的具体技术论争。刑事立法观之争的场域转换折射出了刑法扩张的必然性,刑事法网扩张趋势是社会的深层需要,刑法已成为现代治理体系中的重要手段。然而,"过罪化"的异化风险却始终是伴随刑法扩张的"阴影",消除"过罪化"风险需要在"立罪理论"项下展开,其核心是探讨刑法扩张的边界。这是刑事立法观之争的终极趋向,也是刑事立法科学化的理论归依。在"立罪理论"的选择上存在着德日法益论与英美思辨论两种路径,发展我国的"立罪理论"应将二者融会贯通。"立罪理论"的展开还应积极探索和构建具体犯罪类型(如危险犯、情感犯罪以及法定犯)的立罪标准。

关键词:刑事立法观;积极刑法观;消极刑法观;过罪化;立罪理论;法益

我国刑法学界关于刑事立法问题的研究,之前更多地局限在对个别罪名的讨论上,例如婚内强奸、性贿赂、安乐死、见危不救等问题。近年来,刑法理论研究开始重新将学术目光转向对刑事立法论的系统阐释,特别是"积极立法观"的提出引起了学界的广泛关注和讨论,其对立观点是"消极刑法观",双方学者展开了一系列学术论辩,由此逐渐形成了以积极刑法观与消极

---

* 作者简介:赵希,天津社会科学院法学研究所副研究员,法学博士。

刑法观为主导的刑法观之争。[1]

　　刑法观论辩与我国刑事立法频繁修法的时代背景直接相关。我国通过11部刑法修正案，共增加了71个新罪名，集中于刑法分则中的危害公共安全罪、破坏社会主义市场经济秩序罪以及妨害社会管理秩序罪几个章节。[2] 2023年12月29日通过的《刑法修正案（十二）》共8条，主要对非国有公司、企业的高管人员的违法行为新增了罪名，并对行受贿犯罪加重处罚，仍然延续了刑事立法扩张这一基本趋势。如何评价我国刑事立法的大幅扩张态势？既有立法观之争的核心问题是什么？如何能够拨开分歧观点的层层迷雾达成基本共识？刑法在现代社会治理中应当扮演怎样的角色？刑法扩张如何既满足社会安全对遏制风险的需要，又不放松对国家刑罚权的限制？回答这些问题不仅有助于厘清和把握刑法观之争的学术内涵，对于我国刑事立法科学化发展的实践进路而言也是至关重要的。

　　基于此，本文第一部分对我国刑事立法观之争的变迁做了考察和分析。第二部分立足于现代社会治理背景，对刑法角色的厘定及刑法的功能性变化进行概述。第三部分对刑事法网积极扩张触发的"过罪化"风险的内涵及其危害进行阐释。第四部分试图提出一种刑事立法发展的科学框架即"立罪理论"，并对立罪理论的路径选择及内容框架进行论述。

一、我国刑事立法观之争及其变迁

（一）刑事立法观之争的初步对垒

　　刑事立法观之争直接缘起于近年来我国刑事立法的"频繁修法"背景。围绕着如何评价不断扩张的刑事法网这一事实，学者们提出了否定和肯定的见解，形成了刑法观的初步交锋。其中，消极刑法观反对刑法的频繁修改，其主张《刑法》不应被作为"社会管理法"，不应被用于寻求社会效果，参

---

[1] 除了积极刑法观和消极刑法观，学者们还提出了静态刑法观、理性交往刑法观、民生刑法观、常识主义刑法观、生活主义刑法观等等，表明学界对刑法观的讨论日趋热烈。上述刑法观是从不同角度进行论述的，从是否支持刑事法网的扩张以及如何看待刑法在现代社会治理中的角色的刑事立法观角度来看，诸种刑法观都或多或少地可以归类为积极刑法观或消极刑法观。鉴于此，本文主要以这两种刑法观的论辩作为研究重点。

[2] 参见姜涛：《论集体法益刑法保护的界限》，载《环球法律评论》2022年第5期。

与社会治理的限度应该是最小化的。[1]较之消极刑法观，更彻底地反对刑法扩张趋势的主张是"我国应该停止犯罪化的刑事立法"，即从根本上要求停止犯罪化，主张实行一些犯罪的非犯罪化，立法者应当对一些违法行为"冷眼观之"而非"动辄入刑"。[2]

消极刑法观在描绘刑法角色时多采用否定式句式，例如刑法不应被视为社会治理法、不应被视为社会治理工具。消极刑法观倡导者对刑法的工具主义化表示担忧并进行了批判，[3]"应当让刑法供奉在法律的神坛上，而不能经常让刑法走下神坛"。[4]正面批评刑法修改问题的观点则将刑法的急速扩张现象冠以"象征性刑法"[5]或"情绪性刑法"之名[6]。认为象征性立法是立法者想要向广大民众表明自身迅速而果断地应对某种犯罪问题的一种姿态。[7]象征性立法聚焦于实现社会安全保障价值，刑法被期待能够迅速有效地应对风险威胁，刑罚由"最后手段"转变为"优先手段"，立法的处罚前置化趋势使得刑法演变为了一套危险防御工具，动摇了行为刑法、比例原则、罪责原则等古典价值。[8]总体来看，消极刑法观论者对刑法扩张趋势持批评和否定意见，认为应当警惕可能伴随而生的违反法治国原则的不利后果。

与之相对应，积极刑法观则旗帜鲜明地肯定了刑法扩张趋势，主张通过增设新罪来满足法益保护的合理要求。[9]积极刑法观将刑事法网扩张的内驱

---

[1] 参见何荣功：《社会治理"过度刑法化"的法哲学批判》，载《中外法学》2015年第2期。

[2] 参见刘艳红：《我国应该停止犯罪化的刑事立法》，载《法学》2011年第11期。

[3] 参见谢望原：《谨防刑法过分工具主义化》，载《法学家》2019年第1期；魏昌东：《新刑法工具主义批判与矫正》，载《法学》2016年第2期。

[4] 王强军：《社会治理过度刑法化的隐忧》，载《当代法学》2019年第2期。

[5] 代表观点参见刘艳红：《象征性立法对刑法功能的损害——二十年来中国刑事立法总评》，载《政治与法律》2017年第3期；魏昌东：《刑法立法"反向运动"中的象征主义倾向及其规避》，载《环球法律评论》2018年第6期；程红：《象征性刑法及其规避》，载《法商研究》2017年第6期。

[6] 代表观点参见刘宪权：《刑事立法应力戒情绪——以〈刑法修正案（九）〉为视角》，载《法学评论》2016年第1期。

[7] 参见刘艳红：《象征性立法对刑法功能的损害——二十年来中国刑事立法总评》，载《政治与法律》2017年第3期。

[8] 参见程红：《象征性刑法及其规避》，载《法商研究》2017年第6期。

[9] 代表观点参见张明楷：《增设新罪的观念——对积极刑法观的支持》，载《现代法学》2020年第5期；周光权：《积极刑法立法观在中国的确立》，载《法学研究》2016年第4期；付立庆：《论积极主义刑法观》，载《政法论坛》2019年第1期；付玉明：《立法控制与司法平衡：积极刑法观下的刑法修正》，载《当代法学》2021年第5期。

力归纳为"法益保护",由此建构了积极刑法观的正当性基础。首先,法益保护要求以刑罚方式回应公众的不安感。法益保护需求是公众不安感的重要来源,这种不安感又导向了刑罚的诉求。日益严峻的安全问题(如恐怖主义、环境污染、食品药品安全事故、网络犯罪等新型风险)大大刺激了公众的安全神经,民众对于安全抱有更高的诉求,并且期待国家运用包括刑法在内的手段来预防和控制风险。[1]其次,法益保护要求刑法以面面俱到的方式深入管控社会生活的各个领域。严密法网是积极刑法观的重要组成部分,在此观念下,刑法规制社会生活的深度、广度和强度均得到了极大的拓展和延伸,不仅"管得宽",而且"管得严"。[2]刑法几乎成为所有生活领域对抗风险的重要手段。最后,法益保护要求刑法提前介入而非推迟干预。刑法从消极的法益保护转变为积极的法益保护,在预防性刑事政策的指导下,立法奉行主动发现和积极评估可能的法益风险,并及时转变为刑法规范的方针。[3]刑法修正案增设了大量抽象危险犯(如危险驾驶罪),体现出了刑法的预防功能和早期介入的立法用意,从而脱离了传统的作为最后手段的性质和保障法地位。

积极刑法观与消极刑法观的初步对垒主要是针对刑法扩张的总体评价而言的,实质上集中于《刑法》"要不要扩张"的立场之争。这一阶段争论的特点是双方多用较为宏观、抽象的理论进行交锋和回应。有学者评论指出,积极刑法观与消极刑法观的共通问题是,抽象的立场之争多于具体的问题之争;尚未提出能够科学评价立法工作质量的具体标准以及尚待形成一套能够以实现特定功能为导向的理论体系。[4]双方论者也意识到了上述问题,进而在论辩的第二阶段对各自的观点进行了更为深入的论证或作出了某种理论"改良"。

(二) 刑事立法观之争的演变发展:由立场之争到技术之争

在刑事立法观之争的交锋过后,很多学者认识到立法论当中更为重要的问题是刑法规制的边界问题,"扩张"本身并非就注定是坏事,关键在于扩张

---

[1] 参见劳东燕:《风险社会与功能主义的刑法立法观》,载《法学评论》2017年第6期。
[2] 参见周光权:《积极刑法立法观在中国的确立》,载《法学研究》2016年第4期。
[3] 参见周光权:《积极刑法立法观在中国的确立》,载《法学研究》2016年第4期。
[4] 参见马寅翔:《刑罚社会功能化视角下刑法立法观的反思与重塑》,载《苏州大学学报(哲学社会科学版)》2022年第1期。

的"边界"所在。[1]我国的刑事立法应当从"限定的处罚"转向"妥当的处罚"。[2]这就使争论的重点由《刑法》"要不要扩张"其边界，逐渐演变为对刑法"如何扩张"其边界的讨论。

在这一阶段，消极刑法观阵营的学者并未动摇其根本立场，仍然认为古典刑法原则必须得到贯彻和坚持，但对于刑法的扩张趋势已经采取另一种态度，即肯定刑法的整体扩张是一种现实需要，从而着重论证具体犯罪化的理由是否充分。有学者指出，消极刑法观的沉寂和积极刑法观的跃升蕴含着刑法从传统走向现代的演化规律，积极刑法观符合风险社会治理的时代背景。刑事立法应当考虑犯罪化的理由是否可靠以及惩罚的范围是否适当。以侵犯生物安全行为的犯罪化为例，将这些行为入罪是在司法实务强烈需求和其他法律倒逼之下刑事立法做出的合理反应。[3]还有学者认为，完全拒绝刑法立法进行犯罪化过于武断，也不客观，刑法立法必须符合现实社会的实际情况；[4]犯罪门槛的下降和轻罪立法是我国未来刑事立法不可避免的趋势，但积极刑法观所主张的轻罪立法会遭遇出罪司法体制等实践难题。[5]在第二阶段的立法观论辩当中，消极立法观论证的特点在于不再着重论证谦抑性原则、保障性原则等抽象、宏观的法理，而是更为关注由立法扩张所引发的实践困境以及具体个罪规制的合理性问题。

积极刑法观一方则着重在"轻罪立法"以及"法益论"方面有所建树。积极刑法观论者也认识到了极度扩张刑事法网可能导致的不利后果，因而他们也主张理性的犯罪化。一方面，积极刑法观主张在立罪层面侧重增设轻罪，[6]另一方面在刑罚领域主张进行改革，积极推进"犯罪成立范围与处罚范围的分离"。[7]积极刑法观部分论者呼吁以"实质的法益"概念来发挥约束刑事立

---

[1] 付立庆：《论积极主义刑法观》，载《政法论坛》2019年第1期。

[2] 张明楷：《增设新罪的观念——对积极刑法观的支持》，载《现代法学》2020年第5期。

[3] 参见刘艳红：《化解积极刑法观正当性危机的有效立法——〈刑法修正案（十一）〉生物安全犯罪立法总置评》，载《政治与法律》2021年第7期。

[4] 参见何荣功、刘寅超：《我国轻罪立法的法社会学思考》，载《广西大学学报（哲学社会科学版）》2023年第4期。

[5] 参见何荣功：《我国轻罪立法的体系思考》，载《中外法学》2018年第5期。

[6] 参见周光权：《论通过增设轻罪实现妥当的处罚——积极刑法立法观的再阐释》，载《比较法研究》2020年第6期；张明楷：《轻罪立法的推进与附随后果的变更》，载《比较法研究》2023年第4期。

[7] 参见张明楷：《犯罪的成立范围与处罚范围的分离》，载《东方法学》2022年第4期。

法扩张的作用:"一方面,要以实质的法益概念为依据检视已有的罪刑规范,废除没有保护法益的犯罪;另一方面,要以实质的法益概念为根据检视现行刑法的漏洞,为保护法益而增设新罪。"[1]近期,积极刑法观阵营中的张明楷教授连续发表了3篇与法益论相关的作品:《具体犯罪保护法益的确定依据》《具体犯罪保护法益的确定标准》《具体犯罪保护法益的确定方法》,尽管三篇论文对于法益论的探讨更多是在刑法解释论层面而言的,但对法益"实质"内涵的厘定也可同时作用于法益立法论机能的发挥。

此外,在这一阶段,"折中刑法观"也开始为一些学者所倡导。折中刑法观认为,应当在上述两种刑法观之间进行调和。[2]折中刑法观被视为对消极刑法观的某种改良,持积极刑法观的学者认为,只要对"积极"进行了"谨慎""稳健"等限定就不属于积极刑法观的阵营。[3]还有学者指出,折中刑法观明显表现出了对人权保障理念的偏好,认为只应小幅扩大犯罪圈,这与消极刑法观的核心观点一致,因此折中刑法观应当归属于消极刑法观阵营。[4]将折中刑法观归结为消极刑法观的观点实际上是就立法观争辩第一阶段而言的。换言之,倘若以支持或否定刑法扩张作为划分积极立法观与消极立法观的标准,任何观点都可以也只能被归结为这两者其一,但这种看法在一定程度上降低了折中刑法观的理论意义。折中刑法观实际上是在立法观论辩第二阶段的范畴内进行讨论的,是在承认刑法扩张积极意义的基础上更为关注刑法扩张的边界问题。"积极不能冲动,需要接受消极刑法观的理念约束;消极不应停止,刑法的保护和保障机能应该在动态中保持平衡。"[5]折中刑法观不应被简单归类为积极刑法观或消极刑法观,而是有其独立的学术意义。

总的来说,在积极立法观与消极立法观之争的第二阶段,学者们更多关注立法原理的具体建构或具体罪名的立罪正当性问题,而较少就刑法谦抑性、刑法最后手段性、刑法在现代治理中的角色等问题进行商榷。但基于立场的差异,二者在"轻罪立法"的推进等问题上仍存在很大分歧。

---

[1] 张明楷:《增设新罪的观念——对积极刑法观的支持》,载《现代法学》2020年第5期。

[2] 参见孙国祥:《新时代刑法发展的基本立场》,载《法学家》2019年第6期;黄云波、黄太云:《论稳健型刑法立法观》,载《中国刑事法杂志》2019年第3期。

[3] 参见张明楷:《增设新罪的观念——对积极刑法观的支持》,载《现代法学》2020年第5期。

[4] 参见马寅翔:《刑罚社会功能化视角下刑法立法观的反思与重塑》,载《苏州大学学报(哲学社会科学版)》2022年第1期。

[5] 孙国祥:《新时代刑法发展的基本立场》,载《法学家》2019年第6期。

(三) 刑法观之争中待解的理论难题

尽管在论辩的第二阶段,积极刑法观和消极刑法观都进行了很多理论尝试和突破,但双方仍面临不同的理论难题。

消极刑法观的主要难点在于其对刑事立法科学化发展的批判性有余而建构性不足。诚然,在刑事立法科学化的发展进程中,批判性是不可欠缺的。"批评是学术的生命。"学术批判促使人类知识的个体生存模式升华为公共生产模式,使个体的智慧汇入集体的洪流,从而使得真理得以逐渐浮现和清晰。[1] 消极刑法观认为,过度刑法化是一种社会治理的"病态"现象。这从相关论文标题可见一斑:《社会治理"过度刑法化"的法哲学批判》《社会治理过度刑法化的隐忧》《中国刑法走向何处去:对积极刑法立法观的反思》《积极刑法观的反思与批判》等等。但与此同时,对于何为"不过度"的刑法却甚少着墨,或者语焉不详,这可能与消极刑法观的立场有关。消极刑法观从根本上反对刑法在社会治理中发挥积极作用,因此在刑法规制社会问题上是从反面予以否定的,此时正面规制的原理阐释就显得并不必要了。值得一提的是,近年来消极刑法观论者也在寻求积极建构性,例如对网络空间治理以"共建共治共享"为目标建构消极刑法观,其内容包括消极的法益观、消极的不法·责任论和消极的刑罚论。[2] 但是,还有学者从刑法与社会关系的维度构建刑法参与现代社会治理的机制,提倡"刑法最小化"观念,明确刑法作为"司法法"的根本属性。[3] 这些"建构"在实质上仍然维持了拒斥刑法介入社会生活的批判性底色,或许基于反对刑法扩张的立场,很难在理论上真正"建构"所谓的消极刑法观,消极刑法观的内容大多是围绕对积极刑法观的批评展开的。相应的,它的批判性反而成了建构性的内容。

积极刑法观则面对另外两个尚待解决的理论难题。第一,法益论缺乏明确性的弱点使之难以成为限制犯罪圈无限扩张的独立根据。积极刑法观下"法益"概念的重要性毋庸置疑,法益保护既可以用于论证犯罪圈扩张的必要性,又可以发挥限制犯罪圈的作用。然而,法益要想发挥界定犯罪圈范围的功能,必须具备一定的明确性。金德霍伊泽尔教授认为,法益立法论机能的关

---

[1] 周佑勇:《真假学术批评的含义及展开——从〈法学学术规范与方法论研究〉谈起》,载《哈尔滨工业大学学报(社会科学版)》2017年第3期。

[2] 参见刘艳红:《网络时代社会治理的消极刑法观之提倡》,载《清华法学》2022年第2期。

[3] 参见何荣功:《社会治理"过度刑法化"的法哲学批判》,载《中外法学》2015年第2期。

键在于，它必须精确地说明值得处罚的损害性侵害或危险究竟存在于何处。[1]"法益概念本身作为观念形态，必然具有一定程度的抽象性、精神化，因此重要的不是模糊化、精神化，而是何种程度的抽象化与精神化。"[2]"既然法益概念是用于评价、约束和监督刑事立法的标尺与准据，那么它理应有能力为立法者可以追求何种目的、不可追求何种目的设定大体可辨的界标。"[3]

但是，法益理论能否担此重任是值得怀疑的。对法益概念内涵的重新审视相关的研究资料已经相对丰厚，学者们从不同的侧面对法益的演变特点进行了观察和总结：其中从个体自由和集体秩序维度的考察认为，法益概念的演变大体经历了权利、个人法益、个人法益与集体法益并重的发展轨迹。集体法益不断扩张是现代刑法的突出特点，表现为不断创设新的集体法益，通过前置性、早期化的刑法干预将个人法益保护置换为集体法益保护，以及集体法益与法定犯时代伴随扩张。[4]就法益的抽象化特点而言，当代法益论呈现出三个鲜明特质：法益概念的实体内容日趋模糊和单薄；对距离实害犯更遥远的行为进行处罚，法益关联性要求的弱化甚至丧失；法益的外延日益扩张，其包摄能力大大提高。在现代主义的结构威胁与风险社会的不安感蔓延交织的全球背景下，世界各国的刑法都在加速扩张之中，刑法大跨步地走向预防主义，以维护安全为名不断延伸刑事法网的触角，而法益的立法论机能似乎对此毫无作为，法益理论逐步演变为了司法论机能的天下。有学者一针见血地点评道，现今对法益司法论机能的浓墨重彩的张扬，或许只是为了掩饰法益立法论机能失落之后的不堪。[5]

第二，发展轻罪立法难以作为应对之策。轻罪立法并非解决过罪化的良药，并不是只要扩张轻罪立法就可以避免导致过罪化的质疑，轻罪立法的主张在一定程度上忽视了轻罪后果的弊端。轻罪立法的研究者亚历山德拉·纳塔波夫（Alexandra Natapoff）提出过这样的警告："虽然大规模监禁已经被认为是一场耗资数十亿美元的非人的崩溃，但事实证明，轻罪的巨兽在更大的

---

[1] 参见［德］乌尔斯·金德霍伊泽尔：《法益保护与规范效力的保障论刑法的目的》，陈璇译，载《中外法学》2015年第2期。
[2] 黄鹏：《刑法法益的学术谱系》，载《西部法学评论》2020年第3期。
[3] 陈璇：《法益概念与刑事立法正当性检验》，载《比较法研究》2020年第3期。
[4] 参见孙国祥：《集体法益的刑法保护及其边界》，载《法学研究》2018年第6期。
[5] 参见劳东燕：《风险社会与变动中的刑法理论》，载《中外法学》2014年第1期。

范围内造成了更悄无声息的伤害。"[1]法哲学家胡萨克更是直言:"过度定罪的很多弊端都与轻罪有关",轻罪的处罚哪怕比较轻微,也会给犯罪人及其家庭带来沉重的压力和负担。[2]

由于轻罪行为的犯罪危害较小、相对于重罪长期监禁刑而言轻罪的处罚后果也相对较轻,轻罪后果的弊端并未引起太多关注。但轻罪也是犯罪,犯罪人也要承担犯罪的法律后果,一些犯罪附随后果给犯罪人带来的惩罚效应有时甚至重于刑罚本身。例如,危险驾驶罪、代替考试罪的最高法定刑为拘役,但犯罪附随后果意味着犯罪人所拥有的职业权利将会因此终止,甚至对其家人的就业、就学产生持续性影响。在这种情况下,哪怕是积极扩大轻罪犯罪圈,最终也可能收获重罪重罚的惩罚效果。[3]不仅如此,轻罪给当事人带来的恐惧、耻辱更不被关注。我们容易忽视的是,被贴上犯罪标签还会产生特殊的心理及社会创伤。社会学家马尔科姆·菲利(Malcolm Feeley)的书《程序即是惩罚》的书名抓住了这样一个事实:仅仅被带到法庭并经历司法程序往往比法官可能判处的任何正式判决都更具惩罚性。[4]

即使犯罪附随后果变轻,扩张轻罪立法也不意味着一定是合理的。"轻罪"立法并不能直接与"正当"立法画等号,它同样面临"过罪化"的风险,同样应当经受立罪正当性的检验。非监禁型轻罪仍然是一种足以导致逮捕、缓刑、罚金、犯罪记录和失业等一系列负面影响的犯罪。相对于大规模监禁而言,轻罪制度更像是"刑罚2.0"版。它是一张不断扩张的刑罚巨网,这张网依然在对被告人带来正式和随意的负面影响和耻辱。[5]对我国而言,完全仿照西方国家推行轻罪立法也具有局限性,我国的权力分配与运行机制使轻罪立法提升了国家对行为的惩罚,是国家强化刑法参与社会治理的表现,与西方国家轻罪立法的实质意义存在明显差别,我国的司法体制与司法权的

---

[1] Cited in: Douglas Husak, Retributivism and Over-punishment, *Law and Philosophy*, Vol. 41 (2-3), 2022, p. 177.

[2] Douglas Husak, "Six Questions About Overcriminalization", *Annual Review of Criminology*, Vol. 6 (1), 2023, p. 278.

[3] 参见黄云波、黄太云:《论稳健型刑法立法观》,载《中国刑事法杂志》2019年第3期。

[4] 参见[美]亚历山德拉·纳塔波夫:《无罪之罚:美国司法的不公正》,郭航译,上海人民出版社2020年版,第29~31页。

[5] 参见[美]亚历山德拉·纳塔波夫:《无罪之罚:美国司法的不公正》,郭航译,上海人民出版社2020年版,第223~225页。

地位也决定了应慎重推进轻罪立法。〔1〕

此外，折中刑法观在承认刑法扩张积极意义的基础上更为关注刑法扩张的边界问题，这把握住了问题的核心，但目前对于刑法扩张的具体标准折中刑法观还没有形成系统化研究。如一些学者提出的"犯罪化标准的重塑"应当具有犯罪的不法内涵和责任要素，犯罪化标准需要其他辅助性条件。〔2〕再如部分学者认为，犯罪圈应小幅扩大，强调《刑法》的"二次规范"性质。〔3〕这些见解更多的是对一些犯罪化抽象原理的阐释，尚缺乏体系性建构。

纵观刑法观之争的两个阶段，本文认为，可以区分为两个论辩层次：在刑法观之争的第一阶段，可谓刑法要不要扩张的"立场"之争，立场之争的实质上是对现代社会治理中刑法角色的厘清和明确。而刑法观第二阶段的争论可谓刑法如何扩张其界限的"技术"之争，这关涉到在怎样的理论框架和理论体系下，采取怎样的理论工具来处理刑事立法的正当性问题。以下两部分将分而述之。

二、刑事立法观的立场之争：现代社会治理中刑法角色的厘定

在刑事立法观的立场之争中，消极刑法观反对刑法积极涉入社会生活，积极刑法观则反其道而行，立场之争因此聚焦于这样一个问题：刑法应否涉入社会生活？刑法的涉入是一种"善"还是一种"恶"？对这一问题的分析有必要站在刑法之外，从《刑法》与社会治理的关系来分析，这就要首先回溯我们所处的社会时代背景。毕竟，"法律是社会产物，是社会制度之一，是社会规范之一。它反映某一时期、某一社会的社会结构，法律与社会的关系极为密切……我们不能像分析学派那样将法律看成一种孤立的存在，而忽略其与社会的关系"。〔4〕

刑法角色的变迁源于社会的宏观变化。在齐格蒙特·鲍曼（Zygmunt Bauman）描绘的"流动的现代性"社会中，"个体化"（individualizing）成为主流趋势，个体被赋予更多的"自我独断权"，但在自我独断权与控制社会环境

---

〔1〕 参见何荣功：《轻罪立法的实践悖论与法理反思》，载《中外法学》2023年第4期。
〔2〕 参见孙国祥：《新时代刑法发展的基本立场》，载《法学家》2019年第6期。
〔3〕 参见黄云波、黄太云：《论稳健型刑法立法观》，载《中国刑事法杂志》2019年第3期。
〔4〕 瞿同祖：《中国法律与中国社会》，商务印书馆2010年版，导论。

的能力之间划开了巨大鸿沟，成了流动的现代性的一个主要矛盾。[1]个人一方面寻求新的自由发展可能，另一方面对确定性与安全的需求大增。而寻求安全的个体恰恰生活在一个充满各种风险的社会中。风险概念的关键词是"人为的不确定性"，这种"风险"兼具实在性与建构性，用以控制风险的知识和技术反而会造成更多具有不确定性的风险来源。[2]风险的独特性在于，它是普遍存在的，全球性的以及不可扭转的。从社会角度来看，风险普遍存在，会威胁到包括人类和动植物在内的所有生命；从空间来看，风险是全球性的，突破了政治边界也超越了地理界限；在时间上，风险是不可逆转的，对人类和物种的后代产生了消极影响。[3]

与社会变迁相契合，现代治理策略也随之发生了新的跃迁。"现代治理"概念源自20世纪80年代末，根据全球治理委员会的定义，治理是任何组织、公与私管理共同事务的各种方法的总和，它既包括有权迫使人们服从的正式制度和规则，也包括各种人们同意符合其利益的非正式的制度安排。[4]对于法治国家来说，国家治理能力主要是依法管理和治理的能力，包括依照宪法和法律、运用国家法律制度管理国家和社会事务、管理经济文化事业的能力。[5]在新的现代社会背景下，社会治理的重中之重是对风险的控制与预防，安全治理成了国家优先事项。在以管理和减少不确定性为特征的社会中，预防和"先发制人"的逻辑占据上风，法律治理的重点转向对个人和群体未来风险的潜在预防，以便以最主动的方式最大限度地提高安全性。[6]

在现代治理体系中，包括刑法在内的各种正式与非正式治理工具的位序与功用已经发生极大改变，这涉及国家治理策略的潜在变化。如何对各项治理手段进行排列组合？传统治理体系是一个类似"监管金字塔"（regulatory pyramid）的体系，即对于某些不合规事项的监管从金字塔的底部开始，由较

---

[1] 参见[英]齐格蒙特·鲍曼：《流动的现代性》，欧阳景根译，中国人民大学出版社2018年版，第79页。

[2] 参见劳东燕：《风险社会与变动中的刑法理论》，载《中外法学》2014年第1期。

[3] See Piet Strydom, *Risk, Environment and Society: Ongoing Debates, Current Issues and Future Prospects*, Open University Press, Buckingham, 2002, pp. 81~83.

[4] 参见魏昌东：《新刑法工具主义批判与矫正》，载《法学》2016年第2期。

[5] 参见李林：《依法治国与推进国家治理现代化》，载《法学研究》2014年第5期。

[6] See Stefaan Pleysier, "Local Governance of Safety and the Normalization of Behavior", *Crime, Law, and Social Change*, Vol. 64 (4~5), 2015, pp. 307~308.

为缓和的监管手段（如说服、劝导、劝说等方式）来诱使人们作出合规举止，只有在上述方式失效时才逐步向金字塔顶端升级，直至金字塔最顶端——作为最后监管手段的刑法。但在现代治理中，"监管金字塔"的层级式样已被逐步瓦解为一种各种监管工具平行并存的"工具箱"（tool box）模式，各种管理措施齐上并且并无固定的位序，在这一新模式下，更好的监管意味着更多的监管。[1]混合模式的引入使得由缓和到严厉的监管顺序不再被固守，同时即使引入其他社会控制手段也并没有降低刑法在社会治理中的权重。

刑事立法的扩张实际上是国家重塑治理机制的重要环节，是立法者用以应对风险社会中刑法所面临的挑战的策略，体现了一种控制性的思维，即社会系统运行中产生的失序是由国家的控制不足所导致的。[2]随着刑事法网的大幅扩张，刑法已经演变为社会治理当中越来越被倚重的手段。刑法的扩张已不仅仅局限于某个国家，"日常生活的浪潮（Wellen）将新的犯罪现象冲刷到了立法者脚前"，[3]迫使各国立法者频繁修法。从20世纪90年代开始，日本刑事立法极为活跃，多次增加新罪。[4]德国刑法在过往半个世纪日趋侧重功能主义的积极立法观，德国刑法逐步从传统法治国背景下的法益保护法和市民防御法转变为以社会控制为主导的国家干预法和社会防卫法。[5]美国联邦刑法一直以惊人的速度增长，1873年《美国联邦刑法》只包含183项罪行，但到20世纪80年代这个数字上升为3000多项，目前这一数字又上涨到4500多项。同时，令人吃惊的是，美国的联邦罪行条款究竟有多少条是一个没有人能准确回答的问题。[6]乔纳森·西蒙（Jonathan Simon）提出了一个著名的命题："通过犯罪进行治理"（governing through crime），这是指当面临问题时，国家识别出威胁或危机，然后通过将行为定为犯罪或诉诸国家暴力来作出反应。西蒙认为，目前先进工业社会正在经历的不是犯罪和惩罚的危机，

---

[1] See Adam Crawford, "Governing Through Anti-social Behaviour: Regulatory Challenges to Criminal Justice", *British Journal of Criminology*, Vol. 49 (6), 2009, pp. 824~827, p. 813.

[2] 参见劳东燕：《风险社会与功能主义的刑法立法观》，载《法学评论》2017年第6期。

[3] [德]米夏埃尔·库比策尔：《德国刑法典修正视野下的刑事政策与刑法科学关系研究》，谭淦译，载《中国应用法学》2019年第6期。

[4] 参见张明楷：《日本刑法的修改及其重要问题》，载《国外社会科学》2019年第4期。

[5] 参见王钢：《德国近五十年刑事立法述评》，载《政治与法律》2020年第3期。

[6] See Douglas Husak, "Six Questions About Overcriminalization", *Annual Review of Criminology*, Vol. 6 (1), 2023, p. 269.

而是治理的危机,对犯罪的恐惧已经成为政治文化的主题,这导致这些国家优先考虑将犯罪和惩罚作为治理的首选环境。[1]

刑法角色的变迁潜伏着刑法功能的变迁。其一,刑法的"表达性"功能逐渐凸显,动用刑事制裁不仅是为了给犯罪人制造和实施威胁,还是为了发出一种"信号":向潜在犯罪人与公众宣示刑法已经介入了他们的行为领域,从而寻求良好的行为规范和公众的认同。[2]根据惩罚的心理学,理性行为人模式是不现实的,人们不会根据审慎的概率分析来思考惩罚必要性,而是对于惩罚具有本能的、根深蒂固的、直觉式的感受和吁求,这种感受和吁求是由各种个案细节引发的道德愤怒和认知偏见所驱动。公众会被惩罚所带来的确定性和安全性的"承诺"所吸引,相信未来风险可以减少乃至避免。即使存在少数对刑罚效果持怀疑的人,那些要求加大惩罚的成员的声音往往也会淹没前者。[3]公众的不安感诉求要求刑法的功能由较强的报应性、惩罚性色彩转变为更为侧重预防性、回应性,惩罚不仅是对严重悖德违法行为的制裁,还要兼顾安抚公众对于社会风险的不安感。

其二,刑事立法扩张的直接目的也包括缓解检察官、警察在处理刑事案件中所面临的定罪压力。哈佛教授威廉·斯顿茨(Willian J. Stuntz)对于美国刑法扩张的深层政治经济学有较为犀利的分析。他认为,公众舆论是美国刑法大幅扩张的部分原因,而另外的原因则存在于立法者的动机当中。立法者与检察官存在一种深层制度合作,二者总是推动更广泛的刑事制裁法网编织。增加新的罪名不仅能够有效回应公众吁求,还有助于降低刑事被告人的定罪成本,通过扩大刑法范围、延伸刑事责任的范围能够提高案件诉讼效率,增加检察官在案件中胜诉的概率。例如,入室盗窃有时很难证明,但证明拥有盗窃工具或者赃物则相对容易。[4]此外,相比于刑法的扩张,刑法的限缩具有更大的政治风险成本,相比于增加犯罪,减少犯罪存在更强的立法惰性,

---

[1] See Jonathan Simon, "Governing Through Crime", in Mary E. Vogel (ed.), *Crime, Inequality and the State*, Routledge, London and New York, 2007, p. 590.

[2] See William J. Stuntz, "The Pathological Politics of Criminal Law", *Michigan Law Review*, Vol. 100 (3), 2001, pp. 520~521.

[3] See Miriam H. Baer, "Choosing Punishment", *Boston University Law Review*, Vol. 92 (2), 2012, pp. 586~590.

[4] See William J. Stuntz, "The Pathological Politics of Criminal Law", *Michigan Law Review*, Vol. 100 (3), 2001, pp. 534~551.

因为逃脱刑事法网现象激发出的愤怒情绪远大于由过度处罚带来的同情和愤慨。[1]

刑法在现代社会治理体系中扮演积极角色这一事实，既不能说明刑法是一种"善"，也不能说明刑法是一种"恶"，只能说其是基于客观需求的产物。面对社会治理迫切、现实的需要，刑法不得不全面渗透进社会生活的各个方面，无论是基于无奈地承认，还是出于赞许的认可，刑法均已然成为社会治理的重要手段这一无法阻挡的现实，或许是刑法观立场之争逐渐消弭的内在动因。

三、刑事法网积极扩张触发的"过罪化"风险

刑法的触角扩张带来了民众安全感的满足和犯罪治理的有法可依，但不可忽视的是这一现象所蕴含的诸多风险。不少学者对此提出了忧虑和质疑，一个不可回避的问题是，究竟刑法扩张到怎样的程度才算是"过度"？"过"与"不过"的界限在何处？这就需要对刑法扩张所蕴含的过罪化风险进行更进一步探究。

（一）何谓"过罪化"

对过罪化的简单界定是认为过罪化是刑罚法规的泛滥，过罪化是滥用刑法来解决每一个社会问题和惩罚每一个错误。[2]这里的过罪化即是从刑罚条款的"量"的角度来说的，过罪化是刑法的条文过多。用量的标准来判断是否过罪化并不甚清晰，因为"多"并不意味着不妥当、不适当，最主要的是，并不存在一个关于刑法中罪刑规范"正确"数量的标准。或许这一标准在美国语境下是有效的，因为美国刑法的数量已经过于庞大、难以计数，从2000年到2007年，美国国会平均每天创造57种新的犯罪，目前大约有4500多条罪刑条款。[3]这显然已经属于过度规制的刑法。但是这一判断目前不适用于我国刑法，不能简单地将我国刑法罪刑条文在数量上的扩张定性为"过罪

---

[1] See William J. Stuntz, "The Pathological Politics of Criminal Law", *Michigan Law Review*, Vol. 100 (3), 2001, pp. 548~549.

[2] See Ellen S. Podgor, "The Dichotomy Between Overcriminalization and Underregulation", *American University Law Review*, Vol. 70 (3), 2021, p. 1064.

[3] See Stephen F. Smith, "Overcoming Overcriminalization", *Journal of Criminal Law and Criminology*, Vol. 102 (3), 2012, p. 538.

化",或者至少可以说罪刑规范在数量上的扩张并不足以界定过罪化,这就需要引入过罪化的另一维度——"质"的标准。

从"质"上看,过罪化可能被界定为:将原本不应作为犯罪的行为,作为犯罪处理,从反向来说,过罪化可能还意味着出罪机制的不足、不完善、不充分。[1]或者说,过罪化是"不必要"的刑法,包括不必要地扩张罪行规范,不必要地重复规定,以及不必要地加重处罚。[2]这就引出了过罪化判断的规范性维度。过罪化的规范性维度实质上指向刑事立法科学性问题,过罪化涉及对刑事司法系统的不当运用,其实质是滥用国家刑罚权,它不仅包括罪名与刑罚、入罪与出罪,也包括立法与司法,因此是一个相对宽泛的概念。有外国学者将过罪化的几个主要内容概括为六个方面:不当的罪行、多余的规范、不当的罪责、管辖权规定不当、刑罚过重、对轻微违法行为过度处罚。[3]过罪化会降低刑法的质量,破坏刑法的本意,无法为犯罪提供公正和相称的惩罚。我国学者从立法和司法两方面对过罪化进行了诠释,认为过罪化既包括立法上的刑法领域向民商事领域的不当扩张、立法技术失当,也包括司法上的刑法适用的"行政化倾向",不当扩张兜底条款范围,滥用刑事手段插手经济纠纷等。[4]需要强调的是,过罪化与刑事规制的不足可能是相融而非互斥的,过罪化是从"质"的一面考察刑事立罪的不合理之处,而刑事规制的不足则是从"量"的角度突出了刑罚法规的范围辐射不全。刑事规制的不足不代表制定的刑事规范在性质上也是合理的。换言之,积极立罪在解决刑事规制不足问题的同时,也可能是属于"过罪化"的不合理刑事立法。

由此,任何罪刑规范的扩张都可能存在过罪化问题。并非只有罪刑规范数量过于夸张的国家(如美国)才存在过罪化现象,任何一个法治国家的刑事立法当中都可能存在"质"的过罪化,这是刑事立法科学化进路中不可回避的问题。过罪化关注的根本性问题是不该增加的罪刑规范引起的非正义和对法

---

〔1〕 Cited in: Douglas Husak, "Six Questions About Overcriminalization", *Annual Review of Criminology*, Vol. 6 (1), 2023, p. 270.

〔2〕 See Paul J. Larkin JR., "Public Choice Theory and Overcriminalization", *Harvard Journal of Law and Public Policy*, Vol. 36 (2), 2013, pp. 734~735.

〔3〕 See Erik Luna, "The Overcriminalization Phenomenon", *American University Law Review*, Vol. 54 (3), 2005, pp. 715~716.

〔4〕 参见何荣功:《社会治理"过度刑法化"的法哲学批判》,载《中外法学》2015年第2期。

治造成的破坏。[1]换言之，过罪化风险的实质是不恰当的罪刑规范破坏或贬损了刑法的人权保障机能。

(二)"过罪化"危害：忽视人权保障机能、损害刑法权威性

法治国家权力合法性的基础在于保障公民的权利与自由，无论社会如何变迁，作为法治国基础的个人权利和自由价值均不会过时，以个人法益为核心的宪法性法益概念在刑事立法和刑事司法中均具有基础性意义。[2]刑法的发展固然不能忽视社会治理的现实需求，但与此同时，刑法的扩张也不能完全脱离自由主义刑法理念的约束，而在法益保护和人权保障之间过于偏重前者而忽略后者。[3]

必须警惕的是，没有任何一种国家工具可以像刑法这样制度性地、强力地介入到公民的自由空间当中。[4]过罪化给人权保障造成的最大问题是产生不公正或不成比例的惩罚。[5]这不仅仅源于不恰当的罪刑条款本身，也源自由罪刑条款带来的司法裁量权扩张问题。过罪化可能伴随司法权的不当扩张。过罪化所带来的冗繁的罪刑规范会含混正当与违法的界限，淹没刑法所真正要表达的信息，使人们很难理解法律体系所想要表达的意思。当刑法过于宽泛无法按照书面规定执行时，实际的司法会出现选择性执行和差异性执行，这会有损法律权威。[6]立法的增多看似会对司法者产生约束，但司法自由裁量权也会变得更强，这使得司法程序呈现出某种"悖论"——一个既受过多法律约束同时又产生过多自由裁量权的制度。[7]

不仅如此，过罪化现象也会破坏人们尊重刑法的内在心理机制。刑法原

---

[1] 参见[美]道格拉斯·胡萨克：《过罪化及刑法的限制》，姜敏译，中国法制出版社2015年版，第23~25页。

[2] 参见付玉明：《立法控制与司法平衡：积极刑法观下的刑法修正》，载《当代法学》2021年第5期。

[3] 参见孙国祥：《新时代刑法发展的基本立场》，载《法学家》2019年第6期。

[4] [德]乌尔斯·金德霍伊泽尔：《现代社会中的刑法与两种安全》，陈璇译，载《苏州大学学报(法学版)》2023年第4期。

[5] See Douglas Husak, "Six Questions About Overcriminalization", *Annual Review of Criminology*, Vol. 6 (1), 2023, p. 271.

[6] See Todd Haugh, "Overcriminalization's New Harm Paradigm", *Vanderbilt Law Review*, Vol. 68 (5), 2015, pp. 1202~1204.

[7] See William J. Stuntz, "The Pathological Politics of Criminal Law", *Michigan Law Review*, Vol. 100 (3), 2001, p. 579.

本以高度悖德的自然犯为规制的核心，但当到了刑法不断扩张甚至夸张到没有任何行为是刑法所不能及的时候，我们对于犯罪人的态度将会发生根本性转变：我们不再认为犯罪人是不道德的、不正确的，而会认为其是不幸的。当过多的刑事指控与违法停车交罚单一样无处不在时，刑法说服人们遵从其命令所必需的道德力量就会被剥夺，恐惧成了遵守规则的唯一理由。[1]

这部分的小结是，由现代国家治理策略变化所带来的刑法角色的重塑，刑法不再被局限为最后手段，而被视为社会治理中的一个强有力工具，其社会管理法性质凸显。这一世界性趋势的现实存在或许是立法观立场之争逐渐趋于缓和的主要依据，学者们对于刑法扩张趋势的必然性基本上达成了某种共识。但"存在并非合理"，刑法扩张伴随的"过罪化"危险是坚守法治国原则所无法忽视的，如何采取某种限制法则来约束刑法扩张成了更重要的问题，这就涉及刑法观的技术之争。

四、刑事立法观的技术之争："立罪理论"的引入

纵览刑法观之争的两个阶段，对于立场之争已经取得了一定的理论共识，在刑法因应风险防范、社会治理与犯罪控制的实际需求适度扩张犯罪圈，包括前置刑法干预起点、降低犯罪成立门槛、扩张或增设犯罪构成要件等问题上均达成了理论共识。[2]而对犯罪圈该如何扩张的技术之争则众说纷纭，在争论过程中双方所取得的核心共识是标明了刑法扩张边界问题的重要性，刑事立法正当性问题作为一条独立的研究线索呼之欲出，成了刑事立法观之争的归依。与其将刑事立法正当性问题分散地叙述，不如形成某种理论框架，从而有助于对这一刑事立法科学化的关键问题进行系统性推进。这一理论框架就是"立罪理论"。

立罪理论是刑事立法正当化理论的"教义学"化，只有在立罪理论的规范性框架下才能集中论证和破解刑事立法扩张的正当性难题。立罪理论旨在将具有正当性的刑法规范与不具有正当性的刑法规范区分开来，其致力于解决的基本问题是：是否以及在何种情况下国家对公民施加的刑罚处罚具有正

---

[1] See Paul J. Larkin JR., "Public Choice Theory and Overcriminalization", *Harvard Journal of Law and Public Policy*, Vol. 36（2），2013, pp. 750~751.

[2] 梁根林：《求同化异、凝聚共识，推动中国刑法再法典化》，载《中国刑事法杂志》2024年第1期。

当性,立罪理论的应用为刑事立法扩张提供了原则基础。在这一理论框架下不同刑法观的倡导者可以最大限度地寻求共识,在刑法扩张边界问题上进行更多实质性突破。立罪理论从整体上可以被划分为"总论"部分和"分论"部分,其中立罪理论的总论是关于立法扩张正当性的整体原则、规则和判断方法,分论是关于具体犯罪类型扩张的正当性论证。

立罪理论立基于人权保障理念,不被犯罪化的权利(the right not to be criminalized)是一项基本人权,目的在于保护个人免受国家无理的刑事干涉。这项权利意味着只要没有无理地对待他人,一个人就有权做任何自己想做的事情。这项基本权利不仅存在于国际法之中,也存在于许多国家的宪法之中。例如《加拿大宪章》第7条规定了个人自主权利,《欧洲人权公约》第5条和第8条也规定了广泛自主权利的基础与来源,在限定不正当犯罪化时,倘若立法者意图将某行为入罪,那么立法者必须以实证说明为何这一行为无理地对待他人,以及为何该情形下的犯罪化必须以国家制裁方式予以应对。[1]胡萨克提出了这样一个"否定性权利"的见解:公民享有不受国家惩罚的权利,这样一种权利可能被佐证刑罚正当性的理由所取消,但不能被其所推翻。每一种刑罚都会影响这一权利,因此应当保持谨慎克制,确保所有的刑罚的动用都具有正当性。[2]类似地,德国学者也主张,公民的自由应当包含一种防御性权利,即获得充分的保护,以免遭国家侵入自己空间的权利。[3]

(一)路径选择:德日法益论与英美思辨论的融合

对于立罪理论的"总论"而言,目前既有可发掘的理论包括德日的法益立法论以及英美的犯罪正当性理论。法益立法论机能主张在刑法中排除不符合保护目的的要求,纯粹惩罚道德而行为没有造成任何损害的罪刑条文。如前所述,积极刑法观对犯罪范围的限缩采取的主要策略就是法益立法论机能。英美犯罪正当性理论的倡导者目前主要有乔尔·范伯格(Joel Feinberg)、道格拉斯·胡萨克(Douglas Husak)、迈克尔·摩尔(Michael Moore)、丹尼斯·

---

[1] 参见[英]丹尼斯·J.贝克:《不被犯罪化的权利:刑法规制的界限》,王晓晓译,社会科学文献出版社2023年版,第10~22页。

[2] 参见[美]道格拉斯·胡萨克:《过罪化及刑法的限制》,姜敏译,中国法制出版社2015年版,第143~155页。

[3] 参见[德]乌尔斯·金德霍伊泽尔:《现代社会中的刑法与两种安全》,陈璇译,载《苏州大学学报(法学版)》2023年第4期。

贝克（Dennis Baker）等代表人物。

对于德日的法益论而言，如前所述，法益概念趋于抽象性和精神性的特点弱化了其立法论机能，目前一种有力观点认为引入宪法的比例性原则可以补足法益论的漏洞。围绕着法益论与宪法机能之间的关系目前形成了不同的观点：第一，认为立法批判机能只能由宪法机能或法益论单独承担的"择一论"，其中前者主张法益理论已经完全无法发挥规制立法的作用，应彻底放弃对法益批判立法功能的追求，而以宪法性理论加以替代。〔1〕后者则认为宪法比例原则不可能成为独立确定刑罚处罚的合法界限，法益理论可以做出调整和完善，以适应新的刑事立法扩张时代对刑法正当性的考察要求。批判立法的法益概念具有认识论、本体论和价值论上的正当性依据。〔2〕第二，主张调和法益论与宪法论之间关系的观点的"整合论"，认为应当将法益立法论机能与宪法比例原则进行有机整合。〔3〕尤其强调将宪法的比例性原则融入法益的批判功能之中。法益概念不具有完整划定刑事立法界限的功能，必须借助宪法作为批判立法之法益概念的终极价值归依，借助宪法教义学理论检验立法目的正当性，重在发挥比例性原则的作用。〔4〕

相比于德日的严格法规范学进路，英美犯罪正当化理论显然没有被束缚在法规范学以内，而是带有强烈的哲学思辨风格。迈克尔·摩尔（Michael S. Moore）教授对英美立罪理论的渊源发展有过较为全面的总结：刑事立法的正当性依据问题起初主要是政治哲学家的研究重点，尤其开始于约翰·斯图亚特·密尔（John Stuart Mill）1859年出版的《论自由》（*On Liberty*）一书。密尔提出了著名的"伤害原则"（harm principle），伤害原则具有积极和消极两方面，从积极的角度看它允许国家使用刑法来禁止伤害行为，消极地看，它禁止运用刑法来禁止没有造成伤害但具有冒犯性或不道德的行为。20世纪

---

〔1〕 代表观点参见陈家林：《法益理论的问题与出路》，载《法学》2019年第11期；冀洋：《法益保护原则：立法批判功能的证伪》，载《政治与法律》2019年第10期。

〔2〕 代表观点参见张明楷：《论实质的法益概念——对法益概念的立法批判机能的肯定》，载《法学家》2021年第1期；贾健：《为批判立法的法益概念辩护》，载《法制与社会发展》2021年第5期。需要说明的是，该观点并非否定宪法的比例原则，只是强调以法益概念为核心和焦点，比例原则在实现立法批判机能上对于法益功能来说具有从属性和辅助性。

〔3〕 代表观点参见张翔：《刑法体系的合宪性调控——以"李斯特鸿沟"为视角》，载《法学研究》2016年第4期。

〔4〕 代表观点参见陈璇：《法益概念与刑事立法正当性检验》，载《比较法研究》2020年第3期。

80年代乔尔·范伯格（Joel Feinberg）的四卷本研究中，很大程度上延续了密尔的伤害原则并通过引入冒犯原则等方式将其予以进一步发展。与伤害原则的脉络形成对峙的是错误原则（wrong principle），这种理论认为真正的问题在于行为在道德上是否错误，而非行为是否具有伤害性。但随后，自20世纪60年代起，犯罪化理论开始从关于公正国家本质的讨论中抽离出来，转而关注将行为认定为犯罪的实际情况，即一种"实用主义"的入罪性理论，关注入罪之后的实际司法执行成本以及社会成本等问题。[1] 目前比较有影响力的犯罪化理论还包括胡萨克的"刑法极简主义"理论，他的犯罪化理论分为内部限制和外部限制两大方面，其中内部限制包括四个相互联系的原则，外部限制包括三个相互联系的原则。

我国立罪理论的选择应当融合德日的法益论与英美的思辨论。这与立罪理论所要解决的基本问题的性质有关。刑法教义学关注的是法规范，而立罪理论关注法规范背后的价值世界以及价值呈现于社会世界的方式。应当注意到立法论与教义学二者的重大差异之一在于前者往往要诉诸刑法规范之外的价值规范，而教义学论证则需要严格诉诸刑法规范。立罪理论不仅仅是一个法教义学问题，刑罚正当性的问题背后隐藏着犯罪的道德结构和刑罚的证成问题。无论刑法观立基于何种价值立场，倘若要完整地展现犯罪与刑罚的道德意义，就必须要超越刑法教义学的范围，转向更为基础性的元理论面向，需要以法理学为管道，将关于社会结构和人的实践本质的哲学反思融入立罪理论的建构之中。[2] 在肯定刑法教义学研究重要性的同时，不应否定法哲学路径相关研究的价值，后者使得超越实定法的批判成为可能。[3]

法益的要保护性，是确定具体犯罪保护法益的核心标准。而"要保护性"的实施依据是社会事实，宪法也要以社会事实为基础。[4] 相关的社会事实是否应当上升为刑法要保护的社会事实的判断问题，则不仅取决于宪法规定，还需要进行法理学、道德哲学等思辨方法予以确定。例如，虐待动物行为是

---

[1] See Michael S. Moore, "A Tale of Two Theories", *Criminal Justice Ethics*, Vol. 28 (1), 2009, pp. 28~29.

[2] 参见郑玉双：《法理学贡献于刑法学的方式：以刑法观为例》，载《中国法律评论》2018年第3期。

[3] 劳东燕：《刑法体系中立法与司法的关系重构》，载《法律科学（西北政法大学学报）》2024年第2期。

[4] 张明楷：《具体犯罪保护法益的确定标准》，载《法学》2023年第12期。

否要入罪的立法正当性判断中，需要考虑我国社会动物保护相关的伦理基础，虐待动物罪是以弱人类中心主义、动物福利主义和虚拟动物平等权作为伦理基础的，在我国是否增设此罪名的考察中，不应忽视伦理学根基。[1]再如，对偶然防卫的定性问题，诸多争论的背后所涉及的并不是法规范之争，而是更一般意义上的对"错误"（wrongfulness）的理解。在这种情形下，立罪正当性的判断要求更为复杂的道德论辩加以支撑。[2]而宪法的审查则是在确立了要保护性之外的一种独立的论证，对新增刑法罪名的审查是法秩序对刑事立法实质正当性控制的最终防线。[3]换言之，对于新增某个罪名是否具有正当性来说，立罪理论的论证将分为两个部分：首先根据法益论与思辨论确定待入罪行为的"适格性"，即具有立罪的正当性基础；继而根据审查确定新增此罪名不违反宪法规定，由此完成一个完整的立罪论证流程。

此外，立罪理论的发展中还应当不断夯实实证基础，尤其要在论证立法目的的正当性和立法手段的合理性方面发挥事实证据的作用。[4]实然的法益侵害上升为应然的刑法干预的过程当中，需要更坚实的证据资料加以支撑，以确保这种法益侵害已经到了国家不得不动用刑法予以干预的程度。实证结果能够佐证法益侵害的严重程度。另外，法规则的适用过程是一个对象化的过程，所有参与者都不可避免地将自身的主体性植入规则适用的这一过程，某个行为被界定为犯罪未必完全取决于该行为自身，犯罪界定也是犯罪定义者自身主体性的产物。各类主体自身的价值偏好、前见、局限投射到规则适用的对象上，对这些过程或结果应当进行深刻揭示，实证研究的挖掘很有必要。[5]

（二）具体面向：聚焦刑法扩张的重要领域

诚如有学者所言："真正为人们关注而亟待理论回应的，是那些随着社会

---

[1] 参见姜涛：《虐待动物罪的伦理基础》，载《伦理学研究》2012年第3期。

[2] 参见郑玉双：《法理学贡献于刑法学的方式：以刑法观为例》，载《中国法律评论》2018年第3期。

[3] 王钢：《刑法新增罪名的合宪性审查——以侵害英雄烈士名誉、荣誉罪为例》，载《比较法研究》2021年第4期。

[4] 欧阳本祺、秦长森：《积极刑法观的实践修正与功能完善》，载《东南大学学报（哲学社会科学版）》2023年第2期。

[5] 参见白建军：《反思刑事司法大样本研究》，载《中国应用法学》2023年第1期。

发展而出现的新型事物能否成为刑法保护对象的问题。"[1]立法在不断扩张，这种趋势下刑事立法科学化进路或许不应执着于仅仅争论整体的犯罪化原则，而要争取在具体的犯罪类型的入罪正当性判断中首先予以突破。换言之，尽管无法尽快形成犯罪化理论的原则共识，但这并不意味着犯罪化理论的停滞，应当在关系我国刑事立法现实的若干重要犯罪类型方面进行重点研究。

围绕着这些重要犯罪类型的择选或许会形成不同的选择标准和选择结果，例如胡萨克认为三种新型犯罪类型值得关注，分别是竞合犯、风险预防犯以及辅助犯。其中竞合犯是指某种行为已经被刑法禁止，而新的犯罪仅仅是这种犯罪行为的更为具体的规定，并施加更严重的刑罚。风险预防犯是可能造成损害的行为的犯罪化，包括直接和间接预防犯、显性和隐性预防犯。辅助犯则是因对核心犯罪进行公诉不太可能成功或无法证明，或核心犯罪证据取得来源不合法等原因被创设出来的犯罪。胡萨克认为这三种新型犯罪是犯罪化理论中应当重点考虑的内容。[2]我国学者对于刑法干预的早期化、前置化、法定犯的扩张等问题也进行了关注并展开研究。

本文认为，刑法扩张趋势中的三个维度值得关注：派生责任之扩张，情感法益之扩张以及法定犯之扩张。这三个维度凸显了刑法扩张抽象化、精神化趋势，远离了古典刑法理念以惩罚实害犯、悖德犯为主的观念。第一，派生责任[3]之扩张主要表现为大量危险犯的增设，也包括预备行为实行行为化、帮助行为、教唆行为的正犯化。相关的罪名例如刑法修正案增设的危险驾驶罪、准备实施恐怖活动罪、非法持有宣扬恐怖主义、极端主义物品罪、帮助信息网络犯罪活动罪、拒不履行信息网络安全管理义务罪等。第二，情感犯罪之扩张主要是指侵害情感法益特别是集体情感法益的情况，例如刑法增设的侵害英雄烈士名誉罪、非法植入基因编辑罪、克隆胚胎罪、强制穿戴宣扬恐怖主义、极端主义服饰、标志罪等。第三，法定犯之扩张主要集中于

---

[1] 陈璇：《法益概念与刑事立法正当性检验》，载《比较法研究》2020年第3期。
[2] 参见［美］道格拉斯·胡萨克：《过罪化及刑法的限制》，姜敏译，中国法制出版社2015年版，第48~68页。
[3] "派生责任"犯罪是本文对于刑法在实害犯或实行犯以外增设的危险犯、教唆犯、帮助犯、预备犯的正犯化现象所做的一种概括。不同学者对实行犯以外的犯罪分类存在区别，例如胡萨克提出了两类犯罪：风险预防犯与辅助型犯罪，前者基本可以对应危险犯和预备犯，后者可以对应教唆犯和帮助犯（参见［美］道格拉斯·胡萨克：《过罪化及刑法的限制》，姜敏译，中国法制出版社2015年版，第57~63页）。虽然存在不同的名称，但"派生责任"犯罪的内涵大体上是存在共识的。

经济犯罪这样大量增设法定犯的领域，相关犯罪例如利用未公开信息交易罪、背信损害上市公司利益罪、背信运用受托财产罪、违法运用资金罪等。基于此，笔者提出这三种犯罪类型予以限缩的一些初步想法。

第一，对于限缩派生责任犯罪，应当采取实证基础上的"关联性原则"，即与重大法益的关联性以及与危害结果的关联性。关于怎样的危险行为可以被纳入到刑事法网当中，哲学家乔尔·范伯格（Joel Feinberg）认为，不能简单地以某个行为"很有可能"引起损害后果为依据，也不能仅仅看损害的大小，而应将二者结合，即"风险"。当某个行为可能引发的损害巨大时，即使实际发生的可能性很低，也必须予以禁止。例如随意对空中射击的行为，尽管子弹击中无辜目标的可能性很小，但仍然应当防止这种结果的可能性。从公共安全与其他利益相衡量的角度来说，范伯格指出，公共危险越是确定、迫切，公共安全利益在天平上的位置就越重要，当危险达到明确且随时爆发的程度，天平就会完全倒向公共安全利益。[1]换言之，范伯格对于危险犯入罪的立法标准可以归纳为两句话：危险结果的损害性越大，入罪正当性越强；发生危险的可能性越大，入罪正当性越强。前者主要指危害公共安全类犯罪，也可以包括恐怖活动犯罪，后者例如危险驾驶罪等。对于前者来说，对重大法益构成威胁的行为具有入罪正当性，对于后者来说，与危害结果具有统计学上的重要关联性时具有更强的入罪正当性。

张明楷教授对预备犯成立范围进行限制的主张也持类似的看法，他提出，只有当某种预备行为的发展，必然或者极有可能造成重大法益或者大量法益的侵害时，才有必要处罚犯罪预备。[2]对于教唆与帮助行为而言，这些中介性干预（mediating interventions）之所以值得刑法处罚，也可以基于关联性法则，即通过教唆或帮助的行为，在某种程度上肯定或者担保了正犯行为的后续选择和危害结果的发生。[3]一些重大法益例如国家安全，侵害这样法益的行为之入罪有正当性，这可以用来解释恐怖主义相关犯罪。例如刑法增设帮助恐怖活动罪，编造、故意传播虚假恐怖信息罪等，虽然这些犯罪的司法适

---

〔1〕 参见［美］乔尔·范伯格：《刑法的道德界限·第1卷·对他人的损害》，方泉译，商务印书馆2013年版，第213~216页。

〔2〕 参见张明楷：《刑法学》（第6版·上），法律出版社2021年版，第434页。

〔3〕 See A. P. Simester and Andrew Von Hirsch, "Remote Harms and Non-constitutive Crimes", *Criminal Justice Ethics*, Vol. 28 (1), 2009, pp. 98~99.

用率非常低，但这并不是认定它们为象征性立法的充分理由。在重大法益以外的其他危险犯的刑事法网扩张过程中，需要根据实证研究的统计结果确立危险行为的入罪范围。例如，导致交通肇事后果的违法行为多种多样，有醉酒驾驶、吸毒驾驶、飙车、超载、违反交通信号、违法超车、驾驶不符合技术标准的机动车上路行驶等，其中怎样的行为应被纳入到刑事法网当中，应当根据统计研究的结果，将其中关联性最高的一个或多个行为加以拣选，关联性不高的行为以行政制裁加以处罚即可。对风险应当进行科学的评估，借助于大数据展开理性的分析，以使相关的立法建立在对风险进行科学判断与评估的基础之上。[1]

第二，限缩情感法益之扩张，采取民众基本价值共识基础上的规范判断。涉及情感法益的犯罪包括对宗教情感、性情感、善良风俗、动物情感等方面。基本道德情感的提取与评价都是非常复杂和困难的，极易造成"多数人的暴政"，得出有违法律基本理性的判断。例如近年来基于若干拐卖人口案件对于公众情感的伤害，有些人甚至提出"对人贩子一律判处死刑"，这种观点在很大范围内得到公众的认同，但是与刑事法治的基本理性相冲突。如若一味强调将侵害公众情感的行为上升为犯罪行为，则很容易导致破坏刑法原则的不利后果。侵害情感法益犯罪的扩张应当遵循两个步骤的判断，第一步是力图采取科学方法提取民众就某种伤害道德情感行为的基本价值共识；第二步是综合判断相关共识的规范意义。首先，通过实证调查的方式把握民众基本价值共识。对于民众基本价值共识的把握可以借助民意调查实现。在获取民众基本价值共识的前提下，还要通过综合判断，特别是经过宪法、刑法等法律基本原则的过滤，对这些价值共识进行进一步的判断。例如《刑法》新增罪名之一的侵害英雄烈士名誉、荣誉罪，有论者进行了详细的合宪性审查。[2]

第三，限缩法定犯之扩张，坚持行政违法优先原则。对于法定犯的讨论主要涉及《刑法》中的经济类犯罪，例如金融领域的证券期货犯罪等。法定犯中的侵害秩序法益犯罪可以比照对于危险犯的限缩方式，换言之，发生危险的可能性越大，入罪正当性越强。如何在法定犯立法领域衡量发生危险的

---

[1] 参见劳东燕：《风险社会与功能主义的刑法立法观》，载《法学评论》2017年第6期。
[2] 参见王钢：《刑法新增罪名的合宪性审查——以侵害英雄烈士名誉、荣誉罪为例》，载《比较法研究》2021年第4期。

可能性大小？本文认为应当坚持行政违法优先原则，行政违法的频率越高，入罪的正当性越强。具体来说，经由行政执法仍无力维护法益的场合，根据统计学的验证，择取其中发生频率更高的违法行为予以入罪。对于新的经济领域，特别是金融领域，首先应当考虑设置、完善非刑罚责任体系，只有相应的非刑罚措施无效时，才考虑进行刑法立罪。[1]这既符合经济刑法的"二次法"性质，也有利于协调金融安全与金融创新之间的关系。在法定犯中行政违法性与刑事违法性二者关系的判断当中，应当坚持"量的区分说"，之所以需要动用刑事制裁手段，势必存在一个或若干更高的可谴责性要素。[2]刑法与民法、行政法的职能分工决定了刑法干预的法定犯只能是有定量要求的犯罪行为。定量的抽象标准就是民法、行政法功能左右的临界点。民法、行政法功能不能正常发挥的最高限度就是刑法干预的逻辑起点。[3]

五、结语

立罪理论所涵盖的问题是非常复杂的，每一种犯罪类型立罪标准的确定也存在很大难度。但不能因为讨论存在的难度而放弃讨论，也不能因标准的不易确定而否定界定标准的必要性。当代中国面临着特殊语境下的社会治理需求，我们"不仅面临着前现代社会建构形式法治国、制约绝对主义的国家权力、确立国民个体自由保障机制的古典主义刑法的任务，而且面临着现代社会建设福利国家、对社会产出和补偿进行公平分配的现代性要求，更由于全球风险社会、信息社会新型安全威胁的出现而承受着建设安全国、保障集体安全的后现代压力"。[4]在刑法已然深度介入社会治理体系的现实发展路径中，试图拒斥刑法的扩张是不现实的，但过犹不及，刑法过于管控社会生活是不正当的，因此是否"过度"的判断问题，才应当是目前刑事立法科学化进程中更应当重视的核心命题。本文的讨论尚很粗糙，权作抛砖引玉，期待这一主题能够引发学界的进一步关注与讨论。

---

〔1〕 参见胡启忠：《金融刑法立罪逻辑论——以金融刑法修正为例》，载《中国法学》2009 年第 6 期。

〔2〕 参见赵希：《证券期货违法行为的行刑衔接困境再思考——"量的区分说"的倡导与完善》，载《财经法学》2019 年第 5 期。

〔3〕 参见梁根林：《刑事法网：扩张与限缩》，法律出版社 2005 年版，第 65 页。

〔4〕 梁根林：《刑法修正：维度、策略、评价与反思》，载《法学研究》2017 年第 1 期。

轻罪治理背景下危害药品安全类刑事案件的办理

王 帅 王宇璇*

摘 要：在轻罪治理的背景下，办理危害药品安全类犯罪时，要正确把握好"宽严相济""四个最严"等不同刑事政策之间的辩证统一，注重行政处罚与刑事处罚界限的区分，做好行刑反向衔接工作，形成治理闭环。在办理涉假药类案件时，要注意药品与保健食品的区分，在假药认定上应坚持实质化认定的标准。在办理妨害药品管理类案件时，要注重"足以严重危害人体健康"的标准把握，对于涉案药品属于麻精类药物的，因其自身具备药品与毒品的双重属性，所以要注重与毒品类罪名之间的区分。

关键词：轻罪；刑事政策；行刑界分；行刑反向衔接；假药认定；足以严重危害人体健康

近年来，我国犯罪结构发生了深刻变化，判处三年有期徒刑以下刑罚的案件占比从 1999 年的不到 55% 上升至近年来的 85% 以上，轻罪比例大幅上升，重罪比例大幅下降，轻罪案件成了犯罪治理的主要对象，轻罪治理成了关乎法治建设、社会治理的时代命题。[1]

药品安全是重大的民生和社会问题，事关人民群众身体健康和社会和谐稳定，在轻罪治理背景下，如何妥善办理好危害药品安全类刑事案件，实现司法办案"三个效果"的有机统一成了广大司法工作者需要去解决的问题。

---

* 作者简介：王帅，上海铁路运输检察院第三检察部检察官；王宇璇，上海铁路运输检察院第三检察部检察官助理。

〔1〕《最高检副部级专委苗生明：构建轻罪治理体系，治罪与治理并重》，载新京报：https://new.qq.com/rain/a/20240308A02CRO00，2024 年 3 月 8 日访问。

一、危害药品安全类犯罪中的轻罪

(一)"轻罪"的内涵

目前,我国并无犯罪分级、分层的立法层面规定,学术界关于"轻罪"的界分主要有"法定刑界定说"和"宣告刑界定说"两种观点。"法定刑界定说"认为轻罪应当以法定刑作为认定标准,原因在于:一是法定刑具有确定性;二是法定刑在设定时就已经考虑了犯罪行为的社会危害性。"宣告刑界定说"则认为,轻罪应当以宣告刑作为认定标准,原因在于宣告刑是法官基于个案具体情况作出的判决结果,更具有实际性和贴合性。此外,近年来最高人民检察院在人大工作报告中介绍轻罪案件所占比重变化时也是以宣告刑为界定标准。[1]

笔者认为,无论是"法定刑界定说"还是"宣告刑界定说"均具有各自的合理之处,轻罪内涵的界定应充分考虑一国的综合国情、刑法体系、刑事政策、犯罪结构等因素。立足于我国实际,考虑到轻罪治理配套政策的制定便利以及司法实践中的操作难度,目前采用"法定刑界定说"更为适宜。在法定刑上限的选择上,参考《刑法》关于缓刑对象、条件的规定以及刑法罪名通常的量刑档次区分标准,并结合司法机关的官方统计口径惯例,建议将轻罪的上限限定为三年有期徒刑。

(二)药品类罪名中的轻罪范围

目前,危害药品安全类罪名由《刑法》第141条的生产、销售、提供假药罪,第142条的生产、销售、提供劣药罪,第142条之一的妨害药品管理罪组成。

生产、销售、提供假药罪最早源自1979年《刑法》中的制造、贩卖假药罪,先后经历了1993年单行刑法(全国人大常委会《关于惩治生产、销售伪劣商品犯罪的决定》)的修改、1997年《刑法》的确立、《刑法修正案(八)》及《刑法修正案(十一)》的两次修正。该罪名共有三档量刑幅度,最低档为三年以下有期徒刑或者拘役,最高刑为死刑。

生产、销售、提供劣药罪的最初设立源自1993年全国人大常委会《关于

---

[1] 戚永福、曹瑞璇:《轻罪治理的中国面向:内涵廓清、实践检视及路径选择》,载《青少年犯罪问题》2023年第5期。

惩治生产、销售伪劣商品犯罪的决定》,制造、贩卖假药罪被拆分为了生产、销售假药罪和生产、销售劣药罪,由此开启了假药、劣药二元化区分的刑事规制模式,该罪名先后经历了1997年《刑法》的确立、《刑法修正案(十一)》的修订。在量刑档次方面,共分两档,最低档为三年以下十年以上有期徒刑,最高刑为无期徒刑。

妨害药品管理罪的设立时间最晚,源于《刑法修正案(十一)》的新增设,该罪名的设立弥补了2019年《药品管理法》修改时将"按假药论处"的情形删除以后出现的处罚空白地带,并将妨害药品管理的行为从生产、销售、提供假药罪中予以剥离,实现了罪名设置的均衡化、梯度化、合理化。在量刑档次方面,共分两档,最低档为三年以下有期徒刑或拘役,最高档为七年有期徒刑。

从上述罪名的刑罚幅度、档次设置来看,按照"法定刑界定说"以及法定刑上限三年的条件限制,生产、销售、提供假药罪和妨害药品管理罪在适用各自第一档量刑幅度时,均符合"轻罪"的要求。

二、危害药品安全类刑事案件办理的总体要求

(一)把握好不同刑事政策之间的辩证统一

1. "宽严相济的刑事政策"与"四个最严"

2006年10月11日,中共中央十六届六中全会通过的《中共中央关于构建社会主义和谐社会若干重大问题的决定》提出:"实施宽严相济的刑事司法政策,改革未成年人司法制度,积极推进社区矫正。"自此,宽严相济的刑事政策作为执政党制定的刑事政策正式出炉,该政策也是刑事司法领域最为常见、最为主要的刑事政策。[1]

2015年5月,习近平总书记在主持中共中央政治局第二十三次集体学习时强调:"要切实加强食品药品安全监管,用最严谨的标准、最严格的监管、最严厉的处罚、最严肃的问责,加快建立科学完善的食品药品安全治理体系,坚持产管并重,严把从农田到餐桌、从实验室到医院的每一道防线。""四个最严"一经提出便成了食品药品安全领域行政执法、刑事司法的最重要政策。

---

〔1〕 王顺安:《宽严相济的刑事政策之我见》,载《法学杂志》2007年第1期。

2. 不同刑事政策在司法实践中的具体运用

在"四个最严"政策的大背景下,办理危害药品安全类刑事案件时是否还有从宽政策的运用空间存在着一定的争议。笔者认为,"四个最严"并不意味着在办理涉药类刑事案件时要"一味从严、一切从严、一律入刑",严并不是一个绝对的概念,而是一个相对的概念。严不意味着入罪标准、入罪门槛的无理由降低,在办理个案时还是要结合案件实际情况,具体问题具体分析,宽严相济的刑事政策是所有刑事案件都需要遵循的刑事政策,讲究"当宽则宽、当严则严、宽严相济",在办理涉药类刑事案件时亦应遵循。

药品的种类、数量、功能繁多,在案件办理时要首先考虑药品的性质和功能主治,进而在审查是否适用不起诉、量刑幅度确定、是否适用缓刑等事项时以此作为重要参考。对于涉及癌症、肿瘤等重大疾病治疗类药物、需要慢性疾病患者长期服用进而控制病情类药物,以及控制突发性疾病病情类药物的案件,因该类药物制假、售假行为的社会危害性程度较高,且容易导致较为严重的后果,因此在刑事政策的运用上,应当"一般从严,谨慎从宽"。

(二)厘清犯罪行为与行政违法行为之间的界限

1. 涉药类违法犯罪行为的处罚规定

《药品管理法》第115条规定,未取得药品生产许可证、药品经营许可证或者医疗机构制剂许可证生产、销售药品的,责令关闭,没收违法生产、销售的药品和违法所得,并处违法生产、销售的药品货值金额15倍以上30倍以下的罚款,货值金额不足10万元的,按10万元计算。该法第116条规定,生产、销售假药的,没收违法生产、销售的药品和违法所得,责令停产停业整顿,吊销药品批准证明文件,并处违法生产、销售的药品货值金额15倍以上30倍以下的罚款,货值金额不足10万元的,按10万元计算,情节严重的,吊销药品生产许可证、药品经营许可证或者医疗机构制剂许可证,10年内不受理其相应申请,药品上市许可持有人为境外企业的,10年内禁止其药品进口。

《刑法》第141条(生产、销售、提供假药罪)规定,生产、销售假药的,处三年以下有期徒刑或者拘役,并处罚金;该法第142条之一(妨害药品管理罪)规定,违反药品管理法规,有未取得药品相关批准证明文件生产、进口药品或者明知是上述药品而销售等行为,足以严重危害人体健康的,处三年以下有期徒刑或者拘役,并处或者单处罚金。

从上述法律规定来看，对于生产、销售假药及妨害药品管理等行为，既有行政处罚的规定，又有刑事处罚的规定。但无论是刑事法律还是刑事司法解释的规定，均没有对生产、销售、提供假药罪和妨害药品管理罪作出数量或者金额上的入罪规定，这就导致了行政处罚和刑事处罚的标准难以界分。

2. 轻罪治理背景下的涉药类案件行刑界分

最高人民检察院《2023—2027年检察改革工作规划》提出，要研究轻微刑事案件的出罪、入罪标准。在轻罪治理的大背景下，合理界分涉药类案件行刑边界对于提升行政执法与刑事司法效率、确保法律的正确适用具有积极作用。具体理由如下：

第一，从罪状描述上看，无论是生产、销售、提供假药罪还是妨害药品管理罪，虽然并未在法条或者司法解释中规定具体的入罪数量或者金额，但是也并未像《刑法》第347条（走私、贩卖、运输、制造毒品罪）那样明确规定，走私、贩卖、运输、制造毒品，无论数量多少，都应当追究刑事责任，予以刑事处罚。

第二，从刑罚幅度设置上看，虽然生产、销售、提供假药罪最高可判处死刑，但是其也有三年以下有期徒刑或拘役的较轻量刑幅度；而妨害药品管理罪设立的初衷就是填补生产、销售、提供假药罪和生产、销售、提供劣药罪在涉药品领域犯罪行为刑事打击的空白区域，属于较为典型的轻罪名。

第三，从社会危害性上看，假药以及妨害药品管理的情形众多，危害程度也各不相同，如果行为人涉案的假药或违规药物的数量极少，且未造成严重后果，在轻罪治理的背景下，是否有实施刑罚的必要性是值得商榷的。

综上，笔者认为，在实践中，行政机关与司法机关可结合本区域涉药品类违法犯罪案件的办理实际，在充分考虑药品类型、危害后果、持续时间等因素的基础上，通过数量、金额、特定后果等要素来适当划定本区域内涉药案件行政处罚与刑事处罚的界限，进而节约司法资源，提升案件办理的社会效果。

（三）做好"行刑反向衔接"工作

1. 关于"行刑反向衔接"的规定

2021年9月，最高人民检察院发布的《关于推进行政执法与刑事司法衔接工作的规定》规定了人民检察院适用的行刑衔接反向移送程序。2023年，最高人民检察院颁布了《关于推进行刑双向衔接和行政违法行为监督 构建检察监督与行政执法衔接制度的意见》，要求着力推动行刑反向衔接机制的建构，防止不刑不罚、应移未移、应罚未罚等问题的出现。[1]

在轻罪治理的大背景下，落实好"行刑反向衔接"是实现涉案人员、单位分级处置，进而形成治理闭环的重要举措，无论是行政机关还是司法机关均应予以足够的重视，加强协作配合，细化衔接机制。

2. "行刑反向衔接"需要注意的问题

开展"行刑反向衔接"时，要走出"非刑即行"的认识误区，对于是否要将涉案人员或单位移送行政机关进行行政处罚，还是要在准确查明事实的基础上，依照《行政处罚法》等法律的规定作出判断。具体的审查要点如下：

（1）行政处罚的时效。《行政处罚法》第36条规定，违法行为在2年内未被发现的，不再给予行政处罚；涉及公民生命健康安全、金融安全且有危害后果的，上述期限延长至5年。时效的有无是判断是否需要行刑反向衔接的先决条件，在司法实践中，做不起诉处理的涉药类刑事案件往往情节相对轻微，未造成危害后果。因此，在审查时务必首先考虑到刑事案件诉讼时效与行政处罚时效在长度上的区别，对于涉药类违法行为属于2年内未被发现的，不宜移送行政机关处理。

（2）行政处罚的依据和主管部门。在审查时，应当首先查明当事人或当事单位的行为是否属于违反药品行政法律规范的行为。实践中，涉及药品生产、使用、管理的规定较为庞杂且具有一定的专业技术性，既有《药品管理法》等法律，也有《药品管理法实施条例》等行政法规，还有《药品注册管理办法》等部门规章，这对于承担案件办理工作的司法工作人员在知识储备方面提出了较高的要求，能否及时、准确地找到违法违规的依据，是反向衔接案件能否成功办理的关键。

其次，在明确违法、违规依据的前提下，还要进一步明确应具有管辖权的行政机关。《行政处罚法》第23条规定，行政处罚由县级以上地方人民政府具有行政处罚权的行政机关管辖。实践中，市场监督管理局、卫健委、海关、医疗保障等行政机关都具有和药品相关联的行政监管、执法、处罚权，涉药品类案件当事人、当事单位主体身份的不同以及违法、违规行为所处流程环节的差异都可能导致行政机关管辖上的不同，这就要求承担案件办理的

---

[1] 宋华琳：《药品执法领域的行刑反向衔接》，载《国家检察官学院学报》2024年第2期。

司法工作人员在事前对于不同行政机关的职能和管辖范围有着较为明确的了解和认知。

（3）行政处罚的必要性。司法工作人员在案件审查过程中还应关注行政处罚必要性的问题。《行政处罚法》第33条规定，违法行为轻微并及时改正，没有造成危害后果的，不予行政处罚。初次违法且危害后果轻微并及时改正的，可以不予行政处罚。当事人有证据足以证明没有主观过错的，不予行政处罚。

结合上述法律规定，在确定是否移送行政机关时，应从以下方面来评估是否具有处罚必要性：一是关注当事人违法行为的严重程度，是否造成危害后果，特别是在当前优化营商环境、服务和保障民营经济的大背景下，多地都出台了《轻微违法行为不予行政处罚清单》，司法工作人员应及时关注清单的内容，确认涉案违法行为是否属于不予处罚的情形；二是应关注当事人是否系初次违法，事后有无积极改正，认错态度如何；三是应关注当事人的主观明知情况，特别是在作出存疑不起诉处理决定的案件中，如有证据证明当事人已经尽到注意义务，没有主观过错的，不宜移送行政机关处罚。

三、危害药品安全类罪名具体适用中需要注意的问题

（一）生产、销售、提供假药罪中需要注意的问题

1. 关于药品的认定

《药品管理法》第2条规定，药品是指用于预防、治疗、诊断人的疾病，有目的地调节人的生理机能并规定有适应症或者功能主治、用法和用量的物质，包括中药、化学药和生物制品等。在办理涉药品类案件时，首先要结合上述法律规定以及涉案产品的成分、功效、用途等进行是否系药品的甄别，对于仅凭产品外观信息及文字说明信息难以甄别的，应由行政主管部门出具书面意见予以认定。

在司法实践中，中药类产品在药品认定时较容易出现混淆，中药类产品既包括药品，也包括使用"药食同源"物质生产、加工的保健食品。所谓"药食同源"物质是指既是食品又是中药材的物质，相关物质种类通过由行政主管部门制定名录的方式向社会公布，"药食同源"名录中的中药材可被用于保健食品的生产，在办理中药类案件时，要首先关注产品的性质和用途，对于以"药食同源"物质制成的保健食品或其他养生保健类产品，不宜认定为

药品。

2. 关于"假药"的认定

有观点认为,《刑法》第 141 条规定的生产、销售、提供假药罪是刑事犯与法定犯的复合犯,就《刑法》与《药品管理法》的关系而言,后者是前置法,前者是后置法,法定犯必然具有对前置法的违反性,反之则不然,违反前置法并不一定是法定犯,关键还是要看行为性质。[1]

笔者对此观点表示赞同,在轻罪治理的大背景下,更要正确把握好《药品管理法》和《刑法》之间的关系,在讨论假药类案件是否入刑时应秉持谦抑性原则,坚持实害化的认定标准。具体理由如下:

第一,从《药品管理法》的修订情况来看,关于假药的认定更加强调是否具有对人体健康的实害性。2019 年修订的《药品管理法》删除了"以假药论处"的相关规定,仅保留了"成分与国家标准规定不符""非药品冒充药品""他种药品冒充此种药品""适应症或功能主治超出规定范围"等实质性假药的认定规定,这也符合普通民众对于"假药"的通常性认知。

第二,从《刑法》的修订情况来看,《刑法修正案(十一)》第 5 条在将非法提供假药的行为增列为犯罪的同时,删除了原第 2 条关于假药认定须依照《药品管理法》,这既意味着在假药认定上两部法律之间的适度"脱钩",也意味着司法机关在刑事司法活动中有了更强的"假药"认定自主性和灵活性,进而防止和避免"药神事件"的再次发生。

(二)妨害药品管理罪中需要注意的问题

1."足以严重危害人体健康"的认定

妨害药品管理罪属于具体危险犯,只有在"足以严重危害人体健康"的情况下才构成本罪。但是,无论是在刑法理论层面还是在法律规定层面均没有形成关于"具体危险判断的规范性标准"。在司法实践中,具体危险犯中的危险需要司法办案人员根据案件具体情况进行综合判断,具体到妨害药品管理罪中"足以严重危害人体健康"的认定时,需要关注以下方面:

第一,关注行为人是否实施了刑法意义上"足以严重危害人体健康"的行为。要对照《刑法》第 142 条之一以及最高人民法院、最高人民检察院《关于办理危害药品安全刑事案件适用法律若干问题的解释》第 7 条的规定,

---

[1] 陈兴良:《妨害药品管理罪:从依附到独立》,载《当代法学》2022 年第 1 期。

确认行为人是否实施了刑法所规定的妨害药品管理的行为，以及该行为是否达到了司法解释中关于"足以严重危害人体健康"的要求。

第二，关注"足以严重危害人体健康"的证明标准。最高人民法院、最高人民检察院《关于办理危害药品安全刑事案件适用法律若干问题的解释》第7条对于"足以严重危害人体健康"进行了列举式规定，并以"其他足以严重危害人体健康的情形"予以兜底。在办案过程中，如遇到实施了刑法所规定的妨害药品管理的行为，但不存在司法解释所规定的"足以严重危害人体健康"八种情形之一，可通过组织专家评估，进而由地市级以上药品监督管理部门出具认定意见的方式来完成是否"足以严重危害人体健康"的证据固定，在评估和认定时应重点关注涉案药品的安全性、有效性、质量可控性，并充分考虑药品生产、运输、保存等环节的环境及条件状况。

2. 涉麻精类药物案件的罪名适用

"国家规定管制的麻醉药品、精神药品"性质特殊，兼具药品和毒品的双重属性，在办理涉麻精类药物的案件中，司法办案人员应当充分注意其自身性质特殊性。[1]

2023年《全国法院毒品案件审判工作会议纪要》（简称"昆明会议纪要"）规定，确有证据证明出于治疗疾病等相关目的，违反药品管理法规，未取得药品相关批准证明文件，生产国家规定管制的麻醉药品、精神药品，进口在境外也尚未合法上市的国家规定管制的麻醉药品、精神药品，或者明知是上述未经批准生产、进口的国家规定管制的麻醉药品、精神药品而予以销售，构成妨害药品管理罪的，依法定罪处罚。

结合上述会议纪要以及刑法关于妨害药品管理罪、毒品犯罪的相关规定，在办理涉麻精类药物的案件时要做好以下方面：

第一，要贯彻好"主客观相一致原则"。在办案时要充分考量涉案人员的主观目的、交易对象情况、涉案麻精类药物的实际用途、交易价格等因素，对出于满足吸毒人员瘾癖目的而实施的走私、贩卖、生产麻精类药物行为，符合相应毒品类罪名构成要件的，应按照走私、贩卖、运输、制造毒品罪，非法提供麻醉药品，精神药品罪等罪名处理。

第二，要充分关注妨害药品管理罪的入罪要求。虽然会议纪要作出了出

---

[1] 范洁：《非法贩卖管制精神药品的行为定性》，载《公安学研究》2023年第5期。

于合法目的的违规生产、进口麻精类药物行为可以按照妨害药品管理罪处罚的规定，但是在判断行为是否够罪时仍须把握好"足以严重危害人体健康"这一关键要素，只有在满足"足以严重危害人体健康"这一入罪条件的情况下才能适用妨害药品管理罪。

困境与纾解：轻罪时代下特殊盗窃的再审视

黄卓成[*]

摘　要：在轻罪时代下，犯罪治理具有与以往不同的治理方略。特殊盗窃作为典型的轻罪，在实践中面临三重困境：一是入罪是否要求数额限制；二是出罪的路径选择；三是附随后果的"轻罪不轻"难题。应在轻罪犯罪治理理念的指导下，实现特殊盗窃的体系化治理。在入罪方面，特殊盗窃是行为犯，且是轻罪时代结果犯立法转化为行为犯之产物，特殊盗窃行为一旦实施即可构罪。在出罪方面，应采纳实质解释的出罪路径，结合人身权为主、财产权为次的双重法益论，对入户盗窃、携带凶器盗窃、扒窃进行具体的出罪解释。在附随后果上，应确立严而不厉的刑罚制裁价值追求，构建前科消灭制度，消除犯罪附随后果，同时辅以定罪免刑制度，解决未取得财物或仅取得少量财物的特殊盗窃的实践难题。

关键词：轻罪时代；特殊盗窃；行为犯；实质解释；前科消灭

2011年，《刑法修正案（八）》将入户盗窃、携带凶器盗窃、扒窃三种特殊盗窃规定为盗窃罪，在过去数额型、多次型盗窃的立法基础上，又将行为型盗窃入罪处理。其时，学界探讨大多围绕特殊盗窃的入罪理据、规范阐释、认定要点等问题展开。随着轻罪时代的到来，在积极刑法立法观的指引下，我国开始了大量轻罪立法，推动犯罪圈扩大化、法益保护前置化、刑罚处罚提前化，使刑法不仅"管得严"，而且"管得宽"。回过头看，轻罪时代的犯罪特征和立法思路在特殊盗窃入罪时就已初见端倪。可以说，特殊盗窃的入罪恰恰正是轻罪立法的典型体现。

---

[*] 作者简介：黄卓成，浙江大学光华法学院博士研究生。

在轻罪时代下，面对以轻微犯罪为主的社会形势，必须充分认识到犯罪的重、轻、微差别，有针对性地采取犯罪治理方法，在犯罪分层的基础上，贯彻"严而不厉"的刑罚导向、"宽严相济"的刑事政策，实现轻罪时代犯罪治理的科学化、合理化、高效化。具体到特殊盗窃中，应充分认识特殊盗窃的轻罪本质，摒弃重罪重刑的治理思路，在轻罪犯罪治理理念的指导下，重新审视特殊盗窃在理论与实践中的问题，实现特殊盗窃的体系化治理。

一、特殊盗窃的三重困境

（一）入罪方面：是否要求数额限制

众所周知，德日等国采取的是"立法定性+司法定量"的二元立法模式，刑法条文只规定行为性质，行为的量不是立法的考量因素，而是司法裁判的衡量标准。而我国采取的是"立法定性+定量"的一元立法模式，"在界定犯罪概念时，既对行为的性质进行考察，又对行为中所包含的'数量'进行评价，是否达到一定的数量对决定某些行为是否构成犯罪具有重要意义"。[1]这种一元立法模式突出体现在我国刑法分则的财产犯罪、经济犯罪中，以数额犯、情节犯最为典型。数额犯，即《刑法》明文规定以一定数额作为犯罪成立条件或犯罪既遂条件的犯罪类型。传统的普通盗窃必须具备《刑法》第264条规定的"数额较大"才能构成犯罪，是典型的数额犯。但是，立足于刑法条文和司法解释，特殊盗窃的成立并不以"数额较大"为必要条件。可以说，特殊盗窃的存在动摇了"盗窃罪是数额犯"的根基。

关于特殊盗窃入罪是否要求数额限制，存在两种不同观点：一是否定说，认为特殊盗窃无论数额多少，一律入罪。如吉林省公安厅《关于调整办理盗窃犯罪案件立案标准的通知》规定，盗窃公私财物，属特殊盗窃的，立案不以价值论。又如在"罗某文盗窃案"[2]中，罗某文在乘坐公交车途中，扒窃乘客口袋里的1元现金，被公安干警当场抓获，被判处拘役3个月，并处罚金1000元。二是肯定说，认为特殊盗窃入罪亦须达到相应的数额标准。如有学者指出，既然特殊盗窃是侵犯财产罪，就不能离开侵财属性认为特殊盗窃分文未取也构成既遂，"特殊盗窃罪作为财产犯罪之一，适度设置定罪门槛乃

---

[1] 储槐植、汪永乐：《再论我国刑法中犯罪概念的定量因素》，载《法学研究》2000年第2期。
[2] 参见湖南省益阳市资阳区人民法院[2013]资刑初字第242号刑事判决书。

是必要的举措"。[1]可见,特殊盗窃的入罪标准尚不明晰。

(二) 出罪方面：出罪路径的选择

在我国特殊的一元立法模式下,"但书"的存在显得尤为重要。在数额犯、情节犯等刑法既定性又定量的犯罪中,行为没达到"数额较大""情节严重"的,可以认为"情节显著轻微危害不大",进而"不认为是犯罪"。从正面意义上看,其说明"社会危害大到一定程度才是犯罪"[2],从限制犯罪构成的角度看,又说明没达到一定社会危害程度的行为不构成犯罪,由此引申出了但书的出罪功能。但是,在特殊盗窃等刑法仅定性未定量的犯罪中,但书能否一如既往发挥出罪功能？有学者指出,在此类刑法仅作定性描述而排除罪量要素的犯罪中,"原则上可以根据行为符合罪状的定性描述,判定构成要件的该当性,但仍然不能排除例外情况下,结合个案具体情况,斟酌确定是否存在因'情节显著轻微危害不大'而'不认为是犯罪'的可能空间"。[3]正因如此,有学者主张,特殊盗窃重在惩治盗窃行为而非数额,但这并不意味着其能脱离数额限制,特殊盗窃并非在任何情况下均构成犯罪,符合但书规定情节显著轻微危害不大的,可不以犯罪论处。[4]

但是,但书如何具体发挥出罪功能,亦有两条路径：一是出罪标准说,在构成要件阶段先形式化判断行为是否符合罪状规定,在违法性阶段再依据但书实质化判断行为能否出罪；二是入罪限制说,在构成要件阶段即依据但书实质化判断行为是否具有足够的危害性。显然,二者的区别在于对但书体系地位的理解不同：前者认为但书属于构成要件之外的法律规定,应在违法性层面发挥出罪功能；后者认为但书是对构成要件的限制规定,在判断构成要件时即可实现出罪。此外,亦有学者主张依据德日刑法理论中可罚的违法性、社会相当性等理论进行出罪。如有学者依据可罚的违法性理论指出,否定但书成立即要求行为满足违法性的"质"与"量",从侵害行为僭越社会相当性的程度（质）以及法益侵害程度（量）两个方面综合判断特殊盗窃是

---

[1] 黄祥青：《盗窃罪的认定思路与要点》,载《人民司法》2014年第7期。
[2] 储槐植：《我国刑法中犯罪概念的定量因素》,载《法学研究》1988年第2期。
[3] 梁根林：《但书、罪量与扒窃入罪》,载《法学研究》2013年第2期。
[4] 参见陈家林：《论刑法中的扒窃——对〈刑法修正案（八）〉的分析与解读》,载《法律科学（西北政法大学学报）》2011年第4期。

否具备可罚的违法性。[1]可见,特殊盗窃如何出罪,依据何种路径出罪,仍需探讨。

(三) 附随后果:"轻罪不轻"难题

轻罪重罪的划分,不仅具有理论上的意义,在犯罪分类治理、配置司法资源、提高刑罚效益等方面均具有重要价值。[2]随着刑事立法的活性化,刑事法网愈大愈密,严重暴力犯罪数量与重刑率的下降和轻微犯罪数量与轻刑率的上升说明我国已经迈入轻罪时代。[3]在轻罪时代下,盗窃罪的治理成了犯罪治理的重中之重。以2021年为例,全国检察机关以盗窃罪罪名起诉20.2万人,占全国起诉人数的11.55%,仅次于危险驾驶罪。[4]除去犯罪学意义上的犯罪成因,盗窃罪如此高的犯罪率,亦要归因于扒窃等高发特殊盗窃被纳入刑法规制。在劳教时代,特殊盗窃属于不够刑事处罚的劳教规制范畴,出于打击犯罪的需要才入刑处理。但是究其根本,特殊盗窃与传统的重罪在社会危害性上存在本质区别。因此,在学界目光多聚焦于醉酒驾驶、高空抛物的轻罪治理的当下,亦应当认识到特殊盗窃的轻罪属性与治理的迫切需要。

在轻罪时代下,虽然轻罪往往对应轻刑的刑罚后果,但是前科制度的存在,导致轻罪亦会产生严重的犯罪附随后果,面临"轻罪不轻"难题。一是无期限的前科报告制度导致犯罪人持续承担法律责任和社会压力。根据《刑法》第100条之规定,受过刑事处罚的人具有前科报告义务,且通常没有明确的时间限制,意味着即便是醉驾等短暂自由刑犯罪,犯罪人在就业、参军等情境下,也必须如实报告前科信息。这种永久性的信息公开义务形成了一种长期且深远的犯罪附随后果。二是多维度的惩罚措施,极大地阻碍了犯罪人的再社会化进程。如有学者统计,我国的刑罚附随后果既包括三类资格禁止,还包括多达七类其他限制性规定,[5]在很大程度上影响了犯罪人重归社会后的职业选择和发展空间。三是"犯罪人标签"严重影响行为人及其家庭成员的社会生活,甚至会形成潜在风险。在信息化高度发达的社会背景下,

---

[1] 参见王昭武:《扒窃入罪:反思与限定》,载《法律科学(西北政法大学学报)》2014年第4期。

[2] 参见卢建平、叶良芳:《重罪轻罪的划分及其意义》,载《法学杂志》2005年第5期。

[3] 参见卢建平:《为什么说我国已经进入轻罪时代》,载《中国应用法学》2022年第3期。

[4] 参见《2021年全国检察机关主要办案数据》,载 https://www.spp.gov.cn/spp/xwfbh/wsfbt/202203/t20220308_547904.shtml#1,2024年1月1日访问。

[5] 参见王瑞君:《我国刑罚附随后果制度的完善》,载《政治与法律》2018年第8期。

一旦被贴上"犯罪者"的标签，个人在求职、居住、教育等众多生活领域便将遭受严重歧视与排斥，这种隐性附随后果往往会超越犯罪行为本身应受惩罚的程度，导致出现过度惩罚的现象。"在我国，犯罪处罚的严厉性不但体现在以自由刑为主的刑罚结构，而且还在于刑罚的附随后果严重，犯罪分子这一污名可能伴随终身。"[1]

因此，特殊盗窃入罪最为学界诟病的一点就是，本不具有严重社会危害的特殊盗窃，应属于劳教时代的劳教制度处罚惩治范围或后劳教时代的行政处罚惩治范围，将其入罪使之面临严重的刑罚处罚和附随后果，造成了罪刑不均衡和罪责刑不适应的结果。如何化解"轻罪不轻"，是推进轻罪立法必须面对的问题，也是特殊盗窃入罪必须解决的难题。

二、入罪方面：轻罪时代特殊盗窃行为犯的展开

（一）轻罪时代的行为犯与结果犯及其立法转化

关于特殊盗窃入罪是否需要数额限制，问题的本质在于，特殊盗窃是行为犯还是结果犯：若特殊盗窃是行为犯，实施特殊盗窃的行为即构成盗窃罪，无需数额限制；若特殊盗窃是结果犯，如果行为人未取得具有刑法评价意义的财物或未达到相应数额，即便实施了特殊盗窃行为，也不构成盗窃罪。至于成立犯罪的数额标准，则应当在结果犯的语境下再讨论。因此，特殊盗窃入罪的关键问题在于行为性质的认定。

1. 行为犯与结果犯

关于行为犯与结果犯的判断标准，我国存在不同观点。一是既遂标准说，以犯罪的既遂是否需要发生法定犯罪结果为区分依据，"行为犯指以法定犯罪行为的完成作为既遂标志的犯罪""结果犯指不仅要实施具体犯罪构成客观要件的行为，而且必须发生法定的犯罪结果才构成既遂的犯罪"。[2]二是成立标准说，以犯罪的成立是否需要发生结果为区分依据，"发生结果才构成犯罪的，是结果犯""没有发生结果也构成犯罪的，是行为犯"。[3]三是构成要件说，从犯罪构成的层面区分行为犯与结果犯，"所谓行为犯，是指刑法分则规

---

[1] 孙国祥：《新时代刑法发展的基本立场》，载《法学家》2019年第6期。

[2] 高铭暄、马克昌主编：《刑法学》（第10版），北京大学出版社、高等教育出版社2022年版，第147页。

[3] 张明楷：《法益初论》（增订本·下册），商务印书馆2021年版，第473页。

定的基本的犯罪构成不要求有危害结果的发生，只要实行行为一俟完毕，基本构成要件即为齐备的犯罪类型"。[1]四是时间间隔说，以行为与结果是否同时发生为区分依据，"行为犯是行为与结果同时发生的犯罪，因果关系与结果归属不成其为问题；结果犯则是行为与结果之间具有时间间隔的犯罪，需要判断行为与结果之间的因果关系与结果归属"。[2]

既遂标准说的问题在于，其以修正的构成要件为基础，事先设立一套既遂标准，之后再区分既遂与未遂，导致过失犯、间接故意犯等不存在犯罪未完成形态的犯罪没有行为犯与结果犯的区分。但同时，其又以过失犯以结果的发生为成立条件，得出"过失犯是结果犯"之论断，自相矛盾。构成要件说的问题在于，过于恪守刑法条文的规定，忽视了刑法分则在规定犯罪时因强调语言的简洁明了、通俗易懂而大多采纳笼统的、模糊的规定。依据该说，我国刑法分则规定的绝大多数犯罪都是行为犯，这样的理解过于表面。时间间隔说的问题在于，在结果犯的法定犯罪结果发生之前，行为与结果也是同时发生的，这就导致结果犯的未完成形态实际上是行为犯之结论。如在故意杀人中，杀人行为与死亡结果存在时间上的间隔，是结果犯；而故意杀人未遂时，杀人行为没有产生最终的死亡结果，最多造成重伤结果，但杀人行为和重伤结果同时发生，不存在时间上的间隔，是行为犯。事实上，该说最大的问题还在于，其脱离了具有犯罪类型化功能的犯罪构成要件，过分强调行为与结果在时间、空间上的物理差异，丧失了区分行为犯与结果犯在犯罪构成层面的意义。

相比之下，采纳成立标准说较为妥当。以犯罪的成立为判断标准，实施一定行为即可成立犯罪的，是行为犯；实施行为同时要求发生犯罪结果才可成立犯罪的，是结果犯。在理解上，还应当注意以下问题：①行为犯与结果犯是犯罪构成要件层面的问题，而不是刑法分则的条文规定或者行为与结果的物理差异问题。②行为犯与结果犯在构成要件方面具有犯罪类型化功能，在犯罪成立中负责犯罪结果是否发生之判断。③行为犯的行为，并非没有产生任何结果，只不过，这种结果既可能是现实的客观危害，也可能是抽象的法益危险，行为犯的处罚依据并非行为本身无价值。④行为犯与结果犯，都

---

[1] 李希慧、童伟华：《论行为犯的构造》，载《法律科学》2002年第6期。
[2] 张明楷：《刑法学》（第6版），法律出版社2021年版，第216页。

可能存在既遂犯与未遂犯。即便是行为犯，因行为具有一定的实施过程，也会存在未遂犯。以抢劫罪为例，在行为人实施了暴力但尚未抢得财物时即被抓获，应为未遂犯。⑤在同一罪名下，可能同时存在行为犯与结果犯，应当根据刑法规定的犯罪成立条件具体判断。以寻衅滋事罪为例，随意殴打型只需情节恶劣即可成立犯罪，可以视为行为犯，起哄闹事型需要造成公共场所秩序严重混乱才可成立犯罪，应当属于结果犯。

2. 轻罪时代下行为犯与结果犯的立法转化

行为犯与结果犯是依据犯罪构成对犯罪进行的分类，但是二者之间并非存在不可逾越的鸿沟。事实上，行为犯与结果犯实质不同的原因是立法对犯罪成立的规定罪状不同。因此，在犯罪圈扩大化、立法活性化、预防前置化的轻罪时代，基于刑事立法的需要，行为犯与结果犯完全可能实现立法转化。

（1）结果犯转化行为犯。结果犯以结果发生为犯罪成立之必要，而行为犯无须考虑结果因素，前者转化为后者，说明犯罪成立的时间点提前，刑法打击力度加大。这种立法的扩张化和前置化天然具有侵犯公民自由的本质，因此应当严格限制。本文认为，结果犯转化行为犯必须基于以下情形：一是法益增加。行为的性质、方式或潜在影响，已经对新的、更广泛的法益构成威胁时，可基于保护新法益的需要使其提前转化为行为犯。以污染环境罪为例，过去的污染环境罪因罪状中"造成重大环境污染事故，致使公私财产遭受重大损失或者人身伤亡的严重后果的"之规定被公认为结果犯，但《刑法修正案（八）》将其修改为"严重污染环境的"，虽然当下学界关于该罪究竟是行为犯还是结果犯仍有争议，但不可否认的是，立法的这一修改有从结果犯过渡为行为犯之倾向。而在本文看来，转化的原因就在于增加了环境法益为新的保护法益，或者说，是纯粹的人类中心主义向生态学的人类中心主义之转变。二是情节增加。特定的、严重侵害法益的情节出现，体现行为人具有较大的人身危险性，可基于犯罪预防的需要舍弃犯罪成立的结果因素。以销售侵权复制品罪为例，过去的销售侵权复制品罪以违法所得数额巨大为定罪标准，是典型的结果犯，但《刑法修正案（十一）》在之后增加了"其他严重情节的"亦可构成本罪，使本罪存在行为犯之可能。三是惩治犯罪的需要。一些具有高度社会危害和潜在危险的行为，如恐怖主义、网络犯罪等领域的违法行为，虽然尚未造成实际损害结果，但其一旦实施就可能导致严重后果，对国家、社会、公民构成重大威胁。基于惩治犯罪的需要，也可将其转化为行为犯。以扰乱无线电通讯管理秩序罪为例，《刑法修正案（九）》将构成要件中的"造成严重后果"修改为"情节严重"，加大了对情节特别严重行为的惩治力度，使本罪由结果犯转为行为犯。

（2）行为犯转化结果犯。行为犯转化为结果犯，意味着成立犯罪不仅需要考虑行为，而且需要认定行为造成的结果，使原本宽泛的处罚范围缩窄，也使危害不大的犯罪实现出罪。出于对罪刑相适应原则和刑法谦抑性的坚守，选择在行为犯中加入结果要素，确保只有在行为造成了一定程度的危害结果时才予以刑事处罚，能够更精准地打击具有实质社会危害的行为，实现刑罚精确化。但是，从修法目的角度来看，不妨将行为犯向结果犯的转化理解为，是立法对原有行为犯构成要件的修正或补充，是对社会观念转变、价值取向变化、公众权利保护意识提高的回应。以骗取贷款、票据承兑、金融票证罪为例，《刑法修正案（十一）》删去了基本犯的"有其他严重情节"，只保留了"给银行或者其他金融机构造成重大损失"这一后果要件，使本罪不再保留行为犯的空间。

（二）轻罪时代特殊盗窃行为犯的合理证成

基于前文所述，应以成立标准说为依据区分行为犯与结果犯。在此标准下，普通盗窃因要求"数额较大"才成立犯罪，当然属于结果犯。但置于盗窃罪罪名之下的特殊盗窃，是否亦为结果犯？本文认为，特殊盗窃属于行为犯，实施了入户盗窃、携带凶器盗窃、扒窃的行为，即构成特殊盗窃，成立盗窃罪，不以行为人实际取得财物或取得一定数额标准的财物为必要。进一步说，特殊盗窃的入罪正是轻罪时代结果犯向行为犯立法转化的典型。

根据《刑法》第264条之规定，可以得出特殊盗窃当然属于行为犯的结论。依据法条的规定，普通盗窃与数额较大二者结合，同多次盗窃、入户盗窃、携带凶器盗窃、扒窃并列，共同作为盗窃罪的五种行为方式。可见，数额较大的限制仅针对普通盗窃，并不影响特殊盗窃的认定。同时，因为已经在普通盗窃中设定了数额较大标准，所以不能认为特殊盗窃的独特规定是立法者的疏漏，而应当被认为是立法者的有意为之。因此，从恪守刑法条文规范的角度，特殊盗窃的成立仅需实施行为即可，无须结果发生，当然属于行为犯。

从特殊盗窃的立法目的来看，行为犯的结论能够实现社会稳定和公平正义。考察立法者关于特殊盗窃入罪的解读，可以发现，立法本意就是将特殊盗窃作为行为犯看待，不以数额论。主要理由有：一是特殊盗窃具有危害公民安全的潜在风险。相较于普通盗窃，入户盗窃、携带凶器盗窃、扒窃不仅侵犯公民财产，对群众日常生活的安全感亦会造成威胁，因此行为入罪体现了对公民人身安全的提前保护。[1]二是特殊盗窃结果数额的不确定性会影响量刑公正。特殊盗窃实施时，行为人是否能够成功取得财物以及所窃取的财物数额往往具有不确定性。如行为人非法进入他人住所行窃，被害人家中可能存放构成数额巨大的大量现金，也可能家徒四壁导致行为人空手而归。最终窃取财物的多少，取决于多种偶然因素，并非行为人在实施行为之初就能准确预见和控制。同样，携带凶器盗窃和扒窃的行为人也无法确保在盗窃之前便获知具体数额。倘若认为特殊盗窃为结果犯，便将犯罪成立和刑罚发动与否交给行为人窃取的犯罪数额这一偶然因素，显然有失公平。事实上，在结果不便衡量或结果具有偶然性的犯罪中，行为犯由于法律规定的不需要考虑结果之构造，使其成为能够脱离结果而独立判断的犯罪类型，"对于结果不便衡量的犯罪具有立法中的绝对意义"。[2]

从特殊盗窃的司法适用来看，行为犯的结论能够实现罪刑均衡和人权保障。学界通常认为，依据刑法谦抑性和最后手段属性，行政违法行为需要达到一定的量，即足够的社会危害性，才能发生质变，达到刑罚处罚的程度，否则仍属于行政不法范畴。将轻微侵害法益的行为作为行政法调整的内容，不仅能实现行为的妥当处理，还能避免刑法过度扩张，造成行政不法和刑事不法的区分困难。本文认为，此观点是从刑事法和行政法区分的角度进行的理论判断，缺乏对我国实际司法状况的考察。事实上，推动轻罪时代的轻罪立法，将特殊盗窃作为行为犯入罪，不仅不会造成刑法与行政法的衔接困难，反而有助于推动司法公正。在特殊盗窃入罪前，其属于行政法规制范畴，这意味着是否需要作出行政处罚和处罚的种类、方式、程度均由行政执法机关决定。而在特殊盗窃频发的当下，要想实现全国执法标准统一，做到司法公正，可谓难上加难。因此，有学者提出："将各种严重的、轻微的犯罪行为纳入刑法进行规制，由法院依法适用制裁程度不同的刑罚，正是依法治国的要

---

[1] 参见朗胜：《〈刑法修正案（八）〉解读》，载《国家检察官学院学报》2011年第2期。
[2] 郑飞：《行为犯论》，吉林人民出版社2004年版，第247页。

求,也是社会成熟的表现。"[1]"将占犯罪总量绝大多数的轻微案件(例如我国的治安案件)纳入法治化的处理轨道,不仅有助于扩大法官参与社会治理的范围与权限,防止行政权的滥用,而且通过为相关当事人提供必要的司法保障(如独立、公平、公正、及时审判、辩护权等),有效地发挥刑法的人权保障功能。"[2]在劳教时代下,作为行政处罚的劳教制度可限制和剥夺公民人身自由长达1年~3年,严厉程度甚至远超刑罚。相较于公安机关自主专断作出严厉的行政裁决,将剥夺犯罪人的人身自由之权力交由检察院和法院行使,更能体现社会正义和对犯罪人的人权保障。这种"严而不厉"的立法模式正是轻罪时代犯罪治理的应然选择。

此外,如前所述,特殊盗窃入罪的主要考量是其具有危害公民人身安全的潜在风险。事实上,依据本文观点,特殊盗窃入罪说明其保护法益已经由单一的财产法益转向为财产和人身的双重法益,而人身法益的增加,正是入罪的主要原因。结合轻罪时代行为犯与结果犯的立法转化特性,可进一步推断,人身法益的增加,说明特殊盗窃本质上已经不同于传统的普通盗窃,在犯罪类型上已经从普通盗窃的结果犯,经立法转化为行为犯。

综上,行为犯与结果犯的区分应采纳成立标准说,以犯罪成立是否需要发生结果为判断依据。在轻罪时代下,二者存在互相立法转化的可能,而特殊盗窃就是典型的结果犯立法转化为行为犯之产物。无论是从文理解释、目的解释、司法适用,还是轻罪时代的犯罪类型转化,都能得出特殊盗窃属于行为犯的结论。因此,实行入户盗窃、携带凶器盗窃、扒窃的行为即可成立特殊盗窃,构成盗窃罪,行为人是否取得财物以及财物的价值大小在所不问。

三、出罪方面:轻罪时代特殊盗窃的实质解释

(一)路径选择:实质解释与保护法益

我国《刑法》第13条规定了犯罪的概念,后半段但书反过来对什么不是犯罪进行了说明。由此,但书规定在我国始终承担着出罪功能。但是,但书如何发挥其功效,理论上存在出罪标准说和入罪限制说两种观点。以《刑法》第13条为依据,前者采纳法条的判断模式,先认定犯罪,再依据但书认为不

---

[1] 张明楷:《日本刑法的发展及其启示》,载《当代法学》2006年第1期。
[2] 卢建平:《犯罪分层及其意义》,载《法学研究》2008年第3期。

够刑罚处罚必要性从而出罪；后者以法条整体作为犯罪的判断标准，直接在构成要件中认为不符合犯罪构成而不是犯罪。应当说，入罪限制说更具合理性。其一，通说认为，构成要件具有违法推定机能，符合构成要件的行为，原则上推定具有违法性。倘若此后再以但书认为行为欠缺处罚必要性或社会危害性出罪，不仅于理无据，还会导致判断的混乱。因此，应当将但书理解为构成要件层面的范畴，是犯罪构成中的消极判断，发挥判断是否成立犯罪之功能。其二，没有理由在构成要件中判断行为符合犯罪构成后，又依据但书认为其"情节显著轻微""危害不大"。构成要件不应只做纯粹的形式理解，应当认为立法者是通过构成要件的设置对意图打击的犯罪行为做了实质性规定，符合构成要件的行为即具备处罚必要性。因此，但书之规定也应当作实质理解。"刑法分则关于各罪的犯罪构成要件规定是实质化的，在具体犯罪的构成要件（犯罪化规定）中，不可能把'情节显著轻微危害不大，不认为是犯罪'的情形规定为危害行为，如果行为已经符合刑法分则规定的犯罪构成要件，该行为就已经属于犯罪。"[1]

本文认为，不宜以但书作为特殊盗窃的出罪依据。一方面，但书主要体现的不是出罪功能，而是入罪的限制功能。入户盗窃、携带凶器盗窃、扒窃正是由于行为的社会危害性较大，通常具有对公民财产和人身安全的重大危险，才作为犯罪打击，故不宜认为其行为又属于"情节显著轻微""危害不大"。另一方面，但书的开放性决定了其能广泛运用在我国的司法实践中，尤其是在社会影响重大的疑难复杂案件中能发挥重要作用。但是，也正是由于开放性的特点，其在我国作为一种出罪事由已经过多承担出罪任务，在一定程度上产生冲击罪刑法定原则之危机。因此，为避免但书的滥用，在能以其他方式达到出罪目的的情况下，不宜轻易动用但书，亦即，应当在刑法体系中寻找其他出罪路径，缓解但书的出罪重担。此外，关于以可罚的违法性、实质违法性等理论作为出罪依据的观点，其只不过是在阶层论犯罪体系下针对形式违法提出的完善办法，与我国社会危害性、但书的规定有异曲同工之处，况且可罚的违法性、实质违法性在阶层论中的体系地位尚有争议，不宜生搬硬套。

本文认为，应采纳实质解释的出罪路径，结合特殊盗窃的刑法规范，进

---

[1] 周光权：《论刑事一体化视角的危险驾驶罪》，载《政治与法律》2022年第1期。

行解释出罪。刑法学的本体是解释学，刑法学的根本任务是解释和适用刑法规范。实质解释强调对刑法条文的内涵与外延进行深度剖析，运用法律解释方法，结合刑事政策，联系立法原意，多维度、全方位把握和评价行为的社会危害性和刑罚必要性。而在实质解释中，究竟以何为依据进行出罪解释，也是需要阐明的问题。本文认为，应结合特殊盗窃的保护法益对入户盗窃、携带凶器盗窃、扒窃进行规范阐释，实现合法入罪与合理出罪。法益对构成要件具有解释和规制的机能，能帮助确定行为是否属于刑法评价范围，能否动用刑罚处罚。"法益是指导构成要件实质解释的工具，也是实现限定刑法处罚范围与出罪的工具。"[1]因此，以法益为依据进行实质判断，能够在解释论上获得合理的结论。

关于盗窃罪的保护法益，学界通常认为是单一法益，即财产权。但是，特殊盗窃不计数额入罪，打破了单一法益的传统观点，逐渐转向多元法益。在此过程中，关于特殊盗窃的保护法益，也产生了不同观点。一是"财产+人身说"，认为特殊盗窃具有严重的社会危害性，且日益猖獗，实践中往往会对公民的人身安全造成较大威胁，将特殊盗窃纳入刑法正是出于对公民人身安全的保护，人身权益当然成为财产权益后又一重要法益。[2]二是人的主观不法说，认为实施特殊盗窃的行为人，具有比一般盗窃犯更为严重的主观不法属性和程度，客观行为的不法和行为人主观的不法相结合，才是特殊盗窃入罪的出发点。如有学者指出，并非行为人实施扒窃行为即可构罪，而必须能够认定行为人扒窃成性或以此为业，或至少有相关前科记录与品格证据证明其意图以此为业，才可认定属于扒窃。[3]三是多元化法益说。该说并非某一种理论观点，而是主张根据入户盗窃、携带凶器盗窃、扒窃的具体类型具体分析法益，本文统称为多元化法益说。例如，有学者认为，入户盗窃保护的法益是住宅居住的安宁权和被害人的人身权，侵入住宅当然侵犯住宅的安宁权，又由于住宅的封闭性，被害人寻求外部救援明显困难，故还侵犯人身权。[4]又如，有学者认为，扒窃保护的法益是贴身禁忌，是指未经允许或缺乏法律根

---

[1] 刘艳红：《实质出罪论》，中国人民大学出版社2020年版，第181页。
[2] 参见朗胜：《〈刑法修正案（八）〉解读》，载《国家检察官学院学报》2011年第2期。
[3] 参见梁根林：《但书、罪量与扒窃入罪》，载《法学研究》2013年第2期。
[4] 参见陈伟强：《特殊盗窃犯罪既遂标准探析》，载《河南大学学报（社会科学版）》2016年第5期。

据，不得侵入他人的贴身范围，强调人的身体的隐私和尊严。[1]还有学者认为扒窃保护的仍然是财产安全，具体是指空间上的公用场所，对象上的他人出门在外携带供随身使用的少量物品。[2]分析来看，人的主观不法说过于激进，不仅面临如何认定盗窃为业、盗窃习性的难题，还需要解释这种人格特征的因素如何在犯罪论体系中存在。多元化法益说虽然认识到了特殊盗窃较普通盗窃更为严重的客观危害，但尚停留在表面，未深入分析，也缺乏系统性思考对三种盗窃行为的共性提炼总结。如入户盗窃的"入户"侵犯住宅安宁权是毫无疑问的，但这仅仅是入户行为造成的必然结果。其本质在于，进入他人住宅盗窃相较于普通盗窃，会对被害人的人身安全造成危险。此外，携带凶器盗窃的"携带"、扒窃的"偷扒"也不具有与"入户"同等的法益侵害。

本文认为，特殊盗窃保护的法益应当是财产与人身的双重法益。其中，人身权为主法益，财产权为次法益。《刑法修正案（八）》将特殊盗窃入罪，正是因为考虑到实践中入户盗窃、携带凶器盗窃、扒窃行为严重威胁到了公众的日常生活安全，往往具有进一步伤害被害人人身的危险。相较于财产权，人身权具有更大的保护重要性和必要性，后者才是特殊盗窃入罪的主要考量。因此，根据人身权为主、财产权为次的双重法益论，特殊盗窃必须是对被害人具有严重人身侵害危险的行为，未对人身权造成危险或完全不侵犯人身权的入户盗窃、携带凶器盗窃、扒窃，不构成盗窃罪。由此，通过对法益的实质解释和判断，可以实现特殊盗窃的出罪。

（二）入户盗窃的出罪解释

1."户"的范围

根据最高人民法院、最高人民检察院于2013年颁布的《关于办理盗窃刑事案件适用法律若干问题的解释》（以下简称《盗窃解释》）第3条第2款的规定，"户"是指"供他人家庭生活，与外界相对隔离的住所"，可见"户"有三个基本特征：一是本质特征，户是"住所"，是能够提供日常生活居住的地方；二是物理特征，户"与外界相对隔离"，外人不可随意进出；三是功能特征，户能"供他人家庭生活"，满足家庭生活的基本需求。在通常情况下，集

---

[1] 参见车浩：《"扒窃"入刑：贴身禁忌与行为人刑法》，载《中国法学》2013年第1期。
[2] 参见陈洪兵：《财产犯罪之间的界限与竞合研究》，中国政法大学出版社2014年版，第172页。

体宿舍、旅店宾馆、临时搭建的工棚等场所可能因欠缺家庭生活的功能性基础而不被认为是"户"。在本文看来，相比于普通盗窃，入户盗窃更为严重的社会危害体现在：一方面，住宅是公民个人生活居住的场所，属于私人领域，其与外界相对隔离的性质能够为公民提供安全感、归属感、幸福感，但是入户盗窃打破了这种平衡，宛如使住宅成为他人可以随意出入的公用场所，造成了户内人员的恐慌，严重损害了由住宅带来的生活安宁和隐私安全。另一方面，盗窃发生在私人住宅内，更容易与户内人员遭遇，增加了盗窃转化为暴力犯罪的风险，如抢劫、伤害甚至杀人等恶性案件发生的可能性，住宅的封闭性也导致被害人往往处于孤立无援的境地。因此，应重点强调"户"的"与外界相对隔离"的特征，不应过分重视其在提供家庭生活层面的意义，以居住成员是否具有亲属关系认定"户"内是否形成"家庭生活"的观点，已经偏离了刑法打击入户盗窃的本意。因此，与外界相对隔离的、形成相对稳定的生活居住的场所，可以被评价为"户"。牧民的帐篷、渔民生活的渔船、租用的宿舍等属于"户"，集体宿舍、临时搭建的工棚等符合上述条件的，也可以认为是"户"。

2. "入户"的目的

最高人民法院 2016 年颁布的《关于审理抢劫刑事案件适用法律若干问题的指导意见》提到，认定"入户抢劫"，要注重审查行为人"入户"的目的，将"入户抢劫"与"在户内抢劫"区别开来。虽然司法解释对入户盗窃的"入户"没有作出类似规定，但是"入户"目的同样是认定入户盗窃的重要问题，实践中也要将"入户盗窃"与"在户内盗窃"区分开来。学界通常认为，合法进入他人住宅后进行盗窃的，不宜认定为入户盗窃，但是论述依据往往停留在伦理层面的近亲属盗窃不宜入罪，缺乏刑法规范层面的考察。如有学者指出："如果将正当入户后的盗窃行为认定为盗窃罪，就不当扩大了处罚范围，特别是扩大了亲属间、朋友间小额盗窃的处罚范围。"[1] 在本文看来，合法入户后盗窃不属于入户盗窃的根本原因在于：从保护法益的角度来看，合法入户的行为人通常不会对户内人员的人身安全形成危险。合法入户说明行为人与户内人员之间并非一般的陌生人关系，在征得户内人员同意后入户，当然不会对住宅的生活安宁和隐私安全造成威胁，也不会干扰户内人

---

[1] 张明楷：《刑法学》（第 6 版），法律出版社 2021 年版，第 1244 页。

员的正常生活居住,即便盗窃行为被当场抓包,转化为后续对户内人员的暴力犯罪的可能性也极低,因此应当属于"在户内盗窃",与"入户盗窃"有本质区别。但是,在入户之前就具有非法目的,事先已经想好利用自己的熟人身份进入户内再盗窃的,即便是合法入户,也不能否认其有对户内人员人身安全造成危害的意思,应认定为入户盗窃。

(三) 携带凶器盗窃的出罪解释

1. "凶器"的范围

根据《盗窃解释》的规定,"凶器"是指"枪支、爆炸物、管制刀具等国家禁止个人携带的器械"或"其他足以危害他人人身安全的器械"。与之类似,携带凶器抢夺也有关于凶器的规定,且从法条表述上看,二者不存在明显区别,但事实上二者关系如何?能否作同一理解?本文认为,携带凶器盗窃的"凶器"范围应当小于携带凶器抢夺的"凶器"范围。携带凶器抢夺的,法律拟制为抢劫罪。因此,对抢夺的"凶器"范围应当进行限缩。但是携带凶器盗窃的,只是盗窃的一种行为方式,并不会产生法律拟制的效果,仍然构成盗窃罪,因此可根据案件情况对"凶器"的范围进行适度扩大。事实上,前者范围更窄的依据在于,携带凶器的抢夺,社会危害性更大,凶器对行为人的心理助益更强而对被害人的心理威慑更大,且抢夺通常具有即刻对抗性,抢夺后一旦发生被害人的追逐反击,凶器的使用可能性更大,极易对被害人造成进一步的伤害。但是,盗窃行为往往是秘密的、非即刻对抗的、非即时发现的,凶器的使用可能性较小,也不易演变为暴力犯罪。故有学者指出:"在携带凶器抢夺的情况下,该携带行为对被害人有具体的、现实的、紧迫的危险;但是,在携带凶器盗窃的情况下,携带行为仅对被害人有相对抽象的、立法上设定的、并不紧迫的危险。"[1]但是,即便可以扩大解释,凶器也必须"足以危害他人人身安全",能够对被害人形成现实危险。盗窃的作案工具一般不宜被认定为"凶器",除非可以证明其具有明显的杀伤力或亦可作为凶器使用。

2. "携带凶器"的认定

关于"携带凶器"的认定,要注意以下问题:首先,携带凶器指的是行为人为了实施盗窃而携带凶器,如果基于正常工作、业务等情况随身携带具

---

[1] 周光权:《从法益保护角度理解"携带凶器盗窃"》,载《人民检察》2014年第6期。

有杀伤力的器械，一般不宜被认定为携带凶器盗窃，但是可以认定行为人对自己携带的凶器性质有认识且不排除使用意愿的除外。其次，携带凶器不要求行为人现实的显示、展露、使用。携带本身不包含显示、展露、使用，只要查明行为人盗窃时有携带凶器的事实即可。携带凶器盗窃的，又采用明示或暗示的方式，意图使被害人知晓凶器存在，以压制被害人反抗、利用凶器实施暴力、以凶器胁迫被害人的，应成立抢劫罪。再次，凶器不要求行为人随身携带。根据最高人民法院2005年颁布的《关于审理抢劫、抢夺刑事案件适用法律若干问题的意见》的规定，携带凶器抢夺的，要求行为人"随身携带"凶器，但是《盗窃解释》关于携带凶器盗窃的规定，没有"随身"一词，可见，携带凶器盗窃并不要求携带凶器具有随身性。在抢夺的场合，行为人与被害人之间通常距离较近、侵害较大，对凶器使用可能性的要求当然更高，而盗窃相对缓和、侵害较小，对凶器能否立刻使用的要求不大。最后，携带凶器要求行为人对凶器具备现实、紧密的支配性。虽然凶器不要求随身性，但从保护被害人人身安全法益的角度出发，携带凶器必须具有随时可以使用凶器的可能，必须要求行为人对凶器具有现实的、紧密的支配可能，而不是通常意义上的占有、持有。如将凶器放在停靠路边的车里，凶器随时可以被使用。但是，将凶器放在停靠在马路对面、停车场的车里时，凶器不能被行为人紧密支配，不属于携带凶器。

（四）扒窃的出罪解释

1. 扒窃的地点

根据《盗窃解释》的规定，扒窃是指"在公共场所或者公共交通工具上盗窃他人随身携带的财物"，其中针对扒窃的发生场所作了两个限定，即公共场所或公共交通工具。但是，学界对扒窃是否必须发生在公共场所产生了肯定说与否定说的争论：肯定说认为，公共场所具有人群流动性大、密度性大以及人员陌生性大等特征，在公共场所实施的扒窃，不仅侵犯了公民的财产安全，还威胁了公民的人身安全，甚至侵害公共场所的秩序和公众的社会安全感。[1]否定说认为，强调扒窃必须被限定在公共场所，可能导致对发生于"户"与公共场所中间模糊区域的扒窃行为定性困难，造成刑法漏洞。在非公

---

［1］参见陈家林：《论刑法中的扒窃——对〈刑法修正案（八）〉的分析与解读》，载《法律科学（西北政法大学学报）》2011年第4期。

共场所发生的扒窃行为，其社会危害性和所反映的行为人人身危险性未必比发生在公共场所的扒窃行为小。[1]本文认为，虽然扒窃行为大多发生在公共场所，但是理论上，不能否认在非公共场发生的扒窃。一方面，从保护法益的角度来看，扒窃往往伴随着对被害人身体的近身接触或潜在的人身威胁，这种侵犯个人空间和安全感的行为是对人身权的严重侵害。例如，在私人车辆、办公室等相对封闭且具有私密性的非公共场所内发生的扒窃，同样会给受害人带来极大的心理压力和不安全感，因此，即便这些地点并非传统意义上的公共场所，其社会危害性并不会因此而减弱。另一方面，从扒窃的特征来看，扒窃的核心特征是采用秘密手段，在被害人不知情或未察觉的情况下非法占有财物。这种秘密性和即时性并非仅存在于公共场所，只要行为人通过隐秘方法偷扒财物，无论场所性质如何，都符合扒窃的本质特征。

2. 扒窃的财物范围

根据《盗窃解释》的规定，扒窃的财物应当是"他人随身携带的财物"，但是如何理解"随身携带"，存在不同观点。一是贴身说，认为应将财物限定为未离开被害人人身的财物，即被害人的身体应当与财物有接触，如衣服口袋内的物品、手提肩背的包、坐躺倚靠时与身体有直接接触的行李。盗窃放置于公共交通工具行李架上的财物不是扒窃，即便盗窃被害人座位旁边、挂在座椅背上的衣服口袋或者包中的财物，也不是扒窃。[2]二是近身说，认为除了未离身的贴身财物之外，还应当包括近身的财物，即置放在身边，一伸手就可以接触到的"伸手可及"的财物。[3]三是支配说，认为除了贴身和近身的财物外，封闭在特定空间中且处于观念支配之下的财物，即使距离财物较远，仍属被害人随身携带。[4]本文认为，支配说对财物的认定过于宽泛，不仅判断标准难以统一，而且会造成司法上的区分困难。财物究竟在多远的范围内才可被认定处在观念的支配下？以多远的范围为界区分扒窃和普通盗窃？同一车厢内车头的人能否对车尾的行李箱形成支配？如果间隔一个车厢呢？可见，该说的最后判断标准仍然是人的主观判断。至于选择贴身说还是

---

[1] 参见肖中华、孙利国：《"扒窃"犯罪成立要素的合理界定——侧重于行为无价值论的基本立场》，载《政治与法律》2012年第9期。

[2] 参见黎宏：《刑法学各论》（第2版），法律出版社2016年版，第319页。

[3] 参见孙国祥：《论扒窃犯罪之"随身携带的财物"》，载《山东警察学院学报》2015年第4期。

[4] 参见张苏：《扒窃犯罪构成要件的法教义学理解》，载《法学家》2019年第2期。

近身说，还是应当回归对扒窃行为保护法益的解释。根据人身权为主、财产权为次的双重法益论，扒窃行为不仅侵犯了公民的财产权，同时对人身自由和安全构成潜在威胁。扒窃秘密、快速的行为特征，使得其法益侵害大小与人身距离成正比，即扒窃与人身距离越近，对人身安全造成的危险越大。因此，只有采纳贴身说的观点，才能充分说明扒窃对人身权法益的潜在危险。

四、附随后果：轻罪时代特殊盗窃附随后果的消除

（一）严而不厉：刑罚制裁的价值追求

当前，在司法实践中，关于轻罪的处理，仍然存在过度依赖监禁刑等严厉制裁手段的问题，导致过分追求报应效果和附随后果，陷入刑罚制裁"厉而不严"的困境。随着轻罪时代的到来，刑罚制裁的目的由单纯的惩罚转向预防和教育，是司法者必须面对的现实。以特殊盗窃为代表的许多轻罪，由于社会危害性相对较轻，刑罚手段应更注重教育矫正，而非轻罪重罚。过去，我国数次"严打"的实践表明，刑罚量与犯罪量之间并非简单呈现反比关系，过度追求"轻罪重罚""厉而不严"，反而可能导致犯罪率报复性增长。[1]结合我国宽严相济的刑事政策，为实现刑事司法的价值与作用，建设和谐社会，应将"严而不厉"作为刑罚制裁的价值追求。

所谓"严而不厉"，"严"是指要加强刑事法网的严密程度，"不厉"是指要减轻刑罚的严厉程度。构建严密的刑事法网意味着刑法必须扩大犯罪圈，及时回应社会风险，将更多的严重违法、轻微犯罪行为纳入刑法范围，提高刑罚的适用性和震慑力，消除刑事法网的"漏网之鱼"。同时，适度减轻刑罚的严厉程度、营造宽松的社会环境，既能满足我国"宽严相济"的刑事政策要求，也可顺应文明社会的发展趋势。但是，"严"和"不厉"都是有限度的。一方面，"严"不是无限度地扩大刑事法网的覆盖范围；另一方面，"不厉"亦非无限制地采取轻缓的制裁手段。换言之，对于轻微犯罪，应更多地考虑非刑罚、非监禁化的制裁措施，而对于严重犯罪，则必须确保犯罪化、刑罚化、监禁化。[2]

---

〔1〕 参见牛忠志、于鸿峣：《当代中国轻罪制裁体系的系统反思与优化》，载《河北学刊》2023年第3期。

〔2〕 参见关振海：《从"厉而不严"到"严而不厉"：中国刑法结构的发展趋向》，载《理论与现代化》2009年第4期。

以特殊盗窃为例。在实践中，入户盗窃、携带凶器盗窃、扒窃行为具有较强的隐蔽性、突发性和危害性，不仅侵犯了被害人的财产，还威胁到了其人身安全和生活安宁，破坏了社会的稳定和谐。因此，将其从行政处罚范围中单列出来，作为盗窃罪的行为类型进行入罪处理，在本质上是推进轻罪时代的轻罪立法，是严密刑事法网之举，体现了"严而不厉"的"严"。但是，从行为本质、社会危害、刑罚量刑和与其他罪名的对比来看，特殊盗窃又尚属于轻罪范畴，远达不到重罪的标准。因此，即便特殊盗窃入罪，也不应当对其适用过重的刑罚处罚，体现了"严而不厉"的"不厉"。为此，只有坚持"严而不厉"刑罚制裁的价值追求，才能既实现打击犯罪的目的，又实现犯罪预防的效果。

（二）前科消灭：轻罪治理的制度选择

根据我国《刑法》关于前科报告制度的规定，依法受过刑事处罚的人，在入伍、就业的时候，应当如实向有关单位报告自己曾受过刑事处罚，不得隐瞒。正是因为前科制度的存在，导致轻微犯罪的犯罪人在刑罚执行完毕后，仍然面临与重罪犯罪分子类似的严重附随后果。毫不夸张地说，有时轻罪的附随后果可能比轻罪本身更为严重。如何化解"轻罪不轻"的难题，是推进轻罪立法必须面对的问题，但这不是否认轻罪立法的理据。诚如学者指出的："不应以附随后果的严厉性为根据否认轻罪立法，而应修改有关附随后果的规定，继续推进和完善轻罪立法。"[1]换言之，在立法已成事实的当下，与其批评轻罪立法，不如消除犯罪的附随后果。

随着轻罪立法的不断推进，刑法中的轻微罪名只会增加、不会减少，倘若再继续坚持传统的前科报告制度，势必会导致刑罚结构呈现"又严又厉"的局面，走向另一个极端。鉴于犯罪记录所产生的严重附随后果和连带影响已经明显削弱了轻罪立法的积极正面效应，我国有必要设立轻罪的前科消灭制度，在适宜时机对轻罪犯罪人的前科记录进行清除。前科消灭的核心理念是：对于犯罪情节较轻、已经接受刑事处罚的犯罪人，在一定时期后，消除其犯罪记录，使其在就业、教育等方面不受歧视，促进其重新融入社会。

本文认为，构建前科消灭制度，可以从以下方面入手：①缩减前科报告义务的范围。理论上，通常认为前科与前科报告义务等同，即有前科的人当

---

[1] 张明楷：《轻罪立法的推进与附随后果的变更》，载《比较法研究》2023年第4期。

然具有前科报告义务。但事实上，二者的范围未必相同。根据《刑法》第100条第2款的规定，犯罪时不满18周岁，被判处五年有期徒刑以下刑罚的人，免除前款规定的报告义务。此外，定罪免刑的，亦不属于受过刑事处罚的人，也不具有前科报告义务。由此可见，前科与前科报告义务是分离的。既然二者并非必然关联，则可以进一步缩减前科报告义务的范围，免除更多犯罪人的前科报告义务，使其在重返社会就业求职的过程中，免受歧视。如免除宣告刑为三年以下有期徒刑的轻罪犯罪人的前科报告义务。②扩大犯罪记录封存的范围。最高人民法院、最高人民检察院、公安部、司法部2022年颁布了《关于未成年人犯罪记录封存的实施办法》。其中第2条规定，侦查、起诉、审判及刑事执行过程中形成的有关未成年人犯罪或者涉嫌犯罪的全部案卷材料与电子档案信息均应当封存，体现了对未成年人的特殊保护。但是，宣告刑为五年以下有期徒刑的未成年人所犯之罪，未必比宣告刑为三年以下有期徒刑的成年人所犯之罪的社会危害低，未成年人由于身心发展不完全、情绪不稳定、法律意识淡薄等原因，人身危险性甚至较成年人有过之而无不及。如果前者可以基于教育、拯救的目的进行犯罪记录封存，那么就没有理由否定后者亦可根据犯罪预防的目的进行犯罪记录封存。因此，可以对宣告刑为三年以下有期徒刑的轻罪犯罪人的犯罪记录进行封存。③建立前科消灭制度。具体而言：在时间层面，需要设定一个合理的考察期，考察期过后前科才可消灭。宣告有罪但未判处监禁刑的，前科消灭考察期为三年；宣告刑为三年以下有期徒刑的，前科消灭考察期为5年。在实体层面，除未犯新罪外，还应当对行为人进行综合评估，包括行为评估、社会危险性考量、悔罪表现与再犯可能性等。在范围层面，合理划定前科消灭的适用范围，考虑犯罪的性质、严重程度以及犯罪人服刑期间的表现等，将轻罪、初犯、未成年人犯罪等纳入前科消灭的范畴，对于涉及国家安全、重大公共利益或恶性暴力犯罪等严重犯罪，不适用前科消灭。在程序层面，可以设定法定消灭、申请消灭等方式，前者是指考察期满前科自动消灭，后者是指行为人在符合法律规定的条件下，主动向司法机关提交申请，通过审查批准后才能正式消除犯罪记录。在此过程中，申请人需提供相应的证明材料，并接受司法机关的综合评估，符合条件并通过审批后，前科记录才可正式消灭。

（三）定罪免刑：轻微犯罪的应然考量

此外，本文观点可能受争议的问题是：倘若认为特殊盗窃属于行为犯，那么实施入户盗窃、携带凶器盗窃、扒窃行为，但未取得财物或仅取得少量财物的，因其已经实施犯罪行为，且侵犯了人身安全，应当构成盗窃罪。但是，在"轻罪不轻"的司法现状下，其将面临严重的犯罪后果，会造成罪刑失衡的问题。本文认为，在积极推进轻罪立法的当下，特殊盗窃因具备充足的刑事不法而入罪，与轻罪时代追求的"严而不厉"的刑罚制裁目的相吻合。即便是未取得财物或仅取得少量财物的特殊盗窃，也因其行为的危害和对人身安全法益的侵害而具有刑罚处罚必要性，对其进行刑罚处罚，是完全正当的。至于因定罪判刑而面临的附随后果问题，不应是刑法裁判时要考虑的因素。换言之，要想解决罪刑失衡的问题，应当将重心放在如何消除犯罪附随后果上，而不是对本具有刑罚处罚必要性的行为进行出罪。但是，考虑到构建前科消灭等犯罪附随后果消除的制度并非一日之功，在现阶段，可以从我国现有的法律制度上入手，解决问题。如启动定罪免刑制度，化解未取得财物或仅取得少量财物的特殊盗窃面临的附随后果危机。

长期以来，有罪必罚的观念深入人心，这是定罪免刑制度难以被广泛适用的主要原因之一。但是，相比于定罪量刑，定罪免刑具有独特的理论、实践、功能方面的优势。在理论层面，定罪免刑能够丰富刑罚处罚措施。定罪免刑提供了更丰富的非监禁化处罚手段。相较于传统的监禁刑，定罪免刑后，犯罪人可以接受社区矫正、公益服务、职业培训等多元化的矫治措施，也可避免所有犯罪都"一刀切"式的定罪处罚。在实践层面，定罪免刑能够弥补监禁刑的不足。监禁刑虽然能够通过剥夺自由发挥惩罚和威慑作用，但对于犯罪人尤其是轻罪犯罪人的教育矫治与社会再融入作用相对有限，长期监禁还可能导致犯罪人在回归社会后面临严重的就业歧视和社会排斥，增加再犯风险。而定罪免刑通过设置非监禁性处罚，可以有效缓解这一问题。在功能层面，定罪免刑彰显了"宽严相济"的刑事政策。定罪免刑体现了"教育为主，惩罚为辅"的理念，对犯罪情节轻微、主观恶性较小、悔罪态度良好或已通过其他方式弥补社会危害的犯罪人，在给予有罪判决的前提下免除实际执行的刑罚，既维护了公平正义，又避免了不必要的过度惩罚，实现了"该严则严，当宽则宽"。

为确保定罪免刑制度的正确适用和发挥效能，必须正确理解定罪免刑的实质内涵，消除公众误解。对此，可以从"定罪""免刑"两方面展开：一方面，"定罪"意味着对犯罪人的否定，亦是一种惩罚。"定罪"一词是对犯罪行为和犯罪人的否定，是法律对犯罪行为的权威认定。定罪意味着法院依法确认行为构成刑法所规定的犯罪，这不仅体现了法律的严肃性和公正性，也是对犯罪行为的社会危害性及其与法秩序对抗的一种明确宣告。从惩罚的角度来看，"定罪"本身就是一种社会和法律上的否定评价，即使没有实际执行实体刑罚，这种公开的、官方的负面评价也会对犯罪人产生心理和社会压力。在尚未完全建立前科消灭制度的当下，犯罪人一旦被定罪，其名誉将受损，就业、生活等多方面会受到限制，这也是对犯罪人精神层面的惩罚和训诫。另一方面，"免刑"并不意味着犯罪人不需要受到任何惩罚。"免刑"并不意味着犯罪人逃脱了法律的制裁或无需承担任何责任。实际上，虽然犯罪人无需实际服刑，但往往会面临一系列非监禁性处罚措施，如社区矫正、公益劳动、赔偿被害人损失、接受心理治疗等。此外，犯罪记录的存在亦会限制其多方面的权利，使犯罪人在回归社会的过程中感受到持续的社会压力，发挥预防再犯的作用。

因此，在构建完备的前科消灭制度之前，解决未取得财物或仅取得少量财物的特殊盗窃定罪量刑面临的严重附随后果，定罪免刑制度不失为最佳选择。

轻罪检察治理的现实挑战与制度转型

曹 化 蒋 昊*

摘 要：在司法实践中，犯罪结构呈现出了明显的轻罪化趋势，司法机关的犯罪治理模式也正朝向轻罪治理转型。通过对轻罪治理转型时期实践的审视，可以厘清轻罪治理转型的发展脉络与呈现样态。以检察视角切入，论证了轻罪治理转型的实践价值，不过目前轻罪治理转型时期仍存在部分负面效应尚待解决。为解决轻罪治理难题，推进检察工作现代化，应以问题为导向，对轻罪治理检察制度的体系化构建进行探索，以多层次、体系性、全面性的角度提出轻罪治理检察制度的构建路径，并进一步围绕完善立法规范、改革运行机制、健全配套措施等方式方法实现质效提升。

关键词：轻罪治理；检察机关；现实挑战；制度转型

近年来，我国犯罪结构发生了重大变化，呈现出"双降""双升"态势。一方面，严重暴力犯罪率及重刑率逐年下降，处于历史低位。另一方面，轻罪案件大幅上升，占据主导地位。轻刑率也在稳步提升。司法办案更加注重矛盾化解及犯罪改造，社会治理进入了新阶段。习近平总书记在 2019 年中央政法工作会议上的讲话中明确要求，深化诉讼制度改革，推进案件繁简分流、轻重分离、快慢分道。党的二十大报告强调，完善社会治理体系，提升社会治理法治化水平。随着新时代我国刑事犯罪结构发生重大变化，轻罪治理成了关乎国家长治久安、关乎法治建设和国家治理大局的时代命题。为迎合轻罪发展趋势，社会治理方式也在不断转型。在刑事实体法上，2011 年以后历

---

* 作者简介：曹化，上海市人民检察院法律政策研究室主任；蒋昊，上海市闵行区人民检察院第六检察部检察官助理。

次刑法修正中的轻罪化趋势日渐明显，刑法修正案中不断频繁地增设新的轻罪罪名，严重犯罪、暴力犯罪占比下降，轻微犯罪占比上升，在犯罪增量中，新罪轻罪是主流。如《刑法修正案（十一）》增加了高空抛物罪、冒名顶替罪、妨害安全驾驶罪等。面对不断涌现的新型社会风险，在积极刑法观的倡导下，刑法通过增设轻罪积极介入社会治理，以此应对社会全面转型时期与全球风险社会背景下不断出现的安全威胁。从总体来看，我国犯罪结构轻罪化是长期趋势而非短期现象。

一、轻罪治理转型时期的实践检视

（一）轻罪治理转型的司法实践

目前，我国犯罪结构正在经历的重大变动仍在持续之中。从数据上来看，《最高人民检察院工作报告》（2023 年）指出：2018 年至 2022 年，全国检察机关共办理各类案件 1733.6 万件，比前五年上升了 40%，并指出 2022 年受理的审查起诉杀人、放火、爆炸、绑架、抢劫、盗窃犯罪为近二十年来最低，人民群众收获实实在在的安全感。从严惩治、有效遏制严重暴力犯罪和涉枪涉爆、毒品犯罪，起诉 81.4 万人，比前五年下降了 31.7%。《最高人民检察院工作报告》（2024 年）指出，全年批准逮捕各类犯罪嫌疑人 72.6 万人，提起公诉 168.8 万人，同比分别上升 47.1% 和 17.3%。涉嫌犯罪但无逮捕必要的，决定不批捕 26.6 万人；犯罪情节轻微，依法不需要判处刑罚或者免除刑罚的，决定不起诉 49.8 万人，同比分别上升 22.5% 和 12.6%。《最高人民法院工作报告》（2023 年）指出：5 年来，全国各级人民法院审结一审刑事案件 590.6 万件，判处罪犯 776.1 万人。并指出严重暴力犯罪案件总体呈持续下降态势，人民群众安全感显著增强。《最高人民法院工作报告》（2024 年）指出：审结涉毒品犯罪案件 3.3 万件 5 万人，同比下降 10.4%，对大宗走私、制造毒品犯罪分子、累犯等坚决重判。严厉惩治境内外电信网络诈骗犯罪，审结电信网络诈骗案件 3.1 万件 6.4 万人，同比增长 48.4%。近 2 年的检法工作报告数据显示，在我国刑事案件总量不断递增之际，重罪案件占比稳步下降，轻微犯罪案件的占比快速提升，呈现出"总量持续递增""内部轻、重犯罪加速分化"的突出特征。

（二）轻罪治理转型现代化的实践价值

1. 轻罪治理现代化符合司法实践变化的时代需求

目前，我国刑事犯罪结构呈现出持续性的轻罪化趋势，轻罪案件成了刑事犯罪的主流。为持续推进刑事司法法治化发展，不断推进国家治理体系和治理能力现代化，如何现代化地推进轻罪治理的规范办理、机制建设、体系运作则成了至关重要的时代命题。根据司法实践中轻罪司法的基本样态，刑事案件总量仍在高位徘徊，不过刑事犯罪形态和犯罪结构发生了重大变化。严重暴力犯罪数量不断下降，轻微犯罪占比显著上升，刑事犯罪形态和犯罪结构的"双降双升"意味着中国已迈入"轻罪化时代"。不同于重罪案件，轻罪危害较小、罪责更轻，犯罪人主观恶性、社会危险性、再犯可能性均较小，社会关系往往也较容易修复。轻罪治理事关民生和谐，必须始终坚持人民至上，始终把为民司法作为工作的出发点和落脚点，把以人民为中心的发展思想贯彻落实到履行职责的全过程和各环节，真正体现人民利益、反映人民愿望、维护人民权益、增进人民福祉。近年来，司法机关正在积极探索"轻罪时代"的犯罪治理模式和司法体系改革，在惩治犯罪的同时加强人权保障，区分对待罪行较轻的犯罪群体，体现宽严相济、不枉不纵的原则，充分实现罪责与刑罚的均衡，为轻罪治理现代化做出持续努力。

2. 轻罪治理现代化契合全面依法治国的价值追求

习近平总书记多次强调，法治建设既要抓末端、治已病，更要抓前端、治未病。以人民为中心是全面推进依法治国的根本立场，必须坚持法治为了人民、依靠人民、造福人民、保护人民。加强人权法治保障，把体现人民利益、反映人民愿望、维护人民权益、增进人民福祉落实到依法治国全过程。[1] 党的二十大强调，深化司法体制综合配套改革，全面准确落实司法责任制，加快建设公正、高效、权威的社会主义司法制度，努力让人民群众在每一个司法案件中感受到公平正义。犯罪结构的轻罪化转变不仅是社会转型时期的产物，而且是社会现实的司法映照。新时代，刑事司法不仅要严格公正，还要通过诉讼内外多种治理手段预防、分流、处理刑事案件，促进诉源治理，更好地发挥法治固根本、稳预期、利长远的保障作用，轻罪治理也正是把以

---

[1] 王守安：《以轻罪治理现代化为切入点 在推进国家安全体系和能力现代化中强化检察担当》，载《人民检察》2022年第23期。

人民为中心作为根本价值遵循，兼顾打击犯罪和权利保障，不仅能够维护法治的公正和权威，而且有利于恢复社会关系和社会秩序。目前，司法机关将司法办案融入国家治理大局，促进治罪与治理有机结合，实现轻罪治理现代化，这也是纵深推进全面依法治国的应有之义。

3. 轻罪治理现代化属于强化检察法律监督的必由之路

检察机关是国家的法律监督机关，是保障法律统一、正确实施的司法机关，在法治建设和国家治理中具有多重角色定位，并决定了在推进轻罪治理现代化中具有当然职责和天然优势。在司法实践中，检察机关深入贯彻落实习近平法治思想，适应新时代我国社会的主要矛盾、刑事犯罪轻型化结构的新变化，顺应刑事司法现代化的新趋势，能动履职，将司法办案融于社会治理。办好轻罪案件，实现治罪和治理并重，是检察机关深入践行最高检"高质效办好每一个案件"要求的具体路径，也是推进国家治理体系和治理能力现代化的有效途径。为推动轻罪治理现代化，检察机关不断探索建立"轻罪案件"的高效办理模式，注重在办案中规范适用宽严相济的刑事司法政策，坚决严惩严重刑事犯罪，让不法分子感受到"严"的震慑，增强人民群众的安全感；对轻微刑事犯罪依法落实"宽"的政策，转变"构罪即捕""有罪必诉""一押到底"等惯性思维，最大限度地减少社会对立面。与此同时，检察机关要积极融入经济社会高质量发展大局，充分履行法律监督职能，推动诉源治理，挖掘轻罪案件频发、高发的规律性和深层次、根本性原因，提出切实可行的解决措施，推动行业、领域苗头性、倾向性、典型性问题有效整治，以"我管"促"都管"凝聚社会治理合力，实现"办理一案，治理一片"的良好效果。

(三) 轻罪治理转型尚待解决的负面效应

1. 案件数量大幅增加，司法机关办案压力提升

在风险社会下，新型社会风险不断涌现，社会秩序在新兴领域的发展始终处于动态调整过程中，刑法的社会防卫机能大为增加，在积极主义刑事立法观的倡导下，目前刑事犯罪圈不断扩大，轻微罪名不断增加，从而达到严密法网的目的。不过，刑事犯罪圈的扩大也会导致案件数量大为增加。近年来，刑事涉案人数逐年递增，其中轻罪起诉人数较为庞大。案件数量的大幅增加，实则会给司法机关带来巨大的办案压力。由于我国人口基数较为庞大，矛盾纠纷无法均通过司法途径加以解决，否则会给司法系统造成严重冲击，

但目前刑事司法的过滤机制不足，多元化解纷机制也有待进一步完善。

2. 监禁刑适用率过高，配套刑罚体系尚待完善

在司法实践中，轻微犯罪比率不断提高，而非监禁刑比率却较低。这反映出司法依然在重打击的惯性思维下运行。比如，部分地区公安机关囿于维稳压力和打击犯罪的需要，未能改变对羁押强制措施的高度依赖，加之其内部对于逮捕和起诉指标的考核压力，呈现出了高刑拘率和高提请逮捕率。部分地区的检察机关羁押必要性审查环节并不规范，片面追求有罪判决率，对不捕、不诉设置过度控制程序的情况。再比如，部分地区的法院存在不敢、不愿适用减刑、假释、暂予监外执行的现象。[1]目前，我国犯罪结构的轻罪化趋势较为明显，但刑罚体系并未相继跟进，刑罚种类可能存在单一化倾向。刑法制裁体系难以跟上现代犯罪治理的步伐，在实践中不断遭遇各种挑战，与轻微罪相匹配的刑罚体系有待进一步完善。正如有学者认为，我国刑法规定的犯罪法律后果亟须走出狭隘的刑罚论，扩展到包括保安处分和更为丰富的非刑罚处罚方法的更广视域。[2]轻罪案件数量大幅增加会导致罪犯人数增多，在宽严相济刑事政策的指导下，重刑和死刑的适用得到了一定程度的控制，但监禁刑作为主要的治理手段，往往会加大监狱管理部门的工作压力。若看管资源、教育资源等方面不能同步跟进，并不利于对犯罪分子的教育改造，容易导致"交叉感染"。因此，轻罪化应当和轻刑化同时推进，在轻微犯罪不断增多、恶性犯罪不断减少的情势下，刑罚应当进一步轻缓化，特别是非监禁刑的比例应当根据轻罪化的进度进一步提高。

3. 有罪人口比例上升，犯罪附随后果过于严重

由于犯罪圈的扩大，加之轻罪的入罪门槛较低，行为人较之以往更加容易成为犯罪分子，这就会使有罪人口比例上升。但鉴于目前刑事出罪体系略显单一、刑罚制裁体系过于严苛，犯罪之后的附随不利后果较为严重，仍沿用重罪治理的一贯思路，并未形成体系性的、专业性的轻罪治理的思维路径、方式方法。国家统计局历年《人民法院审理刑事案件罪犯情况》及《年末总人口》数据显示：自1997年以来，我国刑事犯罪人数，除2020年略有减少

---

[1] 孙春雨：《因应犯罪结构变化协力推动轻罪治理》，载《人民检察》2023年第11期。
[2] 刘仁文：《再法典化背景下我国刑法犯罪法律后果体系的完善》，载《法学研究》2023年第5期。

外，其余年份均在持续增多。数据显示：1997年，我国刑事犯罪人数为52万人，2021年则为172万人。就这25年来的简单累计而言，共计2554万人触犯《刑法》。从比例来看，1997年每万人仅4.3人触犯《刑法》，而2021年上升至每万人12.1人次。[1]当然，可能存在累犯、犯罪人死亡等因素导致数据有所偏差。但不容忽视的是，有罪人口的总数以及人数占比正处于不断上升的阶段。其中与轻罪立法频繁化、犯罪圈的持续性扩张，以及轻罪入罪门槛较低等有着莫大的关系，轻罪治理问题亟待得到高度重视。与此同时，我国刑法规定了前科报告制度。在轻罪时代，这一制度存在明显的局限性，轻罪数量的大幅度增加，会引起犯罪标签泛化。基于一般社会观念，犯罪人存在被社会边缘化和歧视的风险，可能导致他们面临不公平对待，甚至失去正当的就业机会，使犯罪人回归社会存在严重阻碍，甚至将其推向社会对立面。此外，前科报告制度引发了一系列社会问题，引发了前科株连效应，不利影响不仅限于前科人员本人，也可能扩展到其家庭成员，比如可能会影响到其子女的升学、就业等问题。在当今有罪人口不断扩张的情形下，如何合理解决犯罪标签泛化导致的社会问题仍有待进一步探索。

二、检察机关应对轻罪治理转型的现实挑战

（一）规范层面有待进一步确立

透过历次刑法修正案可以看出，在积极主义刑事立法观的影响下，刑事立法透过降低入罪入刑门槛，强化刑法在违法犯罪治理中的功能。诸多轻罪的出现、不断扩大的犯罪圈仍是刑事立法的主要趋势。不过，目前我国并未明确犯罪的轻重分层标准，犯罪分类体系有待进一步优化，同时适应轻罪刑罚的刑罚种类有所不足，可以适当借鉴域外经验，考量增设诸如周末拘禁等刑罚种类的可行性及必要性，从而为大量轻罪的量刑均衡提供法定保障。此外，诚如前述，由于轻罪立法的多元化与常态化、有罪人口的增加、犯罪标签的泛化，当今社会对于犯罪人并不宽容，为避免犯罪人再次堕落，如何通过立法保障犯罪人合法权益、使其更好融入社会值得考量。

（二）案件繁简分流机制有待进一步完善

目前，全国各地检察机关针对轻罪治理，在案件繁简分流机制的运行实

---

[1] 数据源自国家统计局官网：https://www.stats.gov.cn.

践中取得了诸多亮眼成果。比如，以上海市检察院为例，该院出台《上海市检察机关案件繁简分流工作指导意见（试行）》对繁案认定标准、繁简案件受理审查与分配、繁简转换程序、简案快办要求、繁简案件全流程管理等作出了具体规定，将"四大检察"案件悉数纳入，明确由案件管理部门对案件繁简的确定和转换进行统一审查、确认、执行，切实通过前端分流牵引后续案件办理。不过，由于缺乏足够的制度支撑和实践探索，目前全市检察机关在推进案件繁简分流的过程中存在繁简标准不够明晰、转换路径不够明确等问题，繁简分流效果有待进一步提升，相关制度规范有待进一步明确。

（三）轻罪治理行刑衔接机制有待优化

侦监协作机制是包括监督制约机制、协作配合机制、信息共享机制等在内的综合制度建构，能够有效提升侦查监督与协作配合质效。目前，侦监协作办公室的职能作用集中体现在立案监督、侦查活动监督以及重大疑难复杂案件会商研讨等职能上。对于轻罪案件，如何进行协同治理，充分发挥侦监协作办公室在促进轻罪刑事案件办理质效整体提升方面的作用仍有待进一步探索。并且，两机关的信息共享主要依靠侦监协作办公室常驻检察官借用侦查人员的数字证书登录公安机关办案平台进行查询的方式完成，公安机关执法办案系统与检察监督办案系统尚未实现双向交互、数据共享，信息共享机制有待进一步优化。

（四）矛盾纠纷解决机制有待丰富

轻罪案件往往是老百姓身边发生的"小案"，本质上属于人民群众的"内部矛盾"。但是，"小案"背后可能存在诸多压抑已久、亟待化解的矛盾纠纷。况且，轻罪案件数量的大幅度增加也意味着困扰人民群众的矛盾纠纷数量不断攀升，为推进轻罪治理，检察机关应切实加强矛盾纠纷源头化解、前端化解、实质化解，让矛盾纠纷止步于诉前，探求矛盾纠纷有效预防、提前化解的规范路径。在司法实践中，检察机关司法办案是以法、理、情的有机统一为最终追求目的，但部分办案人员停留于单纯办案，满足于办案"合法"，而未能较为有效地兼顾"合情""合理"，多元化化解当事人矛盾纠纷方面的积极性、主动性、创新性不够。比如，对已作出相对不起诉的案件，检察机关往往对案件不诉了之，未能很好地利用非刑罚处置措施，缺乏相应的教育和惩戒，给被害人造成了"不诉等于无责"的负面印象。检察机关在具体推进落实社会治理的过程中，缺乏精细化的指引、一体化的整合，仍面临着检调机制如何对接、释法说理、解忧纾困如何以看得见的方式落实、矛盾纠纷诉源治理如何强化落实等问题。[1]

（五）轻罪治理配套机制设施有待进一步智能化

全国检察业务系统2.0（以下简称"2.0工作系统"）属于检察业务办理的基础应用程序，但2.0工作系统仍存在诸多设计上的不足，业务数据的深化利用有待进一步加强。比如，现阶段仅围绕案卡设置查询条件，无法对海量的法律文书进行有针对性的检索，也无法对电子卷宗进行检索，导致案件更深层次、更加实质核心的内容并未能得到充分运用。在轻罪案件办理过程中，也缺乏全流程智能化的动态监控，轻罪案件数量庞大、规律明显，如何经由工作系统实现类型化、自动化、智能化的分析研判，也有待完善，2.0工作系统有待进一步进行数字化升级。目前，轻罪治理的相关大数据法律监督模型仍在如火如荼地进行着，已经涌现了诸多优秀轻罪治理的数字项目成果，但这些成果如何进一步进行培养升级，助力社会治理仍需探索。此外，考虑到非监禁刑可能要投入大量人力、物力，所以虽然轻罪案件大幅增长，但非监禁刑适用率仍旧不高，通过数字赋能非羁押诉讼模式存在可圈可点之处，但如何保障非羁押诉讼模式的数字化转型能够正常运转、构建非羁押诉讼社会支持体系仍需要进一步探索。

三、轻罪治理检察制度的体系化构建

（一）立法及时跟进的完善建议

第一，构建重罪、轻罪的犯罪分层体系。目前，我国重罪、轻罪的基本犯罪分层模式仅停留于学理层面，刑事立法并未对犯罪分层作出明确性、权威性的规定。因此，无论是从层级划分角度而言，还是从刑罚幅度基准角度而言，犯罪如何分层在学界仍聚讼纷纭。纵观世界诸国，现代法治国家均存在关于治罪治理的专门性诉讼制度。比如，美国以重罪、轻微罪为最基础的犯罪分层标准，二者在刑事司法中存在不同的处理模式与价值偏好。而德国刑事司法更为注重轻罪犯罪人的社会化，限制监禁刑的适用。以追诉权为例，追诉权的从宽行使、免予起诉制度、检察官中止诉讼制度等制度机制，均旨

---

[1] 曹化、徐清、王小曼：《检察机关轻伤害案件一体化办理机制构建》，载《犯罪研究》2022年第6期。

在加强对犯罪嫌疑人的人权保障。在轻罪治理时代，笔者认为，应适当借鉴国外犯罪分层模式与刑事诉讼制度，构建中国特色的重罪、轻罪犯罪分层体系，并围绕重罪、轻罪的基本划分，在立法层面率先完善轻罪治理的配套制度，为轻罪治理提供规范基础。

第二，增设轻微刑罚制度。目前刑法结构明显具有"厉而不严"的特点，即刑事法网不严密，但刑罚比较严厉。轻罪结构化转型时期，现行刑罚体系可能无法深度契合轻罪治理的需求，刑事立法尚待进一步丰富刑罚种类，完善轻罪刑罚体系。正如有学者认为，刑法结构从"严而不厉"调整为"厉而不严"是刑法现代化的过程。[1]以从业禁止制度为例，我国《刑法》第37条之一规定了从业禁止制度，从业禁止制度的设立，对于完善我国刑罚体系具有显著意义。该制度旨在削弱犯罪人的再犯可能性，有利于特殊预防目的的实现。但这一制度在过往司法实践中往往停留于纸面，未能真正激活。2022年11月，最高人民法院、最高人民检察院、教育部制定了《关于落实从业禁止制度的意见》，基本明确了司法机关在办理教职员工犯罪案件中适用从业禁止、禁止令规定的具体规则。该意见的深化落实，旨在严格执行犯罪人员从业禁止制度，加强对未成年人的保护力度。从业禁止制度自此得以真正激活，但从业禁止制度并非限缩在未成年人保护领域，仍有不断发展的可能性。结合国内外立法条例，可以适当借鉴立法经验，设置诸如禁止执业、禁止驾驶、禁止使用、禁止进入、公益劳动、社区服务、周末拘禁等适合轻罪的刑罚。

第三，构建轻罪前科消灭制度。由于刑事案件的随附不利后果较为严重，轻罪案件即使免于处罚，也会出现"轻罪不轻"的现象。因此，在轻罪时代，为避免前科处罚以及犯罪标签对轻罪犯罪人及其家庭产生负面影响，应当构建轻罪前科消灭制度，并完善配套措施。首先，综合考虑犯罪类型、犯罪情节、主观恶性、社会危害性、认罪悔罪态度、宣告刑等因素，构建出差异化、梯度式的前科消灭标准，对于符合条件的犯罪人，在其受到刑事处罚或刑满释放一定期限后，消除其前科记录，使其更好地融入社会。同时，应健全完善犯罪记录制度。目前，我国的犯罪记录封存制度的适用对象仅限于未成年人，有必要拓宽至轻罪成年人，由专门机关负责登记、核实，并严格限制查

---

[1] 储槐植、李梦：《刑事一体化视域下的微罪研究》，载《刑事法评论》2020年第1期。

询、共享、复用的条件，仅当符合法定条件时，方可进行相关敏感数据的利用。最后，设定犯罪记录的解封条件，即明确行为人犯罪记录封存之后又犯罪的，原封存记录自动解封。

(二) 探索专业化办案模式下的繁简分流机制

一是充分发挥侦查监督与协作配合机制的作用，加大对不捕案件、退回补充侦查案件的跟踪力度，推进捕前分流、不捕直诉、非羁押强制措施的适用。依托行刑衔接机制对相对不起诉案件及时转处，在落实政策的同时确保惩处有力。二是完善轻罪案件快速分流和流转机制。以闵行区人民检察院为例，以"让20%左右的人去办80%的简单案件，80%左右的人集中力量办20%的新型疑难复杂案件"为目标，从规范层面确立专业化办案繁简分流机制，根据案件性质及罪名设置多个专业化办案团队，构建简案快办、繁案精办模式，由派驻检察官对案件类型进行标注，并分流至不同繁简办案组进行类型化办理，以办案模式全流程的集约化，实现对轻罪案件的分轨道处理，做到专业、简快、质效有机统一。三是深化认罪认罚从宽制度适用，促进犯罪嫌疑人、被告人在更早阶段，更加彻底地认罪认罚，将认罪认罚情况作为评判社会危险性、适用相对不起诉、建议判处轻缓刑的重要参考。对认罪认罚的轻罪案件，采取依法从简、从快、从宽办理，探索取保直诉等快速办理机制。

(三) 推动侦查监督与协作配合办公室实质化运转

第一，持续开展"一面三点"全方位监督。"一面三点"是指全面掌握刑事案件底数，聚焦"受而不立"敏感点、"挂案清理"关键点、"下行案件"风险点开展全方位监督。全面掌握刑事案件底数，由派驻检察官直接登录公安机关执法办案系统，实时查阅公安机关每日刑事案件的受案、立案、撤案数以及刑事拘留、取保候审等强制措施适用情况，畅通数据传输渠道，实现信息共享，全面摸清辖区内刑事案件底数，为后续检察监督办案奠定数据基础；聚焦"受而不立"敏感点。关注公安机关刑事案件受立案时间节点，通过梳理每日"110"警情接报信息对公安机关未依法受案、受案后未在法定时间内立案的情形逐案排查，核查不受案、不立案理由，及时纠正有案不受、受而不立等侦查违法行为；狠抓"挂案清理"关键点。围绕普通刑事检察案件"挂案清理"专项活动的要求，对"立而不侦""久侦不决"案件进行梳理排摸，将刑事立案后久未移送检察环节、存疑不捕后长期未再次提请批准逮捕或移送审查起诉、公安机关撤回移送审查起诉后久未处置的三类案件作为重点清查对象，厘清"挂案"滞留环节，制定针对性清理方案，协同公安机关共同研判并依法作出撤销案件、继续侦查等处理决定；把握"下行案件"风险点。对刑事案件撤销后转行政处理的案件，逐案核查"下行"原因，防止有案不查、降格处理。

第二，依托大数据平台实现行刑双向衔接。以M区检察院为例：一方面，依托自行设计开发的"侦查监督与协作配合线索管理平台"，在经济犯罪、非法行医、医保诈骗等涉及行政处罚前置的案件中，打通行刑衔接和侦检对接通道，依托侦查监督与协作配合办公室实现"行侦检"三方同步协作，畅通行政机关线索移送渠道，强化检察机关在刑事犯罪立案初期的主导作用。另一方面依托自主建设的"被不起诉人信息管理平台"实现行刑反向衔接。以不起诉数据信息互联互通为辐射点，架设不起诉与行政处罚之间的信息化桥梁，实现刑事处罚至行政处罚的反向衔接。综合考量案件类型、社会危害程度及不起诉比例等因素，与主要行政执法机关建立联系，对相对不起诉数据进行共享、管理、应用，就平台适用、数据管理、衔接配合等会签工作办法，实现行政执法和刑事司法双向衔接。

（四）探索构建矛盾纠纷多元化解机制

积极探索采取多元化防范化解矛盾纠纷措施，促进矛盾纠纷源头预防、前端化解。轻罪案件虽多是小案，但不代表办案风险也小，应常态化开展办案影响、风险研判工作，建立健全案件矛盾风险发现、评估、处置机制。加大刑事和解力度，加强检调对接，主动融入社会治理大格局，推动矛盾纠纷化解在基层、解决在萌芽状态。坚持应救助尽救助，持续加大司法救助力度，建立司法救助与社会救助衔接联动机制。探索赔偿金预付或赔偿保证金提存制度。对于犯罪嫌疑人、被告人有赔偿能力和意愿，暂时未能与被害方达成和解、调解协议的，可以向执法司法机关预先缴纳赔偿金，或向公证机构、调解组织等第三方缴存赔偿保证金，作为办案机关认定认罪悔罪态度和社会危险性的考量因素。加大非刑罚处罚措施适用，深入贯彻刑事诉讼法律规范。根据案件的不同情况，对被不起诉人予以训诫或者责令具结悔过、赔礼道歉、赔偿损失，促进社会关系及时修复。

（五）数字赋能轻罪检察治理配套机制设施

其一，数字赋能检察工作系统智能化转型。以上海市检察院为例，该院正联合技术部门，深入研究案卡数据传递规律，运用数字管理思维对案管数据进行优化重组，构建检察系统全流程全息在线监控系统，综合案件流程监管、数据填录、文书识别抓取、案件质量评查等功能，系统运用数据库编程技术、构建数据模型，将"数据字典"概念引入管理流程，能够对轻罪案件数据指标进行精准动态监控，实现数据失真预警，解决案件管理中的深层次问题，在案卡信息填录、核对过程中，节约大量人工成本，有效提升工作效率；实现轻罪案件数据规范化的动态监控，为轻罪案件的检察治理提供技术支持。

其二，深入研发轻罪治理大数据法律监督模型。形成"数据碰撞－线索形成－监督治理－成效反馈"的轻罪治理模式，选取多发、典型轻罪案件，根据不同类型案件特点，通过机器学习从法律文书、办案系统中智能提取犯罪主体、犯罪地点、犯罪行为等案件信息中的关键要素，进行聚合计算，并借助区域电子地图对数据进行可视化呈现，既可以探测犯罪热点区域，结合不同地理因素、时间因素、行业因素发现诸多类型化轻罪案件暴露的社会治理问题，通过设定业务规则，实现智能化、信息数据分析、线索推送、成效评估，形成诉源治理线索自动推送和社会治安状况量化评估，并通过制发检察建议、与有关职能部门建立协作机制、多样化开展法治宣传等方式，推动城市治理。

其三，数字赋能非羁押诉讼模式。首先，大力推进非羁押诉讼模式，完善羁押必要性审查和社会危险性量化评估机制，丰富完善取保候审保证方式，规范监视居住措施的适用，大力推广信息化、科技化监管手段，加强动态跟踪监督管理，构建非羁押诉讼社会支持体系。其次，深入推进数字检察战略，以科技手段提升治理成效，研发非羁押协同监管智能平台，逐步建立"电子手环+非羁押码+传统手段"相结合的分层次监管系统，明确对拟采取非羁押强制措施的犯罪嫌疑人，以适用"非羁押码"监管为原则，以电子手环监管为补充，以传统保证人或者保证金担保为例外的分类司法监管处遇模式，确保非羁押强制措施监管工作有序运行，保证后续刑事诉讼活动正常开展。

四、结语

轻罪扩张这一时代特征是检察机关不断推进轻罪治理现代化的重要基石。根据国家政策的发展脉络、透过历次刑法修正案，明晰刑事立法的轻缓化趋势，并结合司法实践，透过司法大数据能够准确厘定轻罪扩张趋势下的实践转变。轻罪治理转型时期，检察机关如何通过能动履职提高轻罪治理效能、实现高质效办理好每个案件仍存在一定的挑战。在司法实践中，检察机关应对轻罪治理存在的部分难点与堵点尚待纾解，检察机关应对轻罪治理，在规范依据、运行机制、程序适用等诸多方面仍存在可探索完善之处，结合实践难题，通过多维度、体系性、全面性的角度提出轻罪治理检察制度建构的发展走向，为推动检察工作现代化作出努力。

第三单元

轻微醉驾行为非犯罪化实体处理的必要性与法理依据研究

——以《关于办理醉酒危险驾驶刑事案件的意见》的出台为背景的分析

王志祥　杨彤彤[*]

自 2011 年全国人民代表大会常务委员会通过的《刑法修正案（八）》将"在道路上醉驾驾驶机动车"（以下简称"醉驾"）的行为由行政违法行为提升为犯罪行为加以规定后，"醉驾一律入刑"造成了诸多问题。在我国已经进入轻罪时代的背景下，对轻罪和重罪采取不同的刑事规制和治理策略是极有必要的。在此背景下，最高人民法院、最高人民检察院、公安部、司法部于 2023 年 12 月 13 日联合印发的《关于办理醉酒危险驾驶刑事案件的意见》（以下简称《2023 年意见》）对实践中醉驾型危险驾驶案件的办理标准和流程等作了细化规定。这体现出了轻罪时代下对醉驾型危险驾驶行为治理方式的重大转变。《2023 年意见》的出台释放了对轻微醉驾型危险驾驶行为予以非犯罪化处理的信号。非犯罪化，是指将原本作为犯罪处理的行为，不再以犯罪论处，[1]其包括立法上的非犯罪化和司法上的非犯罪化。立法上的非犯罪化，是指通过修改刑法条文的方式将原本认为是犯罪的行为予以完全合法化或者一般违法化。司法上的非犯罪化，是指在规定犯罪的刑法条文没有发生变化的情况下，司法机关将原本属于刑法规定的犯罪行为不以犯罪行为论处。

---

[*] 基金项目：国家社科基金项目"形式理性与实质理性的关系在刑法学中的展开研究"（21BFX009）。作者简介：王志祥，北京师范大学刑事法律科学研究院教授，博士研究生导师，法学博士；杨彤彤，北京师范大学刑事法律科学研究院博士研究生。

[1]　张明楷：《司法上的犯罪化与非犯罪化》，载《法学家》2008 年第 4 期。

司法上的非犯罪化往往是基于刑事政策的考虑，对以往作为犯罪处罚的行为虽不予以定罪量刑，但给予行政处罚或者其他法律制裁。[1]就醉驾型危险驾驶行为的非犯罪化方式而言，通过立法彻底地将醉驾行为剔除出刑法处罚的范围，显然不符合我国对醉驾治理的现实要求，也会极大地破坏我国在醉驾治理方面已取得的社会治理成效。在我国已经进入轻罪时代的背景下，根据宽严相济的刑事政策，转变以往对醉驾行为一概以犯罪予以治理的方式，对轻微醉驾行为进行实体和程序上的非犯罪化处理，更符合目前我国醉驾治理的现实需要。

本文将通过梳理醉驾入刑以来醉驾行为的非犯罪化实体处理历程，结合轻罪时代的背景，以《2023年意见》的出台为契机，围绕轻微醉驾案件非犯罪化实体处理的必要性和法理依据展开探讨，以期为构建合理的醉驾治理体系建言献策。

一、醉驾入刑以来醉驾行为的非犯罪化实体处理历程

随着我国经济的快速发展以及社会的长期稳定，我国的社会治安形势总体向好，传统重罪案件（如杀人、抢劫等严重犯罪案件）的数量和占比不断下降，[2]与此相对应的是轻罪案件数量和占比的持续上升。自《刑法修正案（七）》至《刑法修正案（十一）》颁行以来，大量的轻罪罪名得以增设。[3]立法通过扩展罪名、扩大犯罪圈的方式进一步织密刑法法网。与此同时，这一立法趋势也导致了犯罪总量的上升，其中主要是以醉驾型危险驾驶罪为代表的轻微犯罪案件的数量和占比的上升。根据最高人民检察院于2024年1月公布的数据：近年来，我国犯罪结构发生深刻变化：判处三年有期徒刑以下刑罚的案件占比从1999年的不到55%，上升至2022年的超过85%。[4]其中，

---

[1] 张明楷：《司法上的犯罪化与非犯罪化》，载《法学家》2008年第4期。

[2] "若按宣告刑5年有期徒刑及以上为重刑标准，2012年以来的重刑率年均占比均在20%以内，其中2014年、2015年、2016年甚至在10%以内。"参见卢建平：《为什么说我国已经进入轻罪时代》，载《中国应用法学》2022年第3期。

[3] 《刑法修正案（七）》新增"出售、非法提供公民个人信息罪""非法获取公民个人信息罪"等；《刑法修正案（八）》新增"危险驾驶罪"；《刑法修正案（九）》新增"虐待被监护、看护人罪"为代表的轻罪；《刑法修正案（十）》新增"侮辱国歌罪"；《刑法修正案（十一）》新增以"妨害安全驾驶罪""高空抛物罪"为代表的8个轻罪。

[4] 《最高人民检察院网上发布厅：着力完善中国特色的轻罪治理体系》，载 https://www.spp.gov.cn/zdgz/202401/t20240131_641928.shtml，2024年6月18日访问。

危险驾驶罪自2019年以来始终居于案发量的首位。[1]

具体就醉驾而言，危险驾驶罪是我国《刑法》中首个将拘役作为法定最高刑加以规定的犯罪。醉驾型危险驾驶罪作为危险驾驶罪的表现形式之一，属于轻微犯罪中的微罪。由微罪作为醉驾型危险驾驶罪的罪质所决定，其本身存在着犯罪情节轻微或情节显著轻微、危害不大的情形需要予以处理。[2]因此，采取微罪的治理方式治理醉驾，是应有之义。在十余年的执法和司法实践中，醉驾治理取得了显著的成效，同时也暴露出了诸多问题。《2023年意见》便是在这一背景下，结合醉驾的微罪特征并在总结各地执法司法实践的经验后应运而生的。

（一）《2023年意见》出台前醉驾行为的非犯罪化实体处理历程

对醉驾行为的刑事治理，始自《刑法修正案（八）》将醉驾行为上升至犯罪行为加以规定。在《刑法修正案（八）》颁布之际，经济的快速发展促使机动车人均保有量上升，我国传统酒文化促成醉驾行为多发。基于此，不以情节恶劣为要件的醉酒型危险驾驶行为被上升为犯罪行为。醉驾行为所造成的恶性交通事故造成了恶劣的社会影响。因此，在"从严治理治醉"的呼声下，"醉驾一律入刑"成了民意的主流。在醉驾入刑后，为了统一醉驾型危险驾驶案件的定罪量刑标准，最高人民法院、最高人民检察院、公安部于2013年12月18日联合印发了《关于办理醉酒驾驶机动车刑事案件适用法律若干问题的意见》（法发〔2013〕15号）（以下简称《2013年意见》）。以刚性执法、严格执法为起草原则的《2013年意见》强调从严惩治醉驾犯罪，以体现社会公众对醉驾行为的"零容忍"态度。虽然《2013年意见》细化了醉驾案件的定罪量刑标准，但对醉驾予以从宽处理的情形、醉驾出罪等问题则被留给了司法实践进行探索。

在对醉驾行为予以从严惩处的情况下，酒驾、醉驾引发恶性交通事故致人死亡的数量大幅减少，"喝酒不开车，开车不喝酒"的守法意识和安全驾驶意识深入人心。同时，各地公安机关对醉驾、酒驾的从严查处也有效地威慑了

---

〔1〕《最高人民检察院网上发布厅：最高检案管办负责人就2022年全国检察机关主要办案数据答记者问》，载 https://www.spp.gov.cn/spp/xwfbh/wsfbt/202303/t20230307_606553.shtml#2，2024年6月18日访问。

〔2〕李睿懿：《醉酒危险驾驶的治罪与治理》，载《中国应用法学》2024年第3期。

其他道路交通违法行为，促使道路交通安全持续向好。[1]但在对醉驾予以治理的过程中，同样暴露出了令人担忧的问题：醉驾案件数量的逐年上升不仅与醉驾治理的初衷相悖，而且浪费了大量的司法资源。自 2018 年以来，人民法院受理的醉驾案件的数量超过盗窃案件，连续数年位列刑事案件收案量的首位。这与多年来交通肇事犯罪数量的持续下降形成了鲜明对比，也不符合我国社会治安形势和道路交通秩序持续向好的趋势。[2]同时，醉驾案件数量的上升迫使执法司法资源过多地向醉驾行为的处理倾斜。醉驾型危险驾驶罪作为微罪，并不是我国《刑法》的主要惩罚对象，更不会成为扰乱社会治安和破坏社会稳定的决定性因素。将过多的执法司法资源集中于对醉驾案件的办理，既是对执法司法资源的浪费，也是对刑罚经济性原则的违背。

基于在醉驾治理过程中暴露出的以上问题，中央和地方层面的执法司法机关均开始了对醉驾治理新形式的探索。2017 年 5 月 1 日，最高人民法院颁行的《关于常见犯罪的量刑指导意见（二）（试行）》（以下简称《量刑指导意见（二）》，首次以司法解释的形式对醉驾作出了不予定罪处罚或免予刑事处罚的规定，[3]这为轻微醉驾行为的出罪处理提供了可能。不过，该规定只涉及概括性的指导原则，并没有就醉驾案件规定具体的出罪标准，可操作性不强。这样，实践中就很难直接以该规定为依据，将轻微醉驾行为予以出罪。同时，司法机关受醉驾行为治理之初"醉驾一律入刑"观念的影响，也更倾向于在没有可参考的具体标准时不对醉驾行为作出罪的考虑。

与此同时，以浙江省为代表的地方执法司法部门也在依法惩治醉驾方面进行了有益的探索。浙江省公检法于 2012 年、2017 年、2019 年联合出台了

---

[1] 李睿懿、李晓光、曾琳：《〈关于办理醉酒危险驾驶刑事案件的意见〉的理解与适用》，载《人民司法》2024 年第 13 期。

[2] 李睿懿、李晓光、曾琳：《〈关于办理醉酒危险驾驶刑事案件的意见〉的理解与适用》，载《人民司法》2024 年第 13 期。

[3] 《量刑指导意见（二）》规定："对于醉酒驾驶机动车的被告人，应当综合考虑被告人的醉酒程度、机动车类型、车辆行驶道路、行车速度、是否造成实际损害以及认罪悔罪等情况，准确定罪量刑。对于情节显著轻微危害不大的，不予定罪处罚；犯罪情节轻微不需要判处刑罚的，可以免予刑事处罚。"

三个办理醉驾案件的会议纪要,〔1〕这不断地优化调整了办理醉驾案件的细则。该省因醉驾被判刑的人数从入刑之初居全国首位逐步下降到接近中位,〔2〕这表明其在醉驾的治理方面取得了良好的社会成效。虽然地方对于醉驾治理的执法司法实践探索在本地取得了良好的成效,但受地域限制,对醉驾司法治理的经验无法在全国范围内得到推广,这造成了全国范围内对醉驾案件的"同案不同判"现象。

自醉驾入刑以来,众多因醉驾被追究刑事责任的行为人遭受了"犯罪次生灾害"(犯罪附随后果)的影响,这促使民意追捧的"从严治理醉驾"的观念得以松动。正如有学者所言:"每年将30万余人打上'罪犯'的烙印,无论对于国家、社会还是个人来说,都是特别巨大的损失,属于司法和个人的'两败俱伤'。"〔3〕轻罪时代的来临为醉驾治理提供了转型的契机和方向上的指引。醉驾作为行政犯,在行为方式、危害程度、危害后果、犯罪主体身份等方面均与故意杀人等自然犯存在诸多不同,由此也就要采取不同的刑法规制和治理策略。《2023年意见》正是在轻罪时代的背景下基于醉驾的罪质特征得以出台的。

(二)《2023年意见》对醉驾行为的非犯罪化实体处理

2023年12月13日,最高人民法院、最高人民检察院、公安部、司法部联合印发了《2023年意见》,这开启了轻罪时代下醉驾治理的新篇章。与之前的规定相比,《2023年意见》的规定有诸多进步之处。其中的亮点之一是为轻微醉驾行为的出罪设置了独特的实体出罪空间。

具体而言,依据《2023年意见》第4条第1款的规定,醉驾中醉酒的标准仍然是血液酒精含量达到80毫克/100毫升以上。但是,就对醉驾案件是否予以立案而言,还要取决于能否排除符合"情节显著轻微、危害不大"情形

---

〔1〕 2012年9月7日浙江省高级人民法院办公室印发《浙江省高级人民法院、浙江省人民检察院、浙江省公安厅关于办理"醉驾"犯罪案件若干问题的会议纪要》(浙高法〔2012〕年257号)、2017年1月17日浙江省高级人民法院办公室印发《浙江省高级人民法院、浙江省人民检察院、浙江省公安厅关于办理"醉驾"案件的会议纪要》(浙高法〔2017〕年12号)、2019年10月8日浙江省高级人民法院办公室印发《浙江省高级人民法院、浙江省人民检察院、浙江省公安厅关于办理"醉驾"案件若干问题的会议纪要》(浙高法〔2019〕年151号)。

〔2〕 李睿懿:《醉酒危险驾驶的治罪与治理》,载《中国应用法学》2024年第3期。

〔3〕 周光权:《论刑事一体化视角的危险驾驶罪》,载《政治与法律》2022年第1期。

存在的可能性。〔1〕《2023年意见》第12条列举了5种可以被认定为"情节显著轻微、危害不大"的情形。〔2〕由此,对于轻微的醉驾案件,《2023年意见》肯定了可以适用《刑法》第13条"但是情节显著轻微、危害不大的,不认为是犯罪"(以下简称"但书")的规定予以出罪,并且确立了多元的出罪标准。

具体而言:其一,在血液酒精含量达到80毫克/100毫升不满150毫克/100毫升的情况下,如果醉驾行为不具有《2023年意见》第10条规定的从重处理的情形,〔3〕可以认定为情节显著轻微、危害不大,依照1997年修订的《刑法》第13条的规定、2018年修订的《刑事诉讼法》第16条的规定作无罪处理。由此,醉驾案件的出罪值呈现出了独特的区间性(血液酒精含量达到80毫克/100毫升且不满150毫克/100毫升)。这样的出罪标准在我国《刑法》分则各类犯罪的规定中可谓独树一帜。灵活的出罪区间对执法机关和司法机关在实践中对轻微醉驾案件的出罪处理提出了更高的要求。其二,如果醉驾行为具有《2023年意见》第12条规定的血液酒精含量达到80毫克/100毫升不满150毫克/100毫升以外的其他四种情节显著轻微的情形,可以认定为情节显著轻微、危害不大,依照1997年修订的《刑法》第13条的规定、2018年修订的《刑事诉讼法》第16条的规定作无罪处理。其三,在血液酒

---

〔1〕《2023年意见》第4条第1款规定:"在道路上驾驶机动车,经呼气酒精含量检测,显示血液酒精含量达到80毫克/100毫升以上的,公安机关应当依照刑事诉讼法和本意见的规定决定是否立案。对情节显著轻微、危害不大,不认为是犯罪的,不予立案。"

〔2〕《2023年意见》第12条将可以认定为"情节显著轻微、危害不大"的情形规定为以下五种:①血液酒精含量不满150毫克/100毫升的;②出于急救伤病人员等紧急情况驾驶机动车,且不构成紧急避险的;③在居民小区、停车场等场所因挪车、停车入位等短距离驾驶机动车的;④由他人驾驶至居民小区、停车场等场所短距离接替驾驶停放机动车的,或者为了交由他人驾驶,自居民小区、停车场等场所短距离驶出的;⑤其他情节显著轻微的情形。

〔3〕《2023年意见》第10条规定:"醉驾具有下列情形之一,尚不构成其他犯罪的,从重处理:(一)造成交通事故且负事故全部或者主要责任的;(二)造成交通事故后逃逸的;(三)未取得机动车驾驶证驾驶汽车的;(四)严重超员、超载、超速驾驶的;(五)服用国家规定管制的精神药品或者麻醉药品后驾驶的;(六)驾驶机动车从事客运活动且载有乘客的;(七)驾驶机动车从事校车业务且载有师生的;(八)在高速公路上驾驶的;(九)驾驶重型载货汽车的;(十)运输危险化学品、危险货物的;(十一)逃避、阻碍公安机关依法检查的;(十二)实施威胁、打击报复、引诱、贿买证人、鉴定人等人员或者毁灭、伪造证据等妨害司法行为的;(十三)二年内曾因饮酒后驾驶机动车被查获或者受过行政处罚的;(十四)五年内曾因危险驾驶行为被判决有罪或者相对不起诉的;(十五)其他需要从重处理的情形。"

精含量达到150毫克/100毫升以上的情况下，并非一律以犯罪论处，而是在具有《2023年意见》第12条规定的其他四种情节显著轻微的情形时，同样可以认定为情节显著轻微、危害不大，依照1997年修订的《刑法》第13条的规定、2018年修订的《刑事诉讼法》第16条的规定作无罪处理。在以上三种场合，醉驾案件出罪的实体法依据是《刑法》第13条中的"但书"规定，程序法依据是2018年修订后的《刑事诉讼法》第16条第1项的规定。〔1〕

综上所述，《2023年意见》是在充分考虑醉驾型危险驾驶罪微罪特征的前提下出台的，其为轻微醉驾案件设置了独特的多元化出罪标准，肯定了《刑法》第13条"但书"规定适用于轻微醉驾行为实体出罪的合理性。这转变了以往"醉驾一律入刑"的观念，从规范层面肯定了对轻微醉驾行为可以予以非犯罪化实体处理，是宽严相济政策在道路交通安全领域的贯彻。但同时，毋庸讳言，《2023年意见》对轻微醉驾案件多元化出罪标准在数值上独特的区间设置会给醉驾案件的办理带来挑战。血液酒精含量达80毫克/100毫升不满150毫克/100毫升是对醉驾行为可以适用"但书"规定予以出罪的数值标准。由此，醉驾的出罪值呈现出了区间上的明显浮动性。这是基于司法实践的复杂性和行为人对酒精耐受程度不同的考虑而加以设定的，但同时也要求执法和司法机关在实践中处理醉驾案件时要正确把握轻微醉驾案件出罪标准的灵活性。由此，就对执法和司法队伍的办案水平和办案素质提出了更高的要求。

《2023年意见》关于"但书"可以被适用于轻微醉驾案件的规定释放了对轻微醉驾行为予以非犯罪化实体处理的信号。在下文中，笔者将围绕对轻微醉驾行为予以非犯罪化实体处理的必要性和法律依据展开论述。

二、对轻微醉驾行为予以非犯罪化实体处理的必要性

自《刑法修正案（八）》颁行以来，"醉驾一律入刑"已成为我国在较长时间内执法和司法机关治理醉驾的固有理念。在醉驾型危险驾驶行为多发、

---

〔1〕 根据2018年修正的《刑事诉讼法》第16条第1项的规定，情节显著轻微、危害不大，不认为是犯罪的，不追究刑事责任，已经追究的，应当撤销案件，或者不起诉，或者终止审理，或者宣告无罪。

民众强烈要求"从严治理醉驾"的当时,"醉驾一律入刑"满足了对交通安全危险予以严密控制的需要,其意图在于最大限度地扩张醉驾行为的犯罪圈,将一切醉驾行为均纳入到刑法的处罚范围,通过严密惩处、严格执法以及对醉驾者施以刑罚这一最严厉的制裁手段来提升刑法的威慑力,以降低醉驾行为发生的概率,维护道路交通安全。

然而,在醉驾的刑事法网不断织密的当下,"一律入刑"已不能再适用于所有醉驾行为的治理。"醉驾一律入刑"在执法和司法实践中暴露出了以下弊端:

其一,违背罪责刑相适应原则,导致刑法机能失调。一方面,贯彻罪责刑相适应原则,要求犯罪、刑事责任与对行为人所判处的刑罚相匹配。虽然醉驾行为在通常意义上对道路交通安全具有危险性,但基于醉驾的微罪特征以及醉驾者的动机和目的、机动车类型、驾驶的距离、时间、道路等因素的不同,醉驾也存在情节轻微或情节显著轻微、危害不大的情形。如果不考虑具体情节,将所有醉驾行为都认定为构成犯罪并判处刑罚,则会导致刑事责任不同的行为人承担同样的刑罚,不应当承担刑事责任的行为人被错误地定罪量刑,使具有情节轻微或情节显著轻微、危害不大情形的醉驾者遭受不公正的对待。另一方面,从刑法保障人权和保护法益的机能来看,"醉驾一律入刑"有利于发挥刑法的保护法益机能,但会使社会公众形成"醉驾动辄入罪"的错误观念,行为人所面临的罪责刑之间的不相适应也会导致刑法人权机能的缺位。这样,情节较轻的醉驾者的人权就无法得到保障。这破坏了刑法人权保障和法益保护之间的动态平衡关系。

其二,降低刑法的效益,不利于刑罚经济性的实现,造成司法资源的浪费。首先,从刑法效益的角度来看,刑法的效益=刑法实施的收益-刑法实施的成本。在社会活动中讲求效益,追求收益与成本比值的最大化,是人们的自然选择。[1]将醉驾行为一律予以入罪,提高了刑法实施的执法和司法成本,降低了刑法实施所可能取得的效益(主要表现为对行为人个人及家庭溢出的附随后果效应与对道路交通安全的维护之间的不等价),是高成本、低收益的做法。其次,从刑罚经济性的角度来看,醉驾者所面临的唯一的主刑为拘役,其属于短期自由刑。短期自由刑在实施中存在刑期短、威慑效果弱、对行为

---

[1] 逯星:《醉驾司法出罪的学理展开与路径分析》,载《政法论丛》2013年第4期。

人的教育和改造功能不强、交叉感染可能性较大的弊端。[1]这些弊端降低了对醉驾者所判处的刑罚的经济性。最后，从司法资源浪费的角度来看，在醉驾案件的办理中，包含了从立案到执行的所有诉讼环节。基层员额法官和检察官的人数是有限的。醉驾一律入刑，导致醉驾案件数量激增，耗费了办案人员大量精力，无暇兼顾履行其他职责；收押执行难、看守所超容羁押也是一大难题；基于对刑罚轻缓化的考虑，大多数情节轻微的醉驾案件都面临着缓刑后社会调查评估和社区矫正资源紧张的局面，案件量的激增挤压了缓刑人员获得公正社会调查评估结果的空间，也很难取得应有的社区矫正成效。[2]"醉驾一律入刑"给基层司法机关的工作人员带来了巨大的办案压力，同时也导致了司法资源（尤其是基层司法资源）的浪费。

其三，架空"二元处罚"的制裁机制。就我国现存的危害行为的制裁模式而言，根据《刑法》第13条"但书"的规定，我国法律体系对危害行为整体上采取的是行政违法与刑事违法相区分的制裁模式。符合但书规定的危害行为是一般违法行为，不符合但书规定的危害行为是刑事违法行为。[3]醉驾行为作为刑法分则规定的一种危害行为，对其适用由刑法总则中的但书规定所确立的"二元处罚"制裁机制，是符合逻辑的。"醉驾一律入刑"的法律根据是《道路交通安全法》第91条的规定。[4]据此，对所有醉驾行为都应当追究其刑事责任。在《道路交通安全法》第91条的规定下，对醉驾行为不存在追究行政责任的空间，对其实际上适用的是"一元处罚"的制裁机制。而在刑事法网不断织密、轻微犯罪罪名大量增加的当下，"二元处罚"的制裁机制更符合时代要求，同时也不容易遗漏对轻微危害行为的评价，更能实现罪责刑之间的相互适应，也有利于公众形成"违法必究"的法治观念，守护社会的道德底线。"醉驾一律入刑"的做法则架空了"二元处罚"制裁机制的

---

[1] 逯星：《醉驾司法出罪的学理展开与路径分析》，载《政法论丛》2013年第4期。

[2] 最高人民检察院第一检察厅课题组、曹红虹、杨先德：《醉驾新规的诉讼法解读及其对完善我国轻罪案件诉讼程序的启示》，载《中国应用法学》2024年第3期。

[3] 王志祥：《醉驾行为制裁模式的论争及发展方向》，载《甘肃社会科学》2018年第4期。

[4] 《道路交通安全法》第91条第1、2款规定："饮酒后驾驶机动车的，处暂扣六个月机动车驾驶证，并处一千元以上二千元以下罚款。因饮酒后驾驶机动车被处罚，再次饮酒后驾驶机动车的，处十日以下拘留，并处一千元以上二千元以下罚款，吊销机动车驾驶证。醉酒驾驶机动车的，由公安机关交通管理部门约束至酒醒，吊销机动车驾驶证，依法追究刑事责任；五年内不得重新取得机动车驾驶证。"

适用，不利于构建现代化醉驾治理体系。

其四，有损刑法的谦抑性，使刑法偏离了保障法的本位。刑法在我国法律体系中具有保障法的地位。对某一危害行为，只有在穷尽其他法律规范的调整后才能动用刑法进行规制。刑法自身的谦抑性也要求在存在其他可以调整社会关系的法律规范的情况下，刑罚应当退居其后；只有在不存在其他可以替代刑罚的适当方法时，才能动用刑罚以发挥其惩罚和教育的作用。在对轻微醉驾的行为人处以罚款、行政拘留、吊销机动车驾驶执照的行政处罚就可以完成对行为的充分法律评价时，刑法的提前介入既是对刑法谦抑性这一现代刑法的高尚品格的违背，也突破了刑法在部门法中保障法的地位。

其五，犯罪附随后果效应的溢出，促使刑事化治理的次生灾害发生。犯罪附随后果即犯罪附随性制裁制度所带来的结果，既会影响到犯罪者个人，也会影响到犯罪者的子女甚至整个家庭。具体到醉驾行为，就醉驾者自身而言，醉驾犯罪记录的终身存在使大量醉驾者失去了生计来源和事业。轻微醉驾者因为醉驾行为受到了刑罚以外的"隐性惩罚措施"的惩罚，所承担的生活压力远超于其轻微醉驾行为所应承担的后果；就醉驾者的家庭而言，醉驾者的配偶、子女、父母及其他近亲属在受教育、入伍、就业和社保方面的权利都受到了限制。[1]这种"连坐"制度的存在既不符合公众"罪责自负"的朴素正义观，也会助长相关人员滋生不满情绪，不利于社会的稳定与和谐。醉驾案件中存在大量情节轻微或情节显著轻微、危害不大的情形。这些轻微醉驾者基本上是可教育、可感化、可挽救的。而"醉驾一律入刑"则助长了源于法家重刑主义的犯罪附随性制裁手段的适用。这既不符合一般预防的需要，也无特殊预防的可能。[2]"醉驾一律入刑"导致的附随后果效应的溢出不仅对醉驾者个人、家庭造成了无法挽回的后果，而且导致了庞大的社会对立面的形成。

基于在十余年的司法实践中"醉驾一律入刑"暴露出的众多弊端，应当重新审视以微罪为罪质的醉驾型危险驾驶罪的治理模式。对轻微醉驾行为予以非犯罪化，存在着现实的必要性。

三、将"但书"规定适用于醉驾行为非犯罪化实体处理的法理依据

由"醉驾一律入刑"暴露出的弊端所决定，对轻微醉驾行为予以出罪具

---

[1] 李睿懿：《醉酒危险驾驶的治罪与治理》，载《中国应用法学》2024年第3期。
[2] 罗翔：《犯罪附随性制裁制度的废除》，载《政法论坛》2023年第5期。

有现实必要性。有了现实上的需求,对轻微醉驾行为予以出罪,仍然需要相应的法理依据。在我国的法律体系中,《刑法》第13条但书规定是实体上出罪的依据。对此,如下所述,有学者认为,但书规定只能适用于立法出罪而不能适用于司法出罪;即便能够适用于司法出罪,也不能适用于刑法分则规定的所有犯罪行为的出罪。由醉驾的行为犯和抽象危险犯的性质所决定,对其并不能适用但书规定予以出罪。笔者并不赞同以上观点。

1. 对于但书规定是否能够在司法过程中被适用于出罪,笔者持赞同意见。通过观察《刑法》第13条的规定[1]可以看出,"但书"规定之前的内容是对"什么是犯罪"的正向规定,"但书"的内容是对"什么是犯罪"的反向规定。在此,有以下三种观点需要澄清。

(1) 有学者从司法与立法关系的角度出发,认为根据《刑法》第13条规定的表述,但书规定只是为立法者提供的考量罪与非罪的标准,刑法分则对具体犯罪的规定已经是立法者衡量、选择之后的结果,应当推定为不符合但书规定的要求。如果司法以但书规定为依据予以出罪,则是司法僭越立法。[2]

问题是,刑法由立法者制定、由司法者实施。司法者在进行自由裁量时,对立法者制定的法律条文有解释权。刑法条文的规定是抽象的,而司法实践却是复杂的。这就要求司法者发挥其能动性,使目光在案件事实与法律条文之间不断穿梭,运用法律解释技巧对案件作出公正的判决。认为法律条文一经制定便只能由司法者机械照搬是不可取的。司法者对条文进行能动的解释,实际上表达了对立法者的尊重和对法律公平正义的坚守。

(2) 有学者从犯罪构成体系与罪刑法定主义原则的角度出发,认为《刑法》第13条的规定是对犯罪概念的规定。在我国刑法中,犯罪构成是判断犯罪的唯一标准,犯罪的概念不应成为认定犯罪的具体标准。司法机关只能根据刑法规定的犯罪成立条件认定行为是否构成犯罪。[3]还有学者认为,在我

---

[1]《刑法》第13条规定:"一切危害国家主权、领土完整和安全,分裂国家、颠覆人民民主专政的政权和推翻社会主义制度,破坏社会秩序和经济秩序,侵犯国有财产或者劳动群众集体所有的财产,侵犯公民私人所有的财产,侵犯公民的人身权利、民主权利和其他权利,以及其他危害社会的行为,依照法律应当受刑罚处罚的,都是犯罪,但是情节显著轻微危害不大的,不认为是犯罪。"

[2] 张建:《"醉驾型"危险驾驶罪的反拨与正源》,载《华东政法大学学报》2011年第5期。

[3] 王昭武:《犯罪的本质特征与但书的机能及其适用》,载《法学家》2014年第4期。

国刑法中,但书规定在司法出罪化裁判中适用的随意性暴露出司法者并未给予立法者应有的尊重。在司法认定过程中,犯罪构成是司法者判断的唯一标准,不宜基于但书规定对其社会危害性程度再作一番评价。[1]

笔者认为,上述学者的观点可以被总结为:依据但书规定予以出罪是违反罪刑法定原则的,犯罪构成是司法者判断罪与非罪的唯一标准。但是,犯罪构成是判断犯罪成立的唯一标准,这是没有争议的。但依据但书规定予以出罪,是以行为不符合犯罪构成为前提的。能够运用但书规定予以出罪的行为,必然是被依据犯罪构成标准否定犯罪成立的行为。对此种行为的出罪,实际上是基于"情节显著轻微、危害不大"的实质性考量,认为行为不符合犯罪构成标准而予以出罪。这并没有违反罪刑法定原则,也没有导致犯罪构成作为犯罪成立判断标准的失效,反而是对犯罪构成理论的遵循。

(3)还有学者从但书规定中社会危害性判断的模糊性角度出发,认为但书规定的适用彰显了对行为社会危害性的实质裁量,且很难确定但书适用的考量和定罪后刑罚裁量之间的本质差异。滥用但书规定予以出罪,只会加剧"情节显著轻微"和"犯罪情节轻微"之间界限的模糊性。[2]也有学者认为,司法实践中,但书规定几乎包容了除正当防卫、紧急避险之外的所有情形,但书规定成了一个庞大的出罪"系统",而不是一个单独的出罪事由。[3]

笔者认为,《刑法》第13条的规定不仅是对犯罪概念的界定,也揭示了犯罪具有社会危害性、刑事违法性和应受惩罚性的特征。社会危害性作为犯罪的特征之一,基于时代发展的不同,所包含的内容也有所不同,在判断上也不可避免地具有复杂性。而但书规定中的"情节显著轻微、危害不大"便是对行为欠缺达到刑事可罚程度的社会危害性的判断,也是将行为予以出罪的理由。在对行为予以出罪时,必然会对作为其本质特征的社会危害性进行实质上的判断。"情节显著轻微"和"犯罪情节轻微"之间的界限是动态的,根据不同的案件事实具有不同的判断标准。但书规定的开放性正是对司法人

---

〔1〕 李翔:《从"但书"条款适用看司法如何遵循立法》,载《法学》2011年第7期。

〔2〕 王志坚、胡铭:《醉驾不起诉的实践适用与体系完善——基于〈关于办理醉酒危险驾驶刑事案件的意见〉实施前后的实证比较》,载《山东大学学报(哲学社会科学版)》2024年第3期。

〔3〕 刘艳红:《形式入罪实质出罪:无罪判决样本的刑事出罪机制研究》,载《政治与法律》2020年第8期。

员自由裁量权的保护。把握但书规定的出罪功能，需要司法人员提高办案素质和办案能力，不断深化对法律条文的理解。在但书规定的适用上，不能因噎废食。滥用但书规定予以出罪的弊端和但书规定的模糊性，不能成为在出罪理由中抛弃适用但书规定的理由。

虽然理论上对但书规定是否能够被适用于司法上的出罪一直存在着反对意见，其认为但书规定的适用标准模糊，突破了犯罪构成的限制，甚至是对罪刑法定原则的违背，导致司法僭越立法，但在司法实务中也存在支持将但书规定适用于出罪的声音。最高司法机关的有关人士指出，社会危害性、刑事违法性、应受惩罚性是成立犯罪的基本依据，发挥着刑法总则界定犯罪和对刑法分则规定的个罪解释适用的约束作用，[1]《刑法》第13条规定的犯罪概念所揭示的社会危害性、应受刑罚惩罚性本质上都是一种价值判断，既能指导具体的构成要件解释，也能为司法办案中的个案裁量提供依据和空间。[2]笔者认为，上述观点可以被看作是在肯定犯罪概念中社会危害性判断的价值且对但书规定能够适用于出罪方面所传达出的司法信号。而且，在司法实践中，直接根据但书规定对醉驾予以出罪已被实务界所接受。[3]为了顺应轻罪时代的发展趋势，应对不断织密的刑事法网下实务中以醉酒型危险驾驶罪为代表的微罪存在的刑法处罚范围过宽的问题，但书规定在司法实务中的适用显得尤为必要。

从检察机关不起诉制度的适用对法院的定罪量刑权的影响来看，法院是我国唯一依法享有定罪权的专属主体，检察机关适用不起诉制度在一定程度上侵犯了法院的定罪权。[4]对于情节显著轻微、危害不大的案件，由法官依据但书规定作出无罪判决抑或定罪免罚的判决，可以在一定程度上限制检察机关过度适用不起诉制度，这也是对法院自身定罪量刑权的维护。

2. 关于但书规定能否被适用于包括醉驾在内的刑法分则的所有犯罪的问题，笔者持一分为二的意见。

（1）关于刑法总则中的但书规定能否被适用于刑法分则规定的所有犯罪

---

［1］ 苗生明：《醉酒型危险驾驶的治罪与治理——兼论我国轻罪治理体系的完善》，载《中国刑事法杂志》2024年第1期。

［2］ 苗生明、杨先德：《论行政犯的处罚原则及其实践》，载《政法论坛》2023年第2期。

［3］ 袁韬：《醉驾行为出罪理据的法教义学分析》，载《四川警察学院学报》2023年第4期。

［4］ 陈光中、李作：《轻微犯罪无罪化处理问题探讨》，载《法律适用》2024年第1期。

的问题。有学者认为，根据犯罪性质的严重性和由于立法者在立法时已对一些犯罪行为的社会危害性进行了充分的考虑，对于这些犯罪，已经不能简单套用或者不宜再适用"情节显著轻微危害不大的，不认为是犯罪"的规定。[1]对此，笔者不予认同。《刑法》第 13 条的规定是刑法总则第二章关于犯罪概念的规定，但书规定之前的内容从正向规定了"什么是犯罪"，但书规定则从反向规定了"什么是犯罪"。刑法总则的条文对刑法分则的所有条文都发挥着指导和制约的作用。据此，刑法分则中的任一具体犯罪的成立都应当受但书这一总则性规定的指导和制约。[2]但是，就能否由此认为但书这一总则性规定能够适用于刑法分则中任一具体犯罪的解释而言，则需要进行进一步的思考。

对此，有学者根据我国犯罪概念中"定性+定量"的标准，针对但书规定的适用对分则中的犯罪进行了划分，将分则中的犯罪分为"可以适用""一般不能适用"和"绝对不能适用"三种情形。[3]笔者大体上赞同这一观点。但书规定属于我国刑法所确立的"立法定性+立法定量"的犯罪成立模式中定量因素的体现。根据刑法总则规定指导和制约刑法分则规定的精神，刑法分则规定的所有犯罪均应当体现但书规定所蕴含的对犯罪成立的定量要求。依据是否明确规定定量因素，刑法分则所规定的具体犯罪可以被分为明确规定定量因素的犯罪和没有明确规定定量因素的犯罪。就前者而言，由于其中明确规定的定量因素本身就已经体现了但书规定对犯罪成立的定量要求，符合定量因素的要求就意味着行为达到犯罪成立的定量要求，不符合定量因素的要求就意味着行为没有达到犯罪成立的定量要求，所以，对前者自然就没有适用但书规定的余地。就后者而言，由于其中没有明确规定定量因素，符合刑法分则所规定的犯罪的客观行为的要求，并不意味着其行为的社会危害性必然满足了达到刑事可罚程度的要求。就此而言，对后者恰恰有适用但书规定的余地。也就是说，后者的成立，需要具备排除符合但书规定这一前提。如

---

[1] 王尚新：《关于刑法情节显著轻微规定的思考》，载《法学研究》2001 年第 5 期。

[2] 逯星：《醉驾司法出罪的学理展开与路径分析》，载《政法论丛》2013 年第 4 期。

[3] 该学者认为，对以情节作为定量限制的犯罪绝对不能适用但书条款；对危害国家安全、性质严重且没有定量限制的犯罪和性质较轻但有定量限制的犯罪一般不能适用但书规定。其中，性质较轻且有定量限制的犯罪主要是指结果犯、数额犯和危险犯；对性质较轻且没有定量限制的犯罪可以适用但书条款。参见张永红：《刑法第 13 条但书的适用范围》，载《黑龙江省政法管理干部学院学报》2006 年第 6 期。

果行为符合但书规定，也就意味着行为的社会危害性尚未达到刑事可罚的程度，由此就可以否定犯罪的成立。

当然，适用但书规定的余地不可一概而论。具体而言，对于性质严重的犯罪，由于行为本身的性质较为严重，符合刑法分则规定的行为的要求，原则上就可以认为行为的社会危害性已经达到了刑事可罚的程度，而不需要在犯罪成立的判断上附加定量要求。不过，这并不意味着对性质严重的犯罪的成立，在任何情况下都不需要考虑定量问题。在司法实践中，性质严重的犯罪的具体行为表现极为复杂，不排除符合刑法分则规定的行为，但社会危害性尚未达到刑事可罚程度情形的存在。对于这些情形，如果行为符合但书的规定，就应当予以出罪。如就安乐死的行为而言，不能否认其符合《刑法》第 232 条中故意杀人罪的客观行为要求，但通常认为，其符合但书的规定，因而不构成犯罪。我国首例安乐死案件的无罪处理恰恰就遵循了这样的逻辑。我国相关司法解释的规定也体现了这样的逻辑。如 2006 年 1 月 11 日最高人民法院公布的《关于审理未成年人刑事案件具体应用法律若干问题的解释》第 6 条规定："已满 14 周岁不满 16 周岁的人偶尔与幼女发生性行为，情节轻微、未造成严重后果的，不认为是犯罪。"在此，奸淫幼女型强奸罪的法定最低刑为三年有期徒刑，其属于性质严重的犯罪。由此，奸淫幼女的行为一旦实施，原则上不需要附加定量要求，就可以认为其社会危害性达到了刑事可罚的程度。但是，也不能排除在例外的情况下，奸淫幼女行为因符合但书规定而予以出罪的可能性。对于性质轻微的犯罪，由于行为本身的性质较为轻微，符合刑法分则规定的行为的要求，一般尚不足以使行为的社会危害性达到刑事可罚的程度。在这种情况下，就犯罪成立所需要具备的社会危害性达到了刑事可罚程度的判断而言，便通常需要附加对定量要求的考虑。如果行为符合但书的规定，便也应当如同性质严重的犯罪的成立判断的场合那样予以出罪。在性质轻微犯罪的成立判断场合，这种情形应当是大量存在的。实际上，为体现犯罪成立的定量要求，对于没有被明确规定定量因素的轻微犯罪，我国司法解释的相关规定均明确只有符合一定的定量要求，方能确认犯罪的成立。比如，掩饰、隐瞒犯罪所得、犯罪所得收益罪基本犯的法定最高刑是三年有期徒刑，其基本犯的犯罪构成中没有明确规定定量因素。但是，2021 年 4 月 13 日最高人民法院《关于审理掩饰、隐瞒犯罪所得、犯罪所得收益刑事案件适用法律若干问题的解释》第 1 条第 1 款〔1〕则就其基本犯的成立规定了定量因素。这些定量因素是排除行为符合但书规定的体现。也就是说，如果行为符合但书规定的要求，就意味着这些定量因素的缺失，其基本犯的成立由此就会被否定。

（2）基于以上论述，就对醉驾行为能否适用但书规定予以出罪而言，考虑到醉驾属于微罪，且《刑法》对其的成立没有明确规定定量因素，对其适用但书规定予以出罪的余地应当是很大的。具体而言，依据《2023 年意见》的规定，血液酒精含量达到 80 毫克/100 毫升且不满 150 毫克/100 毫升的醉驾行为本身的社会危害性尚未达到刑事可罚的程度，在犯罪成立的判断上需要附加是否符合犯罪成立的定量要求的考量。基于对《2023 年意见》第 12 条第 1 款第 1 项规定的反向解释，在血液酒精含量达到 80 毫克/100 毫升且不满 150 毫克/100 毫升的场合，判断醉驾行为是否成立犯罪的关键是是否符合《2023 年意见》第 10 条规定的 15 种从重处理情形。这里的"符合《2023 年意见》第 10 条规定的 15 种从重处理的情形"，实际上就是对犯罪成立的定量要求加以考量的体现。而在符合《2023 年意见》第 10 条所规定的 15 种从重处理的情形的情况下，醉驾行为成立犯罪应当满足的定量要求就无法得以满足。对此，根据《2023 年意见》第 12 条第 1 款第 1 项的规定，原则上应认为符合但书的规定，以无罪论处。在血液酒精含量达到 150 毫克/100 毫升以上的场合，考虑到血液中酒精含量的提升加剧了行为的危险程度，就此种场合的醉驾行为成立犯罪而言，原则上就不需要再附加对定量因素的考量。对此，有司法实务人士指出："对于血液酒精含量 150 毫克/100 毫升以上的案件，在其他犯罪构成要件要素（如道路、机动车）都符合的情况下，不再考虑其他犯罪情节，直接以危险驾驶罪处理。因为，对于绝大多数行为人来说，血液酒精含量达到 150 毫克/100 毫升以上，都已经处于较为深度的醉酒状态，一般情况下危险程度都很高。在调研过程中也发现，对于血液酒精含量达到 150

---

〔1〕 该款规定："明知是犯罪所得及其产生的收益而予以窝藏、转移、收购、代为销售或者以其他方法掩饰、隐瞒，具有下列情形之一的，应当依照刑法第三百一十二条第一款的规定，以掩饰、隐瞒犯罪所得、犯罪所得收益罪定罪处罚：（一）一年内曾因掩饰、隐瞒犯罪所得及其产生的收益行为受过行政处罚，又实施掩饰、隐瞒犯罪所得及其产生的收益行为的；（二）掩饰、隐瞒的犯罪所得系电力设备、交通设施、广播电视设施、公用电信设施、军事设施或者救灾、抢险、防汛、优抚、扶贫、移民、救济款物的；（三）掩饰、隐瞒行为致使上游犯罪无法及时查处，并造成公私财物损失无法挽回的；（四）实施其他掩饰、隐瞒犯罪所得及其产生的收益行为，妨害司法机关对上游犯罪进行追究的。"

毫克/100毫升以上的案件，事故率明显上升。"[1]笔者认为，这样的观点过于绝对。实际上，依据《2023年意见》的规定，在血液酒精含量达到150毫克/100毫升以上的场合，就判断醉驾行为是否成立犯罪而言，由于行为的危险程度较高，的确不需要考虑是否具有《2023年意见》第10条所规定的15种从重处理的情形。但是，这并不意味着根本不需要考虑排除符合但书规定的情形。比如，在居民小区、停车场等场所因挪车、停车入位等短距离驾驶机动车的，血液酒精含量达到150毫克/100毫升以上，只要行为人不具有《2023年意见》第10条所规定的15种从重处理的情形之一，就可以认定为符合但书规定，不以犯罪论处。对此，《2023年意见》第12条第1款第2项至第5项的规定作出了确认。

以上论述说明了将但书规定适用于对醉驾行为予以出罪的法理依据。但是，醉驾型危险驾驶罪本身行为犯、抽象危险犯的性质，使其在适用但书规定予以出罪时也面临诸多质疑。对此，需要进一步加以展开，以夯实将但书规定作为醉驾行为予以非犯罪化实体处理的法理依据的基础。

《刑法修正案（八）》将醉驾行为由行政违法行为上升为犯罪行为加以规定之初，便没有被附加如同追逐竞驶型危险驾驶罪那样的"情节恶劣"的量的构成要件要素。醉驾型危险驾驶罪的行为犯或抽象危险犯的性质由此得以确立。有学者基于醉驾型危险驾驶罪的行为犯、抽象危险犯的性质，将但书规定排除在直接作为醉驾行为的出罪依据以外。[2]行为犯一经实施就成立犯罪的特征和抽象危险犯中具体危险因素在规定上的缺乏，是驳斥但书规定可以被适用于对醉驾行为予以出罪的主要理由。

笔者不赞同以上观点。就醉驾型危险驾驶罪的行为犯性质而言，虽然行为犯的成立不需要结果的发生，但是，并非行为一经实施，其社会危害性就会达到刑事可罚的程度。就醉驾型危险驾驶罪的抽象危险犯性质而言，虽然抽象危险犯的成立不需要具体危险状态的发生，但是，依据行为的实施，只能够作出抽象危险业已存在的拟制，而抽象危险的存在并不意味着行为的社会危害性就一定可以达到刑事可罚的程度。在此，应当强调的是，行为犯中

---

[1] 苗生明：《醉酒型危险驾驶的治罪与治理——兼论我国轻罪治理体系的完善》，载《中国刑事法杂志》2024年第1期。

[2] 王志坚、胡铭：《醉驾不起诉的实践适用与体系完善——基于〈关于办理醉酒危险驾驶刑事案件的意见〉实施前后的实证比较》，载《山东大学学报（哲学社会科学版）》2024年第3期。

行为的实施与行为犯的成立、抽象危险犯中抽象危险的存在与抽象危险犯的成立，均是两个不同的概念，不可混为一谈。就前者而言，行为的实施仅仅意味着具备了行为犯成立的一个条件；是否成立行为犯，尚取决于除行为的实施以外的其他条件是否具备。同样，就后者而言，行为的实施仅仅意味着抽象危险的存在；是否成立抽象危险犯，取决于除行为的实施以外的其他条件是否具备。因此，醉驾型危险驾驶罪的行为犯、抽象危险犯的性质，不能成为阻止对其适用但书规定予以出罪的理由。相反，正是基于醉驾案件的特殊性，对其在出罪问题上才需要进行更加细化的规定。《2023年意见》第12条关于醉驾"情节显著轻微、危害不大"情形的规定便是如此。

四、结语

"醉驾一律入刑"带来的弊端在刑事法网不断织密的当下已得到充分凸显，对轻微醉驾行为进行非犯罪化处理具有现实的必要性。非犯罪化在我国司法过程中的适用是通过对行为进行出罪得以实现的，其包括实体和程序两个环节。但书规定是对轻微醉驾行为予以非犯罪化处理的实体依据，其对刑法分则中未明确规定定量因素的醉驾型危险驾驶罪的出罪具有适用价值。通过适用但书的规定，可以避免机械司法，使司法保持一定程度的灵活性，避免立法与现实的割裂。但书规定是"合法又合理"的出罪依据。在轻罪时代，但书规定更应充分发挥其价值，成为立法入罪和司法出罪的调节器。[1]就对轻微醉驾行为予以适当的非犯罪化实体处理而言，应当充分释放但书规定的出罪功能。[2]在对"情节显著轻微、危害不大"的醉驾行为进行认定时，要综合考虑醉酒驾驶行为的主客观因素，贯彻宽严相济的刑事政策，实现法、理、情的高度融合。

---

[1] 李睿懿：《醉酒危险驾驶的治罪与治理》，载《中国应用法学》2024年第3期。

[2] 陈光中、李作：《轻微犯罪无罪化处理问题探讨》，载《法律适用》2024年第1期。

网络犯罪防治的轻罪扩张及其限度
——以帮助信息网络犯罪活动罪为线索*

郭旨龙**

摘　要：网络犯罪的防治目标导致刑法不断扩张。当前最为典型的问题是如何理性认识并调适帮助信息网络犯罪活动罪的防治功能及其限度。在帮助信息网络犯罪活动罪的起诉人数称爆发式增长的背景下，应当认为本罪的出台和适用基本符合刑事正义，但需要做出一定的调适。其一，帮助信息网络犯罪活动罪的司法实践基本符合罪刑法定原则，被帮助的行为类型属于刑法上规定的行为类型即可，这平衡了应对网络社会风险和满足公民可预见性的需求，是在网络空间中贯彻罪刑法定原则的最新趋势。其二，根据罪刑相当理念，从一重罪论处不应当仅仅看重可能判处的刑罚，还应当考虑罪名标签是否适当、全面评价了帮助行为的性质和危害。在帮助多种犯罪行为类型时，认定为本罪更加适当、全面，但可能需要法定刑幅度的增设与匹配。其三，在程序正义上，客观罪量和主观"明知"可以通过严格的程序得到确认，但在打击"两卡"犯罪导致案件"井喷"的态势下，需要调适"两卡"犯罪线下帮助行为的入罪标准。

关键词：帮助信息网络犯罪活动罪；罪刑法定；罪刑相当；正当程序；"两卡"犯罪

在全国人民代表大会常务委员会2022年度立法工作计划中，网络犯罪防

---

* 基金项目：本文是国家社会科学基金青年项目"数据竞争不法行为入罪边界的刑法解释研究"（项目号：23CFX065）的阶段性成果。

** 作者简介：郭旨龙，男，法学博士，中国政法大学教授，博士生导师，主要从事数字刑法、比较刑法、智慧法治研究。

治法被列为预备审议项目。根据刑事一体化的思路，网络犯罪防治必然是一个综合性的体系，实现从犯罪学到刑法学的有效贯通。在《刑法修正案（九）》针对网络犯罪增设的新罪名中，非法利用信息网络罪主要针对个体，拒不履行网络安全管理义务罪主要针对平台，而帮助信息网络犯罪活动罪则同时针对以上两者。由此，刑法在网络犯罪防治过程中实现了打击范围的显著扩张。当前，帮助信息网络犯罪活动罪已成为中国网络犯罪防治的核心罪名。然而，自该罪在 2015 年《刑法修正案（九）》中被首次提出以来，有关其在理论和实践方面的争议就一直没有中断过。

首先产生争议的是帮助信息网络犯罪活动罪的性质问题，即该罪是否属于"帮助行为正犯化"。大多数学者对此持肯定意见，认为《刑法》第 287 条之二规定的行为本质上是传统的帮助犯，只是现在通过立法的形式将其作为正犯处理，直接定罪处罚。[1]少数学者反对这一定性，并提出了不同的见解。例如，张明楷教授的量刑规则说认为，《刑法》第 287 条之二并未增加一个独立的罪名，而是对帮助行为规定了独立的法定刑，使其不再适用刑法总则关于从犯的处罚规定。[2]这些观点在理论上究竟是否具有正当性，本文尚无法得出定论。但对于这些观点正当性的探讨主要在理论层面有意义，在实践层面则意义不大。在修正案已经出台，最高人民法院和最高人民检察院就全国人民代表大会常务委员会增加的这个条款赋予"帮助信息网络犯罪活动罪"这一独立名称的背景下，全国的司法机关都会将其作为独立罪名看待，关于该罪性质的不同观点在实践中已无多少参考价值。

其次是如何理解适用帮助信息网络犯罪活动罪的问题。在该罪 2021 年起诉人数达到 12.9 万人，2022 年起诉人数达到 12.9 万余人，并一跃成为起诉人数第三名的罪名的背景下，[3]这一问题显得尤为紧要。因为这一数据意味着，帮助信息网络犯罪活动罪已经呈现出了成为信息时代新型口袋罪的趋势。为了实现既能控制该罪的打击范围，又不至于放纵犯罪危害社会的目的，本文将从罪刑法定、罪刑相当、程序正义三大原则出发，针对帮助信息网络犯

---

〔1〕 皮勇：《论新型网络犯罪立法及其适用》，载《中国社会科学》2018 年第 10 期。
〔2〕 张明楷：《论帮助信息网络犯罪活动罪》，载《政治与法律》2016 年第 2 期。
〔3〕 郭洪平：《"帮信罪"：一年增长 21 倍，已成电信网络诈骗"第一罪"》，载《检察日报》2022 年 5 月 17 日；《最高检：五年来，我国刑事犯罪出现四类新变化》，载 http://news.cctv.com/2023/02/15/ARTIGC3NgfnM6joP4xFLY5A1230215.shtml，2023 年 2 月 15 日访问。

罪活动罪中涉及这些原则的问题进行分析，最终指出解释适用该罪的应然路径。

一、罪刑法定：被帮助"犯罪"的认定

虽然帮助信息网络犯罪活动罪早在 2015 年便已出台，但最初几年的案件数量极少，年均只有二十余起。[1]直到 4 年后，最高人民法院、最高人民检察院联合发布了《关于办理非法利用信息网络、帮助信息网络犯罪活动等刑事案件适用法律若干问题的解释》（以下简称《网络犯罪解释》），情况才有所改变。《网络犯罪解释》第 12 条所确立的这一标准尤为重要，即不要求帮助信息网络犯罪活动罪中被帮助的"犯罪"本身达到刑法分则所规定的罪量限制。例如，对于帮助他人实施电信诈骗的，即使被帮助的电信诈骗活动所涉数额并未达到诈骗罪的入罪标准，也不影响其属于被帮助的"犯罪"。

在对被帮助"犯罪"的范围进行初步限缩后，随之而来的问题是，将被帮助的"犯罪"解释为刑法分则已经规定的行为类型，是否符合该罪的设立目的，以及是否突破了刑法的基本原则。本文认为，鉴于帮助信息网络犯罪活动罪属于信息时代新型网络犯罪的兜底性罪名，应当认为这个解释基本实现了在罪刑法定原则下该罪作用的最大化。具体原因如下：

（一）实践需求

如果要求进一步将被帮助"犯罪"的范围限定为必须达到罪量要求，那么难以查明数额的问题将会极大地限制该罪在实践中的适用。而即使在部分案件中能够查明数额，如果行为人帮助的每个人的"犯罪"数额都没有达到构成犯罪的程度，此时行为人的帮助行为也将难以受到帮助信息网络犯罪活动罪的规制，从而使得该罪的立法目的部分落空。因此，只要认识到以上问题正是由网络环境下帮助犯的"一帮多"特色导致的，就不会继续坚持"犯罪"必须达到罪量限制的要求。毕竟，"多"意味着被帮助者的数量可能达到成百上千，就算被帮助的每个人都不构成犯罪，其累积起来也会使得代表"一"的帮助犯具有极大的危害性。[2]由此，被帮助的"犯罪"不要求满足

---

[1] 喻海松：《帮助信息网络犯罪活动罪的司法限定与具体展开》，载《国家检察官学院学报》2022 年第 6 期。

[2] 朗胜主编：《中华人民共和国刑法释义》（第 6 版·根据刑法修正案九最新修订），法律出版社 2015 年版，第 505 页。

刑法分则规定的罪量限制，只要求属于刑法分则规定的行为类型，这是结合立法目的解释该条文的应然选择。

被帮助的人不是必须已经开始实行信息网络犯罪，即便其只是预备犯罪，帮助者也可能成立帮助信息网络犯罪活动罪。例如，在帮助行为具有针对性，即属于《网络犯罪解释》第 11 条规定的"提供专门用于违法犯罪的程序、工具或者其他技术支持、帮助的"的场合，应当不要求被帮助者一定已经开始实施信息网络犯罪。首先，这不符合刑法的体系解释。早在 2011 年最高人民法院、最高人民检察院《关于办理危害计算机信息系统安全刑事案件应用法律若干问题的解释》就已经规定了"提供侵入、非法控制计算机信息系统的程序、工具，情节严重"的认定标准，只看提供行为的人次、违法所得等要素，并未要求被提供者必须已经实行犯罪。[1]其次，这不符合计算机网络安全罪名的立法旨趣。这些罪名的出台并非完全着眼于对具体法益侵害的预防，而是同时考虑了对计算机网络安全制度设计的维护，即每一个计算机网络的参与者都有自己的作为和不作为义务，违反这些义务情节严重的，就有可能构成犯罪。这也符合计算机网络安全罪名属于妨害社会管理秩序罪的体系位置。[2]

（二）罪刑法定

这一解释完全符合罪刑法定原则的精神。刑法对四百多种罪行的明文规定，意味着其推定并要求每个公民都了解并遵守这些行为规范，无论是禁止性规范还是命令性规范。而刑法既然已经规定打击这些罪行，那么对应的帮助行为也应当是被禁止的。正如《网络犯罪解释》第 7 条的规定，非法利用信息网络所意图实施的"违法犯罪"，包括犯罪行为和属于刑法分则规定的行为类型，但尚未构成犯罪的违法行为。具体而言，根据罪刑法定原则，通过提供技术支持等方式帮助实施刑法规定的四百多种罪行的行为是被禁止的。由此可以推出，将被帮助的"犯罪"解释为刑法分则规定的行为类型，符合罪刑法定原则的精神。

---

〔1〕 最高人民法院、最高人民检察院《关于办理危害计算机信息系统安全刑事案件应用法律若干问题的解释》第 3 条。

〔2〕 其他新型网络犯罪罪名如不履行信息网络安全管理义务罪也体现了行政犯刑事规制与行政管理相结合并向行政管理倾斜的趋势。参见杜小丽：《社会治理视角下拒不履行信息网络安全管理义务罪再审视》，载《中国法律评论》2024 年第 3 期。

这一观点可以通过对破坏计算机信息系统罪案例的分析进一步展开。在2016年的"山东篡改高考志愿案"中，行为人利用计算机对教育考试院网上报名系统中存储的考生高考志愿进行删除、修改，造成多名考生无法进入心仪的学校就读，侵害了被害人的高等教育利益和高等教育招生秩序，法院因此认定该行为"后果严重"，并最终以破坏计算机信息系统罪定罪处罚。[1]然而，这一做法却违背了罪刑法定原则。在该案审判时，刑法中尚无条款对高等教育利益和高等教育招生秩序进行保护，侵害这些利益的行为本不应受到刑法规制。[2]可以设想，如果是在纸质高考志愿的时代，这一篡改高考志愿的行为将无法构成犯罪。法院之所以认定该行为构成破坏计算机信息系统罪，从而违反了罪刑法定原则，是因为其将未被刑法条文保护的利益解释为"后果严重"中所保护的法益，超出了行为人所能理解的刑法可明确打击的范围。当然，这一问题在冒名顶替罪出台后便得到了解决。此时，上述利益已受到刑法保护，如果在这一背景下发生新的高考志愿篡改案件，篡改行为造成严重后果就可以被解释为破坏计算机信息系统罪中的"后果严重"，从而满足该罪的构成要件。

综上所述，《网络犯罪解释》只将被帮助的"犯罪"限定为刑法分则规定的行为类型的做法，并未突破刑法的罪刑法定要求，满足了公民在信息时代的可预见性利益，实现了罪刑法定原则下该罪作用的最大化。这是《网络犯罪解释》在信息时代探索出的实现社会风险应对、满足罪刑法定原则的中国路径，应当在理论和实践中予以重视。值得注意的是，尽管《网络犯罪解释》对于被帮助的"犯罪"作出了较为宽松的解释，但这种解释不能无限制地进行扩张，以至于突破罪刑法定原则。这意味着未被明文规定于刑法分则之内的行政违法行为不应被纳入被帮助的"犯罪"范围。如直接进行卖淫、嫖娼的行为不构成刑法上的犯罪，那么即使行为人为此类行为提供了技术支持，其行为也不能被认定为帮助信息网络犯罪活动罪。

二、罪刑相当："从一重处罚"的理解

《刑法》第287条之二第3款规定："有前两款行为，同时构成其他犯罪

---

〔1〕《2016年度人民法院十大刑事案件》，载《人民法院报》2017年1月6日。
〔2〕郭旨龙：《计算机犯罪的时代更新》，载《国家检察官学院学报》2023年第4期。

的，依照处罚较重的规定定罪处罚。"这一规定被普遍理解为，帮助信息网络犯罪活动罪的定位仅是网络犯罪的兜底性罪名。也就是说，如果行为人的行为既构成该罪，又构成其他犯罪的共犯，那么直接适用当中刑罚最重的犯罪即可。这一观点看似已经取得了共识且难以被质疑，实际上却需要进行更多的讨论。其涉及的一个在理论和实践中均十分关键的问题是，"依照处罚较重的规定定罪处罚"中的"处罚较重"，真的可以仅以法定刑轻重作为衡量标准吗？笔者认为不然。

在对该问题的分析中，本文欲引入公平标签效应原则（fair labeling effects）进行探讨。公平标签效应原则是指，现代国家对罪犯赋予的惩罚，不仅在于其刑罚的具体年限，而且在于贴在其身上的标签。这种标签代表着一种耻辱，会影响罪犯在监狱中的处遇，及其回归社会后的待遇，嵌入在整个刑事治理的系统流程中。[1]如被认定为性侵幼女、儿童的性犯罪者，其一生都会被禁止接触特定行业；与之相对的是被认定为嫖宿幼女的罪犯，由于其所犯罪行仅属于妨害社会管理秩序的犯罪，其将不会被禁止接触相关行业。据此，人们可以将其理解为标签本身也属于对罪犯的惩罚。如果承认并接受这一原则，那么对于《刑法》中所有"从一重处罚"的规定，就不能仅仅理解为只要其中一个罪名的刑罚更重，就应当以更重的那个罪名定罪处罚。除了考虑刑罚轻重之外，人们还要考虑给罪犯所贴的标签是否合适，即是否恰当地反映了其行为的罪质。若将这一原则应用在对《刑法》第287条之二第3款的解释上可以得出，相比于仅作为兜底性罪名进行适用，成为一个在不能认定构成其他重罪时才构成的轻罪，只能发挥严密刑事法网的作用；帮助信息网络犯罪活动罪还应该作为一个标签贴在行为人身上，恰如其分地反映其帮助行为的社会危害，并使其为社会公众所认识。

当然，公平标签效应原则从未否定刑罚轻重对于"从一重处罚"的意义。在行为人仅帮助他人实施某一种犯罪的情形下，对这一原则的认可并不影响行为人被认定为其他刑罚更重犯罪的共犯。因为行为人帮助的犯罪类型单一，将行为人认定为被帮助犯罪的共犯正好清楚地反映了其罪行的性质。此时，帮助信息网络犯罪活动罪的确只需发挥兜底作用，即在具体明知难以查清时

---

[1] See James Chalmers, Fiona Leverick, "Fair Labelling in Criminal Law", *The Modern Law Review*, 71 (2008), 224~239.

以本罪论处。

然而，与上述被普遍认识到的情形不同的是，现实中还可能存在另一种情况——正如前文所述，《刑法》规定的400多种罪行中的任何一种，均可以构成帮助信息网络犯罪活动罪中被帮助的客观行为。既然如此，在实践中就可能存在这种情况，即行为人同时为3种、5种，甚至几十种犯罪都提供了技术支持等帮助。

事实上，上述情况存在的可能性也能够在司法解释中得到印证。《网络犯罪解释》第12条规定了帮助信息网络犯罪活动罪"情节严重"的情形，其中第1项是"为三个以上对象提供帮助的"，而这些对象无论从事何种犯罪活动均有可能。他们既可能从事同一犯罪活动（如电信网络诈骗），也可能从事不同犯罪活动（如开设赌场、组织卖淫、制售毒品）。如果无论被帮助的对象从事何种犯罪活动，行为人均为其提供技术支持等帮助，那么在上述例子中，提供帮助的行为人就可能既触犯了开设赌场、组织卖淫、制售毒品等相关罪名，也触犯了帮助信息网络犯罪活动罪。此时若还依据传统的理解狭义地"从一重处罚"，根据刑罚轻重来认定"重罪"就很可能会将该帮助行为认定为毒品相关犯罪。由此，根据公平标签效应原则，这一定性就会存在一个严重的问题，即行为人的其他罪行无法被反映在与毒品相关的罪名中。这意味着行为人帮助实施其他犯罪的行为，无法得到司法机关的充分评价，国家给行为人贴的标签，也将难以全面反映其行为的社会危害。[1]因此，为了避免由不恰当的定性带来的负面效应，对此种情况下的行为人应当贴上帮助信息网络犯罪活动罪的标签。[2]相较于其他被帮助的各类具体犯罪，该罪的标签显然能够更加全面地反映对刑法分则规定的任意犯罪提供技术支持等帮助这一行为类型的罪质，实现真正意义上的罪刑均衡。

虽然公平标签效应原则对该罪的具体应用，目前在司法实践中几乎没有适用的空间，但这一思考路径仍然十分重要。因为尽管帮助信息网络犯罪活动罪在现行法中的法定刑很低，最高刑期仅有3年，尚不足以规制"一行为

---

〔1〕 法官即使在裁判正文中列明被告人触犯的所有罪名，也无法在后续的阶段如一个罪名标签那样有效地传达给整个刑事司法系统和社会公众。

〔2〕 在想象竞合从一重罪处罚时，不能仅凭法定刑来选择重罪，而是要根据具体案情判断各项罪名的实际适用情况来判断哪个罪才是本案中的真正重罪。此处的实际适用情况不可避免地要考量到罪名的标签效应情况。

人帮助多种犯罪"的情形,但在未来刑法修正时,该罪可能增加 3 年~7 年,甚至 7 年~15 年的法定刑幅度,实现对更为严重的法益侵害行为的打击。回顾计算机犯罪的立法历程,应当说这种可能性是存在的。当然,增加更高的法定刑幅度后,帮助信息网络犯罪活动罪的量刑标准肯定也会得到进一步的细化。参照以往的司法经验,对于更高的法定刑幅度,量刑标准可能会在"情节严重"的基础上增加一定的倍数,如将提供帮助对象的数量增加为 10 个。此外可以设想,由于相较于帮助单一犯罪的行为,为多种犯罪行为类型提供帮助的行为会使得更多的社会领域受到冲击,因而后者给社会管理秩序造成的冲击也会更大,行为的法益侵害性自然也会更高。由此,新增的法定刑幅度也可能具有新的量刑标准,如帮助的犯罪达到 5 种以上。

若上述可能在未来成为现实,那么在"一行为人帮助多种犯罪"的情况下,对其行为判处帮助信息网络犯罪活动罪的做法无疑更为妥当。届时,该罪将既能够在标签上全面反映帮助行为危害的多样性,又能够在刑罚的幅度上满足对相应帮助行为的打击要求,避免在"从一重处罚"时只考虑法定刑轻重的狭义理解,做到真正的罪刑相当。

三、程序困境的解决带来新的正义问题

在运用罪刑法定和罪刑相当两大刑事实体法原则分析完上述问题之后,本文将从程序正义原则出发,从证据证明的角度,回顾帮助信息网络犯罪活动罪的立法原因,探讨当下的司法解释调适方向。因为在下述客观方面和主观方面都存在证明的难题,被帮助的行为的共犯难以认定,所以只能认定为新设的帮助信息网络犯罪活动罪。但这可能带来新的争议问题,即打击范围过大。

(一)主客观要件证明困境的解决

其一,在客观方面,罪量要素存在证明困难。依据共犯从属性说,一定要被帮助者达到刑法分则规定的入罪标准,才能对帮助者进行定罪处罚。但在信息时代下,被帮助的犯罪分子遍布世界,对网络犯罪本身的查证十分困难。例如,对于在缅甸等东南亚国家实施电信网络诈骗的犯罪团伙,司法机关难以查明其实施的诈骗活动是否达到入罪数额,这一困境将直接导致司法机关无法将帮助者认定为被帮助者的共犯并对其定罪处罚。因此,帮助信息网络犯罪活动罪应运而生。如前所述,它取消了对被帮助的"犯罪"的罪量要

求，同时通过《网络犯罪解释》第 12 条对帮助行为本身提出了更高的标准。

其二，在主观方面，"明知"的认定存在证明困难。依据传统的共犯理论，帮助者与被帮助者必须在主观上进行通谋才能成立共犯。但这一要求无法适应现实中的复杂状况，于是主观方面的认定只得进一步放宽，片面共犯的概念因而得到承认，即帮助者只要明知他人在实施犯罪，即使被帮助者没有意识到有人在帮助自己，帮助者也可以成立帮助犯。然而，即使承认片面共犯的存在，对于现代网络犯罪的帮助者而言，认定其在主观上具有"明知"依然十分困难。因此，在不进一步突破共犯理论的前提下，只有将帮助者的行为用单独的罪名定罪处罚，并提炼出《网络犯罪解释》第 11 条规定的明知推定规则，才可能实现对其帮助行为的恰当规制。"帮助者明确知道或应当知道自己的行为具有非法性，且相信自己的帮助行为能极大程度、高概率引起无意思联络的受助者借以利用信息网络实施犯罪活动，哪怕不知道其具体性质，也没有促进该犯罪行为易于实现的意思，也可构成明知。"[1]例如，在行为人出售他人银行卡的情况下，如果行为人明知该卡的价值与对方所付的价格不对等，仍为了明显的利益出售，最终银行卡的确被特定人员用于实施犯罪，根据一般的社会实践即可推知，行为人通过新闻媒体应当知道这种行为有风险，且根据一般的社会协作伦理，其有义务尽可行之力，却放任这种风险发生，属于《网络犯罪解释》第 11 条第 3 项的"交易价格或者方式明显异常"，或者帮助他人逃避监管，则足以认定其为"明知"。

（二）以"明知"限定罪名适用

程序正义原则要求，对于定罪量刑的事实都要有证据进行证明。因此，在既有犯罪无法解决客观罪量和主观"明知"证明困难的背景下，为了实现对网络犯罪帮助犯的规制，帮助信息网络犯罪活动罪的出台就成了最佳出路。这一立法原因将继续指引我们，随着不断变化的实践对该罪的构成要件作出更加适当的解释，而明知要件的定位与判断，是帮助信息网络犯罪活动罪成为第三大罪名后的一个关键问题。立法和司法解释已经将被帮助的信息网络犯罪活动解释为包括刑法中所有的行为类型，所以通过"明知"来限定本罪

---

[1] 刘艳红：《网络中立帮助行为可罚性的流变及批判——以德日的理论和实务为比较基准》，载《法学评论》2016 年第 5 期；江溯：《帮助信息网络犯罪活动罪的解释方向》，载《中国刑事法杂志》2020 年第 5 期；《帮助信息网络犯罪活动罪的司法适用——首期实务刑法论坛研讨实录》，载 https://mp.weixin.qq.com/s/4bFp29wArxsrmaSKmczGBw，2022 年 1 月 29 日访问。

的适用,使得本罪更符合罪刑法定原则,更好地满足公民的可预期利益,乃至更好地平衡公民的行为自由和企业的营业自由、数字技术和数字经济的发展需求,就是一个极为必要的研究方向。

首先,对明知要件的理解和限定要与罪情中的分类相结合,否则在实践中限定帮助信息网络犯罪活动罪成立的效果可能仍将存在局限性。如果主要针对的是提供技术支持的网络服务商及其从业人员,但没有聚焦"提供广告推广、支付结算等帮助"的技术性不那么强的行为人,这可能会较大地限缩方案的实践意义。[1]根据最高人民检察院发布的数据,初中以下学历、无固定职业人员已经成为以帮助信息网络犯罪活动罪起诉的人员的主流,其犯罪行为主要表现为非法买卖"两卡"(广义的手机卡和银行卡),而非提供技术支持。所以,从刑事一体化的角度而言,犯罪学上的相关统计意味着刑法学上的治理研究的侧重点需要调整。例如,技术支持与其他帮助行为在行为风险和主观认知的主客观关联性上具有较为显著的差别,前者的关联性主要体现在帮助行为的针对性、所处的功能性地位两个方面,后者的关联性主要体现在与下游犯罪距离的远近上面。在帮助行为的针对性上,"专供违法"型强调的是技术支持的属性,而所谓的"相反……向不特定多数使用者"则并不强调技术支持本身所具有的属性。前者可以推定明知,除非行为人能排除这种专门性的实现可能性,例如对方只是用来做研究。后者不能直接推定明知,除非有其他反常事实或情状可以进行推定。

其次,行为人不需要对风险事实具有高度盖然性认识,"明知"不等于事实上"确知"。这并非与"避风港原则"下网络服务提供者不承担主动监督、审查的义务相冲突。避风港原则只是域外早年提出的一个比较传统的自由主义立场的原则,不完全适用于中国当下的社会情况。该原则在美国1998年出台的《数字千禧年版权法》第512条中强调的是提供信息定位工具的网络服务商如果能证明并无恶意,且及时删除,则不承担赔偿责任。但恶意的标准太高,且及时删除的措施过于狭隘,不能满足不断发展的网络空间违法犯罪

---

[1]《"帮信罪"知多少?最高检披露的办案数据中有这些细节……》,载 https://mp.weixin.qq.com/s/pivjcQgU0p0zyvYKZ-uPEA,2022年7月23日访问。

的预防与治理需求。事实上，《网络安全法》的立场比该原则更为激进，[1]其通过要求网络服务商采取"必要措施"，一般性地规定了网络服务商主动作为的义务。这是根据一般性法律规定产生的保证人地位，赋予了作为义务。"平台承担保障网络安全的主体责任、负有防范用户被害的道德义务及具备独特的治理优势。"[2]对于接入服务商，难以期待其大面积地长期监控其客户行为是否违法，即使在技术上可以做到，也会因为成本问题和网络伦理问题而难以期待。但是，对于网络接入之后的其他服务商，则可能要求其进行一般性的非法内容删除或信息封锁。

回到高度盖然性认识的问题上，如果一概要求事实上的高度盖然性认识，便意味着服务商只有一般性怀疑时，可以故意不闻不问、装聋作哑。但其实在有一般性怀疑时，也很可能需要采取必要措施，此时如果不采取，则可以推定为明知。这是因为，服务商除了基于法律规定的一般义务去主动控制外，还可能在个案中根据主管机关的命令、服务合同、先行行为或者紧密关系而获得保证人地位，具有进行响应控制的作为义务。[3]所以《民法典》第1197条才会规定："网络服务提供者知道或者应当知道网络用户利用其网络服务侵害他人民事权益，未采取必要措施的，与该网络用户承担连带责任。"换言之，根据《民法典》第1195条至1196条的规定，权利人通知后，服务商当然有转通知和进行必要处理的义务。而权利人没有通知时，服务商也可能根据其他途径被证明或推定为明知，在此种情况下其也具有勤勉作为的义务。此时，只要其具有了解和控制的可能性，就可以被认定为不作为。对于普通公民实施"两卡"帮助的，《反电信网络诈骗法》第31条的规定也表明，并非只有在其具有高度盖然性认识时才具有不作为义务。所以，尽管需要平衡企业的营业自由和营业成本，但不应回到狭义的避风港原则。比较《网络安全法》《民法典》与避风港原则的表述，可以得出上述结论。

---

[1] 第9条规定："网络运营者开展经营和服务活动，必须遵守法律、行政法规，尊重社会公德，遵守商业道德，诚实信用，履行网络安全保护义务，接受政府和社会的监督，承担社会责任。"第10条规定："建设、运营网络或者通过网络提供服务，应当依照法律、行政法规的规定和国家标准的强制性要求，采取技术措施和其他必要措施，保障网络安全、稳定运行，有效应对网络安全事件，防范网络违法犯罪活动，维护网络数据的完整性、保密性和可用性。"

[2] 单勇：《论互联网平台的犯罪控制义务》，载《现代法学》2022年第3期。

[3] [德]埃里克·希尔根多夫：《数字化、人工智能和刑法》，江溯等译，北京大学出版社2023年版，第116~117页。

四、数字经济负外部性视角下的方案细化

(一) 引入"外部性"分析的正当性

结合外部性理论进行论证,可以更为凸显上述结论,并为准确适用帮助信息网络犯罪活动罪等新型罪名预防网络犯罪提供细化的思路。"外部性"一词被经济学家用来描述那些没有反映在特定交易价格中的成本,这些成本将由更广泛的社会承担。[1]刑法要制止数字经济系统运行的负外部性,鼓励数字经济系统参与主体将那些在系统外产生的负面影响(例如歧视其他个体或群体、能耗及污染问题)在系统内内化考虑。对于市场活动的负外部性,法默教授以生产过程中的污染为例:它被犯罪化,是为了威慑污染者,并鼓励污染者将成本予以内化。同时,外部性也意味着更广泛意义上的理解,即刑法处理某些市场行为的社会成本不仅仅是在规制市场或者公民社会本身,而是为了保障更大意义上的文明秩序,规制的是公民社会和市场之间的关系,分配这些社会成本的公平性由此影响了刑法和市场的正当性。[2]事实上,前置法上的相关部门就是这么认识公民社会和数字经济市场之间的关系的。市场监管总局认为:"维护好新就业形态劳动者劳动权益,事关公平正义,事关和谐稳定。市场监管总局将深入贯彻落实党中央、国务院决策部署,加强统筹协调,强化协同共治,促进平台经济规范健康发展。"[3]"各部门和单位要认真履行职责,强化工作协同,将保障劳动者权益纳入数字经济协同治理体系。"[4]

数字经济体在数字经济活动过程中享受了国家政策和法律提供的正外部性。《"十四五"数字经济发展规划》提出,受内外部多重因素影响,中国数字经济发展面临的形势正在发生深刻变化,要开展政务数据与业务、服务深度融合创新,促进社会服务和数字平台深度融合,探索多领域跨界合作。可

---

[1] See David Campbell, "The 'Market' in the Theory of Regulation", *Social & Legal Studies*, 27 (2018), 551.

[2] See Lindsay Farmer, "The 'Market' in Criminal Law Theory", *The Modern Law Review*, 85 (2022), 456. 另见姜涛:《劳动法治视域下劳动刑法制度创生的法理求证》,载《法制与社会发展》2011年第2期。

[3] 国家市场监督管理总局关于政协第十三届全国委员会第五次会议第03239号(社会管理类304号)提案答复的函(国市监提〔2022〕122号)。

[4] 《关于维护新就业形态劳动者劳动保障权益的指导意见》(人社部发〔2021〕56号)。

见，平台主导不只是因为其拥有生产资料和付出内部资源，而是因为其利用国家信息基础设施，利用了网络效应。"网络效应是指使用产品和服务的消费者形成一个网络，其他消费者的加入会产生额外的价值，网络的价值与系统中连接的用户数量的平方成正比。网络效应带来平台对用户、用户对平台、用户对用户等全方位立体式的交互影响。"[1]然而，监管的缺失导致数字经济体产生的负外部性由社会承担。例如，经过平台公司对控制权的重新分配，平台系统与消费者取代了平台公司对骑手进行管理。平台公司看似放弃了对骑手的直接控制，实则淡化了雇主责任；劳资冲突也被相应地转嫁到平台系统与消费者之间。[2]数字经济平台将原本并无关系的零工经济劳动者与消费者强行联系起来，过度透支双方之间的信任，降低各方的满意度、安全感和责任感，容易引发社会问题。[3]总之，数字经济体充分享受了网络带来的各类"繁荣"，但成本和副作用却由整个社会承担。为此，需要充分认识数字经济负外部性问题，根据数字经济主体造成的负外部性问题的程度和类别各有不同的现实，予以体系化应对。

(二) 外部性视角下的具体应对方案

首先，可以根据互联网平台的分级分类来作出相应认识和应对。2021年国家市场监督管理总局发布的《互联网平台分类分级指南（征求意见稿）》，将互联网平台分成超级平台、大型平台和中小平台三级，网络销售类平台、生活服务类平台、社交娱乐类平台、信息资讯类平台、金融服务类平台、计算应用类平台六类。在分类上，可以看到计算应用类平台属于可以提供技术支持的平台，而其他五类平台，都是"提供广告推广、支付结算等帮助"的技术性不那么强的平台。但这种技术性对于同级平台而言，并不会根据类别不同而有显著差别。更大的差别来自级别，超级平台、大型平台和中小型平台对应的技术能力并不相同，它们面临的作为义务也不应相同。平台的级别越高，其用户规模、业务种类、经济体量、限制能力就越凸显，同时接收到违法犯罪举报的可能性和频率也越高，分析和处理的能力也越强。此时其可

---

[1] 沙烨：《数字财富鸿沟：数字控制与资本控制的叠加效应》，载《文化纵横》2021年第5期。

[2] 陈龙：《"数字控制"下的劳动秩序——外卖骑手的劳动控制研究》，载《社会学研究》2020年第6期。

[3] 卢江、刘慧慧：《数字经济视阈下零工劳动与资本弹性积累研究》，载《天津社会科学》2020年第4期。

被推定明知的可能性也就越高。所以，可以根据平台分级的思路对其预防犯罪义务的履行程度进行界定，匹配相应的刑事风险。接到多次举报充耳不闻、没有采取及时有效的应对措施，或者受过行政处罚、警示、约谈仍然没有采取及时、有效的措施，对平台上的违法犯罪进行预防和处理的，应当认定为明知，适用帮助信息网络犯罪活动罪等新型罪名。至于需要接收到多少次举报、多长时间内收到多少次行政处罚、警示、约谈，则需要根据平台级别和预防网络犯罪的需要，予以灵活调整。

其次，普通公民也是数字经济的参与主体，也享受了正外部性，需要对预防负外部性进行有限度的合作。对于"提供广告推广、支付结算等帮助"的技术性不强的行为人，特别是普通乃至弱势公民，其预防网络犯罪的义务应当适当限缩。当前调适解释的重点在于，对于涉及广义手机卡、银行卡的"两卡"犯罪，应当完善线上帮助行为的新型定罪量刑标准。在犯罪黑灰产业链中，"两卡"犯罪对于信息网络犯罪的加速作用、对于法益侵害的放大作用，与《刑法》第287条之二所规定的其他线上帮助行为相比，存在较大差距。[1]虽然它们可以适用类似的"明知"认定标准，但它们不应当一律适用《网络犯罪解释》第12条规定的入罪标准，而是应有更加适应其推进犯罪进程特点的入罪标准。

由此调适犯罪圈，才能避免因为严厉打击"两卡"犯罪而导致本罪相关案件数量"井喷"这一突然变化，实现宽严相济的刑事治理。例如，现在可以对犯罪产业链低端的线下技术帮助行为人（主要是初犯、偶犯、未成年人、在校学生作为具有支付结算功能的广义银行卡的提供者）要求受过相应行政处罚的刑罚前置性条件，与2022年12月开始实施的《反电信网络诈骗法》第44条中的行政处罚机制实现更好的衔接和治理效果。电信网络诈骗首先侵犯的是平等主体之间的财产利益，刑法原则上不应当在日常生活中要求其他平等主体去履行义务。但电信网络犯罪同时侵犯了重要的公共利益，[2]所以可以有限地在刑法上创设公民合作义务。

帮助信息网络犯罪活动罪的设立，是对信息时代刑法扩张以实现网络犯

---

〔1〕 喻海松：《网络犯罪二十讲》（第2版），法律出版社2022年版，第173页。
〔2〕 郭旨龙：《网络暴力造成严重后果的利益分析和刑事应对》，载《法律科学（西北政法大学学报）》2024年第1期。

罪防治趋势的回应。然而，刑法的规制依旧有其限度，必须正确地理解适用新罪。为了实现对网络犯罪的充分打击，帮助信息网络犯罪活动罪中被帮助的行为无须达到严格成立犯罪的标准，只需属于刑法分则规定的行为类型即可。同时，基于罪刑法定原则，其也不得扩张到未被刑法纳入犯罪范围的违法行为。而从罪刑相当原则出发，则不应狭义地理解"从一重处罚"的含义。应当认识到罪名的轻重还反映在其附带的标签之中，帮助信息网络犯罪活动罪所给予的标签，在帮助多种犯罪行为类型的情况下，能够更加恰当、全面地评估帮助行为的性质和危害，故应当避免只将本罪作为兜底性的轻罪予以适用。最后，为摆脱程序上的证明困境，对于帮助信息网络犯罪活动罪中的客观罪量和主观"明知"，应当认为可以借由严格的程序得以确认，同时通过对认定标准的合理选择来限制入罪。这样，刑法的扩张就没有突破罪刑法定、罪刑相当与程序正义的基本原则，在打击日益增长的网络犯罪的同时，也能够切实维护住公平正义的底线。

实质法益视野下操纵体育比赛行为的刑法规制[*]

童云峰[**]

摘 要： 我国既有刑法对操纵体育比赛行为的规制模式存在保护不周、以偏概全和类推适用等问题，主要是因为没有认清操纵体育比赛行为所指涉的体育法益。体育法益具有《宪法》和《体育法》的依据，属于实质的前实定法法益，包含秩序性、权利性和精神性内容，可以还原为公平竞赛权和观看真实比赛权，其易被各式主体的操纵比赛行为及其周边行为侵害，有必要上升为刑法法益。立足体育法益的立法批判机能，在前实定法阶段需要增设操纵体育比赛罪，并通过限定比赛性质和坚守结果无价值论以保持处罚限度；在实定法阶段，基于刑事立法的类型性原则、体系性原则和明确性原则，需对妨害兴奋剂管理罪进行必要的修正和释明。基于体育法益的刑法解释机能，在既有规制模式下需要转换思维方式，在罪名抉择上，需对主体予以类型化界分，并通过实质解释激活寻衅滋事罪和诈骗罪等，继而准确涵摄操纵体育比赛行为。在量刑裁决上，可借助边缘罪名并运用二元法益论以实现罪刑均衡。

关键词： 体育法；操纵体育比赛；体育法益；妨害兴奋剂管理罪

一、问题的提出

修订后的《体育法》第 70 条要求国家规范体育产业发展，但近期发生的

---

[*] 基金项目：国家社会科学基金重点项目"预防性犯罪化立法冲击下刑法教义学的应对与发展研究"（22AFX008）

[**] 作者简介：童云峰，男，安徽无为人，华东政法大学中国法治战略研究院特聘副研究员，法学博士，研究方向：体育刑法学。地址：上海市普陀区顺义路 216 号华东政法大学；电话：15000661552，邮箱：1376549310@qq.com。

"李铁案"和"陈戌源案"等,又引起了社会大众对体育犯罪的关注。其中,以操纵体育比赛为代表的一系列犯罪正是体育领域的顽疾。解决这一问题需要立足国际视野,欧洲理事会2014年通过的《关于操纵体育比赛的公约》指出,操纵体育比赛是为自己或他人谋求不正当利益,故意安排以作为或不作为的方式不正当地改变体育比赛的结果或过程,以消除体育比赛中部分或全部的不可预知性。这一定义比较精确也非常广泛,得到了众多国家和国际组织的认同。[1]自美国1919年的"黑袜队"丑闻使人们开始关注操纵体育比赛问题开始,如今操纵体育比赛现象可谓频繁发生,且往往与黑社会性质组织或博彩集团勾连。[2]操纵体育比赛已成为全球性问题,无论是在体育博彩合法还是在体育博彩非法的国家都难以幸免。[3]德国2009年发生的"波鸿案"直接推动了德国2017年第51次刑法修正案的出台,增设了体育博彩诈骗罪和操纵职业比赛罪。我国自"龚建平案"起,操纵体育比赛事件逐渐引起关注,随着体育商业化的发展,体育领域的刑事风险日渐加剧。对此,我国近年来的刑事立法也有关涉体育犯罪的直接规定,2020年12月26日通过的《刑法修正案(十一)》增设了第355条之一,对引诱、教唆、欺骗、组织和强迫运动员使用兴奋剂参加国内、国际重大体育竞赛行为予以规制。最高人民法院、最高人民检察院《关于执行〈中华人民共和国刑法〉确定罪名的补充规定(七)》将其解释为妨害兴奋剂管理罪,这是对通过使用兴奋剂影响体育比赛行为的规制。修订后的《体育法》第57条至第60条也接续设置了反兴奋剂条款。然而,对于以兴奋剂以外的方式操纵体育比赛的行为,刑法规制依旧阙如。纵观现有涉及操纵体育比赛行为刑法规制的理论主张和实践操作,主要存在以下几种态度。

其一,非国家工作人员受贿罪。2002年"龚建平案"被以受贿罪认定,因其裁判员身份能否被解释为国家工作人员而引发了广泛争议,有学者持否定说故认为不构成犯罪。[4]也有学者持肯定说,主张构成受贿罪。[5]之后立法

---

〔1〕 Toine Spapens, Marjan Olfers, *Match-Fixing: The Current Discussion in Europe and the Case of The Netherlands*, European Journal of Crime, Criminal Law and Criminal Justice, 23 (2015), 337.

〔2〕 Nishant Gokhale, "Fixing the Fixers: The Justification of Criminal Liability for Match-Fixing", *NUJS Law Review* 2 (2009), 312.

〔3〕 Tyler Campman, "Addressing Match Fixing and Corruption in Collegiate Athletics in Light of NCAA v. Murphy", 36 *Arizona Journal of International and Comparative Law* 36 (2019), 494.

〔4〕 王作富、田宏杰:《"黑哨"行为不能以犯罪论处》,载《政法论坛》2002年第3期。

〔5〕 曲新久:《"黑哨"行为已构成受贿罪》,载《政法论坛》2002年第3期。

机关将公司、企业人员受贿罪修正为非国家工作人员受贿罪以涵括普通主体的操纵体育比赛行为。此后，实施操纵体育比赛行为多被以非国家工作人员受贿罪定性。例如，在"李志民非国家工作人员受贿案"中，李志民原系陕西国力足球俱乐部董事长，在全国足球甲A联赛中，李志民同意并决定陕西国力足球队踢假球，非法收受其他参赛方足球俱乐部给予的财物。法院认为，被告人李志民构成非国家工作人员受贿罪。[1]非国家工作人员受贿罪被广泛运用后，受贿罪论已偃旗息鼓。

其二，诈骗罪。以参赛者踢假球操纵比赛为例，可以借鉴域外将假球操纵行为认定为诈骗罪的经验，参赛者未向组织者提供真实的比赛，继而获得债务免除的利益，以诈骗罪认定可通过保护财产法益来捍卫体育诚信，二者具有契合性。[2]

其三，以危险方法危害公共安全罪。操纵体育比赛行为侵犯了不特定多数人的财产安全法益和国家的正常管理活动法益，构成以危险方法危害公共安全罪与诈骗罪、滥用职权罪的竞合，单看操纵体育比赛行为，如裁判员基于人情关系吹"黑哨"，裁判虽未非法获益，但损害了亿万观众的财产法益，应构成以危险方法危害公共安全罪。[3]

然而，上述论断存在诸多问题。首先，保护不周。操纵体育比赛行为直接侵犯了体育诚信和公平竞赛秩序，是对观众的欺骗，这种体育比赛的公平性、真实性和完整性需要通过法律予以保护，可将之简称为体育法益。但是，非国家工作人员受贿罪、诈骗罪和以危险方法危害公共安全罪保护的法益依次为职务行为的廉洁性、财产权利和公共安全，都无法直接概括和体现体育法益，遗漏了对体育法益的特殊保护。其次，以偏概全。操纵体育比赛往往也包含边缘行为，如行为人为了收受贿赂或者为了赢得赌球的资金而操纵比赛结果，这类行为多被以非国家工作人员受贿罪或赌博罪认定，但在此刑法评价的只是周边行为，对核心的操纵行为并未指涉，由此必会生成处罚漏洞，如行为人是基于性贿赂或人情关系而操纵比赛则无法规制。既有研究也未从行为主体角度予以类型化分析，多为笼统界定操纵行为性质，或者限于"假

---

[1] 铁岭市中级人民法院［2011］铁刑二初字第00004号刑事判决书。
[2] 潘星丞、陈芹：《假球行为的刑法定性》，载《体育学刊》2014年第4期。
[3] 井厚亮：《足球"黑哨"行为对法益的侵害及其定性》，载《西安体育学院学报》2011年第1期。

球""黑哨"等某一场景,实际上体育比赛的参赛者、组织者和裁判员等不同主体的操纵行为及周边行为的性质与罪数皆有不同,试图以某一罪涵括所有主体的操纵行为,有管中窥豹之嫌。最后,类推解释。以危险方法危害公共安全罪需与放火罪、爆炸罪等作同质解释,其虽也保护公共财产安全,但这只是附属法益,其关键在于保护不特定或多数人的生命安全,而操纵体育比赛行为至多损害公共财产,认定为以危险方法危害公共安全罪显属类推解释。将参赛者的假球行为理解为获得对组织者的债务免除,继而构成诈骗罪较为牵强,且对其他操纵者的行为则并无适用力。

由此便引发了多重疑问,操纵体育比赛行为侵犯的体育法益是否需要刑法给予直接或特别保护?通过惩治操纵比赛行为以保护体育法益的实质依据何在?现有刑法规制模式能否有效保护体育法益?是否有必要专设操纵体育比赛罪以保护体育法益?在现有刑法规制模式下如何发挥刑法解释功能以最大限度地实现对体育法益的周延保护?基于上述问题意识,本文旨在以体育法益为中心,对操纵体育比赛行为的刑法规制逻辑进行反思。由于体育法益在刑法中并未直接指涉,属于前实定法益,即前置于刑事立法并直接约束刑事立法者的实质法益。实质法益将满足条件的物品、能力和状态作为法益,并具有方法论的解释功能和立法批判功能。[1]因此,本文基于实质法益论立场,寻求体育法益的实质依据,立足实质法益的双重功能,检视刑事立法以待规制的缜密化,激活现有规范以期适用的周延化。

二、法益识别:刑法处罚操纵体育比赛行为的实质依据

刑法的首要机能和目的是保护法益,而犯罪的本质在于其客观的法益侵害性。[2]规范的效力与稳固是刑法适用的当然结果,其最终目的是保护法益,如果罪刑规范不是为了保护个人自由发展,也不是保护个人自由发展的条件,这一规范必然不具有合法性。规范论使刑法与社会伦理道德难以界分,容易导致单纯违反社会伦理秩序而没有侵害法益危险的行为被处罚。[3]因此,法益论

---

〔1〕 [德]エングレンダーアルミン,[日]小島秀夫訳「法益論:刑事政策における批判の基準となりうるか?」大東法学 2018 年第 28 卷第 1 号。

〔2〕 [日]西田典之:《日本刑法总论》(第2版),王昭武、刘明祥译,法律出版社 2013 年版,第 24 页。

〔3〕 张明楷:《刑法的基本立场》,商务印书馆 2019 年版,第 193 页。

应被肯定。然而，传统法益论研究总是从法益概念本身定义的连续历程进行观察，把梳概念的诞生和历史演变，试图给法益概念以完美定义，其中不乏真知灼见但对解决司法实务问题并无助益。需要思考的是为什么要这样理解？为什么要发展出这一理解机制？应以具体问题为思考策略，不仅要观察概念的形成和演变，更要追问法益概念为何以特定形式呈现。[1]因此，本文不从体育法益的概念史研究，转为问题化研究。为解决体育法益保护的具体问题，应采纳德国曼弗雷德·海因里希教授和罗克辛教授均提倡的"法益保护三阶层模式"，即要精确考察待保护的特定法益应该是什么？它保护的应该是谁？它所防卫的又应该是什么？[2]下文将以该三阶层为逻辑展开。

（一）体育法益的规范化确证

黑哨、假球等操纵体育比赛行为，侵害了体育比赛的公正性、纯洁性，破坏了体育比赛的正常管理秩序，削弱了体育比赛的积极功能，操纵体育比赛行为对体育法益的侵害可以被总体概括为破坏了体育比赛的完整性。[3]首先，体育法益直接表现为一种秩序性法益。保护法益不外乎是为了维护整个社会秩序，秩序性法益也应当作为法益内容。[4]操纵体育比赛行为正是违背了体育比赛管理秩序，继而侵犯相关体育主体的合法权益。其次，体育法益包含精神性内容。具体指体育比赛中的诚信、对体育比赛规则的尊重与信任，若要充分释放体育比赛的效能，就要捍卫和保护运动员、体育组织和整个体育界的诚信。[5]最后，体育法益是前实定的实质法益。我国现行刑法规范并未体现对体育法益的直接保护。即使《刑法修正案（十一）》增设妨害兴奋剂管理罪，也是规定在"走私、贩卖、运输、制造毒品罪"一节之下，这一设置本就与刑法固有的法益分类标准存有抵牾，从罪名概括上也可知只是保护兴奋剂管理秩序，折射对体育法益保护的不彰。体育比赛的完整性是一

---

〔1〕 许恒达：《法益保护与行为刑法》，元照出版有限公司2016年版，第4~5页。

〔2〕 [德] 克劳斯·罗克辛：《对批判立法之法益概念的检视》，陈璇译，载《法学评论》2015年第1期。

〔3〕 Justin Fielkow, Daniel Werly, Andrew Sensi, "Tackling PASPA: The Past, Present, and Future of Sports Gambling in America", *DePaul Law Review* 66 (2016), 29.

〔4〕 [日] 福田平、大塚仁：《日本刑法总论讲义》，李乔等译，辽宁人民出版社1986年版，第4-5页。

〔5〕 Steht Auf Dem Spiel W. Korruption und Sport, Integrität stärken und Missbrauch verhindern, Transparency International Deutschland e. V. 3 (2009), S. 2.

种生活利益，是社会生活的基础之一，基于"生活利益×法的要保护性＝法益"之原理，[1] 体育法益应当上升为刑法法益，但作为先于刑法的实质法益，其实质依据何在？

其一，体育法益作为实质法益具有宪法根基。观察法益的思想史可知，在法益创建者比恩鲍姆的"法财理论"中法益概念是先于法律而存在的，这种立场是对费尔巴哈等启蒙思想后期自然法学理论的思辨或者是对纯理论实定法的轻视，这种观点直到今天仍被承认。[2] 李斯特的法益论也超越了宾丁的封闭实证法框架，是建立在社会因素的科学考察基础之上的实质法益，实质法益是制定法律的动力。[3] 直到二战之后，为了填充法益的实质内容，各国纷纷将法益的根源诉求归结于宪法，任何生活利益要上升为法益都必须具有宪法依据。本文认同法益理论的实质要求必须嵌入对宪法的判断，体育比赛的完整性这一生活利益正因有宪法根据，才需上升为实质法益。我国《宪法》第21条第2款规定："国家发展体育事业，开展群众性的体育活动，增强人民体质。"类似的规定还散见在《宪法》第46条和第47条等条款中。概言之，参与体育活动是宪法赋予公民的一项基本权利，正因体育活动具有多面性，体育权利也呈现出广泛性。例如，学生参与体育活动表现为体育健康权和教育权，职业运动员则享有公平比赛权和体育保障权，而看比赛的观众则享有观看真实比赛权。因此，宪法赋予公民的体育权利在各部门法中应得到保障，刑法应规制侵犯体育法益的行为。

其二，体育法益作为实质法益具有体育法依据。现代法律体系是由行为规范和制裁规范为内容共同塑造而成的，行为规范确定之后立法者挑选其中最严重的配置制裁规范，因此法益并非刑法独有，其先于刑法并为整体法秩序共享。[4] 因此，体育法益在前置法中必然有根可循。我国《体育法》颁行于1995年，虽未显明"体育权利"，但不可否认存在体育赋权和保障的踪迹。例如，1995年《体育法》第49条规定："在竞技体育中从事弄虚作假等违反

---

〔1〕 ［日］关哲夫：《講義刑法總論》（第2版），成文堂2018年版，第15页。

〔2〕 ［日］伊东研祐：《法益概念史研究》，秦一禾译，中国人民大学出版社2014年版，第29~30页。

〔3〕 ［德］李斯特：《德国刑法教科书》，施密特修订，徐久生译，何秉松校订，法律出版社2006年版，第6页。

〔4〕 陈璇：《法益概念与刑事立法正当性检验》，载《比较法研究》2020年第3期。

纪律和体育规则的行为,由体育社会团体按照章程规定给予处罚;……"第49条和第51条更是以附属刑法条款形式呈现,彰显了对侵犯体育权益行为追究刑责之必要。

其三,体育法益的确定需经过比例原则的衡量。宪法规范具有开放性、宽泛性和价值来源多元性,宪法所要求保护的法益并非都要上升为刑法法益,只能将其中最重要或最容易受侵害的宪法法益交由刑法保护。因此,体育比赛的完整性需经比例原则的筛选才能确定为刑法层面的实质法益。比例原则来源于宪法之下的法治国原则,其包含三个子原则,适当性原则(法律给公民施加不利后果必须有助于实现法益保护目的)、必要性原则(以造成最小的侵害手段来达成刑罚目的)、相当性原则(刑罚的手段与其实现目的之间应当相称)。[1]首先,宪法是一部公民基本权利法,宪法中最核心的部分是公民基本权利,体育权属于公民基本权利,当行为人操纵体育比赛行为不仅侵犯了体育秩序,也侵犯了公民个人的体育权利时,则该部分公民体育权利基于其重要性,有必要得到刑法保护。其次,刑罚手段本身即有侵害性,只有当民法、行政法和体育法的应急手段失效后,才能动用刑罚,这也是对刑法不完整性和补充性的昭示。[2]最后,对于偶尔发生的法益损害,只要是仅仅具有轻微的社会道德无价值,便可以考虑由社会管理秩序法调整。[3]然而,体育领域的操纵比赛行为已经具有频发性和严重侵害性,非刑法无以力挽。因此,经过比例原则检验后,对于部分体育法益确需刑法保护。

(二)体育法益的权利还原性

从体育法益的内容来看,包括秩序法益和体育权利法益的双层内容。前者是阻挡层法益,而后者则是背后层法益。前者属于集体法益,后者属于个人法益。刑法以保护秩序法益的方式拱卫权利法益。[4]即使是集体法益,归根到底也还是为了保护个人法益。[5]因此,为了避免刑罚处罚的过度扩张,

---

〔1〕 林山田:《刑法通论》,元照出版有限公司2008年版,第93~94页。

〔2〕 [德]冈特·施特拉腾韦特、洛塔尔·库伦:《刑法总论I——犯罪论》(2004年第5版),杨萌译,法律出版社2006年版,第36页。

〔3〕 [德]克劳斯·罗克辛:《德国刑法学总论》(第1卷·犯罪原理的基础构造),王世洲译,法律出版社2005年版,第23页。

〔4〕 蓝学友:《规制抽象危险犯的新路径:双层法益与比例原则的融合》,载《法学研究》2019年第6期。

〔5〕 [日]小林宪太郎:《关于法益》,载《立教法学》2012年第85号。

只有集体法益能够回归个人法益,或者集体法益有助于保护个人法益,集体法益才应被认可。例如,危害公共安全类犯罪,因为能还原为对个人可以感受之利益的侵害,所以具有正当性。而所谓集体法益还原为个人法益的诉求,乃在于符合一般人的具体感觉,忠实地反映一般民众痛苦与快乐的情绪,而不仅仅是建立在文字上的幻觉或少数人的利益需求上。[1]本文并不拒斥超个人法益的独立性,但体育法益作为实质法益,具有自由主义特征,为避免处罚的恣意和泛化,必须优先保护个人法益。[2]因此,体育法益分为秩序法益和个人法益,只有在能将秩序法益还原为个人法益时才具有处罚的正当性。

一方面,体育秩序法益应当还原为个人权利法益。《体育法》保护公民的体育基本权利,具体表现为公平竞赛权、体育健康权、平等参与体育活动权、体育受教育权、体育保障权和观看真实体育比赛权等,这些都是公民个人在参与体育活动过程中应当享有的权利。国际社会上的政府或非政府间国际组织之所以均敦促刑事司法对操纵体育比赛行为予以回应,正因操纵行为不是违反体育规则和破坏体育秩序,而是对公众权利的犯罪。[3]据此可见,操纵体育比赛行为的可罚性正是基于其通过破坏体育秩序继而侵犯背后的个人法益,所侵犯的个人法益一般指其他运动员公平比赛权、观众观看真实比赛权、组织者的体育财产权等。

另一方面,体育秩序法益不应被直接还原为精神性利益。二战之前受新康德主义学派文德尔班和李凯尔特的价值哲学影响,霍尼希等人提倡方法论和目的论的法益概念,受此文化哲学和价值哲学的浸染,行为客体与保护客体被界分,法益概念走向精神化。在战后则被法兰克福学派的朗格一门等继承下来并延续至今。虽然迈耶和韦尔策尔的物质化法益概念使法益精神化现象得到了一定程度的扭转。[4]但是,他们并未提出明确的区分行为客体和保护客体的标准,法益精神化不可能被根除。本文并不反对法益概念包含精神性内容,例如,刑法设置侮辱罪就是对公民名誉这一精神内容的保护;再如《刑法修正案(十一)》增设侵害英雄烈士名誉、荣誉罪,正是为保护公众

---

〔1〕 黄荣坚:《基础刑法学》(上),元照出版有限公司2012年版,第27页。
〔2〕 [日]曾根威彦:《刑法学基础》,黎宏译,法律出版社2005年版,第6页。
〔3〕 Jodi S. Balsam, "Criminalizing Match-Fixing as America Legalized Sports Gambling", *Marquette Sports Law Review* 31(2020), 25.
〔4〕 张明楷:《法益初论》,中国政法大学出版社2000年版,第94~95页。

对英雄烈士的精神情怀以及英烈亲属的人格利益或感情。但是，精神内容应当与人格利益有关，纯粹的思想性内容不受刑法保护，例如德国纳粹时期"保持德意志血统的纯洁"即非法益。应当注意，体育法益具有较强的人格法益属性，虽然也包含"体育诚信"等精神性内容，但皆是为个人服务的利益，均可还原为个人利益。在人格法益论场合，这样的还原一定要彻底，否则其基础的模糊性势必会造成处罚的扩大化。[1]因此，在对体育法益进行还原时应当还原为个人权利法益，而非体育法益的精神性内容。

（三）体育法益的特定防卫性

刑法为保护体育法益就需处罚特定的侵害行为，不仅要惩治操纵体育比赛的核心行为，也要处罚周边行为。但是，单纯的违反体育规则或违反体育道德行为不应被纳入刑法的调整范围。

首先，刑法保护体育法益不要求处罚悖德行为。体育法益作为实质法益可溯源于《宪法》和《体育法》，绝非来源于自然法。在自然法学者眼中，自然法是为法律与道德之间的交点提供了一个名称，提倡本然即应然，在解释法律时都在试图假设何者为善。[2]纯粹的自然法理论指出道德有时会决定何为法律，但实际上无法证明法律的内容依赖于道德真理。[3]将法律的解释完全端赖于自然法，势必会将个人的主观意志强加于刑罚权的设定，容易招致处罚的恣意。例如，根据法益保护原则，同性恋和卖淫行为不会侵害他人法益，不应作为犯罪。但是，法律道德学家却认为，由于这一行为与社会道德相悖，可以合法地将其认定为犯罪。[4]何种价值观具有伦理的正当性，不同的人可能会得出完全相左的结论，刑法不应以特定的价值观为优先标准，应当保障各种价值观并存。即使刑法有以社会伦理为基础的一面，那也只是刑法与道德有重合部分的映照。[5]并非宣示刑法对道德的绝对维护。因此，对于单纯违反体育道德行为，虽也会破坏体育秩序但尚不构成犯罪。例如，拳击运动员希望通过服用兴奋剂以击败对手，但最终仍被对手击败，此处最

---

〔1〕［日］嘉門優:《法益論の現代的意義》，载《刑法雜誌》2007年第1号。

〔2〕［英］雷蒙德·瓦克斯:《法哲学：价值与事实》，谭宇生译，译林出版社2013年版，第1页。

〔3〕［美］安德瑞·马默:《法哲学》，孙海波、王进译，北京大学出版社2014年版，第88页。

〔4〕 P. McGorrery, "The Philosophy of Criminalisation: A Review of Duff et al.'s Criminalisation Series", *Criminal Law*, *Philosophy*, 12 (2018), 203.

〔5〕［日］内田幸隆:《刑法総論》，有斐阁2019年版，第112页。

终并未侵犯他人体育权利，不应作为犯罪处理。

其次，保护体育法益要求处罚各类主体的体育操纵行为。操纵行为的实施主体不限于特殊主体。第一，体育参赛运动员可以操纵体育比赛。例如，足球场上的运动员踢假球行为，田径或游泳比赛中的运动员服用兴奋剂行为等。运动员虽有操纵行为但并非都要处罚，若运动员在被他人胁迫情形下实施操纵行为，则需考察其是否完全丧失意志自由，若为否定则虽是操纵行为的正犯，但应当作为胁从犯从宽处罚；若为肯定则属于间接正犯情形，胁迫者作为操纵体育比赛的正犯，运动员不应被处罚。第二，裁判员可以操纵体育比赛。例如，足球裁判员的黑哨行为、体操比赛裁判员的虚假打分行为、篮球裁判员的恶意判犯规行为等。第三，体育比赛组织者可以操纵体育比赛。例如，赛事主办方与博彩公司勾结操纵比赛结果以获取非法利益，此时主办方构成操纵比赛行为的单位犯罪，具体的被操纵运动员视情况归属于单位犯罪或构成共同犯罪。第四，其他人可以操纵体育比赛。正如电影《疯狂的赛车》的剧情，其他人完全可以乘比赛间隙在运动员的饮料中投放兴奋剂，继而操纵比赛结果。

最后，保护体育法益要求处罚操纵体育比赛的周边行为。在我国《刑法》涉及操纵体育比赛罪名阙如的背景下，诸多操纵体育比赛行为都以相关的周边行为所构成的犯罪定性。例如，前著名足球裁判员陆俊收受贿赂，在中超联赛中吹黑哨帮助申花队赢得比赛，最终被以非国家工作人员受贿罪定性。再如，曾任足协技术部主任的李冬生因操纵足球比赛收受贿赂，被指控30项受贿罪名。因此，为前置化保护体育法益，即使尚未直接侵犯体育法益，基于周边行为自身的法益侵害性也应定罪处罚。例如，甲作为裁判员接受他人贿赂答应吹黑哨，但在体育场上，甲一直公正执法，也应当构成非国家工作人员受贿罪。但是，若周边行为本身不构成犯罪也不能以犯罪论处。例如，乙接受他人性贿赂答应吹黑哨，最终乙也一直公正执判，这只是单纯的体育悖德行为，无须动用刑罚。

综上所述，可以回答体育法益三阶层模式的问题。体育法益是包含秩序性内容和精神性内容的前实定的实质法益，具有《宪法》和《体育法》依据，经比例原则的衡量可上升为刑法法益；体育法益以秩序法益为阻挡层，实际上是保护背后的个人法益；保护体育法益是为了防卫各类主体的操纵体育比赛行为及与其勾连的周边行为，但不应惩治单纯违反体育道德行为。识别体育法益之后应当明确,体育法益具有法益固有的双层机能:①立法批判机能,使刑事立法具有合目的性,使刑法的处罚权具有合理性,使刑法的处罚界限具有明确性;②刑法解释机能,法益的确定和变更有助于解释构成要件。[1]因此,下文将以体育法益的立法机能和解释机能为逻辑展开论述。

三、立法机能:操纵体育比赛行为刑法既有规制的检视

体育法益的立法批判功能可以为合理的体育刑事政策形成提供标准,从而制止过度的刑事立法。法益的立法机能可被分为两个阶段:①前实定法阶段,为保护特定的实质法益要求刑事立法增设相应罪名;②实定法阶段,对既有刑法条文进行检视,要求废止那些不保护法益的罪名,或要求修正保护法益不恰当的罪名。因此,下文将在确证实质法益立法批判机能的基础上,对既有涉体育法益的刑事立法以上述两个阶段为逻辑顺位展开。

(一)实质法益立法批判机能的立场

法益是否具有立法批判机能,在理论上尚存争议。肯定论认为,实质法益概念具有经验的实证性,向立法者提供了处罚的合法界限,是比例原则适用的前提,离开了实质法益,比例原则便不能独立发挥作用。[2]否定论则认为,刑法不会因为违背法益原则而被宣布违宪,对于犯罪化的立法在立法阶段的审查标准都是直接来源于宪法的比例原则,法益原则完全被比例原则包含,可有可无,应被代替。[3]本文赞同实质法益的立法批判机能。

首先,肯定法益立法批判机能是法治进化的要求。肯定论与否定论之所以对立,是因双方立论的根基本就不同。肯定论是立基于实质法益论,认为法益保护的要求来源于宪法,从上位法的视角俯瞰刑法,势必要求和督促刑法保护法益的严密化和精确化。而否定论则大多坚守形式法益论,本身就是以刑法的存在为前提,自然只能在肯定立法的基础上解释刑法。实际上,法益概念并非自诞生之时就有立法批判功能,其约束立法功能是在二战后随着实质法治国思想渐入人心,人们不断反思和批判纳粹时代"恶法亦法论"后的法治进化,在萨克斯、鲁道夫、罗克辛等人努力下将宪法作为法益立法批

---

[1] 张明楷:《刑法分则的解释原理》(第2版),中国人民大学出版社2011年版,第344~347页。

[2] 张明楷:《论实质的法益概念——对法益概念的立法批判机能的肯定》,载《法学家》2021年第1期。

[3] 冀洋:《法益保护原则:立法批判功能的证伪》,载《政治与法律》2019年第10期。

判的价值皈依,由此法益才真正具有立法批判能力,将刑法限缩在严重损害社会行为的刑罚化。也就是说,二战后立法评价法益概念史才真正开始。[1]因此,从形式法益到实质法益,从单纯解释功能到立法批判功能,这是一段反思和总结过去经验、教训的艰辛历程,法益限制立法的法治进步价值不应被否定。

其次,比例原则不能代替法益的立法批判机能。否定论大多主张法益原则完全可以被比例原则代替,并以2008年德国宪法法院在"兄妹乱伦案"判决中对法益限制立法机能的否定作为例证。实际上,这一论证并不准确。第一,德国"兄妹乱伦案"的判决与比例原则本就不符。兄妹乱伦是一种家庭内部的违背伦理道德行为,对社会的危害相当有限,但却以严重的刑罚惩治,其必要性和适当性均值得商榷,足以表明脱离法益保护原则而单用比例原则难以确定犯罪处罚的边界。第二,德国法院的判决本就首尾乖互。德国宪法法院一方面拒绝法益限制立法机能,另一方面又试图寻找乱伦罪条款所保护的法益,前后说辞难以自洽,这也是该判决遭到德国诸多学者批判的原因。第三,法益保护原则和比例原则并非势不两立。比例原则是宪法原则,适用于所有公法领域,比例原则的运用需要在两种利益之间进行权衡以实现利益最大化,在刑法领域必然要在刑法所保护的法益与刑罚惩罚造成的损害之间进行衡量,再决定是否动用刑罚。对不侵害法益的行为予以处罚也不可能符合比例原则。因此,若脱离法益保护原则,比例原则将缺失权衡的前提和要素,也便难以适用。

最后,法益立法批判机能已经取得诸多立法成效。战后日本刑法废除了通奸罪,正是基于法益立法批判机能的考量,将通奸留给道德评价,基于同一逻辑,20世纪70年代德国以无法益受害者原理对通奸等行为除罪化。[2]德国通过1969年《第一刑法修正案》和1973年《第四刑法修正案》使得刑事处罚范围大大缩小,将"有伤风化的重罪和轻罪"章修改为"侵犯性自主权罪"章,也将单纯违反秩序行为除罪化,并纳入《违反秩序法典》。这些修订使德国对法益论的信仰达到高潮。[3]因此,法益概念作为审查刑事立法的

---

[1] [德]克劳斯·罗克辛:《法益讨论的新发展》,许丝捷译,载《月旦法学杂志》第211期。

[2] [日]松宫孝明:《法益論の意義と限界を論ずる意味——問題提起に代えて》,载《刑法雑誌》2007年第47卷第1号。

[3] [日]松原芳博:《「クラウス・ロクシン 刑法の任務としての法益保護》,载《早法》2007年第82卷第3号。

依据,透过法益的立法批判机能,刑法规范仅限于保护法益适格性利益,凡不符该要求者皆属违宪。对法益立法批判机能的审查可以使得刑法处罚更为合理。但要注意法益立法批判的完成并非一蹴而就,可能伴随人们价值观的更迭而不断推进,是一个循序渐进的过程,所以不能以当前刑法中仍存在诸多不保护法益的条款为据而否定法益立法批判机能。

总之,法益立法批判机能应当被肯定,这是实质法益概念创建后的贡献,对约束刑事立法的恣意性意义重大,不可能被比例原则所取代。因此,作为实质法益的体育法益,也必然具有立法批判机能。

(二)前实定法阶段:体育法益要求增设专项罪名

前实定法阶段的法益以《宪法》为依据,检验特定法益是否得到了刑法的有效保护。

首先,为增设新的罪名提供合理支撑。例如,我国实务中经常发生冒名顶替他人身份上大学或考公务员的案件,但因缺少专有罪名而导致身份法益未能得到有效保护,为此《刑法修正案(十一)》增设了冒名顶替罪。另一方面,可以阻挡不合适罪名的设置。例如,经常有人基于情绪提出增设非法代孕罪、通奸罪等,皆因无法益侵害性或归伦理道德调整而不可能被立法者采纳。从体育法益的视角考察,为保护体育比赛的完整性和其中的个人法益,有必要增设操纵体育比赛罪。

其次,现有刑法未能有效保护体育法益。文首已述,当前司法实践惩治操纵体育行为均以边缘罪名论处,存在保护不周、处罚漏洞等问题。首先,体育法益本身具有特殊性。既包含秩序性和精神性内容,也包括个人法益,有宣示特殊保护之必要。其次,应当填补处罚漏洞。对于有赌博、受贿等周边行为的操纵体育比赛情形能被以边缘犯罪处罚,一旦行为人只是单纯操纵体育比赛并无周边行为,势必会形成处罚漏洞,而现有的补漏主张多有类推解释之嫌。最后,应当实现罪刑均衡。对仅参加体育比赛赌博的行为人与既参加体育比赛赌博又操纵体育比赛的行为人适用相同的罪名和刑罚,明显违背了罪责刑相适应原则。

最后,域外诸国为保护体育法益大多增设了操纵体育比赛罪。德国之前对操纵体育比赛行为多以诈骗罪定性,但存在认定诈骗罪难以确定博彩商的财产损失、对体育博彩以外的操纵行为无法规制等问题,德国遂通过第51次刑法修正案,在《德国刑法典》第265条C和265条D中增设了体育博彩诈骗罪和操纵职业体育竞赛罪。《俄罗斯联邦刑法典》在第184条设置了非法影响正式体育比赛结果罪。《美国联邦体育贿赂法》惩治以贿赂方式操纵体育比赛的行为，但并不涵盖贿赂以外的手段操纵体育比赛行为。澳大利亚颁布《关于非法操控竞技体育比赛法》，专项惩治操纵体育比赛犯罪。随着体育竞赛的国际化，惩治操纵体育比赛行为需要国际合作，专设罪名有利于各国通力协助、共同应对，也能在量刑与引渡等方面实现协调。

基于前文论述，我国刑法中有必要增设操纵体育比赛罪，且对罪名的设置应符合下列要求。

首先，应设置为不真正身份犯。从主体层面，无论是运动员、裁判员、组织者还是其他一般人都可能实施操纵体育比赛行为，故而对主体要素无须作特殊限制。但是，体育运动员、裁判员和组织者的操纵行为相较于一般主体，法益侵害性更为严重，可对运动员、裁判员和组织者加重处罚，使该罪成为不真正身份犯。

其次，对体育比赛性质的限定。体育比赛被分为多种类型，如果操纵任何体育比赛都纳入刑法调整，势必会引致处罚泛化和刑罚失宜，也不符合刑法谦抑性要求。《德国刑法典》第265条C第5款将体育比赛限定为"有组织的竞赛"，具体是指在国内或国外举办的下列比赛：①由国内或国际体育组织举办的或受其委托举办的体育比赛；②遵守由国内或国际体育组织为其成员通过的有约束力的规则。《德国刑法典》的这一规定值得我国立法机关与司法机关适度参考，我国《刑法》中的妨害兴奋剂管理罪将体育比赛限定为"国内、国际重大体育竞赛"，这一限制应当被未来的操纵体育比赛罪所延续。最高人民法院《关于审理走私、非法经营、非法使用兴奋剂刑事案件适用法律若干问题的解释》第8条规定，"国内、国际重大体育竞赛"的解释依照《体育法》《反兴奋剂条例》等法律法规确定。然而，《体育法》《反兴奋剂条例》并没有关于"国内、国际重大体育竞赛"范围的界定。对此，2023年9月28日，国家体育总局、教育部、国家民委、中国残联联合发布《关于在办理妨害兴奋剂管理等刑事案件过程中认定"国内、国际重大体育竞赛"的若干意见》，专门就有关刑事案件所涉及的"国内、国际重大体育竞赛"的范围予以界定。综合来看，该意见所界定的"国内重大体育竞赛"都是省级以上单位举办的体育比赛，如体育总局举办的全运会、省级体育行政部门举办的全运会等；而"国际重大体育竞赛"也要求至少是省级单位举办或承办的国际体育赛事。换言之，单纯操纵前述之外的普通体育比赛难以构成操纵体育比赛罪。

最后，应当设立为结果犯。有学者认为，因体育比赛具有偶然性，结果具有不确定性，无法证实犯罪结果，体育法益本身就是抽象法益，我国应当将操纵体育比赛罪设置为抽象危险犯，这也符合我国的刑事立法趋势。[1]本文对此不以为然：其一，抽象危险犯明显使处罚提前。导致只要行为人承诺实施操纵行为就已经制造了危险，无论最终是否实施或是否真实影响结果，行为人都要被定罪处罚。其二，不能因为操纵比赛的结果难以确定就要提前处罚。这明显是一种司法懒惰主义，更是一种过罪化思维，为了保护人们免受危险，禁止间接危害，这样最容易衍生新的犯罪。[2]随着体育科技和司法智能化，完全可以通过科技手段衡量相关行为对体育比赛结果影响的程度。其三，我国刑事立法所设置的抽象危险犯大多为保护公众生命健康安全，例如危险驾驶罪保护的直接法益为抽象性公共安全，但其实质是为了拱卫背后不特定或多数人的生命健康法益，生命健康至高无上故这一设置也无可厚非。然而，操纵体育比赛犯罪所保护的背后法益是个人的公平竞赛权、观看真实体育比赛权等，与生命健康法益相比明显居次，完全没有必要设置抽象危险犯。基于结果无价值立场，本文认为，操纵体育比赛罪应当被设置为结果犯，行为人的操纵行为必须对体育比赛的胜负结果产生实质影响才应作为犯罪既遂。

（三）实定法阶段：体育法益要求修改释相关罪名

体育法益虽为实质法益，但可以其为导向检测既有罪名对其间接保护是否妥帖，是否有必要对相关条款"改废释"。我国现有指涉体育犯罪的只有《刑法》第355条之一的妨害兴奋剂管理罪，但这一罪名只是保护兴奋剂管理秩序法益而非体育法益。有两点可以佐证：第一，该罪设置在"毒品犯罪"一节之下，似乎将兴奋剂视为毒品，对其严加管控以防止毒害社会和毒害公众健康，这表明其与体育法益并无直接关联。第二，如果该罪直接保护体育法益，那么对运动员自服兴奋剂参加比赛行为应当加以处罚，但该罪并未如

---

[1] 陈艳、王霁霞：《德国操纵体育比赛刑法规制研究》，载《西安体育学院学报》2020年第6期。
[2] [美]道格拉斯·胡萨克：《过罪化及刑法的限制》，姜敏译，中国法制出版社2015年版，第57页。

此设置。反而，与毒品犯罪类似，对自食者不作处罚。可见，该罪的背后法益与毒品犯罪合致即保护公众健康，对于体育法益至多为间接指涉。因此，在实定法阶段妨害兴奋剂管理罪对体育法益的保护存有瑕疵，有必要进行适度完善，亦即罪名设置应当遵循一定的原则。

其一，类型性原则。当前我国刑法对罪名的设置往往基于特定案件或现象来描述构成要件，诸如高空抛物罪和妨害安全驾驶罪等。欠缺类型化的构成要件容易形成处罚漏洞，一旦发现处罚漏洞，立法者为回应社会关切便会再设新罪，于此便恶性循环，新的罪名越来越多，刑法分则便难有类型化。[1] 例如，刑法在设置虐待罪时添加了家庭成员这一限制条件，导致实践中虐待被看护人的行为无法被处罚，然而立法者并未修订虐待罪，反而新增了虐待被监护、看护人罪，导致罪名析化而欠缺类型化。妨害兴奋剂管理罪亦是如此，将运动员本人排除出犯罪主体势必会造成处罚漏洞，未来理智的做法应当是在该罪的基础上使犯罪主体变为一般主体以涵括运动员，从而实现类型化，而非再增设新罪。

其二，体系性原则。刑法对罪名的设置应当在法条内容以及法条之间实现协调，避免体系上的龃龉。《反兴奋剂条例》第2条规定，本条例所称兴奋剂，是指兴奋剂目录所列的禁用物质等。《禁毒法》第2条规定，本法所称毒品，是指鸦片、海洛因、甲基苯丙胺（冰毒）、吗啡、大麻、可卡因，以及国家规定管制的其他能够使人形成瘾癖的麻醉药品和精神药品。因此，毒品和兴奋剂不能等同。将妨害兴奋剂管理罪设置在毒品犯罪之下，势必会令人误认兴奋剂就是毒品，有违刑法体系协调性。应当还原妨害兴奋剂管理罪保护体育法益的本来面目，而体育法益涵括体育管理秩序，体育秩序属于公共秩序。因此，应当将妨害兴奋剂管理罪设置在刑法分则第六章第一节"扰乱公共秩序罪"之下，实现体育法益的分类机能，未来若要增设操纵体育比赛罪也应在该节之下。

其三，明确性原则。刑法条文不仅是裁判规范，更是行为规范，刑法规范明确性可以为公民提供直接的行为指引，也能够约束司法擅断，保障公民的自由。因此，刑法规范的设置应尽量明确。妨害兴奋剂管理罪的主要法益

---

[1] 张明楷：《增设新罪的原则——对〈刑法修正案十一（草案）〉的修改意见》，载《政法论丛》2020年第6期。

应还原为体育法益,该罪设置的初衷是避免运动员在比赛中使用兴奋剂以影响比赛结果,但该罪的罪名却被概括为妨害兴奋剂管理罪,保护法益被抽象为兴奋剂管理秩序,这与立法初衷、罪状表述存在隔阂,有违明确性原则,应当概括为滥用兴奋剂罪。应当注意,明确性原则要求条文细致化,而类型性原则要求条文抽象化,二者实际上势必存有抵牾,对此就应当及时出台司法解释细化规范以协调矛盾。例如,妨害兴奋剂管理罪中的"国内、国际重大体育竞赛"具有类型性但不够明确,容易产生适用分歧,对此最高司法机关应当出台司法解释予以明晰。

四、解释机能:操纵体育比赛行为的刑法适用分析

前文关于体育法益的立法批判机能皆从应然立场分析,但当前我国刑事立法并无关涉体育法益的修正及计划,在此背景下如何最大限度地实现对体育法益的周延保护,是刑事司法者必须直面的问题。本文认为,在现有规范下基于体育法益的构成要件解释机能,充分发挥合目的解释方法论,可以在一定程度上实现对体育法益的妥善保护。

(一)实质法益刑法解释机能的立场

法益具有指导刑法解释的机能,例如经被害人同意的毁坏其名誉的行为,虽有侵害性但因法益阙如可解释为阻却违法。[1]首先,通过刑法解释方法论使真正侵犯法益的行为解释到构成要件的涵摄范围圈,使得刑法规范的客观目的得以达成,其中最为关键的是目的解释。其次,法益解释机能可以在法益衡量上发挥作用。例如,在攻击性紧急避险中,为挽救某一重大法益而侵害另一较小法益,经法益衡量后需要通过目的解释使行为正当化。最后,可以在确定犯罪停止形态方面发挥作用。既遂是对法益造成实害,而未遂是对法益产生危险。因此,对未造成法益实害的行为不得解释为既遂,未造成法益侵害危险的不得解释为犯罪未遂。此外,法益解释机能亦可在共犯认定、罪数甄别和犯罪数额判断等方面祛魅。通常认为,解释机能是形式法益概念固有的,本文认为,以体育法益为代表的实质法益也具有解释机能。

一方面,可以借助既有刑法罪名并通过目的解释论来保护实质法益。随着科技的进步,社会状况变得高度复杂化,加之人们的生活方式和意识的变

---

[1] [日]大塚仁:《犯罪论的基本问题》,冯军译,中国政法大学出版社1993年版,第7页。

化,社会行为类型日益多样化,而刑法典因具有稳定性、滞后性而不可能及时应对所有新型犯罪。就需要根据现有刑法规范运用灵活解释方法,才能有效保护法益。[1]例如,通过对破坏生产经营罪中"以其他方法破坏生产经营的"要素进行实质解释,将物理时代的破坏生产经营罪拉入网络时代并对"网络反向炒信"行为予以规制。

另一方面,可以借助边缘行为罪名通过二元法益论以揭明实质法益。可以借鉴日本学者关哲夫提倡的"多元并列法益论",并创造新的二元法益论,即在肯定既有犯罪保护的基础上,在量刑阶段植入对体育法益的评价。二者的思路既有共性也有差别,前者是在构成要件解释阶段提倡多元法益论。例如,对散发猥亵物品罪针对不同行为客体作不同解释,对儿童散发则侵犯了未成年人的健康成长,对成年人散发则侵犯了"性自主决定自由"。[2]本文提倡的二元法益论是在定罪和量刑阶段作不同解释。例如,裁判员基于收受他人贿赂而吹黑哨,在定罪阶段只考察职务行为的廉洁性继而认定为非国家工作人员受贿罪,在量刑阶段需要同时考察职务行为的廉洁性和体育法益,继而在非国家工作人员受贿罪的法定刑内从重处罚。因此,二者的共同点是均提倡法益解释的多元化,不同点是前者存在于定罪阶段且不同法益不能同案并存,否则势必导致法益丧失立法批判和刑法解释机能;后者只限于量刑阶段且对多元法益同时作出解释,只为在现有规范下实现对实质法益的最大化保护。

总之,作为实质法益的体育法益应当具有刑法解释机能,可以充分挖掘和激活既有刑法规范资源,再以罪名转换和量刑凸显两种方式实现体育法益保护的妥善化。

(二)罪名转换:对操纵行为入罪的实质解释

现有司法判决和理论研究对操纵体育比赛行为不是没有评价就是类推解释,本文认为,对操纵体育比赛行为的构罪思考,应摒弃笼统地、绝对地以某一罪名定性的僵化思维,应对不同主体予以类型化分析,继而锚定更为妥帖的罪名。

---

[1] [日]上田正和:《保護法益論(Rechtsgutstheorie)の行方と展望》,載《大宮ロレヒツコ》2011年第7卷第16号。

[2] [日]关哲夫:《法益概念与多元的保护法益论》,王充译,载《吉林大学社会科学版》2006年第3期。

其一，运动员操纵体育比赛可构成寻衅滋事罪。不问运动员因何操纵体育比赛，单就操纵体育比赛行为本身可构成寻衅滋事罪。根据《刑法》第293条第4项可知，在公共场所起哄闹事，造成公共场所秩序严重混乱的，是构成寻衅滋事罪的类型之一。根据最高人民法院、最高人民检察院《关于办理寻衅滋事刑事案件适用法律若干问题的解释》（以下简称《寻衅滋事解释》）第5条的规定，在运动场等公共场所起哄闹事，根据公共场所的性质、公共活动的重要程度、公共场所的人数、起哄闹事的时间、公共场所受影响的范围与程度等因素，综合判断是否"造成公共场所秩序严重混乱"。首先，运动员在体育场上故意通过"铲伤他人""鲨鱼战术"和"踢假球"等操纵行为，使原本正常、公正的体育比赛秩序被破坏，完全可以解释为"起哄闹事"，如果造成对手受伤，则属于"随意殴打他人"，导致体育场（公共场所）的秩序混乱，应当构成寻衅滋事罪。其次，对运动员操纵比赛行为构成寻衅滋事罪应有所限制。惩治操纵体育比赛行为的目的，是保护其他运动员的公平比赛权和观众观看真实比赛权。基于此，当运动员的操纵行为只是破坏了体育秩序但最终并未改变比赛结果时，由于未实质侵害背后层的个人法益，因此也不应直接纳入犯罪。最后，适用寻衅滋事罪并不会陷入口袋罪的窠臼。实践中，司法者之所以被指摘滥用口袋罪，是因大量适用兜底条款，而兜底条款本就欠缺类型性，故而指责具有一定的合理性。然而，对运动员的操纵行为主要适用的是第293条第4项的列举条款，同时适用《寻衅滋事解释》第5条，二者皆非兜底条款。相较于选择以危险方法危害公共安全罪这一更欠缺类型化的兜底罪名，寻衅滋事罪无疑是更妥当的抉择。

其二，裁判员操纵体育比赛亦构成寻衅滋事罪。若裁判员实施吹黑哨、打加分等操纵行为，会引起一方运动员愤懑，招致运动员在体育场抗议，导致体育场比赛秩序混乱，属于"在公共场所起哄闹事，造成公共场所秩序严重混乱"，亦应构成寻衅滋事罪。此时，运动员的抗议行为属于正当维权，不应构成寻衅滋事罪。

其三，组织者操纵体育比赛一般构成诈骗罪。赛事组织者操纵体育比赛往往是与博彩公司等勾结，通过操纵参赛运动员虚假比赛，以获取非法利益。在此情形中，双方运动员皆为知情，并未侵害运动员的公平竞赛权，但是侵犯了观众观看真实比赛权。实际上是隐瞒真相，使观众陷入认识错误而购买比赛门票或支付了网上观看直播的费用，使观众未能获得真实消费体验，物非所值故遭受了损失。经过了"欺骗→错误→处分→诈取"这一因果进程，符合诈骗罪的构造。[1]所造成的损失是所有观众所支付的费用，以此作为犯罪数额的计算标准之一。应当注意，此处组织者多为单位，故而构成单位犯罪，具体参与的运动员、教练员等构成诈骗罪的帮助犯，应以从犯论处。

其四，其他人操纵体育比赛需分情况讨论。上述主体之外的一般人操纵体育比赛，多以驾控运动员和裁判员为手段。首先，当行为人与运动员、裁判员合谋，则是寻衅滋事罪的教唆犯。其次，若运动员、裁判员不知被操控或被胁迫而丧失意志自由，则行为人构成寻衅滋事罪的间接正犯。最后，行为人以引诱、教唆、欺骗和强迫运动员使用兴奋剂的方式操纵体育比赛结果，则行为人构成妨害兴奋剂管理罪。

（三）量刑凸显：基于周边行为的类型化研判

在我国现有刑法欠缺操纵体育比赛罪的背景下，上述罪名转换方式也只是最大限度地保护体育法益，但并不能完全填补漏洞。例如，裁判员故意吹黑哨影响比赛结果，但是一方运动员自认倒霉并未采取任何行动，对此公平比赛的体育秩序虽有侵害，但并未达到构成寻衅滋事罪的程度。然而，这一行为确实侵犯了观众观看真实体育比赛的权利，在现有刑法中无法直接入罪。此时就应借助前文提及的二元法益论，在量刑阶段宣示对体育法益的保护。

其一，借助非国家工作人员受贿罪保护体育法益。当运动员、裁判员因收受他人贿赂而实施踢假球、吹黑哨等操纵行为时，受贿行为即已构成非国家工作人员受贿罪，若操纵行为尚达不到入罪标准，则将其操纵行为对体育法益侵害这一情节，在量刑阶段予以考量并从重处罚。若操纵行为也构成寻衅滋事罪，则应以非国家工作人员受贿罪和寻衅滋事罪数罪并罚。组织者因收受贿赂而故意要求运动员虚假比赛，此时若组织者是单位则无法构成非国家工作人员受贿罪，应当对赛事组织单位中组织、策划和实施操纵行为的负责人以非国家工作人员受罪论处，再追究单位诈骗罪刑事责任，对单位主要工作人员则应以该两罪数罪并罚。其他人收受贿赂而操纵比赛，如教练员收受贿赂而胁迫运动员虚假比赛，则应认定为非国家工作人员受贿罪并在量刑阶段从重处罚，若操纵运动员比赛行为构成了寻衅滋事罪，则应数罪并罚。

---

〔1〕 [日] 西田典之：《日本刑法各论》（第7版），王昭武、刘明祥译，法律出版社2020年版，第223页。

上述数罪并罚情形中，体育法益都在寻衅滋事罪和诈骗罪中得以评价，无须再额外从重处罚，否则将有违禁止重复评价原则。

其二，借助赌博罪保护体育法益。若运动员、裁判员因参与赌博为获取赌博的利益而操纵比赛结果，则应构成赌博罪，在量刑阶段考量对体育法益侵害这一情节，并予以从重处罚。当然，操纵行为若构成寻衅滋事罪，则数罪并罚。赛事组织者因参与赌博而操纵运动员虚假比赛，应当以赌博罪和诈骗罪数罪并罚。其他人因参与赌博而胁迫运动员虚假比赛的，则应构成赌博罪并在量刑阶段从重处罚；若被胁迫的运动员行为构成寻衅滋事罪，则对行为人以赌博罪和寻衅滋事罪的教唆犯（或间接正犯）数罪并罚。亦应注意，为防止僭越禁止重复评价原则，上述数罪并罚情形，在赌博罪量刑阶段亦无须从重处罚。

其三，借助故意伤害罪保护体育法益。一方运动员以故意犯规严重伤害对方骨干运动员方式影响比赛结果，侵害了对方运动员公平竞赛权和观众观看真实比赛权，应以故意伤害罪认定并在量刑阶段重申体育法益以从重处罚。运动员以外的人亦是如此，例如因特定目的，故意在某种子选手或夺冠热门运动员的饮食中投放毒物，导致运动员在比赛中途被迫退赛，既侵害他人健康权又侵害体育法益，应以故意伤害罪从重处罚。

总之，上述只是列举主要边缘罪名但不限于此，借助边缘罪名并在量刑阶段凸显体育法益的逻辑，实乃当前欠缺操纵体育比赛罪的无奈和最优解，既能揭示对体育法益的保护，也能贯彻罪责刑相适应原则。在量刑阶段考量体育法益的，应在裁判说理中阐明，以实现体育法益的明示机能。

五、结论

自从边沁和密尔的功利主义法学兴起后，利益的最大化便成了法的主要目标。[1]具体到刑法领域，保护法益就成了刑法的主要目的。法益发展史就是一部刑法进化论，从权利侵害说、法财理论到法益论，从形式法益论到实质法益论，无不反映刑法学人对追求和挖掘刑法效能的渴望，也反映刑法保障功能逐渐周延。作为实质法益类型之一的体育法益，在我国刑法规范、司

---

〔1〕［德］迪特玛尔·冯·德尔·普佛尔滕：《法哲学导论》，雷磊译，中国政法大学出版社2017年版，第62页。

法实践等方面都未实现周延和缜密保护，存在诸多问题。在既有法律体系下，应要彰显体育法益的集体主义、精神色彩和个人主义的内容，保护体育法益的关键目的在于保护其后的个人法益，为周延保护体育法益势必需要类型化剖析各式主体和各种样态的操纵比赛行为及其周边行为，才能实现严密规制。基于法益的立法批判机能，可以确证刑法应当增设操纵体育比赛罪，并通过不真正身份犯和结果犯等方式锚定处罚程度与范围；对已设置的妨害兴奋剂管理罪应修改罪状和整饬布局，实现规制缜密和逻辑妥恰。基于法益的刑法解释机能，在定罪层面，在一定条件下可将运动员、裁判员的操纵行为解释为寻衅滋事罪、将组织者的操纵行为解释为诈骗罪等；在量刑层面，基于二元法益论，可借助边缘罪名并从重处罚以彰显体育法益的特殊地位。

轻罪犯罪记录封存路径优化

田 野[*]

摘 要：轻罪治理是国家治理体系和治理能力现代化的关键环节。在轻罪立法框架下，犯罪记录封存制度的设立，对于消除犯罪前科报告制度的潜在影响、适应犯罪结构的变化具有积极意义。尽管我国在未成年人领域的犯罪记录封存制度已相对成熟，但就该制度本身及其目标而言，其适用范围仍显狭窄，无法充分保障轻罪成年人罪犯的合法权益。因此，构建轻罪领域的犯罪记录封存制度显得尤为重要，需明确适用主体、细化适用情形及程序规范，并构建有效的运行保障机制，通过设立犯罪记录封存档案管理、档案查询、监督追责等制度，防范信息泄露风险，实现轻罪治理高质效。

关键词：轻罪治理；犯罪记录；运行保障机制

在我国刑法立法不断演进的过程中，"严而不厉"的刑法结构调整以及轻罪化趋势日益显著。这一转变对社会治理方式提出了同步转型的迫切要求。传统的以"重刑思想"为主导的司法治理模式，在面对轻罪案件处理等新型社会问题时，显得捉襟见肘。严苛的前科处罚制度，如前科报告和就业限制等，常导致轻罪案件的处理结果过于严厉，罪责与刑罚不相称，甚至加剧社会的不稳定性。党的二十届三中全会《决定》（即中共中央《关于进一步全面深化改革　推进中国式现代化的决定》）明确提出"建立轻微犯罪记录封存制度"。因此，在轻罪治理的背景下，探索制度供给，特别是从犯罪记录封存的角度构建适应轻罪治理需求的制度体系，显得尤为迫切。

2022年5月30日，最高人民法院、最高人民检察院、公安部、司法部联

---

[*] 作者简介：田野，绍兴文理学院元培学院副教授。

合印发的《关于未成年人犯罪记录封存的实施办法》开始实施,这为我国犯罪记录封存制度的全面构建提供了宝贵的实践经验。在探索构建体系化的犯罪记录封存制度以推动轻罪犯罪人再社会化的过程中,肖中华等国内学者已从多个角度进行了深入研究。本文将从犯罪记录封存实施困境以及路径优化等方面展开进一步探讨,旨在为我国犯罪记录封存制度的体系化构建提供理论支撑和实践指导,期望能够消除轻罪犯罪人所面临的社会歧视,保障其合法权益,促进其再社会化,同时确保民众对法律的信任,实现社会的稳定与和谐。

一、问题检视:我国犯罪记录封存制度面临的现实困境

随着积极刑事法观念的普及,轻微犯罪类别的不断增加,全国两会代表开始呼吁设立前科封存或消灭制度。然而,考虑到当前中国的具体国情,建立前科消灭制度仍面临着多项亟待解决的现实问题:

(一)重刑思想下普遍释法说理存在局限性

在重刑思想的长期熏陶下,轻罪重罚的刑罚观念长期处于我国古代司法的主导地位。随着轻罪化时代的到来,中国传统的重刑思想已经不合时宜。但是在实践中,重刑思想仍然存在于人们的潜意识之中,这使得犯罪记录封存制度难以得到公众的认同和理解,以至于无法将制度理念很好地落实于司法实践。

一个法律制度建立的最终目的是推进社会发展,构建和谐社会。如果推出一个新的制度,在一定程度上违背中华古代传统文化,难以被社会所接受,那么实施新制度必将举步维艰。我国本着对保护和改造未成年人的刑事政策理念,对未成年人犯罪建立了特殊的犯罪记录封存制度。但是对成年人就比较严格,目前尚无一部完整系统的法律法规保护和挽救轻罪成年人罪犯。构建适用于成年人的犯罪记录封存制度在实践中不可避免地会引发社会的争议和不满,绝对封存可能存在纵容犯罪,危害公共安全,特别是对于犯罪程度较轻但故意性较大的案件。另外,设立犯罪记录封存制度需将适用主体扩大至成年人罪犯,不仅要使得立法者和人民群众接受这一制度,还要在社会上完成普遍释法说理。但是,改变群体的思想观念和广泛普及的解释规范是一个漫长的过程,并非一蹴而就,这是我国目前犯罪记录封存制度构建面临的一大困境。

（二）地方限制性规定排除犯罪人再社会化的可能性

犯罪人整体再社会化、实现平等就业等基本社会保障主要依靠法律法规予以确定保障。目前，根据统计数据，我国在犯罪人就业限制方面的规范分布在众多不同层级的法律、行政法规、地方性规定和部门规章等规范性文件中，涵盖的限制性规范性文件高达近360部。[1]其中部分地方性条例对受过刑事处罚的人限制其申请最低生活保障、积分落户、收养子女、贷款、纳税信誉等方面的资格，在一定程度上剥夺了其生存与发展的基本权利。[2]

这些规定与本文所探索建立的犯罪记录封存制度在一定程度上存在冲突，该制度的建立主要是为了给予一些轻罪犯罪人改过自新的机会，减轻"犯罪标签化"所带来的影响，平衡社会利益，促进社会稳定发展。同时，这些不合理的就业和生活限制规范会阻碍犯罪人的再社会化，进而加剧社会矛盾，使其重新走向犯罪。因此，如何平衡法律法规制度间的矛盾，是建立犯罪记录封存制度需解决的难题之一。

（三）审判公开与犯罪记录封存二者平衡具有挑战性

我国以审判公开为原则，以不公开为例外。该原则的主要目的是在赋予法院独立司法权力的同时，保证公众的知情权、监督权，确保案件审理透明、公正，从而使法院全面客观地查清事实并且发挥教育作用。

犯罪记录封存制度，是通过限缩信息的传递路径来对犯罪记录进行封存、保密，使被封存记录之人不再受到犯罪记录所带来的标签化歧视等影响。贯彻审判公开原则在一定程度上对该制度的建立会产生冲击，在制度构建的过程中，不免要考虑这一问题，即如何平衡监督权和隐私权，以既保证国家机关在履行职责、治理社会时的透明、公正，又帮助被封存记录之人消除社会歧视、重回社会。如果无法很好地平衡二者，那么是否需要将此类案件纳入审判公开的例外情形，纳入是否合理且可行，都是需要探索的问题。

二、我国犯罪记录封存制度的路径优化

犯罪"标签化"的思想观念在我国已经存留已久，其带来的附随后果也

---

[1] 其中包括23部法律、15部行政法规、10部司法解释、6部部门规章、24部地方性法规、18部地方政府规章、262部地方规范性文件。

[2] 参见郑二威：《我国犯罪记录整体封存的制度构建》，载《法制与社会发展》2023年第4期。

影响深远，永久性的"标签"将会极大地剥夺犯罪人的社会生活权利以及再社会化的就业机会，甚至累及家人。伴随犯罪结构轻罪化的发展态势以及宽严相济刑事政策、少捕慎诉慎押刑事司法政策、认罪认罚制度的推行，大量轻微罪案件进入司法领域，若再继续沿用永久性前科报告制度，将可能导致罪责刑不相适应。同时，随着我国犯罪轻罪化态势的出现，我国司法机关的办案理念也在逐步转变，从以严厉打击罪犯为主转向推进社会治理。[1]本文通过汲取我国未成年人犯罪记录封存制度的实施经验，对成年人犯罪记录封存制度的构建路径进行探索。具体而言，该制度的构建需要考虑适用范围、封存程序、查询机制以及监督机制等方面的问题。

（一）细化犯罪记录封存的范围及内容

1. 犯罪记录封存制度的适用主体

从设置该制度的初衷来看，主要是贯彻罪责刑相适应原则，减轻前科报告制度带来的附随后果，包括普遍的社会歧视。本文旨在保障犯罪人在重新融入社会和再就业方面的机会，以避免其走上与社会对立的道路，因此所涉及的犯罪记录封存制度仅对自然人实行，不适用于单位。我国明确规定企业信息公示的法定义务，保障公众的知情权，主要是为了维护社会经济的安全秩序。[2]根据当然解释，对于企业的行政处罚信息需要进行公示，举轻以明重，企业的犯罪记录更应当进行公示，因此企业无法适用犯罪记录封存制度。另外，对于自然人死亡之后是否可以适用该制度，从价值的角度评价，虽然犯罪人的犯罪记录对其家属是有株连影响的，但是不能因为犯罪人的死亡而切断其亲属以及相关关系人的复权路径，因此允许在犯罪人死亡之后，符合条件的，其亲属按照法定程序申请封存犯罪记录。[3]

2. 犯罪记录封存制度的适用情形

在我国轻罪治理的环境下，为了减轻前科报告制度对轻罪犯罪人带来的

---

[1] 参见北京市顺义区人民检察院课题组：《"去标签化"背景下附条件犯罪记录封存制度初探》，载《北京政法职业学院学报》2023年第1期。

[2] 《企业信息公示暂行条例》第7条第1款规定："市场监督管理部门以外的其他政府部门（以下简称其他政府部门）应当公示其在履行职责过程中产生的下列企业信息：……（二）行政处罚信息；（三）其他依法应当公示的信息。"

[3] 《法国刑事诉讼法》对有犯罪前科的人死亡后的封存作了规定，其第785条规定："在被判刑人死亡的情况下，如果法定条件已完成的，复权的要求可以由他的配偶、直系尊亲属或卑亲属按照同样的方式提起，但只以从死亡之时起一年期间为限。"

严重不利影响，针对成年人的犯罪记录封存制度应当根据时代的要求逐步构建。该制度的适用范围应基于罪行的轻重，并纳入犯罪嫌疑人的主观恶性、犯罪原因、认罪态度、退赔情况以及法益恢复情况等综合因素，司法机关可根据相关因素综合评估犯罪人是否适用该制度。

从法定刑的标准看，结合司法实践，我国将法定最高刑为 3 年以下有期徒刑或者管制、拘役的犯罪界定为轻罪，该类犯罪原则上适用犯罪记录封存制度，但是也存在例外，如对于判处刑罚较轻但是给社会造成较大影响、性质恶劣、主观方面是故意的犯罪人，不应封存其犯罪记录，如虐待罪，虐待被监护、看护人罪等，此类犯罪给受害人造成的心理创伤通常难以治愈，结合我国宽严相济的刑事政策，若将此类情形也纳入封存范围，则与罪责刑相适应原则相悖。[1] 相对的，实践中存在虽然法定最高刑为 3 年以上有期徒刑，但法官通过具体地、个别化地判断其人身危险性、主观恶性以及认罪态度，最终判决宣告刑在法定刑以下的情形，对此在审查是否适用封存制度的时候不应直接排除适用，而应当赋予司法机关在决定封存时一定的自由裁量权，对于此类特殊情况，符合条件的应当决定予以封存。

区别于轻罪，司法实践中存在定罪免责的情形，即因犯罪情节轻微而被免除刑事处罚，包括司法机关作出不起诉决定、判决不负刑事责任等处理情形，尽管不予处罚但是仍然存在相关涉案记录，此种行为人的社会危害性远远小于轻罪犯罪人，因此将其纳入犯罪记录封存制度的适用情形是合理的。

3. 犯罪记录封存制度的适用条件

首先，犯罪人应当是初犯、偶犯。从制度建立的目的来看，主要是帮助犯罪人回归社会，实现社会秩序的稳定与安宁，体现了双向保护原则。[2] 若犯罪人不存在人身危险性和再犯可能性，则无须再对其予以前科处罚。若犯罪人犯数罪甚至是再犯、累犯，由于其多次触犯法律可能产生犯罪习惯心理，改造难度大，仅利用刑罚预防、惩治犯罪是不够的，此时需要附随地实施更多的监督措施，如免除前科报告义务的犯罪记录封存制度是司法机关经过多方面考虑犯罪人的整体危险性和再犯可能性后才审查适用的，并不是"一刀切"，具有一定的科学性、合理性。

---

〔1〕 参见郝冠揆：《论轻罪化的三大认识转变》，载《兰州学刊》2022 年第 11 期。
〔2〕 参见张涛：《犯罪记录封存制度重在落实与创新》，载《检察日报》2022 年 1 月 6 日。

其次，接受完刑罚处罚或者定罪免罚的犯罪人在被封存犯罪记录前，需要经过一定的考验期。设置考验期的目的，一方面是通过让犯罪人切实体会保留犯罪记录所带来的附随后果，起到预防、警示的作用，以此约束其行为；另一方面是便于司法机关审查犯罪人的再犯可能性。由于设置考验期的主要目的并不是惩罚犯罪人，因此应当设置合理的期限而不宜过长，否则可能加剧犯罪人的社会边缘化，具体期限设置可以参考我国缓刑考验期的相关规定，做到与罪行的轻重程度以及刑罚处罚相适应。被判处缓刑的，缓刑期满则考验期满；被判处 1 年及以下有期徒刑的，考验期为 1 年；被判处 3 年及以下有期徒刑的，考验期为 3 年；被判处 3 年以上有期徒刑但因特殊情形被司法机关决定封存犯罪记录的，考验期同宣告刑期；被判处管制、拘役、单处附加刑的，考验期为 6 个月至 1 年；对于决定不起诉的，考验期不超过 6 个月。

最后，犯罪人已经进行了退赃退赔、赔偿了被害人的损失。帮助无人身危险性、再犯可能性的犯罪人回归社会的前提是受到侵害的法益得以恢复或者受害人已经得到了赔偿、补偿，否则将有失公平正义，加剧社会矛盾。因为犯罪人的补偿、赔偿本身就是事后救济手段，无法完全弥补被害人遭受的损失，如果忽视这一最后防线的坚守，受害人也将对法律保护法益、惩罚犯罪的目的失去信任。参考认罪认罚从宽制度，司法机关在审查犯罪人是否符合犯罪记录封存的条件时，应当结合考察犯罪人的退赔态度，自有罪宣告之日起至考验期满，犯罪人存在下列情形的，应当决定不予封存犯罪记录：有赔偿能力而拒不退赃退赔、赔偿被害人损失的；为逃避赔偿责任，隐匿、转移财产的。

（二）设置犯罪记录封存的程序规范

1. 明确犯罪记录封存的决定主体和实施主体

司法实践中，结合未成年人犯罪记录封存制度的运行经验，应当明确界定犯罪记录封存的决定主体和实施主体，避免在实务中出现各机关职责混乱、互相推诿的情形，从而使犯罪记录封存制度无法有效运行。

公诉案件中人民法院作为审判机关接收检察机关移送起诉的材料，自诉案件中人民法院接收自诉人的起诉材料，因此大部分的案件材料都由司法机关保留，建立犯罪记录封存的审判机关和检察机关双重审查机制符合我国的现实国情，有利于统一法律标准，防止非密切接触案件的有关部门对法律的机械适用，降低民众对制度的认可度。

犯罪记录封存的决定主体限定于审判机关和检察机关，实施主体则以审判机关、检察机关为中心向外扩散，涉及多个机关。在刑事诉讼的各个阶段能够接触到案件信息的机关部门，包括公安机关、国家安全机关、监察委员会、监狱、军队安保部门、海关、司法行政机关等部门，都有职责按照封存决定在各自办案数据库中进行及时、全面封存。[1]由于封存工作是一个体系工程，因此加强各机关间的联合行动能够更好地推进封存工作的有效施行。犯罪记录封存制度是否能有效运行的关键在于封存是否及时恰当，而实施主体承担着十分重要的角色，应当做到"应封尽封"、及时封存，否则因封存不当所带来的后果难以通过事后补封弥补。被告人的犯罪记录应当囊括从侦查至刑罚执行结束的所有案卷材料和电子档案，包括审查逮捕、审查起诉、出庭公诉或者决定不起诉、不追究刑事责任、处以行政处罚、采取刑事强制措施等各个环节产生的书面材料、电子案卷，对此应实行全面封存、加密处理。

同时，在整个刑事诉讼活动中，能密切接触到案件的某一或多个工作人员，均应当签署保密协议，履行保密义务。

2. 细化犯罪记录封存的程序规范

(1) 针对公诉案件。检察机关在审查起诉的同时也应当审查犯罪人是否满足封存的适用条件，若满足则应当在向法院提起公诉时提交封存犯罪记录建议书，也可以写入量刑建议书一同提交。审判机关在审判的过程中应当进行二次审查，若犯罪人满足封存条件，应当在判决书中注明"犯罪记录封存待考察"，此时封存决定未生效，表示犯罪人在通过考验期以及履行完恢复法益的赔偿义务之后，法院将进行再次审查，审查范围包括犯罪人是否存在漏罪、又犯新罪等依法应当撤销封存的情形，审查通过后予以正式封存。

在判决生效后，应当及时将刑事判决书及《犯罪记录封存通知书》送达被告人，并同时送达同级人民检察院和公安机关。人民检察院、公安机关、监察委员会等机关在犯罪人接受刑罚处罚以及考验期限内发现其存在其他未追究的犯罪情形以及新的犯罪事实的，应当依法进行侦查、调查、审查起诉。

考虑到近年来我国犯罪结构呈轻罪化态势，轻微犯罪大幅度上升，存在案多人少的情形，若仅靠人民法院启动封存容易导致封存不及时，况且从人民法院裁判后到最终审查决定是否封存仍存在一段时间，人民法院档案也不可能做到持续审查犯罪人的行为动态，因此在通知书中告知犯罪人及其亲属

---

[1] 参见刘哲：《建议构建轻罪犯罪记录封存制度》，载《检察风云》2022年第4期。

在考验期满后的一定时间内其可向人民法院申请启动审查封存程序，构建国家机关和个人相结合的封存程序，就大大提高了制度的实施有效性。[1]

人民法院自行启动审查或者依犯罪人及其近亲属申请启动审查，若审查后决定对犯罪记录予以封存，应当在卷宗封面注明"准予封存"。决定作出后人民法院应当对该案件的所有卷宗材料予以全面封存，并向犯罪人送达《犯罪记录封存通知书》，同时送达同级人民检察院和公安机关，同级人民检察院和公安机关应当在收到通知之后3日内将所有涉案记录予以全面封存。若案件是由监察委员会负责调查或者有其他机关参与的，还应当通知其封存涉案记录。若是二审法院作出的封存决定，则其应当通知下级人民法院对相关犯罪记录予以封存；同级人民检察院依照前款规定封存涉案记录时也应当通知下级人民检察院予以封存。各机关在封存的同时也应当保证机关内部具体个人对案件的保密，其均应签署保密协议。

（2）针对自诉案件。自诉案件也可以参照上述办法施行，唯一的不同之处是人民检察院不参与封存的审查决定与施行。人民法院在作出最终封存决定后，将结果告知犯罪人的同时，应当通知可能涉案的公安机关，由其将自诉人向人民法院提起自诉前的涉案记录予以全面封存。

（3）针对经人民检察院审查决定不起诉或者办案机关撤销、终止侦查的案件。由于这类案件并不会进入人民法院接受审理，对于符合封存条件的，可以由办案机关向人民检察院提出封存意见；人民检察院进行审查，认为符合条件的，向人民法院提交犯罪记录封存建议书，写明相关犯罪情节以及建议理由；人民法院在收到建议书后，通过书面审查后进行决定，认为符合条件的，参照上述办法向犯罪人送达《犯罪记录封存通知书》，考验期满后将最终审查结果告知犯罪人，同时通知同级人民检察院和有关办案机关，由其根据人民法院的决定作出封存的处理。

（三）建立犯罪记录封存制度的运行保障机制

1. 建立犯罪记录封存档案管理制度

（1）建立专门的犯罪记录封存档案库。

由于该制度还处于初步探索阶段，对封存的适用和撤销可能会存在各机

---

〔1〕 参见张超：《规范解释与路径整合：未成年人犯罪记录封存制度的完善》，载《预防青少年犯罪研究》2023年第5期。

关衔接适应的过程,加之自人民法院审查决定封存之后的很长一段时间都需要去关注犯罪人是否存在撤销情形,若存在撤销情形,人民法院便需要重新了解已封存之罪的案情,作出审查决定。另外,人民法院档案不仅包含已封存犯罪记录的档案,而且包含其他类型案件的档案信息。为了更好地落实封存制度,切实做到封存严格保密,建议安排专人单独实行保密管理,以便提高后续的查询、解封、审批的工作效率。我国目前现存有《人民法院档案工作规定》,[1]在此基础上可加设一个档案门类"已封存档案",由封存档案管理专员对相关档案进行编号登记,不仅对纸质档案进行整合管理,也通过电子系统做好同步编号上传工作。

加快推进各级人民法院已封存档案的信息共享,建立封存档案数据库,供各级人民法院间共享。有关单位或个人按照法律法规的规定进行申请查询时,须明确说明查询用途,查询专员则应当严格履行审批手续和查询的登记程序。

我国目前的犯罪记录查询制度是:由公安部建立犯罪人员信息查询平台,当人民法院送达封存通知时,有关公安机关应当及时封存该平台上已录入的犯罪记录信息。若犯罪记录已被决定封存,则该平台将无法查询到有关犯罪记录。[2]

(2) 实现归档、查询专员的主体同一化。

由于归档工作、档案管理工作和档案查询工作存在一定的关联性、交叉性,为了加强各职位人员的工作紧密性,应当将负责这三类工作的人员归于同一档案部门管理,最好是实现岗位人员同一化,即该部门项下的人员需要同时具备这三种工作能力,另外还应当具备一定的法律知识。对此可以通过加强档案工作人员的教育培训,提高档案人员的能力和素质,保证档案人员的相对稳定性。

实现归档、查询专员的主体同一化不仅可以增强信息保存的严密性,减少人员混杂带来的信息泄露风险,而且能使档案封存查询工作有效、规范地进行。在监督追责方面,人员的稳定性、责任明确性,也有利于保障被封存人维护合法权利的救济途径。

---

[1] 该规定已被修改。
[2] 参见公安部印发的《公安机关办理犯罪记录查询工作规定》。

2. 建立犯罪记录封存档案查询制度

(1) 依法限定提供犯罪记录查询的主体。

犯罪记录封存制度的设置初衷就是帮助一些迷途知返的轻罪犯罪人回归社会，获得平等的社会尊重和对待，而犯罪记录的封存是这些犯罪人再社会化的敲门砖，只有消除了"犯罪标签"才有可能实现人和人的平等，否则不论法律制度如何完备，只要无法在实践中有效落实，就成了纸上谈兵，因此在建立封存档案的查询制度时应当找到合法知情权与个人隐私权之间的平衡点。加之我国目前处于信息飞速发展的时代，信息传播的时间和成本都越来越低，大量信息泄露的事件频发，我国立法也向保护个人隐私方面倾斜。犯罪记录的查询应当在保证合法知情权的同时，确保查询流程的严格性和信息的保密性。将提供犯罪记录查询的主体限定于公检法三机关，缩小信息的查询主体范围，既能够有效地控制、监管信息的流动，也有利于建立严格的协同查询体系。

(2) 设置犯罪记录分层查询机制。

本文所探索建立的犯罪记录封存制度原则上仅适用于轻罪，重罪的犯罪记录不予封存，这是因为轻罪和重罪的档案信息保密要求不同。为了避免在查询时出现信息混杂，甚至是泄露问题，建议实行分层查询机制，即根据查询所涉及的领域以及利用目的进行划分，限定不同的公安司法机关提供查询，规定不同的审批手续。本文将从以下三个方面具体介绍分层查询机制：

首先，保留公安司法机关办案需要的查询途径。即使是人民法院审查决定封存的犯罪记录，如果犯罪人再次实施新犯罪，或者发现有漏罪，公安司法机关、监察机关或者其他有权侦查的机关也可以依办案需求对已封存的档案依法进行查询。前文提及人民法院内部可建立单独的封存记录档案库，因此当办案机关有办案需要时，人民法院应当予以协助查询。需要明确的是，相关机关对犯罪记录的查询应当严格遵守保密规定，按照法定的查询流程进行，不能对被查询人带来不应有的社会负面影响，否则将承担信息泄露或者违规获取信息的法律责任。

其次，保留特殊职业、特定领域单位进行资格准入审查的查询资格，并且限定其只能到人民法院进行申请。一些严重危害公共安全、社会秩序的犯罪，如危害国家安全犯罪、恐怖活动犯罪等故意犯罪，由于社会影响力大，波及范围广，历年来是我国严惩打击的重点，需要排除适用该制度。但除此之外，为了避免被封存犯罪记录的个体在特定职业中滥用职权再度犯罪，应当规定其从事某些特殊职业的限制条件。而进一步限缩查询的主体，目的是减少信息泄露的可能性。本文将从以下两个角度思考对犯罪人的从业资格限制：在资格禁止方面，具有特殊职业资格的个体或者单位，如教育、医疗、食品、药品、律师、法官、检察官、警察、军人等，在进行资格准入审查时，有申请查询犯罪记录的资格，即使犯罪记录被封存，犯罪人也不能获得相关职业资格证或者参加相关职业考试；在行为禁止方面，对于实施过与某一行业有关的职务违法行为或破坏经济秩序类犯罪的人员，将保留该领域单位在招聘其时申请查询犯罪记录的资格。[1]由于这方面的岗位较为特殊，对于成年人应当规定比未成年人更高的要求，因此不仅应当排除有犯罪记录的人，而且应当排除已经被封存犯罪记录之人。[2]

在向人民法院提交查询申请时，申请单位需要明确提供查询的理由和依据，清晰注明招聘用途，并随附单位介绍信、经办人有效身份证明、加盖单位公章的查询申请表，以及拟招录人员的相关材料。除了单位，也允许应聘者本人进行申请查询。应聘者本人进行申请时应当提交本人有效身份证明和查询申请表，并且限定个人一年内只能进行 3 次申请查询。对这类从业资格的查询申请，档案部门应当层报上级领导进行审查，并在 7 日内作出是否许可的决定。进行查询后，若认为所犯之罪不影响受查询人从事该领域工作，则应当向有关单位及个人出具《无犯罪记录证明》，并且注明"具备从事 xx 职业/岗位的资格"，有效期为 3 个月；若认为所犯之罪影响受查询人从事该领域工作或者申请主体不具备查询资格的，则应当出具《不予出具无犯罪记录证明通知书》。

最后，对于其他法律法规赋予查询权利的主体，由公安机关负责查询工作。根据我国目前存在的犯罪记录查询规定，由公安部建立犯罪人员信息查询平台，具体的查询工作由公民户籍地或居住地、单位住所地等公安派出所负责，对于可以当场办理的事项，应及时处理；若事项无法当场办理，应向申请单位或申请人发放《受理回执》，并承诺在 3 个工作日内完成办理。若情

---

[1] 参见张勇、丁玉：《轻罪治理视角下的前科消灭制度》，载《犯罪研究》2023 年第 5 期。
[2] 参见最高人民法院、最高人民检察院、公安部、司法部联合印发的《关于未成年人犯罪记录封存的实施办法》，2022 年 5 月 24 日发布。

况复杂，可在县级以上公安机关负责人的批准下进行相应的调查和核实。公安派出所依照查询申请在信息平台上进行查询，查询结果只反映查询时平台录入和存在的信息，由于公安机关在封存阶段已经全面履行封存义务，因此对已被封存犯罪记录之人所查询的结果应当是"无犯罪记录"。针对查询结果的反馈，如显示受查询人无犯罪记录，应提供有效期为6个月的《无犯罪记录证明》；若发现受查询人有犯罪记录或申请人不具备查询资格，应出具《不予出具无犯罪记录证明通知书》。

3. 建立犯罪记录封存监督追责机制

在制度实施过程中，各个机关都承担着全面封存的责任，若其中某一程序遗漏了，将会带来难以补救的后果。在履行自身封存职责的基础上，各级人民检察院作为法律监督机关，还应加强对公安机关、审判机关的监督，确保其对涉案信息的封存工作得到及时有效的落实。完善监督追责机制在某种角度上也是保留了被封存人的救济途径，本文建议从多角度构建监督追责机制，包括行政责任、刑事责任和民事责任。[1]

首先，参考我国保密法、警察法等有关规定，在追究行政责任方面，可以对违规违法泄露被封存犯罪记录的内部人员予以行政警告、记过等行政处分；对于外部人员泄密的，可以给予相应的处分。[2]有关机关、单位违反保密规定，发生重大泄密案件的，由有关机关、单位依法对直接负责的主管人员和其他直接责任人员给予处分；不适用处分的人员，由保密行政管理部门督促其主管部门予以处理。[3]

其次，如果泄露封存的犯罪记录档案信息的行为构成刑法上的社会危害，且符合犯罪构成要件，应当按照《刑法》有关滥用职权罪、玩忽职守罪、侵犯公民个人信息罪、泄露不应公开的案件信息罪、披露报道不应公开的案件信息罪等有关规定追究刑事责任。在档案管理及查询工作中，相应职员若在履行职责或提供查询服务时非法地获取犯罪记录信息并将其提供给他人，构成侵犯公民个人信息罪的应当从重处罚。

最后，从民事责任的角度看，民法秉持意思自治的原则对隐私权进行保

---

[1] 参见王栋：《犯罪记录封存实践中的问题与对策》，载《预防青少年犯罪研究》2020年第6期。
[2] 参见新修订的《保守国家秘密法》，2024年2月27日通过。
[3] 参见《人民警察法》，2012年10月26日通过。

护，当被封存人的有关档案信息被非法披露或传播时，可以追究有关部门和个人的侵权责任。

以上都是从追究档案管理人员以及负责查询犯罪记录的有关机关、单位的封存不当或者查询不当行为而导致的泄密问题这一角度出发的。从另一角度考量，被封存人出于入职有关单位的目的进行申请查询并且获得了《无犯罪记录证明》，但未履行保密义务或者伪造、变造有关证明、证明用于其他用途，经查证属实的，应当依法给予处罚，构成犯罪的应当追究刑事责任。

综上，设立有效的监督机制能够规范有关机关依法履职，避免其超越法律行使公权力或消极地不履行法定职责。监督和救济是相对的，若不设立监督机制，即使赋予了犯罪人封存犯罪记录的优惠，但若制度无法得到有效的实施和明确的追责，犯罪人的权利也无法得到保障，这无疑是在间接剥夺犯罪人寻求救济的权利。

三、结语

我国目前轻罪治理工作正在推进，面对不适时的司法治理体系以及犯罪人遭到群体歧视、就业住房限制等诸多问题，构建犯罪记录封存制度是有必要的。通过对犯罪记录的限制封存，在一定程度上既保障了犯罪人再社会化的权利，也确保了权利的有限性。具体制度构建中，封存制度和查询、监督制度是相辅相成的关系，有效的封存有利于权利的切实实现，而查询和监督则作为封存的强有力后盾，避免了封存不当以及无限查询所带来的泄密风险，从而防止社会歧视效应蔓延。本文在明确了犯罪记录封存的范围及内容后，通过落实封存制度的适用情形和规范程序，区分封存的决定机关和实施机关，建立分层适用的查询制度，加之明确的监督机制，进而实现犯罪记录封存制度的构建，具有现实性和可行性。本文立足于我国国情，通过探索建立犯罪记录封存制度，希望为我国完善社会治理体系提供一定的思考。

我国轻罪立法中的微罪规范设置及其合理根据

刘 浩*

摘 要：我国现有微罪立法在轻罪立法中的占比相对较小，但随着刑法规范体系的不断完善，微罪规范的设置将会继续有所体现。积极刑法立法观、刑法结构的变迁、公民规范意识的塑造等，均不属于微罪规范设置的合理根据，其充其量只属于微罪立法的背景墙。微罪立法应以刑事立法在通常意义上的谦抑的法益保护原则为逻辑起点，并明确其相应的具体内涵。越是轻微的个罪规范设置，越需要考虑谦抑原则与法益保护原则的合理性。在整体法秩序的意义上应当进行罪刑规范逻辑层面的审视，尤其是对罪刑均衡原则的贯彻。尽管微罪立法所配置的法定刑相对更轻，但其不宜采用绝对确定的法定刑，应当在构成要件解释与刑罚裁量方面赋予解释者相应的自由裁量权。寻求微罪立法从宏观到中观再到微观的合理根据，旨在为立法层面上的轻微犯罪行为入刑提供合理控制的体系方案，进而不断促进社会整体治理水平的稳步提升。

关键词：微罪规范；法益保护；轻罪立法；犯罪化

随着轻罪立法的不断扩张，刑法是否应当积极参与社会治理，引发一定的争议。积极刑法立法观主要体现为刑法条文的增多与刑法结构的变迁，其具体体现为如下内容：第一，刑法条文频繁扩张，刑法参与社会治理的倾向明显；第二，刑法结构随着刑法条文的不断增加面临体系协调的任务；第三，刑法条文与刑法结构的变化存在相应的公共因素，例如，刑法对公众关切的回应。如果对轻罪规范进一步作出区分，那么轻罪规范还应包含更为轻微的

---

* 作者简介：刘浩，中南财经政法大学刑事司法学院讲师，法学博士。

微罪规范,而微罪规范的设置应当保持何种限度,既是分析微罪立法的主要内容,也是认识微罪立法的基本要求。现有观点倾向于将积极刑法立法观、刑法结构的变迁以及公民规范意识的塑造等作为微罪立法的主要根据,但其对立法合理性的解释力有限。对此,应当在明确我国现有轻罪立法现状的基础上,明确微罪规范设置的合理根据,从而将包括微罪规范设置在内的轻罪立法控制在合理范围。

一、我国轻罪立法设置的规范现状审视

(一) 我国轻罪立法现象引起普遍关注的真正开端

在为数不多的微罪立法中,真正引起学界普遍关注的三个罪名是危险驾驶罪、妨害安全驾驶罪与高空抛物罪,其中的醉酒型危险驾驶罪则引发了对轻罪问题的普遍关注。而最高法定刑为1年有期徒刑与拘役的个罪则面临更多罪刑设置方面的正当性质疑,并且这类犯罪的发案率相对较高。《刑法修正案(十一)》增设妨害安全驾驶罪与高空抛物罪,而在立法必要性方面,存在妨害安全驾驶罪与高空抛物罪不应当予以单独立法的观点。增加高空抛物罪,同样会面临刑事处罚挤压行政处罚空间的问题,加之立法者在其法定刑的设置上以1年有期徒刑为上限,这加剧了对于这类行为是否应当犯罪化的争议。轻罪立法中的微罪立法本身被认为存在积极意义,例如,有观点认为,"微罪在遏制相关领域的行为失范上效果明显;劳教制度的废止会使一部分违法行为分流进微罪领域来规制;与国际接轨的社会治理现代化提升了对依托微罪治理的需求"。[1]但微罪立法的范围以及存在的其他相关问题也受到不同的关注。无论是一般的轻罪立法概念还是其中的微罪立法概念,在犯罪化的正当性层面都存在不同的争议,定罪本身所带来的一系列附随后果也令人担忧,同时更会让司法系统不堪重负。

轻罪不同于轻罪规范,微罪也不同于微罪规范,轻微罪属于司法论层面的概念,而轻微罪规范则属于立法论层面的概念,其通常以最高法定刑为形式标准。相较于一般的轻罪立法,微罪立法或者说微罪规范的设置属于更为轻缓的犯罪化。微罪立法仍然属于轻罪立法的范围,而在立法上是否需要区

---

[1] 梁云宝:《我国应建立与高发型微罪惩处相配套的前科消灭制度》,载《政法论坛》2021年第4期。

分微罪规范与轻罪规范，其关键在于最高法定刑这一判断标准，除了以最高法定刑为判断标准，理论上还存在从其他视角对轻罪规范予以定义的根据。轻罪立法早已存在，但真正开始引起关注的，则是作为微罪规范的醉酒型危险驾驶罪的立法设置。

（二）是否应当区分轻罪规范与微罪规范在于最高法定刑的选择

以最高法定刑为标准，自由刑中通常容易引人注目的节点主要有拘役、1年有期徒刑、3年有期徒刑、5年有期徒刑。选取不同的法定刑节点作为轻罪规范的形式标准会直接影响是否可以对轻罪规范与微罪规范予以区分。针对个罪规范的区分问题，存在不同的理论处理方式。一种是二分法，即只区分轻罪规范与重罪规范，而不区分轻罪规范与微罪规范，因为微罪规范本身就属于轻罪规范的范围；另一种是三分法，即区分重罪规范、轻罪规范与微罪规范，微罪规范属于重罪规范和轻罪规范之外的第三种存在类型。对于轻罪规范的具体界定通常是以最高法定刑为参照系，对此存在不同的划分标准。现有观点倾向于认为，轻罪规范通常是最高法定刑为3年有期徒刑或者1年有期徒刑的个罪规范，微罪规范是法定刑最高为1年有期徒刑或者拘役的个罪规范。

轻罪规范的具体标准若结合相关的实证法体系，或许容易趋向于选择法定刑最高为3年有期徒刑的个罪，因为根据《刑法》第72条的规定可知，缓刑的适用条件中对刑罚的要求是判处拘役或者3年以下有期徒刑，说明3年以下有期徒刑在我国立法层面被认为是较轻的刑罚，其对应的犯罪行为所具有的社会危害性也较小。以缓刑适用条件为依据去选取轻罪立法的最高法定刑标准，可以得出以下三个方面的结论：第一，缓刑规定中的3年有期徒刑指的是宣告刑而非法定刑，其侧重刑罚本身而与犯罪类型的关联并不大，但3年有期徒刑依然是衡量行为危害轻重与否的重要内容；第二，立法上的刑罚判断与社会危害性判断并不等同于司法上的刑罚判断与社会危害性判断，轻罪立法首先是一个立法上的问题，对此，应当区分立法层面的轻罪与司法层面的轻罪，由于司法层面的轻罪对应实际判处的刑罚，因此其轻罪的范围要远远广于立法上的轻罪范围；第三，立足于我国现行刑法的规定，最高法定刑为3年有期徒刑的犯罪较多，但我国刑法目前并不是明显的轻刑结构，刑法结构的变迁是一个体系性的过程，其会涉及未来一段时间的刑法立、改、废、释。《刑法》中最高法定刑为拘役的立法规定相对较少，只有3个罪名，最高法定刑为1年有期徒刑所对应的罪名有5个，而最高法定刑为3年有期徒刑的罪名则占据了条文规定的相当比例，目前的数量有65个。

根据我国现行刑法的体例结构与内容分布，区分轻罪规范与微罪规范的标准主要容易趋于两种类型：第一种是将最高法定刑为1年有期徒刑的个罪规范视为轻罪规范，由此对最高法定刑为拘役的3个犯罪就没有必要再区分出更为具体的微罪规范类型；另一种是将最高法定刑为3年有期徒刑的个罪规范视为轻罪规范，由此最高法定刑为1年有期徒刑的个罪规范则被视为微罪规范，此时就具有划分轻罪规范与微罪规范的必要。因为，一方面，不同的划分标准导致轻罪规范的数量明显不同；另一方面，立法的背景不同导致区分轻罪规范与微罪规范的意义不同。如果将3年有期徒刑视为轻罪规范的法定刑节点，那么面对我国刑法中的大量轻罪规范，对其予以体系协调与有效出罪无疑是重要的。在我国刑法结构的变迁过程中，轻刑化不同于轻罪立法，轻罪立法明显是针对法定刑较低的犯罪设置的，而轻刑化具有不同的面向，例如，死刑数量的削减、法定刑幅度的总体降低、轻罪立法的合理设置、适度的非犯罪化等，合理的轻罪立法通常只是轻刑化的一个方面，而不合理的轻罪立法由于会扩大刑法的处罚范围，进而也是重刑化的体现之一。针对轻罪立法或者说轻罪规范的最高法定刑标准，这里采取3年有期徒刑的节点，相应地，对犯罪的划分则采用重罪与轻罪的二分法，其中，微罪立法属于轻罪立法的范围，但在进一步的划分中仍有必要区分一般的轻罪规范与微罪规范。司法裁量意义上的轻罪不属于立法意义上的轻罪，"立法层面的轻罪是立法者已经预先设立好了何者为轻、何者为重，再由司法人员在具体案件中对号入座"，[1]而司法上的轻罪则是动态的，其侧重刑事诉讼的角度，行为人因为犯盗窃罪而被判处3年有期徒刑，此时盗窃罪在司法上可以被认定为轻罪，但在立法上其不属于轻罪。

（三）其他一些涉及轻罪规范界定的实质标准内容

除了最高法定刑的标准，对于轻罪规范的识别，还有观点提出可以从实质内容上予以界定，例如，将轻罪立法的情形概括为，"一是扩大既有犯罪范围，将原本由行政法调整的行为予以犯罪化；二是增设新罪，将原由治安管

---

〔1〕 刘仁文、钱蕙：《刑法扩张视角下犯罪分层的路径选择》，载《贵州民族大学学报（哲学社会科学版）》2021年第4期。

理处罚法调整的行为升格为犯罪；三是新增罪名，将原本可以依法按照犯罪预备、帮助犯处理的行为正犯化；四是新增罪名，将以往由职业道德规范或处罚不明确的行为犯罪化；五是新增罪名，将性质上属于民事纠纷的行为犯罪化；六是面对新型社会问题，刑法新增轻的犯罪类型"。[1]但从实质内容上进行轻罪立法类型的界定，并未区分轻罪与轻罪规范。在犯罪化的过程中，有一部分犯罪设置对应的法定刑相对轻缓，行为并不具有典型的严重社会危害性，相较于传统的刑法观念与犯罪类型，这些立法设置被认为属于轻罪立法，但犯罪化是刑法立法的总体体现，轻罪立法只是其中的一种类型。以往对轻罪规范的设置若从实质内容上予以界定则更多地涉及犯罪性质的问题，而不是轻罪立法的具体类型。在这样一种由实质内容主导的犯罪化过程中，轻罪立法属于刑法自身功能定位的改变与刑法积极参与社会治理的体现。未来犯罪化的内容必然是以较轻犯罪与新型犯罪为主，因为自古就被认为是犯罪行为的重罪早已被规定存在于刑法之中。还有的观点兼采形式与实质标准，联系劳动教养被废除的历史背景，指出"在我国，微罪是一个衔接于治安处罚与轻微刑事处罚之间的特有概念，是在犯罪分层语境下处于实然与应然之间的犯罪形态"[2]。而这样一种兼顾形式与实质意义的标准，一方面考虑到立法层面的微罪以及劳动教养被废除后并入刑事法律规制范围的个罪，另一方面也考虑到我国《刑法》第13条中的但书规定，被认定为"情节显著轻微危害不大"的行为也属于微罪，即对微罪不一定处罚，这样兼顾形式与实质内容的标准不是限缩而是扩大了微罪的概念范围，使之类似于司法意义上的轻罪范围。

另外，刑事立法设置的主要内容是构成要件与法定刑，其中，构成要件存在实质解释的必要，而法定刑在立法形式上是客观的，由于罪刑均衡原则的存在，法定刑的轻重可以说明犯罪本身的轻重，法定刑配置较重的行为通常被认为属于重罪，反之则属于轻罪。在实质内容上被认为属于轻罪规范的个罪，在法定刑的配置上也通常配有3年有期徒刑的最高法定刑。以《刑法修正案（十一）》为例，该修正案不仅增加了15个新的条文，还对26个条文的内容予以修改，体现了刑事法网的严密化。在增加与修改的罪名中，法

---

[1] 何荣功：《我国轻罪立法的体系思考》，载《中外法学》2018年第5期。
[2] 姜瀛：《劳教废止后"微罪"刑事政策前瞻》，载《学术交流》2015年第11期。

定刑最高为 3 年有期徒刑的罪名有 9 个。在这些罪名中，已然包括一些实质判断内容的情形，例如，刑法对之前的行政处罚范围、职业道德规范领域、民事纠纷类型等作出相应的干预，并新增了一些犯罪类型等。

二、与微罪规范设置相关的主要立法背景

微罪立法尽管从法定刑层面能够区分于轻罪立法，但其仍属于轻罪立法的类型，只是属于最为轻缓的一类轻罪立法。积极刑法观、刑法结构变迁、公民规范意识塑造等属于微罪立法的背景而不是其设置的合理根据。

（一）作为微罪规范设置背景墙的积极刑法立法观

由于刑法具有保障法的属性，传统的刑事立法体现出一种保守态度，而相较于传统意义上的刑法观念，积极刑法立法观则体现出刑法的变动不羁以及积极参与社会治理的一面。"积极刑法立法观具有刑事立法顺应社会发展的必然性，但其应当保持合理限度。"[1]对实害结果的事前预防是积极刑法立法观的一个重要面向，由此，刑法参与社会治理的广度得以延伸，对社会公众的关注得以及时回应。以三个最为典型的微罪为例。一是危险驾驶罪。该罪的立法设置不只是回应社会公众的关切，更是对社会发展本身的一种回应。"醉驾入刑的征求意见显示，绝大多数群众是赞成的。由于我国进入了汽车时代与迅速的城镇化时代，加之酒文化的盛行，酒后开车的行为成为一种常态。"[2]这对于开车人以及公众的生命健康难免会造成损害，于是，立法机关进行了危险驾驶罪的微罪立法。二是妨害安全驾驶罪。该罪的立法设置始于对公众关切的及时回应。近年来发生的一些司乘冲突以及造成的严重后果引起社会各界的普遍关注。2018 年重庆公交车因乘客与司机冲突而导致车辆与小轿车相撞后坠江，造成重大人员伤亡的消息一出，公众哗然，并对闹事乘客予以强烈的舆论谴责。为了回应公众关切，妨害安全驾驶行为很快得以入刑。三是高空抛物罪。该罪的立法设置属于刑法积极参与社会治理的典型。由于城镇化的不断发展以及抛掷物品行为具备危险性，在《民法典》作出相应规定的同时，《刑法》对于高空抛物这一行为予以独立成罪。

相比保守刑法立法观，以微罪立法为特征的积极刑法立法观体现为一种

---

[1] 刘浩：《积极刑法立法观的规范体现与合理限度》，载《地方立法研究》2023 年第 5 期。
[2] 郎胜：《刑法修正案（八）解读》，载《国家检察官学院学报》2011 年第 2 期。

轻微的法定刑配置，刑事可罚性是否平缓与何种刑法立法观之间并不具有必然的联系。即使是传统的刑法立法观，也完全可以对有的行为配置较轻的法定刑，只要立法符合相应的罪刑均衡原则。在积极刑法立法观下，很多犯罪行为会被配置较重的法定刑，例如，《刑法修正案（十一）》就将不少个罪的法定刑予以提升，立法不断地细化法定刑以及个罪量刑要求方面的规定，其中包括法定刑幅度的细微变更、增加一些情节对应的法定刑幅度、删除或者增加罚金刑的比例限制以及量刑从宽方面的激励机制等，法定刑趋重不仅是有期徒刑年限的增加，像删除罚金刑的比例限制在某种意义上也可以被视为法定刑的趋重。犯罪化的过程中本来就有重有轻，积极刑法立法观侧重描述犯罪化的频率和方式以及刑法参与社会治理的程度而不是罪刑轻重与否。积极刑法立法观之所以与微罪立法取得联系，主要是因为轻微的法定刑配置往往对应的行为危害也较为轻微，在谦抑原则的理念下是否应当对微罪事项予以刑法规制就会存在争议，而一旦给予相应的刑法规制，那么自然就会认为微罪立法符合积极刑法立法观的特征。"微罪的出现直接打通了行政违法与刑事不法之间的界限，有利于高效率制裁突出的行政违法，维护社会秩序",[1]因此，微罪立法在参与社会治理方面会体现积极刑法立法观的一些特征，但积极刑法立法观并不是微罪立法设置的合理根据，而可以被视为微罪规范设置的背景墙。

（二）作为微罪规范设置背景墙的刑法结构变迁

刑法结构的变迁主要是指刑法由"厉而不严"的结构向"严而不厉"的结构转变。"在我国，刑法现代化就是'厉而不严'走向'严而不厉'即刑法结构调整的过程。去重刑化伴随适度犯罪化构成我国刑法现代化的两翼。"[2]刑法的严密主要是指其规制事项的范围变得广泛，刑法的不厉主要是指刑罚配置在总体意义上趋于轻缓。"犯罪结构的重大变动，直接推动了轻罪体系的壮大。"[3]在轻罪立法中，微罪立法由于规制的是微罪行为，一方面体现出刑法规制范围的扩大，另一方面又体现出刑法的轻缓特征。但不能说微罪立法的罪与罚体现出刑法结构走向轻缓方向，就得出微罪立法是刑法结构变迁的

---

〔1〕 曾粤兴：《我国刑法立法的回顾与展望》，载《法治研究》2019年第6期。
〔2〕 储槐植：《刑法现代化本质是刑法结构现代化》，载《检察日报》2018年4月2日。
〔3〕 孙道萃：《轻罪治理的刑法审思与改进》，载《广西大学学报（哲学社会科学版）》2023年第4期。

要求这一结论,只能说微罪立法带来的犯罪分层在一定程度上体现出刑法结构的变迁。刑法结构的变迁是整体层面的,并不是以微罪立法来稀释我国的重刑比例,而且不合理的微罪立法同样属于过度的犯罪化。我国刑法结构的整体变迁主要是源于我国刑法本身的重刑主义传统与重刑刑法结构,属于小犯罪圈,"有限的犯罪圈已经决定了我国重刑的刑罚结构,还有就是民众潜意识中的重刑依赖传统"。[1]我国刑法结构的变迁是刑法规范的体系发展,其会涉及犯罪化与非犯罪化、重刑化与轻刑化等不同的面向。"犯罪化的直接效果就是刑法调整范围的扩张,进而会影响刑事惩罚规模的调整和变化,并在惩罚体系内部各个环节表现出来。"[2]微罪立法只是其中一个非常小的组成部分,无论是否存在微罪立法,我国刑法的结构必然都会发生变迁,这是整体层面的犯罪化过程以及社会发展的必然趋势。"为了推动轻罪治理现代化,我国刑法首先要实现犯罪结构从厉而不严到严而不厉的整体转型,同时在犯罪圈上我国刑事立法应该防止过度犯罪化,在犯罪化的同时适度推行非犯罪化,在刑事立法上实现入罪与出罪的均衡发展。"[3]刑法结构的变迁强调刑法朝着"严而不厉"的方向发展,这样一种刑罚特征涉及刑法的很多方面,其以刑法的宽缓化为目标,以社会治理的现代化与国家整体的文明进步为依托,而并非所有的微罪立法都与之相契合。对此,不是刑法结构的变迁需要予以微罪立法,而是微罪立法在刑法结构变迁中体现出刑法轻缓的一面,但相较于行政处罚,如果微罪立法增加的个罪规范并不合理,那么则欠缺刑法立法的正当性。微罪立法不能将刑法结构变迁作为合理根据,其同样只是微罪立法设置乃至整个轻罪立法设置的背景墙。

(三) 作为微罪规范设置背景墙的公民规范意识塑造

刑事立法侧重塑造公民规范意识,在预防目的方面体现为积极的一般预防。"积极的一般预防是对社会生活中连犯罪意思都没有的正常人的预防……由此说来,所谓积极的一般预防是将传统刑法论中预防的对象,从犯罪人、潜在的犯罪人,扩大到日常生活中的普通市民。"[4]微罪立法确实有助于公民

---

[1] 李翔:《论刑法修正与刑罚结构调整》,载《华东政法大学学报》2016年第4期。

[2] 时延安:《犯罪化与惩罚体系的完善》,载《中国社会科学》2018年第10期。

[3] 刘艳红:《犯罪圈均衡化与刑罚轻缓化:轻罪时代我国刑事立法发展方向》,载《中国刑事法杂志》2024年第1期。

[4] 黎宏:《预防刑法观的问题及其克服》,载《南大法学》2020年第4期。

规范意识的提高,但这并不是微罪立法本身特有的功能与设置根据。作为以刑罚为规制方式的立法,刑法对于公民的规范意识确实相较于其他部门法具有更明显的力量,"施加刑罚是为了宣示,行为人的这种违反规范的举动是不值得效仿的,规范还必须继续地、有效力地充当人们的举止指南"。[1]不能说为了塑造公民的规范意识而进行微罪立法,微罪立法在入罪层面如果只是为了塑造公民的规范意识,加强社会治理,那么其同样可能有违刑法谦抑原则,因为刑法不能为了塑造公民规范意识而进行微罪立法。"在犯罪治理中,既不能把刑法当作工具和手段,也不能通过刑法的适用把人当作手段。"[2]缺乏合理性的立法难以在实际上真正对公民的规范意识起到现实作用。"一般预防意义上的社会公众认知首先是以刑法的正当性为前提,即刑法为大多数社会公众所信赖。"[3]单纯塑造公民的规范意识不能成为进行微罪立法的实质理由,而同样只是属于微罪规范设置的背景内容。

以醉酒型危险驾驶罪为例。醉驾入刑确实强化了公民酒后不开车的规范行为意识,"在刑罚的威慑下,醉驾行为发生率明显下降,'酒后不开车'伴随着刑法的实施也成为普通百姓的基本社会意识,醉驾的刑法规定促进了社会公众守法意识的提升"。[4]但醉驾入刑的目的不是塑造公民的守法意识,其背后是重大人身与公私财产安全的考量。作为一项抽象危险犯立法,其本身的司法认定相对较为容易,在司法实践中,醉驾一度成为我国发案率第一的刑事案件类型。抽象危险犯的立法设置在罪与非罪的认定方面按理说并不存在太大的争议,并且为了强化公民的规范意识,应当保持严格的出入罪标准,因为行为规范具有明确性,因违反规范而导致的结果应具有确定性,否则,一项具有行为规范性质的立法就是模棱两可的。但由于司法机关的工作繁重以及存在大量因醉驾而被判刑的人,醉驾严格定罪的处理方式得以松动,对于有的醉驾行为在不同的阶段予以出罪。对此,2023年12月,最高人民法院、最高人民检察院、公安部、司法部联合印发《关于办理醉酒危险驾驶刑事案件的意见》,强调惩治和预防相结合,综合治理与诉源治理相结合。

---

[1] [德]乌尔斯·金德霍伊泽尔:《刑法总论教科书》(第6版),蔡桂生译,北京大学出版社2015年版,第27页。
[2] 刘艳红:《民刑共治:中国式现代犯罪治理新模式》,载《中国法学》2022年第6期。
[3] 刘浩:《认罪认罚从宽适用的罪刑均衡》,载《广西警察学院学报》2021年第4期。
[4] 胡立平:《"醉驾"的入罪与出罪》,载《法律科学(西北政法大学学报)》2021年第6期。

三、微罪规范设置根据的体系逻辑展开

透过微罪立法的法定刑配置可以看出其所涉犯罪综合的危害性相对较低，一方面，在客观上，微罪立法多针对抽象或者具体的危险；而不是明显的实害结果，另一方面，在主观上，行为人并不积极追求某种危害结果的发生。对有较低危害性的的犯罪行为配置相对较轻的法定刑，容易在谦抑原则方面引发质疑，而将严重的犯罪行为入刑通常不会引起过度犯罪化的争论。对此，谦抑原则与法益保护原则仍然是微罪立法的首要根据。

（一）谦抑的法益保护原则是微罪规范设置的根据

谦抑的法益保护原则包括两个方面的内容，一是谦抑原则，二是法益保护原则。"刑事立法将某种行为规定为犯罪，在质的方面的根据是，行为人实施了值得处罚的法益侵害行为；在量的方面的根据是，刑罚手段不能滥用，必须维持在必要最小限度内。"[1]对于谦抑原则来说，其主要是刑法立法应当遵循的原则，立法者必须谨慎地采用刑法手段，刑法干预不能先于其他部门法，应当在经验层面与实证评估上体现最后手段性。"刑罚这种制裁具有强制力，由于它同药效大的药物一样伴有副作用，判断以什么作为刑法的对象时，必须慎重考察对某种行为是否有必要动用刑罚来抑制。"[2]不能因为微罪立法的法定刑较低就忽视刑法谦抑原则的审视。"轻罪立法客观上扩大了刑法的处罚范围，而刑法谦抑原则要求限制刑法的处罚范围，因此，轻罪立法与刑法谦抑原则呈现出一定的紧张关系。"[3]在未来的刑法立法中，除一些已有犯罪规定在构成要件表述与法定刑幅度层面会适应社会情势发展变化而出现一定的变动外，在新罪的增设方面必然是以轻罪为主，其中，轻罪会包含少量的微罪。"当今科学技术的迅速发展与文明程度的提高，促使新法益、新权利不断涌现或得到法律确认，重罪减少的同时大量轻微犯罪涌现，人们面临的威胁与损害越来越多，个人往往难以抵御风险，需要法律予以充分保护。"[4]但

---

[1] 刘艳红：《轻罪时代我国应该进行非犯罪化刑事立法——写在〈刑法修正案（十二）〉颁布之际》，载《比较法研究》2024年第1期。

[2] [日]西田典之：《日本刑法总论》，刘明祥、王昭武译，中国人民大学出版社2007年版，第23页。

[3] 王良顺、王杰：《刑法谦抑与轻罪立法：观念调整与立法检视》，载《广西大学学报（哲学社会科学版）》2023年第4期。

[4] 卢建平、张力：《如何实现刑罚在质上的谦抑》，载《检察日报》2021年9月1日。

越是轻微的犯罪化,越是需要谦抑原则的具体分析,因为传统的一些重罪在入刑方面不太会有损刑法的谦抑原则,其考虑更多的是法定刑高低的配置问题。

虽然一些微罪立法具有预防刑法的属性,但在结果层面仍可以贯彻法益保护原则。因为法益会遭遇重大危险,故适用法益保护原则实际并无不当,只是需要其他原则进行补足。法益概念尽管在刑法领域中使用较多,但并不是说不存在诸如民法法益的概念等,例如,典型的人身与财产侵权行为在没有达到刑法意义上的法益侵犯性时,就只是对民法法益造成侵犯,从而构成民事侵权。但刑法领域中的法益侵害原则在刑法立法阶段至少相当于社会危害性的判断,它是对某种行为是否应当予以犯罪化在抽象层面的最为一般的利益平衡原则,对此,其依然是一切刑法立法的正当性根据。即使是预防刑法也应当围绕法益保护原则说清楚,即为什么采取预防立法,为了防止何种法益侵害危险的现实化等。如果刑法立法不能与法益保护原则取得联系,那么至少有关犯罪化的立法就是欠缺合理性的,故谦抑的法益保护原则应当在所有犯罪化过程中被遵循,其中的微罪立法自然也不例外。

(二) 法益保护原则作为微罪规范设置的首要根据

法益通常分为形式与实质的类型,"形式的法益概念旨在说明现行刑法保护了哪些法益,而实质的法益概念旨在说明,哪些法益需要刑法保护因而需要增设新罪,哪些不是法益因而刑法需要删除某些法条"[1]。法益具有立法论与解释论的机能,其中在立法论层面,具体表现为对犯罪化与非犯罪化的说明与指引,同时也具有合理限制刑法处罚范围的功能。

1. 法益保护原则对犯罪化的指引

法益保护原则是否可以有效地指引和约束刑事立法是存在争议的。法益保护原则作为立法者和解释者的自我解释指引,属于实质的法益内容,形式的法益内容则更多的是规范体系的一种呈现,而实质的法益内容最为明显的特征就是具有解释性。对于立法者来说,其对于法益的识别和解释是先于规范设立的,且伴随着经验和逻辑以及必要的程序论证和实体论证;对于司法者来说,其对于法益的解释是后于规范设立的,且伴随着规范和逻辑以及必

---

[1] 张明楷:《论实质的法益概念——对法益概念的立法批判机能的肯定》,载《法学家》2021年第1期。

要的解释活动，实质的特征主要体现为解释者的法益解释与规范体系的形式法益呈现。立法者增设新的犯罪或者废除已有的犯罪需要对以刑法方式保护某种利益存在的必要性作出合理的解释与说明。

如果一项刑事立法未能在法益保护原则的意义上说得清楚，而其他的立法规范已然对法益进行了很好的保护，那么即使继续对该法益进行刑法保护，也是违反法益保护原则的。因为刑事立法遵循法益保护原则并不是说只要刑法是在保护法益，那么其就是在践行法益保护原则，前提必须是其他部门法没有办法予以有效的保护，而这种法益本身又是特别重要的，此时刑法才会考虑是否予以保护。法益保护原则需要刑法保护真正的刑法法益，至于何为真正的刑法法益，则涉及法益理论本身的内容。在犯罪化与非犯罪化的过程中，尽管法益保护原则既可以为非犯罪化提供依据，从而实现限缩刑法干预范围的目标，也可以为犯罪化提供依据，从而实现扩张刑法干预范围的目标，但这完全符合法益保护原则的规范意义，却并不能据此得出法益保护原则的两面性以及法益保护原则对立法及其解释的控制理论出现崩溃。由于犯罪化与非犯罪化是一体两面的，作为处于其中的法益保护原则自然是在这两个面向上发挥机能。

2. 微罪立法中法益保护原则的内容

微罪立法属于犯罪化，其同样应当接受法益保护原则的审查。对此可以先在解释论层面明确其不同的法益内容，从而观察法益是否在形式上存在并且是否可以发挥实质指引作用。危险驾驶罪、妨害安全驾驶罪、危险作业罪的形式法益内容是公共安全，实质法益内容可以具体到公共领域的他人人身与财产安全，例如，侵犯通信自由罪的形式法益内容是公民的人身权利，实质法益内容可以具体到公民人身权利中的通信自由权。微罪立法具有不同的保护法益内容，其在形式与实质的意义上存在作为保护对象的法益内容，而这样的一些法益内容在微罪立法之前可以起到刑法立法的指引作用，在微罪立法之后又可以起到解释论的指引作用。在进行微罪立法之前的法益保护原则并非发挥理所当然的指引作用，以高空抛物行为的入刑为例。《刑法修正案（十一）（草案一次审议稿）》将其置于《刑法》分则第二章的危害公共安全罪中，而《刑法修正案（十一）（草案二次审议稿）》则将该罪调至《刑法》分则第六章的妨害社会管理秩序罪中。个罪的法益内容经常会存在一定的重合，而这种重合主要源于实质的法益内容。无论是公共安全法益还是社会秩序法益，尽管分别作为《刑法》中的章法益，并且安全与秩序属于不同的类型，但在实质层面，公共安全会涉及公共空间中的他人生命、健康与财产安全，而社会秩序同样也会涉及公共空间中他人的生命、健康与财产安全，如果说公共安全与社会秩序属于较为抽象的一般法益，公共空间中的他人人身与财产安全属于较为具体的特殊法益，那么在主要为了保护公共空间中的他人人身与财产安全时，无论是通过保护公共安全法益还是通过保护社会秩序法益，均能够在实质法益层面以及立法的规范保护目的中得以实现。

高空抛物罪在立法草案中的位置变换也存在一些草案审议阶段的理由，例如，高空抛物在行为特征上是违反社会公德的行为、法定刑的配置与秩序犯的危害性相称、和以危险方法危害公共安全罪进行切割，从而避免两罪的界限难以划分等。[1]违反公德的行为并非其不能列入危害公共安全犯罪中的理由，很多危害公共安全的犯罪当然也是违反公德的行为，而较低的法定刑配置也并非其不能列入危害公共安全犯罪中的理由，例如，危险驾驶罪的最高法定刑为拘役，并处罚金，但也可以说其属于秩序犯，因为其具体侵犯的是交通管理秩序。无论高空抛物罪位于哪个章节，均存在想象竞合犯从一重罪处断的规定，其中就包括和以危险方法危害公共安全罪之间的竞合，而且以危险方法危害公共安全罪本身具有兜底性的特征，无论高空抛物罪位于哪个章节，二者都存在一定的关联度。高空抛物罪的形式法益从公共安全扩大到社会秩序主要是由于作为安全与秩序背后的规范要保护的是公共空间中的他人人身安全，而无论是通过保护公共安全还是社会秩序，均能通过其规范予以实现。当立法者认为高空抛物罪位于危害公共安全犯罪类型下并不妥当时，自然会倾向于将其调至妨害社会秩序犯罪的类型。

因此，高空抛物罪的法益保护原则主要体现在实质法益的保护层面。一方面，该罪的形式法益与行政法的法益内容存在高度重合，公共安全以及社会秩序法益均与行政管理之间存在联系，这也是该领域存在大量行政犯的重要原因。另一方面，实质的法益内容更为具体和多元化，其对于微罪立法的审查也更为具体。从目前已有的微罪立法类型以及未来可能会继续增加的微罪立法来看，其更多的是增设行政犯的类型，这也是刑法立法在微罪规范设

---

[1] 许永安主编：《中华人民共和国刑法修正案（十一）解读》，中国法制出版社2021年版，第305页。

置方面的必然结果。一方面,传统的自然犯较为稳定,其在刑法典中已经呈现较为完备的体系内容,未来新增的刑法立法必然主要针对行政犯,由于微罪立法涉及的行为在社会危害性方面与行政违法行为的危害性更为接近,故其与行政犯的法益结构及其法益内容也更为吻合。无论是公共安全还是社会秩序,其在形式法益层面具有提示微罪立法所对应的行政违法行为的作用,并且刑法在作为保障法的意义上对于这类形式法益也具备相应的法益内容。"行政法领域的违法犯罪行为不断上升和严重化,往往与行政监管的缺位存在紧密联系。"[1]在形式法益的审查方面,单就安全或者秩序而言,如果在逻辑上能够说明行政法等前置法难以进行有效保护,那么至少在形式上就具有进行犯罪化的可能。而在实质的法益审查方面,如果不法行为会对公众的人身、财产等权利法益造成侵犯或者重大危害,那么在法益保护原则的审查方面就具有进行微罪立法的根据。故微罪立法的法益保护原则主要是应当从形式法益到实质法益进行分析与衡量,由于微罪立法的法定刑配置较低,其行为与行政违法之间的距离更近,故相应的法益分析也会更为细致而全面。

3. 法益保护原则对微罪立法的具体审查:以醉驾入刑为例

由于微罪立法的罪质不同,其在直观上更容易产生法益保护过度而有违人权保障和谦抑原则的直观印象。醉驾行为入刑就曾存在类似的疑问,实践中存在大量的酒驾犯罪案件导致司法机关疲于奔命,而且大规模地对醉驾行为进行定罪处罚也过于绝对,同时,短期自由刑带来的刑罚附随效果甚至超越了刑罚本身。对此,有观点着眼于法定刑的设置问题。例如,主张将危险驾驶罪的法定刑修改为"拘役或者管制,并处或者单处罚金","使法官在拘役外有选择适用管制或者罚金这些非监禁刑的空间,有助于改变因为危险驾驶罪过多地适用拘役这种短期自由刑的司法现状"。[2]但除了是否予以监禁的问题,主要是附随后果的影响。醉驾的构成要件及其法定刑设置使得其在法律的社会效果方面难以实现普遍的公众认可。"有些醉驾行为可能并不具有实质的危险性或者危险性很小,如果对之进行刑罚处罚,难以获得社会观念的接受和认同。"[3]单就法益保护原则作为微罪立法的根据来说,以醉驾入刑的

---

[1] 张平寿、张凯:《刑法微罪扩张的正当性评判与司法适用分析》,载《河南警察学院学报》2017年第6期。

[2] 陈志军:《轻微犯罪立法的反思与完善》,载《国家检察官学院学报》2018年第3期。

[3] 沈海平:《反思"醉驾入刑":从理念、规范到实践》,载《人民检察》2019年第15期。

具体法益审查为例。《道路交通安全法》第 91 条对饮酒后开车以及醉酒开车的行为均有所规定,饮酒后驾驶机动车的,处暂扣 6 个月机动车驾驶证,并处 1000 元以上 2000 元以下罚款的行政处罚;醉酒驾驶机动车的,由公安机关交通管理部门约束至酒醒,吊销机动车驾驶证,依法追究刑事责任,且 5 年内不得重新取得机动车驾驶证。

在醉驾入刑之前,《道路交通安全法》(2007 年修正)第 91 条第 1 款的规定是:"饮酒后驾驶机动车的,处暂扣一个月以上三个月以下机动车驾驶证,并处二百元以上五百元以下罚款;醉酒后驾驶机动车的,由公安机关交通管理部门约束至酒醒,处十五日以下拘留和暂扣三个月以上六个月以下机动车驾驶证,并处五百元以上二千元以下罚款。"为了衔接醉驾入刑,《道路交通安全法》进行了修改,规定对醉驾行为人处以吊销机动车驾驶证的行政处罚的同时,还依法追究刑事责任。在保持法秩序统一方面,行政法因应刑法的微罪立法而进行了及时修改。醉驾行为入刑在微罪立法的法益审查方面遵循从形式法益到实质法益的分析过程。在形式法益方面,其与行政法中的道路交通管理秩序相一致,除此之外,还包括公共道路交通安全,在广义上可以归属于道路交通管理秩序的范围。因此,醉驾入刑要保护的形式法益首先就是公共道路交通秩序,如果不是为了对其予以保护,醉驾入刑作为一项微罪立法是不具备合理性的。"即使在某一特定的历史时期,关于社会秩序的存在取决于哪些规范以及对这些规范的认可也没有可靠的论断。只能说其中起着重要作用的还是本身也在不断变化的主流价值观。"[1]公共道路交通秩序作为行政法的规范保护对象,对其仅通过单纯的行政处罚力度提升完全可以实现相应的规范目的,但行政法在并未对此作出变动的同时反而直接予以微罪立法。在实质法益的保护目的方面,除秩序保护外,主要是保护公众的生命、健康与财产安全,同时也要保护醉驾者本人的生命、健康与财产安全,由此可见,其具有刑法家长主义的特征。就对这些实质法益的保护而言,醉驾入刑无疑明显降低了公共道路交通领域的危险,从而使得相关的实质法益损害得以减少,故其至少在法益保护方面是具有合理性的。

(三)谦抑原则作为微罪规范设置的合理根据

我国绝大多数的刑法立法是能够符合法益保护原则的,微罪立法也不例

---

[1] [德] 冈特·施特拉腾韦特、洛塔尔·库伦:《刑法总论Ⅰ——犯罪论》(2004 年第 5 版),杨萌译,法律出版社 2006 年版,第 34 页。

外，因为立法者所保护的对象一定是能够和实体利益取得联系的，现代刑法不会对一个欠缺实体利益的对象进行保护，但即使如此，法益保护原则的审查仍是基础内容。在法益保护原则的基础上，同样需要以谦抑原则进行补足，从而体现为一种谦抑的法益保护原则。

1. 谦抑原则的具体内涵

谦抑原则是刑事立法上的一个原则或者说理念，其主要是在整体法秩序的视野中强调能够以其他部门法进行有效规制的行为就尽量不用刑法来予以规制，以此凸显刑法的最后手段性以及保障法的地位。刑事司法中的谦抑原则更多的是实质出罪的裁判要求，与刑法立法中的谦抑性并不相同。随着刑法立法的不断扩张，理论界出现对谦抑原则的不同解读，刑事司法中的谦抑原则也被提出，以有效减少刑法扩张所带来的不利影响。例如，有观点认为，"刑法谦抑性需要从形式和实质两个侧面，在刑事立法和刑事司法两个层面进行有机的结构性展开"。[1]刑法立法中的法益保护原则与谦抑原则的兼顾有利于在打击犯罪与保障人权之间实现有效平衡。"犯罪作为一种反社会的现象，从社会治理的角度而言，通过重典重刑使其屈服于刑罚的威慑而不敢再犯属于治标，对其从宽轻处使其感受司法的善意而不愿再犯则属于治本。"[2]对此，谦抑原则主要体现为一种轻缓处理的立场与体系治理的方案。在进行微罪立法的过程中，法益保护原则的要求很容易符合，但由于法益保护并不是绝对的不计后果，因此可以说，谦抑原则是对法益保护原则的协同，旨在防止为了实现周延的法益保护而出现不合理的犯罪化。将一些较为严重的犯罪行为入刑只需说明法益保护原则的符合性，例如，将故意杀人的行为规定为犯罪，在立法层面只进行符合法益保护原则的说明即可，不需要刻意地强调谦抑原则的审查，因为人们不会认为将杀人行为犯罪化可能会有损谦抑原则。对此，谦抑原则主要是指罪的谦抑，刑的谦抑并不是狭义上的谦抑原则，在犯罪化之后的法定刑配置上，主要是遵循罪刑均衡的原则。越是对于轻微犯罪行为的入罪就越能与谦抑原则取得联系，其接受谦抑原则审查的必要性也就越大，换言之，谦抑原则审查的必要性大小与罪行的严重程度成反比。真

---

〔1〕 田宏杰：《立法扩张与司法限缩：刑法谦抑性的展开》，载《中国法学》2020年第1期。

〔2〕 齐文远：《"少捕慎诉慎押"背景下打早打小刑事政策之适用与反思——以网络犯罪治理为视角》，载《政法论坛》2022年第2期。

正会存在刑法立法的犹豫以及是否有违刑法谦抑原则疑问的犯罪化是处于刑事违法与行政违法或者民事违法之间的行为，此时究竟是继续交由刑法的前置法予以规制并适当进行规范调整还是将其纳入刑法的调整范围就会产生争议，如果将本来可以由前置法调整的行为纳入刑法的处罚范围，那么就会被认为是有违刑法谦抑原则的。

2. 谦抑原则在微罪立法中的具体分析

谦抑的法益保护原则要求先以法益保护原则进行审查，然后再以谦抑原则进行补充审查，二者的适用有一个先后顺序，因为如果同时进行就会出现对法益要不要保护的问题。作为实质的内容根据，微罪立法在进行法益保护原则的审查之后，谦抑原则主要审查对于该类法益是否必须应当由刑法进行保护。对于涉及秩序的微罪立法，应当衡量犯罪化与否的一些利弊，做到全面列举与多方比较。"我国的刑事立法既需要重视安全价值、发挥刑法功能、保持刑法品格、发挥治理作用，又需要赋予公民自由、夯实最后法地位，保持理性独立，衡量经济成本。"[1]不能认为如果刑法立法可以快速地解决某类社会问题，那么这种立法就是合理的。"公权力给私主体设定作为义务时，必须考虑欲加担之义务是否具备正当性。"[2]既然刑法需要保护法益，那么就应当关注法益保护的必要与否，而一些社会问题的有效解决需要的是体系治理而非单纯的刑法治理。至于谦抑原则对微罪立法的具体审查路径，需要其他一些相关领域的支持以及对微罪立法进行社会治理必要性的审查，而不是停留于抽象的理念层面。以《刑法修正案（十一）》中新增的妨害安全驾驶罪为例，在法益保护原则的审查基础上，谦抑原则的审查主要是分析入罪的必要性以及比较各种现实利弊。首先，妨害安全驾驶行为必然会违反相应的行政管理法规，应当受到行政处罚。"充分发挥行政规范的作用比直接采取刑罚手段更为有效。"[3]如果现有的行政处罚或者通过调整行政处罚的内容可以更有效地规制妨害安全驾驶行为，那么就不应当将妨害安全驾驶行为单独规定为犯罪。但现实的情形是，采用行政处罚难以有效规制妨害安全驾驶行为，

---

[1] 朱笑延、张旭：《犯罪化VS非犯罪化：焦点争议梳理与探究》，载《刑法论丛》2020年第2期。

[2] 阎二鹏：《互联网平台的犯罪风险防控义务：类型化建构、正当性依据和规范性限缩》，载《文化与传播》2024年第1期。

[3] 黄云波、黄太云：《论稳健型刑法立法观》，载《中国刑事法杂志》2019年第3期。

因为除造成重大伤亡事故的情形被以危险方法危害公共安全罪或者交通肇事罪等予以规制外，单纯的妨害安全驾驶行为并未引起足够的重视，甚至在很多情形中，如果没有发生实害结果，通常是不了了之，行政处罚的机制并未充分发挥作用。行政处罚机制在不同的场域中存在差异，对于违反交通规则的驾驶行为，警察的行政执法是较为直接的，即大多发生在执法者与违法者之间，可以确保行政处罚的必定性，从而使得违法行为及时得以追究。然而，在妨害安全驾驶行为中，主要涉及司机、乘客以及违法者三者的关系，如果司机或者乘客没有报警，那么很多妨害安全驾驶行为不会被追究，而已经发生的行为以及潜在的行为一旦引发重大伤亡事故，就会引起社会民众的强烈关注。因此，在预防理念下，单纯的行政处罚机制没有办法实现有效预防。而一旦以危险犯加之轻微法定刑的规定予以明确，不仅可以起到更好的规范作用，而且可以完全激活对于此类行为的行政处罚机制。[1]因为此时涉嫌犯罪行为，司机或者乘客更可能会选择报警，至于最终是行政违法还是刑事犯罪则由公权力机关进行判断，这有利于真正从行政法与刑法两个体系衔接的方向对妨害安全驾驶行为进行规制，并有效地实现对其他实害结果的预防。行为人虽然被免予刑事处罚，但实际上仍有遭受行政处罚的风险。[2]于此，如果从行政处罚的必定性来看，若妨害安全驾驶行为的微罪立法符合谦抑的法益保护原则，那么醉酒驾驶的微罪立法尽管符合法益保护原则，也不一定符合谦抑原则。

其次，除了整体规范治理视角下的刑法最后手段性，对于刑法立法的必要性以及其他相关要素的综合衡量还可以根据现有司法实践以及社会现实境况予以分析。在妨害安全驾驶行为不断增多，以致产生的现实危害日益引发公众关注的情形下，事后性的处罚过于被动，而且无益于减少类似的危害结果发生。"如果对危险犯给予较轻刑罚处罚有利于防止严重实害犯的发生，就表明对危险犯的处罚是保护法益的有效手段。"[3]结合公共交通领域的特征以及危险现实化的后果，立法上倾向预防的目的和理念是不可避免的，关键是如何预防的问题。一是规范层面的预防。如果行政法在类似情形中难以发挥

---

[1] 参见刘浩：《解释论上的刑行协同与轻罪规范的刑罚限缩》，载《行政法学研究》2024年第5期。

[2] 参见周佑勇：《行政执法与刑事司法的双向衔接研究——以食品安全案件移送为视角》，载《中国刑事法杂志》2022年第4期。

[3] 张明楷：《法益保护与比例原则》，载《中国社会科学》2017年第7期。

有效的预防作用,那么刑法的预防就不能说违反谦抑原则。二是技术层面的物理预防。例如,在《刑法修正案(十一)(草案)》征求意见的过程中,有关反对单独设立妨害安全驾驶罪的理由就包括:"完全可以采用物理手段解决,如在公交车驾驶席旁边安装物理护栏,将驾驶员与乘客隔开,没有必要采用刑法手段。"〔1〕诚然,技术性的物理手段自然应当鼓励,但其并不影响规范层面的立法设置。一方面,即使采用物理手段也不可能在短时间内完全实现,而且物理护栏并不能有效规范司机的行为,乘客也依旧可能会实施妨害安全驾驶的行为,换言之,物理技术手段只是进一步保护车辆的安全驾驶,但不能阻止相关的违法行为出现。另一方面,即使物理性的技术手段能够具有切实作用,但并不代表规范就是多余的。例如,我国《刑法》中就存在一些很少被适用的规范,但立法上并未对其予以废除,而且即使很多规范很少被适用,也不能否认其存在的现实意义。因此,在规范层面的预防具有必要性的前提下,首先考虑的是作为刑法之外的其他部门法的预防目标,如果这种预防目标能够得以实现,那么就不应再进行微罪层面的立法,但如果这种预防目标不能实现,则可以考虑进行相关的微罪立法。微罪立法在与相应的前置法保持体系衔接的同时,应当通过构成要件的设置预留相应的出罪解释空间,并且考虑到其他相关利益的关联性,还应当在程序上作出相应的配套规定,从而尽量在发挥刑法预防功能的同时,切实加强微罪立法的合理性。

(四)微罪立法应符合整体法秩序中的罪刑规范逻辑

整体法秩序中的罪刑规范逻辑属于微观层面的要求。刑法领域中对整体法秩序统一性的现有分析多涉及违法性层面,即立法对违法与否的规定不能相互冲突,司法也应当遵循这样一种法律体系的协调性。

1. 整体法秩序的主要内涵及一般要求

整体法秩序的发展完善是法治体系不断趋于成熟的体现,"一个现代国家必然是一个法治国家,国家要走向现代化,则必须同时走向法治化"。〔2〕在我国法治建设的征程中,整体法秩序的统一是法律治理发展到一定阶段的必然结果,从形式规定层面来看,刑法视角出发的整体法秩序统一性,是指刑法与宪法以

---

〔1〕 许永安主编:《中华人民共和国刑法修正案(十一)解读》,中国法制出版社2021年版,第16页。

〔2〕 周佑勇:《推进国家安全治理现代化的法治逻辑》,载《江汉论坛》2023年第10期。

及其他部门法之间的体系衔接。整体法秩序包括形式的规范秩序与实质的价值秩序,其中价值秩序既可以缓和形式规范秩序间的冲突,同时也有利于整体法秩序统一性的实现,法秩序或者说法体系的开放性主要是价值的开放性。"对于法学以及实践性的哲学,只有开放的以及在某种程度上可变的体系,只有永远不会圆满完成而必须一再被质疑的体系,也只有它们才能清楚指出法秩序内在的理性、其主导性的价值及原则。"[1]法秩序的统一具有形式规范与实质价值两个层面,法秩序的统一性的价值在于开放性与多元性,因而呈现动态特征。

在规范层面,并不是说微罪立法有利于促进整体法秩序的统一,因为即使没有微罪立法,整体法秩序也大致会呈现一种统一协调的状态,这是成文法发展到一定阶段后的必然要求与基本特征,也是法律规范在解释适用中的一个规范前提,同时也是作为法律解释方法之一的体系解释在法律解释中具有重要地位的一个原因。在进行某个微罪立法之后,为了有效地实现或者保持整体法秩序的统一性,还要适时对其他部门法进行修改与完善,比如说对民法或者行政法进行修改,以应对微罪立法所带来的法秩序各要素之间的不衔接或者产生的矛盾与冲突。"微罪立法既要应对社会治理中存在的违法现象,还应与其他相关部门法相协调。"[2]因此,整体法秩序的统一与微罪立法之间并不存在直接的因果关系,但微罪立法的进行应当注重保持法秩序的统一协调。如果认为微罪立法有利于整体法秩序的统一,那么就等于认为在微罪立法之前,刑法与其他部门法,尤其是与行政法之间存在一定的空隙,而微罪立法则是为了弥补刑法与其他部门法之间的空隙,但事实上并非如此,因为即使没有进行微罪立法,刑法与其他部门法之间也会呈现一种体系衔接的状态。整体法秩序的演进本身是一个动态变化的过程,刑法的非犯罪化以及刑法的适时后退往往意味着其他部门法的相应跟进。因此,"应当在刑法谦抑的理念下,积极主动地以轻罪规范来激活其他部门法的有效规制,从而合理实现整体法秩序的正向价值"[3]。

2. 整体法秩序要求微罪规范的设置应与其他部门法相协调

整体法秩序通常在涉及规范解释适用的时候具有重要意义,体系解释是

---

〔1〕[德]卡尔·拉伦茨:《法学方法论》,陈爱娥译,商务印书馆2003年版,第50页。
〔2〕储槐植、李梦:《刑事一体化视域下的微罪研究》,载《刑事法评论》2018年第2期。
〔3〕刘浩:《轻罪规范的适用立场及其实现》,载《法学》2024年第1期。

一种极为体现大陆法系传统以及法教义学特征的方法，除解释论之外，整体法秩序也是立法需要考虑的前提，毕竟立法不能出现自相矛盾的情形。例如，当年的醉驾入刑就伴随《道路交通安全法》第 91 条中的行政处罚规定修改，目的就是消除整体法秩序意义上的规范矛盾。微罪立法中的整体法秩序要求主要是从法体系的意义上对犯罪化进行微观审查，而不是在进行微罪立法之后，对其他部门法作修改跟进，因为这不会对微罪立法起到事先审查的作用。以高空抛物罪的微罪立法为例。《民法典》第 1254 条对高空抛物行为作出了详细规定，而且由于该行为属于妨害社会管理秩序的行为，行政法也规定对其进行相应的处罚。"妨害社会管理秩序行为只有达到严重程度而引发其他成员的严厉谴责时，才能作为犯罪处理；倘若只是给行政管理带来了障碍和困难，则还没有达到这一程度，只能以行政处罚加以处理。"[1]可能会有观点以《民法典》中存在相应的规定为由质疑高空抛物行为独立成罪的合理性，但不存在说有相应的私法规定，就不宜再进行微罪立法，相反的是，微罪立法之所以采用"微罪+轻微刑"的方式，或许正是受到私法规定的影响，正如有观点所说，"刑法的轻刑化也可能是因为刑法以外的，尤其是由私法的规定所引起的"。[2]微罪立法中的轻微刑本身也是一种追求合理性的结果。整体法秩序的协同是看微罪立法是否具有独立的规范意义，如果微罪立法只是强化处罚力度或者表明某种立法姿态，那么其就欠缺整体法秩序层面的合理根据。事实上，高空抛物行为的民事违法、行政违法与刑事违法之间的界限可以被分清，因此其入刑在整体法秩序的意义上具有合理性，只是为了进一步保持界限清晰与体系衔接，高空抛物罪的微罪立法才予以类似于具体危险犯的设置，而"情节严重"的规定就是对危险要件的立法限缩。一个行为完全可能同时该当不同的法律责任，只要刑事责任具有独立意义，那么在法体系的意义上就是合理的。"预防刑法的确立应以客观事实为依据，而不是单纯地仅考虑有利于社会秩序，否则就容易侵犯人权和自由。"[3]整体法秩序的要求会直接决定微罪立法的构成要件设置，如果应当设置具体危险犯的微罪立法设置了抽象危险犯的类型，那么这种微罪立法就存在科学性与合理性与否的问题。

---

[1] 时延安：《犯罪化与惩罚体系的完善》，载《中国社会科学》2018 年第 10 期。
[2] [德]李斯特：《德国刑法教科书》（修订译本），[德]施密特修订，徐久生译，何秉松校订，法律出版社 2006 年版，第 134 页。
[3] 王耀忠：《双轨制立法视角下的预防刑法》，载《法制与经济》2024 年第 1 期。

3. 微罪立法本身的罪刑规范逻辑阐释

微罪立法自身的罪刑规范逻辑是刑法中的罪刑均衡原则的具体体现。微罪立法不仅应符合法益保护原则、谦抑原则以及整体法秩序的统一性，还应对具体的罪刑规范予以审视。一方面，微罪的构成要件设置应当符合明确性的原则，"为了使刑法规范发挥作为一般公民的行为指针的作用，刑事立法者只能在众多法益交错组合以及按轻重缓急排列的基础上制定一般人都能接受的刑法规范"，[1]而立法者如果想要为微罪立法保留足够的空间，还需要明确相应的出罪解释要素；另一方面，立法论意义上的微罪既然是从法定刑出发，那么其所配置的法定刑自然不会过高，但如果一项微罪立法的法定刑过于绝对，那么该项微罪立法也难以符合罪刑规范的逻辑。以《刑法》第133条之一的危险驾驶罪为例，其不仅在刑法的谦抑原则方面可能会存在一些疑问，并且会由于法定刑的配置过于绝对而存在合理性的疑问。该罪的法定刑配置为"处拘役，并处罚金"，作为一项微罪立法，其法定刑的配置过于绝对，短期自由刑加之罚金刑规定尽管在实践中可以通过程序以及判处缓刑的方式进行变通，但就微罪规范而言，其会因法定刑配置得过于绝对而有违罪刑均衡原则。"刑罚的立法配置必须紧紧围绕社会危害性及其程度进行，同时也要在立法中为人身危险性的刑罚调节预留空间，在犯罪轻重的分层中实现均衡性要求。"[2]微刑对应微罪，但在具体的微罪行为中，其依然会存在不同的严重程度，既然认为其属于微罪行为，那么在其他部门法已经存在规制的情形下，微罪立法的规范设置就应当存在一定的区间性，从而在立法评价的意义上体现出对微罪行为的谴责与宽缓，为刑法内部的规范评价预留足够的空间。此外，从罪刑均衡的原则出发，要求微罪行为的社会危害性应当比行政违法行为严重，同时又比法定刑最高为1年有期徒刑以上的犯罪行为要轻微，而这种区间式的衡量，需要对现有相关的罪刑规范作详细而全面的规范考察与具体比较。对于新的危害行为进行犯罪化方面的评价时，也需要遵循体系思考与实质衡量，"既要避免将稀罕之事犯罪化，也要避免应急立法"，[3]从而保证微罪规范的增设在刑法罪刑规范体系的意义上具有合理性。

---

[1] 刘艳红：《实质刑法观》（第2版），中国人民大学出版社2019年版，第105页。

[2] 陈伟：《刑事立法的政策导向与技术制衡》，载《中国法学》2013年第3期。

[3] 齐文远：《我国刑法完善应当遵循的几个原则——以"刑法修正案"为主要视角》，载《法治研究》2017年第5期。

四、结语

立法论意义上的轻罪不同于司法论意义上的轻罪，其中的微罪类型同样如此，前者的范围更窄，且在形式上容易采用最高法定刑的形式标准。通常所说的轻罪立法在动态层面是指轻罪规范的设置，而在静态层面则是指轻罪规范。微罪立法属于轻罪立法中的具体类型，其属于更为轻微的轻罪立法，与行政违法或者民事违法的距离更为相近，犯罪化的合理性也更容易受到关注。微罪立法在是否有必要进行犯罪化时，相较于严重的犯罪行为会显得更为犹豫。随着我国刑法在总体结构上的发展，未来的微罪立法在轻罪立法的类型中可能仍会有所增加，对此应当明确微罪立法或者说微罪规范设置的合理根据。"轻罪时代的犯罪治理不能延续传统泛刑化与重刑化的方式，刑事立法应谨慎进行犯罪化，刑罚配置应尽量轻缓化。"[1]微罪规范设置的根据同样包括法益保护原则与谦抑原则，在此基础上，整体法秩序与罪刑规范逻辑则是其微观审查层面的合理根据。在把握微罪立法限度的基础上，未来需要考虑一体化的制度完善，这对包括微罪立法在内的轻罪立法以及整体的轻罪制度建设均具有现实意义。

---

[1] 刘艳红：《轻罪时代刑事立法泛刑化与重刑化之理性反思——以〈刑法修正案（十二）〉为视角》，载《法学评论》2024年第2期。

我国自由刑轻缓化的本土实现
——以日本自由刑改革为比较的考察分析

赵新新*

摘　要： 日本在新近的自由刑改革中实现了自由刑单一化，此过程显示出其有受欧美影响的痕迹；与此相对，在法治化背景下我国的自由刑改革方向是以社区矫正为代表的行刑社会化，我国虽然没有盲目学习西方的社区刑罚，但社区矫正定性有待明确。无论是日本的自由刑单一化改革还是我国的行刑社会化改革都存在刑罚与改造、服刑人员的义务与权利之间界限不清的问题，这实质上不利于服刑人员和社区矫正对象的改造以及有效的再犯罪预防。我国今后的自由刑改革应当朝着轻缓化方向发展，应当从保障服刑人员和社区矫正对象权利的立场出发明确刑罚的内容、社区矫正的定性，实现行刑社会化的同时积极推动对犯罪者的"去标签化"和相应的福祉关怀。

关键词： 轻罪；自由刑；行刑社会化；去标签化

一、导言

我国刑事犯罪结构发生显著变化，严重暴力犯罪降低，轻罪案件所占比例明显上升。根据《中国法律年鉴》公布的数据，近十年宣告刑为3年以下有期徒刑的轻刑率达75%以上，年均轻刑率超过80%。与此同时，立法上自《刑法修正案（八）》以来我国刑法中增设了大量法定最高刑为3年以下有期

---

* 作者简介：赵新新，上海政法学院讲师，法学博士。

徒刑的犯罪。立法、司法的变化使得短期自由刑被激活。[1]但是，短期监禁的执行不仅会增加国家的经济负担，还会造成服刑人员之间的交叉感染、改造效果不佳，导致服刑人员与社会脱节、复归困难等问题。为了克服短期自由刑大量适用带来的弊端，如何实现我国自由刑的轻缓化改革是当务之急。

国外短期自由刑改革研究是以去标签化为中心展开的。20世纪60年代后期，国外学者提出了标签理论，认为自由刑特别是短期自由刑的执行会将服刑者定性为犯罪人，不利于再犯预防。其中，在东亚地区，20世纪80年代以来受人权保障思潮的影响，日本自由刑改革呈现积极姿态。各国自由刑改革必须立足本土，有鉴于此，本文将以日本的自由刑改革为比较考察的对象，总结其经验、教训，促进我国自由刑轻缓化改革的本土实现。

二、日本自由刑改革的考察

近代以来，日本的自由刑改革处于不断探索、发展与完善之中。其致力于向欧美看齐的同时，在自由刑改革的道路上不断尝试探索。日本是与我国一衣带水、同属东亚文化圈的国家，将其作为样本进行比较分析有重要价值。日本刑法中没有明确规定自由刑的概念，但其通说采取狭义的自由刑概念，即以人身自由为基点，将自由刑定义为以剥夺或者限制犯罪人人身自由为重要内容的刑罚方法。[2]日本自由刑的发展变化可以分为两个阶段：一是自由刑二分阶段；二是自由刑单一发展阶段。

（一）自由刑二分阶段

1908年10月至2025年6月是日本自由刑在立法上的二分阶段。根据现行《日本刑法》第9条的规定，自由刑分为惩役和禁锢。所谓惩役，是指将服刑人员拘禁于监狱，强制服刑人员参加劳动。禁锢则是指将服刑人员拘禁于监狱内，剥夺其自由，服刑人员可以自愿参加劳动也可以不参加。

惩役与禁锢虽然刑期相同，但是适用的对象却不同，禁锢适用于国事犯

---

〔1〕 周光权：《短期自由刑的适用控制与轻罪治理策略》，载《北京理工大学学报（社会科学版）》2024年第1期。

〔2〕 ［日］松宫孝明「今日における刑罰の体系と刑罰論についての覚え書き」、［日］浅田和茂、井田良など編集『刑事法学の系譜』（信山社、2022年）66頁、［日］土井政和「自由刑の純化と刑務作業」、［日］本庄武、武内謙治編著『刑罰制度改革の前に考えておくべきこと』（日本評論社、2017年）17頁以下、［日］大越義久『刑罰論序説』（有斐閣、2008年）114頁。

罪、过失犯罪，惩役适用于国事、过失犯罪之外的其他犯罪。之所以要进行区分，是因为明治时代日本制定刑法时认为犯罪应当从道德角度区分为"非破廉耻犯罪"和"破廉耻犯罪"，国事犯罪、过失犯罪被认为不是为了自己的利益或者没有主观恶意的犯罪，被称为非破廉耻犯罪；而为了自己的利益或者有主观恶意的犯罪，则被称为破廉耻犯罪。[1]当时从事诸如开矿、修建铁路、水利工程这些辛苦工种的劳动被认为是耻辱的事情，为了对破廉耻犯罪和非破廉耻犯罪予以区别对待，日本对破廉耻犯罪适用伴有强制苦役的惩役刑，对非破廉耻犯罪则适用没有强制苦役的禁锢刑。

值得一提的是，在自由刑二分之下，根据《日本刑法》第12条第2项的规定，监狱劳动被作为刑罚的一部分。2005年制定的《日本刑事收容设施法》将监狱劳动规定为处遇，在该法规定之下监狱劳动不再是刑罚，而是有利于服刑人员复归社会的处遇。同时，根据《日本刑事收容设施法》的规定，处遇应当尊重服刑人员的自觉性、唤起其改过自新的意愿以及提升其适应社会生活的能力。显然，该规定与《日本刑法》第9条、第12条的规定产生了冲突。此后，监狱劳动的定性成为自由刑二分中绕不开的话题。

（二）法治背景下的自由刑单一化理论

第二次世界大战结束之后，随着日本法治建设的进步、改造理念的发展，日本学界认为刑罚制度应从法治主义精神展开，道德、文化因素不应该过度介入，由此产生了关于自由刑单一化的争论。不过，关于如何实现自由刑单一化，学界的观点并不统一。

1. 以"更生改造论"为基础的"惩役刑单一化"

从第二次世界大战结束之后到20世纪70年代中后期，惩役刑单一化在日本占有利地位。支撑惩役刑单一化的理论是"更生改造论"。"更生改造论"认为服刑人员和病人一样，病人是可以被医治的，服刑人员也能够被改造成符合一般社会基准要求的守法公民。[2]通过改造服刑人员，可以达到预防再犯的目的。因此，在这一时期改造在日本的行刑中占有非常重要的地位，其目的是将服刑人员改造成不再危害社会的人、塑造成合格的社会人。在改造

---

[1] [日] 川出敏裕「自由刑における矯正処遇の法的位置づけについて」『刑政』127卷4号（2016年）20頁、[日] 石原明、平野龍一『刑法總論』（有斐閣、1972年）31頁を参考している。

[2] [日] 正木亮「ツヴィエト・ロシアの改善労働法について」、[日] 正木亮著『行刑上の諸問題』（有斐閣、1970年）15頁。

方法上，"更生改造论"强调改造的强制性，主张权利的限制与义务的赋予均包含在刑罚之中，因此行刑过程中强制服刑人员参加劳动、通过劳动使服刑人员接受符合一般社会要求的价值观念，并且在改造项目开展过程中，对违反纪律、秩序的行为进行处罚。[1]在这种模式下，行刑过程中服刑人员的主体地位并不重要，而是根据服刑人员的改造表现，由行刑机关决定其权利的赋予与剥夺。

明治时代以来，作为改造项目的内容包括强制劳动以及心理治疗、知识教育、改善指导等。但是，由于当时法律明确规定的义务性内容只有强制劳动。因此，在服刑人员的改造中，强制劳动被寄予了很大的期待。这种期待不仅包括再犯的预防也包括再犯预防之外的社会文化目的。日本是一个秩序社会，其中维持秩序的一个重要因素就是服从精神。那么在行刑中也就有了这样的社会文化目的——通过强制劳动让服刑人员养成适应日本社会的服从精神，使之成为一个符合社会期待的人。例如，在行刑实务中，通常会强调劳动的目的是培养服刑人员的忍耐心和注意力，在劳动过程中不允许服刑人员之间有任何的目光交流，甚至进出劳动场所要进行裸体检查。[2]这样做不仅仅是为了维护监狱的纪律秩序，也包括培养符合日本社会期待的服从精神。

2. 以"自由刑纯化论"为基础的"禁锢刑单一化"

20世纪70年代中后期，自由刑纯化论兴起。自由刑纯化论者认为传统的自由刑实际上同时集生命刑、身体刑、名誉刑、财产刑和家族刑的效果于一身，是一种刑罚的复合体，极不合理。[3]应当把自由刑的内容完全限定在对服刑人员行动自由的限制上，亦即仅仅将服刑人员的身体拘禁在监狱等设施内，除此之外服刑人员与其他人一样享有权利，可以进行同样的活动。[4]"自由刑纯化论"并不否定对服刑人员的改造，而是主张在实施改造项目时，应将对服刑人员自由的剥夺或限制降到最低程度，保证服刑人员不逃跑的前提

---

〔1〕［日］川出敏裕「自由刑における矯正処遇の法的位置づけについて」『刑政』127巻4号（2016年）17頁、［日］松宮孝明「『自由刑の単一化』と刑罰目的・行刑目的」『法律時報』89巻4号（2017年）82頁。

〔2〕［日］赤池一将「『懲罰』を語らずに『規律』を語るために」、［日］本庄武、武内謙治編著『刑罰制度改革の前に考えておくべきこと』（日本評論社、2017年）64頁。

〔3〕［日］武内謙治、本庄武著『刑事政策学』（日本評論社、2019年）102頁。

〔4〕［日］土井政和「犯罪者援助と社会復帰行刑（一）」『九大法学』第47号（1984年）72~73頁。

下赋予服刑人员最大限度的自由活动权。

受西方人权思潮的影响,"更生改造论"不断受到质疑,在这种背景下,"正义模式论"对日本"自由刑纯化论"的发展产生了重要影响。"正义模式论"的理论重点之一是对"复归社会式行刑"的不信任与批判,主张"改造无用论",尤其否定改造的强制性。该理论认为人类至今为止还没有能力找出犯罪原因,也没有能力改造服刑人员,改造和社会复归不但没有任何科学根据,反而给了行刑官很大的裁量权,使他们肆意行使这些权力并且造成服刑人员之间的不公平。[1]因此,所谓刑罚执行只是生效判决中的拘禁执行,而非服刑人员的更生改造,行刑机关无须对服刑人员的社会复归负责。[2]刑罚执行的内容应仅仅限定在对服刑人员移动自由的限制,对于服刑人员的其他权利则不能限制与剥夺,而改造是为了积极促进服刑人员回归社会,属于必须尊重服刑人员意愿的社会性权利范畴。若服刑人员没有改造意愿,行刑机关就不能强行介入。[3]

3. "惩役刑单一化"与"禁锢刑单一化"的折中

"禁锢刑单一化"的思路虽然对于服刑人员的权利保障具有积极意义,但是日本社会和学界一直以来的主流观点认为行刑的目的是改造更生,[4]因此,不少人认为"正义模式论"过于偏激,尤其是该理论否定服刑人员社会复归的思路与日本一直以来的行刑实务相背离。[5]2000年《日本少年法》修改之后,为日本的自由刑单一化改革提供了一种折中思路。

2000年修改的《日本少年法》规定,被判处惩役或者禁锢刑且未满16周岁的未成年人的刑罚执行不在监狱而是在少年院。同时,考虑到少年犯的特殊性要进行强制矫正教育。《日本少年法》的修改带来的变化是对于被判处惩役刑的服刑人员不再像以前那样一律要强制劳动进行改造,对于未成年犯要通过矫正教育进行改造。因此,《日本少年法》的修改使得惩役刑与监狱劳动产生了分离的可能,惩役刑之下不再是一律的强制劳动。为《日本少年法》

---

〔1〕[日]福田雅章『日本の社会文化と人権』(明石書店、2002年)114頁を参考している。

〔2〕[日]福田雅章『日本の社会文化と人権』(明石書店、2002年)115頁。

〔3〕[日]本庄武「自由刑の純化と刑務作業」、[日]本庄武、武内謙治編著『刑罰制度改革の前に考えておくべきこと』(日本評論社、2017年)30頁。

〔4〕[日]石塚伸一「教育的処遇」、[日]本庄武、武内謙治編著『刑罰制度改革の前に考えておくべきこと』(日本評論社、2017年)43頁。

〔5〕[日]鴨下守孝『全訂新行刑法要論』(東京法令出版社、2006年)371頁。

的修改提供理论基础之一的是"国亲思想"。亦即对于有不良行为的未成年人，国家除科处刑罚之外，还要实施监护等措施。

在以"复归社会"为行刑目的之一的日本，国亲思想也被适用在了监狱行刑领域，法学家及裁判所以"国亲思想"为根据解释为什么监狱要花费大量的人力、物力以及财力对服刑人员进行改造，以及国家为什么能够对服刑人员进行强制改造。同时，日本学者还主张根据国亲思想国家可以像父母或者监护人一样对服刑人员进行区别对待。〔1〕在此思路下，对服刑人员的刑罚执行不只是将其关进监狱，也不只是限定为每天8小时的劳动，而是以更灵活的方式对服刑人员进行改造，当强制劳动对服刑人员的改造有用时，则可以强制服刑人员参加劳动；当强制劳动无用时，则可以选择其他有效的强制改造内容。这样带来的结果是，作为惩役、禁锢共同内容的拘禁不再局限于将服刑人员收容于特定的场所（监狱、少年院等），而是包含了积极促进服刑人员更生改造、复归社会的目的。

2022年6月13日，日本参议会全体会议表决通过了修改现行刑法的议案，其中在对现行《日本刑法》第9条的内容进行修改的基础上创设了"拘禁刑"，实现了自由刑的单一化改革，并于3年后生效。经过本次修法，惩役和禁锢被合二为一，统称为拘禁刑，被判处拘禁刑的服刑人员依然是被关在监狱服刑，只不过行刑机关不能再对服刑人员实施像惩役刑那样一律性的强制劳动，也不是像禁锢刑服刑人员完全不参加劳动，而是由刑务官进行裁量决定是否参加劳动。日本本次拘禁刑的创设正是遵循了上述折中的思路。

（三）日本自由刑单一化的评价与反思

日本自由刑改革的发展是伴随其法治的进步而进行的，是法治主义精神在刑罚领域贯彻的体现。从日本的自由刑单一化改革历程可以看出，其拘禁刑的创设，一定程度上体现了法治体系内部的一致性，也更加有利于服刑人员的权利、福祉保障。

第一，监狱劳动由强制性向裁量性转变，内容更加多样灵活。从时代变化上来看，日本的监狱劳动经历了由强制性、震慑性的惩罚内容到促进服刑人员更生改造、复归社会的处遇内容再到为行刑福祉服务的变化。这种变化大致可以划分为三个时间段：从1908年《日本监狱法》（已经废除）实施后

---

〔1〕［日］福田雅章『日本の社会文化と人権』（明石書店、2002年）56頁。

至20世纪40年代末期；从20世纪50年代至20世纪末；从21世纪末至今。

《日本监狱法》实施之后到20世纪40年代末期，日本的监狱劳动具有明显的惩罚性和榨取性。这一时期日本的监狱行刑关系受特别权力关系理论的支配，行刑机关与服刑人员之间完全处于支配与被支配的关系之中，服刑人员参加何种劳动、如何参加劳动一切都由行刑机关决定。这一时期，服刑人员会被强制参与一些比较艰苦的一般人不愿意参加的劳动，如开采矿山、修建铁路、河道等，以达到震慑、防止再犯的目的。20世纪50年代之后，特别权力关系论受到修正与否定。服刑人员的权利开始受到重视，行刑目的更加强调服刑人员的更生改造以及复归社会。原有的纯粹以经济、生产目的为重心的监狱劳动逐渐被包含职业训练内容、能够促进服刑人员积极复归社会的矫正性监狱劳动取代。监狱劳动在兼顾经济性、有用性的同时也尽可能地为服刑人员的矫正教育、能力提升服务。[1]进入21世纪，由于监狱老龄化的加剧，监狱劳动更具有弹性，不再局限于传统意义上的经济性、生产性活动，如参加打扫监室卫生、照顾高龄服刑人员甚至剪纸消磨时间都属于监狱劳动的内容。[2]可以说，此次日本自由刑改革使得监狱劳动不再具有强制性，而是成为裁量性内容。

第二，更尊重服刑人员的权利和福祉，有利于实现改造的个别化。拘禁刑的创设改变了日本行刑中一直以来以惩役刑为中心、以监狱劳动为重点的做法。行刑机关在对服刑人员进行改造时不再将监狱劳动作为必要的义务性内容，而是更加关注服刑人员的主体性和权利性。这意味着2025年拘禁刑生效之后，监狱在针对服刑人员制定改造计划时，不再像以前那样出于社会文化目的或者监狱纪律秩序维持的目的，而是把服刑人员适应能力等作为重要考量因素，以真正达到唤醒服刑人员更生改造的愿望和培养服刑人员复归社会后适应社会生活的能力之目的。

在这种改变之下，服刑人员的改造内容中强制劳动将不再是一律性的而是裁量性的，服刑人员不需要每天8小时都在监狱劳动中度过，而是根据各自不同的特点和需求参与改造项目。如此不仅有利于司法资源的有效利用，而且有助于提升改造的效果，给予服刑人员作为个人主体更大的权利空间。

---

[1] 王雲海『刑務作業の比較研究』（信山社、2001年）157頁。
[2] [日]倉茂由美子「高齢化『ハリピリ』も刑務作業」『読売新聞』2021年6月18日。

拘禁刑生效之后，监狱劳动在立法上由强制性惩罚转变为更具有弹性的改造。老年人、未成年人、残疾人等不适合的人则可以不参加劳动，而参与其他对改造、复归社会更有实际意义的项目。

尽管如此，一方面，监狱劳动裁量标准的不明确可能导致对服刑人员权利限制的程序不正当，进而出现裁量性的过度改造。日本在创设拘禁刑的过程中，以提升改造的有效性为目标，将监狱劳动、教科指导、改善指导都概括性地作为强制性内容，[1]这些对服刑人员本身来说是非利益的、带有痛苦性的内容，而改造是以服刑人员的改善、复归社会为目标的权利性内容，日本经过修法将应该基于服刑人员自身意愿判断、决定的内容转变为司法实践中由刑事执行人员评价、裁量决定的内容。在此意义上改造和刑罚一样都会给服刑人员带来痛苦，其背后不再是关注服刑人员的权利主体性、自愿性，而是以预防为目标的过度改造。

另一方面，有关改造内容的裁量缺乏统一标准，导致相同的服刑人员可能接受不同的改造，进而使得刑事执行之间产生质的差异，刑罚的均衡性、统一性面临挑战，不利于服刑人员的权利保障。[2]拘禁刑生效后，服刑人员是否参加劳动以及参与什么样的劳动和改造项目都是由行刑方裁量决定的。这意味着在制定改造计划时行刑官需要对服刑人员的个人特点、适应能力进行判断。但是，由于不论在立法上还是在实践中对此并没有统一的裁量标准，当涉及对服刑人员的权利限制时，可能会违背法治原则中的保留原则[3]、法律主义原则[4]的要求。另外，行刑官只能根据裁量来决定是否强制服刑人员参加劳动、强制服刑人员参加体力劳动还是消磨时间的形式劳动。因为裁量带有很强的主观性，难以避免行刑官会根据个人喜好制定改造计划。这样就容易导致相同情况的服刑人员受到不同的对待，有人被强制劳动做体力活，有人却可以在监狱不用劳动、消磨时光，进而违背法治原则中的比例原则[5]要

---

〔1〕 法務大臣諮問 103 号、法制審議会による答申案、並びに同答申「別添 2『要綱（骨子）』」等の内容については、それぞれ法務省ウェブサイト（http://www.moj.go.jp/shingi1/housei02_00296.html，最終アクセス2023 年 10 月 17 日）を参照した。

〔2〕 ［日］漆畑貴久「刑法等改正における拘禁刑創設の意味」、『法政治研究』9 号（2023 年）112 頁。

〔3〕 公民享有的所有权利和自由，不需要任何人、任何机构特别地赋予。

〔4〕 当国家对公民权利进行限制时，需要通过事前的立法，并且符合正当程序的要求。

〔5〕 国家对公民权利的限制或者剥夺必须具有合目的性，必须限定在必要且最小限度内。

求。相同的刑期享受的福利待遇不均衡会导致法律地位的不平等，会使服刑人员对监狱行刑的活动内容产生怀疑。因此，预计2025年拘禁刑生效之后，日本的行刑诉讼数量会大增。

三、我国当前自由刑改革面临的困境

与日本一样，我国刑法中也没有明确规定自由刑的概念、范畴，但我国通说采取的是广义自由刑的概念。[1]与日本以自由刑单一化为中心的自由刑改革不同，随着法治化建设的不断深入，我国近年来的自由刑改革是围绕着行刑社会化展开的，其代表性成果是《社区矫正法》的颁布实施。

（一）我国自由刑设置的现状及新近变化

一般认为，我国的自由刑包括管制、拘役、有期徒刑、无期徒刑四种。其中有期徒刑和无期徒刑是剥夺自由刑，服刑人员通常在监狱服刑，并且有劳动能力者都应当参加劳动和接受教育改造。拘役是短期剥夺自由刑，由公安机关就近执行，犯罪人没有接受劳动的义务。管制是限制自由刑，其不像徒刑和拘役，通过将服刑人员关押在特定的刑罚执行场所或设施内来剥夺其人身自由。其中值得注意的是管制刑相关的法律变化：第一，根据1997年《刑法》和1996年《刑事诉讼法》原来的规定，被判处管制的罪犯由公安机关执行；而2011年的《刑法修正案（八）》和2012年的《刑事诉讼法》则规定对于被判处管制者"由社区矫正机构实行社区矫正"。第二，2020年7月正式实施的《社区矫正法》将管制与缓刑、假释、暂予监外执行一起纳入社区矫正的范围，并且对于被实施社区矫正的犯罪人不以服刑人员、社区矫正服刑人员称之，而是称为社区矫正对象，可以说在立法上管制由原来的限制自由刑实质上转变成了在社会上矫治，这意味着实质上我国自由刑的执行范围缩小了。

《社区矫正法》除在立法上具有限定我国自由刑范围的效果之外，同时规定了教育帮扶以及针对性、个别化矫正原则，对于行刑社会化具有积极意义。这种规定可以称为通过"外部力量+社区矫正对象自身"推进的双边式行刑社会化。具体表现为以下两点：第一，利用外部力量促进行刑社会化。《社区矫

---

〔1〕马克昌主编：《刑罚通论》（根据1997年刑法修订），武汉大学出版社1999年版，第125页；敦宁：《自由刑改革的中国路径》，人民出版社2014年版，第3页。

正法》第 2 条第 2 款规定了对于社区矫正对象的教育帮扶原则,与此相应确立了专门机关、专家与社会力量相结合的矫正模式,并且在《社区矫正法》第五章具体规定了政府、社区矫正机构、居民委员会、村民委员会、家庭、工作单位、学校、企业事业单位、社会组织各自的职责或作用发挥,为教育帮扶的开展提供了具体依据。第二,以社区矫正对象为中心保障行刑社会化。《社区矫正法》第 3 条规定了个别化矫正原则。与此相应,该法一方面注重专业人员的参与,从《社区矫正法》第 11 条的规定可以看出,根据需要,具有法律、教育、心理、社会工作等专业知识或者实践经验的社会工作者等专业人员都可以参与到社区矫正活动中;另一方面注重服刑人员周边相关人士的参与,根据《社区矫正法》第 25 条的规定,社区矫正对象居住地的居民委员会、村民委员会的人员、社区矫正对象的监护人、家庭成员以及其所在单位或者就读学校的人员等都可以参与到社区矫正工作中。同时,《社区矫正法》还注重矫正方案的动态调整,该法第 24 条规定了"根据裁判内容和社区矫正对象的性别、年龄、心理特点、健康状况、犯罪原因、犯罪类型、犯罪情节、悔罪表现等情况,制定有针对性的矫正方案",并且矫正方案要根据社区矫正对象的表现等情况进行调整。这些对于推进行刑社会化以及社区矫正对象的社会复归都具有重要意义。

(二) 我国当前自由刑改革的理论基础

我国的自由刑设置在自由刑改革之中,通过行刑社会化促进自由刑的轻缓化是近年来的重点内容,这一点通过我国自由刑改革的理论基础——改造可能论、改造分流论、社会复归论予以呈现。

1. 改造可能论

从 1949 年至今,我国行刑制度建立、发展的重要理论根据是改造可能论。即人是可以改造的,在刑罚执行中通过采取各种教育改造措施,能够将大部分服刑人员由危害国家和人民利益的犯罪人,改造成有益于社会、无害于他人的守法公民。[1]其中改造的关键是利用可能的社会力量、人力条件将服刑人员改造为符合国家期待的守法公民,包括利用社会主义制度的优越性,

---

[1] 参见吴宗宪:《罪犯改造论——罪犯改造的犯因性差异理论》(第 2 版),商务印书馆 2019 年版,第 35 页;杨殿升、张金桑主编:《中国特色监狱制度研究》,法律出版社 1999 年版,第 160~161 页。

鼓励社会力量对犯罪者排除偏见和差别观念，为之提供帮助、创造新的人际关系、社会关系等。[1]一直以来，在对服刑人员的改造中，改造可能论都被作为积极刑事政策的支撑。

2. 改造分流论

改造分流论亦可称为改造分类论，是指根据犯罪者的犯罪行为类型、人身危险性、改造难易程度等对其进行不同的分类，然后根据不同类型科处相应刑罚和改造。[2]该理论是个别化改造开展的依据，即根据不同犯罪者的性别、年龄、心理特点、健康状况、犯罪原因、犯罪类型、犯罪情节、悔罪表现等情况进行区别性改造、制定不同的改造方案。这种处遇分流的理论不仅包括在监狱内部进行的处遇分流，也包含向狱外、向社会分流服刑人员、对其进行改造的思想，[3]以及行刑社会化的内容。

3. 社会复归论

2000 年以后，随着我国社区矫正试点改革以及实践的发展，以对服刑人员进行人身危险性矫正和个别化教育为主要内容的"社会复归论"逐渐受到重视。"行刑社会化论"认为，行刑固然包括剥夺或者限制服刑人员在社会中活动的自由，但又远远不止于此，国家在剥夺或者限制服刑人员自由的前提下还必须使行刑社会化，使服刑人员被剥夺或者限制自由后所"剩下"的"时间"和"空间"与一般社会的生活所差无几。[4]因此，行刑活动应尽量与一般社会挂钩，对服刑人员的改造应尽量地社会化，应尽量允许服刑人员最大限度地保持与社会的联系。

总之，近年来以"社区矫正"为中心的行刑社会化改革在我国之所以得以开展，不是因为这一制度在他域的适宜性，而是因为我们本来就有这样的理论基础和观念。

（三）我国当前自由刑改革面临的困境

我国自由刑改革中的行刑社会化是伴随着犯罪结构的变化而发生的，是在当今社会风险结构多元化背景下，贯彻落实"宽严相济"刑事政策的表现，

---

[1] 王雲海：『刑務作業の比較研究』（信山社、2001 年）44 頁以下参照している。

[2] [日] 川出敏欲、金光旭：『刑事政策』（成文堂、2016 年）165 頁以下参照している。

[3] 王希、刘双阳：《社区矫正精准矫治模式的理论基础与实践展开》，载《南大法学》2022 年第 5 期。

[4] 王云海：《监狱行刑的法理》，中国人民大学出版社 2010 年版，第 23 页。

特别是《社区矫正法》作为行刑社会化的重要法律依据，确立了社区矫正的制度框架、制度程序、内容、特殊矫正及法律责任，成为行刑社会化的重要法律依据之一。尽管如此，依然存在着以下几个问题：

1. 我国自由刑改革的理论基础薄弱

在日本，以拘禁刑单一化的自由刑改革理论具有三元架构模式。国亲思想之下的刑罚后果体系不再是只局限于刑罚本身的一元模式或者"刑罚+保安处分"的二元模式，而是"刑罚+保安处分+司法福祉"的三元模式。即在自由刑改革过程中，面对刑罚或者保安处分带来的消极影响，国家有责任通过提供司法福祉的途径将其消除。[1]我国自由刑改革的理论基础主要集中在预防层面，这一点从"改造可能论""改造分流论""社会复归论"的内容均可看出。虽然这些理论对于行刑社会化具有积极意义，但是对于自由刑改革而言却缺乏全局性、系统性，因而显得基础薄弱。

自由刑改革是一项系统性工程，其不仅涉及刑罚、改造的问题，也涉及服刑人员/社区矫正对象的福利、社会公共利益等。行刑社会化之下固有的一元刑罚体系已经不能满足需求，但盲目援用国外的"刑罚+保安处分"模式对服刑人员/社区矫正对象进行强制性的权利剥夺可能会导致刑罚过剩，产生违背法律主义、比例原则的法治困局。因此，在自由刑轻缓化改革中，刑罚的任务与边界以及与之相应的自由刑的内容，都是亟待攻克的理论薄弱点。

2. 我国自由刑改革的立法机制漏洞

一方面，在专门法体系内部，社区矫正的定性不明导致社区矫正对象的权利、义务界限不清。我国与日本自由刑改革在立法上最明显的不同之处在于是否创建了新的自由刑。我国并没有盲目地学习西方的社区刑罚、社会刑等对自由刑进行新的创设。根据《社区矫正法》的规定，社区矫正的内容由"监督管理""矫正矫治""教育帮扶"三部分组成，其中涉及社区矫正对象义务的部分主要为"监督管理"部分——有条件地限制自由，"矫正矫治""教育帮扶"主要涉及服刑人员的权利与福利，其目的在于促进服刑人员顺利复归社会，与西方的社区制裁、社区刑罚有本质区别。[2]因此，社区矫正本质上区别于剥夺或者完全限制服刑人员自由的自由刑，是一种实现行刑社会

---

[1] 参见赵新新：《行刑法治化的日本路径及其对中国的启示》，载《刑法论丛》2022年第3期。
[2] 参见吴宗宪主编：《刑事执行法学》（第3版），中国人民大学出版社2019年版，第251页。

化的积极方式,并非新自由刑或者社会刑。但是,社区矫正的法律属性并不明确。例如,《社区矫正法》第一章"总则"第1条关于社区矫正的定性没有使用2019年7月向社会公开征求意见的《社区矫正法(草案)》中的"刑罚执行",避开了以刑罚执行对社区矫正进行定性。立法对于社区矫正的定性涉及社区矫正对象的法律地位和权利保障,社区矫正的性质不明不利于社区矫正工作的有效开展。又如,《社区矫正法》第24条"矫正方案应当根据社区矫正对象的表现等情况相应调整"的规定,社区矫正机构制定矫正方案时是否应该考量社区矫正对象的意愿?如果社区矫正具有刑罚执行的性质,那也就意味着社区矫正具有强制性,社区矫正方案的制定无须考量社区矫正对象的意愿。反之,如果社区矫正不具有强制性,那么社区矫正方案的制定应当考量社区矫正对象的意愿。

另一方面,部门法之间立法上的龃龉导致对刑满释放人员/社区矫正对象的权利保障不足。例如,我国《宪法》第33条规定,"中华人民共和国公民在法律面前一律平等","国家尊重和保障人权";同样,《监狱法》第38条规定:"刑满释放人员依法享有与其他公民平等的权利。"但一直以来我国的《公务员法》《法官法》《检察官法》《人民警察法》《律师法》《教师法》《会计法》等都对刑满释放人员的相关从业进行了严格限制。

3. 我国自由刑改革的司法实践局限

以社区矫正为重心的我国的行刑社会化是"监狱外的社会化",而"监狱内的社会化"却因缺少立法、制度的保障而不够充分。《社区矫正法》这一专门立法确立了社区矫正的法律地位,明确了对被判处管制、缓刑和被决定假释、暂予监外执行的四类人进行社区矫正,对社区矫正的制度架构、工作流程以及相关主体的法律责任进行了规定,为社区矫正的未来发展拓展了空间。[1]但是,司法实务中无论被判处管制、缓刑的案件抑或被决定假释、暂予监外执行的案件数量都相对有限。随着我国刑事犯罪结构发生重大变化,以及轻罪化治理的发展,刑法立法上对于对法益产生危殆的轻微行为的"犯罪化""严罚化"处理产生的消极影响,并没有通过社区矫正——这一社会化的、较为宽松的方式消除多少。尤其是在刑事执行实务中以鼓励服刑人员积极改造的"奖励式减刑"居多,而假释适用率极低。因此,在轻罪化治理背景下,

---

[1] 参见张荆:《〈社区矫正法〉的立法意义与执法难点》,载《犯罪研究》2020年第4期。

"宽严相济"的刑事政策中如何实现"宽"依然是今后的课题。

另外，我国自由刑中义务性内容与权利性内容、刑罚内容与改造内容之间的界限模糊不清，实质上导致了自由刑刑罚内容的不明确。我国《社区矫正法》对于社区矫正的性质持模棱两可的态度，到底是刑罚优先还是改造优先不明确。根据《社区矫正法》的规定，我国社区矫正由监督管理、矫正矫治、教育帮扶三部分组成，其中监督管理涉及社区矫正对象的自由限制与义务、带有一定的强制性，矫正矫治、教育帮扶更多地倾向于权利性内容，但二者的比例与界限并不清晰。例如，在司法部2022年发布的社区矫正工作指导案例——"四川省眉山市丹棱县对缓刑社区矫正对象付某某依法接收案例"中，在确定矫正执行地时，社区矫正机关遵照"最有利于矫正对象接受矫正"的要求，同意接收付某某在丹棱县境内进行社区矫正，并按照其申请，依法为其办理经常性跨市、县活动审批。但是在制定矫正方案时，社区矫正机关却将付某某列为严管对象，要求其每周向司法所口头或电话报告一次，每两周向司法所提交书面汇报一次，每月参加集中劳动、集中学习一次。这对于要从事大量快递派送工作，同时又要照顾家人的付某某来说是否是最有利的存在疑问。

四、我国自由刑轻缓化的本土实现

我国自由刑改革一方面在与国际接轨过程中要避免像日本那样的浮光掠影，另一方面又要满足本土化需求、形成本土特色，其关键在于明确刑罚的任务与边界、自由刑的内容构造以及服刑人员、社区矫正对象的权利与义务的具体实现。

（一）宏观层面：刑罚的任务与边界

在法治社会中，正常公民的衣食住行之类的自由毫无疑问当然应当无差别地受到法律的保护，这既是保留原则的要求也是法律主义的价值所在。根据刑罚的报应观念，违法犯罪者必须为其犯罪行为付出代价，在此意义上，刑法中的行为主义、责任主义、罪刑法定原则将法治主义下的保留原则、法律主义与比例原则进行了贯彻。但是，刑罚的目的绝对不是单纯的报复，仅仅因为已经存在了一个恶害就意图再施加一个恶害的做法，是不理智的。[1]

---

[1] Georg Wilheim Friedrich Hegel, Grundlinien der Philosophie des Rechts, Band7, 1986, S.187.

与此相对的是超个人法律主义的社会刑法理论——社会预防论，该观点认识到犯罪不是任何可与犯罪者相分离的事物，因此行为人被分解为各种各样的性格学和社会学类型，如惯犯和偶犯、可被改良者和不可被改良者、成年犯和少年犯、完全责任能力犯和限制责任能力犯等。[1]其实，不论是日本的自由刑单一化还是我国的行刑社会化，都在将这样的社会学范畴的事实引入法学视野之内，这种现象终究不可避免，毕竟刑事执行的内容本身已经超出了法学规范。

因此，我们不能仅从消极的角度去理解刑罚，即把刑罚理解为对一个已然的施加痛苦之举予以回应的另一个施加痛苦之举，更应该从积极角度去理解它，将其看成修复被行为人破坏的法律关系，而对行为人有所要求并加以利用的过程，在此意义上，刑罚的任务在于保证法共同体成员相互认可的状态具备必要的外部稳定性。[2]根据比例原则的要求，这种保证任务不能只施加到犯罪者一方那里。即在保安理念、矫正理念贯彻实现的过程中，国家不能将其中的义务单方面地强加给服刑人员或者社区矫正对象。在此意义上，刑罚本身仅应该停留于报应的范畴内，这是一个基于罪刑法定的正义分配过程，是规范评价结果的实现过程。[3]而在社会预防中，需要追求的是矫正正义的实现，是正义的再分配，是实现法共同体成员相互认可的状态恢复必要的外部稳定性的过程，[4]在这一过程中没有必要将社会学范畴的事实强行纳入规范评价的体系之下，因此预防性刑罚与报应性刑罚有质的不同，如果说报应性刑罚通过施加恶害的方式实现，那么预防性刑罚是通过平衡、调整共同体成员之间的利益、修复因恶害相加带来的负面影响而实现，其中当然包括修复报应性刑罚实现中施加痛苦导致的负面影响。因此，于服刑人员或者社区矫正对象而言，这一修复性过程不再是施加痛苦的过程，而是在国家以及其他法共同体成员的参与下修复法律关系、恢复利益。一方面，国家作为报应性恶害施加的主体要积极承担相关的责任；另一方面，国家亦需要遵循比例原则、考虑其他法共同体成员的利益，不能一味为了保安矫正的目的，

---

[1] 参见［德］G. 拉德布鲁赫：《法哲学》，王朴译，法律出版社 2005 年版，第 166 页。
[2] ［德］米夏埃尔·帕夫利克：《刑法科学的理论》，陈璇译，载《交大法学》2021 年第 2 期。
[3] 参见彭文华：《刑罚的分配正义与刑罚制度体系化》，载《中外法学》2021 年第 5 期。
[4] 参见［德］米夏埃尔·帕夫利克：《刑法科学的理论》，陈璇译，载《交大法学》2021 年第 2 期；程捷：《徘徊于矫正正义与分配正义之间——刑事被告人补偿制度之提倡》，载《政法学刊》2012 年第 3 期。

过度限制服刑人员或者社区矫正对象的权利而忽视保安矫正的有效性，造成司法资源、社会资源的盲目浪费。

刑罚的任务在于保证法共同体成员相互认可的状态具备必要的外部稳定性，但仅通过报应性的刑罚是无法实现的，需要将保安矫正作为重要考量的内容，但为了保证保安矫正的有效性和避免司法、社会资源的盲目浪费，在保安矫正的过程中要尊重服刑人员或者社区矫正对象的自愿性。因此，在施加恶害、施加痛苦的意义上刑罚的边界应当停留在报应层面。

（二）中观层面：自由刑的一体两面

从法治主义的视角来看，国家对于犯罪者施加的恶害、痛苦仅仅需要停留在报应层面。在此标准之下自由刑的内容应当如何建构，不仅是对刑罚边界问题的反映，更是服刑人员、社区矫正对象权利义务实现的前提。在此问题上，联合国在司法领域保护服刑人员基本权利的具有权威性和普适性的标准文件——《囚犯待遇最低限度标准规则》中的相关内容具有启发意义。

根据《囚犯待遇最低限度标准规则》第 57 条的规定，服刑人员被拘禁于监狱之中而与外界隔离，因被剥夺自由在很多方面丧失了自主决定的权利而给其带来痛苦。根据该条的精神，在正当的拘禁或者监狱纪律秩序维持之外，不应给服刑人员增加额外的痛苦——在此意义上实现自由刑的纯化，即将自由刑执行的内容尽可能地限定在对服刑人员自由剥夺、限制的范围、减少或者消除自由刑执行带来的其他负面影响。[1]另外，根据《囚犯待遇最低限度标准规则》第 65 条的规定，为了消除自由刑执行给服刑人员带来的负面影响，对服刑人员改造的目的是提升其自尊心和责任感，使其获得释放后遵守法律、自立生活。该规定要求从国家层面保障行刑社会化。[2]即行刑固然包括剥夺或者限制服刑人员的自由，但却远远不止于此，国家在剥夺或者限制服刑人员自由的前提下还必须保障服刑人员所享有的权利能够实现，使之被剥夺或者限制自由后所剩下的时间和空间尽量与一般社会所差无几。[3]可以说，《囚犯待遇最低限度标准规则》并没有将复归社会的责任完全地归结到服刑人员那里，而是要求国家承担给予服刑人员复归社会机会以及提升其复归

---

[1] 王云海：《监狱行刑的法理》，中国人民大学出版社 2010 年版，第 20 页。

[2] [日]松宫孝明「今日における刑罰の体系と刑罰論についての覚え書き」、[日]浅田和茂、井田良など編集『刑事法学の系譜』（信山社、2022 年）66 頁。

[3] 王云海：《监狱行刑的法理》，中国人民大学出版社 2010 年版，第 21 页。

社会意愿的义务。

自由刑纯化与行刑社会化作是自由刑的一体两面,都是从自由刑的本来含义去解释行刑的内容。自由刑纯化致力于将自由刑的执行尽可能限定于监禁本身,在此之外不给服刑人员造成额外的痛苦和损失。为了保障服刑人员的权利和自由刑纯化必须实现行刑社会化,并且应当将其落实为行刑中的国家责任。这是《囚犯待遇最低限度标准规则》的应有之义。

在此需要强调的是,为了避免"劣等原则"的理念崩溃,导致社会不公平和诱发一部分人积极犯罪,在自由刑纯化过程中,不应当将监狱劳动排除在刑罚之外。根据我国《刑法》的规定,作为刑罚的内容,自由刑除了包括剥夺或者限制服刑人员的自由,还应当包括强制劳动。而如何平衡强制劳动与作为促进行刑社会化的改造措施,是轻缓化的自由刑改革具体实现过程中需要关注的内容。

(三) 微观层面:服刑人员/社区矫正对象的权利保障

自由刑的轻缓化改革是一项系统工程,不可一蹴而就,他山之石固然可以攻玉,但在参考他国经验、教训以及国际标准时,始终需要因地制宜。强制改造或者裁量性改造一定程度上可能有利于监管,但在改造的有效性以及服刑人员顺利复归社会的程度上却值得怀疑,日本的自由刑改革就是例证。我国自由刑改革的实现,必须在立足本土现状的基础上重视对服刑人员/社区矫正对象的权利保障,具体包括以下三点:

首先,转变行刑理念,从服刑人员的法律地位出发,明确其在自由刑执行中的权利、义务界限。一直以来,改造都是我国自由刑改革中的重要内容,无论改造可能论、改造分流论还是社会复归论都包含了改造的思想。但是,刑罚与改造之间的界限不清,尤其是违背服刑人员自愿性的强制性改造不仅会给服刑人员带来额外的痛苦,而且将使得改造的有效性大打折扣。因此,要明确刑罚与改造之间的界限、将二者分离,明确刑罚的任务在于保证法共同体成员互相认可的状态具备必要的外部稳定性,而非实现部分社会成员利益的最大化,因此,服刑人员在法律上享有获得国家及他人尊重的权利,实际上就是刑法正当化根据的固有内容[1]——这也是我国宪法的内容。重视服

---

[1] 参见 [德] 米夏埃尔·帕夫利克:《刑法科学的理论》,陈璇译,载《交大法学》2021年第2期。

刑人员的法律地位关键在于重视其权利与义务界限——刑罚具有强制性、义务性，改造应当追求效率，而效率的基础在于服刑人员的自愿性，在于尊重服刑人员的权利和意愿。除了维持监狱纪律、秩序的需要，应当尊重服刑人员接受改造的意愿和自由，而非将刑事执行者的意志强加之，导致改造与改造效果之间的南辕北辙。同时，应当改变一直以来行刑实务中将监狱劳动作为改造内容的做法，通过立法确立更有利于服刑人员、社区矫正对象复归社会的改造方式，如以职业教育、职业训练为目标的就业指导，以学历教育为目标的教育指导，以戒除恶习、不良嗜好为目标的改善指导等。

其次，明确社区矫正为柔性的保安处分，扩大社区矫正的适用范围，依法对社区矫正对象进行监督、矫治、教育。保安处分是通过对犯罪人进行教育、治疗以及物理的隔离等措施达到社会防卫的目的，因此，可以说保安处分是与一种无法否认的防止社会危险性的需要相适应的。[1]由于保安处分具有强制性，因此在对社区矫正定性时要将保安处分与改造进行区分。根据我国《社区矫正法》第1条的规定，社区矫正的核心目的在于促进社区矫正对象顺利融入社会，而顺利融入社会的前提是去标签化，刑罚以及过多地附加义务只会导致标签化加重，不利于社区矫正对象复归社会。基于这样的目的以及状况，社区矫正应当以尊重社区矫正对象意愿和权利的改造为主。在我国实务中，社区矫正对象复归社会之前是经历了严格的程序认定和批准的，因此不能再像传统意义上的保安处分那样对其进行物理的或者可能具有物理效果的社会隔离，只有当社区矫正对象不具备自主表达意愿的能力以及为了保证法共同体成员互相认可的状态具备必要的外部稳定性时（比如违背了《社区矫正法》第29条的规定），才可以对其实施保安处分措施，并且必须在社区矫正机构与社区矫正对象之间有中立第三方裁判的正当程序之下来决定保安处分的措施。这种保安处分有别于国际上的社区服务刑、强制戒毒刑、家庭监禁等，[2]是基于社区矫正对象的正当权利而产生的，如对未成年人的强制教育、对精神病人的强制医疗是基于公民的成长发展权、健康权，而非刑罚执行机关、社区矫正机构的强制力。

---

[1] [德]克劳斯·罗克辛：《德国刑法学 总论：犯罪原理的基础构造》（第1卷），王世洲译，法律出版社2005年版，第4页。

[2] 参见翟中东：《社区性刑罚的崛起与社区矫正的新模式——国际的视角》，中国政法大学出版社2013年版，第64页以下。

最后，促进行刑实务的社会化和福祉化。从"入口把严""出口放宽""去标签化""福利介入"来保障服刑人员/社区矫正对象权利的实现。长时间的监禁会使服刑人员变得"体制化"——服刑人员已经习惯了监狱里的体系、制度、生活，对外面的世界处处感到不适应、无法生存，这种结果与国家承担使服刑人员复归社会的责任相背离。为了避免这样的情况发生，其一，要积极加强对短期自由刑的轻缓化改革，把犯罪者入监的门槛提高。建立短期自由刑易科制度，以罚金、资格限制等进行替代；避免或者减少短期自由刑的实际执行，将3年以下有期徒刑的轻罪犯全部纳入社区矫正的范围。其二，积极促进长期服刑者回归社会，把监狱的出口放宽。将服刑人员获得假释作为一项积极性的权利。在未来的自由刑改革过程中，应当以"权利式的假释"取代行刑实务中的"奖励式减刑"，进而实现"出口放宽"——使更多的服刑人员获得复归社会的机会。但是犯罪者即使获得了复归社会的机会就一定能顺利融入社会吗？前科制度、非刑事领域有关犯罪的终身性影响的规定，使得他们依然被"标签化"。因此，要从罪质出发建立分级制、有步骤的前科消灭制度，将前科消灭考验期确定在行刑期间，给予改造良好的一般服刑者提前申请撤销前科的机会，对于10年以上有期徒刑、无期徒刑和死刑缓期执行的重刑人员，由于其前科消灭的考验期较长，可以仿照执行刑罚时的累进处遇制度，对前科的刑事限制与非刑事限制分步骤进行消灭，前科一旦消灭即纳入隐私权保护范围。[1]对于明显违背责任主义的惩罚以及不符合比例原则的犯罪负面后果应当予以废除。即使获得了复归社会的机会，长时间服刑者、高龄服刑者、未成年服刑者、残疾服刑者大概率还是不能顺利地融入社会，司法援助和社会福利应为其提供不同于一般刑满释放人员、社区矫正对象的具体保障——这是"帮扶"的应有之义。这种帮扶需要根据不同人员的性格、社会类型、现实处境等体现个别性和针对性——这是超个人法律主义的社会刑法论、社会预防论的重要价值所在。[2]

五、结语

我国自由刑的轻缓化改革之路任重道远，历史现实注定了其要朝着行刑

---

〔1〕参见赵雪松：《犯罪化扩张趋势下前科消灭制度的构建》，载《政法学刊》2023年第5期。
〔2〕参见［德］诺伯特·霍斯特：《何以刑罚？哲学立场的思辨》，王芳凯译，北京大学出版社2023年版，第8页。

社会化的方向发展，而行刑社会化的实现同样需要以法治化为保障和前提，在今后自由刑的轻缓化改革进程中社区矫正将承担重要的角色。我国未来自由刑的轻缓化改革中，在相关的部门法体系内如何进行立法上的相应衔接与完善，以及司法与福利如何在制度上实现具体衔接，是思考如何在轻罪时代有效进行社会治理和犯罪预防时应当关注的重要课题。

犯罪附随后果的规范重塑

张庆立[*]

摘　要：犯罪附随后果并非我国立法之特色，但我国现行犯罪附随后果适用泛化却是实际情况。主要表现为：设立依据宽泛违反法律保留原则、适用对象泛化违反责任主义原则、适用条件随意违反正当程序原则、适用后果严厉违反罪刑均衡原则、内容的惩罚性违反罪刑法定原则。建议按照法律保留原则，规范设定依据，废除法律外设定的犯罪附随后果；根据预防再犯原则，从限缩适用对象、注重条件关联、废除永久期限等方面完善设定模式；根据权利保障原则，采取扩大犯罪记录封存范围、增设前科消灭和复权制度等措施完善救济机制。

关键词：犯罪附随后果；实践特点；泛化适用；规范重塑

一、引言

刑罚是否为犯罪的全部制裁后果？这一简单的追问实则并不简单，即使抛开刑法禁止令不谈，仍有大量限制性规定附随在犯罪之后、充斥在制裁之中，即使是经验老到的法官也难以言明其确切的范围。实践中，犯罪人被定罪判刑后，除要承受刑罚之苦外，在刑满释放或假释后仍要面临一定的不利益，甚至犯罪者的家庭成员或亲属也要受其牵连，这往往被称为"犯罪附随后果"或者"刑罚附随后果"。事实上，犯罪附随后果不完全等于刑罚附随后果，前者还包括了定罪免罚后的附随后果。一般来说，犯罪附随后果是指由刑法之外的规范性或非规范性文件广泛设立，以犯罪为前提，对犯罪人及其

---

[*] 作者简介：张庆立，上海市松江区人民检察院第六检察部副主任。

家庭成员或亲属自动适用，在刑罚以外附加的对特定资质或利益的剥夺、禁止或限制。[1]实践中经常表现为限制从业、限制利益获取、降低社会信用等，如因受过刑事处罚，不得从事公务员、公证员、律师、注册会计师、拍卖师等职业。当前，随着我国轻罪立法扩张和犯罪结构变化，轻罪案件占比持续上升，轻罪治理体系开始受到关注，犯罪附随后果导致"总体惩罚过量"和"刑罚轻缓而附随后果苛重"的问题凸显，大量轻罪人群被适用犯罪附随后果，不利于社会和谐稳定。如何规范现有的犯罪附随后果制度体系，值得研究思考。

二、犯罪附随后果的特点归纳

当前，我国犯罪形势呈现"规模大"和"结构轻"两大特点。一方面，犯罪案件数量较多、罪犯规模较大，根据2023年《最高人民法院工作报告》的统计，2018年至2022年全国法院共审结一审刑事案件590.6万件，判处罪犯776.1万人。[2]从最高人民法院公布的数据看，2023年1月至9月，全国法院审结刑事案件123.4万件，同比增长11.28%，其中审结刑事一审案件87.4万件，同比增长14.91%。[3]如果按照"父母、子女、配偶"的五口之家这一波及的最小半径计算，仅"2018年至2022年的五年""一审判决"的犯罪附随后果所涉人数就高达3880.5万人。另一方面，从犯罪内部看，我国犯罪结构发生了较大变化，判处3年有期徒刑以下刑罚的轻刑人数已经占了绝大多数。从最高人民法院司法统计公报所公布的数据来看，自2013年至2021年，判处3年有期徒刑以下刑罚的轻罪微罪率分别为82.28%、84.36%、84.55%、86.17%、76.7%、84.28%、83.82%、82.98%、85.05%。[4]从最高人民法院公布的数据看，2024年1月至3月，全国法院共受理刑事一审案件28.9万件，同比增长8.32%，判处生效被告人37.4万人，同比增长14%，其中，判处3年有期徒刑以下刑罚的轻罪32.3万人，同比增长14.62%，占

---

[1] 参见陈山、李冲宇：《积极改革刑法轻微罪体系的刑罚附随后果制度》，载《四川法治报》2022年11月18日。

[2] 参见周强：《最高人民法院工作报告——二〇二三年三月七日在第十四届全国人民代表大会第一次会议上》，载《人民日报》2023年3月18日。

[3] 参见乔心文：《最高法公布2023年1至9月司法审判工作主要数据：前三季度全国法院审结案件同比增长6.67%》，载《人民法院报》2023年10月25日。

[4] 参见彭文华、傅亮：《犯罪结构变迁背景下犯罪刑事治理的目标与路径》，载《中国人民公安大学学报（社会科学版）》2023年第2期。

比 86.44%，同比上升 0.46 个百分点。[1]可见，近年来我国轻罪率基本维持在 80%以上，可谓已进入轻罪时代。这也就意味着实践中的犯罪附随后果绝大多数皆因轻罪而起，受犯罪附随后果影响的多数人可能并非特殊预防的重点。从上述一系列的数据不难看出，我国现行犯罪附随后果适用面过大，尤其是对有轻罪前科者及其家庭成员、亲属而言适用过多。通过实践考察，整体来看，现行犯罪附随后果运行的特点大致如下：一是设立依据的广泛性。现行犯罪附随后果不仅规定在法律、行政法规之中，而且规定在地方性法规、部门规章、地方政府规章之中，还有大量内容规定在一般规范性文件之中，甚至实践中一些难以被称为规范性文件的招聘公告中也存在大量犯罪附随后果的内容。二是适用对象的扩大性。现行犯罪附随后果既适用于犯罪人本人，包括刑罚执行期间和刑罚执行完毕后两个阶段，也适用于犯罪人的家庭成员，包括共同生活的家庭成员和没有共同生活的家庭成员，还适用于犯罪人的亲属，包括近亲属和其他亲属。三是适用条件的自动性。与《刑法》第 37 条之一规定的"从业禁止"不同，犯罪附随后果的适用既不需要由法院裁判，也不需要他人申请，而是由相关主体在具体工作中自动适用，且自动适用的做法往往不具有可诉性，缺乏权利救济机制。四是适用内容的损益性。现行犯罪附随后果以剥夺或限制已具备的特定资质或利益、禁止或限制取得特定资质或利益为主要内容，严重影响适用对象的工作、生活等诸多领域，是对适用对象权利和自由的减损，故乃一种损益性的措施。五是适用后果的严厉性。尽管现行犯罪附随后果的适用期限并不统一，但与设定具体期限型相比，永久型仍是实践中最为常见、最为典型的犯罪附随后果类型，且在犯罪附随后果规定的总量中占有相当大的比例，尤其是针对轻微犯罪动辄附加永久型犯罪附随后果，容易造成刑罚与犯罪附随后果倒挂的问题。六是行为性质的惩罚性。由于现行犯罪附随后果往往采用了"受过刑事处罚""受到刑事处罚""被判处刑罚""被依法追究刑事责任"等较为概括的表述，使犯罪附随后果与前罪之间缺乏关联性，难以说明再犯风险这一核心问题，故预防犯罪的功能不足，反而凸显了惩罚犯罪的功能。[2]另外，实践中，有观点认为现行犯

---

[1] 参见乔文心：《2024 年一季度司法审判工作主要数据显示：诉源治理成效显现 执行质效改善明显》，载《人民法院报》2024 年 4 月 23 日。

[2] 参见孙晶晶：《对我国犯罪附随后果立法实践的审视与重构》，载《江苏警官学院学报》2023 年第 3 期。

罪附随后果还有"非刑事性"的特点,对此,本文认为,现行犯罪附随后果虽不属于主刑和附加刑的范围,但仍以犯罪为前提,与"刑事"直接相关,为防止误解,不宜将"非刑事性"作为其特点。

三、犯罪附随后果的泛化表现

事实上,针对犯罪附随后果适用泛化的问题,理论与实务界早有诟病,尤其在轻罪时代背景下,对轻罪与重罪不加区分,一概施加犯罪附随后果是否妥当的问题更为凸显。从法理角度观察,现行犯罪附随后果存在的问题具体如下:

(一) 设立依据宽泛违反法律保留原则

《宪法》规定,"公民在法律面前一律平等""公民的人格尊严不受侵犯""公民有劳动的权利和义务""公民有受教育的权利和义务"等。《监狱法》也规定,"刑满释放人员依法享有与其他公民平等的权利"。《立法法》还规定,"犯罪和刑罚、对公民政治权利的剥夺、限制人身自由的强制措施和处罚"属于法律绝对保留的事项。然而,现行犯罪附随后果的设立依据散乱、位阶不一、数量巨大,在法律、法规、规章、一般规范性文件、不构成规范性文件的书面文件中都有规定,以致犯罪附随后果实际适用泛化,[1]从而违背了上述立法规定。一方面,根据《刑法》第54条的规定,"剥夺担任国家机关职务的权利及国有公司、企业、事业单位和人民团体领导职务的权利"属于剥夺政治权利的内容,故即使承认禁止犯罪者本人担任上述职务有法律依据,也不能为"禁止犯罪人以外的家庭成员、亲属担任上述职务"提供合法性支撑,从而违反了《立法法》的规定。如果将犯罪附随后果整体视为刑事制裁的一部分,那么除法律以外的犯罪附随后果则无疑违反了《立法法》的规定。另一方面,犯罪附随后果的重要内容就在于对刑满释放人员特定资质或利益的剥夺、禁止或限制,既有从事某种职业的剥夺、禁止或限制,也有获取某种利益的剥夺、禁止或限制,这显然没有将刑满释放人员与其他公民平等对待,既有侵犯其劳动的权利、受教育的权利之嫌,也有将其身份标签化,侵犯其人格尊严之虞。若从限制、禁止或剥夺刑满释放人员家庭成员、亲属的权利或利益的角度来看,则完全违反了"公民在法律面前一律平等"的宪法

---

[1] 参见邹子铭:《轻罪扩张背景下的犯罪附随后果研究》,载《法学杂志》2023年第6期。

规定。

(二) 适用对象泛化违反责任主义原则

与近代以前实行的客观责任和团体责任相对应，现代法治社会普遍实行主观责任和个人责任。前者指只有当行为人对所实施的违法行为与结果具有责任能力以及故意、过失、违法性认识的可能性与期待可能性时，才能对行为人进行非难。后者指只能就行为人实施的个人行为对行为人进行非难。二者并称为责任主义。[1]一方面，现行犯罪附随后果的适用对象不区分故意和过失，[2]简单采用"受过刑事处罚"而一概适用同等程度的犯罪附随后果，使得刑罚本身轻重有别，而附随后果无异，即使是从特殊预防的角度而言，也不符合主观责任的要求。另一方面，如果说出于特殊预防的必要，对犯罪人本人施加犯罪附随后果尚有一定理论根据的话，那么对犯罪人的家庭成员或亲属施加犯罪附随后果无疑严重违反了责任主义中罪责自负的基本原则，可以说毫无理论根据可言。实践中，有观点认为对危害国家安全犯罪、恐怖主义犯罪等特殊犯罪人施加犯罪附随后果具有合理性。对此，本文认为，尽管犯罪人的人格和行为通常会对其家庭成员、亲属的人格和行为产生影响，但这并不绝对，犯罪人犯危害国家安全犯罪、恐怖主义犯罪不能说明犯罪人的家庭成员、亲属一定具有此类犯罪的危险性，如在犯罪人的家庭成员或亲属反对犯罪人犯罪，或者与犯罪人长期没有共同生活的情况下，受犯罪人人格和行为的影响很小，仅因血缘关系让犯罪人的家庭成员或亲属承担犯罪附随后果往往是难以接受的。实践中，即使需要对犯罪人的家庭成员或亲属施加一定资质或利益的禁止或限制，也不宜以犯罪附随后果为由，而应注重从犯罪人家庭成员或亲属个人表现出发给出恰当的理由，从而维护个人责任这一基本的立场。

(三) 适用条件随意违反正当程序原则

所谓正当程序，即"应有的、必经的、正当的过程"，即所有利害关系人都应有参与程序并陈述事实及表达法律观点的平等机会，并且程序必须以公开的方式进行，其特征为庭审的公开性、被告的申辩权、法官的公正性，具

---

[1] 参见张明楷：《刑法学》（第4版），法律出版社2011年版，第71页。

[2] 参见李若愚、孟令星：《法定犯时代背景下犯罪附随后果的解构和重建》，载《湖北警官学院学报》2021年第1期。

体可概括为"程序公开""平等参与""法官中立"三大要素。〔1〕一是犯罪附随后果的适用条件违反程序公开要素。犯罪附随后果作为一种对适用对象的损益行为，严重影响适用对象的工作和生活，部分措施的严厉性甚至堪比刑法中从业禁止的规定。然而，面对如此严厉的犯罪附随后果，相关法律却并未规定适用的程序，而是由相关主体自动适用，多数情况下既不需要向适用对象说明理由，也不需要向社会公开。二是犯罪附随后果的适用条件违反平等参与要素。犯罪附随后果由相关主体在具体工作中自动适用，这就意味着既不需要听取适用对象的申辩，也不需要听取其他利害关系人的意见，直接排除了相关利害关系人的程序参与，更遑论程序参与的平等性了。三是犯罪附随后果的适用条件违反法官中立要素。在形式上，犯罪附随后果由相关主体适用，而非法院裁判适用；在实质上，相关主体乃施加犯罪附随后果的一方主体，对于是否应当附加犯罪附随后果的争议而言，属于争议的当事一方，毫无中立性可言。

（四）适用后果严重违反罪刑均衡原则

罪刑均衡的基本含义为：犯多大的罪就承担多大的刑事责任，法院亦判处其相应轻重的刑罚，做到重罪重罚、轻罪轻罚、罪刑相当、罚当其罪。〔2〕现行犯罪附随后果对犯罪性质、类型以及刑罚等不加限制，往往难以发挥治理效能。〔3〕具体表现为：一是现行犯罪附随后果既不区分故意或过失，也不区分重罪或轻罪、自然犯与法定犯等不同的犯罪类型，不同犯罪中往往一概存在犯罪附随后果，而对轻罪犯、法定犯是否都有必要规定犯罪附随后果不无疑问，如对危险驾驶类犯罪是否有必要在吊销驾驶执照的基础上另行附加一定的职业限制往往多有质疑。二是现行犯罪附随后果不区分犯罪类型，不同犯罪中不仅一律存在犯罪附随后果，而且往往为相同的犯罪附随后果，而重罪与轻罪、自然犯和法定犯事前成因不同、犯罪结构不同，相应的附随后果自然也应有所区别，一致的犯罪附随后果显然违反了轻罪轻罚、重罪重惩的原则。三是现行犯罪附随后果往往不设期限限制，造成犯罪附随后果永久期限适用过度，即使是对重刑犯，在刑满释放后是否仍需附加永久期限的

---

〔1〕参见邓子滨：《刑事诉讼原理》（修订版），北京大学出版社2023年版，第92~95页。

〔2〕参见刘宪权主编：《刑法学》（第3版），上海人民出版社2012年版，第40页。

〔3〕参见彭文华、傅亮：《犯罪结构变迁背景下犯罪刑事治理的目标与路径》，载《中国人民公安大学学报（社会科学版）》2023年第2期。

犯罪附随后果，实践中也不无疑问，如有观点就认为部分永久性犯罪附随后果等于宣告犯罪人"社会性死亡"，既有否认监狱矫正成果之嫌，又有处罚过重之虞。

(五) 内容的惩罚性违反罪刑法定原则

罪刑法定通常指：什么是犯罪，各种犯罪的构成要件是什么，有哪些刑种，各个刑种如何适用，以及各种具体罪的具体量刑幅度如何等，均由刑法加以规定。通俗地说，即"法无明文规定不为罪，法无明文规定不处罚"。[1]可见，罪刑法定原则不仅要求"罪有刑法的明文规定"，而且要求"刑有刑法的明文规定"。一方面，从内容看，现行犯罪附随后果以剥夺或限制已具备的特定资质或利益、禁止或限制取得特定资质或利益为主要内容，从被适用对象所承担的不利益角度观察，其就是从"身份惩罚"视角对适用对象进行的实质刑事制裁，从而既加剧了"犯罪"的标签效应，又充实了刑法中"刑"的内容，并与刑罚叠加适用，早已超出了适用对象应受刑事制裁的总量，属于刑事惩罚的一部分，具体而言乃酌定量刑的一部分。[2]另一方面，从功能看，现行犯罪附随后果根本不考虑前罪与附随后果之间的关联性，而只考虑有无犯罪前科，可见虽以前科犯罪为基础，但却表明特殊预防的考虑被降低，从而更加凸显了犯罪附随后果作为前科犯罪的制裁属性，不仅不利于犯罪人复归社会，而且不利于有针对性的特殊预防。因此，无论从内容看，还是从功能看，犯罪附随后果都具有刑事制裁的属性，那么在法律位阶以下的规范性文件或非规范性文件中设定犯罪附随后果，就显然违反了罪刑法定原则。

四、犯罪附随后果的规范重塑

尽管现行犯罪附随后果存在过度适用的问题，但也应看到其在"预防行为人再犯"和"保障特定职业利益"方面的积极价值，[3]尤其是在风险高发的现代社会，强调安全和预防的价值取向似乎已经成为立法理念和司法理念

---

〔1〕 参见高铭暄、马克昌主编：《刑法学》（第9版），北京大学出版社、高等教育出版社2019年版，第23页。

〔2〕 参见赵坦：《犯罪附随后果的"刑"之属性及量刑抵消功能之提倡》，载《天府新论》2023年第6期。

〔3〕 参见徐久生、师晓东：《犯罪化背景下犯罪附随后果的重构》，载《中南大学学报（社会科学版）》2019年第6期。

的标配。因此，对于犯罪附随后果不能简单地谈论存废，而应从规范的角度提出建设性的意见。在犯罪结构已发生明显变化，轻罪案件占绝大多数的情况下，这种建设性意见应更多考虑轻罪治理的实际需求，而不应延续以往"重罪占优、重罪重罚"时代的犯罪附随后果制度体系。具体如下：

（一）按照法律保留原则规范犯罪附随后果的设定依据

如前所述，犯罪附随后果适用的前提是犯罪，内容在于特定资质或利益的剥夺、禁止和限制，本质乃刑事惩罚的一部分，而我国《立法法》也规定"犯罪和刑罚"属于法律绝对保留的事项，由于犯罪附随后果并非广泛适用的立法概念，故现行《立法法》中不可能有"犯罪附随后果"的表述，但完全可以将《立法法》中的"刑罚"解释为"刑事制裁"，从而将犯罪附随后果纳入法律保留的范围。如此，建议：一是明确法律以外的规范性文件和非规范性文件设定的犯罪附随后果全部无效，不再允许法律位阶以下的规范性文件制定新的犯罪附随后果，更不允许没有上位法依据随意在具体工作中设定新的犯罪附随后果。二是按照"有利于社会安全"与"有利于犯罪人复归社会"相均衡的理念，重新梳理法律层面的犯罪附随后果，原则上应废止"过度追求社会安全""完全阻断犯罪人复归社会"的犯罪附随后果制度。三是厘清刑法中的"从业禁止"与其他法律规定的犯罪附随后果中的"禁止从事某种职业"之间的关系，事实上，二者都具有安全和预防方面的考虑，但根据《刑法》第37条之一第3款的规定，"其他法律、行政法规对其从事相关职业另有禁止或者限制性规定的，从其规定"，可见前者乃后者的补充，这就意味着如果存在法律的明确规定，法官就不需要以司法裁判的方式再予从业禁止，从而可彰显司法对立法的尊重。同时，厘清刑法中的"剥夺政治权利"与其他法律规定的犯罪附随后果中的"剥夺从事某种职业"之间的关系，一方面，二者性质不同，前者属于刑罚中的附加刑，后者属于其他预防再犯的措施；另一方面，二者的职业范围不同，后者的职业范围更广，不仅包括非公职类职业，而且在公职类职业中还包括委托公职类、辅助公职类等正式编制外的职业。

（二）根据预防再犯原则完善犯罪附随后果的设定模式

现行犯罪附随后果的异化从根本上来说指以预防再犯为初衷的犯罪附随后果制度逐步异化为一种对适用对象的惩罚制度，对此犯罪附随后果自身制度设计的完善主要就是坚持以预防再犯为原则，同时适度考虑犯罪人的再社会化因素。具体如下：

首先，限缩适用对象。一是针对犯罪人的家庭成员、亲属，由于此类人员根本没有犯罪，故谈不上预防再犯的问题，而且从个人责任的立场出发，犯罪附随后果更不应及于此类人员，故建议将此类人员从犯罪附随后果中剔除。二是针对宣告刑仅为拘役以下的微罪、宣告刑为5年有期徒刑以下的未成年人犯罪、告诉才处理的犯罪、过失犯罪、防卫或避险过当类犯罪的犯罪人，建议也从犯罪附随后果中剔除。理由在于：上述犯罪要么属于典型的轻罪，而对典型轻罪在刑罚之外附加一定的不利益，即使是从预防再犯的角度出发，也可能超出了预防的必要性；要么属于处刑相对较轻的未成年人犯罪，由于未成年人往往容易受外部环境的影响，责任非难的程度低，且后期可塑性强、教育挽救的可能性大；要么属于过失过当类犯罪，而过失过当类犯罪的人身危险性程度本身较低，往往并不谋求再犯。[1]三是针对法定犯，由于现行立法类型庞杂、内容多样，即使是具有多年司法办案经验的法官、检察官也不可能做到对全部立法完全了如指掌，更遑论与法律接触不多的犯罪嫌疑人、被告人了。基于此，理论界有学者提出"法定犯初犯不罚原则"，建议立法进行"法定犯原则上初犯可不追究刑事责任"的规定。[2]对此，本文认为凡事不可绝对化，从前置法过多、法定犯立法逐步增多的趋势看，部分法定犯初犯不知法的问题的确存在，但也有部分法定犯初犯因长期从事涉案行业完全可能熟悉行业法律法规的情况，故法定犯初犯是否当罚，可从一般人立场出发，结合具体犯罪人的实际情况，就其主观是否知法进行综合判断，明确"知法者不免责，不知法者初犯可免责"的处理原则，从而为"不知法的法定犯初犯"免除犯罪附随后果提供条件。

其次，注重条件关联。既然犯罪附随后果的着眼点在于预防再犯，而预防再犯并不能以"曾经犯过罪需要预防再次犯罪"这种笼统的说法为依据，故应尽量做精细化的解释，这就需要强调前后行为之间的逻辑关联性。具体建议如下：一方面，针对利益型犯罪附随后果，除与职业相关的利益外，原则上不再设利益型犯罪附随后果。理由在于：以降低社会保障待遇、征信评

---

〔1〕参见舒登维：《轻罪立法趋势下犯罪附随性后果的反思与限缩》，载《江西警察学院学报》2022年第2期。

〔2〕参见罗翔：《犯罪附随性制裁制度的废除》，载《政法论坛》2023年第5期。

价等为主要内容的利益型犯罪附随后果，彼此间不仅没有正向相关的关系，反而可能存在反向相关关系，即社会保障的托底待遇越是保障不到位，在征信评价等方面越是被歧视，生活越难以为继，越可能滋生再犯，从这一角度看，降低社会保障待遇或征信评价不仅没能预防再犯，反而加速了再犯。另一方面，针对职业型、资格型、与职业相关的利益型犯罪附随后果，除个别情况外，原则上必须强调"前罪犯罪事实"与"犯罪附随后果"之间的逻辑关联性，具体可参照《刑法》第37条之一的规定，将"利用职业便利实施犯罪，或者实施违背职业要求的特定义务的犯罪"设定为职业型、资格型、与职业相关的利益型犯罪附随后果的前置条件，同时，明确"利用职业便利""违背职业要求"中的"职业"与犯罪附随后果中"剥夺、禁止、限制从事某种职业"中"职业"之间的具体关联，强调曾受过刑罚惩罚的类型化。如根据《动物防疫法》第97条第2款的规定，违反该法第29条规定屠宰、经营、运输动物或者生产、经营、加工、贮藏、运输动物产品"构成犯罪的，终身不得从事屠宰、经营、运输动物或者生产、经营、加工、贮藏、运输动物产品等相关活动"。抛开该规定中"终身"的期限不谈，单从前罪与犯罪附随后果的关联性看，无疑是值得提倡的。

最后，废除永久期限。现行犯罪附随后果既包括有限期限型，也包括永久期限型，如根据《安全生产法》第94条第3款的规定，生产经营单位的主要负责人未履行该法规定的安全生产管理职责，导致发生生产安全事故，受刑事处罚的，自刑罚执行完毕或者受处分之日起，5年内不得担任任何生产经营单位的主要负责人；导致发生重大生产安全事故的，终身不得担任本行业生产经营单位的主要负责人。可见，非重大安全生产事故的犯罪附随后果期限为5年，重大安全生产事故的犯罪附随后果期限为永久。当前，理论界与实务部门对永久期限型犯罪附随后果的质疑颇多，如有观点认为，永久期限型犯罪附随后果既有违反《监狱法》之嫌，也有违反《宪法》之虞，其中，对犯罪前科者家庭成员或亲属的就业限制，则完全违背了罪责自负的刑法基本理念，并与附加刑不相协调，制裁程度堪比甚至超过了附加刑。[1]对此，本文认为，永久期限型犯罪附随后果往往剥夺、禁止、限制适用对象终身从事某一职业，并不符合比例性或相当性原则，具有如下缺点：一是永久期限

---

〔1〕 参见张明楷：《轻罪立法的推进与附随后果的变更》，载《比较法研究》2023年第4期。

型犯罪附随后果将有犯罪前科者视为不可能弃恶从善、悔过自新的人，既是对"罪犯再社会化"犯罪理论的全面否定，也是对刑罚执行机关执行刑罚效果的全面否定，显然是不妥当的。二是永久期限型犯罪附随后果终身禁止有犯罪前科者从事某种职业，本质上就是"犯罪标签"的绝对化，将犯罪人的标签永远贴在有犯罪前科者身上，是对有犯罪前科者的就业歧视，不当压缩了其就业空间，不符合法律面前人人平等的原则。三是永久期限型犯罪附随后果毫无期限限制，与《刑法》第37条之一规定的"从业禁止"条款中"期限为三年至五年"相比，过于严苛，即使与《刑法》第55条规定的"剥夺政治权利的期限"条款中"除死刑、无期徒刑罪犯外为一年以上五年以下"相比，仍有过之而无不及，以致刑罚内外倒挂问题严重。四是对犯罪前科者的家庭成员或亲属施加永久期限型犯罪附随后果，严重违反罪责自负原则，违背法治精神。综上，建议废除永久期限型犯罪附随后果的规定，同时，为实现法律规定之间的协调，建议参考《刑法》中从业禁止期限"三年至五年"的规定，以及部分有限期型犯罪附随后果"五年内"的规定，将犯罪附随后果的期限原则规定为"五年以下"，并参考"剥夺政治权利期限"的规定，将死刑、无期徒刑减为有期徒刑后犯罪附随后果的期限相应规定为"三年以上十年以下"。

（三）根据权利保障原则增设犯罪附随后果的救济机制

首先，扩大犯罪记录封存的范围。所谓犯罪记录封存，是指除司法办案需要或有关单位根据国家规定查询外，掌握犯罪记录的主体不得向任何单位和个人提供有关的犯罪记录。根据《刑事诉讼法》第286条的规定，目前我国犯罪记录封存制度仅适用于未成年人被判处5年有期徒刑以下刑罚的情形。实践中有观点提出，可以将现行犯罪记录封存制度从"未成年人犯罪"扩大至"成年人犯罪"，并先从"成年人犯轻微罪封存"开始，扩展至"成年人犯重罪超过一定期限后封存"。[1]尽管这一观点是基于现行犯罪附随后果泛滥的现实提出的，然而，如前文所述，在犯罪附随后果设定数量大幅减少、适用门槛大幅提升的前提下，是否还有必要扩大犯罪记录封存的范围，仍然值得思考。对此，本文持肯定的观点，主要理由是：一方面，即使针对有限期的犯罪附随后果，如果实施犯罪记录封存，那么犯罪记录就不至于在社会广

---

〔1〕参见付强：《论犯罪行为的刑罚附随后果》，载《法学杂志》2015年第7期。

泛传播，对有犯罪前科者的生活影响更小，无疑更有利于犯罪人复归社会。另一方面，人们对有犯罪前科者一旦形成负面评价，即使后期前科被消灭、权利被恢复，也很难在事实上消除人们心中的负面评价，要想消除人们心中所经历和保留的主观判断，最好的方法莫过于封存犯罪记录。既如此，考虑到"目前三年以下轻罪案件占犯罪总量的80%以上""已建议将微罪、告诉才处理的犯罪、过失过当类犯罪中的犯罪附随后果剔除"以及"现行未成年人犯罪记录封存限于被判处五年有期徒刑以下刑罚的情形"等因素，建议将成年人犯罪记录封存规定为"被判处五年有期徒刑以下刑罚的情形，并由法院依职权封存"，从而既能保证一定的覆盖面，也与未成年人犯罪记录封存的规定相协调。至于重罪经过一段时间后是否可以封存的问题，本文认为犯罪记录封存的起点乃判决生效之日，而非刑满释放或假释之日，是自始至终予以封存，不存在经过一段时间后封存的问题，而重罪罪犯在刑满释放或假释后经过一段时间，如没有再犯罪的危险，则消除其犯罪附随后果的规则应归属于前科消灭，而非记录封存，至于对重罪是否可予以前科消灭将在下文详述。

其次，增设前科消灭制度。简单来说，前科消灭制度是指依法注销有犯罪前科者犯罪记录的制度，犯罪前科注销后可视为无前科，既然无前科自然谈不上犯罪附随后果，那么因适用犯罪附随后果而被剥夺、禁止、限制的特定资质或利益也就可以自动恢复。前科消灭不同于前科封存，前科封存不限制司法机关根据办案需要或有关单位根据国家规定查询，前科依然具有相应的法律后果，而前科消灭意味着在法律上视有前科者为无前科。关于前科消灭的条件，有观点主张，区分微罪、轻罪与重罪，参考追诉时效制度，规定有犯罪前科者自刑罚执行完毕或者假释之日起，在下列期限内没有重新犯罪的，应当注销犯罪记录：被判处免予刑罚且经过1年的；宣告刑不满5年有期徒刑且经过5年的；宣告刑为5年以上不满10年有期徒刑且经过10年的；宣告刑为10年以上有期徒刑且经过15年的。[1]可见，针对前科消灭制度需要讨论的问题主要包括：一是是否适用重罪的问题。由于重罪案件在犯罪总量中占比较少，重罪案件是否适用前科消灭制度并非实践中的突出问题，且即使重罪案件不适用前科消灭制度，也可以适用复权制度消除犯罪附随后果，

---

[1] 参见彭文华：《我国犯罪附随后果制度规范化研究》，载《法学研究》2022年第6期。

以及考虑到对重罪的突出预防必要性,故建议比照同样着眼于"隐藏"的犯罪记录封存制度,规定前科消灭制度仅适用于"被判处五年有期徒刑以下刑罚的情形"。二是具体的适用条件问题。考虑到"违法犯罪"的表述过于概括,如"违法"究竟是否包括违反《道路交通安全法》等日常生活管理类法律并非没有疑问,实践中往往难以把握,且前科消灭与否的关键在于有无犯罪的特殊预防必要性,而不在于有无一般违法行为的特殊预防必要性,以及当下国民生活的事实状态,故建议以"一定期限内没有重新犯罪"为实质要件。三是具体的期限设定问题。由于将前科消灭制度的适用范围限于"被判处五年有期徒刑以下刑罚的情形",参照《刑法》中"法定最高刑为不满五年有期徒刑的,经过五年"的追诉期限的规定,建议将具体期限统一设定为"五年",即"曾被判处五年有期徒刑以下刑罚的犯罪人自刑罚执行完毕或者假释之日起,在五年内没有重新犯罪的,可以注销犯罪记录"。采用"可以"的表述,主要还是考虑到应以"人身危险性"为实质要件予以具体把握。四是具体程序问题,为防止法院工作量过大、确保程序公正,以及与前述裁判程序相照应,建议规定:有犯罪记录者向原审人民法院申请,由人民法院在查询内部办案系统后,听取检察机关、公安机关的意见并裁定。

最后,增设权利恢复制度。权利恢复制度简称"复权制度",既然前科消灭后被剥夺、禁止、限制的特定资质或利益可自动恢复,那么是否有必要再规定复权制度就不无疑问。事实上,这既涉及前科消灭与复权二者的制度安排,又涉及二者的理论关系。就前者而言,如果将前科消灭仅限定在相对较轻的犯罪范围之内,那么针对重罪,复权制度自然有存在的必要。如果仅规定限于轻罪的前科消灭,那么对人身危险性显著降低的有重罪前科者则无复归社会的渠道,显然并不恰当。就后者来说,尽管二者都以人身危险性的降低为实质条件,以恢复到无前科状态为目标,但前科消灭着眼于"隐藏",影响更多的体现为"前科消灭后的事实状态",复权着眼于复原,影响更多的则是"复原前前科存在时的事实状态"。如只规定前科消灭,则已受前科影响的征信等犯罪附随后果往往难以消除,故有必要规定复权制度,使其权利恢复如初。具体制度设计如下:一是复权既可以适用于轻罪,也可以适用于重罪。前者的原因在于:法律上的前科消灭宣告并不意味着实践中有犯罪前科者的权利绝对地、完全地、顺利地得以恢复,在有必要予以复权宣告的场合,仍应允许复权宣告。后者的原因在于:为人身危险性显著降低的有重罪前科者提供复归社会的渠道。二是复权的适用条件和期限与前科消灭基本相同。建议以"一定期限内没有重新犯罪"为实质要件，仍旧参照《刑法》追诉期限的规定，将期限具体设定为："犯罪人自刑罚执行完毕或者假释之日起，符合下列条件的，可以恢复权利：曾被判处五年有期徒刑以下的，五年内没有重新犯罪；曾被判处五年以上十年以下有期徒刑的，十年内没有重新犯罪；曾被判处十年以上有期徒刑的，十五年内没有重新犯罪。"三是与前科消灭基本相同，具体程序原则上亦采用有犯罪记录者向原审人民法院申请、公检法三机关分别进行内部办案系统查询后形成意见、最终法院裁定的模式。需要说明的是，复权制度的本质是一种身份恢复制度，即通过将有犯罪前科者的身份恢复为法律上无犯罪前科者，从而使其享有与无犯罪记录者同等的权利，如有犯罪前科者对具体主体限制其特定权利的行为不服，就该特定权利申请复权的，本质上乃请求对侵权行为的司法救济，并不适用复权制度。

五、结语

犯罪附随后果并非我国立法之特色，古今中外皆有类似之法。一般而言，犯罪附随后果是指由刑法之外的规范性或非规范性文件广泛设立，以犯罪为前提，对犯罪人及其家庭成员或亲属自动适用，在刑罚以外附加的对特定资质或利益的剥夺、禁止或限制。在轻罪时代背景下，犯罪附随后果适用过多的问题凸显。司法实践中，犯罪附随后果大致呈现设立依据的广泛性、适用对象的扩大性、适用条件的自动性、适用内容的损益性、适用后果的严厉性、行为性质的惩罚性等六大特征。可见，现行犯罪附随后果主要存在设立依据宽泛违反法律保留原则、适用对象泛化违反责任主义原则、适用条件随意违反正当程序原则、适用后果严厉违反罪刑均衡原则、内容的惩罚性违反罪刑法定原则等诸多问题。从完善立法的角度看，首先，建议按照法律保留原则，规范犯罪附随后果的设定依据，明确法律以外的规范性文件和非规范性文件设定的犯罪附随后果全部无效，并以"有利于防卫社会与有利于犯罪人复归社会相均衡"的理念，重构法律层面的犯罪附随后果。其次，根据预防再犯原则，完善犯罪附随后果的设定模式，限缩适用对象，剔除"犯罪人的家庭成员或亲属""宣告刑仅为拘役以下的微罪、宣告刑为五年有期徒刑以下的未成年人犯罪、告诉才处理的犯罪、过失犯罪、防卫或避险过当类犯罪的犯罪人"；注重条件关联，原则上不再设利益型犯罪附随后果，且应强调"前罪犯罪事实"与"犯罪附随后果"之间的逻辑关联性,以及前罪事实的类型化;废除永久期限,将犯罪附随后果的期限规定为"五年以下"和"三年以上十年以下"。最后,根据权利保障原则,增设犯罪附随后果的救济机制,包括扩大犯罪记录封存的范围、增设前科消灭制度、增设权利恢复制度等。

(原文已发表在《西南政法大学学报》2024年第3期)

帮助信息网络犯罪活动罪之轻罪梯次治理模式研究
——以J省Y市人民检察院办案实践为研究样本

王学涛　王　杰*

摘　要： 近年来，我国犯罪结构发生深刻变化，判处3年有期徒刑以下刑罚的轻微犯罪案件占比持续扩大，"轻罪治理"已成为刑事司法的一项重要命题。但值得注意的是，帮助信息网络犯罪活动罪等网络犯罪案件数量大幅增长，亟须引起社会重视，从法律适用及社会治理的视角看，需要参考借鉴危险驾驶罪治理经验，从政策理念、法律适用、程序选择等方面加强对帮助信息网络犯罪活动罪等轻微犯罪治理机制研究，构建阶梯层次治理模式，进一步促进社会和谐，减少社会对立。

关键词： 帮助信息网络犯罪活动罪；轻微犯罪；宽严相济；醉驾治理经验；梯次治理

一、帮助信息网络犯罪活动犯罪治理背景

（一）背景引入

近年来，我国犯罪结构发生深刻变化，根据有关数据，"中国严重暴力犯罪数量明显下降，犯罪结构呈现明显的轻罪化趋势，犯罪形势和刑事社会治理进入新阶段。全国检察机关起诉严重暴力犯罪从1999年16.2万人下降至2023年6.1万人，占比从25.1%下降至3.6%。与此同时，判处三年有期徒刑以下刑罚的轻罪案件人数占比从1999年的54.4%上升至2023年的

---

* 作者简介：王学涛，江苏省宜兴市人民检察院党组成员、副检察长；王杰，江苏省宜兴市人民检察院第一检察部副主任。

82.3%"[1]。而伴随互联网时代下社会生活的全面"触网",涉网络犯罪也呈现大幅增长,如 2023 年 1 月至 10 月,全国检察机关共起诉帮助信息网络犯罪活动罪(本文以下简称"帮信罪")11.5 万余人,同比上升近 13%,帮信罪已成为电信网络诈骗及关联犯罪链条上第一大犯罪[2]。犯罪人数的持续增多,意味着对诸如帮信罪等轻微犯罪案件的妥善处理直接关系社会治理尤其是基层治理,因此如何对帮信罪等轻微犯罪进行系统治理已成为我国刑事法治发展的必然考量。

(二)法律规制

从法律规制看,帮信罪系 2015 年 11 月起施行的《刑法修正案(九)》新增罪名,主要指不法分子明知他人利用信息网络实施犯罪,仍为其提供技术支持,或者提供支付结算等帮助的犯罪行为,司法实践中多以行为人向他人提供银行账户帮助他人转移违法犯罪资金为主要表现形式。从帮信罪在电信网络诈骗犯罪及其关联犯罪从属的罪名分布来看,其位于"电信诈骗上中下游":以中游借助电信网络实施的诈骗罪为中心,上游延伸至侵犯公民个人信息罪,买卖国家机关公文、证件、印章罪,偷越国(边)境罪,下游延伸至妨害信用卡管理罪,掩饰、隐瞒犯罪所得、犯罪所得收益罪(本文以下简称"掩隐罪")且在其带状分布中处于末端,是电信网络犯罪的重要下游"帮手",也是电信网络诈骗犯罪实现闭环的最后一关,这也就决定了对帮信罪进行治理需要充分平衡打击电信网络犯罪与帮信罪轻罪社会治理之间的关系,寻求二者之间的最大公约数。

(三)治理参考样本

自 2011 年醉驾入刑以来,随着"最严禁酒令"的出台,危险驾驶罪已取代盗窃罪成为我国第一大犯罪。如根据 2022 年《最高人民检察院工作报告》,2021 年全国检察机关起诉危险驾驶罪 350 852 人,在所有起诉的刑事犯罪人数中占比最大,比重达 20%。[3]面对醉驾犯罪人数持续居高不下,曾有学者

---

[1] 2024 年 5 月 20 日,中国社会科学院法学研究所、社会科学文献出版社联合主办的"2024年法治蓝皮书《中国法治发展报告》发布会"在京举行,并发布了《2023 年中国法治发展与 2024 年展望》。

[2] 2023 年 11 月 30 日,最高人民检察院发布《检察机关打击治理电信网络诈骗及其关联犯罪工作情况(2023 年)》,系统分析当前电信网络诈骗及其关联犯罪主要态势。

[3] 2022 年 3 月 8 日上午,第十三届全国人民代表大会第五次会议在北京人民大会堂举行第二次全体会议,最高人民检察院时任检察长张军代表最高人民检察院作工作报告。

指出，醉驾案件持续高发与和谐社会的建设背道而驰，更与轻罪时代的犯罪治理要求格格不入[1]，并对醉驾等轻罪的社会治理提出设想。随着时间的推移，每年因酒驾获刑人数持续增多，醉驾的社会治理已经逐渐成为社会共识，为适应新形势新变化，2023年12月，最高人民法院、最高人民检察院、公安部、司法部印发了《关于办理醉酒危险驾驶刑事案件的意见》，该意见强调坚持惩治与预防相结合，采取多种方式强化综合治理、社会治理、诉源治理，对危险驾驶犯罪在法律适用、出入罪标准、程序适用等方面进行全面治理。笔者认为，鉴于帮信罪和危险驾驶罪同为我国犯罪结构中涉及人数较多的罪名，帮信罪应当参考借鉴危险驾驶罪的治理模式，完善准确全面适用宽严相济的刑事政策，寻求治罪与治理的最佳平衡点，以进一步促进社会和谐稳定。

二、J省Y市案件基本情况

为参照危险驾驶罪的轻罪治理经验，笔者将对J省Y市司法机关案件受理情况进行分类统计梳理，将危险驾驶罪、盗窃罪、帮信罪等轻微犯罪的办案数据进行比对，剖析当前帮信罪办理、治理中的不足，以期借鉴危险驾驶罪轻罪治理的有益经验。

1. 案件受理情况

2023年，Y市人民检察院受理审查起诉排名前五的犯罪分别是：危险驾驶罪786件787人，盗窃罪222件268人，帮信罪187件408人，诈骗罪80件240人，交通肇事罪62件62人。从案件数量看，帮信罪已成为Y市目前各类刑事犯罪中继危险驾驶罪、盗窃罪之后排名第三的罪名，但犯罪人数仅次于危险驾驶罪，数量排名第二，因此，从犯罪人数和社会影响来看，对帮信罪进行轻罪治理存在很强的社会实践需要和现实基础。

2. 强制措施实施情况

2023年，在Y市人民检察院受理移送审查起诉涉嫌帮信罪的408人中，受理时未被采取强制措施的有24人，被取保候审的有361人，被刑事拘留的有3人，被逮捕的有20人，取保候审率为88.48%。与此相对应，在Y市检察院受理移送审查起诉涉嫌盗窃罪的268人中，受理时未被采取强制措施的有8人，被取保候审的有193人，被刑事拘留的有17人，被逮捕的有49人，取保

---

[1] 参见卢建平：《轻罪时代的犯罪治理方略》，载《政治与法律》2022年第1期。

候审率为 72.01%。从上述涉案人数排前两位的罪名强制措施的适用情况而言，帮信罪和危险驾驶罪的取保候审率均高于 70%，且帮信罪的取保候审率远远高于危险驾驶罪，从强制措施的适用来看，帮信罪属于刑法意义上的轻微犯罪。

3. 共同犯罪情况

2023 年，在 Y 市人民检察院审查起诉的帮信罪案件中，共同犯罪案件数量为 64 件，占审查总量的 34.22%。从 Y 市办案数据来看，上述人员多为自己先行供卡，为获取介绍费，后拉拢、介绍自己的亲朋好友供卡为他人转移资金提供帮助，值得注意的是，上述人员往往同时提供多张银行卡帮助他人转账，有单独犯罪向共同犯罪发展的趋势。如在 Y 市办理的一帮信罪案件中，在公安机关扩线侦查的 141 名涉嫌提供银行卡帮助他人转移不法资金的人员中，有 19 人系存在夫妻、子女等特殊关系，其中部分人员介绍了数十人实施犯罪。因此，如何正确适用宽严相济的刑事司法政策，切实做到天理、国法、人情的统一，妥善处理上述共同犯罪案件，也是对帮信罪进行社会治理的重要考量因素之一。

4. 办案时长

2023 年，Y 市人民检察院受理审查起诉排名前五的案件的平均办案时长分别是：危险驾驶罪案件 14 天，盗窃罪案件 36.7 天，帮信罪案件 137 天，诈骗罪案件含合同诈骗罪案件 82.8 天，交通肇事罪案件 163.2 天。从上述数据可以看出，相较于帮信罪的案件数量在全部刑事案件中所占的比例，帮信罪案件的平均办案时长显著高于全部案件数量排名前二的危险驾驶罪案件和盗窃罪案件，因此，如何借鉴危险驾驶罪案件、盗窃罪案件的司法办案模式、程序选择、政策适用，切实减轻当事人的诉累，进而持续优化帮信罪案件办理程序，也是对帮信罪进行社会治理的重要内容。

5. 不起诉数量

2023 年，Y 市人民检察院排名前三的案件的审结处理情况如下：盗窃罪案件不起诉 35 人，不起诉率为 13.36%；危险驾驶罪案件不起诉 233 人，不起诉率为 29.68%；帮信罪案件不起诉 31 人，不起诉率为 8.9%。从上述数据可以看出，相比较于危险驾驶罪案件及盗窃罪案件，帮信罪案件的不起诉率也显著较低。不起诉率较低，与当前严厉打击电信网络诈骗及其关联犯罪有关，也能一定程度上说明，帮信行为的行政处罚适用的空间相对狭窄，当前阶段的司法政策相对趋于严格，刑法的谦抑性原则的适用有待进一步深化。

6. 法院审理情况

2023 年，Y 市人民法院审理 Y 市人民检察院提起公诉的帮信罪案件中，一审宣告、判决合计 237 人，其中不满 2 年有期徒刑的 25 人，不满 1 年有期徒刑的 138 人，拘役的 73 人，单处罚金的 1 人，且对 25 人宣告适用缓刑，缓刑适用率为 10.55%。同时期，Y 市人民法院审理 Y 市人民检察院提起公诉的危险驾驶罪案件一审宣告、判决合计 546 人，其中对 107 人宣告适用缓刑，缓刑适用率为 19.6%。从上述数据可以看出，从法院判处刑罚的情况看，帮信罪案件判处的刑罚程度较轻，帮信罪属于轻微犯罪，但相较于危险驾驶罪案件，帮信罪案件的缓刑适用人数和适用比例均较低，也存在进一步深化适用的空间。

7. 简易、速裁程序适用情况

值得注意的是，2023 年，在 Y 市人民法院审结的帮信罪案件中，其中以适用简易程序审理案件 103 件，简易程序适用率为 77.44%，适用速裁程序审理案件 16 件，速裁程序适用率为 12.03%，而对比明显的是，在 Y 市人民法院审结的危险驾驶罪案件中，适用简易程序审理案件 19 件，简易程序适用率为 3.46%，适用速裁程序审理案件 526 件，速裁程序适用率为 95.81%。从上述数据可以非常明显地看出，帮信罪案件和危险驾驶罪案件在庭审阶段审理较为简单，但相比较于危险驾驶罪案件，帮信罪案件的速裁程序适用率低于危险驾驶罪案件的 83.78%，因此，从程序适用上看，帮信罪案件的速裁程序适用率有待进一步深化。

三、存在问题

笔者对 2023 年 Y 市检察机关审查办理的全部帮信罪案件进行梳理后发现，除在前文中列明的案件数据所反映出的帮信罪相比较于其他轻微犯罪尤其是盗窃罪、危险驾驶罪而言，存在办案时长较长、不起诉适用率较低、速裁程序适用率偏低、不起诉及缓刑适用率偏低等问题外，从司法实践案件办理情况来看，当前阶段在对帮信罪进行社会治理时还存在如下障碍：

（一）罪名适用标准不清晰

以电信网络诈骗犯罪关联"黑灰"产业犯罪中下游最为常见的帮信罪和掩隐罪为例，从理论研究来看，早在 2019 年就有学者从共犯角度探究了电信网络诈骗犯罪背后的机理，认为帮助取款的人在和上游实施电信网络诈骗犯罪的犯罪分子没有事前通谋的情况下，仅仅在电信网络诈骗正犯既遂后实施帮助取款的行为,不能成立诈骗罪的共犯。如果取款人明知是电信诈骗所得而帮助取款,则成立掩隐罪。[1]但由于司法实践错综复杂,如仅仅就电信网络诈骗涉及的下游犯罪而言,对于帮信罪和掩隐罪的主观故意认定理论界和实践界均存在诸多争议,如在司法实践中,有观点认为对于行为人所提供的"刷脸"等验证行为,有的是作为支付密码输入方式之一,属于典型的转账行为;有的是作为转账之前登录银行账户的验证方式之一,这一行为与随即发生的转账行为密切关联。实践中应将上述行为作为一个整体,统一评价为掩饰、隐瞒行为,依法以掩隐罪认定[2]。但笔者在梳理Y市人民法院及全国各地法院的判决时发现,由于上述观点并非司法解释或者"两高"联合出台的会议纪要,导致各地法院判例在此问题上并不统一,对于行为人提供的"刷脸"验证行为,有的法院认定为帮信罪,有的法院则认定为掩隐罪,因此需尽快厘清争议,统一认定标准,毕竟法律适用的统一对于协同打击电信网络诈骗犯罪及其帮信罪的轻罪治理均具有重要意义。

(二)从单一犯罪到衍生新的犯罪

相较于单独犯罪,共同犯罪往往案情复杂,社会危害性更大,为各国刑事法治理之重点。在共同犯罪案件中,共犯一旦形成攻守同盟,将会提升案件的证明难度[3],这在某种程度上,也会加大案件的办理难度和办案周期,反过来亦会加大犯罪的治理难度。如因为帮信犯罪实施起来较为简单,通过一个银行账户即可完成犯罪,部分人员在出租、出借银行账户过程中,甚至会在网络上不断学习、相互介绍、传授经验,尝试新的犯罪手段,最终从最初的单一、单人犯罪行为逐步衍生出诸如网络盗窃等新的犯罪行为,加剧社会治理难度。在Y市人民检察院受理的帮信案件中,部分人员在对外出租、出借、出售电话卡、银行卡、银行账户之后,因不满足于低比例"返点"报酬,利用"上线"或者"账户使用者"资金来源不合法更不敢报警的心理特点,用自己实名持卡人的身份,通过更换银行账户密码、挂失等方式,对卡内存款、流水实施截留转账、私自取现等"黑吃黑"行为。如在夏某、张某帮

---

[1] 张明楷:《电信诈骗取款人的刑事责任》,载《政治与法律》2019年第3期。
[2] 参见《最高人民检察院第四检察厅关于办理电信网络诈骗及其关联犯罪案件有关问题的解答》,载法规应用研究中心编:《中华人民共和国刑法一本通》(第5版),法律出版社2016年版,第680~682页。
[3] 汪海燕:《共同犯罪案件认罪认罚从宽程序问题研究》,载《法学》2021年第8期。

信、盗窃案中，夏某、张某二人合作将自己名下的银行卡提供给不法分子使用，因嫌获利有限，产生"黑吃黑"的想法，在交易账户被冻结后，通过更换密码等方式截留资金 2.5 万元。后夏某、张某被法院以帮信罪、盗窃罪两罪并罚。

（三）金融机构的预警信息互通机制作用发挥不充分

帮信犯罪赖以生存的土壤是商业银行等金融机构经营的业务和提供的服务，监管、过滤、预警作用一旦未得到充分发挥，行为人实施支付结算等帮信行为的概率将大大提高。在商业银行发现用户资金交易异常线索时，应及时向上级主管部门提交可疑交易报告。对于客户报告的可疑交易可按照规定由公安机关决定是否对涉诈资金采取紧急止付、冻结等必要措施，在排除账户风险后在公安机关的指示下及时解冻账户、返还资金[1]。但从司法实践来看，银行的预警机制往往仅仅局限于自家名下银行卡，不同银行间的预警信息互通机制仍不健全，如部分人员名下拥有多家银行的多张银行卡，在其中一家银行账户被冻结后，由于不同银行之间的冻结等预警信息并不互通，行为人仍能顺利通过名下其他银行卡继续帮助他人转移不法资金。如在薛某、宗某军等 6 人帮信案中，行为人薛某、宗某军、宗某锋、万某莹分别提供自己名下 6 个银行账户为他人转移不法资金提供帮助，4 人在其中某一个银行账户被风控或冻结之后，仍能在长达数月甚至半年时间内继续使用名下其他银行账户帮助他人转账，截至案发，上述 6 人合计转移资金 4271 万元，造成财产损失 4000 余万元。

（四）前科消灭制度不健全

帮信犯罪数量激增，导致每年被判处刑事处罚的人数随之增多，虽然伴随《反电信网络诈骗法》的施行，对其中为电信网络诈骗活动提供帮助，尚不构成犯罪的，规定了行政处罚的具体内容，但是从 Y 市实践样本来看，不法分子使用银行卡帮助他人转账很容易就能达到法律规定"30 万元+3 千元"的入罪门槛[2]，换句话说，帮信犯罪门槛不高会增加对犯罪的威慑力，但也

---

[1] 参见邓矜婷：《〈反电信网络诈骗法〉中金融业治理的行政责任》，载《中国银行业》2023 年第 2 期。

[2] 2020 年最高人民法院刑事审判第三庭、最高人民检察院第四检察厅、公安部刑事侦查局联合发布的《关于深入推进"断卡"行动有关问题的会议纪要》明确，单向流入涉案信用卡中的资金超过 30 万元，且其中至少 3000 元经过查证系诈骗资金。上述入罪标准成了司法实践中适用最广泛的入罪依据。

与犯罪人数居高不下存在直接关联，更会导致在单纯适用行政处罚时的数量较少。相类似的是，在酒驾入刑时，就有学者提出轻罪入刑的效果非常明显，"'入刑'的效果是显著的，可谓立竿见影，相对轻微的行政处罚达不到同样效果。理由在于：从我国的社会治理实践来看，醉驾入刑前，行政处罚在打击酒后驾车方面的效果并不好"〔1〕。其实，导致在保持打击电信网络诈骗犯罪及其关联犯罪高压力度与切实减少帮信违法犯罪的人数之间存在矛盾的原因之一就在于，就犯罪的出入罪情况而言，帮信罪和危险驾驶罪的入罪门槛较低，行为人一旦实施不法行为，就容易直接入刑，同时，我国当前的前科消灭制度并不健全，导致行为人一旦犯罪，就会遭受超出刑罚本身严厉程度的后果，甚至其家人也会受到影响〔2〕。因此，若要对帮信罪等轻微犯罪进行治理，可以从提高入罪门槛或者构建前科消灭制度这两端入手。

（五）相似罪名量刑差异大

帮信罪和掩隐罪同样作为电信网络诈骗犯罪的下游关联犯罪，其主要作用在于帮助实施电信网络诈骗的犯罪分子转移诈骗资金，从作案手段、工具、手法而言，二者存在许多相似之处，如往往都涉及行为人提供银行卡帮助对方"刷脸"验证、转账、取现等帮助行为，同时，因为在线转账行为的便利性，使得行为人供卡转移资金的流水很轻松就能达到百万、千万级别，使得能够轻松达到两罪名"情节严重"的适用标准，但由于法律规定的两罪的量刑差异巨大，因此实践中在两罪名均满足构成要件的情况下，司法机关往往优先选择适用帮信罪〔3〕。从 Y 市办案数据来看，2023 年 Y 市检察院受理帮信罪案件 187 件 408 人，但同时期受理掩隐罪案件仅 7 件 28 人，两者的受案数据差距悬殊。因此，如何区分帮信罪与掩隐罪的适用界限，平衡二者的定罪量刑标准，实现罪责刑相适应，也是对帮信罪进行社会治理的重要考量因素之一。

（六）其他问题

帮信罪作为电信网络诈骗犯罪的下游关联犯罪，其主要作用在于帮助实

---

〔1〕 李翔：《论微罪体系的构建——以醉酒驾驶型危险驾驶罪研究为切入点》，载《政治与法律》2022 年第 1 期。

〔2〕 参见黄云波：《微罪犯罪附随后果有待科学化》，载《检察日报》2017 年 7 月 12 日。

〔3〕 参见殷军、许军望、韩燕丽：《电信网络诈骗关联犯罪法律适用探析》，载《人民检察》2023 年第 S2 期。

施电信网络诈骗的犯罪分子转移诈骗资金,但是从 Y 市办案数据来看,因其网络犯罪自身具有的匿名、隐匿的特点,导致供卡转移的大量资金无法追回,如 2023 年 Y 市在办理帮信罪案件中认定造成财产损失达到 1.37 亿元,但司法机关追回的资金仅有 100 余万元,切实影响到案件的社会治理工作。此外,因为涉"两卡"犯罪门槛低,一张银行卡、一部手机、一个账户就能帮助别人转移资金,轻松获取报酬,更有大量人员被引诱实施犯罪[1],从司法实践来看,甚至包含部分学生等特殊群体,并由此引发一系列社会问题,在此视角上看,如何提高人民群众的法治意识,增强违法犯罪难度和成本,也是对帮信罪进行社会治理亟待考虑的问题。

四、对策建议

对帮信罪这一轻微犯罪进行社会治理,需要参照借鉴醉驾治理经验的做法,构建包含法律适用、程序选择、政策理念、出入罪平衡、社会治理的梯次治理模式,增进社会和谐稳定因素。具体如下:

(一)实体法律适用

帮信罪有关法律适用标准不清晰几乎已成为法学研究者的共识,如有学者认为,惩治帮信罪的难点之一就是对行为人主观明知的认定以及帮信罪的定罪量刑是否合理。[2]其实从司法实践来看,主要原因一方面在于帮信罪属于新兴犯罪,且依托于信息网络实施,犯罪手段、方式层出不穷,法律本身具有的滞后性导致难以及时跟上社会现实的变化,如尽管相关部门多次以会议纪要、意见、解答的方式对帮信罪明知的界定等予以解释,但仍难以完全概括司法实践中的全部情形,同时由于上述意见、解答并非司法解释导致司法机关在具体法律适用上存在差异。另一方面是帮信罪和掩隐罪二者在规则适用上存在诸多重合之处,界限也不清楚,加上二者的量刑差异巨大,部分法院从罪责刑相适应的角度在实践中往往倾向优先适用帮信罪。因此,需要继续通过出台司法解释、实施细则的方式对帮信罪主观明知、帮信罪和掩隐罪两者区分标准、掩隐罪"情节严重"的具体认定规则等进行清晰界定,为

---

[1] 参见最高人民法院刑事审判第三庭:《关于帮信罪司法治理的调研报告》,载《人民法院报》2023 年 8 月 25 日。

[2] 参见赵卫平、薛文涛:《帮助信息网络犯罪活动罪的惩治难点及对策》,载《人民检察》2024 年第 4 期。

司法实践提供适用依据，统一执法司法标准。

（二）程序选择适用

除了实体法律适用标准的统一，程序选择的从简也是轻罪治理的重要方面。程序法的侧重点在于程序性出罪机制、协商性司法、快审速判以及减少羁押等若干有利于犯罪嫌疑人、被告人以及实现轻罪案件较高司法效率的制度创新或者司法权应用[1]。从笔者梳理 Y 市人民检察院办理的危险驾驶罪案件来看，危险驾驶罪案件已经全面适用表格式讯问模式、公检法集中"一站式"办理模式、法院大量采用速裁程序审理案件等办案程序。因此，对于帮信罪而言，在程序选择上，应当全面借鉴危险驾驶罪的快速办理机制，强化司法机关的协作配合，依法从快办理。对于事实清楚、证据充分且嫌疑人认罪认罚的案件，应简化办案流程、采用合并式、表格式讯问模式、全面适用速裁、简易程序办理，必要时探索卷宗、文书的在线流转，切实减轻当事人的诉累，加快案件办理速度。对于其他有争议或者事实不清的案件，应依法适用普通程序办理。以案件的"难易分离"使得办案"快慢分道"，实现帮信罪案件的高质效办理。

（三）政策理念落实

在办理帮信罪案件时，应全面准确贯彻落实宽严相济刑事政策，在充分评估行为人人身危险性的前提下，积极创新运用数字监管方式提升非羁押强制措施适用效果[2]，进一步明确非羁押强制措施、不起诉、缓刑的适用范围、标准和程序，明确、细化轻量化处理的适用依据，实现治罪和治理的有机统一。具体而言，对于管理者、介绍者、教唆者依法从严处理，对于多次、多张卡、长时间提供帮助或者利用老年人、残疾人、学生等特殊群体实施犯罪的，依法从严惩处。对初犯、偶犯、残疾人、学生、积极退赃退赔者依法从宽，综合其在帮信犯罪中参与程度、地位作用、获利程度、认罪悔罪表现等情节，可依法予以从轻、减轻、从宽处罚，甚至积极适用不起诉、定罪免刑、不作为犯罪处理。与此同时，积极探索发挥相对不起诉、缓刑之后的社会化服务、公益服务、赔偿补偿等方面的积极作用，制定有针对性的教育惩

---

[1] 张建伟：《轻罪治理的司法逻辑、法律调整与程序配置》，载《中国刑事法杂志》2024 年第 2 期。

[2] 参见刘润发：《轻刑案件适用非羁押强制措施的难点及对策》，载《人民检察》2017 年第 18 期。

治、矫正方案，实现分级分类、个别化教育，增强其悔罪意识、法治观念，帮助其成为守法公民。

（四）银行间预警信息互通机制构建

加强不同银行之间预警信息互通、共享机制构建，对帮信行为关联产业实行全链条监管。商业银行等金融机构基于其名下系统用户的职业信息、日常资金流水、交易习惯、交易频次、交易对象、交易时间等研判后，发现该用户涉嫌帮助他人转移资金等不法行为的，在及时冻结、管控该相关账户后，应当探索向银保监等上级主管机关报告，并由上级机关下发指令至该用户名下其他银行卡所涉及的全部商业银行，由各个商业银行对该用户建立提前预警提醒机制，后各银行一旦检索到该用户存在资金流水异常的行为时，及时冻结或者紧急止付，避免出现某一用户在名下一张银行卡被冻结之后仍能畅通无阻地使用名下其他银行账户长时间接续转账的现象发生。

（五）"帮信"犯罪记录消灭及配套制度设置

帮信罪和危险驾驶罪均为轻罪，但从犯罪之后的行为人承受的诸如就业、参军等社会影响来看，实际上帮信罪和其他重罪一样对行为人有较大的社会影响，甚至伴随一生，从不法行为实施和结果影响的对应程度来看，二者并不相匹配，有违罪责刑相适应的原则，甚至高发的轻微犯罪也会导致犯罪标签泛化的问题[1]。因此在帮信罪案件上，可以适时探索设置犯罪记录消灭制度，并借助未成年人犯罪记录封存模式，如根据行为人所判处刑罚的时间长短，设置在刑罚执行满 3 年、5 年、10 年内，如果行为人没有再次犯罪的，此时犯罪记录应当封存，非法律规定的特殊情形外，任何单位、个人不得随意查询、提供行为人的犯罪记录，以帮助行为人有效地消除犯罪标签，促使其真正回归社会，从而有效增加社会和谐因素，减少社会对立面。

---

[1] 参见梁云宝：《我国应建立与高发型微罪惩处相配套的前科消灭制度》，载《政法论坛》2021 年第 4 期。

第四单元

民营企业腐败犯罪司法适用的基本立场
——基于《刑法修正案（十二）》条款之诠释

张兆松　周　挺[*]

摘　要：涉民营企业腐败犯罪的构成要件不同于国有企业腐败犯罪，但其侵犯的法益与国有企业腐败犯罪没有本质区别。刑法中的国有公司、企业是指国家独资的公司、企业；公司实际控制人可以成为涉民营企业腐败犯罪主体；同类营业必须具有同类行业商业机会竞争的本质属性，非法利益数额巨大不同于重大损失，国有企业委派到非国有企业从事公务人员构成犯罪的，应按《刑法》第165条第1款定罪处罚；当行为人既触犯非法经营同类营业罪、为亲友非法牟利罪，又触犯职务侵占罪的，应当择一重罪定罪处罚；涉民营企业腐败犯罪的追诉标准与国有企业要保持一致，并尽快由"两高"统一作出明确规定；对民企相关责任主体发生在2024年3月1日之前的非法经营同类营业、为亲友非法牟利、徇私舞弊低价折股、出售公司、企业资产的行为不予追诉。

关键词：民营企业；《刑法修正案（十二）》；平等保护；司法适用

一、问题的提出

2023年12月29日，第十四届全国人民代表大会常务委员会第七次会议通过《刑法修正案（十二）》（本文以下简称《刑修（十二）》）。这次修正案，"主要是就行贿和民营企业内部人员腐败相关犯罪规定作进一步完善"。[1]

---

[*] 作者简介：张兆松，浙江工业大学法学院教授；周挺，浙江工业大学法学院2023级硕士研究生。

[1] 沈春耀：《关于〈中华人民共和国刑法修正案（十二）（草案）〉的说明——2023年7月25日在第十四届全国人民代表大会常务委员会第四次会议上》，载《中华人民共和国全国人民代表大会常务委员会公报》2024年第1期。

1997年《刑法》颁布后,根据经济社会发展和情况变化,立法机关先后通过《刑法修正案》(六)、(八)、(九)、(十一)等对公职人员以外的腐败犯罪不断进行完善。《刑修(十二)》则又一次对民营企业腐败犯罪作出重大修改,即对《刑法》第165条、第166条和第169条作出重大修改。这三项修改均针对民营企业内部的腐败类犯罪,均涉及公司、企业管理人员的"忠实义务",目的是加强对民营企业内部腐败犯罪的惩治,进一步落实平等保护原则。

立法机关在修订《刑修(十二)》时,不仅扩大第165条、第166条、第169条规定的犯罪主体,即由原来的国有公司、企业扩大到所有公司、企业,而且还根据民营企业的现状、特点,对犯罪客观要件也作出不同于国有公司、企业的修改。这种修改表明立法机关在强调平等保护的同时,也仍然注意到国有公司、企业和民营公司、企业在内部腐败行为入罪标准上的差异,即对民营企业腐败犯罪构成要件提出了比国有公司、企业工作人员更严、更高的要求,体现了立法机关对于民营企业内部腐败行为刑事入罪的谨慎和范围的严格限制,防止扩大刑事打击面。

也正基于此,对这三个条文进行修改的《刑修(十二)》,一经颁布即引起刑法学界的广泛关注,并产生了不同的评价。有的学者认为,《刑修(十二)》中的保护民营企业的条文修改体现了刑法的泛刑化,其立法的正当性值得反思,因为对于民营企业内部的背信行为,相关法律已有较为完善的保护及救济措施,无须动用刑法;民营企业内部的背信行为入罪化,是不平等保护民营企业的体现,会影响企业经营且不能起到充分保护民营企业的效果,并使刑事手段过度干预企业经营,有违公司自治。[1]因此,"有必要对刑事处罚的范围进行司法限定,科学确定入罪门槛,合理划定该罪名在民营企业反腐领域中的适用范围,以防止犯罪圈的过度膨胀"。[2]也有的学者认为,"刑法对民营企业与国有企业采取相同的规制措施,虽然在立法形式上体现了同等保护,但在具体的司法适用中,民营企业很可能处于一种弱势地位,非但无

---

[1] 刘艳红:《轻罪时代刑事立法泛刑化与重刑化之理性反思——以〈刑法修正案(十二)〉为视角》,载《法学评论》2024年第2期。

[2] 王海军:《涉民营企业背信犯罪的立法拓展与司法限定——以〈刑法修正案(十二)〉为中心》,载《法学杂志》2024年第3期。

法达到保护的目的，反而可能面临治理过度的危险"。[1]而有的学者则认为，"《刑修（十二）》仅仅修改三个'僵尸罪名'来凸显国家对民营企业的平等保护，难免让人产生'形式大于内容'的质疑。……对这三个罪名犯罪主体的扩充，与其说具有实际的惩治功能，倒不如说更具有象征性意义，是一种特殊的象征性立法"。[2]前者担心的是刑法适用的宽泛化，有违刑法谦抑性原则；后者担心的是刑法适用不足，造成象征性立法。笔者认为，这些担心并非多余。

我们必须清醒地认识到：立法修改后，严格执法是关键。要做到严格执法，前提是要领会立法旨意，正确理解和解释法条。"解释者与其在得出非正义的解释结论后批判刑法规范，不如合理运用解释方法得出正义的解释结论；与其怀疑刑法规范本身，不如怀疑自己的解释能力与解释结论。"[3]《刑修（十二）》颁布后，学界和司法界对民营企业涉及的三个罪名的理解与适用作了较为深入的探讨，但从研究现状看对于不少问题仍存在比较大的分歧。徒法不足以自行。为了保证严格执法，准确把握立法精神，落实立法修订目的，避免大家所担心的宽泛化或象征性适用，笔者试在辨析各种不同观点的基础上，立足司法实务，从立法背景、解释进路，对民营企业涉及的三个罪名在司法适用中应当注意的若干问题提出己见，供大家批评指正。

二、涉民营企业犯罪侵犯的法益

对《刑修（十二）》新增的三个涉民营企业犯罪，有的称之为"民营企业内部人员腐败相关犯罪"，[4]有的认为是"民营企业人员的特殊背信犯罪"，[5]而在背信犯罪中，"经济秩序法益不具有独立性而具有从属性。背信行为侵犯经济秩序法益是侵犯委托人财产法益的附随效果"。[6]"新增民营企

---

[1]黄明儒：《论刑法平等保护民营企业的多重意蕴——兼评〈刑法修正案（十二）〉相关条文》，载《政法论坛》2024年第2期。

[2]储陈城：《民营企业的刑法保护——兼评〈刑法修正案（十二）〉》，载《法商研究》2024年第2期。

[3]张明楷：《刑法分则的解释原理》（上册），高等教育出版社2024年版，"序说"第2页。

[4]沈春耀：《关于〈中华人民共和国刑法修正案（十二）（草案）〉的说明——2023年7月25日在第十四届全国人民代表大会常务委员会第四次会议上》，载《中华人民共和国全国人民代表大会常务委员会公报》2024年第1期。

[5]陈禹橦：《新增特殊背信犯罪条款的理解与适用》，载《湖湘法学评论》2024年第1期。

[6]柏浪涛：《我国背信犯罪的教义学阐释——以〈刑法修正案（十二）〉为起点》，载《苏州大学学报（法学版）》2024年第2期。

业工作人员的犯罪，本质上是背信犯罪，应当被严格限定为侵犯财产权的犯罪"，〔1〕或者"应该将其严格限定为侵犯股东财产权的犯罪"。〔2〕也有的认为，这三种犯罪属于职务犯罪、腐败犯罪以外的舞弊犯罪。〔3〕笔者认为，上述诸观点不无疑问。

大陆法系的刑法通说认为，背信罪保护的法益是财产权。我国刑法除了在 2006 年《刑法修正案（六）》中增设的"背信损害上市公司利益罪"与"背信运用受托财产罪"外，并没有独立的"背信罪"罪名。《刑法》第 165 条、第 166 条、第 169 条属于破坏社会主义经济秩序罪中的"妨害对公司、企业的管理秩序罪"。公司制度要求公司内部成员不得利用其在公司中的地位谋取个人利益。《公司法》规定了高级管理人员等公司内部成员对于公司负有勤勉和忠实义务。《公司法》第 180 条第 1 款规定："董事、监事、高级管理人员对公司负有忠实义务，应当采取措施避免自身利益与公司利益冲突，不得利用职权牟取不正当利益。"这一规定明确了忠实义务的本质，即"违反忠实义务的本质是为自己私利滥用权力以谋取不法利益"。〔4〕《公司法》第 181 条至第 184 条对忠实义务之违反行为作了类型化处理。民营企业涉及的三个罪名所包含的忠实义务内容，都在前置法《公司法》中得到了体现。《刑法》是对公司忠实义务的后盾保障。这些罪名的设立旨在：一方面是保护公司的利益，另一方面也是规范公司高级管理人员履行忠实义务。刑法中的职务侵占、挪用资金犯罪，指的是非国家工作人员利用职务便利盗窃、骗取企业财产，侵害的是公司、企业的财产权，而三个涉民营企业犯罪则是针对市场经济活动，非法经营同类营业涉及的是高级管理人员的忠实问题，为亲友非法牟利关涉的是交易机会和关联交易的问题，徇私舞弊低价折股、出售企业资产更是直接切入交易价格是否公允的问题，这是一种"经营型"腐败，利用职务便利攫取交易机会，以经营的方式获取非法利益，将其视为直接侵犯财

---

〔1〕 孙道萃：《〈刑法修正案（十二）〉的立法要义和司法表达》，载《中国应用法学》2024 年第 2 期。

〔2〕 罗翔：《技艺和程序：刑法修正的检视——〈刑法修正案（十二）〉新增民企工作人员犯罪条款的展开》，载《法学评论》2024 年第 1 期；刘静坤主编：《刑法条文理解与司法适用》（第 2 版），法律出版社 2024 年版，序言。

〔3〕 印波：《民营企业产权的刑法平等保护——以〈刑法修正案（十二）〉为分析重点》，载《法学杂志》2024 年第 3 期。

〔4〕 李建伟主编：《公司法评注》，法律出版社 2024 年版，第 716 页。

产权的犯罪,并不妥当。

三个涉民营企业犯罪侵犯的法益是国家对公司、企业的管理秩序以及公司、企业工作人员职务行为的廉洁性和不可交易性。公司管理人员违反忠实义务的行为,就是企业工作人员的腐败行为。关于腐败的定义,虽然理论界众说纷纭,但是较为流行而为大多数人所接受的概念是为谋求个人私利而滥用公共权力的行为。从一般意义上说,腐败是与公共权力联系在一起的。有的学者认为,这三个罪名的条文第 1 款是"国家工作人员利用职务之便所实施的职务犯罪,具有一定的渎职性。因此,它不仅侵犯了公司、企业的管理秩序,还侵犯了公职行为的廉洁性,破坏了民众对公职行为的信赖,造成了国有财产的损失",而"民营企业工作人员实施类似行为除了侵犯公司、企业的管理秩序,却不可能侵犯公职行为的廉洁性等相关法益"。[1]也有的学者认为,"国有企业董事、经理的背信行为所侵犯的主要客体是国家工作人员的廉洁性,而民营企业董事、经理的背信行为不仅严重损害企业产权利益,也会扰乱公平竞争的市场秩序,其侵犯经济秩序法益的性质更为突出。前者属于职务犯罪,后者仍属于经济犯罪"。[2]笔者认为,对这种将腐败仅局限在公共权力范围的观点需要反思。当前,"如果还坚持用公共权力定义腐败或持有类似做法与观点,必然会造成很多腐败行为被排除在外,处于防控或治理的盲区,这是十分有害的""腐败的基本或主干定义依然是滥用委托权力谋取私利"。[3]从以刑法来惩罚违背公司信义义务的公司内部成员,保障公司制度的角度,原本就不需要区分企业是国有性质还是民营性质,本次修正扩大罪名适用范围的目的就在于进一步完善公司治理机制。《刑修(十二)》规定的涉民营企业犯罪侵犯的法益与国有企业犯罪侵犯的法益没有本质区别,两类犯罪都是对公司、企业管理秩序的破坏,最终侵犯的是市场主体的经济利益。同时,两类犯罪都是背信行为、腐败行为,都是行为人滥用委托权力谋取私利的行为。

---

[1] 罗翔:《技艺和程序:刑法修正的检视——〈刑法修正案(十二)〉新增民企工作人员犯罪条款的展开》,载《法学评论》2024 年第 1 期。

[2] 张勇、郏梦蝶:《民营经济刑法保护的公平价值及其实现》,载《河北法学》2024 年第 4 期。

[3] 任建明:《腐败定义正误之辨——基于事实与逻辑》,载《学术界》2023 年第 4 期。

三、"其他公司、企业"范围的界定

《刑法》第 165 条、第 166 条、第 169 条第 1 款规定的犯罪主体是国有公司、企业，第 2 款规定的犯罪主体是"其他公司、企业"，严格区分"国有公司、企业"和"其他公司、企业"的界限至关重要。其中核心问题是"国有公司、企业"是否应包含国有控股、国有参股的公司、企业等混合制公司、企业。有的学者认为："'国有公司、企业'是指所有国有独资企业、国有参股企业和国有控股企业，最新修正案在非法经营同类营业罪、为亲友非法牟利罪和徇私舞弊低价折股、出售公司、企业资产罪中增加的'其他公司、企业'，仅包括集体企业和私营企业等没有任何国有资本出资的公司、企业。"[1]

关于刑法中的国有公司、企业是否应包含国有控股、参股的公司、企业，刑法学界一直存在争议。"单一说"认为，国有必须是全部国有，而不能是主要国有或部分国有，国有公司、企业，是指国家独资的公司、企业，不包括国家参股的混合制公司或企业，即使是由国有资本绝对控股也不能因此改变财产混合所有制的性质。"控股说"认为，国有资本在公司中处于控股地位时，该公司就是国有公司。该说根据对国有资本的控股地位的要求不同，又分为"绝对控股说"和"相对控股说"两种不同的观点。"参股说"认为，凡是具有国有资产成分的公司、企业，均应认为是国有公司、企业。[2]笔者曾持"绝对控股说"。[3]

"单一说"得到了司法解释的认可。2005 年 8 月 1 日最高人民法院发布的《关于如何认定国有控股、参股股份有限公司中的国有公司、企业人员的解释》（本文以下简称《解释》）规定："国有公司、企业委派到国有控股、参股公司从事公务的人员，以国有公司、企业人员论。"2010 年 11 月 26 日最高人民法院、最高人民检察院印发的《关于办理国家出资企业中职务犯罪案件具体应用法律若干问题的意见》再次强调："经国家机关、国有公司、企业、

---

〔1〕 刘宪权：《〈刑法修正案（十二）〉修正内容之规范解读与思考》，载《财经法学》2024 年第 3 期。

〔2〕 郭立新、杨迎泽主编：《刑法分则适用疑难问题解》，中国检察出版社 2000 年版，第 77 页；孙国祥：《贪污贿赂犯罪疑难问题学理与判解》（全 3 卷），中国检察出版社 2003 年版，第 59~60 页；冯军、梁根林、黎宏主编：《中国刑法评注》，北京大学出版社 2023 年版，第 1547 页。

〔3〕 张兆松：《质疑两个有严重缺陷的刑法司法解释——关于加强对非国有资产保护的另一种思考》，载赵秉志主编：《刑法评论》（总第 11 卷），法律出版社 2006 年版，第 162~170 页。

事业单位提名、推荐、任命、批准等,在国有控股、参股公司及其分支机构中从事公务的人员,应当认定为国家工作人员。"2012 年公安部经济犯罪侦查局作出的《关于对国有控股、参股的金融部门及其分支机构有关人员失职或者滥用职权可否适用刑法第 168 条的批复》指出:"国有控股或参股的公司、企业,不属于刑法规定中的国有公司、企业,但国有控股、参股公司、企业的工作人员在一定条件下可以适用刑法第 168 条的规定。"这一批复精神与最高人民法院、最高人民检察院的司法解释一致。根据上述解释,在国有控股、参股的公司中,除代表国有单位从事组织、领导、监督、经营、管理工作的人员外,其他都是非国家工作人员。为了保证执法的统一性,《刑修(十二)》实施后,对"国有公司、企业"及其工作人员的认定应当根据上述司法解释执行,即国有控股、参股的公司、企业不属于"国有公司、企业"的范围,国有控股、参股公司、企业的工作人员一般只能适用《刑法》第 165 条、第 166 条、第 169 条的第 2 款之规定。

四、涉民营企业腐败犯罪主体的认定

1. 如何认定"董事、监事、高级管理人员"

《刑法》第 165 条规定的犯罪主体是"董事、监事、高级管理人员"。关于腐败犯罪主体身份的认定,刑法学界长期存在"身份说""职权说"之争。"职权说"认为,"公司、企业的'经理'是否构成犯罪主体关键在于其本身是否属于公司、企业层面的领导,是否具有相应的决策权和管理权","采取'职权说'的标准更符合立法原意和司法实践"。[1]笔者认为,对于高级管理人员身份的认定应采取形式判断和实质判断相结合的方式。其一,形式判断。行为人是否具备公司登记备案的高管身份,以及是否被纳入公司章程规定的高管范围,比如公司章程明确将核心业务负责人、核心技术负责人等列入"高管"范围。其二,实质判断。行为人在公司中是否享有实际上的职权和职责,是否实际掌握着公司经营权以及重大事项的决定权、执行权。对于"虽无其名、但行其实"的"事实高管"应纳入高管行列规制,而对于"虽有其名、但无其实"的"名义高管",即名义上冠以"经理""负责人"等头衔,但不实

---

[1] 刘仁文:《刑法强化民营企业内部反腐的最新发展与司法适用》,载《政法论坛》2024 年第 2 期。

质履行公司核心管理职责的相关人员，不认为是第 165 条规定的"高级管理人员"。

实践中，对"总监、主管、首席、地区、分区负责人"及中层部门负责人等各种职位的人员是否属于法律意义上的高管往往存在争议。有的学者认为，"不管是哪个部门，哪怕是中层部门的管理人员，只要其岗位非常重要，符合公司章程规定，就可以认定为公司的高级管理人员"。[1]笔者认为，对非法经营同类营业罪犯罪主体的认定应作实质判断。最高人民法院在《刑事审判参考》案例第 187 号"杨某康非法经营同类营业案"中指出："实践中，一些国有公司、企业将其中层管理人员也称作经理，如部门经理、业务经理、项目经理等，有的还称为科长、处长、部长等，这类经理因系日常称谓，而非法律用语，且其负责的不是整个公司、企业的管理，而是对某一部门、某一项目、某一项业务的管理，其经营权、管理权有限，故公司法未对其作竞业禁止性规定。"[2]可见，一些公司、企业中的"分公司经理（负责人）""部门经理""大区总监"等中层管理人员都不属于第 165 条规定的"高级管理人员"。

2. 实际控制人能否成为涉民营企业腐败犯罪主体

有的学者认为，"对'董事'认定的步子在我国不宜迈得过大，尤其对"事实董事"在刑法中不应以'董事'论"。[3]笔者不同意这一观点。实践中，由于各种原因，民营企业中存在大量"隐名股东（影子股东）"实际控制的情况。从形式上看，"隐名股东"并不是公司的登记股东，并未在公司章程或股东名册中记载，甚至还存在各种形式的代持情况。这种隐名股东往往也不以担任"董监高"的形式存在于公司管理层。我国公司中盛行影子董事，"如果不将这些人的行为纳入公司治理的规范对象，我国的公司治理永远面临法律与现实两张皮的问题"，[4]引入影子董事，属于我国《公司法》的重大制度创新。"此次公司法修订的一大亮点就是强化了控股股东、实际控制人的

---

[1] 瞿阳帆、张楚昊、纪佳莉：《从〈刑法修正案（十二）〉看背信犯罪与民企保护》，载微信公众号"上海检察"2024 年 3 月 23 日，最后访问日期：2024 年 5 月 25 日。

[2] 《杨文康非法经营同类营业案——非法经营同类营业罪与为亲友非法牟利罪之区分》，载最高人民法院刑事审判第一庭、第二庭：《刑事审判参考》（总第 27 辑），法律出版社 2002 年版。

[3] 田宏杰：《企业内部人员职务犯罪的刑事治理完善》，载《中国刑事法杂志》2024 年第 1 期。

[4] 李建伟主编：《公司法评注》，法律出版社 2024 年版，第 716 页。

责任。"[1]《公司法》第 180 条第 3 款规定："公司的控股股东、实际控制人不担任公司董事但实际执行公司事务的，适用前两款规定。"可见，对实际控制人是适用"董监高"的规定的。这类实际控制人的腐败行为，具有社会危害性和同质性，与公司董事、监事的腐败行为完全类似，甚至危害性更大，有必要追究法律责任。因此，《刑法》第 165 条、第 166 条、第 169 条，应当将实际控制人纳入犯罪主体范围。

3. 为亲友非法牟利罪、徇私舞弊低价折股、出售公司、企业资产罪的主体是否限于董监高人员

在我国《民法典》《公司法》中，承担忠实义务、禁止通过关联交易损害公司利益的主体，只有"控股出资人、实际控制人、董事、监事、高级管理人员"，并不涉及一般的工作人员。即一般工作人员的背信腐败行为在民商事法上并没有直接、明确的禁止性规定。这类人员（如民营企业的中层甚至中层以下的员工）是否可以构成为亲友非法牟利罪？有的学者认为，"为亲友非法牟利罪、徇私舞弊低价折股、出售公司、企业资产罪以及新增的民营企业工作人员相关犯罪条款并未采取《公司法》的相同表述，依然使用的是'国有公司、企业、事业单位的工作人员'、'其他公司、企业的工作人员'、'国有公司、企业或者其上级主管部门直接负责的主管人员，'直接负责的主管人员'这样的表述，这令人费解，为了避免刑法与公司法发生冲突，上述犯罪的主体也必须限定为公司、企业的董事、监事、高级管理人员，不能将犯罪主体扩展至其他工作人员。"[2]笔者不同意这种观点。《刑法》第 166 条规定的犯罪主体分别是"国有公司、企业、事业单位的工作人员""其他公司、企业的工作人员"，其与《刑法》第 165 条规定的犯罪主体明显不同。如果立法机关认为这两个罪名的犯罪主体只能限于董监高人员，完全可以在第 166 条中作出与第 165 条相同的规定。这不是立法疏漏，而是立法刻意为之。当然，对第 166 条中的"工作人员"也不能任意作扩大解释，一般宜限制在公司、企业的管理人员之中。

---

[1] 杨永清、潘勇锋：《公司法修订若干问题探讨》，载《法律适用》2023 年第 1 期。
[2] 罗翔：《技艺和程序：刑法修正的检视——〈刑法修正案（十二）〉新增民企工作人员犯罪条款的展开》，载《法学评论》2024 年第 1 期。

五、在非法经营同类营业罪中，应如何理解"同类营业"

非法经营同类营业罪是《公司法》中公司高管"竞业禁止义务"在刑法中的具体表现。司法实践中，司法机关通常可以从以下方面判断相关人员是否构成"同类的营业"：一是判断相关人员自己经营或为他人经营业务与任职企业的营业是否属于同种类别，即营业性质以及营业商品在品种、性能、用途等方面是否相同；二是判断相关人员自己经营或为他人经营业务与任职企业的营业是否具有竞争关系，即客户群体是否一致，是否具备较高可替代性等。"同类营业"必须具有同类行业商业机会竞争的本质属性，且相关人员从事此类经营一般会侵犯或者影响任职的公司、企业谋取商业机会。

"同类营业"要求行为人原任职公司、企业的营业和非法经营的公司、企业的营业属于相同种类。随着社会经济的不断发展和产业结构的不断变化，涌现出诸多新产业、新业态、新商业模式。如果根据登记经营范围和《国民经济行业分类》国家标准，均无法判断是否属于"同类营业"，就需要进行实质判断，即营业是否形成竞争关系，是否具有利害冲突关系，是否侵犯、影响任职公司、企业的商业机会等。"具有竞争或利害冲突关系"，包括自己经营或为他人经营的公司、企业在同一区域内与自己任职的公司、企业在市场份额、市场价格等方面进行竞争、抢夺市场，从而损害任职公司、企业利益的横向竞争行为，以及通过垄断自己任职公司、企业的供货渠道，高价收购自己经营或为他人经营的公司、企业的商品，低价销售商品给自己经营或为他人经营的公司、企业进行转手倒卖等抢夺自己任职公司、企业的商业机会，损害任职公司、企业利益的有利害冲突关系的纵向竞争行为。

具体来说，一看横向竞争关系。横向竞争关系不能局限在公司章程或工商登记的经营范围，还应当包括公司实际从事的经营范围以外的业务，自己经营或为他人经营的公司、企业在一定区域内与自己任职的公司、企业在商品或者服务的市场份额、市场价格等方面是否存在横向竞争关系，从而损害任职公司、企业的现实利益和预期利益。

二看纵向竞争关系。行为人是否通过垄断自己任职公司的供货渠道，高价收购自己经营或为他人经营的公司的商品、服务，低价销售商品、服务给自己经营或为他人经营的公司进行转手倒卖等手段侵犯自己任职公司、企业的商业机会，是否存在损害任职公司、企业利益的有利害冲突关系的纵向竞争行为。但纵向竞争关系不同于纵向链接关系，司法实践中容易将两者相混淆，以纵向竞争代替纵向链接，进而认定所谓的"同类营业"，这属于不当扩大了该罪的适用范围。具有链接关系的营业，若与本公司的业务不存在竞争或利害冲突关系，不宜认定为"同类的营业"。[1]

六、"非法利益数额巨大"与"重大损失"的区别

《刑法》第 165 条第 1 款和第 2 款规定的入罪的构成要件存在差异：前者是"获取非法利益，数额巨大的"，后者是"致使公司、企业利益遭受重大损失的"。同一种罪名的不同企业主体，其构成要件并不相同。目前的问题是行为人获取的非法利益是否可以等同于公司、企业利益遭受的重大损失？有的学者认为，"囿于非法经营同类营业罪的特殊性，刑法只能以'获取非法利益'来描述国有单位内部人员实施背信行为所造成的客观损害""实际上，'获取非法利益'与'致使公司、企业利益遭受重大损失'是一体两面的关系"。[2] 笔者认为，将这两个数额完全等同并不符合立法旨意。立法机关之所以在第 165 条第 2 款中将"致使公司、企业利益遭受重大损失"作为犯罪门槛，主要是考虑到，非法经营同类营业罪"犯罪门槛过低，也不符合民营企业中非法经营同类营业的本质特征，这一点与第 1 款对国有公司、企业人员的廉洁从严要求有所不同"。[3]

一般情形下，获取非法利益会导致公司、企业利益遭受损失，行为人获取非法利益与公司、企业利益遭受损失之间具有一致和重合的部分。但是，行为人获取非法利益与公司、企业利益遭受损失之间也会存在不一致的情形。即在行为人获取非法利益，但是公司、企业利益未遭受损失的情况中，如果是国有企业的"董监高"利用职务便利经营同类营业，则可能构成非法经营同类营业罪，而如果是民营企业的"董监高"利用职务便利经营同类营业，则可能不构成非法经营同类营业罪；或者在行为人没有获取非法利益，但是公司、企业利益遭受损失的情形中，如果是国有企业的"董监高"利用职务

---

[1] 高之深、高洪江：《具有链接关系的营业不属"同类的营业"》，载《人民法院报》2017 年 12 月 21 日。

[2] 刘宪权：《〈刑法修正案（十二）〉修正内容之规范解读与思考》，载《财经法学》2024 年第 3 期。

[3] 张义健：《〈刑法修正案（十二）〉的理解与适用》，载《法律适用》2024 年第 2 期。

便利经营同类营业,则可能不构成非法经营同类营业罪,如果是民营企业的"董监高"利用职务便利经营同类营业,则可能构成非法经营同类营业罪。例如,A公司生产、销售汽车轮胎,甲系A公司的总经理。据了解,甲成立一家B公司销售汽车轮胎,利用职务便利从A公司按照正常市场价格进货,通过B公司销售的汽车轮胎数量系之前的两倍,不仅没有让A公司遭受损失,反而使A公司的销售利润翻两倍,与此同时,甲也通过B公司获取了巨额利润。根据上文分析,如果A公司系国有企业,那么甲的行为构成非法经营同类营业罪;如果A公司系民营企业,那么甲的行为则不构成非法经营同类营业罪。

七、国有单位委派到国有控股、参股公司从事公务人员的条款适用

《刑修(十二)》施行之前,《刑法》第165条、第166条、第169条规定的犯罪主体仅限于国有公司、企业的工作人员,而国有公司、企业又必须是国有全资(独资)公司、企业。为了弥补立法缺陷,更有力地打击国有控股、参股公司中的渎职犯罪,《解释》将国有公司、企业委派到国有控股、参股公司从事公务的人员,视同"国有公司、企业人员"。那么在《刑修(十二)》实施后,国有公司、企业委派到国有控股、参股公司从事公务的人员是适用上述条文的第1款还是第2款呢?有的学者认为,近年来,最高人民法院、最高人民检察院出台了不少刑事司法解释,对某些具有较大社会危害性的行为予以定罪处罚。这些司法解释具有实质根据,但缺乏上位法的依据,随着刑法修正案的正式实施,应当及时对相关司法解释进行修改。〔1〕现《刑修(十二)》已将《刑法》第165条、第166条、第169条规定的犯罪主体扩大到"其他公司、企业的人员",原来的立法缺陷已得到克服,《解释》理当不再有效,国有公司、企业委派到国有控股、参股公司从事公务的人员应当纳入上述条文第2款所规定的"其他公司、企业的工作人员"。

笔者不赞同这一观点。从立法旨意看,"在立法过程中,有些意见提出,不采取增加一款的方式,而采取修改第1款的方式,即删去'国有公司、企业'中的'国有',规定为一款即可,这样更能体现平等保护的精神,立法技

---

〔1〕 参见朱宁宁:《周光权代表:建议及时修改与刑法修正案(十一)相抵触的司法解释》,载https://www.thepaper.cn/newsDetail_forward_11642262,最后访问日期:2021年3月10日。

术上也更为简洁"。〔1〕但从立法规定看，《刑修（十二）》不是简单地扩大上述三个条文规定的犯罪主体，对其他犯罪的构成要件也作了一些调整，且对国有公司、企业的工作人员的要求仍然严于其他公司、企业的工作人员。根据2024年5月21日国务院发布的《国有企业管理人员处分条例》第2条的规定，"经党组织或者国家机关，国有独资、全资公司、企业，事业单位提名、推荐、任命、批准等，在国有控股、参股公司及其分支机构中履行组织、领导、管理、监督等职责的人员"，或者"经国家出资企业中负有管理、监督国有资产职责的组织批准或者研究决定，代表其在国有控股、参股公司及其分支机构中从事组织、领导、管理、监督等工作的人员"，属于"国有企业管理人员"。鉴此，为了从严惩处国有企业管理人员腐败犯罪，《刑修（十二）》实施后，《解释》依然有效，即凡国有单位委派到国有控股、参股公司从事公务的人员，触犯《刑法》第165条、第166条、第169条之罪的一律按其第1款定罪处罚。

八、非法经营同类营业罪、为亲友非法牟利罪与职务侵占罪的界限

非法经营同类营业罪、为亲友非法牟利罪与职务侵占罪，在侵犯法益、犯罪主体、定罪标准等方面均存在差异，但实践中对这三种犯罪也容易产生混淆。正如有的学者所说的，"考察既有的职务侵占罪司法实践，不难发现，很多认定构成职务侵占罪的行为，其本质上属于非法经营同类营业、为亲友非法牟利，只不过彼时因刑法规定无法以上述两罪定罪处罚，不得已求助于一般性的职务侵占罪，进行兜底处理"。〔2〕2022年5月5日最高人民检察院发布的《检察机关依法办理民营企业职务侵占犯罪典型案例》中的"D科技公司营销中心总监张某某、经理罗某某职务侵占案"，即属此类情况。〔3〕有的学者认为，"结合以往民营企业内部工作人员所触犯的职务侵占案例可以认为，部分行为可以以非法经营同类营业罪，为亲友非法牟利罪，徇私舞弊低价

---

〔1〕 张义健：《〈刑法修正案（十二）〉的理解与适用》，载《法律适用》2024年第2期。

〔2〕 李耀：《刑法修正案（十二）出台，部分民企内部贪腐行为或可降格从轻处罚》，载微信公众号"中国政法大学刑事辩护研究中心"2024年1月8日，最后访问日期：2024年8月6日。

〔3〕 孙风娟：《从严打击民营企业腐败犯罪 提升司法保护质效——最高检发布依法办理民营企业职务侵占犯罪典型案例》，载《检察日报》2022年5月6日。

折股、出售公司、企业资产罪认定"。[1]

笔者不同意上述观点。当民营企业工作人员的行为，既触犯非法经营同类营业罪、为亲友非法牟利罪，又触犯职务侵占罪的，属于想象竞合犯。根据想象竞合犯的处罚原则，应当择一重罪，即以职务侵占罪定罪处罚，而不是对民营企业腐败犯罪网开一面，故意按轻罪定罪处罚。

九、涉民营企业腐败犯罪的追诉标准

《刑法》第165条、第166条、第169条前后两款，第1款规定的犯罪主体是国有公司、企业的工作人员，第2款规定的犯罪主体是其他公司、企业的工作人员。对两类主体是否应当适用同一追诉标准？对此争议很大，不少学者认为应构建差异化追诉标准。有的认为，"立法平等是司法平等的前提，司法平等不应当是对立法平等的简单'复制'。司法平等应当允许差异化，包括对入罪、出罪加以区别对待"。[2]还有的认为，民营企业与国有企业内部腐败犯罪的入罪标准不应等同，因为"国家工作人员和民营企业工作人员所实施的相关行为在法益侵害性和人身危险性上存在差异，不应给予同等的刑法评价";[3]"两者的社会危害性及其程度是存在差异的，这也决定了刑法对两类罪名的入罪门槛不可能完全相同，这也是符合实质公平原则的";[4]要"通过司法解释构建公私有别的差序平等保护格局"，并建议"参考职务侵占罪上调数额比例标准的3倍至6倍"规定这三个罪名的追诉标准。[5]

笔者不同意上述观点。虽然我们不能将平等保护简单地等同于"相同保护""均等保护"，但在立法已作出平等保护规定的情况下，不能再通过司法解释作出差异化规定。近年来，随着为各类经济主体提供平等法律保护的观念深入人心，要求刑法对国企、民企平等保护的呼声越来越高。2023年7月

---

[1] 王海军：《涉民营企业背信犯罪的立法拓展与司法限定——以〈刑法修正案（十二）〉为中心》，载《法学杂志》2024年第3期。

[2] 孙道萃：《〈刑法修正案（十二）〉的立法要义和司法表达》，载《中国应用法学》2024年第2期。

[3] 罗翔：《技艺和程序：刑法修正的检视——〈刑法修正案（十二）〉新增民企工作人员犯罪条款的展开》，载《法学评论》2024年第1期。

[4] 张勇：《秉持实质公平理念 强化民营经济刑法保护》，载《检察日报》2023年9月4日。

[5] 印波：《民营企业产权的刑法平等保护——以〈刑法修正案（十二）〉为分析重点》，载《法学杂志》2024年第3期。

14 日，中共中央、国务院发布《关于促进民营经济发展壮大的意见》，对促进民营经济发展壮大再次作出部署，其中对民营企业腐败的防范治理提出了明确要求。从《刑修（十二）》的审议过程看，全国人民代表大会常务委员会在立法惩治非公有制企业内部人员腐败行为时坚持了有序、审慎的原则，充分考虑到了非公有制经济领域的性质和特点，规定了相较于公有制企业单位人员更为严格的犯罪构成条件。如果司法解释再扩大两者追诉标准，势必加剧两者定罪处罚标准的不平等性。全国人民代表大会常务委员会法制工作委员会刑法室负责人指出："这次修改是在法律上落实平等保护的重要举措，同时执法司法中更要落实好平等保护。"[1]在市场经济条件下，造成同样经济损失的内部腐败行为，不论是对于国有企业还是私营企业，社会危害性大体是相同的。《刑修（十二）》的立法旨意是平等保护民营经济，故今后在制定相关司法解释和立案追诉标准时必须着眼于这一立法目的实现，而不是根据企业所有制的不同对造成相同经济损失的腐败行为再作入罪出罪或罪轻罪重上的区别。

另外，这种差异化规定的不合理性在其他类似司法解释中也已得到印证。如根据 2001 年 4 月 18 日最高人民检察院、公安部印发的《关于经济犯罪案件追诉标准的规定》（已失效），非国家工作人员受贿罪的立案追诉标准是 5000 元以上，职务侵占罪的立案追诉标准是 5000 元至 1 万元以上，这一标准与受贿罪、贪污罪大体保持一致。2010 年 5 月 7 日最高人民检察院、公安部印发的《关于公安机关管辖的刑事案件立案追诉标准的规定（二）》（本文以下简称《立案追诉标准（二）》），虽然修订了大量经济犯罪的立案标准，但对非国家工作人员受贿案、职务侵占案仍然沿用 2001 年的立案标准。2015 年《刑法修正案（九）》对贪污贿赂犯罪作出重大修改后，2016 年 4 月 18 日最高人民法院、最高人民检察院发布的《关于办理贪污贿赂刑事案件适用法律若干问题的解释》在提高贪污贿赂犯罪数额标准（提高到 3 万元）的同时，大幅度地提高非国家工作人员受贿罪、职务侵占罪的数额标准（提高到 6 万元）。这种立案追诉标准差异化的规定备受"产权保护不平等"的质疑，[2]

---

[1] 朱宁宁：《加大行贿犯罪打击力度 加强民营企业平等保护——全国人大常委会法工委刑法室负责人解读刑法修正案（十二）》，载《法治日报》2024 年 1 月 3 日。

[2] 时延安：《非公经济刑法保护应遵循三项原则》，载《检察日报》2017 年 3 月 11 日；张义健：《〈刑法修正案（十一）〉的主要规定及对刑事立法的发展》，载《中国法律评论》2021 年第 1 期。

特别是2020年《刑法修正案（十一）》对非国家工作人员受贿罪、职务侵占罪、挪用资金罪进行修改后，这种立案追诉标准的不合理性进一步显现。[1]所以，2022年4月6日最高人民法院、最高人民检察院联合发布修订后的《立案追诉标准》对非国家工作人员受贿罪等五种非国家工作人员职务犯罪的立案追诉标准，采用与受贿罪等国家工作人员职务犯罪相同的入罪标准，这一修改体现了"对国企民企、内资外资、中小微企业等各类市场主体予以同等司法保护，充分体现和落实了产权平等保护的时代精神"。[2]鉴此，笔者建议，对《刑法》第165条、第166条、第169条前后两款规定的不同犯罪主体的行为应当适用统一的立案追诉标准，避免再走原来的差异化区别之路。

在监察委员会成立之前，上述三个罪名是由公安机关立案侦查的，2010年《立案追诉标准（二）》第12条、第13条和第17条明确了立案追诉标准。2018年监察体制改革之后，三个罪名改由监察委员会立案调查。2022年2月，国家监察委员会发布《关于办理国有企业管理人员渎职犯罪案件适用法律若干问题的意见》，规定由国家监察委员会会同最高人民法院、最高人民检察院出台新的追诉标准，对新规定出台之前的案件可相应参照2010年《立案追诉标准（二）》把握。国家监察委员会管辖公职人员职务犯罪，公安机关管辖非国家公职人员职务犯罪。《刑修（十二）》的实施意味着，对于上述三个罪名，对应法条第1款规定的犯罪行为仍由监察委员会立案调查，第2款规定的犯罪行为则由公安机关立案侦查，而国家监察委员会至今没有出台新的立案追诉标准。笔者建议，宜由最高人民法院、最高人民检察院尽快统一作出司法解释规定追诉标准。

十、涉民营企业腐败犯罪的溯及力

根据刑法溯及力"从旧兼从轻"原则的规定，对民营企业相关责任主体实施的发生在2024年3月1日之前的非法经营同类营业、为亲友非法牟利、徇私舞弊低价折股、出售公司、企业资产的行为不予追诉。实践中，非法经

---

〔1〕 张兆松、赵璐：《论非国家工作人员贪污贿赂定罪数额标准的重大修改——新〈立案追诉标准（二）〉评析》，载《山东警察学院学报》2022年第3期。

〔2〕 参见常汝：《依法惩治经济犯罪　服务保障经济社会高质量发展——最高人民检察院、公安部有关部门负责人就修订后的〈最高人民检察院、公安部关于公安机关管辖的刑事案件立案追诉标准的规定（二）〉答记者问》，载《人民公安报》2022年4月30日。

营同类营业行为一般是一个连续、持续的过程，若民企相关责任主体的行为连续或持续到《刑修（十二）》生效之后，其行为可以构成非法经营同类营业罪，需要注意的是，关于犯罪数额，仅需对《刑修（十二）》生效后的进行计算，并不包含行为实施之初至《刑修（十二）》生效之前的。根据 1998 年 12 月 2 日最高人民检察院发布的《关于对跨越修订刑法施行日期的继续犯罪、连续犯罪以及其他同种数罪应如何具体适用刑法问题的批复》，对"跨法犯"采用"一律从新"的规则，但该司法解释的适用前提是"原刑法和修订刑法都认为是犯罪并且应当追诉"。若原《刑法》不认为是犯罪，则不能将全部违法行为适用修订后的《刑法》进行追诉。在《刑修（十二）》生效前，犯罪主体仅限于国有公司、企业的董事、经理，民企相关责任主体连续犯、持续犯的犯罪数额不应一并计算在内。

十一、结语

《刑修（十二）》的实施加重了民营企业经营者侵害企业利益行为的违法成本，这对民营企业的治理带来了深远的影响，也改变了企业股东间、股东与高管间矛盾的处理方式和程序。尽管《刑修（十二）》是以保护民营企业、打击内部腐败犯罪为主要政策背景，但是其修订的目的是，"通过惩治民营企业内部人员、关键岗位人员'损企肥私'犯罪，保护企业、企业家利益，为民营企业更好预防惩治内部腐败犯罪提供法律手段，助力企业、企业家内部反腐，而不是给民营企业增加新的义务和责任"。[1] 从立法层面看，《刑修（十二）》新增涉民企腐败条款，与涉国企腐败犯罪相比，虽然适用罪名相同，但罪状设计显然紧缩，体现了立法机关在实现平等保护的同时，注意到了刑法介入的谨慎性。与国有企业相比，民营企业在治理结构、经营管理上更加不规范，股东与股东之间、股东与员工之间的矛盾纠纷更加复杂多样。司法机关务必以"民营经济利益最大化"为导向，坚持刑法的谦抑性，尊重民营企业的维权意愿，考虑犯罪治理的社会效果，以《刑修（十二）》实施为契机，真正促进民营企业健康发展。

---

[1] 张义健：《〈刑法修正案（十二）〉的理解与适用》，载《法律适用》2024 年第 2 期。

行贿犯罪从严治理的刑事一体化回应
——以《刑法修正案（十二）》为切入点

陈 伟[*]

摘 要：行贿犯罪从严的刑罚立场与反腐败的时代背景相关，其背后蕴含着加大行贿惩罚以有效遏制腐败增量的犯罪治理诉求。"坚持受贿行贿一起查"为行贿犯罪从严提供政策依据，但是对合犯罪的关系维度并不支撑行贿系源头犯罪的立论基点，治理行贿需要有限度且均衡的刑罚进行犯罪反制。受贿行贿的刑罚并重论既不具备犯罪学层面的合理依据，也与腐败的核心本质不相一致。行贿犯罪从严的实体面向需要在明确性基础上落实刑法修正案的制度效力，同时注重该宽则宽的立法协调。行贿犯罪从严的程序面向需要从立案查处与移送起诉、违法所得追缴处置、刑罚变更执行等维度予以贯彻，打通程序运行各环节并确保从严要求的前后一致。行贿犯罪从严应尽力实现刑事一体化的体系性兼顾，使从严要求与治理实效相对接，实现严格性与严厉性之间的彼此协调。

关键词：犯罪治理；行贿犯罪；从严政策；《刑法修正案（十二）》

如何进行有效的犯罪治理是国家治理体系和治理能力现代化的重要内容，为了实现良好的治理目标，手段方式需要跟随治理阶段进行适时性调整。在反腐败斗争不断推进的过程中，要稳固反腐败斗争所取得的压倒性胜利并全面巩固既有的成果，需立足当下并进行持续性和深入性改革。中国式法治现代化需要渗透到腐败治理的全链条各环节，这既是前一阶段反腐败斗争取得

---

[*] 作者简介：陈伟，西南政法大学法学院教授、博士生导师，法学博士。本文系教育部哲学社会科学重大课题攻关项目"推进国家监察全覆盖研究"（项目编号：18JZD037）的阶段性研究成果。

显著成效的重要保障,也是下一阶段持续深入推进的基础和继续前行的方向。立足于此,与此紧密相随的就是现有反腐败相关立法的适时跟进,通过"良法"的规则体系来推动"善治"的实践推进与既有效果的稳固。较为典型的是,这也集中体现于《刑法修正案(十二)》对行贿犯罪(包括《刑法》第390条的行贿罪、第391条的对单位行贿罪和第393条的单位行贿罪)从严立场的立法修订。基于此,本文以最新《刑法修正案(十二)》从严惩治行贿犯罪的立场为切入点,结合腐败治理的实践推进与路径探索,立足制度出台之后与实践运行的相互契合,对行贿犯罪的从严治理进行体系性审视。

一、腐败治理促进《刑法修正案(十二)》的行贿从严修订

结合《刑法修正案(十二)》的内容来看,加强腐败治理是本次修订的核心聚焦点。尤其是,其中对行贿犯罪的从严惩治体现得尤为明显。无论是《刑法》第390条对行贿罪增设七项法定从重情节,还是《刑法》第391条对单位行贿罪、《刑法》第393条对单位行贿罪各自增设一档加重法定刑,从严惩治行贿犯罪的刑事立场都清晰可见。因而,立足于现有《刑法修正案(十二)》对行贿犯罪的立法修订,需要从腐败治理的视域对其合理性予以解读,并对行贿犯罪治理背后的政策依据与立法原因进行学理审视。

(一)反腐败斗争的"三不"一体化构建重在治理

反腐败斗争是最彻底的自我革命,作为党要管党、全面从严治党的重要组成,因腐败可能带来的亡党亡国的危害不断警示着执政党,因而反腐败斗争必须不断深入,以"永远吹冲锋号"的要求来推动这场斗争的持续性推进。尽管前期反腐败斗争取得压倒性胜利并全面巩固,但是腐败滋生的土壤仍然存在,消除存量、遏制增量的任务仍然艰巨。[1]反腐败斗争是理念与实践的统一体,习近平法治思想为新时代反腐败提供了鲜活的理论涵养,纪检监察体制改革为中国式反腐提供了生动的实践脚本,二者体现了理论指引实践和实践辉映理论的紧密契合度。"不敢腐、不能腐、不想腐"的"三不"一体化反腐战略,必须从严从实,一体推进,凝聚强大合力。[2]"不敢腐、不能腐、不想腐"并不是一个自然递进的步伐迈进,实际上,欠缺了其中任何一

---

[1] 蒋来用:《坚持不敢腐、不能腐、不想腐一体推进》,载《红旗文稿》2023年第5期。
[2] 李锦斌:《从严从实一体推进不敢腐不能腐不想腐》,载《中国纪检监察》2019年第5期。

个组成,其他部分都难以存续并发挥应有功能,因而"三不"反腐战略思想是衔接有度和密不可分的相互依存体。

从"不敢腐、不能腐、不想腐"的思想内核来看,重心仍然在于如何走上常态化的治理之路。"三不"反腐的逻辑起点,仍然在于如何让我们党永葆生机与活力。[1] 全面从严治党的着力点在于"治理",通过多元方式的运用进行标本兼治。[2] 就腐败个案的调查与追责来说,解决的是行为人该当性的后果承担问题,对应了行为人前期职务违法和职务犯罪发生之后的责任附随。但是,反腐败斗争不能停留于单纯的个案办理,否则,单纯依赖事后的查处和问责,显然过于被动而难以真正实现预防效果,在此情形下,不仅严重损害党的执政根基与党的纯洁性,而且对因腐败所致的危害结果也往往于事无补。

因而,"不敢腐、不能腐、不想腐"之核心要义并非以苛厉性的刑事责任来重刑惩腐,而在于通过有效的治理方式来防范腐败现象的发生。对此,有学者指出,全面从严治党是推进国家治理体系和治理能力现代化的核心。[3] "全面从严治党带动全面依法治国是中国式法治现代化道路的必然要求。"[4] "三不"一体化反腐战略的表述作为否定性的语词表达,内在意蕴也是从治理层面提出的要求。基于反腐败的战略安排,如何让相应的职权主体不敢腐、不能腐与不想腐,是伴随反腐实践而逐步深入认识的战略安排,也是从治理体系与治理能力层面提出的更高要求。

(二) 行贿犯罪的从严惩治对接了犯罪治理的要求

防范腐败犯罪的发生不能脱离有效的治理,而治理方式必然与腐败生成的因素形成回应。随着国家现代化的不断演进,从"统治范式"向"治理范式"的更迭成为较清晰的运行轨迹。[5] 行贿犯罪是作为受贿犯罪的对合行为而存在的,行贿行为的背后存在着受贿行为,受贿行为的相对方自然亦是行贿行为。在刑法之中,并不是将所有的对合行为均规定为犯罪行为,比如贩

---

[1] 王雁飞:《不敢腐不能腐不想腐是有机整体》,载《四川党的建设》2019 年第 5 期。
[2] 盖逸馨:《全面从严治党的理论依据与实践维度》,载《科学社会主义》2020 年第 4 期。
[3] 邵景均:《以全面从严治党新成效推进国家治理体系和治理能力现代化》,载《红旗文稿》2020 年第 9 期。
[4] 郝铁川:《论以全面从严治党带动全面依法治国的中国式法治现代化道路》,载《政治与法律》2022 年第 12 期。
[5] 陈进华:《治理体系现代化的国家逻辑》,载《中国社会科学》2019 年第 5 期。

卖淫秽物品的行为系犯罪行为，但是购买淫秽物品的行为并不受刑法规制。当然，也有不少对合行为均属于刑法上的犯罪行为，比如，拐卖妇女、儿童罪与收买被拐卖的妇女、儿童罪，二者系两个独立成罪的对合犯。除此之外，刑法中还有作为同一罪名而存在的重婚罪、非法买卖枪支罪等。在对合行为的生成链条中，一个行为的发生会衍生出另一个行为，另一个行为的存在自然也会促发与之关联的对向行为发生。行贿犯罪与受贿犯罪作为对合犯，具有行为层面上的相互依存关系，从形式上来说，如果行贿行为在更多领域出现或者呈现更多次数的发生，则与之对应的受贿行为可能也会增加，反之亦然。因而，抛开其他层面的因素不论，行贿行为与受贿行为具有生成机理上的紧密关联。

2021年9月，中央纪委国家监委与中央组织部、中央统战部、中央政法委、最高人民法院、最高人民检察院联合印发了《关于进一步推进受贿行贿一起查的意见》。党的二十大报告明确指出，要坚决打赢反腐败斗争攻坚战持久战，进一步铲除腐败滋生的土壤与条件，"坚持受贿行贿一起查"。正是基于此，强化对行贿从严具有犯罪治理层面的积极意义。"根据犯罪态势变化和全面依法治国的要求，未来的犯罪治理应该继续坚持法治化的大方向，并力求不断创新。"[1]腐败犯罪的治理需要不断提高治理效能，这必不可少地要从腐败发生的生成机理层面予以厘清。面临复杂的国际与国内形势，腐败与反腐败的力量博弈还将持续进行。[2]就"受贿—行贿"的关系来说，二者是行为发生链条上引起与被引起的关系，在犯罪生成层面具有更为直接的相互关联。[3]刑法将受贿行为与行贿行为均规定为犯罪，不仅考虑到了二者之间的衍生性关系，而且考虑到了各自所具有的特定危害性。

虽然行贿主体并不必然是国家公职主体的身份，但是由于行贿对象是国家工作人员，因而该犯罪也属于监察机关职务犯罪调查的范畴。公权力的腐败既在公权力身上，也在公权力之外，监察机关在调查受贿案件时不能单纯

---

[1] 卢建平：《犯罪统计与犯罪治理的优化》，载《中国社会科学》2021年第10期。

[2] 刘连生：《全面从严治党是党永葆生机活力、走好新的赶考之路的必由之路》，载《红旗文稿》2022年第21期。

[3] 需要说明的是，笔者认为受贿与行贿之间具有"互动性关联"，但是并不据此得出行贿是受贿行为发生的源头这一结论，这一互动性强调的是二者关系的紧密性，二者具有相互影响和不可或缺的现实特征。

注重认定受贿行为人,而同样应该关注行贿人及其责任承担。如果只以公权力主体的受贿行为为查处重点,轻忽行贿行为及其行为人的责任,则无论是在特殊预防还是在一般预防机制层面,均难以获得理想效果。从"治罪"向"治理"的策略转变,需要从零散性的单个犯罪走向系统化的犯罪治理路径,由于行贿行为的发生系受贿行为生成机理中重要一环,因而强化行贿犯罪的惩治具有治理机能层面的重要意义。

(三) 行贿犯罪治理需要制度反腐的深入推进

把行贿犯罪纳入腐败治理的潮流之中是犯罪理念不断提升的显现,也是中国式法治现代化在反腐实践中两相融合的实践折射。"人类社会发展的事实证明,依法治理是最可靠、最稳定的治理,要善于运用法治思维和法治方式进行治理。"[1]尽管犯罪治理工作是综合性与体系性的整合,但是具体到手段方式的运用来说,仍然脱离不了法律制度的积极引导与有效规制。就"三不"一体化反腐方略的实践转化来说,管党治党需要制度性保障。[2]"要以制度治党、制度反腐为着力点,把行之有效的反腐败斗争实践经验进一步制度化、规范化。"[3]即使是全面从严治党体系,必然也要关注问责主体、问责对象、因何问责、怎么问责与如何救济等问题,需要为此确立制度边界。[4]全面从严治党仍然延续了法治逻辑的路径,并且实现了与全面依法治国的体系衔接。[5]无论是全面依规治党还是全面依法治国,都是依靠规范制度提供切实可行的保障机制,既引导相应主体按照制度背后的规范要求执法守法,又根据制度规则来对违规行为进行合法合理的责任追究。前期的反腐败斗争经验与做法需要提取与沉淀,需要升华为制度来建立长效机制。[6]不可否定,制度规范在社会治理中发挥着固根本、稳预期、利长远的功效,通过法治带

---

[1] 习近平:《在庆祝澳门回归祖国15周年大会暨澳门特别行政区第四届政府就职典礼上的讲话》,载《人民日报》2014年12月21日。

[2] 宋梁缘:《持续深化不敢腐不能腐不想腐一体推进》,载《中国纪检监察》2022年第3期。

[3] 李照修:《充分发挥制度在不敢腐、不能腐、不想腐一体推进中的关键性作用》,载《学习月刊》2022年第6期。

[4] 石伟:《全面从严治党责任制度的法理基础与逻辑判定》,载《当代世界与社会主义》2020年第1期。

[5] 李少文:《全面从严治党促进法治中国建设的理论逻辑与实践路径》,载《武汉大学学报(哲学社会科学版)》2021年第6期。

[6] 代星均、杨艳:《构建一体推进不敢腐不能腐不想腐的体制机制》,载《党政干部论坛》2020年第12期。

来的积极效益被无数过往事实所检验和肯定。尽管现有规则背后仍然存在着内涵模糊或者适应性不足等局限性，但是均不是否定规则之治的实质理由，正确的态度仍是在坚守法治立场上进一步地完善和不断改进规则。

加强反腐败的法规制度建设，这是一体推进"三不"机制的根本保障。[1] 行贿犯罪的治理同样需要进入到规则体系之中，这是法治立场之下深入推进反腐败斗争的基石。[2] 但是，在获得这一共识的基础上，也需要看到行贿犯罪的发生具有区别于受贿犯罪的特殊之处。主要体现为，由于行贿人与受贿人的身份主体差异，针对二者的规则适用并不是完全等同的。具体来说，实施受贿行为的公职人员属于监察全覆盖的明确对象，属于监察机关进行日常性监督或者廉政教育的明确范畴，然而就不具有党员身份或者公职主体的行贿人来说，无论在违纪处分还是职务违法层面，均不受《中国共产党纪律处分条例》《公职人员政务处分法》等的纪法约束。从中可见，监察全覆盖并不是无限制的，不能将未行使公权的主体一概纳入监察全覆盖的范畴。[3] 因而，受贿人与行贿人在规则适用层面并不是等同情形，相关机关需要在规则适用中认识到这一特殊性，并在进行针对行贿行为与受贿行为的治理设计时体现出一定的差异性。

基于此，具体到行贿犯罪的治理中，以从严惩治的态度来完善行贿犯罪的理由就更为充足。一方面，基于受贿与行贿的内在关系，为了更好遏制腐败"增量"，通过制度完善来从严规制行贿行为，有消除行贿动机和减少行贿行为发生的目的预期。这是从犯罪生成机理的关系视角出发，立足于行贿对受贿的反向制约，在策略应对上对行贿犯罪从严惩治进行制度规范落实。另一方面，基于受贿人与行贿人承受的制度规范不同，由于行贿人相对于受贿人的前置性制约规范较少，因而在行贿行为充足犯罪构成条件时注重刑罚配置的适度补强。这是根据行为人被规则约束的差异性所作的调整，由于行贿人相对于受贿人在前置法适用层面的"稀薄性"，因而落实到犯罪论处与刑罚配置时，在一定程度上给予其刑罚资源的倾斜，不仅能体现规则均衡分配的重视程度，而且能体现对行贿犯罪予以积极治理的适应性调整。

---

〔1〕 张士海、席亚萍：《构建一体推进不敢腐不能腐不想腐机制的主要着力点》，载《沂蒙干部学院学报》2021 年第 1 期。

〔2〕 公婷：《腐败治理：概念、路径和方法》，中国方正出版社 2023 年版，第 83 页。

〔3〕 彭新林：《腐败犯罪法律治理对策研究》，中国法制出版社 2021 年版，第 176 页。

二、行贿犯罪的刑罚配置:"受贿行贿并重论"之否定

受制于行贿与受贿的对合犯类型,在二者均为犯罪的前提下,行贿犯罪与受贿犯罪的刑罚轻重成为学界的热议问题。基于行贿与受贿之间的关系维度来考量犯罪治理,不仅牵涉到科学立法的合理设置问题,而且也是治理有效性与政策诉求相接轨的重要问题。从逻辑排列上来说,存在三种不同的轻重情形,即受贿重于行贿、行贿重于受贿、行贿与受贿并重。由于"行贿重于受贿"的观点基本不可见,说明学者基本上不认可此见解,因而对此观点笔者也不加评析。除此之外,在剩下的两种刑罚轻重关系中,"受贿重于行贿论"与"受贿行贿并重论"的观点针锋相对。从《刑法修正案(十二)》来看,其采用的是"受贿重于行贿论"的立场。不同观点均系犯罪治理思维及其观念引导的产物,就"科学立法"指引下的不断完善来说,仍有对其重新审视与评析的必要。为此,笔者下文将对"受贿行贿并重论"进行理论质疑,从而对《刑法修正案(十二)》予以反向证成。

(一)行贿对受贿的促动关系并不证成二者的并重处罚

"刑罚必须被证明是国家行动所借助的衡量标准。"[1]在"行贿与受贿并重论"的观点证成中,支持者主要集中于行贿之于受贿的源头关系,即认为行贿行为积极促进了受贿行为的发生。比如,有学者指出:"在通常情况下,没有行贿就没有受贿,并且是先有行贿而后有受贿……确立打击受贿与行贿并重的指导方针,从源头上治理腐败。"[2]"行贿是贿赂犯罪发生的主要源头,行贿不查、受贿不止。"[3]"遏制贿赂犯罪,应从源头上削弱和阻断行贿犯罪动机的产生"。[4]"行贿罪与受贿罪同罪同罚……从源头上遏制腐败和有效地预防贿赂犯罪。"[5]不难看出,上述观点把行贿与受贿结合起来审视是其共性,并在辨析二者关系的时候,均把行贿犯罪作为受贿犯罪的源头予以对待。基于此,相关论者认为在腐败犯罪的治理中行贿具有促进作用,强调对

---

[1] [德]米夏埃尔·帕夫利克:《目的与体系:古典哲学基础上的德国刑法学新思考》,赵书鸿等译,法律出版社2018年版,第122页。
[2] 张智辉:《受贿罪立法问题研究》,载《法学研究》2009年第5期。
[3] 周珂、刘艺坤:《一根藤上两毒瓜 行贿受贿一起查》,载《广西日报》2023年2月15日。
[4] 李鹏飞、王奕:《行贿犯罪动机研究》,载《重庆第二师范学院学报》2023年第4期。
[5] 肖洁:《行贿犯罪查处的困境与解决途径》,载《中国刑事法杂志》2010年第8期。

行贿犯罪进行查处的重要性，进而主张对行贿与受贿应当并重处罚。不难看出，正是立足于"源头治理"的出发点，才得出作为上游犯罪的行贿犯罪不应被轻纵、行贿理当与受贿对等处罚的结论。

但是，行贿是否为受贿行为的源头，并不是先验性的前提存在，不能假定这一逻辑前提的不容置疑性，进而得出对行贿与受贿并重处罚的结论。客观而论，认为行贿是受贿行为的源头，只是通过个案看到了行贿行为与受贿行为前后发生的时间顺序，而且撇开了其他因素人为截取阶段性的呈现，未能透过现象把握背后的逻辑因果链条。聚焦受贿行为的表层来说，确实行贿人实施的行贿行为在前，受贿人受其影响而被动收受贿赂在后。[1]但是，如果要真正探究"源头"，就不能只是单方面地看到事物的表象，而是要去伪存真地透过现象看本质。如果社会层面的公平运行机制客观透明、权力监督制约机制能够有力保障、职权主体均能秉公执法等，行为人选择以行贿方式来实现自己的利益诉求的概率将几乎不存在。从常识、常理与常情出发，在社会人能够顺利实现目的追求的情形下，没有人还要通过收买公权力来"多此一举"。或者说，之所以行贿人给予受贿人贿赂物，是因为受贿人通过其他国家工作人员权力失范的事实告诉行贿人此方法的"可行性"，因而腐败的发生与公权力不能得到有效制约直接有关。就此而言，简单地把行贿作为受贿的"源头"并不恰当。

何况，当我们说腐败源头的时候，实际上查找的是腐败背后的"根本原因"，但是，腐败是与权力相伴而生的现象，自权力诞生以来就客观存在，因而需要围绕权力侵蚀或者职权失范这一中心来查找现实原因，而不应该谈论其他。由于权力存在被滥用的先天基因，所以制约权力或者限制权力不当使用成为必要，就此而论，腐败的根基必须立足于公权力自身，而不是本末倒置地从权力外部来寻求所谓的"源头"。有学者通过实证性研究，认为行贿是受贿的源头，并由此主张同罪同罚，这与经验事实并不一致。[2]权力运行需要作用于社会生活的方方面面，即使权力的非封闭性决定了存在来自外部的

---

〔1〕 基于此，有学者在分析对合行为时，认为我国刑法中存在"对象转移型""原因结果型""双方互动型""协力加功型"四种类型，但是只把行贿与受贿归入"对象转移型"（即行贿者给予贿赂物，而受贿者收受贿赂物）的类型之中，并不认为其属于"原因结果型""双方互动型""协力加功型"。刘士心：《论刑法中的对合行为》，载《国家检察官学院学报》2004年第6期。

〔2〕 赵军：《贿赂犯罪治理策略的定量研究》，载《法学研究》2022年第6期。

影响，也不应该"倒果为因"地认为行贿行为是腐败现象存在的核心症结。外因需要通过内因发挥作用，在行贿行为作为外因行为而存在的前提下，只要受贿人坚持原则与纪法底线，腐败行为及其违法犯罪现象仍然不会发生。基于此，把行贿行为作为受贿发生的源头对待，只是看到了行贿人促进受贿行为发生的外在筹码，仍然没有从现象背后深入把握腐败之所以发生的根本原因，因而以"行贿系源头"作为出发点得出的"行贿受贿并重论"显然是根基不稳的。

(二)法益侵害的同一性并不直接等于刑罚处罚上的并重论

除此之外，有观点认为行贿犯罪与受贿犯罪在侵害法益层面具有同质性，并因此得出二者在侵害程度上并无实质区别，同样应当并重处罚。比如，有学者指出："无论是受贿行为，还是行贿行为，都是对民主法治精神的亵渎、对社会公平正义的挑战、对营商环境和政治生态的污染。"[1]该观点强调的是，行贿与受贿的法益侵害具有同一性。另有学者指出，行贿与受贿作为共犯而存在，在二者实际上实施的是同一事实的前提下，在法益保护与犯罪防治层面只能得出对二者并重处罚的结论。[2]支持上述见解的学者立足于行贿与受贿侵害法益的同一性事实，认为行贿与受贿不应该由于刑事立法罪名的分开设置而被区别对待，而是应该从形式层面看到实质侵害的同质性，不仅对受贿与行贿进行一并查处，而且应该注重二者的并重处罚。

从行为背后侵犯的法益实体来审查行贿与受贿的刑罚轻重，确实解决了形式判断有余而实质性欠缺的弊端，也相当程度地避免了"行贿源头论"的不足。但是，根据行贿与受贿指向的同一事实和法益侵害的同一性而得出并重论的结论，仍然为时过早。就同一事实层面来说，在对合行为发生的情形下，客观存在的事实在不同行为人视角下均具有重叠性，但是并不应据此而采用等置处罚的结论。比如，重婚行为与相婚行为是对合行为，虽然二人之间的行为事实完全一样，但是对不知他人存在法定婚情形下的相婚者来说，仍然不会因此而构成重婚罪。此时，存在法定婚又重婚的行为人构成重婚罪，而被事实蒙蔽的相婚者并不受刑罚规制，因而在刑罚处罚上二者并不因事实

---

[1] 赵绪生：《破除"开着水龙头拖地"现象的利器——〈关于进一步推进受贿行贿一起查的意见〉解读》，载《党课参考》2021年第20期。

[2] 刘仁文：《论行贿与受贿的并重惩处》，载《中国刑事法杂志》2022年第3期。

同一而处罚并重。再如，贩卖毒品与收买毒品在行为事实上毫无二致，此时如果收买者的毒品数量较少，单纯收买后吸食的行为并不构成犯罪，如果收买的毒品达到一定数量而构成非法持有毒品罪，所受处罚也与贩卖者构成贩卖毒品罪的处罚相差甚远。[1]因而，仅以行为事实上的同一性来判断处罚是否并重，只是看到了不同行为背后的共性所在，仍然不能据此推导出对合行为就必然同等处罚的结论。

法益侵害同一性的理论超越了行为事实同一论的视角，从同一事实背后的法益实体来审查行贿与受贿，在一定程度上揭示了问题的实质，也给并重处罚论提供了更为有力的论据。但是，法益同一只是法益属性上面的类型划分，在法益归属一致的情形下，并不代表两罪的刑罚就应当同等。比如，抢劫罪与绑架罪侵害的法益都是人身权与财产权，但是对比二者的刑罚来看，会发现其存在明显的差异。乃至在法益实体都为财产权保护的前提下，故意毁坏财物罪的法定刑上限仅为 7 年有期徒刑，这与盗窃罪与诈骗罪上限为无期徒刑的刑罚来说存在相当距离。因而，并不是法益实体保护的内容一致，就能径行得出两罪的刑罚处罚必然一致的结论。具体到对合犯来说也是如此，由于法益实体是从行为事实层面抽取出来的，两罪往往在法益实体上具有同一性，但是刑罚并不完全同一。无论是拐卖妇女、儿童罪与收买被拐卖的妇女、儿童罪[2]，还是贩卖毒品罪与非法持有毒品罪（在收买者不构成犯罪的情形下，自然不以对合犯论处），以及伪造、出售伪造的增值税专用发票罪与购买伪造的增值税专用发票罪，前者的刑罚均要远远重于后者。陈兴良教授指出，包括行贿与受贿在内的某些对合犯，无论在行为性质还是法益侵害程度上均存在差异，同一处罚的结论必然致使这些差异被抹杀，罪刑均衡原则无从体现。[3]"同种法益下还存在不同类的重要性程度不一的法益，针对同

---

[1] 有学者指出，我国刑法中只存在"同罪同罚""异罪异罚""只罚一方"的三种对合犯类型，并不存在"异罪同罚"型的对合犯。参见陈志军：《对向犯研究》，载《刑法论丛》2013 年第 1 期。但是，另有学者认为，我国同样存在"异罪同罚"的现象，典型的是出售假币罪与购买假币罪。参见孙国祥：《对合犯与共同犯罪的关系》，载《人民检察》2012 年第 15 期。

[2] 陈兴良教授认为，"虽然两罪（指拐卖妇女、儿童罪与收买被拐卖的妇女、儿童罪——笔者注）的法定刑确实存在轻重差异，但这种差异并不如我们想象的那样大"。陈兴良：《关涉他罪之对合犯的刑罚比较：以买卖妇女、儿童犯罪为例》，载《国家检察官学院学报》2022 年第 4 期。

[3] 陈兴良：《关涉他罪之对合犯的刑罚比较：以买卖妇女、儿童犯罪为例》，载《国家检察官学院学报》2022 年第 4 期。

种法益下的不同类法益也应当配置不同的刑罚。"〔1〕这也说明,即使在不同犯罪的法益侵害内容一致的情形下,仍然不能得出对其处罚就应该毫无二致的结论。

刑罚配置的轻重是多元因素之下的综合考量,立法配刑的多少与罪责和预防价值相关。〔2〕但是,行为人实施行为的罪责轻重具有首要性。"罪刑均衡是指行为人受到的刑罚处罚应当与行为人所承担的责任相匹配。"〔3〕具体来说,行为人该当性的责任属于"应得之罚",需要与行为值得谴责的分量相适应。结合对合犯的刑罚分配来说,重要的不是考虑各自对法益侵害的内容,而是要考虑具体行为人在对合犯中所处的地位。〔4〕在行为人明显身处优越性位置的情形下,其所承受的刑罚自然要比对合犯中的另一方更重,刑事立法需要在立法设置中考虑这些均衡性因素,否则不作区别的同等对待将会背离刑法内在的公正性要求,同时也与罪责刑相适应的基本原则相悖。"法定的刑罚幅度标明了受到违反之规范的价值,具体刑罚的严厉程度也与规范效力在个案中遭受的损害相匹配。"〔5〕尽管行贿与受贿属于互动状态下的对合犯罪类型,但是就二者在关联状态下的优越性地位来说,受贿罪的主体身份决定了其更占强势地位,立足"权力主体—权力对象"的二维视角,受贿行为与行贿行为根本不可能处于对等状态。更为关键的是,行贿行为能否顺利完成仍然受制于受贿行为,尽管行贿行为难以禁绝,但是只要受贿人对行贿行为拒之门外,此类现象也将有所减少。所以,在受贿与行贿的关系状态下,法益侵害同一论也不能得出二者并重论的结论。

(三)基于治理需求并不意味着行贿与受贿的刑罚并重

刑事立法具有行为规范与裁判规范的双重功能,从行为规范的引导层面,其确实与规范背后追求的治理功能相契合。不可否认的是,刑事立法要考虑刑事政策预防性的需要,在预防某类行为具有现实必要性时,刑罚往往将对其予以一定程度的更多倾斜。这样说来,为了预防行贿行为,以及减少腐败

---

〔1〕 孙万怀、崔晓:《法定刑的修订趋势及其反思》,载《法治现代化研究》2021年第5期。
〔2〕 彭文华:《刑罚的分配正义与刑罚制度体系化》,载《中外法学》2021年第5期。
〔3〕 储槐植、何群:《论我国数量刑法学的构建》,载《中国法学》2019年第3期。
〔4〕 张明楷:《行贿罪的量刑》,载《现代法学》2018年第3期。
〔5〕 [德]乌尔斯·金德霍伊泽尔:《法益保护与规范效力的保障 论刑法的目的》,陈璇译,载《中外法学》2015年第2期。

"增量"的发生,提升行贿罪的处罚力度,使之与受贿罪同等处罚是有必要的。一如有学者所言:"如果是为了增强惩治震慑效果,有效阻遏贿赂发生,就应当对行贿人和受贿人实施同等严格的处置。"〔1〕

但是,立足于犯罪治理的预防视角,前置性的问题仍然是明确治理对象,即究竟是治理受贿还是行贿,这是必须首先明确的问题。否则,单纯从犯罪预防的需要出发,仍然得不出行贿受贿并重处罚的结论。"对于各个刑量而言,它并不取决于各个犯罪类型的刑量所产生的预防作用有多强烈。"〔2〕难以否认的是,立足于犯罪预防的论点,所有的犯罪均具有预防性需求,但是立法者显然不能无差别地一视同仁。如果把预防焦点定位于受贿罪的治理,则受贿与行贿的对等处罚也并非妥当性结论。比如,有学者指出,为了加大受贿罪的治理成本应当取消行贿罪,从而对受贿人形成无形的威慑力,进而有效规制受贿犯罪数量。〔3〕这一结论是否能够成立,受制于如下问题的回答,即取消行贿罪是否必然导致受贿罪的成本增加?受贿罪的反向动机是否因行贿罪被废除而实然增强?取消行贿罪是否会过于纵容行贿行为,从而为受贿人带来更多机会?毫不讳言的是,基于腐败治理进行刑事立法规制,需要在厘清这些问题的基础上审慎而行。

从整体上而言,受贿罪的成本增加不是由行贿罪取消与否决定的,而是与受贿行为能否被查处密切相关,虽然表面上看这是一个问题,但是二者实质上并不等同。直白地说,取消行贿罪并不一定导致受贿被查处的概率提升,因为受贿与行贿之间会形成稳定而持续的关系,在存在稳固的利益体联盟的情形下,行贿人不会随意打乱这种关系。即使行贿罪被取消,受贿人考虑的仍然不是行贿人是否受刑罚处罚的问题,而是眼下的行贿人是否可靠,如果存在不会被揭发的内心确信,受贿人利用权力主导下的选择机会仍然会实施受贿。何况,行贿人往往具有反复多次的利益诉求,如果行贿人因揭发受贿人而使公权力主体承受不利责任后果,在信息传递机制极为迅速和社交圈相对封闭的时空条件下,这样的情形对行贿人来说极为不利,会引发来自外界的"社会性否定",无论是对其人格评价还是社会交往等,均将带来彻底性负面影响。

---

〔1〕 蒋来用:《行贿人"黑名单"制度的功能定位与实现》,载《河南社会科学》2022年第8期。
〔2〕 [德]诺伯特·霍斯特:《何以刑罚?哲学立场的思辨》,王芳凯译,北京大学出版社2023年版,第113~114页。
〔3〕 姜涛:《废除行贿罪之思考》,载《法商研究》2015年第3期。

如果行贿罪被取消，对非重复谋取不正当利益的行贿人来说，确实会带来此类行贿行为的增加，而在此种情形下必将为受贿人带来更多的腐败可能性，此时也难以确保所有受贿人都能保持理性的克制立场。相对于放在眼前的利益而言，此种物质层面的诱惑将远超之后可能带来的刑事责任承担的反向钳制，因而由此可能带来行贿行为概率提升情形下的受贿行为增加，而不是相反情形。由此可见，从犯罪治理层面出发的行贿取消论，并不一定就能如愿达至最初的预期功能。

反过来，如果把犯罪治理的对象对准行贿行为，则会带来如下方面的问题：其一，该治理基准会偏离腐败治理的公权力重心。针对世界各国的腐败犯罪来说，无不以公权力的防治为其基准所在，已如前述，这由权力运行的特点和相对于权力对象的优越性地位所决定。其二，该治理方式将使腐败治理的体系性缺失。不立足于受贿与行贿的关系层面，而单纯以行贿行为为治理对象，不从腐败的本质层面出发进行治理对策的答案输出，必将导致犯罪治理的综合施策不足，进而导致治理的有效性欠缺。其三，加大行贿行为治理诉求并非必然得出行贿与受贿并重处罚的结论。如果以行贿为基点来探讨治理成效，则对行贿加大处罚会成为一种偏向性选择，即应该得出行贿重于受贿处罚的见解，而不是行贿与受贿并重处罚的结论。直白地说，在此视域下，既可以是在原有基础上的行贿从重处罚、行贿与受贿并重处罚，也可以是行贿重于受贿处罚，最终选择哪一种观点，并不以治理对象落脚于行贿和治理背后的价值诉求而轻易确定，在此情形下，选择行贿与受贿并重论并不具有逻辑推导上的可靠性和唯一性。

三、实体维度：行贿犯罪从严治理的宽严相济

（一）行贿犯罪在刑法治理惩治层面的"从严"

相对于受贿犯罪来说，行贿犯罪并非要上升到与受贿对等处罚的程度，才能真正有效遏制腐败现象的发生。从现有行贿罪的法定刑安排来看，整体上行贿行为的危害性及其地位是均衡的，没有提升的现实必要。但是，基于犯罪治理视域下行贿发生的特定情形来说，有必要对部分行贿情形予以明确，以突出特定行贿行为的违法与有责程度，激发刑罚从重处罚背后的行为引导效力。因此，行贿犯罪在实体刑法上的从严，并非对该罪的法定刑进行大动干戈的调整，在现有法定刑的立法设置大致均衡的前提下，只要对特定行贿

情形的从严处罚予以明确，规范价值的诉求便能得到较好实现。

比如，行为人的多次行贿行为反映了行为人主观恶性与人身危险性的恶劣程度，对其明确从严处罚符合责任主义的价值理念。再如，在国家重点工程、国家重大项目、安全生产、食品安全、健康医疗等领域行贿，由于该行为追求不正当利益的违法性程度高，因而对其明确从严也有其必要。但是，对行贿行为的从严处罚不需要在立法中过于泛化，否则不仅不能体现出从严处罚的重点，反而有可能抹杀该当性从严的核心指向。立法为了将更多情形囊括其中，自觉或者不自觉地会使用一些模糊性语言以扩张其外延，比如，针对行贿所涉特殊领域增加"等"这一模糊性表述，使得立法规制的外延不甚清晰，甚至导致罪刑法定原则的明确性要求旁落。

笔者认为，如果要真正贯彻对行贿犯罪的从严，那么单纯在现有法定刑的基础上进行"从重处罚"有其短板，对特定类型明确从严的行贿设置"合比例从重"有其必要。由于从重处罚仍然是在法定刑的幅度范围内进行的刑罚裁量，受制于法定刑的前置框定，司法人员的裁量空间相对有限。[1]尤其是行贿人符合其中两项以上的特定情形时，仍然只能是一般意义上的从重处罚，刑罚后果上的"从严性"并不明确，与行为人该当性的刑罚难以做到一一匹配。尤其值得注意的是，在立法未明确列举特定类型的行贿从重处罚之前，一般情形行贿所配置的就是现有法定刑，说明普通行贿本身可以适用对应档次的最高法定刑，但是在列举的特定行贿具有更重违法性与有责性的情形下，仍然只能在现有法定最高刑的限度内进行从重处罚，这显然不符合罪责刑相适应的基本原则。在此情形下，单纯的类型化列举从重情节，仍然只是立法层面静态意义上的态度显明，受制于法定刑上限的规定，加之司法裁量往往并不优先顶格判处的惯常操作，"从重处罚"在实践中彰显得并不充分。

从整体上来说，从轻、减轻或者免除处罚均属于从宽范畴，然而，与之对应的从严处罚却只有"从重"，从类型上来说明显偏少，难以与具体行为的主客观危害性协调一致。直白地说，在减轻处罚可以降档的情形下，现有从

---

[1] "对于具有多层次的量刑幅度，并且刑罚的法定刑较重的犯罪而言，如死刑、无期徒刑和10年以上的有期徒刑，依靠从重处罚，固然可以实现判处较重刑罚的目的。然而，对于法定刑较轻，并且只有一个法定刑幅度的犯罪而言，从重处罚就显得力不从心了。"张波：《新中国从重和加重处罚制度的考察》，载《北京航空航天大学学报（社会科学版）》2007年第1期。

重处罚却不能升档法定刑,轻重悬殊亦说明了这一从严处罚并非名副其实。从整体上来说,笔者也不认同对所有犯罪均进行加重处罚,以避免重刑主义的泛化与抬头,但是对特定类型的犯罪进行一定限度的"合比例从重",并不会带来刑罚的苛厉性后果,也不会导致整体性的刑罚结构失调。因而,为了体现一般行贿(未明确从严处罚)与特殊行贿(通过立法明确列举从严处罚)之间的区隔性,可以尝试在立法上对应该当法定刑档次进行适度调整,即对具体行贿行为对应档次的最低刑与最高刑进行一定比例的提升,由司法者在此范围内予以刑罚适用。

但是,要指出的是,这里的"合比例从重"并不是"罪加一等"意蕴下的按照上一格法定刑判处,而是立足行为的罪责范畴进行适度从重,即对应原本属于的该档法定刑幅度的下限与上限进行一定比例的延展。在此情形下,由于行为人犯罪行为和有责性的量刑基准并不发生实质变化,仍然应立足于此来确定该当的法定刑幅度,以真正实现从重惩治的刑罚立场。这样一来,能够较好体现普通行贿犯罪与从重处罚行贿犯罪的差异,结合不同的行贿类型及其情节,把从严防治的政策立场转化为实实在在的制度执行。因而,为了真正贯彻罪责刑相适应的原则,在立法层面列明从严处罚的类型并非全部,而应该通过"合比例从重"来落实立法层面的从严。

另外,以符合罪责程度的该档刑罚进行"合比例从重",这与前文所提及的行贿与受贿不同罚并不矛盾。原因在于,"行贿受贿并重论"主张在法定刑范围内进行均等性配置,认可的是行贿作为源头犯罪并从严惩处的立法倡导。但是,对行贿犯罪进行"合比例从重"并不需要与受贿犯罪等同的法定刑配置,而是应在维持现有行贿犯罪法定刑的基础上,以情节符合性进行该档法定刑一定比例的上下限提升。从中可见,"合比例从重"并未延续"行贿受贿并重论"的步伐迈进,而是以法定情节来调节刑罚处罚的力度,较好彰显了情节之于裁量刑的现实价值,有利于报应刑与预防刑兼顾的并合主义刑罚观的实现。

(二)行贿犯罪在刑法治理惩治层面的"从宽"

行贿犯罪的从严不是刑罚单方面的一味趋重,同样应当体现宽严相济的政策性要求,即在从严惩治之时还应在刑罚从宽方面予以兼顾性体现。现有《刑法》第390条已经规定了行贿人特别从宽制度,这是在刑事立法上体现对行贿人宽宥处罚的精神。[1]从刑事实体法的视角来看，在总则已经规定自首、坦白等从宽处罚制度的前提下，《刑法》分则对部分罪名另行规定特别从宽制度，体现了分则对特殊犯罪的补充性，否则叠床架屋式的规定不仅没有必要，反而会带来适用上的无所适从。

　　立足于刑法对行贿特别从宽制度的实体意义来看，实际上是考虑到行贿犯罪的特殊性而进行更大幅度的从宽，而不是在《刑法》总则已经规定若干从宽情节的基础上予以限缩适用。一方面，《刑法》总则规定的从宽制度与行贿特别从宽制度的宗旨是相一致的。不难看出，《刑法》第390条第3款的规定与自首、坦白或者立功制度具有紧密关联，乃至可以认为行贿罪的特别从宽制度在处罚从宽的方向上是完全一致的。基于此，《刑法》分则所规定的对行贿人的特别从宽处罚，显然是要承认《刑法》总则既有规定的内容，而不是实质否定这一从宽精神。如果认为《刑法》总则已有相应的规定，那么就欠缺对行贿犯罪予以特别从宽制度设置的必要。既然现有《刑法》分则仍要作出相应规定，则显然是在总则基础上的进一步肯定，即在延续从宽精神的基础上给予更多处罚优待。另一方面，行贿特别从宽制度是立足行贿与受贿对合关系视角的实践考量。由于行为人主动交待行贿行为必然牵涉到受贿行为，这有利于关联案件的调查突破与事实查明，因而行贿人的主动配合对腐败案件的查处起着至关重要的作用。基于受贿行贿案件查处的特殊性，如果给予一方刑罚优惠能够打破实践办案的难点，则将有利于破解此类案件面临的实践困境，与之给予的刑罚减让仍有其现实价值。就此而论，刑事立法设置这一制度仍是要给予行贿人特别从宽优待，而不是在《刑法》总则的基础上进行另行限制。

　　但是，结合《刑法》总则的规定来看，现有行贿罪的特别从宽制度并没有得以很好地体现，或者说行贿罪的特别从宽制度并非一定比总则中的从宽制度更为轻缓。就总则中一般性的自首制度来说，只要自首得以成立，就可以适用从轻或者减轻处罚的规定，这与分则中行贿人在被追诉前主动交待行贿行为并无二致。存在差异的是，在自首情形下只要犯罪较轻的，就可以免

---

　　[1]《刑法》第390条第3款修订后为："行贿人在被追诉前主动交待行贿行为的，可以从轻或者减轻处罚。其中，犯罪较轻的，对调查突破、侦破重大案件起关键作用的，或者有重大立功表现的，可以减轻或者免除处罚。"

除处罚，但是分则中行贿人犯罪较轻的并非一律免除处罚，还需要对调查突破或者侦破案件起关键作用或者有重大立功表现。在此情形下，如果对行贿罪的自首情节按照《刑法》分则予以刑罚裁量，其比《刑法》总则中的刑罚更为严厉，难以体现出特别从宽制度的现有功效。

除此之外，《刑法》总则中的坦白制度也明确可以从轻（一般坦白情形）或者减轻处罚（避免特别严重后果发生时），虽然这与行贿罪的特别从宽制度的一般情形相一致，但是由于行贿处罚制度受制于"被追诉前"的限定，而且司法解释将其限制在刑事立案之前，其适用明显比坦白制度更为严格。因而，在此情形下，行贿罪的特别从宽制度比《刑法》总则中的坦白制度更为严苛，《刑法》分则寄望所要实现对个罪的特别从宽不能较好体现出来，反而在对比情形下映射出刑罚的从严性，这与《刑法》分则设置本条款的立法旨趣产生了悖反。

尤其是在《刑法》分则加大对行贿罪从严处罚的情形下，如何更好体现对其从宽处罚应当一并进行立法考量。立足于受贿与行贿之间的对合关系，对行贿行为的特别从宽系出于"囚徒困境"的现实考量，因而这一特别从宽制度值得倡导，而不是简单否定或者在适用条件方面予以更为严苛的对待。从整体上来说，现有的行贿特别从宽制度不仅要体现与《刑法》总则的整体精神，即在现有《刑法》总则的基础上进行更大程度的从宽，而且要真正契合行贿人配合情形下积极出罪或者从宽处罚的规定，体现惩罚与宽大之间的协调性。[1] 但是，刑罚作为制裁规定，必然体现为犯罪的规范性报应。[2] 因而，从犯罪治理层面来说，不能让行为人基于从宽制度而不断产生犯罪动机，这也决定了对行贿人的从宽不能是无底线地纵容。行贿人不得在享受特别从宽制度之后，再次以符合条件为由反复适用该制度。对此予以限制，不仅有利于有效强化禁止反复收买国家公权力的规范效力，而且有利于预防从宽制度带来的负面效应。

---

[1] 就此而论，在特别从宽制度中考虑如何对行贿人不追究刑事责任有其合理性。参见张明楷：《行贿罪的量刑》，载《现代法学》2018年第3期。

[2] [日]高桥则夫：《刑法总论》，李世阳译，中国政法大学出版社2020年版，第480页。

四、程序维度：行贿犯罪从严治理的环节落实

（一）行贿犯罪立案调查和移送起诉的严格性

从总体上来说，刑罚实体层面的从严不仅要受制于违法与有责的程度，而且要兼顾关联犯罪之间的均衡性，因而这一"严厉性"不可能是无限度的。刑事实体规则的明确规定要落入实践之中，必不可少地需要刑事程序的贯彻落实，否则这些实体性规定必将成为一纸空文，成为典型意义上的"象征性立法"[1]。然而，象征性立法一旦形成，必将带来"举止引导无效"与"欠缺法益保护"的后果[2]。尤其是，在轻罪化时代已经到来、刑罚的轻缓化痕迹愈发浓厚的背景下，过多依赖重刑苛责已然不合时宜。相对于刑罚的严厉性，应当更加注重刑罚适用的及时性与不可避免性。[3] "及时性"强调犯罪行为与刑罚后果在时间上的紧密跟随，让犯罪产生的"快乐"与刑罚的"痛苦"如影随形，极大程度地消除行为人快乐动机的促动，这不仅能够有效制止行为的首次发生，而且能够在刑罚介入之后阻止后续行为的蔓延。"对于犯罪最强有力的约束力量不是刑罚的严酷性，而是刑罚的必定性。"[4] "必定性"强调的是刑罚的不可避免性，建立起"有罪必有罚"的密切对应，只要犯罪行为一旦实施，就必然难辞其咎，行为与责任处罚之间具有必不可少的对应关系。只要真正在此方面予以认真落实，"及时性"与"不可避免性"带来的犯罪预防效果必将是立竿见影的，同时也将呈现出相较于刑罚严厉性的明显优势。

受贿行为的背后存在着客观的行贿行为，但是由于构成要件的差异性，并非所有的行贿行为均构成行贿罪，因而行为上的"对合关系"并非直接等同"对合犯"[5]。比如，行为人不是"为谋取不正当利益"而实施的行贿行为，在典型的为促使公权主体正当履职的"加速费"案件中，因主观要件的欠

---

[1] 刘艳红：《象征性立法对刑法功能的损害——二十年来中国刑事立法总评》，载《政治与法律》2017年第3期。
[2] [德] 弗兰克·萨利格：《积极主义刑法与象征性刑法——刑事政策视角的衡量考评》，郑童译，载《国外社会科学》2022年第3期。
[3] 参见贾宇：《刑罚贵在及时性和不可避免性》，载《山东法学》1995年第3期。
[4] [意] 贝卡里亚：《论犯罪与刑罚》，黄风译，中国法制出版社2002年版，第68页。
[5] 陈兴良：《论犯罪的对合关系》，载《法制与社会发展》2001年第4期。

缺而不构成行贿罪。[1]另外，行贿人被索贿而给予国家工作人员以财物，事后未获得不正当利益的，同样不认定为行贿罪。在此情形下，除部分行贿行为因不符合犯罪构成要件的要求而不被认定为犯罪之外，其他的行为均要严格作为犯罪论处。[2]此时，在受贿案件查处的过程中，基于事实层面的对合关系，如果能够对受贿行为进行客观查明，实际上也相当程度地掌握了行贿犯罪的事实与证据。因而，"一案双查"不仅没有额外增加监察机关的负担，反而有助于受贿与行贿案件事实的证明，对腐败行为的来龙去脉有一更加清晰的了解，通过证据的彼此印证而达到刑事诉讼证明标准。

因而，在行贿罪达到刑事追诉的条件下，严格进行立案与调查是刑事法治的正当性要求。由于刑罚的"及时性"与案件何时被立案查处直接相关，在受贿行为与行贿行为具有高度私密性的情形下，要及时兑现责任追究仍然存在相当程度的困难。然而，尽管查处贿行为的"及时性"不一定能够得以有效实现，但是在查处受贿案件时一并查处行贿犯罪，仍然能较好实现刑事责任"不可避免性"的内在要求。"将涉嫌犯罪的案件和人员纳入诉讼领域予以追究，囊括了刑罚不可避免性的全部内涵和外延，是刑罚不可避免性的首要内容。"[3]虽然行贿与受贿对公权力腐败作用力的"量"上并不一样，但是二者在刑罚适用的必定性上是没有"质"的区别的。[4]显然的是，"刑罚的不可避免性"与"重受贿轻行贿"的实践处置不相一致，由于把反腐败的重心置于公权力主体身上，行贿人往往作为不可或缺的"污点证人"而存在，相当部分的行贿人由此而被豁免刑事责任。[5]正视实践中的这一情形，

---

〔1〕 孙国祥：《"加速费"、"通融费"与行贿罪的认定——以对"为谋取不正当利益"的实质解释为切入》，载《政治与法律》2017年第3期。

〔2〕 在受贿罪成立的情形下，要考量行贿罪的构成要件是否符合，受贿罪成立而行贿罪不成立仍然可能。但是，在受贿罪不成立的情形下，行贿罪是否必然不受处罚仍有争议。有学者主张，原则上受贿不罚时，需要从刑事政策视角来考量行贿是否可以独立处罚，不过度依赖受贿行为。参见杨崇华、赵康：《论行贿行为的独立处罚——兼论行贿和受贿的对合关系》，载《法学杂志》2014年第9期。

〔3〕 刘选：《论刑罚的不可避免性》，载《法学家》2000年第3期。

〔4〕 黄明儒、王振华：《行贿罪刑罚处罚完善论——以单一制理论和刑罚根据论为视角》，载《刑法论丛》2019年第1期。

〔5〕 我国刑事诉讼中并没有"污点证人制度"，实践中对行贿人的责任豁免是变相适用该制度的体现，学者在构建该制度时，往往以此作为具有可行性的论据。参见卫跃宁、严泽岷：《论我国污点证人制度的构建——基于对共同被告人口供证据规则的思考》，载《河南财经政法大学学报》2018年第4期。

应进一步在立案与调查环节予以强化,实现刑事责任的不可避免性要求。[1]即使追究行贿人刑事责任的政策因素占据较大成分,尽力实现"受贿行贿一起查"的程序要求仍然具有基础价值,否则刑事责任追究与否的逻辑前提就是欠缺的。

"受贿行贿一起查"不仅体现于立案调查的程序性要求,而且需要注重刑罚报应与预防的并合主义刑罚目的观,即不能调查之后轻易作出不移送审查起诉的结论,而是应在综合考量之后以移送检察机关为原则,以没有应罚性或者需罚性作出不移送情形为例外。如果调查之后不移送检察机关审查起诉,则行贿人的刑事责任仍然停留于形式意义层面,因而行贿从严需要建立顺畅的移送起诉机制。另外,要不断规范这些例外情形,尽可能通过外部监督机制予以细化落实。在原则性追究行贿人刑事责任的前提下,此时的困惑是,由于行贿人配合调查将给自己带来追责风险,此时行贿人积极供述的内心动机是否将因此受阻呢?

笔者认为,这一所谓的消极影响并不绝对。一方面,只要行贿人不可避免地受到该当性刑事处罚,而积极配合后的行贿人处罚能够切实从宽,从而能够真正区别于其他一般行贿人,那么刑罚从宽的引导功能仍然能够发挥作用。反之,不积极配合背后的从严惩罚并非失灵,由于案件仍然能够在综合证据之下得以证成,刑罚的不可避免性仍能得以兑现,在利弊权衡之下,行贿人的积极动机并不会消失殆尽。另一方面,行贿人积极配合后的从宽处罚仍然存在,只要真正激活特别从宽制度,让行贿人能够通过事后表现得到较之一般情形下的更大从宽待遇,那么,处罚优惠的实效性仍能有效激励行贿人的积极配合。

(二)落实行贿犯罪中财产处置的从严追缴

行贿犯罪是谋取不正当利益的犯罪,行为背后的非正当利益追求是此类犯罪事件高发的主要诱因,因而在犯罪治理视域下需要就此进行有效防治。就前端预防来说,要消除这些实体利益显然不切实际,何况基于利益本身的价值中立性,应该防范的不是利益本身,而是以不正当的方式来追逐和实现利益。比如,为了获得工程项目而实施行贿行为,顺利中标并承建该项目是行为人追逐的利益所在,这一利益本身并不存在优劣之分,因而其并不属于

---

[1] 马楠:《反腐败刑事法律不可避免性的司法实现》,载《人民检察》2013年第23期。

腐败防治的对象，而真正要防治的是禁止通过与公权力交易的方式来实现该利益。基于此，如果行贿人对通过不正当方式获得的利益不能合法地稳定占有，那么在"得不偿失"的理性核算下，必然影响行为人通过此种方式来实现利益追求。

"重受贿轻行贿"的现实不仅造成行贿人的该当性刑罚未能兑现，而且对行贿所得的非法利益也给予了极大程度的宽纵。这不仅违反了"任何人不得因违法犯罪获得好处"的法律格训，而且不利于对此类犯罪的有效防治，反而会在利益诱惑之下潜在助长行为人铤而走险。因而，从严处置行贿行为带来的不法利益，既具有不认可违法所得状态的规范学意义[1]，更有防范此类行为发生的犯罪学价值。

只要涉及追缴不法利益，往往就会在如何判定"违法所得"时产生争议。由于行贿人是通过收买公权力而获得商业机会或者竞争优势，在此之后的利益获得成分较为复杂，夹杂着正当商业投入或者劳动成本的付出，因而要精准计算往往存在相当程度的困难。"违法所得"是违法行为实施之后的利益所得，与行为人的前期违法行为具有因果关联，因而需要结合后果考察来判定所获之物的性质与数额。[2]从严追缴不法利益表达的内涵具有双重性，一方面是对不法利益应当进行追缴，不应以其他可变通方式予以替代；另一方面是对整体上的不法利益追缴需要从严掌握，在查明基础事实的前提下对行贿人的非法所得严格执行，让行为人不因违法犯罪而获得任何利益。

需要指出的是，根据《刑法》第64条的规定，"犯罪分子违法所得的一切财物，应当予以追缴或者责令退赔"，但是这里的"一切财物"并不是对应行贿之后带来的所有对价。尽管从形式上来说，行贿人通过不法利益交换的取得之物似乎均属于违法所得，但是建立于行贿与受贿关系基础上的所获之物，并非通过收买公权力就直接可以得到，因而需要在从严追缴时注意限度。从域外代表性国家的做法来看，犯罪收益不扣除犯罪成本已经成为趋势。[3]

---

[1] 卫磊：《基于单列后果说的违法所得刑事追缴研究》，载《东北农业大学学报（社会科学版）》2021年第3期。

[2] 违法追缴建立在违法性的基础上，并不以行为的犯罪成立为逻辑前提，即使对不具有罪责的未成年人，仍然存在违法所得的现实问题，具有依法追缴的现实必要。参见姚杏：《论我国刑法中涉罪财物之没收》，载《南京大学法律评论》2018年第1期。

[3] 张磊：《论我国经济犯罪收益追缴制度的构建》，载《政治与法律》2009年第5期。

但是，笔者认为，我们仍然需要对此保持理性态度，合理界定"违法所得"的外延。比如，行贿方支付的所有工程款并非行贿人的所有违法所得，对其全部认定并加以追缴明显不合事理与法理。合理扣除所需的正常成本，不仅能够被公众的常识性认识所接纳，而且与行贿人实际谋利的客观情形相一致，不会导致宽纵行贿人的不利后果。但是，对于不合理开支或者违法支付，不应计算到正常成本之中予以扣除，即使有些属于行业潜规则的开支范畴，也应纳入严格追缴的范围，以真正契合"法不助力不法行为"。另外，针对非财产性利益，包括可逆性（如职务晋升等）和不可逆性（如进修培训）两类，应予追缴。[1]因而，要根据不同情形进行区别对待，不能超越具体事项而过于严苛，应当依法而为并贴切从严性的实质内涵。

除此之外，对行贿所得没收违法程序进行规范适用，应当严格按照程序规则予以推进。2017年，最高人民法院、最高人民检察院颁布了《关于适用犯罪嫌疑人、被告人逃匿、死亡案件违法所得没收程序若干问题的规定》，该规定明确对于行贿犯罪，对逃匿且通缉一年后不到案的犯罪嫌疑人、被告人，或者死亡的犯罪嫌疑人、被告人适用没收特别程序。在常态情形下对犯罪人追究刑事责任不能的情形下，通过财产追缴而切断其"营养链"，有利于实现以追赃促追逃的积极效果。[2]除此之外，对已决犯发现有违法所得的，应完善现有规范制度，参照适用现有没收程序规定，部分牵涉到定罪量刑的，应通过审判监督程序来协调与既判力之间的关系。[3]通过国内刑事诉讼程序的完善，避免行贿人与行贿赃款认定不一致的问题，加大追赃力度，避免利益刺激下的犯罪衍生。

与此同时，也要加强完善境外追逃追赃机制，防范不法所得外流带来的治理盲区。《联合国反腐败公约》第51条明确返还资产是该公约的一项基本原则，并规定缔约国应当在这方面相互提供最广泛的合作和协助。从实践情形来看，加强司法协助成为涉外资产追缴的通行方式，这有利于在尊重他人司法主权的前提下进行涉外法律活动的开展。除此之外，在现有间接性司法

---

[1] 广州市海珠区人民检察院课题组：《完善职务犯罪违法所得追缴机制的构想》，载《法治论坛》2009年第4期。

[2] 王秀梅：《职务犯罪适用违法所得没收程序指导性案例的司法引领》，载《人民检察》2022年第2期。

[3] 张煜泰：《职务犯罪违法所得没收的理论反思》，载《广东开放大学学报》2023年第4期。

协助机制的基础上，如何更好完善"直接追回机制"，即主动通过诉讼方式来追索涉腐财产，需要在程序制度运行上予以切实保障。[1]而且，在刑事起诉不适用或者失败之时，可以执行"非定罪资产没收"。[2]深入推进反腐败治理，追缴涉案赃物是亟待解决的重大课题。从整体趋势来看，对犯罪所得予以追缴的从严立场已然达成共识，至于如何实践落实与程序完善，应当成为后续进一步推进的工作。

（三）行贿犯罪刑罚变更环节的程序从严

在定罪量刑尘埃落定之后，作为刑罚实现环节的"后半场"，刑罚执行的实践运行情况关涉着刑罚的公平正义。刑罚执行工作因其专业性与非公开性，处于公众视线的盲点区域，较难得到之前的普遍性关注。毋庸置疑的是，无论执行前的刑事程序如何规范，如果刑罚执行环节不能一以贯之地予以延续，那么前期努力所取得的法律效果终将功亏一篑。因而，关注行贿犯罪的刑罚变更有其不容忽视的现实价值，不仅较好贴合了加强腐败治理的政策需求，而且更为重要地兼顾考量了刑罚惩治与犯罪治理的实践蕴涵。

对行贿犯罪的刑罚变更予以从严，仍然应当通过程序运行予以有效保障。从程序完善上来说，首先应把行贿犯罪纳入开庭审理的范畴，即通过透明公开的程序运行与庭审实质化审查，确保对行贿犯罪人在减刑、假释等制度上的规范适用。2014年6月1日施行的最高人民法院《关于减刑、假释案件审理程序的规定》，对减刑、假释案件的审理程序作了专门细化，并且规定了应当开庭审理的六类情形，其中明确了对"职务犯罪罪犯，组织（领导、参加、包庇、纵容）黑社会性质组织犯罪罪犯，破坏金融管理秩序和金融诈骗犯罪罪犯及其他在社会上有重大影响或社会关注度高的案件"应当开庭审理。结合司法部《关于贯彻中政委[2014]5号文件精神严格规范减刑、假释、暂予监外执行工作的通知》的内容来看，其明确指出"职务犯罪罪犯是指国家工作人员和依法从事公务的人员因实施刑法分则第八章所规定的贪污贿赂犯罪、第九章所规定的渎职犯罪而被判处刑罚的罪犯"。因而，上述规范性文件中的"职务犯罪"系主体与罪名的整合，而非泛指与国家公权力有关的犯罪

---

[1] 任学强：《腐败犯罪特殊诉讼程序研究》，中国政法大学出版社2015年版，第185页。
[2] [美]西奥多·S.格林伯格等：《追缴腐败犯罪资产：非定罪资产追缴实用操作指南》，王晓鑫译，中国政法大学出版社2014年版，第27页。

行为。遵照上述规定的内容来看，普通的行贿犯罪并不属于上述职务犯罪的范畴，也不属于应当开庭的犯罪类型之列。

在纪检监察体制改革的时代背景下，上述刑罚执行的规范性文件的滞后性得以体现。基于传统认识上的束缚，前述文件与监察机关职务犯罪调查的范畴不相一致。伴随国家监察全覆盖的实践推进，《监察法》明确规定监察机关对职务违法与职务犯罪进行调查，而且《监察法实施条例》对职务犯罪的调查范畴划定了具体罪名，其中就包括了行贿犯罪。这与监察职权运行与反腐治理的现实需要直接相关，将行贿犯罪纳入监察调查管辖之中有助于监察权高效行使、资源配置整合和案件事实的查清，也有利于全面推进反腐败斗争的深入进行。然而，在纪检监察体制改革的调查范畴把行贿犯罪包括其中的前提下，刑罚执行领域的"职务犯罪"未能及时跟进，反而对其外延进行了限缩解释，致使行贿犯罪的刑罚变更未纳入开庭审理的范畴之中，导致程序上的从严性未能较好体现。法律概念上的一致性是法律执行的基本要求，对职务犯罪调查之始到执行完毕是一个完整的闭环结构，原则上相同的概念应作同一性理解。

另外，行贿从严还应进一步体现于减刑、假释环节，对于腐蚀公权力的行贿人，需要在减刑、假释的实体适用方面予以严格把握。为了防范前期出现的收买公权力行为的再次出现，确立刑罚变更执行的公信力，需要对行贿犯罪的刑罚变更予以具体适用上的从严。由于减刑、假释等刑罚变更属于刑罚退出机制的实践运行，其与行为人的规范认同与改造表现息息相关，因而要真正深入到行贿人的主观悔过状态进行实质考核，并在刑罚变更的具体执行起点、变更标准、时间间隔等方面予以体现。即使行贿人在财产罚上的执行比其他犯罪人要好，也只能作为刑罚变更的基础条件而非优先条件。一旦发现行贿人在刑罚执行中存在收买公权力的行为，不仅要撤销原有的减刑、假释等，而且在涉及犯罪的情形下还要数罪并罚并从严惩处。行贿犯罪系通过腐蚀公权力而谋取不法利益的犯罪，加之公众对刑罚执行变更环节公正性的现实质疑，需要把程序透明审理与实体上的从严变更进行有效贯通，兼顾程序与实体适用的一体化意义。把从严性一以贯之地渗透到刑罚执行环节，能够确保行贿犯罪刑罚变更公正价值的实现。

五、结语

在"受贿行贿一起查"的政策指引下,对行贿犯罪从严治理的要求愈发显著地受到关注,并在《刑法修正案(十二)》中得到积极回应,这不仅体现了规则适应性调整的现实趋势,而且反馈了腐败治理的积极应对态度。行贿犯罪的"从严"具有双层内涵,一方面,行贿从严指向的是正当性刑罚适用,具有纠正"重受贿轻行贿"实践误区的价值意蕴,因而这一层面的从严实际上指向的是应得刑罚之回归;另一方面,行贿从严指的是立足现有刑罚资源的倾斜性配置,系在现有刑法规范的基础上注重刑罚量的有效适用。前者直面在此之前的行贿犯罪该当性惩罚不足的过往,后者指向现有的行贿犯罪该重不重的现实。无论是回溯过往的前一层面还是立足当下的后一层面,行贿犯罪从严的根据均要汇聚到犯罪治理这一基点,即在反腐败斗争取得压倒性胜利并全面巩固的时下,有效应对腐败增量的治理诉求为其提供了立论根据。但是,行贿从严的必要性并不等于从严惩治的泛在性,应当审视行贿与受贿的关系,并在综合权衡二者的基础上确立刑罚惩处的限度,避免径行把行贿作为受贿源头可能带来的刑罚不均衡。与此同时,立足于犯罪治理进行有效规制,行贿从严需要结合实体与程序进行一体化考量,既要在实体层面确保从严与从宽的协调性,又要在程序上注重从严治理的一体遵循。通过实体与程序的彼此回应与体系运行,把"严厉性"与"严格性"要求贯通于治理过程与实践路径之中,使行贿从严在理论澄清的基础上能够获得治理目标追求下的客观实效。

行贿犯罪的均衡适用：积极预防立法理念的司法贯彻

马寅翔[*]

摘　要：《刑法修正案（十二）》对行贿犯罪的修改，旨在实现与受贿犯罪惩处的实质均衡，并增强行贿犯罪处罚条款的积极预防功能，体现了预防性严惩的修法精神。为实现修正案关于贿赂犯罪的处罚均衡性目标，避免因误读修法精神而出现的"抢头功式司法"与"冒进式司法"现象，应将预防性严惩的修法精神与宽严相济、从严治吏等一贯的刑事政策相结合，将"入罪认定总体稳健，量刑评价适度从严"作为新法适用方向。贿赂犯罪的保护法益为职务行为的自主决策权，对行贿犯罪的惩处力度取决于侵害该法益的具体形式，而非"受贿行贿同等罚"。新增的行贿罪从重处罚情节仅为量刑情节，应根据从重处罚的实质依据对各个情节进行目的性限缩解释，以确保司法适用的精确性与均衡性。

关键词：行贿犯罪；犯罪预防；罪刑均衡；保护法益；对向犯

"加大行贿犯罪打击力度"是《刑法修正案（十二）》的两大立法目标之一。在该目标指引下，立法者加大了对严重行贿情形的追责力度，调整提高了单位行贿的法定刑，并对其他贿赂犯罪的法定刑进行了调整。[1]2017年党的十九大报告明确提出"受贿行贿一起查"的腐败治理政策，此次修法是对该政策的充分贯彻，被认为有利于扭转"重受贿轻行贿"的不当司法现象，

---

[*] 作者简介：马寅翔，华东政法大学刑事法学院教授。

[1] 参见朱宁宁：《加大行贿犯罪打击力度　加强民营企业平等保护——全国人大常委会法工委刑法室负责人解读刑法修正案（十二）》，载《法治日报》2024年1月3日。

克服行贿犯罪处罚不公平的实质缺陷。[1]这同时也意味着，近年来学界关于行贿受贿是否应当同等规制的理论争议，最终以并重惩处论的胜出而告一段落。尽管部分学者对此次行贿犯罪的立法技术有所争议，认为其在刑罚配置方面仍有可完善之处，[2]但从刑法教义学的立场出发，面对新修订的行贿犯罪条款，如何结合立法精神进行妥当理解，尽量克服因立法技术等原因而可能导致的司法适用困境，在司法实践中切实贯彻有效惩治行贿犯罪的立法目标，无疑是当前研究的重中之重。基于该理解，本文拟将"促进行贿犯罪立法与司法的有效协调、确保贿赂参与人刑罚适用的均衡公正"作为解读方向，通过探寻此次修法的立法精神，在总结以往司法经验、教训的基础上，结合刑事政策、法益保护、刑罚目的以及对向犯等学理知识，对行贿犯罪新修条款的具体内容进行理论阐释，力求为这些条款的均衡适用提供较为可靠的理论参考，确保刑罚适用的公平公正。

一、积极预防：行贿犯罪立法目标的理论把握

《刑法修正案（十二）》之所以加大对行贿犯罪的打击力度，是因为当前"围猎"型行贿被认为是导致国家工作人员腐败堕落的一个重要原因。与此同时，受制于"重受贿轻行贿"的司法理念，对行贿者的惩处力度过于轻缓，大量行贿行为未被作为犯罪惩处，致使"围猎"之风盛行，成为"政治生态的一个重要'污染源'"。[3]这种情况表明，刑法在遏制行贿犯罪方面存在显著短板，难以对行贿犯罪形成足够有力的威慑效果，导致其维护社会公正、净化政治生态的作用大打折扣。通过对行贿犯罪规定的修改和完善，旨在强化法律对行贿行为的约束和惩治，确保刑法的威慑力，从而有效"切断贿赂犯罪因果链……进一步发挥刑法在一体推进不敢腐、不能腐、不想腐体

---

〔1〕参见彭文华：《〈刑法修正案（十二）〉视角下贿赂犯罪的罪刑关系及其司法适用》，载《中国刑事法杂志》2024年第1期；张明楷：《刑法修正的原则与技术——兼论〈刑法修正案（十二）〉（草案）〉的完善》，载《中国刑事法杂志》2023年第5期。

〔2〕参见邱帅萍：《贿赂犯罪刑罚配置的体系性完善——由〈刑法修正案（十二）〉展开》，载《比较法研究》2024年第1期。

〔3〕参见亓玉昆：《全国人大常委会法工委刑法室负责人就刑法修正案（十二）草案答记者问》，载《人民日报》2023年7月26日；刘仁文：《贿赂犯罪的最新修正及其司法适用》，载《中国刑事法杂志》2024年第1期。

制机制中的重要作用"。[1]可见，立法者通过修法提高行贿犯罪的惩治力度，旨在借助刑罚威慑力的提升，充分激活刑罚对于行贿犯罪的预防功能，使民众意识到刑法惩治贿赂犯罪规范的有效性，不敢、不能、不想实施行贿犯罪，以此发挥刑法在治理腐败犯罪方面的社会功能，助推"三不腐"体制机制建设。为此，必须从预防行贿犯罪的角度对此次修法精神进行把握，防止简单将其理解为"严厉惩治"，以避免刑罚过度适用，引发更为严重的社会问题。

（一）前车之鉴：误读修法精神导致的司法不当适用现象

受积极主义刑法观的影响，近年来刑法修正案频频增设轻罪，由此催生出一些司法不当适用的现象。其中，伴随刑法修正案的颁行，个别法院为争抢"全国首例××案"于其生效当天将案件审理结果通过媒体对外发布，并希望获取曝光度。"全国首例高空抛物案"即为典例。在《刑法修正案（十一）》生效当天，这起发生于2020年的案件被法院以高空抛物罪定罪量刑，被认为能够充分发挥刑法预防犯罪的目的，对警示公众具有重要意义。该案获评2021年年度十大案件，被当地政府机关作为喜报予以宣传。[2]当该案判决结果面临是否违反从旧兼从轻原则的质疑时，当地高级人民法院回应认为，《刑法修正案（十一）》生效前，行为人高空抛物的行为已经涉嫌以危险方法危害公共安全罪，审判时适用量刑更轻的新罪名，符合从旧兼从轻原则。[3]然而，该回应忽视了《刑法》第291条之二第2款的规定，即高空抛物同时构成其他犯罪的，应从一重罪处断。根据该款规定，如果高空抛物行为危及公共安全，就应当适用以危险方法危害公共安全罪；如果没有危及公共安全，则行为当时并无对应罪名，按照从旧兼从轻原则，应当宣告无罪。该案最终被以高空抛物罪定性，这意味着审案法官认定涉案行为并未危及公共安全。如此一来，本案就应当作无罪处理。正如"全国首例高空抛物案"所展示的那样，此类司法认定具有一定的误判风险。事实上，对于所有修正案生效前

---

[1] 参见亓玉昆：《全国人大常委会法工委刑法室负责人就刑法修正案（十二）草案答记者问》，载《人民日报》2023年7月26日。

[2] 参见祁建建：《人民法院十大案件2021年度——7全国首例高空抛物罪案》，载《人民法院报》2022年1月6日；《喜报！常州溧阳法院审理的全国首例高空抛物罪案入选2021年全国法院十大案件！》，载 https://zfw.changzhou.gov.cn/index.php?c=phone&a=show&id=18863&catid=36879，最后访问日期：2024年1月30日。

[3] 参见王鹏超：《高空抛菜刀，获刑六个月！》，载微信公众号"江苏高院"2021年3月2日，最后访问日期：2024年1月30日。

发生的高空抛物行为而言，如果其在修正案生效后被认定为高空抛物罪，则此类定性的合理性均值得斟酌。

另一种近年来几部《刑法修正案》颁行后出现的一种现象，表现为个别案件中大量适用某一新增修的罪名，给刑罚适用带来负面社会效果。危险驾驶罪的司法即属于此类代表。在《刑法修正案（八）》增设第133条之一危险驾驶罪后，危险驾驶罪案件于2019年高达31.9万件，占全部刑事案件的25%左右，该类犯罪也成为排行首位的高发犯罪。其中，醉驾型危险驾驶罪在该罪中的占比一直在95%以上。[1]这一数据的出现，与个别司法工作人员在办案时"唯酒精含量论"不无关系。尽管该罪名的缓刑适用占比较高，[2]加之犯罪附随后果的存在，但是实际受该罪名影响的人数并不少。此外，另一个容易被忽视的因素是，涉嫌触犯该罪名的群体主要是社会基层民众，且以男性为主。因犯罪附随后果的存在，如此庞大的群体往往难以重新融入社会，这"不仅不利于行为人社会关系的修复，甚至还可能引发新的社会矛盾，增加社会不稳定因素"。[3]实际上，早在2017年，最高人民法院就已经意识到了这一问题的严重性，其在同年发布的《关于常见犯罪的量刑指导意见（二）（试行）》中明确指出，在判断醉驾行为是否构成危险驾驶罪时，"应当综合考虑被告人的醉酒程度、机动车类型、车辆行驶道路、行车速度、是否造成实际损害以及认罪悔罪等情况"。及至2023年，最高人民法院、最高人民检察院、公安部、司法部印发的《关于办理醉酒危险驾驶刑事案件的意见》更是进一步规范了醉驾型危险驾驶罪的司法适用标准，总体上抬高了入罪门槛。显然，如果自始即将该罪名视为具体危险犯，可以显著减少受贸然入罪影响的民众数量。

基于上述分析可知，刑法修正案通过增删条文提高刑法规范的针对性和适用性，旨在更为准确、合理地规制犯罪行为，以此确保刑法规范适用的公正性。而个别司法工作人员未能准确理解和贯彻这一总的修法精神，将其与罪名的具体适用联系起来，结合刑法理论进行准确把握。这样做容易扩大刑

---

〔1〕 参见董玉庭、张闯诏：《醉酒型危险驾驶罪量刑实证研究》，载《时代法学》2023年第1期。

〔2〕 曾有实证研究指出："在中国裁判文书网检索到2011—2021年间醉酒型危险驾驶罪的裁判文书共6 872 373份"（董玉庭、张闯诏：《醉酒型危险驾驶罪量刑实证研究》，载《时代法学》2023年第1期）。

〔3〕 余秋莉：《预防刑法立法背景下刑罚限缩论》，载《青少年犯罪问题》2023年第1期。

法打击范围，造成个别案件处理不公，最终损害刑法的权威性，加深民众对于法律规范的不信赖感。因此，在具体把握《刑法修正案（十二）》的修法精神时，必须对前车之鉴有着清醒认知，特别是在当前的社会背景下，更应防止罪名的过度适用。

（二）预防性严惩：修法精神的刑罚社会功能化取向

在此次刑法修正过程中，立法机关始终强调要进一步发挥刑法在一体推进"三不腐"体制、机制建设中的重要作用，以系统治理行贿犯罪问题。〔1〕在理解该修法指导思想时，包括权威人士在内的许多观点将其解读为"从严惩治"的立法精神，表明"对职务贪腐犯罪'零容忍'的态度和坚决打击的决心"。〔2〕这种理解固然反映了立法者在修法时的考量，但如果联系修法背景加以解读，则很容易给人一种行贿行为一律入罪入刑的错误印象。事实上，尽管此次修法对行贿犯罪的法定刑进行了调整，却主要是为了优化法定刑的量刑档次，从而与受贿犯罪的法定刑实现协调。以行贿罪为例，此次修法将其第一档的最高法定刑由"5年以下"调低为"3年以下"，并相应地将第二档的最低法定刑由"5年以上"调低为"3年以上"，对于第三档法定刑则未作任何调整，没有突破原本规定的无期徒刑这一法定刑上限。与受贿罪最高可以判处死刑、死缓减为无期徒刑后终身监禁，不得减刑、假释相比，此次修法仍然表现得相当克制，因而并非所谓的"应激性立法"，而更多的是对行贿罪的刑罚配置进行优化。之所以强调这一点，是为了防止因第一档法定刑落入轻罪范畴，导致司法实践矫枉过正，大肆适用该罪名，最终重蹈"抢头功式司法""冒进式司法"的覆辙。〔3〕

实际上，虽然此次对行贿犯罪的刑罚配置进行了调整，但却并非为了将相关行为一律入罪入刑，而更多的是以往重刑规定导致行贿犯罪的惩罚可能性变小，刑罚的预防功能受挫，刑事制裁效果不佳，〔4〕因而希望通过提升刑

---

〔1〕 参见张义健：《〈刑法修正案（十二）〉的理解与适用》，载《法律适用》2024年第2期。

〔2〕 参见朱宁宁：《加大行贿犯罪打击力度 加强民营企业平等保护——全国人大常委会法工委刑法室负责人解读刑法修正案（十二）》，载《法治日报》2024年1月3日；李艳：《刑法修正案（十二）草案释放何信号？》，载《云南法制报》2023年8月9日。

〔3〕 根据最高人民检察院发布的2024年上半年办案数据，全国检察系统共起诉行贿犯罪1348人，同比上升31.3%（参见崔晓丽：《"数"读上半年检察成绩单——从办案数据看检察工作新进展》，载《检察日报》2024年7月30日）。如此显著的增幅是否稳妥，值得跟进研究。

〔4〕 参见李少平：《行贿犯罪执法困局及其对策》，载《中国法学》2015年第1期。

罚介入的可能性,以一种十分郑重的方式重塑人们对于行贿犯罪条款的印象,使其意识到禁止行贿规范的适用确定性增强,从而放弃侥幸心理,以此实现阻却行贿意识的积极一般预防目的。唯有从运用刑罚参与贿赂犯罪社会治理的角度出发,才能够准确把握《刑法修正案(十二)》关于行贿犯罪的修订精神,确保刑罚发动的实质妥当性。通常认为,刑罚发动需要满足两大条件:法益保护与辅助性原则,即行为造成了具有社会危害性的法益侵害,且通过其他社会手段不足以抑制此类行为。其中,辅助性原则体现了刑法的谦抑思想,其致力于在必要且合理的最小限度内,通过刑罚确保民众得以享受和平且在物质上得到保障的共同生活。[1] 为此必须认识到,尽管刑法的任务在于保护法益,但受辅助性原则的制约,并非所有侵害法益的行为均适宜被作为犯罪进行惩罚。只有那些同时严重动摇民众对于规范有效性的信赖感,并因而具有预防必要性的行为,才是需要刑罚介入的对象。换言之,刑法的任务在于向社会展示法秩序的不可侵犯性,以此强化民众对于法规范的信任。[2]

基于上述理解,对于此次针对行贿犯罪的修法精神,更为妥当地解读应为"预防性严惩"。该种刑罚适用理念旨在通过对犯罪行为施加较为严厉的惩罚,实现预防犯罪的目的。其并非一味追求最大限度的惩罚,而是在不违反罪刑法定、罪刑均衡、责任主义等现代刑法基本原则的前提下,为了实现预防犯罪的目的,通过增强刑罚适用的确定性预期,使刑罚成为犯罪无可避免的结局,最终借助刑罚的威慑作用,实现刑法在维护社会稳定方面的功能。可见,"预防性严惩"最终指向的是刑罚在调节社会秩序方面的功能,亦即"将刑罚作为后盾,希望以此唤醒民众的规范意识,从而让人们能够自由而和平地共同生活在秩序稳定的社会当中"。[3] 根据该理念,修订行贿犯罪的目的并非对相关行为一律施以严惩,而是使刑事法网较之以往更为严密,扭转因"重受贿轻行贿"的司法理念导致的刑罚威慑功能淡化,以此确保禁止行贿规范能够真正发挥社会调节作用。但是,这并不意味着为了实现刑罚预防目的,

---

〔1〕 Vgl. Roxin/Arzt/Tiedmann, Einführung in das Strafrecht und Strafprozessrecht, 5. Aufl., 2006, S. 3 f; Kindhäuser, Strafrecht AT, 8. Aufl., 2017, § 2 Rn. 1.

〔2〕 Vgl. Roxin/Greco, Strafrecht AT I, 5. Aufl., 2020, § 3 Rn. 26.

〔3〕 参见马寅翔:《刑罚社会功能化视角下刑法立法观的反思与重塑》,载《苏州大学学报(哲学社会科学版)》2022年第1期。

就可以任意加大对行贿犯罪的惩处力度。有观点认为，为了更加有效地预防贿赂犯罪，应当将提出给予财物的行为认定为行贿罪既遂。[1]这无疑是将行贿犯罪视为抽象危险犯，与贿赂犯罪的立法规定与司法解释相去甚远。后者基于犯罪的严重社会危害性特征，整体上将实际给予一定数额的财物作为犯罪成立条件。既然此次修法主要致力于优化行贿犯罪的法定刑配置，而并未对行贿犯罪的构成要件作出改动，在新的司法解释尚未出台前，对于入罪条件的把握就仍然应当以现行有效的司法解释所作的数额要求为准，最终形成"入罪认定总体稳健，量刑评价适度从严"的局面，以此作为对"预防性严惩"修法精神的司法回应。

二、均衡适用：行贿犯罪刑事政策的司法适用方向

（一）稳健性司法：修法精神司法化的应然之道

基于刑罚的社会效果考量，对于《刑法修正案（十二）》"预防性严惩"的修法精神，在司法层面必须予以慎重贯彻，确保司法适用的稳健性。这就要求司法机关结合以往司法解释的指导思想进行理念协调，防止盲目加大对行贿犯罪的打击力度，以免因忽然"开闸放水"而出现"大水漫灌"的现象。司法机关必须意识到，将扭转腐败治理低效的局面寄希望于对行贿犯罪施以严刑重罚，只会适得其反。这是因为，虽然贿赂现象的产生有着复杂的社会成因，但在经济增长水平仍是政绩考核主要指标的情况下，各地司法机关之所以较少追诉行贿分子，有很大一部分原因是担心对当地经济发展带来不利影响。[2]在地方经济与支柱型企业深度捆绑的现实境况下，贸然扩大入罪范围，很容易出现"抓小放大"的现象，即对小额行贿者穷追猛打，对经济实力雄厚，能够进行大规模、系统性"围猎"行贿的人却网开一面。不难想象，如果司法工作人员"邀功式司法"，追求惩治行贿犯罪，相关案件数量会立马上升，则很难避免不断地"抓小"，从而加剧社会的撕裂感。这显然完全背离了刑罚适用的目标，无助于维护社会秩序，亦难以增强民众对于法规范的信赖，由此凸显了稳健性司法的重要性。

---

[1] 参见张明楷：《刑法修正的原则与技术——兼论〈刑法修正案（十二）（草案）〉》的完善》，载《中国刑事法杂志》2023年第5期。

[2] 参见王晓东：《新时代背景下惩治贪腐犯罪若干问题的思考——基于审判贪腐案件的实践展开》，载《法治研究》2018年第6期。

为实现行贿犯罪的稳健性司法，避免司法适用急剧波动对贿赂犯罪治理造成重大负面影响，需要将"预防性严惩"的修法精神与既有司法理念有效结合。行贿犯罪的司法理念主要体现在相关司法解释中，其中主要是2016年最高人民法院、最高人民检察院出台的《关于办理贪污贿赂刑事案件适用法律若干问题的解释》（本文以下简称《贪污贿赂犯罪司法解释》）。之所以提及该司法解释，是因为其在关于行贿罪的认定标准中，已经规定了此次修法新增的从重处罚情节的大部分内容。同年，最高人民检察院专门出台了《办理贪污贿赂刑事案件要准确把握法律适用标准》的指导意见。该意见系对《贪污贿赂犯罪司法解释》的解读说明，指出司法解释体现了"把党纪挺在前面"的精神，认为刑法惩治腐败应确保与党纪政务处分做好衔接、协调，为后者发挥作用留下空间。该司法理念体现了我国腐败治理的特点，即主要依靠党纪政务实现对党员干部和公职人员的有效监管，同时借助刑罚对违法犯罪行为进行辅助性的法律制裁。通过这种衔接、协调，贯彻党和国家对腐败行为零容忍的治理目标。党的十九大报告提出的"受贿行贿一起查"，是对"把党纪挺在前面"的有益补充，两者共同致力于从更为全面、系统的角度推动反腐败斗争走向深入。就此而言，不应将"受贿行贿一起查"视为对"把党纪挺在前面"的替代。这是确保行贿犯罪均衡适用的理念基础。此外，最高人民检察院的解读还明确强调了在办理贿赂犯罪过程中，"应当避免唯数额论和重数额轻情节的错误倾向"，这与此次修法对于特定情节的强调具有理念上的趋同性。这样做无疑为将司法理念融入此次"预防性严惩"的修法精神之中提供了可能。

具体而言，一方面，就"把党纪挺在前面"与"预防性严惩"的关系而言，两者均致力于通过建立严格的制度规范来预防贿赂犯罪，只是各自的侧重点与适用范围存在差异。其中，党纪政务规范为维护党员干部和公职人员的纯洁性和先进性提供保障，是预防贿赂犯罪的第一道防线，为刑事立法与司法借助刑罚进行预防性严惩提供了政策、纪律上的正当性支撑。这表明贿赂犯罪具有多重规范违反性，即同时违反党纪政务规范与刑法规范。换言之，对严重的贿赂行为采取刑事制裁，以违反党纪政务规范为前提。该结论看似仅适用于受贿犯罪，但鉴于双方的共同犯罪本质，[1]如果受贿一方的行为并

---

[1] 参见刘仁文：《论行贿与受贿的并重惩处》，载《中国刑事法杂志》2022年第3期。

不违反党纪政务规范，则行贿一方的行为随之亦不违反。此时受限于禁止贿赂规范的辅助性地位，不能基于"预防性严惩"的需求而对行贿行为进行刑事追究。另一方面，就"避免唯数额论和重数额轻情节"与"预防性严惩"的关系而言，前者作为具体办案的指导思想，强调不应仅依据贿赂数额评价行为危害的严重性，还应当考查是否具有《贪污贿赂犯罪司法解释》规定的相关情节，以确保刑法适用的妥当性；后者虽然强调通过严格的刑法制裁来预防犯罪，但同样需要根据罪刑法定原则的要求，考察案件的具体数额和情节，将其作为定罪量刑的依据，以确保符合现代法治理念，真正有效地取得犯罪预防效果。借助后者的指导理念严格落实前者的具体办案要求，能够保持法律政策的稳定性和连续性，避免因政策突变导致的社会不稳定。可见，既有司法理念与此次修法精神是互相契合的。通过坚定贯彻既有司法理念，强调党纪先行、避免唯数额论、重视情节把握等，可以更为全面、细致地评价和处理违纪违法行为。这不仅能够强化对行贿犯罪的打击力度，还可以确保刑法适用的均衡公正，以此实现稳健性的行贿犯罪司法。

（二）宽严相济：确保行贿犯罪稳健性司法的政策保障

尽管在司法实践中，诸如医疗行业、工程建设、招投标领域等成为腐败问题的"重灾区"、反腐败斗争难啃的"硬骨头"，[1]但如果将行贿犯罪视为腐败的根源，将这些行业、领域的腐败治理低效归咎于办案指导理念出了问题，认为只要补齐刑罚介入不到位的"短板"，就可以确保惩治贿赂犯罪的"木桶"装入更多的"水"，取得更为可喜的腐败治理成果，无疑显得过于乐观。对此必须认识到，刑罚固然具有其他治理对策无法企及的威慑力，但刑罚的"双刃剑"特质使其只适合"打辅助"，不应对其抱有过高希望而恣意适用。应当摆脱"惩罚性痴迷"的困扰，为此还应认识到，严厉惩罚在实际效用上往往并不理想，原因在于维护惩罚制度所需的成本高昂，在对罪犯及其家人造成过大负面影响的同时，对社会却未能带来显著改革效果或实质利益，这些成本远超惩罚所能带来的益处，导致成本—收益失衡。[2]为防止该现象的出现，确保行贿犯罪治理的实效性，必须准确把握"受贿行贿一起查"

---

[1] 参见孙国祥：《"受贿行贿一起查"的规范化法治化路径》，载《中国刑事法杂志》2023年第4期。

[2] 参见［英］罗杰·科特雷尔：《社会学法学：法律思想与社会探究》，李俊、张万洪译，北京大学出版社2022年版，第302页。

的政策要求，在此基础上实现与宽严相济刑事政策的协调对接，为稳健性的行贿犯罪司法提供强而有力的政策支持。

"受贿行贿一起查"政策的提出，旨在对司法实践中"重受贿轻行贿"的做法进行拨乱反正，改变以往为了突破贿赂双方的"攻守同盟"而过于宽纵行贿者的现象，扭转在处理行贿案件时，司法机关贯彻宽严相济刑事政策存在的偏颇，其重点是对行贿行为的从严查处。[1]然而，"受贿行贿一起查"并非对宽严相济刑事政策本身的否定，而只是强调严格行贿一端的司法，尤其要从严惩处"围猎"式行贿，避免"被围猎者"锒铛入狱，获得大量不法利益的"围猎者"却能全身而退，继续"围猎"其他目标，导致社会发展环境持续恶化。为了应对该局面，以往的司法解释曾进行了针对性的调整。例如，为了解决"重受贿、轻行贿导致对行贿惩处失之于宽、不利于切断受贿犯罪因果链等问题"，《贪污贿赂犯罪司法解释》对行贿罪确立了"数额+情节"的入罪标准，且根据《刑法修正案（九）》的规定，对行贿罪的从宽处罚条件进行了更为严格的限定，以对忽视情节的状况进行纠偏，加大对行贿罪的打击力度。就此而言，近年来关于行贿犯罪的司法政策总体上呈现"严中有宽"的局面，而非通常所指责的"重受贿轻行贿"。尽管从效果上看，对于行贿罪的查处力度仍然不尽如人意，但却不能据此认为问题出在司法政策上。贿赂犯罪治理政策的制定与执行必须重视这一犯罪成因，从源头上对症下药。与之相比，刑事惩罚不过是治标之策。[2]正因如此，通过单方面提高惩处行贿犯罪的力度，实际上无助于根除腐败，而必须打出一套包括继续深化政治体制改革、完善民主监督体制在内的"组合拳"，才能够对贿赂犯罪进行全方位、立体式的打击。

正是由于刑罚功能具有辅助性、有限性，在治理贿赂犯罪的问题上，刑法的介入必须一如既往地贯彻宽严相济的刑事政策，将刑罚适用保持在合理限度内。作为一项治理贿赂犯罪的具体政策，"受贿行贿一起查"的适用同样需要接受宽严相济刑事政策的总指导，而并非"只要涉及行贿就只有从严的

---

[1] 参见孙国祥：《"受贿行贿一起查"的规范化法治化路径》，载《中国刑事法杂志》2023年第4期。

[2] 参见谢望原：《刑事政策与刑法专论》，中国人民大学出版社2017年版，第24页；陈兴良：《〈关于办理贪污贿赂刑事案件适用法律若干问题的解释〉总置评》，载《浙江社会科学》2016年第8期。

一面"。[1]实际上,就出台背景与具体内容而言,《贪污贿赂犯罪司法解释》与《刑法修正案(十二)》具有高度相似性,但该解释第14条仍通过明确从宽处罚具体条件的方式,对符合条件的行贿者进行减免处罚,体现出对行贿罪从宽的一面。从学者的实证调研来看,对于分化、瓦解贿赂犯罪的"攻守同盟"而言,对行贿犯罪适度从宽处理是更为理性、有效的选择。[2]我国历代法律的宗旨是"治吏","严以治吏,宽以养民"是历代统治者崇高的价值追求。[3]习近平总书记曾强调:"从严治党,必先从严治吏。"[4]这决定了在治理贿赂犯罪时,必须始终将涉嫌受贿的党员干部和公职人员作为治理重点。这有助于强化对公职人员的规范和约束,促进公职领域的法治建设,提升党和政府的公信力,优化政府资源分配和服务质量,使政府服务更加公平、高效,为社会经济的健康、持续发展提供重要保障。为此,《刑法修正案(十二)》对《刑法》第390条行贿罪的"积极悔罪条款"(原该条第2款,现第3款)进行了调整,对于犯罪较轻可减免处罚的情形,在原有"对侦破重大案件起关键作用""有重大立功表现"规定的基础上,新增加了"对调查突破起关键作用"的情形,由此扩大了该款的适用范围。该做法符合实践理性,即"应当严格把握贿赂犯罪隐蔽性、难攻破性等特点,充分利用行贿人作为侦破贿赂犯罪的突破口",[5]以有效分化贿赂共同体,实现惩治贿赂犯罪的目标。鉴于此,在贯彻落实此次修法精神时,必须树立的司法理念是,在"受贿行贿一起查"的前提下,坚持宽严相济、重点治吏的一贯刑事政策,有节制地适用新修罪名,防止罪刑失衡、重点治民。

三、法益厘清:行贿犯罪均衡适用的关键依据

通常而言,贿赂双方实施的行为呈现为一种对合关系,行贿者与受贿者属于对向性的共同犯罪,即所谓对向犯。这种关系一方面为"受贿行贿一起

---

[1] 参见刘仁文:《论行贿与受贿的并重惩处》,载《中国刑事法杂志》2022年第3期。

[2] 参见赵军:《贿赂犯罪治理策略的定量研究》,载《法学研究》2022年第6期。

[3] 参见李启成:《治吏:中国历代法律的"宗旨"——读〈法治是什么:从贵族法治到民主法治〉》,载《政法论坛》2017年第6期。

[4] 中共中央纪律检查委员会、中共中央文献研究室编:《习近平关于严明党的纪律和规矩论述摘编》,中央文献出版社、中国方正出版社2016年版,第46页。

[5] 刘宪权:《论行贿犯罪特殊从宽量刑情节的刑法修正——以〈刑法修正案(十二)〉相关条款为分析对象》,载《法律科学(西北政法大学学报)》2024年第2期。

查"政策的制定、执行提供了依据,另一方面也为行贿犯罪与受贿犯罪的司法评判预设了要求。即在刑罚适用方面,行贿犯罪必须与受贿犯罪保持均衡,禁止对行贿犯罪的处罚重于受贿犯罪。然而,这并不意味着在罪量方面,行贿犯罪必须与受贿犯罪保持完全一致,而只是说前者的罪量应以后者的罪量为上限。这既是从严治吏的政策要求,也是前者的法定刑上限明显低于后者的现实使然。从刑法教义学的视角看,这实则反映出两者在法益侵害的程度上轻重有别。在具体把握行贿罪的刑罚结构调整、从重处罚情节以及行贿犯罪的法定刑配置等修订内容时,必须立基于此,为行贿犯罪的均衡适用提供理论支持。

(一)保护法益:职务行为的自主决策权

关于行贿罪的保护法益,我国刑法学界争议颇多,存在国家机关的正常活动、社会管理秩序、国家工作人员职务行为的廉洁性、职务行为的不可收买性或公正性、社会对公正性的信赖感、公职的不可谋私利性等主张。[1]我国刑法理论通常认为,行贿罪的保护法益同受贿罪的保护法益一样,均为国家工作人员的职务廉洁性。[2]但是,廉洁性说并不具有明确性,有将贪污贿赂犯罪的同类法益视为行贿罪的直接法益之嫌。行贿罪的立法理由认为:"行贿者作为权钱交易的一方,为谋取不正当利益,以贿买手段拉拢、腐蚀国家工作人员,侵害了国家工作人员职务行为的廉洁性,妨碍了国家各项管理活动的正常进行。"[3]从该理由可知,立法者通过规定行贿罪,是希望通过禁止行贿者与国家工作人员进行权钱交易,从而达到防止贿赂犯罪的目的。据此可以认为,禁止权钱交易是贿赂犯罪的共同行为规范。然而,这并不意味着可以据此将贿赂犯罪的保护法益确定为职务行为的不可收买性。这是因为,如同职务行为的廉洁性、公正性要求一样,职务行为的不可收买性作为一项法益,并不属于可以通过行贿行为进行实际侵害的利益,因而并非适格的法益。[4]实际上,在理解行贿罪的保护法益时,应从对向犯的角度出发,结合

---

[1] 具体参见劳东燕:《受贿犯罪的保护法益:公职的不可谋私利性》,载《法学研究》2019年第5期。

[2] 参见高铭暄、马克昌主编:《刑法学》(第10版),北京大学出版社、高等教育出版社2022年版,第633、651页。

[3] 参见王爱立主编:《中华人民共和国刑法条文说明、立法理由及相关规定》,北京大学出版社2021年版,第1504页。

[4] 参见马春晓:《廉洁性不是贪污贿赂犯罪的法益》,载《政治与法律》2018年第2期。

国家工作人员的职责要求进行把握。根据《公务员法》第 14 条和第 59 条的规定，公务员应当"按照规定的权限和程序履行职责"，不得"贪污贿赂，利用职务之便为自己或者他人谋取私利"。而根据 2012 年最高人民法院、最高人民检察院发布的《关于办理行贿刑事案件具体应用法律若干问题的解释》第 12 条的规定，国家工作人员不得违反法律、法规、规章、政策、行业规范的规定，为行贿者提供帮助或者方便条件；不得违背公平、公正原则，在经济、组织人事管理等活动中，为行贿者谋取竞争优势。据此可知，国家工作人员在履行职责时，应当遵循法律法规等具体规则或者公平、公正原则等抽象原则的要求，独立、客观、公正地进行自主决策。而行贿者正是希望通过给予钱财等方式，不当干预国家工作人员的自主决策过程，使其作出有利于己的决定，行贿犯罪由此侵犯了国家工作人员职务行为的自主决策权，使其违反了职务行为的公正性这一行为规范要求。概言之，将职务行为的自主决策权作为行贿犯罪的保护法益，旨在防止公权力被私人利益所操纵，维护职务行为的公正性。从对向犯理论出发，同样应将受贿犯罪的保护法益理解为职务行为的自主决策权。对受贿者而言，其在进行管理决策过程中，不得因为受贿而违反具体规则或抽象原则的要求，利用职务之便为行贿者谋取利益，亦不得利用职务之便索取贿赂，妨害独立、客观、公正的自主决策。[1]

值得注意的是，不能因为行贿犯罪和受贿犯罪的保护法益相同，就认为两类犯罪的行为规范也相同。毕竟，受贿犯罪属于身份犯，相应的国家工作人员负有确保职务廉洁性和公正性的义务，而这种义务的具体落实，端赖于国家工作人员恪尽职守地行使职务行为的自主决策权，不得以权易财。对于行贿犯罪而言，其在明确主体要素时并未对行贿者的身份作出特殊要求。作为普通主体，行贿者事前仅被一般性地要求不得以财买权，从而确保职务行为的自主决策权不受个人私利的裹挟。由于行贿犯罪和受贿犯罪具体规制的对象并不相同，附着于这两类犯罪之上的行为规范自然有所差异。就行贿犯罪而言，其行为规范是禁止以财买权，而受贿犯罪的行为规范则是禁止以权易财。如果将这两种行为规范合二为一，即为贿赂犯罪层面的共同行为规范，即禁止

---

[1] 需要说明的是，由于贿赂犯罪的保护法益事关多个罪名的准确理解与适用，且聚讼不断，对于职务行为的自主决策权这一主张，有必要针对相关罪名展开更为细致、深入的系统性论证。囿于本文主题，对此将另行撰文讨论，此处恕不展开。

权财交易。由此可以得出的结论是，虽然作为对向犯，行贿犯罪和受贿犯罪的保护法益均为职务行为的自主决策权，但两类犯罪的具体行为规范并不相同。且从贿赂犯罪的发生机制上来看，尽管"行贿行为是腐败现象滋生、蔓延的重要促成因素之一，预防和惩治腐败，必须对行贿、受贿二者同样予以严厉惩处"，[1]但"权力与生俱来的滥用性动机决定了国家应当将对受贿行为的预防和惩治置于刑事政策的中心地位"。[2]且就行贿犯罪的危害性而言，其需要通过行贿者对国家工作人员职务行为的收买来体现，[3]即通过侵害职务行为的自主决策权的方式来实现，因而国家工作人员通常拥有主导权，同时，其还额外负有更高的职责要求，因而其法益侵害程度相对更大，对其施加的惩罚理应相对更重。讨论与行贿犯罪相关的问题时，既要注意其与受贿犯罪的对向性特征，也要注意这一区分，以确保对行贿犯罪的罪刑条款能进行准确理解与适用。

（二）惩处力度：以在法益侵害中所起作用大小为据

随着《刑法修正案（十二）》对行贿犯罪的修改，行贿犯罪与受贿犯罪的刑罚配置进一步协调化，"受贿行贿一起查"的理念由此在立法文本中得以确认。关于如何理解该理念，目前学界存在争议。一种观点认为，贿赂犯罪作为对向犯，本质上属于共同犯罪，贿赂双方在侵害法益时互为因果、作用相当，均为主犯，根据"部分实行全部责任"的共犯原理，对双方的惩处应当大致相当。[4]然而，该见解未注意到贿赂犯罪中的共犯与身份问题。事实上，就职务行为的自主决策权这一保护法益而言，唯有国家工作人员才可以直接对其进行侵犯。离开受贿者的参与，行贿行为便不可能对法益造成侵害。由此可见，贿赂犯罪的重心在于受贿罪这一身份犯。就作用而言，行贿者仅是对受贿者侵害法益的行为起到了促进作用，其本人并不能成为侵害法益的实行犯，因而不能采用"部分实行全部责任"的责任认定原则，因为该原则仅适用于共同实行犯。[5]当然，对于行贿者的责任而言，还是可以采用教唆

---

〔1〕 王爱立主编：《中华人民共和国刑法条文说明、立法理由及相关规定》，北京大学出版社2021年版，第1504页。

〔2〕 参见何荣功：《"行贿与受贿并重惩罚"的法治逻辑悖论》，载《法学》2015年第10期。

〔3〕 参见马克昌主编：《百罪通论》，北京大学出版社2014年版，第1200页。

〔4〕 参见刘仁文：《论行贿与受贿的并重惩处》，载《中国刑事法杂志》2022年第3期。

〔5〕 参见张明楷：《外国刑法纲要》（第3版），法律出版社2020年版，第276页。

犯理论进行认定的，尤其是对采用"围猎"手段者更应如此。但即便以教唆犯对行贿者进行认定，也未必能够让其与受贿者并重处罚。原因在于，受贿者刑事责任的大小，取决于其在贿赂犯罪中所起的作用，对此不能一概而论，而是需要结合案情进行具体判断。正因如此，更为有力的观点认为，"受贿行贿一起查"不等于"受贿行贿一起罚"，更不等于"受贿行贿同等罚"。〔1〕实际上，官方意见也认为，"受贿行贿一起查并不等于同等处理"。〔2〕在查处行贿案件时，必须基于类型化思维把握案件事实，根据行贿者实际所起作用决定对其适用的刑罚量。显然，这需要同时对受贿者的受贿事实进行考量，以更为全面地评价双方所起作用的大小，实现不枉不纵。

　　尽管在某些贿赂个案中，行贿者在法益侵害中所起的作用未必小于受贿者，但通常而言，拥有职务行为自主决策权的国家工作人员所起的作用会更大。不能仅凭行贿受贿均侵害了职务行为的自主决策权这一法益，就得出双方作用相当的结论。必须认识到，即使犯罪行为所侵害的法益完全相同，也并不意味着刑罚配置就完全一样。这是因为，尽管犯罪以法益侵害为其核心，但刑法规定却并非仅仅根据法益侵害设立犯罪，而是同时也重视侵害法益的具体形式，并据此配置不同幅度的刑罚，财产犯罪具体罪名的设立即为典型例子。并且，犯罪类型中还存在着违反义务的义务犯，其同样是影响刑罚配置的重要因素。以不纯正身份犯为例，即使侵害的法益相同，有身份者仍会比无身份者受到更重的惩罚。〔3〕同理，尽管出于打击贿赂犯罪的需要，行贿行为被单独作为行贿犯罪惩处，但行贿者毕竟不具有国家工作人员身份，其必须借助国家工作人员之手，才能够侵害贿赂犯罪条款所意图保护的法益。而国家工作人员作为掌握国家公权力的人，还承担着党纪政务规范对其提出的更高的政治思想觉悟和履职要求，其受贿行为违反的规范数量更多，造成的社会负面影响更为恶劣，因而理应承受更重的刑罚惩罚。这也可以解释，

---

〔1〕参见孙国祥：《"受贿行贿一起查"的规范化法治化路径》，载《中国刑事法杂志》2023年第4期；张明楷：《刑法修正的原则与技术——兼论〈刑法修正案（十二）（草案）〉的完善》，载《中国刑事法杂志》2023年第5期；邱帅萍：《贿赂犯罪刑罚配置的体系性完善——由〈刑法修正案（十二）〉展开》，载《比较法研究》2024年第1期。

〔2〕参见张洋：《进一步推进受贿行贿一起查　巩固发展反腐败斗争压倒性胜利——中央纪委国家监委案件监督管理室负责人答记者问》，载《人民日报》2021年9月9日。

〔3〕参见［日］大塚仁：《刑法概说（总论）》（第3版），冯军译，中国人民大学出版社2003年版，第91~92页。

为何受贿罪的最高法定刑是死刑，而行贿罪的最高法定刑仅为无期徒刑。正因如此，尽管此次修法旨在预防性严惩行贿犯罪，但依然应当坚守罪刑均衡原则和责任主义的要求，根据贿赂双方在法益侵害中的具体行为方式、有无特定情节以及所起作用大小等，合理判定各自承担的责任轻重。这才是"受贿行贿一起查"的政策本意，也是将该政策推向规范化、法治化的必由之路。

四、情节解读：行贿犯罪均衡适用的重要保障

基于上述分析，本文接下来将以《刑法修正案（十二）》关于行贿罪的修订内容为核心，对从重处罚情节的功能及其从重处罚的依据进行理论解读，并对其中存在的某些认识误区进行澄清，以确保行贿罪能够与受贿罪的刑罚适用保持均衡，以此贯彻宽严相济的刑事政策要求，践行对向犯理论的主张，最终实现稳健性司法。由于其他行贿犯罪也有犯罪情节的要求，这些解读同样具有参考价值。

（一）量刑情节：从重处罚情节的功能厘定

就《刑法修正案（十二）》关于行贿犯罪的修订而言，除对其法定刑进行优化之外，最为显著的内容在于增加了受贿罪从重处罚的七种情节。在理解这些情节的功能定位时，立法机关工作人员认为，行贿罪的定罪应以数额为基础，同时考虑有关情节。[1]即支持"数额（+情节）"的观点，认为虽然情节本身不能单独作为入罪标准，但可以与数额一起实现定罪功能。根据该观点，尽管《刑法修正案（十二）》第5条第2款使用了"从重处罚"的立法表述，但特定情节并非仅能作为量刑情节发挥作用，而是可以以特定行贿数额为基础，发挥影响定罪的作用。这种观点立足于《贪污贿赂犯罪司法解释》第7条第2款的规定。根据该规定，行贿数额在1万元以上不满3万元，具有特定情节的，应当以行贿罪追究刑事责任。这意味着，当行贿数额在特定区间时，如果同时存在此次修正案修正后的七种情节之一，则行贿行为就可以构成行贿罪，这些情节由此成为定罪情节。为此，权威观点还专门强调，当特定情节作为定罪情节加以适用后，为避免重复评价，不得再将其作为从重处罚的依据。[2]这看似满足了罪刑均衡原则的要求，但却有违罪刑

---

[1] 参见张义健：《〈刑法修正案（十二）〉的理解与适用》，载《法律适用》2024年第2期。
[2] 参见张义健：《〈刑法修正案（十二）〉的理解与适用》，载《法律适用》2024年第2期。

法定原则。从"从重处罚"的立法用语出发,新增七种情节仅能够发挥影响量刑的作用,而不能成为入罪标准。简言之,这些情节仅属于量刑情节,而非定罪情节。

上述结论的依据在于,立法效力高于司法解释的效力,当立法明确将特定情节作为从重处罚情节后,原《贪污贿赂犯罪司法解释》第7条第2款的入罪情节规定即行失效。该款规定是《贪污贿赂犯罪司法解释》针对《刑法修正案(九)》关于行贿罪的修订所作的解释。在当时修订的第390条第1款行贿罪处罚条文中,其第一档法定刑并无关于数额和情节的规定,这会导致只要有行贿行为,无论数额大小、情节轻重,原则上都可以成立行贿罪,这显然背离立法原意,导致行贿罪的处罚范围过大。《贪污贿赂犯罪司法解释》在参考2015年《刑法》第386条受贿罪处罚规定的基础上,补充性地增设了入罪数额及情节的要求,形成"数额(+情节)"的行贿罪入罪标准,以此确保了行贿罪与受贿罪保持实质层面的罪刑均衡。这符合对向犯理论的要求,也因其目的性限缩解释的立场而并不违背罪刑法定原则,确保了行贿罪的妥当适用。然而,立法者在制定《刑法修正案(十二)》时,吸收并完善了《贪污贿赂犯罪司法解释》关于行贿情节的规定,将其修订为行贿罪的法定从重处罚情节。所谓从重处罚,是指在法定刑限度内判处较重的刑罚。作为一种量刑情节,其以某种行为已经构成犯罪为前提。[1]由此出发,《贪污贿赂犯罪司法解释》将特定情节作为入罪情节对待就丧失了正当化前提,因而不应再适用。[2]这也意味着,将来新的行贿罪司法解释在设置入罪标准时,仅可就行贿数额进行规定。

由于入罪情节的缺失,预防性严惩行贿犯罪的立法精神将难以贯彻。例如,如果新的司法解释仍然维持行贿数额达3万元以上的入罪要求,则当行贿数额在1万元以上不满3万元,同时具有特定情节时,例如向法官行贿2万元,就无法再作为行贿罪处罚。而如果调低行贿数额的要求,又难以与受贿罪的入罪条件保持均衡。可见,此次修法虽然旨在实现贿赂犯罪的罪刑均衡,但却并未完全得偿所愿,仍未彻底解决贿赂犯罪领域早已存在的"非对称性

---

〔1〕 参见张明楷:《刑法学》(第6版),法律出版社2021年版,第723、751页。

〔2〕 参见张明楷:《行贿罪的处罚根据——兼议〈刑法修正案(十二)〉对行贿罪的修改》,载《政法论坛》2024年第2期。

刑法立法"现象。[1]从坚持罪刑法定原则的立场出发,该问题仍有待将来立法予以解决,即借鉴受贿罪的立法模式,采取"数额或者情节"的规定方式统领所有量刑档次,使情节可以单独发挥影响定罪的作用。[2]在此之前,特定情节只能被定位为量刑情节,仅可发挥影响量刑的作用。当然,对于行贿罪第二、三档的刑罚适用而言,由于存在情节规定,继续沿用《贪污贿赂犯罪司法解释》的做法,即适当降低适用加重处罚条款的数额要求,同时以特定情节进行补充,维持"数额[+情节(特别)严重]"的加重量刑模式,因而并不违反罪刑法定原则。只是适用此类模式加重处罚时,不能再重复以相关情节作为从重处罚依据。总体而言,由于《刑法修正案(十二)》新增的第390条第2款系独立条款,而非像抢劫罪的加重处罚情节那样,仅是与第263条后段相关的项,因而这些情节可以适用于行贿罪的全部三档刑罚。当然,为了确保罪刑均衡,应当参考《贪污贿赂犯罪司法解释》第7条第2款的规定,对适用第二、三档刑罚的情节提出更高要求,例如追加诸如"影响司法公正"等实害犯的规定。唯有如此,才能够防止既将特定情节作为"情节(特别)严重"来对待,以此提升量刑档次,又将其在对应刑罚档次中从重处罚,从而违背禁止重复评价原则。

(二)从重依据：行贿罪保护法益之外的其他目的考量

通常认为,刑罚的正当性根据在于对报应与预防的兼顾,[3]其立基于对法益的保护这一刑法任务。对于有具体犯罪对象相对应的法益而言,因犯罪对象对于所承载法益的具象化作用,基准刑与加重刑的适用均不难理解。例如,由于盗窃罪的刑罚配置主要取决于盗窃数额的大小,人们可以从数额中具体把握法益受侵害的严重程度。然而,对于没有具体犯罪对象予以对应的法益而言,法益侵害的程度就难以量化把握。行贿犯罪的保护法益正是如此。如前所述,行贿犯罪的保护法益为职务行为的自主决策权,对该权力的侵害只有有或无的区别,而不存在程度之分。这导致在决定是否对受贿行为进行处罚时,必须同时考虑其他内容。在该方面,《贪污贿赂犯罪司法解释》借鉴了2015年《刑法》第386条关于受贿罪的处罚规定,以"数额(+情节)"

---

[1] 关于该现象的系统分析,参见袁彬:《反思非对称性刑法立法——以〈刑法修正案(十二)(草案)〉为契机》,载《中国刑事法杂志》2023年第5期。
[2] 参见刘仁文:《贿赂犯罪的最新修正及其司法适用》,载《中国刑事法杂志》2024年第1期。
[3] 参见张明楷:《责任刑与预防刑》,北京大学出版社2015年版,第93页。

的方式予以具体化。然而，随着《刑法修正案（十二）》将特定情节作为从重处罚事由，行贿罪的入罪标准仅剩下数额。如此一来导致的问题是，数额充其量仅能反映权钱交易的价码高低，却不能征表对职务行为自主决策权的侵害及其产生的实际危害程度大小。不能认为行贿数额越大，对职务行为自主决策权的侵害就越强。究其原因，在于数额与贿赂犯罪的保护法益并不具有质的对应性，前者无法揭示后者。[1]数额实际反映的是行贿者的主观恶性，即愿意以多高的价码影响职务行为的自主决策权。与之相对应，其同时也反映出受贿者愿意以多高的价码放弃职务行为的自主决策权。虽然主观恶性同样是贿赂犯罪必须考虑的要素，但却与贿赂罪名所欲保护的法益并不直接相关。正因如此，有观点认为，注重数额的做法弱化了情节的作用，导致即使具备多个从重处罚的情节，也可能会因数额达不到入罪要求，而只能作无罪处理，导致实质不公。[2]尽管该见解不无道理，但在立法作出调整之前，以特定数额作为行贿罪的入罪标准，至少契合对向犯的关系定位。此外，考虑到受贿者才是直接侵害职务行为自主决策权的主体，在维持行贿数额要求的同时而不要求特定情节的做法，实际上也可以视为对"从严治吏"政策的贯彻，因而有其合理性的一面。由此可见，在理解行贿罪的处罚根据时，需要在保护法益之外加入对其他目的的考量，以揭示其正当性。对于从重处罚情节的理解而言，就更是如此。

具体而言，七种从重处罚情节的增设意味着"对行贿犯罪的治理更加精细化、更具针对性"。[3]在司法上，为确保这些精细化的情节得到精准适用，需要从刑罚的报应或预防目的出发，对各个情节从重处罚的依据进行实质把握。换言之，为了避免出现个案处理不公正的现象，需要基于法规范保护目的，通过目的性限缩解释，将本不应从重处罚的情形排除在外。[4]从规范保护目的来看，七种情节的从重处罚依据主要在于行为人具有更大的主观恶性，或者行贿行为具有引发严重法益侵害的危险性。例如，就"多次行贿或者向

---

[1] 参见魏昌东：《贿赂犯罪立法体系对国家治理现代化的应然回应》，载《北京社会科学》2023年第3期。

[2] 参见彭文华：《〈刑法修正案（十二）〉视角下贿赂犯罪的罪刑关系及其司法适用》，载《中国刑事法杂志》2024年第1期。

[3] 刘仁文：《贿赂犯罪的最新修正及其司法适用》，载《中国刑事法杂志》2024年第1期。

[4] 参见于改之、肖宸彰：《论刑法中的目的性限缩：内涵、类型与路径》，载《青少年犯罪问题》2023年第2期。

多人行贿"而言，此类行为人为持续获取不正当利益，将行贿作为常用手段，反复侵害国家工作人员职务行为的自主决策权，破坏政治生态、法治环境、营商环境和市场规则，其主观恶性大，甚至有再犯之虞，因而有必要基于特殊预防目的，对其施加较重的刑罚。[1]据此，如果行为人系被多次或多人索贿，鉴于其在侵害职务行为自主决策权时仅处于被动配合地位，与主动行贿者的预防必要性相比相对较小，因而即便其谋取的是不正当利益，通常也不应当从重处罚。再如，就"国家工作人员行贿"而言，国家工作人员作为公职人员本应恪尽职守，发挥模范带头作用，但却违背党纪政务规范，知纪违纪、知法犯法，具有多重规范违反性，因而有必要从重处罚。[2]据此，如果行为人系临时受委托协助履行公务，在此期间实施行贿行为的，除非与其协助履行的公务有关，否则不能被视为国家工作人员行贿。又如，就"为谋取职务、职级晋升、调整行贿"而言，通过行贿买官严重违反党的组织纪律，容易滋生团体腐败，危害性更重，同样有必要从重处罚。[3]据此，如果为了提前办理离退休而行贿，因此类调整会导致行贿者丧失国家工作人员的身份、职权，因而不属于为谋取职务调整而行贿。此外，对于对国家重点工程、重大项目、特定民生领域、特定公职人员或者以违法所得行贿的行为，之所以从重处罚，主要是考虑到其不仅侵害了职务行为的自主决策权，还会造成更为严重的后果和更为恶劣的影响。在理解这些从重处罚情节时，也同样需要立足于这些行为与职务行为的关联性，结合从重处罚的特定目的考量进行准确把握。

除上文提及的优化行贿罪法定刑配置、增设从重处罚情节外，此次修法还调整了《刑法》第387条单位受贿罪、第391条对单位行贿罪和第393条单位行贿罪的法定刑，增设了"情节（特别）严重"的加重处罚条款，以进一步协调贿赂犯罪具体罪名的法定刑配置，防止借单位之名行贿受贿，规避处罚。[4]虽然这些修正内容不可谓不多，但由于其主要是对法定刑配置所作

---

〔1〕 参见张洋：《进一步推进受贿行贿一起查 巩固发展反腐败斗争压倒性胜利——中央纪委国家监委案件监督管理室负责人答记者问》，载《人民日报》2021年9月9日。

〔2〕 参见张洋：《进一步推进受贿行贿一起查 巩固发展反腐败斗争压倒性胜利——中央纪委国家监委案件监督管理室负责人答记者问》，载《人民日报》2021年9月9日。

〔3〕 参见裴显鼎等：《〈关于办理贪污贿赂刑事案件适用法律若干问题的解释〉的理解与适用》，载《人民司法（应用）》2016年第19期。

〔4〕 参见张义健：《〈刑法修正案（十二）〉的理解与适用》，载《法律适用》2024年第2期。

的优化,其准确适用更多地依赖于司法解释。当然,在制定新的司法解释时,也同样需要准确把握此次修法的精神。鉴于上文对此已有着墨,此处不再赘述。

五、余论

总体而言,此次修法更多的是对党和国家一体化治理贿赂犯罪的方针政策、先前司法解释已有做法的吸收、完善,而未创制全新的行为规范条款。针对这一修法特点,较之于以往修法后对相关罪名的构成要件进行教义学阐释,更为关键的是准确把握此次修法所强调的预防性严惩理念,将其与宽严相济、从严治吏等一贯的刑事政策相结合,以此确保行贿犯罪刑罚适用的稳健性和实效性。通过整合、适用这些政策、理念,有助于提升行贿犯罪的司法适用水准,推动其继续朝着规范化、法治化的方向前进,以此保障涉案行贿人员的合法权益,尤其是涉案企业及其控制人的合法权益,从而有效促进贿赂犯罪治理目标的实现,即"为经济发展创造健康良性的社会环境,构建公平竞争的市场秩序和亲清政商关系,营造风清气正的社会环境"。[1]唯有如此,才能够展现此次刑法修正在惩治行贿犯罪、促进社会公正方面的重要作用和积极意义。

---

[1] 参见张洋:《进一步推进受贿行贿一起查 巩固发展反腐败斗争压倒性胜利——中央纪委国家监委案件监督管理室负责人答记者问》,载《人民日报》2021年9月9日。

《刑法修正案（十二）》背景下行贿罪规范量刑实证研究

王 刚[*]

摘 要：我国司法实践中轻处行贿罪的传统，不符合当前贿赂犯罪的生成规律，不利于一体化推进反腐败政策。为加大对行贿罪的惩罚力度，《刑法修正案（十二）》修改了行贿罪的法定刑，增设了七种从重量刑情节。此次修法前提、修法目的和修法内容都以量刑为中心，由此决定未来行贿罪司法适用的核心问题集中在量刑领域。然而，实证分析 495 份判决书形成的结论是，行贿罪量刑偏轻主要系由量刑不规范所致，立法缺陷并不明显。《刑法修正案（十二）》对行贿罪法定刑的调整增加了量刑难度，对情节性质的改变降低了行贿罪的处罚强度。因此，此次修法效果不容乐观，实现修法目的依赖于完善量刑规范体系和规范法官量刑活动。关于量刑规范体系之完善，应当降低行贿罪量刑的数额标准以贯彻"受贿行贿一起查"决策，删除司法解释规定的趋重情节以保持司法解释与刑法的一致性。关于法官量刑活动之规范，应当量化行贿罪的数额处罚标准、规范认定与适用从重和从宽量刑情节、合理处理从宽量刑情节并存现象。只有通过修改行贿罪的数额量刑标准和量刑情节体系，促进行贿罪量刑的合法化和规范化，才可能实现严惩行贿罪的修法目的，将中央的反腐败决策部署落到实处。

关键词：《刑法修正案（十二）》；行贿罪；行贿数额；量刑情节；量刑规范化

---

[*] 作者简介：王刚，南京审计大学法学院（纪检监察学院）教授，法学博士。

一、问题的提出

为贯彻落实党的十九大和二十大作出的"坚持受贿行贿一起查"重大决策部署，《刑法修正案（十二）》对行贿罪作了重大修改。传统刑事司法中查处和惩治的受贿人远多于行贿人，即使是"受贿行贿一起查"提出之后，二者的差距仍然十分明显。例如，2021年，检察机关与国家监察委员会等共同推进受贿行贿一起查，起诉受贿犯罪9083人、行贿犯罪2689人；[1]2022年，检察机关起诉职务犯罪7.8万人，其中行贿犯罪1.4万人；[2]2023年，"全国共立案审查调查行贿人员1.7万人"。[3]在政策引领和刑法修改的背景下，未来我国贿赂犯罪惩治模式将由"重受贿、轻行贿"向"行贿受贿并重处罚"转型，"对法律规定重点查处的行贿案件，该立案的坚决予以立案，该处理的坚决作出处理，一般情况下不能轻易不移送或者不处罚，而是应当从严把握"。[4]检察机关起诉的行贿人数量必将持续上升，行贿罪的司法适用成为值得关注的重大实践问题，最高人民法院发布的行贿案件典型案例就是例证。

理论研究与反腐败现状一致，过去我国刑法学界重点研究受贿罪，对行贿罪关注较少。现有行贿罪研究以犯罪构成问题为主，刑罚裁量问题备受冷落。相较于受贿罪，行贿罪的犯罪构成较为简单，其中的疑难问题并不突出，主要是如何理解和认定"为谋取不正当利益"这一要素。[5]相反，行贿罪的量刑问题却较为复杂。《刑法修正案（十二）》修改了行贿罪的法定刑和从重量刑情节，使其第二档法定刑幅度由5年增至7年，扩大了司法裁量权，增加

---

[1] 参见张军：《最高人民检察院工作报告——2022年3月8日在第十三届全国人民代表大会第五次会议上》，载 https://www.spp.gov.cn/spp/gzbg/202203/t20220315_549267.shtml，最后访问日期：2024年5月8日。

[2] 李希：《深入学习贯彻习近平总书记关于党的自我革命的重要思想 纵深推进新征程纪检监察工作高质量发展——在中国共产党第二十届中央纪律检查委员会第三次全体会议上的工作报告》，载 https://www.ccdi.gov.cn/specialn/scqh/scqhgzbg/202402/t20240226_330301.html，最后访问日期：2024年3月5日。

[3] 参见张军：《最高人民检察院工作报告——2023年3月7日在第十四届全国人民代表大会第一次会议上》，载 https://www.spp.gov.cn/spp/gzbg/202303/t20230317_608767.shtml，最后访问日期：2024年3月18日。

[4] 瞿芃：《将党中央从严惩治行贿的政策要求上升为法律规定》，载 https://www.ccdi.gov.cn/yaowenn/202402/t20240229_331331.html，最后访问日期：2024年6月5日。

[5] 参见孙国祥：《行贿罪中的"为谋取不正当利益"辨析》，载《人民检察》2016年第11期；车浩：《行贿罪之"谋取不正当利益"的法理内涵》，载《法学研究》2017年第2期。

了实现量刑公正的难度。近年来有少数学者关注行贿罪的量刑问题，研究内容集中于对特别从宽制度进行理论阐释、[1]通过分析判决书总结量刑状况[2]两个方面，极少涉猎行贿罪量刑的基本理论和具体方法。例如，张明楷教授讨论了行贿罪的保护法益、法定刑设置根据、情节的含义以及特别从宽情节的理解等问题。[3]这些研究成果可为行贿罪量刑理论之构建提供有益借鉴。但是，根据量刑基本原理和量刑规范化改革的制度设计，行贿罪量刑规范化的核心内容是处罚标准及基准刑的确定、量刑情节的认定和适用。前述研究成果对此关照不够，因而实践指导意义有限。法治反腐是我国治理腐败问题的必然路径，在加大行贿罪查处力度的前提下，规范行贿罪量刑活动，实现行贿罪量刑公正，具有促进法治反腐和推动国家治理现代化的双重价值。基于此，本文以行贿罪最新立法为规范依据，通过对四年来我国行贿罪量刑现状的实证分析，总结当前行贿罪量刑存在的问题，对行贿罪量刑中的处罚标准、基准刑之确定、量刑情节的认定和适用等实体问题进行教义学阐释，探讨行贿量刑的基本理论和具体方法，以期推动行贿罪量刑理论发展，促进行贿罪量刑的规范化与公正性。

二、实证数据与量刑现状：《刑法修正案（十二）》实施之前受贿罪量刑的基本样态

准确把握行贿罪量刑现状是展开量刑规范化研究的前提，对此不能仅仅停留在"行贿罪量刑偏轻"这种浅层和抽象的认知状态。为此，笔者在"中国裁判文书网"下载了 2020 年至 2023 年间的 930 份行贿案件判决书。这些

---

[1] 参见黄华生、李文吉：《论行贿罪特别从宽处罚制度的正当性》，载《华北水利水电大学学报（社会科学版）》2015 年第 5 期；赵秉志：《论行贿罪从宽处罚制度的司法适用》，载《人民检察》2016 年第 Z1 期；刘山煸：《解释论视角下的行贿罪特殊从宽处罚条款》，载《社会科学》2020 年第 5 期；刘宪权：《论行贿犯罪特殊从宽量刑情节的刑法修正——以〈刑法修正案（十二）〉相关条款为分析对象》，载《法律科学（西北政法大学学报）》2024 年第 2 期。

[2] 参见董桂文：《行贿罪量刑规制的实证分析》，载《法学》2013 年第 1 期；高诚刚：《实证研究视角下"行贿从轻"的实效》，载《政治与法律》2016 年第 5 期；刘霜、石阳媚：《行贿罪处罚的实证分析及其优化——以某省 103 个行贿罪判决为研究范本》，载《河南社会科学》2018 年第 6 期；杨遇豪：《行贿罪司法控制策略的实证分析与省思——以 106 份刑事裁判文书为研究样本》，载《社会科学家》2020 年第 7 期。

[3] 参见张明楷：《行贿罪的量刑》，载《现代法学》2018 年第 3 期；张明楷：《行贿罪的处罚根据——兼议〈刑法修正案（十二）〉对行贿罪的修改》，载《政法论坛》2024 年第 2 期。

判决书是过去四年最高人民法院公布的所有行贿案件一审判决书，地域范围涵盖全国。通过对其中495份判决书量刑部分的分析，能够准确掌握我国行贿罪量刑的现状，从而为后续研究确定方向和目标。

（一）样本选取及分析指标

样本的选取方法和结果是：将"案件类型""案由""法院层级""审判程序""文书类型""公开类型""裁判日期"分别设置为"刑事案件""行贿罪""基层法院""刑事一审""判决书""文书公开""2020-01-01至2020-12-31"，共检索到620份判决书；其他条件不变，将"裁判日期"改为"2021-01-01至2021-12-31""2022-01-01至2022-12-31""2023-01-01至2023-12-31"，分别检索到227份、66份、17份判决书。剔除单位行贿、对单位行贿、数罪并罚、共同犯罪等无效、重复或不便于分析的判决书，遴选出495份有效的行贿案件判决书。

根据量刑一般原理、行贿罪的法益特征以及行贿罪特殊量刑制度，笔者设定了"犯罪数额""不正当利益的内容""从重情节""从轻情节""是否特别从宽"和"量刑结果"六个分析指标，其规范依据或理论根据在于：（1）行贿数额是体现行贿罪不法程度的主要标准，实践中主要根据行贿数额确定基准刑；（2）谋取不正当利益是行贿罪法定的构成要素，是否谋取不正当利益以及谋取不正当利益的内容决定罪与非罪以及罪行轻重；（3）行贿案件存在大量法定和酌定的从重、从轻量刑情节，这些情节是调节基准刑的根据；（4）行贿罪具有特别从宽条款，实践中该条款的适用较为普遍，其对量刑结果有重要影响；（5）量刑结果整体上反映了行贿罪量刑的轻重程度。因此，以上述六个指标为分析对象，可以揭示我国行贿罪量刑的基本规律、存在问题和轻重程度等量刑现状。

（二）样本分析及反映的问题

确定上述六个指标之后，笔者逐一阅读495份判决书，采集每份判决书中的相应数据、案件事实、量刑理由和量刑结果等信息，填入统计表格。通过统计分析，笔者发现，我国行贿罪量刑存在以下不符合法律规定或量刑原理的问题：

1. 犯罪数额是确定基准刑的唯一标准

行贿罪与受贿罪同属贿赂犯罪，两罪的保护法益没有本质区别，行贿罪的基本处罚根据是行贿行为侵害了国家工作人员职务行为的不可收买性和职务行为的公正性。[1]基于此，如同受贿罪一样，理论上决定行贿罪罪行轻重的因素包括犯罪数额和犯罪情节。《刑法修正案（九）》明确了受贿罪"数额+情节"的二元处罚标准，行贿罪也应遵照这种处罚标准。《刑法》第390条没有规定行贿罪的数额处罚标准，但规定了"情节严重"和"情节特别严重"两种升格法定刑要素，事实上确立了犯罪情节作为行贿罪主要处罚标准的地位。

然而，分析样本可以发现，我国行贿罪量刑现状与此截然相反：法院都是根据犯罪数额确定基准刑的，完全忽略了犯罪情节对基准刑的应有影响。一方面，所有判决书都查明了被告人的行贿数额，法院据此选择法定刑幅度并确定基准刑，犯罪数额的影响力达到100%。另一方面，最高人民法院、最高人民检察院颁布的2012年《关于办理行贿刑事案件具体应用法律若干问题的解释》（本文以下简称《行贿案件解释》）第2条、2016年《关于办理贪污贿赂刑事案件适用法律若干问题的解释》（本文以下简称《贪贿案件解释》）第7条分别规定了四种和六种辅助犯罪数额升格法定刑的犯罪情节，[2]但样本中既没有追究行贿3万元以下的案例，也没有适用犯罪情节升格法定刑的案例。

2. 趋重情节的认定和适用极为严苛[3]

《行贿案件解释》第2条规定，在行贿罪的第一档罪刑单元中，"行贿数额在二十万元以上不满一百万元"，或者具备四种情形且"行贿数额在十万元

---

[1] 参见张明楷：《行贿罪的处罚根据——兼议〈刑法修正案（十二）〉对行贿罪的修改》，载《政法论坛》2024年第2期。

[2] 《行贿案件解释》第2条规定："因行贿谋取不正当利益，具有下列情形之一的，应当认定为刑法第三百九十条第一款规定的'情节严重'：（一）行贿数额在二十万元以上不满一百万元的；（二）行贿数额在十万元以上不满二十万元，并具有下列情形之一的：1. 向三人以上行贿的；2. 将违法所得用于行贿的；3. 为实施违法犯罪活动，向负有食品、药品、安全生产、环境保护等监督管理职责的国家工作人员行贿，严重危害民生、侵犯公众生命财产安全的；4. 向行政执法机关、司法机关的国家工作人员行贿，影响行政执法和司法公正的；（三）其他情节严重的情形。"《贪贿案件解释》第7条第2款规定："行贿数额在一万元以上不满三万元，具有下列情形之一的，应当依照刑法第三百九十条的规定以行贿罪追究刑事责任：（一）向三人以上行贿的；（二）将违法所得用于行贿的；（三）通过行贿谋取职务提拔、调整的；（四）向负有食品、药品、安全生产、环境保护等监督管理职责的国家工作人员行贿，实施非法活动的；（五）向司法工作人员行贿，影响司法公正的；（六）造成经济损失数额在五十万元以上不满一百万元的。"

[3] 我国《刑法》没有规定加重量刑情节，但《行贿案件解释》和《贪贿案件解释》规定的几种情节能够升格法定刑，实质上具有加重情节的功能。因此，这些情节既不同于犯罪情节，也不同于从重量刑情节，为了妥善处理其中的矛盾，准确界定这些情节的性质，本文创设了"趋重情节"的概念。

以上不满二十万元",属于情节严重。可见,《行贿案件解释》规定的四种情节可以增加行贿罪的不法程度,在犯罪数额的基础上具有降格入罪和升格法定刑的功能。《行贿案件解释》第 10 条还规定,相关趋重情节具有限制适用缓刑和免予刑事处罚的作用,说明这些情节还征表了被告人相对较重的人身危险性。《贪贿案件解释》第 7 条具有相似的情节规定,但其将数额标准大幅提高,并且删除了"向行政机关工作人员"行贿的情节和一般不适用缓刑和免予刑事处罚的规定,降低了对行贿罪的处罚强度。因此,《行贿案件解释》和《贪贿案件解释》都确立了"数额为主、情节为辅"的处罚标准,趋重情节在行贿罪量刑中有重要作用,行贿罪量刑必须重视并妥当适用法定的趋重情节。需要注意的是,《贪贿案件解释》出台后即成为行贿罪量刑的主要依据,《行贿案件解释》与其不一致的规定不再具有法律效力。

分析样本可见,行贿罪量刑中趋重情节认定和适用的现状与从宽情节大相径庭:行贿案件中的从重情节微乎其微,大量趋重情节没有被认定,甚至在判决说理部分没有被描述。

第一,样本中几乎没有适用从重量刑情节的案例。据统计,样本中只有 15 份判决书认定和适用了从重量刑情节,除去前科(5 份)、累犯(2 份)、劣迹(1 份)三种通用量刑情节,认定和适用行贿罪专有从重量刑情节的只有 7 份判决书,占样本总数的 1.41%。

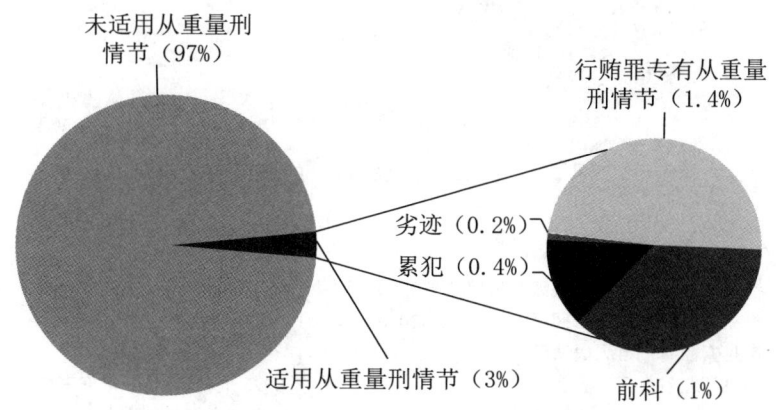

图 1　行贿罪从重量刑情节的适用情况

第二,在事实上存在"向三人以上行贿"和向"司法机关的工作人员行贿"两种情节的案例中,"本院认为"的说理部分基本都没有作出相关表述,因而这两种情节没有成为影响量刑的趋重情节。据统计,样本中共有 63 份判决书存在"向三人以上行贿"的情形,仅有 4 份判决书予以认定并据此从重处罚,占比 6.35%,占样本总数的 0.8%。判决书的表述分别是:为了走私而多次向多名执法人员行贿,可酌情从严处理;[1]多次向多人行贿,酌情从重处罚;[2]向三人以上行贿,依法不符合适用缓刑条件;[3]向多人行贿,应酌情从重处罚。[4]样本中共有 96 份判决书存在"向行政执法机关、司法机关的工作人员行贿"的情形,仅有 2 份判决书予以认定并作出从重处罚,占比 2.08%,占样本总数的 0.4%。判决书的表述分别是:"被告人行贿对象为司法机关工作人员,不宜适用缓刑;[5]其向司法工作人员行贿、多次行贿、为实施违法犯罪活动而行贿,可以酌情从重处罚,不适用缓刑。[6]另外两个从重处罚的理由是"为实施违法犯罪活动而行贿,情节严重,不适用缓刑。"[7]

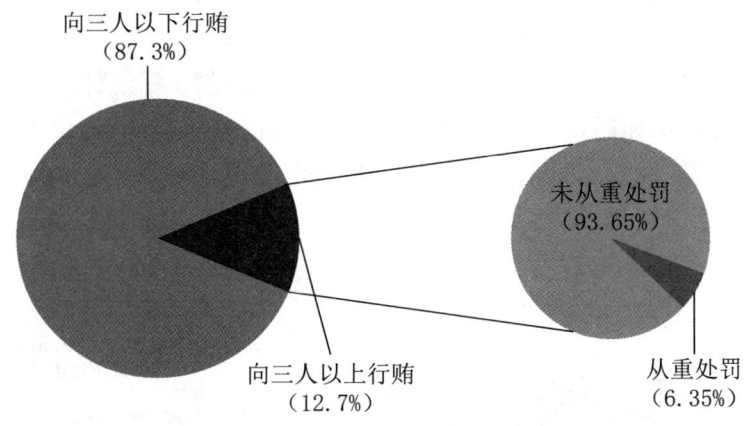

图 2 "向三人以上行贿"的适用情况

---

[1] 参见广西壮族自治区扶绥县人民法院[2020]桂 1421 刑初 14 号一审刑事判决书。
[2] 参见山西省大同市云冈区人民法院[2020]晋 0214 刑初 180 号一审刑事判决书。
[3] 参见安徽省泗县人民法院[2020]皖 1324 刑初 441 号一审刑事判决书。
[4] 参见湖北省长阳土家族自治县人民法院[2020]鄂 0528 刑初 46 号一审刑事判决书。
[5] 参见云南省泸水市人民法院[2020]云 3321 刑初 55 号一审刑事判决书。
[6] 参见湖北省武汉市东西湖区人民法院[2020]鄂 0112 刑初 396 号一审刑事判决书。
[7] 参见湖北省武汉市新洲区人民法院[2019]鄂 0117 刑初 615 号一审刑事判决书。需要注意的是,本案行贿行为发生在 2008 年至 2014 年间,大部分发生在 2012 年之前。

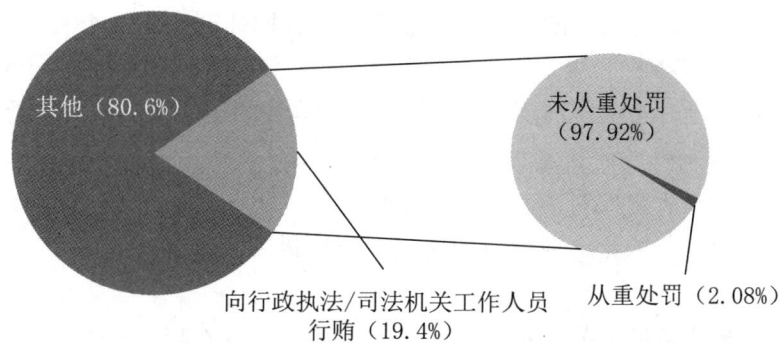

图 3 "向行政执法机关、司法机关的工作人员行贿"的适用情况

第三,即使少数趋重情节被认定了,也没有发挥其应有功能。行贿罪的趋重情节具有降格入罪、升格法定刑的功能,但仅有的六个趋重情节都没有发挥这种功能。最典型的是程某行贿案,被告人多次向六人行贿,累计行贿数额是 118.2 万元,应当认定为"情节特别严重",在"十年以上有期徒刑或者无期徒刑"内量刑。法院认定被告人构成自首,依法应当减轻处罚。但是,即使减轻处罚也应当在"五年以上十年以下有期徒刑"内量刑,2 年 10 个月的量刑结果违反了《刑法》和《贪贿案件解释》的规定。[1]在张某 1、史某行贿案中,史某的行贿数额是 10.2 万元,加上"向三人以上行贿"和"向行政执法人员行贿"两个情节,根据《行贿案件解释》应当认定为"情节严重",在"五年以上十年以下有期徒刑"内量刑,但法院在其没有减轻情节的情况下判处有期徒刑 11 个月。在林某勇行贿案中,行贿数额是 65 万元,加上"向三人以上行贿"之情节,应当认定为"情节特别严重",在"十年以上有期徒刑或者无期徒刑"内量刑。法院认定了自首、特别自首、主动缴纳罚金、愿意接受处罚四个从宽情节。[2]如果考虑自首的减轻效果,未尝不可以在"五年以上十年以下有期徒刑"内量刑。但《行贿案件解释》又规定,"向三人以上行贿""一般不适用缓刑和免予刑事处罚",法院对林某勇判处缓刑,值得商榷。在刘某行贿案中,行贿数额是 72.1 万元,加上"向三人以上行贿"之情节,应当认定为"情节特别严重",在其只具有坦白、认罪认

---

[1] 参见安徽省泗县人民法院 [2020] 皖 1324 刑初 441 号一审刑事判决书。
[2] 参见湖北省长阳土家族自治县人民法院 [2020] 鄂 0528 刑初 46 号一审刑事判决书。

罚、认罪悔罪等从轻情节的情况下，法院判处有期徒刑5年2个月，[1]违反了《行贿案件解释》之规定。当然，如果适用《贪贿案件解释》，上述两个案件就不再满足升格法定刑要求了，但至少应当使用这些情节来从重量刑。

3. 从宽量刑情节的认定和适用极为宽松

趋重情节和从宽量刑情节都影响量刑结果，但与趋重情节的司法现状形成鲜明对比的是，从宽量刑情节的认定和适用极为宽松，主要表现在以下几个方面：

第一，从宽量刑情节认定和适用的比率极高。样本中认定和适用从宽量刑情节的判决书数量是476份，占总数的96%。具体来说，样本中一共认定和适用了认罪认罚、坦白、自首、退赃等23种、1119个从宽量刑情节，各种情节的数量及占比如下图：

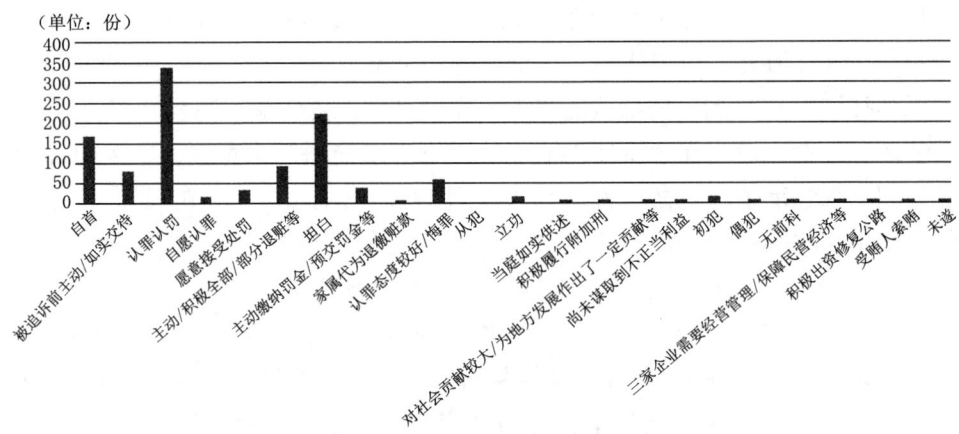

图4　从宽量刑情节的种类及数量

第二，多功能从宽量刑情节的从宽功能被过分夸大。行贿案件中存在大量多功能从宽量刑情节，减轻处罚和免除处罚具有较大的从宽功能，可以给被告人带来相当的量刑优惠。通观样本，这些多功能从宽量刑情节的从宽功能被过分夸大，从宽力度大于其他常见犯罪。例如，在166个自首情节中，从轻、减轻、免除的数量分别是110个、45个、11个，后两种从宽功能累计占比是33.7%；在80个被追诉前主动交待行贿事实的情节中，从轻、减轻、

---

[1] 参见湖北省武汉市新洲区人民法院［2019］鄂0117刑初615号一审刑事判决书。

免除的数量分别是 52 个、26 个、2 个,后两种从宽功能累计占比是 35%。众所周知,职务犯罪以外的常见犯罪,因自首而被减轻或免除处罚的案件寥寥无几。

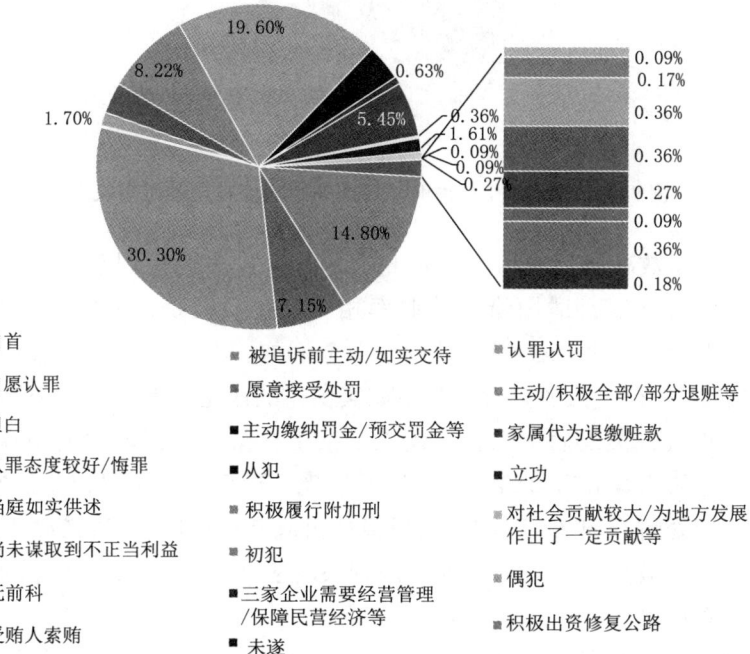

图 5　从宽量刑情节的种类及占比

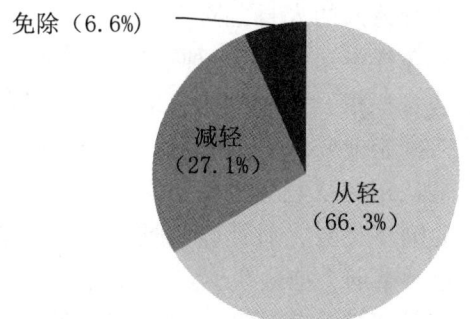

图 6　自首功能类型的数量及占比

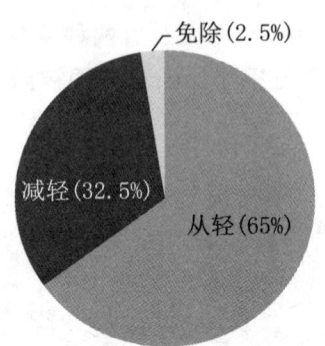

图 7 被追诉前（立案前）如实交待功能类型的数量及占比

第三，少数减轻处罚情节认定和适用错误。法定量刑情节的种类及从宽功能都有明文规定，适用错误的概率相对较小。但是，分析样本可以发现，少量判决书错误地适用了相关量刑情节。例如，在段某福行贿案中，判决书载明："本案中被告人还具有到案后如实供述的法定情节，且没有造成国家利益的重大损失，案发后主动将行贿人姜某1存留于自己账户的100万元退还监委。本院认为其确有真诚认罪、悔罪表现，刑事责任上可以依法减轻处罚，对其依法判处财产刑。"[1]法定的减轻处罚情节只有自首和立功，酌定的减轻处罚情节需经最高人民法院核准，该判决将被告人的事后表现作为减轻处罚情节，显系错误。

第四，部分酌定从轻量刑情节认定和适用错误。酌定从轻量刑情节的外延较宽，司法人员具有较大的自由裁量权。酌定量刑情节的内涵是能够反映行为的社会危害性或者行为人的人身危险性，不具备某一方面特征的案件事实不能作为量刑情节。在样本适用的23种从轻量刑情节中，当庭如实供述、积极履行附加刑、主动（积极）缴纳罚金、对社会贡献较大、尚未谋取到不正当利益、无前科、三家企业需要经营管理、积极自行出资修复公路、受贿人索贿九种要素不应被认定为从轻量刑情节。例如，积极履行附加刑和主动缴纳罚金是罪犯应尽的刑事义务，对社会贡献较大和经营管理企业都与案件无关，无前科的应当正常量刑，把这些事实作为从轻量刑情节显然于法无据、于理不合。有的判决书就正确地表明了这种立场，值得肯定。例如，在王某行贿案中，判决书指出：辩护人提出的被告人系民营企业家，对社会作出了

---

[1] 参见云南省丽江市中级人民法院［2020］云07刑初19号一审刑事判决书。

贡献建议从轻处罚的辩护意见，于法无据，不予采纳；以及提出的被告人的家属表示愿意缴纳罚金建议从轻处罚的辩护意见，于法无据，本院不予采纳。[1]

4. 多个从宽量刑情节并存时处理失当

最高人民法院、最高人民检察院印发的《关于常见犯罪的量刑指导意见（二）（试行）》规定，多个量刑情节并存时应当使用"同向相加、逆向相减"的方法确定对基准刑的调节比例。过去刑事审判中的量刑情节相对较少，量刑情节相互重叠现象不常见。随着《刑法修正案（八）》新增"坦白"情节以及2018年全国人民代表大会常务委员会《关于修改〈中华人民共和国刑事诉讼法〉的决定》确定了认罪认罚从宽制度以后，坦白、认罪认罚成为法定的从宽量刑情节，从而导致自首、坦白、悔罪、认罪认罚等多个量刑情节之间产生重叠现象。与此同时，"行贿人在被追诉前主动交待行贿行为"属于《刑法》分则规定的特殊自首，与前述情节之间又产生重叠关系。由此导致行贿案件量刑中容易出现从宽量刑情节的重叠或竞合问题，如何对其合理化处理，影响量刑的公正性。据统计，样本中同时认定"被追诉前主动交待行贿行为"和自首、"被追诉前主动交待行贿行为"和认罪认罚、"被追诉前主动交待行贿行为"和坦白、坦白和认罪认罚、坦白和自首的判决数量分别是16份、33份、11份、123份、6份。

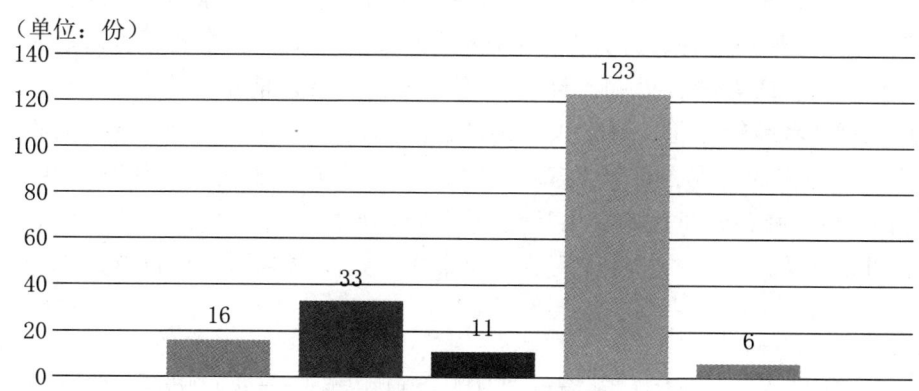

图8　多种从宽情节并存的认定情况

---

[1]　参见贵州省修文县人民法院［2020］黔0123刑初73号一审刑事判决书。

然而，上述情节一般难以并存，理由如下：其一，在《刑法修正案（九）》之前，"在被追诉前主动交待行贿行为"是"特别自首"。此后其从宽处罚力度低于自首，行为人同时符合"在被追诉前主动交待行贿行为"与自首时，应当优先适用整体从宽处罚力度更大的自首制度。[1]其二，坦白的本质是如实供述自己的罪行，"在被追诉前主动交待行贿行为"是如实供述自己罪行的表现，可谓行贿罪中的"特别坦白"，行为人同时符合"在被追诉前主动交待行贿行为"与坦白时不应当认定为两个情节。其三，最高人民法院、最高人民检察院、公安部、国家安全部、司法部联合印发的《关于适用认罪认罚从宽制度的指导意见》规定："认罪认罚从宽制度中的'认罪'，是指犯罪嫌疑人、被告人自愿如实供述自己的罪行，对指控的犯罪事实没有异议。"理论上一般认为，"认罪"是指犯罪嫌疑人、被告人如实供述了被指控的行为事实，并在后续的协商过程中达成了承认指控罪行的协议。[2]可见，坦白蕴含于认罪之中，认罪认罚以坦白为前提，二者并存时不应认定为两个情节。其四，自首以坦白为前提，没有坦白便不成立自首，二者并存时应当认定为自首，不应认定为两个情节。如实务界有人指出，"就同一起犯罪事实而言，因自首的成立以被告人如实供述自己的罪行为必要条件，吸收了被告人如实交待犯罪事实的情形，故一般情形下自首与坦白无共存的余地"。[3]更有甚者，样本中还有一些重复评价三个从宽量刑情节的案例。在陈某某行贿案中，"被告人陈某某到案后如实供述了调查机关尚未掌握的犯罪事实，可认定为自首，可以从轻或者减轻处罚。被告人陈某某在被追诉前主动交待行贿行为，可以从轻或者减轻处罚。被告人陈某某自愿如实供述罪行，承认指控的犯罪事实，愿意接受处罚，可以从宽处罚"。[4]在黄某行贿案中，判决书载明："自首，可以减轻处罚；如实供述自己行贿的罪行，可以从轻处罚；认罪认罚，可以从宽处理。"[5]在檀某某行贿案中，判决书载明："自首，减轻处

---

[1] 参见刘宪权：《论行贿犯罪特殊从宽量刑情节的刑法修正——以〈刑法修正案（十二）〉相关条款为分析对象》，载《法律科学（西北政法大学学报）》2024年第2期。

[2] 参见陈卫东：《认罪认罚从宽制度研究》，载《中国法学》2016年第2期。

[3] 黄淑彬、余行飞：《自首、坦白、自愿认罪情节并存时的适用》，载《人民法院报》2009年7月15日。

[4] 参见四川省眉山市东坡区人民法院［2021］川1402刑初90号一审刑事判决书。

[5] 参见四川省乐至县人民法院［2019］川2022刑初194号一审刑事判决书。

罚；坦白，从轻处罚；认罪认罚，从轻处罚。"[1]在琚某某行贿案中，"被告人琚某某犯罪以后自动投案并如实供述自己的罪行，属自首，依法可以从轻或者减轻处罚。被告人琚某某在被追诉前主动交待行贿行为，可以从轻或者减轻处罚。其积极退缴违法所得，主动缴纳罚金，可酌情从轻处罚。被告人某某太认罪认罚，可以依法从宽处理。"[2]以上原因综合所致，样本中判处缓刑和免予刑事处罚的案件总数是 303 件，占比 61%，行贿罪量刑整体过于偏轻的定性判断是成立的。在贿赂犯罪的生成规律和基本特征已经发生重大变化的时代背景下，行贿罪的量刑现状不足以震慑行贿人，无法契合中央的反腐败政策，不利于遏制腐败增量。《刑法修正案（十二）》试图从实体法角度应对量刑过轻问题，但通过对其修正内容的教义学分析，能否实现预期效果尚且值得推敲。

三、刑法修正与量刑困惑：《刑法修正案（十二）》之后行贿罪量刑的新问题

根据行贿罪与受贿罪的对合关系，《贪贿案件解释》对两罪构建了相同的处罚原理。但《刑法修正案（十二）》对行贿罪罪刑关系的修改，使两罪的处罚原理发生分离，其合理性存有疑问。行贿罪新的处罚原理可能引起理论认知和司法适用的混乱，产生一些新的量刑难题，在"受贿行贿一起查"时代，亟须作出理论回应，提供可行的解决方案。

（一）《刑法修正案（十二）》对行贿罪罪刑关系的修改

《刑法修正案（十二）》修改了行贿罪的法定刑和量刑情节，使行贿罪的罪刑关系发生变化，进而对行贿罪量刑产生重要影响。

第一，调整行贿罪的法定刑，使之与受贿罪的法定刑基本保持一致。原来行贿罪的三档法定刑幅度分别是 5 年以下有期徒刑或者拘役、5 年以上 10 年以下有期徒刑、10 年以上有期徒刑或者无期徒刑。受贿罪的三档法定刑幅度分别是 3 年以下有期徒刑或者拘役、3 年以上 10 年以下有期徒刑、10 年以上有期徒刑或者无期徒刑。由于受贿罪的危害性整体上大于行贿罪，相同犯罪数额的受贿罪处罚应重于行贿罪。但是，根据《贪贿案件解释》的刑罚配

---

[1] 参见湖北省仙桃市人民法院［2020］鄂 9004 刑初 392 号一审刑事判决书。
[2] 参见江西省鹰潭市余江区人民法院［2021］赣 0603 刑初 132 号一审刑事判决书。

置，同等情形下受贿罪量刑可能轻于行贿罪，有违罪责刑相适应原则。因此，《刑法修正案（十二）》贯彻"受贿行贿一起查"决策，将行贿罪第一档法定刑的上限修改为3年有期徒刑，使行贿罪和受贿罪的自由刑保持一致，弥补了此前的立法缺陷，具有进步意义。

第二，将《贪贿案件解释》中的处罚情节予以立法化，使之成为行贿罪专有的法定量刑情节。《行贿案件解释》第2条、第4条规定了四种处罚情节，《贪贿案件解释》第7条在此基础上扩展至六种。《刑法修正案（十二）》对《贪贿案件解释》中的六种处罚情节进行增删和修改，确立了七种从重量刑情节。《刑法》分则条文直接规定个罪量刑情节的实例并不多见，行贿罪从重量刑情节的法定化"主要是与中央纪委国家监委等发布的《关于进一步推进受贿行贿一起查的意见》规定范围相衔接"，[1]体现了立法者希望对特殊主体、特殊方式、特殊对象、特殊领域的行贿案件加大惩罚力度的价值取向。

第三，行贿罪处罚情节的立法化，改变了原来处罚情节的量刑功能。严格来说，《行贿案件解释》和《贪贿案件解释》规定的趋重情节并非量刑情节，而是具有决定罪与非罪、轻罪与重罪功能的犯罪情节。因为《行贿案件解释》和《贪贿案件解释》首先以犯罪数额为标准确定了三种情形构成行贿罪及其入罪标准，在此基础上以几种处罚情节作为降格入罪、升格法定刑的根据，从而影响行贿罪的犯罪形态和法定刑幅度。《刑法修正案（十二）》将常见的处罚情节确定为从重量刑根据，使其从犯罪情节转变为量刑情节，丧失了降格入罪、升格法定刑的功能。

（二）行贿罪新的罪刑关系衍生出的量刑新问题

行贿罪的量刑要处理好内部关系和外部关系：内部关系是指行贿罪各量刑要素的地位及其作用，外部关系是指行贿罪与受贿罪在处罚原理、量刑标准、量刑结果等方面的一致性和差异性。行贿罪新的罪刑关系引发这两层关系的变化，有必要重新审视和反思其中的量刑难题。

1. 行贿罪内部的量刑疑难问题

第一，如何确定行贿罪的量刑标准？根据刑罚配置原理，犯罪所侵犯法益的性质及其程度是决定法定刑的主要根据，司法实践中的量刑标准即确定基准刑的根据是某种犯罪的客观不法要素。例如，故意伤害罪和盗窃罪的量

---

[1] 张义健：《〈刑法修正案（十二）〉的理解与适用》，载《法律适用》2024年第2期。

刑标准主要是伤害结果和盗窃数额。根据《刑法》第 390 条的规定，行贿罪基本犯的罪状中没有不法要素的表述，量刑标准宜为犯罪数额；两种行贿罪的加重犯罪构成中都有情节要素的表述，犯罪情节应是量刑标准之一。与此相对，《行贿案件解释》和《贪贿案件解释》也都有犯罪情节的规定。但是，《刑法修正案（十二）》将常见的趋重情节修改为从重量刑情节，意味着对两种行贿罪加重犯的情节要素要重新审视。在此情况下，行贿罪的量刑标准是犯罪数额、犯罪情节还是"数额+情节"的二元兼顾便有疑问：如果仅仅是犯罪数额，如何解释罪状中的情节要素？如果包括犯罪情节，如何理解情节要素？

第二，司法解释中的趋重情节和《刑法修正案（十二）》新设的量刑情节是什么关系？《行贿案件解释》和《贪贿案件解释》中的趋重情节属于量刑标准，《刑法修正案（十二）》将主要的趋重情节规定为从重量刑情节，使之不再属于量刑标准。在此情况下，如何处理司法解释中的情节和《刑法修正案（十二）》中的情节便出现二难选择：如果认为两类情节具有不同含义和功能，如何把握司法解释里的情节？如果认为两类情节的含义相同，如何适用这些情节？立法机关的态度是，《贪贿案件解释》规定的其他情节与《刑法修正案（十二）》新设的从重处罚情节具有交叉，不能将相关情节重复评价，即既作为定罪量刑的标准，又作为从重处罚的依据。[1]笔者对此不敢苟同，后文再述。

第三，如何对情节严重的行贿罪进行规范量刑？本次刑法修正后，行贿罪的第二档法定刑幅度由 5 年增至 7 年。前述实证分析表明，当下行贿罪的量刑存在诸多不规范之处，第二档法定刑幅度的增长必然会加剧这些问题，导致量刑失范更加明显。目前理论界对行贿罪的规范量刑问题研究甚少，此次修法后行贿罪的处罚原理又发生变化，理论成果难以为司法实践提供足够支撑。

2. 行贿罪外部的量刑疑难问题

立法科学性和处罚公平性要求，刑法分则对具体犯罪罪刑关系的构建并非完全孤立而可以随心所欲的工作。尤其是在涉及罪群立法的场合，个罪罪刑关系的设置需要遵循同类犯罪的共同特征和内在逻辑，在犯罪之间达致相对协调的状态。行贿罪和受贿罪具有行为对向、法益重合、目标趋同等特征，

---

[1] 参见张义健：《〈刑法修正案（十二）〉的理解与适用》，载《法律适用》2024 年第 2 期。

从而决定两罪在法定刑配置、处罚标准、量刑原理等方面存在互通之处。《刑法修正案（十二）》对行贿罪罪刑关系的修改，打破了两罪之间的协调性，引发了以下量刑难题：

第一，行贿罪与受贿罪的处罚标准应否保持一致？《刑法修正案（九）》通过修改受贿罪的罪刑关系，明确了"数额+情节"的二元处罚标准，犯罪数额和犯罪情节都是受贿罪独立的量刑标准，原则上具有单独决定入罪和法定刑的功能。行贿罪不具有受贿罪那样明确的规定，相关罪状中没有关于数额的表述，至少在形式上犯罪数额并非其独立的量刑标准。然而，实践中行贿罪基本都以犯罪数额为量刑标准。《刑法修正案（十二）》增设七种从重量刑情节之后，两种行贿罪加重犯罪构成中的情节要素失去存在意义，未来行贿罪的量刑将进一步强化犯罪数额作为量刑标准的地位。受贿、行贿两罪中情节要素的不法内涵大多一致或者相互贯通，例如，为谋取职务、职级晋升、调整行贿和对监察、行政执法、司法工作人员行贿是行贿罪的从重处罚情节，受贿人为行贿人谋取这些非法利益会对国家的干部任用制度和法律实施状况产生不良影响，同样会增加受贿罪的不法程度，应当作为受贿罪的从重量刑情节。因此，行贿罪与受贿罪的处罚标准应否保持一致，影响贿赂犯罪罪刑关系设置的科学性与合理性。

第二，行贿罪和受贿罪的处罚原理应否相同？在《刑法修正案（九）》设置的"数额+情节"二元处罚标准的基础，《贪贿案件解释》将犯罪数额和犯罪情节分别设定为贪污受贿罪的基本犯罪构成事实和非基本犯罪构成事实，情节在数额的基础上发挥升格法定刑的功能，实际上丧失了法定的处罚标准的地位。[1]《贪贿案件解释》对行贿罪中犯罪数额和犯罪情节的关系也作了同样处理，遵循了行贿罪和受贿罪相同处罚的原理。但是，《刑法修正案（十二）》将行贿罪的趋重情节修改为从重量刑情节，使其只能在犯罪数额确定的法定刑幅度内增加刑罚量。换言之，"司法实践不能将这些情节既作为定罪情节，又作为从重量刑情节，也不能将这些情节既作为法定刑升格情节，又作为在升格法定刑内从重处罚的情节"。[2]由于行贿罪和受贿罪的法益特征和

---

〔1〕参见王刚：《贪污受贿罪量刑新标准的司法适用研究》，载《河北法学》2018年第9期。

〔2〕张明楷：《行贿罪的处罚根据——兼议〈刑法修正案（十二）〉对行贿罪的修改》，载《政法论坛》2024年第2期。

不法内涵基本相同，犯罪数额和犯罪情节在两罪罪行轻重的评价方面理应发挥相同作用，现在两种要素在两罪的量刑中分别担当确定基准刑和调节基准刑的不同角色，这种改变必然影响两罪量刑结果的均衡性。

第三，行贿罪与受贿罪的量刑如何保持协调？尽管"受贿行贿一起查"不同于"行贿受贿一起罚"，其实施重心是加大对行贿犯罪的查处力度，[1] 但该政策同时也表达了严惩行贿罪的思想。例如，最高人民法院相关负责人指出，"人民法院将坚持依法惩处行贿犯罪，切实扭转'重受贿、轻行贿'的观念"。[2] 根据《贪贿案件解释》的规定，行贿罪量刑的数额标准远高于受贿罪。以犯罪数额为量刑标准，行贿罪的量刑比受贿罪轻缓得多。《刑法修正案（十二）》将行贿罪的趋重情节变更为从重量刑情节，导致相同犯罪数额的量刑结果可能低于修法之前，进一步扩大了行贿罪和受贿罪之间的量刑差距。因此，对行贿罪的罪刑规范进行教义学分析，会发现《刑法修正案（十二）》施行后行贿罪的量刑可能变得更加轻缓，事实上背离了修法的初衷。如何保持行贿罪和受贿罪量刑之间的均衡性，切实扭转"重受贿、轻行贿"的实践状态，有待深入思考。

四、问题分析与解决之道：新旧问题交织背景下行贿罪规范量刑的路径

《刑法修正案（十二）》试图严惩行贿罪的立法目标及其实现，依赖一个立法预设和立法前提：一则，过去行贿罪存在立法缺陷，导致量刑过轻；二则，刑法修正解决了该立法缺陷，构建了有利于严惩行贿罪的罪刑关系。然后，前文实证分析和规范解释得出的结论是，二者似是而非甚至并不具备。首先，过去行贿罪量刑过轻主要是忽略适用趋重情节和不当适用从宽情节所致，不应归责于刑法立法。其次，刑法关于趋重情节的修改降低了情节在确定刑罚方面的作用，反而不利于严惩行贿罪。因此，在《刑法修正案（十二）》的制度框架下，需要重新思考如何实现严惩行贿罪的立法目标，笔者

---

[1] 学界主流观点认为，"受贿行贿一起查"不同于两罪并重处罚，笔者亦持此观点，参见孙国祥：《"受贿行贿一起查"的规范化法治化路径》，载《中国刑事法杂志》2023年第4期；张明楷：《行贿罪的处罚根据——兼议〈刑法修正案（十二）〉对行贿罪的修改》，载《政法论坛》2024年第2期。

[2] 参见罗沙：《刑法修正案（十二）施行 加大行贿犯罪惩治力度》，载《新华每日电讯》2024年3月2日。

认为有效路径应为优化行贿罪的罪刑关系和规范行贿罪的量刑活动。

（一）关于行贿罪外部量刑疑难问题的回应

对于前面分析行贿罪外部量刑疑难问题，此处作如下简要回应：其一，理论上行贿罪与受贿罪的处罚标准应保持一致。传统上我国刑事领域重受贿、轻行贿，对受贿罪罪刑结构的研究和修正都极为丰富和频繁，直至《刑法修正案（九）》和《贪贿案件解释》对受贿罪罪刑结构作出最新调整。比较而言，行贿罪的罪刑结构没有受到理论界和实务界的足够关注，因此相关理论研究匮乏，立法修正也滞后于受贿罪。基于这样可以理解的现实，况且短期内行贿罪也难以再次修正，笔者认为，可以保持《贪贿案件解释》确定的以数额为主要标准的处罚思路，延续实践中根据行贿数额确定法定刑的一贯做法。其二，实践中行贿罪与受贿罪的处罚原理已然分离。《刑法修正案（十二）》已经改变了《贪贿案件解释》中行贿罪相关情节的量刑功能，导致行贿罪和受贿罪的处罚原理分离。对此，理论上可以反思并提出不同意见，但司法机关必须尊重立法规定，只能使用法定从重量刑情节增加刑罚量，而不能用其升格法定刑。其三，通过完善司法解释和规范量刑活动，追求行贿罪与受贿罪之间量刑的协调性。针对受贿罪、行贿罪量刑原理之分离以及《刑法修正案（十二）》实质上降低行贿罪处罚强度的现实，为贯彻"受贿行贿一起查"决策和从严惩治行贿罪的刑事政策，一方面要修改《贪贿案件解释》的规定，另一方面要规范行贿罪量刑活动，通过规范和技术两方面的校正达到预期司法效果。

（二）规范层面：修改《贪贿案件解释》规定的行贿罪处罚标准

《贪贿案件解释》关于行贿罪处罚标准的规定不符合"受贿行贿一起查"决策，并且与修正后的《刑法》第390条存在冲突之处。因为《刑法》效力高于《贪贿案件解释》，应当修改后者的相关规定，使其契合"受贿行贿一起查"决策，并与刑法规定保持一致。

1. 降低行贿罪的数额处罚标准

1997年《刑法》对行贿罪和受贿罪的处罚标准作出不同规定，行贿罪的处罚标准主要是犯罪情节，受贿罪的二元处罚标准是"数额为主+情节为辅"，受贿罪的数额处罚标准是5000元至5万元、5万元至10万元、10万元以上。在司法实践中，犯罪数额是两罪主要的处罚标准。此后，两罪的数额处罚标准经修改后被大幅提高。2012年《行贿案件解释》将行贿罪通常的数额处罚标准规定为 1 万元至 20 万元、20 万元至 100 万元、100 万元以上，2015 年《刑法修正案（九）》将受贿罪具体的数额处罚标准修改为抽象的数额处罚标准。2016 年《贪贿案件解释》对两罪的数额处罚标准作出统一规定，即行贿罪是 3 万元至 100 万元、100 万元至 500 万元、500 万元以上，受贿罪是 3 万元至 20 万元、20 万元至 300 万元、300 万元以上。

由上可见，行贿罪和受贿罪的数额处罚标准具有以下差异：一是行贿罪的数额处罚标准远远高于受贿罪，2012 年行贿罪的数额处罚标准是受贿罪的 4 倍至 10 倍，2016 年以后大概是 1.7 倍至 5 倍；二是行贿罪数额处罚标准的提高幅度远远大于受贿罪，2016 年受贿罪的数额处罚标准虽然得到大幅提高，但行贿罪的数额处罚标准经过四年又提高了 5 倍，提高幅度明显过大。"行贿罪与受贿罪同属贿赂罪，两罪的保护法益没有本质区别，但存在细微差异。"[1] 犯罪所侵犯法益的性质及其程度是配刑和量刑的主要根据，这决定了应对行贿罪和受贿罪的处罚标准作一体考量并保持相对协调，《贪贿案件解释》规定相同的定罪数额标准便是这种要求的体现。尽管因为主体身份、职业要求以及行为人掌握和行使的职权等原因，受贿罪的不法程度和责任程度都大于行贿罪，同等刑罚对应的行贿罪数额处罚标准要低，但若过低则不符合贿赂犯罪的生成原理和法益特征。

行贿犯罪查处力度小、处罚强度低是"受贿行贿一起查"决策出台的现实背景，其成因主要包括两方面：一是反腐败政策和调查技术问题，即为了更好地查证受贿犯罪事实，往往以不予追究刑事责任的方式换取行贿人口供；二是定罪量刑的数额标准过高以及极为宽大的特别宽宥制度，两者相结合使得很多高额的行贿案件被非罪化处理。贯彻"受贿行贿一起查"决策应当"对症下药"，目前反腐败政策已经调整，调查技术有待改进，特别是考虑到宽宥制度短期内无法再修改，最为有效且可行的路径是降低行贿罪的数额处罚标准。一般而言，包括贿赂犯罪在内，犯罪的数额处罚标准都呈现为不断升高的趋势，降低行贿罪的数额处罚标准需要解决理论根据和实施方案两个难题。首先，"轻重诸刑有权，刑罚世轻世重"。"利益集团不择手段'围猎'领导干部，是当前腐败增量产生的一个重要原因，它严重扭曲了市场经济的

---

[1] 张明楷：《行贿罪的处罚根据——兼议〈刑法修正案（十二）〉对行贿罪的修改》，载《政法论坛》2024 年第 2 期。

公平竞争秩序,破坏了政治生态,危及党和国家的政治安全。"[1]以"围猎"官员为代表的行贿行为,其不法和罪责都重于被动行贿,并已成为诱发受贿犯罪的重要原因,行贿犯罪的整体危害性较之过去更为严重,降低其数额处罚标准具有必要性和正当性。另外,尽管提高定罪量刑标准是主流趋势,但也不乏刑法根据犯罪形势变化而降低标准的实例,这可为降低行贿罪的数额处罚标准提供了借鉴。例如,《刑法修正案(八)》将生产、销售假药罪由具体危险犯修改为抽象危险犯。其次,鉴于受贿罪比行贿罪相对严重,行贿罪的数额处罚标准应略高于受贿罪。笔者建议,在保持3万元入罪标准不变的基础上,可以考虑将行贿罪的数额处罚标准设置为受贿罪的1.5倍,即3万元至30万元、30万元至450万元、450万元以上。

2. 删除行贿罪的情节处罚标准

《刑法修正案(十二)》新设七种从重量刑情节,使行贿罪中出现两类情节并存的现象,这一立法的合理性及适用成为行贿罪量刑的重要问题。对此,当前学界观点较为一致。例如,黎宏教授主张,《刑法修正案(十二)》将"将违法所得用于行贿"等七种情节规定为了量刑上的从重处罚情节,但这并不影响其作为情节一般的行贿罪的入罪即定罪情节;[2]张明楷教授、彭文华教授等人认为,行贿罪的定罪情节与从重处罚情节存在重合,司法实践不能将这样情节既作为定罪情节,又作为从重量刑情节。[3]

笔者认为这种立法不妥当,理由如下:其一,两类情节的重合度极高,新设的从重量刑情节基本覆盖了《贪贿案件解释》中的趋重情节。相同情节被赋予不同的法律性质,属于无效和重复立法。比较可见,《刑法修正案(十二)》在《贪贿案件解释》的基础上增加了国家工作人员行贿、多次行贿、谋取职级晋升或调整、在财政或防灾救灾等领域行贿、对监察和行政执法工作人员行贿、在国家重点工程或重大项目中行贿等情节,除了删除"经济损

---

[1] 刘艳红:《根本性阻断利益集团"围猎"的制度构建》,载《国家治理》2022年第14期。

[2] 参见黎宏:《论行贿罪的若干问题——以刑法修正案(十二)的相关规定为中心》,载《法律适用》2024年第3期。

[3] 参见张明楷:《行贿罪的处罚根据——兼议〈刑法修正案(十二)〉对行贿罪的修改》,载《政法论坛》2024年第2期;彭文华:《〈刑法修正案(十二)〉视角下贿赂犯罪的罪刑关系及其司法适用》,载《中国刑事法杂志》2024年第1期;张颖鸿:《刑法修正案(十二)行贿罪从重处罚条款的司法适用》,载《人民法院报》2024年3月28日。

失数额在五十万元以上不满一百万元",《贪贿案件解释》规定的情节都被《刑法修正案（十二）》包含。严格来说，《贪贿案件解释》中的六类情节是加重情节，因其导致犯罪形态加重和法定刑升格，对量刑的影响已经突破了数额处罚标准对应的法定刑幅度，不同于《刑法修正案（十二）》设立的从重量刑情节。《刑法》和《贪贿案件解释》对相同情节作出不同定性，必然导致情节的角色混乱和功能紊乱。需要指出的是，行贿罪常见情节量刑功能的降低，也是笔者主张降低数额处罚标准以保持对行贿罪应有惩罚强度的重要原因。其二，由于常见情节被赋予两种功能，实践中如何确定、以何种标准确定情节的法律属性成为无解难题。《刑法修正案（十二）》和《贪贿案件解释》规定的重合情节，种类相同又没有程度差异，因而无法进行区分。如果行贿案件出现某种重合情节，究竟应当以此情节从重量刑还是升格法定刑，司法人员将无所适从，这也增加了司法擅断和滥用裁量权的风险。有学者举例指出，在行贿人行贿2万元的场合，"将这笔受贿款用于行贿"不可能是从重处罚情节，只能根据《贪贿案件解释》的规定入罪。[1]但是，这种论证缺乏说服力：一方面，几乎没有追究行贿3万元以下的案件，前述样本中没有一起行贿数额在3万元以下。另一方面，即使有追究行贿3万元以下的案件，其所占比例完全可以忽略不计。况且，按照论者的逻辑，如果存在法定情节，对于广泛存在的50万元至100万元、250万元至500万元的行贿案件，犯罪认定和刑罚裁量将陷入二难境地。例如，行为人为谋取职务提拔向领导行贿80万元，按照《刑法修正案（十二）》的规定应在第一档法定刑幅度内从重量刑，而按照《贪贿案件解释》的规定则应在第二档法定刑幅度内量刑。由于《刑法修正案（十二）》的效力高于《贪贿案件解释》，司法人员理应选择第一种量刑方案。如果根据《贪贿案件解释》将此类情节用以升格法定刑，《刑法修正案（十二）》的规定又将被架空。

以上分析，在最高人民法院发布的"依法惩治行贿犯罪典型案例"中得到鲜明体现。例如，"宋某毅行贿、受贿案"的行贿数额是60万元，以数额为标准属于一般情节，应在第一档法定刑内量刑。[2]司法机关认为，宋某毅

---

[1] 参见黎宏：《论行贿罪的若干问题——以刑法修正案（十二）的相关规定为中心》，载《法律适用》2024年第3期。

[2]《依法惩治行贿犯罪典型案例》，载 https://www.court.gov.cn/zixun/xiangqing/429302.html，最后访问日期：2024年4月4日。

为谋取职务提拔而行贿60万元,应认定为情节严重,在第二档法定刑内判处5年有期徒刑。"杨某文行贿、偷越国(边)境案"的行贿数额是63.6万元,其中向司法工作人员行贿56.6万元,影响司法公正,应认定为情节严重,在第二档法定刑内判处5年3个月,存在同样问题。[1]可见,这两个典型案件都是根据《贪贿案件解释》的规定,将相关趋重情节用以升格法定刑,而不是适用《刑法修正案(十二)》的规定进行从重处罚。如此,大张旗鼓的刑法修正意义何在?因此,通过上述应然和实然两层面的分析,为维护刑法权威,应当删除《贪贿案件解释》中有关趋重情节的规定。

(三)技术层面:化解行贿罪量刑传统内部问题的规范路径

《刑法修正案(十二)》无法解决行贿罪量刑的传统问题,这些问题的存续难免反噬立法规定,导致修法目的落空。《刑法修正案(十二)》施行之后,应对行贿罪量刑传统问题的可行路径是通过司法技术层面的改进达到规范量刑的目标。《关于常见犯罪的量刑指导意见(二)(试行)》构建了依次确定起点刑、基准刑和宣告刑的"三步式"量刑方法,以此为指导规范行贿罪的量刑活动,在技术层面需要解决以下几个关键问题:

1. 量化处理确定行贿罪基准刑的数额标准

《刑法》对受贿罪确立了"数额+情节"的二元处罚标准,对行贿罪则确立情节为处罚标准,《贪贿案件解释》对两罪统一规定了"数额为主、情节为辅"的处罚模式,实践中行贿罪主要以数额为处罚标准。《刑法修正案(十二)》新设了从重量刑情节,从根本上否定了行贿罪"数额为主、情节为辅"的处罚模式,未来行贿罪的量刑必然进一步强化数额标准的地位。因此,如何科学地运用数额标准确定行贿罪的基准刑是决定量刑合理性的基础。

"为实现罪刑均衡,必须构建犯罪与刑罚之间的对应关系。"[2]对此,贝卡里亚当年提出的"刑罚阶梯"设想具有重要启迪:对于无穷无尽的犯罪行为,需要有一个由最强到最弱的刑罚阶梯。[3]轻重不同的犯罪对应轻重不同的刑罚,既是罪刑关系的本质特征,也是刑法分则体系建构的内在逻辑。为

---

[1] 《依法惩治行贿犯罪典型案例》,载 https://www.court.gov.cn/zixun/xiangqing/429302.html,最后访问日期:2024年4月4日。

[2] 王刚:《论基准刑及其裁量方法——以〈最高人民法院关于常见犯罪的量刑指导意见〉为参照》,载《学术交流》2017年第2期。

[3] 参见[意]贝卡里亚:《论犯罪与刑罚》,黄风译,中国法制出版社2002年版,第86页。

了展现具体而直观的罪刑关系，最佳方法是量化犯罪程度和刑罚轻重以建立犯罪阶梯和刑罚阶梯，使犯罪阶梯中某种危害程度的犯罪在刑罚阶梯中都有对应的指数，再将该刑罚指数转换为刑罚量，便能得出该犯罪的基准刑。

以犯罪数额为标准，能够对行贿罪的危害程度进行量化处理。除了无期徒刑不可量化外，行贿罪的法定刑可以用统一的系数进行量化。由于法定刑是固定的，并且需在其范畴内评估和确定基准刑，因此应先对法定刑进行量化处理，具体思路是：以1个月拘役或有期徒刑为1个系数单位，1年有期徒刑就是12个系数单位。依此类推，行贿罪三档法定刑的系数范围分别是1~36、36~120、120~180。根据《贪贿案件解释》的规定，3万元至100万元对应的法定刑系数是1~36，故在3万元的基础上约2.77万元对应1个法定刑系数；100万元至500万元对应的法定刑系数是36~120，故在100万元的基础上约4.76万元对应1个法定刑系数。《贪贿案件解释》没有规定500万元以上的数额范围，理论上难以对其进行量化处理，应由"两高"根据刑事政策确定罪刑之间的对应关系。当然，实践中行贿数额在500万元以上的案件也极为少见，不具有代表性。前述样本中犯罪数额在100万元以下、100万元至500万元、500万元以上的案件数量分别是387件、96件、12件，占比分别是78.2%、19.4%、2.4%。因此，合理确定500万元以下案件的基准刑即能解决大部分行贿案件的量刑难题。

如下表所述，根据行贿数额所对应的法定刑系数得出相应的法定刑，实践中可根据行贿案件的具体数额在表格中寻找最接近的数额，所对应的法定刑就是基准刑。

行贿罪的罪刑关系表

犯罪阶梯	刑罚阶梯	
行贿数额	法定刑系数	法定刑
3万元	1	拘役1个月
……	……	……
16.85万元	6	拘役6个月/有期徒刑6个月
……	……	……
33.47万元	12	有期徒刑1年

续表

犯罪阶梯	刑罚阶梯	
……	……	……
50.09 万元	18	有期徒刑 1 年 6 个月
……	……	……
行贿数额	法定刑系数	法定刑
66.71 万元	24	有期徒刑 2 年
……	……	……
99.95 万元	36	有期徒刑 3 年
……	……	……
100 万元	36	有期徒刑 3 年
157.12 万元	48	有期徒刑 4 年
214.24 万元	60	有期徒刑 5 年
271.36 万元	72	有期徒刑 6 年
328.48 万元	84	有期徒刑 7 年
385.6 万元	96	有期徒刑 8 年
442.72 万元	108	有期徒刑 9 年
499.84 万元	120	有期徒刑 10 年
……	……	……
500 万元	120	有期徒刑 10 年

2. 全面认定和规范适用从重量刑情节

从重量刑情节的功能是在基准刑的基础上增加刑罚量，其全面认定和准确适用是规范行贿罪量刑和防止应当重处而不重处行贿人的重要机制。换言之，如果没有认定或者准确适用从重量刑情节，将导致行贿案件得不到应有的惩罚，会导致量刑不当偏轻。

行贿罪的从重量刑情节包括一般的从重量刑情节和七种特殊的从重量刑情节，基于严惩行贿犯罪的刑事政策，对所有从重量刑情节都应予以认定和适用。在此，本文只对七种从重量刑情节（《刑法》第 390 条）的认定和适用问题做两方面的概括性分析。首先，七种从重量刑情节的认定问题。在七种从重量刑情节中，第（一）、（二）、（五）、（七）项规定的四种量刑情节都属于事实性内容，办案机关查证属实后即可认定。需要注意的是，《行贿案件解释》对"向行政执法机关、司法机关的国家工作人员行贿"有"影响行政执法和司法公正"的限制，[1]《刑法修正案（十二）》删除了这一限制规定，实践中应否要求"对监察、行政执法、司法工作人员行贿的"，必须影响监察监督、行政执法和司法公正？笔者认为，答案是肯定的。行贿罪以谋取不正当利益为目的，无论谋取其他利益还是监察、行政执法、司法领域的利益，都属于行贿罪的不法内涵。立法者之所以将后者独立出来，主要是考虑到监察、行政执法、司法领域的行贿行为会影响法律的统一和公正实施，危害性大于谋取其他非法利益。但是，监察、行政执法、司法工作人员还有其他方面的权力，当行贿人谋取的是与法律执行无关的非法利益时，就不会影响法律的统一和公正实施，没有侵犯立法者意欲保护的特殊法益，因而不应从重处罚。例如，行贿人为承揽工程、获得工程款而对监察、行政执法、司法工作人员行贿的，不应认定为从重量刑情节。样本中有不少类似案件，例如，在雒某某行贿案中，"杨某某任白银市白银区人民检察院检察长期间，雒某某以甘肃业晟建筑安装工程有限公司名义顺利承揽了白银市白银区人民检察院技侦用房建设项目，雒某某遂决定不再向杨某某要求还款"。[2]其次，七种从重量刑情节的适用问题。《关于常见犯罪的量刑指导意见（二）（试行）》对一般从重量刑情节规定了10%~30%的从重比例，七种从重量刑情节的从重比例应否受此限制？笔者认为，答案是否定的。"由于数额之外的情节难以通过量化来评价，必须通过价值判断才能充分揭示贿赂犯罪的本质特征。"[3]一般从重量刑情节是与罪行轻重无关的案外事实，影响的是预防刑，而预防刑受责任刑限制，因此从重程度有限。但是，在行贿罪的七种从重量刑情节中，第（三）至（六）项规定的四种情节属于犯罪构成事实，即"为谋取不正当利益"中"不正当利益"之表现，体现了犯罪的不法程度，是决定责任刑的因素。因

---

〔1〕《贪贿案件解释》的规定与此相似，其表述是"向司法工作人员行贿，影响司法公正的"。

〔2〕参见甘肃省白银市平川区人民法院［2021］甘0403刑初6号一审刑事判决书。相似的案例还有山东省费县人民法院［2020］鲁1325刑初250号一审刑事判决书、甘肃省白银市平川区人民法院［2021］甘0403刑初4号一审刑事判决书、甘肃省白银市平川区人民法院［2021］甘0403刑初5号一审刑事判决书。

〔3〕彭文华：《〈刑法修正案（十二）〉视角下贿赂犯罪的罪刑关系及其司法适用》，载《中国刑事法杂志》2024年第1期。

此，对第（一）、（二）、（七）项规定的三种情节可以限定10%~30%的从重比例，第（三）至（六）项规定的四种情节不应受此限制，应当适当提高它们的从重比例，可以考虑设置为10%~50%。

3. 严格认定和规范适用从宽量刑情节

从宽量刑情节的功能是在基准刑的基础上减少或者免除刑罚量，其全面认定和准确适用是规范行贿罪量刑和防止不应当轻处而轻处行贿人的重要机制。换言之，如果错误认定或者过度适用从宽量刑情节，将导致行贿案件获得不应有的宽宥，同样会导致量刑不当偏轻。

如前文所述，行贿罪的量刑实践中存在部分从宽量刑情节认定和适用错误问题，尤以酌定从宽量刑情节最为突出。对此，应当从两方面予以规范。首先，严格按照法律规定和刑法理论认定从宽量刑情节。对于法定从宽量刑情节，应当根据刑法和司法解释规定的要件认定案件事实是否成立某种从宽量刑情节，做到不枉不纵。例如，不同于初犯、退赃等情节，自首、立功、坦白等都有相应的构成要件，如果不严格对照法定条件进行判断，就容易将没有达到法定要求的事实认定为从宽量刑情节。对于酌定从宽量刑情节，应当根据量刑情节的概念和内涵进行认定，不能凭直觉或通常观念认定。"量刑情节，是指刑法明确规定或者予以认可的、基本犯罪事实之外的、反映犯罪行为的社会危害性和犯罪人的人身危险性程度，并在法官裁量刑罚时据以决定对犯罪人从重、从轻、减轻或者免除处罚的各种主客观事实情况。"[1]因此，不能反映行为的社会危害性或者人身危险性的案外事实，虽能反映行为的社会危害性或人身危险性但与犯罪行为没有关联的案外事实，都不属于量刑情节范畴。例如，对缴纳罚金、对社会作出贡献、有企业需要经营等在行贿案件中可能经常出现的事实，不应再认定为从宽量刑情节。其次，应当严格根据法律规定和刑法理论适用从宽量刑情节。自首、坦白、立功三种法定从宽量刑情节是多功能情节，从宽功能按照从轻、减轻、免除的顺序排列，体现出立法者的倾向。当行贿案件存在这三种情节时，应当按此顺序确定具体的从宽功能，即从轻处罚优先于减轻处罚、减轻处罚优先于免除处罚。若非三种情节突出，或者犯罪较轻，不应轻易地选择减轻或免除功能，以纠正过去行贿罪量刑中减轻处罚、免除处罚占比过高的状况。对于酌定从宽量

---

〔1〕 敦宁、祝炳岩：《量刑情节概念新解》，载《中国刑事法杂志》2012年第11期。

情节，一般只能从轻处罚，从轻比例控制在30%以内。

4. 依法认定和规范适用并存的从宽量刑情节

在行贿案件的量刑中，常见并存的从宽量刑情节包括自首、坦白、认罪认罚和特别宽宥情形（也称特别自首）。如需依法认定两种以上情节，根据刑法规定和情节属性，应当按照如下思路予以适用：（1）自首与坦白并存的处理方案。由于自首和坦白被规定在同一条文中，坦白作为自首的辅助形式出现，自首是坦白的高级形态，故二者并存时应以自首吸收坦白，不再认定坦白。（2）自首和认罪认罚并存的处理方案。自首和认罪认罚具有共同要素——如实供述罪行，存在并存的空间。由于自首以主动投案为前提，认罪认罚以认罚为终点，这两个因素是分别独立的，因此自首可以和认罪认罚并存。如果确定自首的功能为从轻处罚，应当分别评估两种情节的从轻比例，相加之后形成总的从轻比例；如果确定自首的功能为减轻处罚，应当先降低法定刑幅度，在该幅度内确定基准刑，再以认罪认罚的从轻比例调节基准刑。（3）自首和行贿罪特别自首并存的处理方案。自首和行贿罪特别自首是一般规定和特殊规定的关系，并且后者的成立条件宽于前者，因此二者并存时应当认定为特别自首，不再根据《刑法》总则认定为自首。如有判决书正确地指出："对被告人黄某辩护人提出的黄某有自首情节应减轻处罚的辩护意见，与刑法中对行贿罪的特别规定竞合，本院适用特别规定对被告人予以减轻处罚"；[1]另有判决书认为："《中华人民共和国刑法》第六十七条第一款与第三百九十条第二款是普通条款与特别条款的关系，被告人的行为既符合第六十七条第一款的构成要件，又符合第三百九十条第二款的构成要件，根据特别条款优于普通条款的原则，直接适用第三百九十条第二款的规定，故公诉机关已经对戴某甲认定具有在被追诉前主动交待行贿行为，即不再适用第六十七条第一款的规定。"[2]（4）坦白和认罪认罚并存的处理方案。坦白与认罪认罚中的认罪基本等同，但坦白不包括认罚，因此认罪认罚以坦白为前提并包含坦白，二者并存时只应认定为认罪认罚。（5）坦白与行贿罪特别自首并存的处理方案。行贿罪特别自首的本质是主动交待行贿事实，因而包含坦白，二者并存时只应认定为特别自首。（6）认罪认罚与行贿罪特别自首并存的处理方案。认

---

[1] 参见内蒙古自治区达拉特旗人民法院［2018］内0621刑初386号一审刑事判决书。
[2] 参见江苏省镇江市京口区人民法院［2020］苏1102刑初10号一审刑事判决书。

罪认罚中的认罪和行贿罪特别自首中的交待行贿事实基本重合，但行贿罪特别自首要求主动交待，认罪认罚不以主动交待为限，并且要求认罚，因此二者没有包容关系，二者并存时应同时认定并叠加从轻比例。

综上可见，以上四种情节以不同组合方式并存时，最终只能认定自首与认罪认罚并存或者认罪认罚与行贿罪特别自首并存两种情形。自首和行贿罪特别自首是多功能量刑情节，认罪认罚是从轻量刑情节，两类情节并存时的适用需要注意三点：（1）根据案件事实和自首或行贿罪特别自首的实际情况，确定从轻、减轻处罚或者免除处罚；（2）在选择从轻处罚、减轻处罚或者免除处罚时，可以适当考虑认罪认罚情节，对犯罪事实和量刑情节进行综合评判；（3）如果选择从轻处罚，要将两种情节的从轻比例相加，据此调节基准刑；如果选择减轻处罚，须先在下一档法定刑内确定基准刑，再适用认罪认罚的从轻比例进行调节。

五、结语

为贯彻党中央关于反腐败的决策部署和习近平总书记的相关指示，《刑法修正案（十二）》修改行贿罪的罪刑关系，以消除行贿罪和受贿罪量刑中可能出现的不协调现象，明确司法机关严惩行贿罪的重点对象和领域。此次刑法修正立足于行贿犯罪量刑现状，意图增强对行贿罪的惩罚力度，未来司法实践中修正内容的适用也集中于量刑领域。行贿罪的量刑需要处理好与受贿罪之间的关系，行贿罪量刑的规范依据还包括司法解释的规定。因此，只有将行贿罪的罪刑关系置于贿赂犯罪制裁体系中加以观察和思考，才能更好地理解修正内容及其得失。本文通过总结行贿罪量刑现状及其成因，阐释行贿罪量刑的基本理论，分析行贿罪罪刑关系引发的量刑难题，提出修改法律规范和规范量刑活动的建议与对策，以期为司法人员准确适用行贿罪新的规范提供理论参考，更好地实现《刑法修正案（十二）》的修法目的。

《刑法修正案（十二）》对行贿罪修正的脉络与司法应对

储陈城[*]

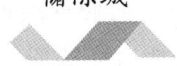

摘　要：党的十九大确立"受贿行贿一起查"对于贿赂犯罪的治理影响重大。《刑法修正案（十二）》在贯彻落实这一战略部署的背景下出台，其主要内容就是对行贿罪进行修改。对此次行贿罪修正的解读，应在梳理清楚我国对行贿罪治理模式演变脉络的前提下进行。我国刑法规制行贿罪的方式，在经历了"严刑与宽宥融合""绝对轻刑主义"模式的失败教训后，通过1988年《关于惩治贪污罪贿赂罪的补充规定》（已失效）和1997年《刑法》，确立了"相对从严、特殊宽宥与体系全面"相结合且较为成熟的行贿罪规制范式。《刑法修正案（十二）》是在这一模式蓝本的基础上，对行贿罪刑罚进行的微调。因此，此次在"受贿行贿一起查"背景下对行贿罪的修改，并不意味着刑法要对行贿人采取绝对的重刑主义。通过对大部分行为人采取定罪免刑和适用缓刑来替代酌定不起诉，应是此次刑法修正后行贿罪的主要司法方向。对于行贿罪从重处罚情节的适用，可以结合1999年《关于在办理受贿犯罪大要案的同时要严肃查处严重行贿犯罪分子的通知》和2021年《关于进一步推进受贿行贿一起查的意见》进行比较解读，以准确把握此次刑法修正对行贿罪相对从严的立场。

关键词：《刑法修正案（十二）》；受贿行贿一起查；行贿罪；受贿罪

一、问题的提出

贿赂犯罪中的行贿与受贿往往是对合犯关系，如果受贿行为被刑事处罚，

---

[*] 作者简介：储陈城，安徽大学法学院教授，法学博士。

则行贿一般也应构成犯罪,这本是贿赂犯罪刑法规制的应然轨迹。然而,贿赂犯罪的实际治理图景并非如此。我国向来重视贿赂犯罪的治理,但是贿赂犯罪总是犹如"野火烧不尽,春风吹又生"。梳理我国对贿赂犯罪的治理脉络,可以发现受贿罪是我国惩治贿赂犯罪的重心,严刑惩治受贿罪是主线。行贿罪的刑法治理往往需要考虑对受贿案件查处可能产生的影响。这也在相当长一段时间内,导致刑法针对行贿罪立法设计常常处于摇摆不定的状态。尽管如此,我们仍然可以断言,相对受贿罪,我国刑法对于行贿罪的惩治总体上是较为柔和的。尽管学术界和实务界也曾一度提倡对行贿罪加大处罚力度,〔1〕甚至有让"行贿与受贿并重惩治"的声音,〔2〕但是上述主张一方面遭到了学术界的批判,〔3〕另一方面也并没有激起刑法立法对行贿罪采取重刑化的兴趣,实践也一直保留着对行贿罪治理的司法惯性——宽缓处理。

2017年党的十九大明确提出,行贿作为贿赂犯罪发生的主要源头,行贿不查,受贿不止,因此必须坚持"受贿行贿一起查"。2022年国家监察委员会、最高人民检察院发布了五起"行贿犯罪典型案例"。这些案件没有一起被作不起诉处理,而且被告人均被判处实刑。2023年12月29日,《刑法修正案(十二)》由第十四届全国人民代表大会常务委员会第七次会议审议通过。这次修改主要是将党中央确定要重点查处的行贿行为,在立法上进一步加强惩治。针对行贿罪,《刑法修正案(十二)》不仅调整了其法定刑,也增加了一款关于从重处罚的情节。

如此看来,刑法似乎将给行贿罪带来"黑云压城城欲摧,山雨欲来风满楼"之势的重拳打击。〔4〕但是,在"受贿行贿一起查"的政策背景下,如果《刑法修正案(十二)》果真是用重刑主义来惩罚行贿罪,那么,是否与中华人民共和国成立以来针对贿赂犯罪治理所形成的成熟模式相兼容?与此同时,《刑法修正案(十二)》对行贿罪刑罚的重新调整,又该如何进行解读?对于这些问题的回答,需要从我国对贿赂犯罪,尤其是行贿罪治理脉络的梳理开始。

---

〔1〕 参见谢望原、张宝:《从立法和司法层面加大对行贿罪的惩治力度》,载《人民检察》2012年第12期。

〔2〕 参见李少平:《行贿犯罪执法困局及其对策》,载《中国法学》2015年第1期;张勇:《"行贿与受贿并重惩治"刑事政策的根据及模式》,载《法学》2017年第12期。

〔3〕 参见何荣功:《"行贿与受贿并重惩罚"的法治逻辑悖论》,载《法学》2015年第10期。

〔4〕 参见瞿芃:《进一步发挥刑法在一体推进"三不腐"中的重要作用 加大对行贿犯罪惩治力度》,载《中国纪检监察报》2023年7月26日。

二、1950 年~1982 年：刑法对行贿罪修正的逻辑起点

自 1999 年《刑法修正案》公布到 2023 年《刑法修正案（十二）》通过，纵观我国十二个刑法修正案的相关条款，修改最多的是破坏社会主义市场经济秩序犯罪。作为我国刑法治理重灾区的贪污贿赂犯罪，尽管受到党中央的高度重视，历来是我国刑事司法重点关注的内容，但是其仅在《刑法修正案（七）》《刑法修正案（九）》以及《刑法修正案（十二）》中被调整，成为最被刑法修正案"冷落"的犯罪之一。贿赂犯罪被刑法修正案关注得如此之少令人意外，而上述三个刑法修正案对贿赂犯罪修改的内在逻辑是什么，同样让人难以琢磨。概览而言，《刑法修正案（七）》增设了利用影响力受贿罪，并对巨额财产来源不明罪的法定刑作了修改；《刑法修正案（九）》一方面设置了对有影响力的人行贿罪，另一方面对行贿罪、对单位行贿罪、介绍贿赂罪、单位行贿罪等增加了罚金刑的规定，再一方面则是对行贿人从宽处罚的条件作了进一步严格规定；此次《刑法修正案（十二）》在强调贯彻"受贿行贿一起查"的基础上，一方面调整行贿罪的起刑点和刑罚档次，另一方面增加从重处罚的情节。这些修改似乎并没有任何逻辑可言，很难看清刑法调整行贿罪的原因是什么？为此，要准确把握《刑法修正案（十二）》对行贿罪修改的动因，进而更妥当地进行司法适用，恐怕需要将观测的时间线继续拉长，通过历时态的梳理分析，探究《刑法修正案（十二）》对行贿罪修正的逻辑起点。

（一）1950 年~1979 年：严刑与宽宥融合的行贿罪治理

1950 年 2 月 28 日最高人民法院发文并实施的《关于目前对于一般婚姻、贪污案件的处理原则的指示》，是中华人民共和国成立后首次对贿赂犯罪进行规定的规范性文件。其中明文规定："贪污财物……如系贿赂性质，全部没收归公。"中华人民共和国成立之初，行贿、受贿行为就已经有所抬头，1952 年最高人民法院、司法部发布的《关于平原省司法改革会议贯彻情况的通报》曾就当时的行受贿行为作了生动的描述："还有的接受贿赂，叫犯人家属随便入监探望或减低刑期，提前释放。""受贿……尚有 74 件。如有的……接受当事人的礼物……其作风恶劣可见一斑。"

为此，1952 年，当时的政务院公布并施行了《惩治贪污条例》（已失效）。1952 年《惩治贪污条例》较为系统地对行贿、受贿行为进行了规定，可以说

自此正式开启了我国对贪污、贿赂等犯罪治理的新征程。1952 年《惩治贪污条例》第 2 条规定："一切国家机关、企业、学校及其附属机构的工作人员，凡……强索他人财物，收受贿赂……均为贪污罪。"国家机关工作人员受贿行为被放在贪污罪中予以规制，法律后果为：从"一年以下的徒刑、劳役或管制；或免刑予以开除、撤职、降职、降级、记过或警告的行政处分"直至"死刑"。第 6 条规定："一切向国家工作人员行使贿赂、介绍贿赂者，"以行贿治罪，具体法律后果参酌前述受贿行为。从中可见，1952 年《惩治贪污条例》对行贿、受贿与贪污不作区分，进行等同处理、同罪同罚。[1]而且，当时我国对行贿与受贿行为采取重刑主义已经初见端倪，二者的最高法定刑都是可以被判处死刑。因行贿被判处死刑最具影响力的案件便是王康年犯行贿等罪案。1952 年上海大康药房经理王康年一共行贿 65 名国家干部和采购人员，行贿款额达人民币 2 亿元，被判处死刑。[2]

但是，与此同时行贿行为又拥有特别的宽宥条款，即不论行贿情节严重与否，只要行贿人"彻底坦白并对受贿人实行检举，"就可以对其仅"判处罚金，免予其他刑事处分"。当时之所以如此规定，主要是考虑到犯罪人实施行贿罪后自首其罪行的，不但检举了受贿的犯罪人，而且也预防了由于行贿可能产生的社会危害后果，因此，对其可以免予刑事处罚。[3]这样看来，在中华人民共和国惩治行贿、受贿犯罪的最早期阶段，立法在严厉处罚受贿、行贿行为的同时，又通过特定的宽宥条款来鼓励行贿者积极对受贿者检举揭发。[4]因此，我们可以称在中华人民共和国成立初期，我国对行贿行为的治理，采取的是"严刑与宽宥融合"模式。

如果要对这种"严刑与宽宥融合"的行贿犯罪治理模式给出中肯的评价

---

〔1〕 参见魏昌东、张笑宇：《从"分体"到"分层"：中国特色贿赂犯罪罪名体系的历史嬗变与时代跨越》，载《浙江工商大学学报》2021 年第 3 期。

〔2〕 参见李劼、卫建萍、吴玲：《上海 案说公正六十载》，载《人民法院报》2009 年 8 月 9 日。

〔3〕 参见宁汉林：《中华人民共和国刑法中的自首》，载《法学研究》1957 年第 4 期。

〔4〕 需要说明的是，学界对刑法中的此类从宽处理制度，有不同的概念主张。多数学者认为可以将之称为"特别自首制度"，还有部分学者将之称为"特别从宽处罚制度"。参见刘仁文：《论行贿与受贿的并重惩处》，载《中国刑事法杂志》2022 年第 3 期；张远煌、彭德才：《贪污贿赂犯罪特别从宽处罚制度价值分析——以司法机关办案数据为基础》，载《河南大学学报（社会科学版）》2017 年第 1 期。一方面鉴于贪污贿赂犯罪中均存在近似的制度，另一方面考虑到概念应用的抽象性，本文将这一制度概括为"宽宥条款"。

的话，那么可以说无论是在法定刑设计上还是在量刑规则上均存在短板。而这样的短板也成为包括《刑法修正案（十二）》在内的未来历次贿赂类犯罪刑法修正的原点。

从法定刑设计的角度而言，对行贿行为与贪污和受贿行为实行同罪同罚，虽然体现出刑法对行贿行为的零容忍，是寄希望于通过重刑主义打击行贿，对"围猎"国家工作人员的行贿人具有威慑力，在一定程度上有助于塑造中华人民共和国成立初期风清气正的社会环境。但是，从维护罪责刑相一致原则的角度来看，基于行贿、受贿人员的身份不同，受贿行为的违法性要高于行贿行为。与此同时，从社会相当性的维度考察，受贿行为的处罚高于行贿行为更具妥当性。[1]从量刑规则上来看，按照1952年《惩治贪污条例》对行贿犯罪设置的宽宥条款，可能会出现论情节应判处死刑的被告人，仅因为有"彻底坦白"和"检举受贿"就只被判处"罚金"，免予其他刑事处分，进而导致"应然的法定刑"和"实然的宣告刑"之间存在巨大落差的现象。这一方面会让犯罪人产生刑法设置的法定重刑仅具有象征性意义的错觉，[2]从而使得设置较高法定刑威慑行贿犯罪的目的无法实现；另一方面也会导致单一的量刑减免情节的功能过大，排除了阶梯式从宽量刑的空间，不利于驱动犯罪人中止犯罪或积极悔罪这一量刑从宽事由功能的实现。[3]

（二）1979年~1982年：绝对轻刑主义的行贿罪处遇

1952年《惩治贪污条例》颁布之后，我国又陆续发布了诸多法律条文，强调对行贿、受贿等行为的惩治立场。这些规定散见于各类层次不一的规范性文件中，亟须刑法的统一规制，因此，1979年《刑法》也就应运而生。

相较于之前的法律规范，1979年《刑法》一方面将受贿行为从贪污罪中独立出来，另一方面也大幅度降低最高法定刑，即将1952年《惩治贪污条例》中规定的死刑，降低为一般最高判处5年有期徒刑，造成严重损失的最高判处15年有期徒刑。值得注意的是，贪污罪在1979年《刑法》中的最高

---

[1] 参见孙国祥：《"受贿行贿一起查"的规范化法治化路径》，载《中国刑事法杂志》2023年第4期。

[2] 参见刘艳红：《象征性立法对刑法功能的损害——二十年来中国刑事立法总评》，载《政治与法律》2017年第3期。

[3] 参见刘伟琦、刘仁文：《阶梯式从宽量刑不同诉讼阶段的认罪认罚》，载《学术论坛》2019年第6期。

法定刑仍然是死刑。而行贿罪的法定刑降幅则更为明显，从与受贿罪法定刑等同，降至最高仅能判处3年有期徒刑。由此，1979年《刑法》将1952年《惩治贪污条例》所形成的"贪污罪＝受贿罪＝行贿罪"的等列式，调整为"贪污罪＞受贿罪＞行贿罪"的差序格局。

另外需要强调的是，随着1978年改革开放，经济发展活跃，贿赂犯罪逐渐成为困扰社会主义经济建设中的重要问题。正如1982年中共中央、国务院《关于打击经济领域中严重犯罪活动的决定》中指出的那样："近两三年来……贪污受贿……严重犯罪活动有了明显的增加，在少数地区、少数人员中还相当猖獗。"立法者为了坚决打击困扰改革开放以来经济建设的犯罪活动，严厉惩处相关犯罪分子和参与、包庇或者纵容相关犯罪活动的国家工作人员，决定对1979年《刑法》进行适当修改。[1]因此，1982年3月8日，全国人民代表大会常务委员会发布《关于严惩严重破坏经济的罪犯的决定》（本文以下简称《决定》，已失效）。1982年《决定》对1979年《刑法》中的贿赂犯罪，尤其是受贿的法定刑作了重大调整："对刑法第一百八十五条第一款和第二款受贿罪修改规定为：国家工作人员索取、收受贿赂的，比照刑法第一百五十五条贪污罪论处；情节特别严重的，处无期徒刑或者死刑。"如此修改，一方面将索贿纳入受贿的治理范畴，另一方面又恢复对受贿罪适用死刑。但是，1982年《决定》对行贿罪没有作任何调整。因此，相较于贪污罪、受贿罪会受到刑法的强硬治理，行贿罪的刑法治理凸显出轻刑化色彩。当时理论界就认为，1979年《刑法》和1982年《决定》之所以对行贿罪的处罚采取明显轻于受贿罪的模式，是由"受贿犯罪在整个贿赂犯罪中处于主动的关键地位所决定的。有受贿的就必然有行贿的"。[2]"受贿罪的主体是国家工作人员，而行贿罪的主体则无此种限制。我们国家的社会主义性质决定了对国家工作人员必须采取从严要求的方针。国家工作人员只能奉公守法，勤恳工作，全心全意地为人民服务，决不能容许他们利用职权谋私。这是宪法赋予他们的特殊义务。国家工作人员手中有权，如不作此严格要求，他们就会滥施权力，危害很大。而行贿人的情况比较复杂，不宜一律从严要求，应分情况区别对

---

[1] 参见吴建雄：《新中国反腐的历史轨迹和实践经验》，载《国家检察官学院学报》2020年第2期。

[2] 龚明礼：《论贿赂罪》，载《内蒙古社会科学》1982年第3期。

待。"〔1〕

应当说,1979 年《刑法》和 1982 年《决定》所确立的行贿罪法定刑轻于受贿罪的立法设计具有合理性。一方面,以我国《唐律疏议·职制》为参照系来看,唐朝时期就"坐赃"者的刑罚规定:"折绢一尺笞二十,满一匹加一等,十匹徒一年,十匹加一等,罪止徒三年。"给与财物者,即行贿之人,"比受财物者减五等论处"。〔2〕另一方面,以现代刑法理论为坐标轴观测,"刑法理论的核心是归责问题""犯罪以不法与责任为基础,是学界共识"。不法和"责任的程度不同,会导致处罚上的差异,这是立法者在设置具体个罪的法定刑之时应该慎重对待的命题"。〔3〕行贿犯罪与受贿犯罪在不法和责任上存在较大的差距。〔4〕因此,行贿"与受同科"但非"与受同罚",这不仅与我国治理贿赂犯罪的传统文化一脉相承,也与现代刑法基于不法和责任的区分来确定量刑轻重的原则相统一。

但是,绝对轻刑主义的行贿罪治理模式仍然存在两大问题:一是,行贿罪的最高法定刑仅为 3 年有期徒刑,而受贿罪的最高法定刑为死刑,两者的法定刑设计相差过大。虽然二者在不法与责任上有所差异,但毕竟行为侵犯的法益相近,对规范的违反程度差异不大,且二者一般是对合犯关系,量刑差异悬殊难言合理。二是,尽管 1979 年《刑法》第 10 条中就已经有了"但书"条款——"情节显著轻微危害不大的,不认为是犯罪",第 32 条中也有免予刑事处分的规定,但是,1979 年《刑法》删除了 1952 年《惩治贪污条例》中关于鼓励行贿人检举揭发受贿犯罪的特别宽宥条款,弱化了宽宥条款所具有的特定提示性功能,不利于激发行贿人认罪悔罪的内心动力。这导致刺激行贿人供述行贿事实,进而打击受贿犯罪的证据保障减弱。

无论是严刑与宽宥融合的行贿罪治理模式,还是绝对轻刑主义的行贿罪处遇方案,都是中华人民共和国成立初期我国对行贿、受贿犯罪予以刑法干预的探索。在当时的历史语境下,这些立法规定均具有特定的背景,也产生了一定的规制效果。但是,由于治理经验和立法技术的有限性,上述两种刑

---

〔1〕 金子桐:《浅谈行贿行为的法律责任》,载《社会科学》1982 年第 9 期。

〔2〕 参见孙光妍:《唐·代·依·法·治·吏·研·究》,载《政法论坛》2000 年第 2 期。

〔3〕 姜涛:《贪污受贿犯罪的法定刑应当区分》,载《政治与法律》2016 年第 10 期。

〔4〕 参见何荣功:《"行贿与受贿并重罚"的法治逻辑悖论》,载《法学》2015 年第 10 期;樊建民:《"严惩行贿遏制贿赂犯罪"之检讨》,载《郑州大学学报(哲学社会科学版)》2017 年第 6 期。

法惩治行贿罪的方式多少显得有些粗糙,很难被称得上是成熟有效的行贿罪治理模式。而正是由于这一阶段行贿罪治理存在这样或那样的缺漏,才会为后续刑法修正尤其是《刑法修正案(十二)》对行贿罪进行修改完善,提供历史契机。

三、1988年~2015年:刑法对行贿罪修正的蓝本形成

(一) 1988年~1997年:"相对从严、特殊宽宥与体系全面"治理模式的形成

1979年《刑法》与1982年《决定》所确立的针对行贿行为治理的轻刑模式,很快在司法现实中遭遇了瓶颈。

首先,1979年《刑法》对行贿行为的打击力度过小,导致行贿行为多发,同时出现新型、隐蔽的行贿主体和方式。因此,需要立法者放弃单一的行贿、受贿罪的立法模式,对新出现的贿赂设置新罪或以增加新的构成要件的方法予以全面规制。如1981年国务院《关于制止商品流通中不正之风的通知》就提到:"一些企业为了推销产品……乱拉关系……给以大量现金或实物,作为'酬劳',使所谓中间人……从中获得高达数百元,数千元,甚至上万元的利益……有些领导机关和企业的负责干部……为行贿受贿……不法行为大开方便之门。"

其次,当时实践中出现了针对受贿罪"立法重刑但司法轻缓"的迹象。比如,1983年最高人民检察院转发的《注意经济犯罪分子动态坚决打击经济犯罪活动》就曾提到:上海某些基层检察院"去年,向法院提起公诉的……索贿受贿的被告二十八名,经法院判处有期徒刑的四名,占14.3%;判处缓刑的二十二名,免予刑事处分的二名,缓刑、免刑的占85.7%。"作为贿赂犯罪刑事治理重点的受贿罪得到轻纵处理,导致司法机关更是疏于对行贿案件的关注。这引发立法机关的高度警醒,对行贿罪打击不力,就不能有效地遏制受贿犯罪的发展,"使行贿受贿呈公开化。这些犯罪活动严重地毒化了社会风气,破坏了国家正常的经济秩序"。[1]因此,理论界有学者认为:既然1982年《决定》提高了受贿罪的法定刑,为了有效地打击贿赂犯罪,也要相应提

---

[1] 王志成:《惩治贪污贿赂犯罪的有力武器——试析〈关于惩治贪污罪贿赂罪的补充规定〉的特点》,载《政治与法律》1988年第5期。

高行贿罪的法定刑。[1]

最后,不少人已经意识到:贿赂犯罪除少数有介绍贿赂的人存在外,大多数贿赂行为的发生都不为他人所知。同时,往往没有可供侦查的犯罪现场。一般而言,受贿犯罪的认定大多依靠的是受贿人自己的供述,以及行贿人在受贿案件中承担证人角色时所作的证人证言,当二者能够形成印证的时候,受贿犯罪才能够基本得到证成,反之亦然。正因如此,一旦贿赂犯罪案件案发就会涉及行受贿两方的刑事责任追究,容易促使二者形成攻守同盟,共同抵御司法查处的风险,进而增加刑法打击贿赂犯罪的难度。[2]因此,破除行贿、受贿人之间的利益联系,又再一次成为摆在贿赂犯罪治理面前的难题。

为了解决上述三大问题,我国对于行贿犯罪处罚的轻刑化在1988年戛然而止。在1988年全国人民代表大会常务委员会出台的《关于惩治贪污罪贿赂罪的补充规定》(本文以下简称《补充规定》,已失效)中,对贿赂犯罪的惩治又作了大幅度调整。

这种调整在受贿罪中体现为:一是,1988年《补充规定》将受贿罪的主体从1979年《刑法》规定的"国家工作人员"扩充到"国家工作人员、集体经济组织工作人员或者其他从事公务的人员";将"在经济往来中,违反国家规定收受各种名义的回扣、手续费,归个人所有的"行为扩大解释为"受贿"。二是,受贿罪的法定刑又开始参照贪污罪,共设置了与之同样且较为复杂的、"计赃论罚"的四档法定刑条款:从"处两年以下有期徒刑或者拘役"一直到可以判处"死刑,并处没收财产"。[3]

这种调整在行贿罪中则表现为:一是,将"在经济往来中,违反国家规定,给予国家工作人员、集体经济组织工作人员或者其他从事公务的人员以财物,数额较大的,或者违反国家规定,给予国家工作人员、集体经济组织工作人员或者其他从事公务的人员以回扣、手续费的"行为扩大解释为"行贿";二是,增设了"单位受贿罪"和"单位行贿罪",丰富了贿赂犯罪的罪

---

[1] 参见赵秉志、姜伟:《经济体制改革与打击经济犯罪学术讨论会综述》,载《法学杂志》1986年第5期。

[2] 参见刘艳红、夏伟:《法治反腐视域下国家监察体制改革的新路径》,载《武汉大学学报(哲学社会科学版)》2018年第1期;徐纯科:《当前贿赂罪新特点与新对策之探讨》,载《社会科学》1988年第4期。

[3] 参见姜涛:《贪污受贿犯罪之量刑标准的再界定》,载《比较法研究》2017年第1期。

名体系，填补了贿赂犯罪处罚范围上的漏洞。三是，行贿罪的法定刑也大幅度提升，从最高为3年有期徒刑，增加到基准刑为"处五年以下有期徒刑或者拘役"；"情节严重的，或者使国家利益、集体利益遭受重大损失的，处五年以上有期徒刑"；"情节特别严重的，处无期徒刑，并处没收财产"。四是，1988年《补充规定》又吸纳了1952年《惩治贪污条例》中鼓励行贿人主动交待行贿事实的条款："彻底坦白并对受贿人实行检举者，得判处罚金，免予其他刑事处分。"但是，与1952年《惩治贪污条例》有所差别的是，这一宽宥条款并非一刀切地"免予其他刑事处分"，而是设计了"减轻处罚"这一实现量刑幅度降档的缓冲制度，使得行贿罪的量刑宽宥制度的设计更具有层次性。

综合来看，1988年《补充规定》对行贿罪的治理可以被总结为三个特点：一是在法定刑设计上呈现相对的严刑化。1988年《补充规定》摒弃了1979年《刑法》所采用的绝对轻刑主义，但也没有回到1952年《惩治贪污条例》的绝对重刑模式。行贿罪的法定刑是以受贿罪的法定刑为参照物适当宽缓的。二是在宽宥条款的立法技术上表现得更科学化。1988年《补充规定》对待认罪悔罪、有助于贿赂犯罪案件侦破的行贿人，重新确立了具有激励效果的特别宽宥条款。与此同时，这种宽宥条款表现出的宽大，并非没有原则地让刑罚进行"跳水式"地降档，而是出现了阶梯式的从宽设计。三是在行贿罪构成要件和行贿类犯罪的罪名体系上设计得更为全面化。1988年《补充规定》不再采取之前行贿罪和受贿罪的单一立法手段，而是设置了更多具有个性化的贿赂行为和罪名。由此，"相对从严、特殊宽宥与体系全面"相互结合的行贿罪治理模式形成。

（二）1997年~2015年："相对从严、特殊宽宥与体系全面"治理模式的成熟

由1988年《补充规定》所确立的这一模式，几乎塑造了我国刑法规制行贿犯罪的主要体系，并为1997年修订的《刑法》提供了规范蓝本。1997年《刑法》系统总结了中华人民共和国成立以来贿赂犯罪的治理经验，构建了较为全面的犯罪治理体系。在罪名设计上，贿赂类犯罪有：受贿罪、单位受贿罪、行贿罪、对单位行贿罪、介绍贿赂罪以及单位行贿罪等。在行贿与受贿罪的法定刑设置上，1997年《刑法》也在继承1988年《补充规定》的基础上作了简单修正。对行贿罪的法定刑：第一档刑期仍然是"五年以下有期徒

刑或者拘役"；第二档刑期从"五年以上有期徒刑"限制为"五年以上十年以下有期徒刑"；第三档刑期将绝对确定的法定刑——"无期徒刑"，改为相对确定的法定刑——"十年以上有期徒刑或者无期徒刑"。与此同时，在特殊宽宥条款的设计上，1997年《刑法》直接复制了1988年《补充规定》的内容，"行贿人在被追诉前主动交待行贿行为的，可以减轻处罚或者免除处罚"。

值得注意的是，1989年《第十三届中央委员会第四次全体会议公报》指出，当前，要特别注意抓好四件大事，其中之一就是"大力加强党的建设，大力加强民主和法制建设，坚决惩治腐败"。从1989年开始，我国对于贪污、贿赂犯罪就加大了发掘力度，一个重要方案就是通过鼓励自首和坦白来争取量刑的从宽。这一阶段的刑事政策就是通过量刑从宽，来换取贪污、贿赂犯罪的大面积发现。同年，最高人民法院、最高人民检察院发布《关于贪污受贿投机倒把等犯罪分子必须在限期内自首坦白的通告》，鼓励贿赂类犯罪行为人尽快自首、坦白。该通告规定："国家工作人员犯……受贿罪……的，企业事业单位、机关、团体犯……受贿罪的直接负责的主管人员和其他直接责任人员，自本通告发布之日起，至1989年10月31日，必须向检察机关、公安机关、人民法院或者其他有关部门或本单位投案自首，坦白交代犯罪事实，争取从宽处理。""在上述期限内，凡投案自首，积极退赃的，或者有检举立功表现的，依照刑法第63条、第59条的规定，一律从宽处理。"[1]通过特别宽宥的处理来激励受贿犯罪人自首、坦白、认罪悔罪，收到了较好的惩处贿赂犯罪的效果。1989年12月20日，最高人民法院在《关于人民法院贯彻执行两院"通告"的情况报告》（已失效）中公布了相关数据："从8月15日'通告'发布到10月15日止，全国各级人民法院共新收检察机关起诉的……受贿……经济犯罪案件6755件……由于'通告'中宣布：在'通告'发布后正在办理的……受贿……经济犯罪案件，也适用'通告'的规定，因此，法院适用'通告'判处了经济犯罪案件5167件……判处案犯7913人，其中，从宽判处的2249人，从严判处的989人。"

遗憾的是，1989年实施的鼓励受贿人员自首、坦白、认罪悔罪的措施，尽管收到很好的效果，但是相关的治理经验并没有被1997年《刑法》通过立法予以常态化。然而，贿赂犯罪经历了2009年《刑法修正案（七）》和

---

[1] 参见曹世增、姜小川：《谈谈"两高"〈通告〉的适用》，载《人民司法》1989年第12期。

2015 年《刑法修正案（九）》的两次调整后，逐渐吸收了以往贿赂犯罪治理中的有益制度。两次修正对贿赂犯罪治理带来的变化表现为：一是，将受贿罪的法定刑由四档调整为三档，即"处三年以下有期徒刑或者拘役，并处罚金""处三年以上十年以下有期徒刑，并处罚金或者没收财产"以及"处十年以上有期徒刑或者无期徒刑，并处罚金或者没收财产"或者"处无期徒刑或者死刑，并处没收财产"。二是，《刑法修正案（九）》将 1989 年受贿罪的治理经验予以立法化，把原本只针对行贿犯罪的特别宽宥条款引入受贿罪之中，即受贿人在被提起公诉前如实供述自己罪行、真诚悔罪、积极退赃，避免、减少损害结果的发生，仅达到第一档法定刑情节的，可以从轻、减轻或者免除处罚；[1]若受贿人具有第二、三档法定刑情节，则可以从轻处罚。三是，对于行贿犯罪而言，《刑法修正案（九）》对行贿人的从宽处罚的条件作了进一步限定，将原来"行为人在追诉前主动交待行贿行为的，可以减轻处罚或者免除处罚"，改为"行为人在被追诉前主动交待行贿行为的，可以从轻或者减轻处罚。其中，犯罪较轻的，对侦破重大案件起关键作用的，或者有重大立功表现的，可以减轻或者免除处罚"。表面上看，这一修改一定程度上与行贿罪宽缓处理的方向相悖，但是从实质角度而言，这一修正符合刑法对行贿罪采取相对宽缓处理、尤其是特别宽宥条款设置的主要规范目的——倒逼行贿人协助司法机关侦破"贪污受贿"等重大案件。

　　至此，我国刑法治理（包括行贿罪在内的）贿赂犯罪的基础体系基本成熟。首先，（包括行贿罪在内的）贿赂犯罪的治理扬弃了早期行贿、受贿"同罪同罚"的弊端，行贿罪与受贿罪的法定刑有重叠亦有差异，但相差并不悬殊，与二者的违法性和责任基本相当；其次，贿赂犯罪的法定刑设计既没有采取绝对的重刑模式，也摒弃了早期的绝对轻刑主义。行贿罪和受贿罪的最轻法定刑和最高法定刑设置相对合理，对于严重的受贿行为和行贿行为，刑法分别设置了死刑和无期徒刑，但是对于相对较轻的行为则规定可以判处拘役，这符合我国宽严相济的刑事政策。再次，在特别宽宥条款的设计上，刑法经过反复调试，经历了仅为行贿罪设置特有的宽宥条款、不设置任何特殊的从宽制度到恢复对行贿罪设置特别自首三个阶段后，目前的立法采取了对

---

[1] 参见孙国祥：《贪污贿赂犯罪刑法修正的得与失》，载《东南大学学报（哲学社会科学版）》2016 年第 3 期。

行贿和受贿几乎同样的量刑从宽激励机制。这样的立法技术能够尽量破除行贿人和受贿人的攻守同盟。而且，这种宽宥条款确定的量刑规则较为科学，根据不同情节，设置有依次可以获得免予刑事处罚、减轻处罚和从轻处罚等三档不同幅度的从宽处遇。最后，在贿赂犯罪的罪名体系上，立法不再采取早期的行贿罪和受贿罪较为单薄的罪名分类，而是形成了以二者为中心，但同时将不同主体的行贿、受贿和不同方式的行、受贿行为，也通过新增罪名、修改构成要件的途径，形成相对合理的贿赂犯罪罪名集合，以更为全面地打击贿赂犯罪。

建立在我国惩处贿赂犯罪丰富经验基础上，经过反复检验、完善的（包括行贿罪在内的）贿赂犯罪治理模式基本成熟，成为未来刑法修正（包括行贿罪在内的）贿赂犯罪基础蓝本。无论刑法后期如何修改行贿罪的相关条款，都只宜在这一相对成熟的治理模式基础上进行适度微调。《刑法修正案（十二）》对行贿罪的修正，也正是沿着贿赂犯罪治理的上述脉络，针对贿赂犯罪的当下形势，对部分条款的进一步完善。

四、行贿罪被修正后的司法应对路径

（一）起诉率低：《刑法修正案（十二）》对行贿罪修正的靶向

众所周知，《刑法修正案（十二）》对行贿罪的修正，是贯彻落实习近平总书记重要指示批示精神和党中央决策部署的要求。习近平总书记就惩治行贿犯罪问题多次作出重要指示批示，党的十九大、二十大也连续提出"坚持受贿行贿一起查"。恰逢 2023 年《立法法》第二次被修正，修正后的《立法法》第 3 条也规定："立法应当坚持中国共产党的领导，坚持以马克思列宁主义、毛泽东思想、邓小平理论、'三个代表'重要思想、科学发展观、习近平新时代中国特色社会主义思想为指导，推进中国特色社会主义法治体系建设，保障在法治轨道上全面建设社会主义现代化国家。"面对行贿犯罪的新局势与治理的新需求，《刑法修正案（十二）》对该类罪名进行完善也就水到渠成。

纵观我国行贿罪刑法治理的沿革脉络，"受贿行贿一起查"所要强调的对行贿犯罪加大惩处力度，并非近年来才被提出来。严惩行贿行为实际上早在 20 世纪末就已经为我国所重视。比如，1999 年最高人民法院、最高人民检察院发布的《关于在办理受贿犯罪大要案的同时要严肃查处严重行贿犯罪分子的通知》(本文以下简称《"两高"通知》)就曾经强调:"还有一些大肆拉拢、腐蚀国家工作人员的行贿犯罪分子却没有受到应有的法律追究,他们继续进行行贿犯罪,严重危害了党和国家的廉政建设。"因此,"要把严肃惩处行贿犯罪作为反腐败斗争中的一项重要和紧迫的工作,在继续严肃惩处受贿犯罪分子的同时,对严重行贿犯罪分子,必须依法严肃惩处,坚决打击"。除此之外,1999年《"两高"通知》也特别列出了需要重点关注的七种行贿行为,包括"行贿数额巨大、多次行贿或者向多人行贿""向党政干部和司法工作人员行贿""为非法获取工程、项目的开发、承包、经营权,向有关主管部门及其主管领导行贿"等。需要特别指出的是,1999年《"两高"通知》虽然高举重点打击行贿犯罪的大旗,但是并未单纯强调刑法的积极介入,仍然规定了要重视激活行贿犯罪刑事治理中的宽宥条款,实现宽严相济。2000年到2003年的《最高人民检察院工作报告》均反复强调要严肃查办行贿犯罪案件。但是,1999年《"两高"通知》意图通过加大处罚行贿来遏制受贿成效甚微,这从2001年《最高人民检察院工作报告》的数据中也可窥见:2000年全国查处的行贿案件为1367件,2001年虽达到1906件,但是1998年至2002年五年的总案件数量则仅为6440件,平均每年为1288件。[1]究其原因,无非是过度强调对行贿重刑出击,引起了行贿人的警觉和恐慌,进而"更加强化了行贿人与受贿人之间的信任关系"。[2]自此之后,无论是2008年中共中央发布的《建立健全惩治和预防腐败体系2008—2012年工作规划》,还是历年最高人民检察院、最高人民法院工作报告对下一年工作任务的安排,都反复强调既要惩处受贿行为,又要加大对行贿行为的处罚力度,但是都效果不彰。

那么,如何既能够彰显刑法对行贿犯罪的打击力度,又可以防止引发行贿、受贿犯罪人之间"形成坐在一条船上"的同盟关系,就成为贿赂犯罪治理过程中一个需要解决的问题。

如文首所言,2017年习近平总书记在党的十九大报告中明确指出:要"坚持受贿行贿一起查"。虽然2018年"受贿行贿一起查"就已经初步取得了成效,《中国法治建设年度报告(2017)》显示:2017年全国范围内"坚持

---

〔1〕 参见2001年、2002年、2003年《最高人民检察院工作报告》。
〔2〕 张明楷:《行贿罪的量刑》,载《现代法学》2018年第3期。

受贿行贿一起查，立案侦查国家工作人员索贿受贿犯罪 9424 人、'围猎'干部的行贿犯罪 8182 人"。也就是说，在立案侦查层面，行贿与受贿的打击比例已经几近于 1∶1。但是，纵观我国治理贿赂犯罪的整体样态来看，行贿罪与受贿罪的刑法介入程度仍然有较大差别，具体体现在：

第一，行贿与受贿的起诉力度失调。以 2008 年到 2012 年间的数据为例，全国检察系统受理的受贿犯罪人数与行贿犯罪人数的比例是 2.8∶1。以单年度的情况来看，2021 年全国检察系统起诉受贿犯罪 9083 人，行贿犯罪 2689 人，二者之间的比率为 3.4∶1。[1] 简言之，公诉机关每起诉三个受贿人，才有一个行贿人被追究刑事责任，行贿罪与受贿罪在刑事起诉层面不成比例。

第二，行贿罪的起诉率相对较低。2018 年"两高"工作报告中的数据显示：2013 年到 2017 年的五年间，全国检察系统共处理查办行贿犯罪 3.7 万人，但是全国法院系统五年来"惩治行贿犯罪，判处罪犯 1.3 万人"。考虑到我国审判阶段无罪裁判率约为 0.01% 的基本背景，行贿犯罪经过检察机关的审查起诉后，最终仅有 1/3 的行贿犯罪人会被起诉并由法院判决构成犯罪，其余 2/3 的行贿人大多都通过酌定不起诉被过滤掉了。换言之，在我国司法实践中，行贿犯罪的起诉率和定罪率都比较低。

第三，违法性高的行贿也常被不起诉。社会不断发展，行贿行为呈现出多样化，但是特定行为对规范违反的程度以及对行贿所间接保护的法益侵害更深。诸如多次行贿、向多人行贿以及在医疗领域行贿等，历来是行贿犯罪治理的重点对象。但是中国检察网公布的不起诉文书中，多次行贿、向多人行贿不起诉的比例占总不起诉的近 20%。比如，在周某甲行贿案中：周某甲为解决运输车临时停车场、永久停车场用地以及临时停车场数次被征拆的补偿问题，于 2009 年至 2015 年期间，先后三次向李某甲行贿财物共计价值人民币 273 万余元。这样的行为也被认定属于情节轻微，不需要判处刑罚，因而按照酌定不起诉处理。[2] 涉医疗领域的行贿案件，由于可能引起贿赂犯罪所保护的间接法益遭受重大损害，应当属于法益侵害程度更大的案件，即便如此，医疗领域行贿案件不起诉的数量也超过总不起诉数的 11%。

---

〔1〕 参见张军：《最高人民检察院工作报告——2022 年 3 月 8 日在第十三届全国人民代表大会第五次会议上》，载 https://www.spp.gov.cn/spp/gzbg/202203/t20220315_549267.shtml，最后访问日期：2024 年 5 月 8 日。

〔2〕 参见洪江市人民检察院洪检公诉刑不诉〔2021〕Z1 号。

为了进一步贯彻落实"受贿行贿一起查"的方针政策,解决司法实践中行贿罪治理中的上述问题,2021 年 9 月,中央纪委国家监委与中央组织部、中央统战部、中央政法委、最高人民法院、最高人民检察院联合印发了《关于进一步推进受贿行贿一起查的意见》(本文以下简称《意见》)。2021 年《意见》对我国贿赂犯罪的实践情况和进一步的治理方向作了详细的阐述,对于《刑法修正案(十二)》的解读具有较高的参照意义。

首先,2021 年《意见》阐述了目前我国贿赂犯罪的基本现状:行贿罪对受贿罪具有驱动作用。从贿赂犯罪的现实案件情况来看,部分领域行贿次数多、行贿数额巨大的现象明显。有的行贿人为谋取自身利益,对公职人员竭力腐蚀、精准"围猎",主观恶性大,后果严重。因此,认为行贿是贿赂犯罪发生的主要源头之一,如果不查处行贿行为,受贿就难以被制止。其次,2021 年《意见》指明了贿赂犯罪的五个治理重点:多次行贿、巨额行贿以及向多人行贿,特别是党的十八大后不收敛不收手的;党员和国家工作人员行贿的;在国家重要工作、重点工程、重大项目中行贿的;在组织人事、执纪执法司法、生态环保、财政金融、安全生产、食品药品、帮扶救灾、养老社保、教育医疗等领域行贿的;实施重大商业贿赂的。最后,2021 年《意见》强调了宽严相济在"受贿行贿一起查"政策下的继续贯彻,"受贿行贿一起查并不等于同等处理"。〔1〕

需要说明的是,2021 年《意见》和先前的 1999 年《"两高"通知》在诸多内容上异曲同工。虽然二者出台时的贿赂犯罪实际样貌略有差别,但两个规范性文件在强调对行贿犯罪的治理方法上,却并没有本质差异。受贿行为与行贿行为刑法规制的方案调整,仍然需要坚守前文所述的,我国刑法治理贿赂犯罪已形成的基本体系。在此基础上,一方面对尚存在的问题进行微调,另一方面对早期的教训予以规避,再一方面则是对部分新情况加以回应。

毫无疑问的是,"受贿行贿一起查"已经成为我国当前治理行贿犯罪最为重要的指导原则。2023 年"两高"的工作报告显示:五年来,全国检察机关"坚持受贿行贿一起查,出台指导意见,会同国家监察委员会发布典型案例,起诉行贿犯罪 1.4 万人,震慑'围猎者'";全国法院系统"审结行贿犯罪案件 1.2 万件 1.3 万人,严惩多次行贿、巨额行贿、长期'围猎'干部的行贿

---

〔1〕 参见刘仁文:《论行贿与受贿的并重惩处》,载《中国刑事法杂志》2022 年第 3 期。

犯罪。"由此可见，在"受贿行贿一起查"的大背景下，被检察机关起诉以及被法院认定构成行贿犯罪的人数大幅上升。为了将"受贿行贿一起查"所产生的效果常态化、法定化，刑法修正自然顺理成章。2023年12月《刑法修正案（十二）》通过，其中关于贿赂犯罪的主要调整内容是行贿罪。其修正的主要表现为两点：

第一，调整行贿罪的法定刑：修改由1988年《补充规定》所确定的行贿罪法定刑中的自由刑，即从"处五年以下有期徒刑或者拘役；""情节严重的，或者使国家利益、集体利益遭受重大损失的，处五年以上有期徒刑；""情节特别严重的，处无期徒刑，并处没收财产"，调整到"处三年以下有期徒刑或者拘役"；"情节严重的，或者使国家利益遭受重大损失的，处三年以上十年以下有期徒刑"；"情节特别严重的，或者使国家利益遭受特别重大损失的，处十年以上有期徒刑或者无期徒刑，并处罚金或者没收财产"。

第二，增加行贿罪从重处罚的情节：针对行贿罪增加一款，对部分行贿行为予以从重处罚，包括多次行贿、向多人行贿的；国家工作人员行贿的；在国家重点工程、重大项目中行贿的；为谋取职务、职级晋升、调整行贿的；对监察、行政执法、司法工作人员行贿的；在生态环境、财政金融、安全生产、食品药品、防灾救灾、社会保障、教育、医疗等领域行贿，实施违法犯罪活动的；将违法所得用于行贿的。这一条款是考虑到当前行贿罪的主要形势与行贿行为类型，并在吸收1999年《"两高"通知》和2021年《意见》的基础上确定的。

（二）相对从严：行贿罪基准刑调整及从重条款增设的司法指向

《刑法修正案（十二）》对行贿罪法定刑的调整，需要重点关注其中第一档法定刑，也即基准刑的设置，这一立法修正具有如下三方面的实际意义：

首先，《刑法修正案（十二）》对行贿罪的法定刑进行调整，是为了重新协调行贿罪与受贿罪之间的轻重关系，使其恢复到由1988年《补充规定》和1997年《刑法》所确立的基本框架中去。在整个贿赂犯罪的刑事治理过程中，行贿罪与受贿罪经历了从"同罪同罚"到"严罚受贿、轻罚行贿"再到"行贿略轻于受贿"等多次法定刑的调整。在《刑法修正案（十二）》之前，受贿罪的法定刑经由《刑法修正案（九）》的修改，被定格为"处三年以下有期徒刑或者拘役，并处罚金""处三年以上十年以下有期徒刑，并处罚金或者没收财产"和"处十年以上有期徒刑或者无期徒刑，并处罚金或者没收财产"或者"处无期徒刑或者死刑,并处没收财产"三档。但是,行贿罪的法定刑仍然沿用的是被1988年《补充规定》所确立、1997年《刑法》所微调的设计:"处五年以下有期徒刑或者拘役""处五年以上十年有期徒刑"和"处十年以上有期徒刑、无期徒刑"。尽管在最高法定刑档次上,受贿罪保留有死刑,而行贿罪仅是无期徒刑,但是在第一档和第二档的法定刑设计上,似乎行贿罪的法定刑更重。〔1〕如果以不纯正的轻罪或罪量意义上的轻罪为标准,即无论犯罪的最高法定刑是否为3年有期徒刑,只要该罪的法定刑中包含3年以下有期徒刑的量刑幅度,该部分犯罪就属于轻罪,〔2〕那么受贿罪反倒更容易被视为轻罪,而行贿罪却成为典型意义上的重罪。再加上我国当前秉持慎用死刑的司法政策,出台针对贪污罪、受贿罪的终身监禁制度,极大地限缩了受贿罪适用死刑的概率。〔3〕如此比较,如果不对行贿罪的法定刑进行调整,行贿罪的法定刑似乎要比受贿罪更重。这要比行受贿"同罪同罚"违反罪刑均衡原则的程度更深。《刑法修正案(十二)》对行贿罪法定刑的调整,无非是让行贿罪与受贿罪的罪刑关系,重新回归到由1988年《补充规定》和1997年《刑法》所确立的基本框架中去。

其次,《刑法修正案(十二)》对行贿罪的法定刑进行调整,贯彻了宽严相济刑事政策。宽严相济刑事政策是根植于中国本土刑事治理经验的产物,具有明显的中华民族特有文化基因。《周礼·秋官司寇·大司寇》曾记载:"刑新国用轻典""刑平国用中典"和"刑乱国用重典"。这也被称为"三国三典"。不仅如此,宽严相济刑事政策也是我国在维护社会治安的长期实践中,不断摸索和试错的基础上,所形成的基本刑事政策,并于2005年全国政法工作会议上被正式提出来。〔4〕宽严相济刑事政策是在构建和谐社会的背景下,提出的该宽则宽、当严则严、宽以济严、严以济宽、区别对待、罚当其罪的符合我国社会治理规律的刑事政策。我国历次刑法修正案已经在诸多方面体现出宽严相济刑事政策。比如,《刑法修正案(七)》对"逃税罪"作

---

〔1〕 参见张明楷:《刑法修正的原则与技术——兼论〈刑法修正案(十二)(草案)〉的完善》,载《中国刑事法杂志》2023年第5期。

〔2〕 陈兴良:《轻罪治理的理论思考》,载《中国刑事法杂志》2023年第3期。

〔3〕 参见陈兴良:《犯罪范围的扩张与刑罚结构的调整——〈刑法修正案(九)〉述评》,载《法律科学(西北政法大学学报)》2016年第4期;王志祥:《终身监禁制度的法律定位与溯及力》,载《吉林大学社会科学学报》2018年第2期。

〔4〕 参见马克昌:《宽严相济刑事政策研究》,清华大学出版社2012年版,第1~10页。

出修改，增加不予追究刑事责任的情形，是为了贯彻宽严相济刑事政策，通过非犯罪化的方式适当缩小逃税罪的打击范围，在维护国家利益的同时又对偷税行为的犯罪化进行限制，节约司法资源。另外，《刑法修正案（八）》《刑法修正案（九）》《刑法修正案（十一）》在修法的指导思想部分，也明确指出修法内容是在贯彻宽严相济刑事政策。宽严相济成为刑法修法的正当性根据。[1]以《刑法修正案（十二）》对行贿罪法定刑进行相似调整的职务侵占罪为例，我国《刑法修正案（十一）》对职务侵占罪法定刑进行的调整，与《刑法修正案（十二）》对行贿罪法定刑的修正，如出一辙。《刑法修正案（十一）》将职务侵占罪原先的两档法定刑——"数额较大的，处五年以下有期徒刑或者拘役""数额巨大的，处五年以上有期徒刑，可以并处没收财产"，修改为三档法定刑——"数额较大的，处三年以下有期徒刑或者拘役，并处罚金""数额巨大的，处三年以上十年以下有期徒刑，并处罚金"，以及"数额特别巨大的，处十年以上有期徒刑或者无期徒刑，并处罚金"。有不少学者将关注点放在职务侵占罪最高一档法定刑的提升上，进而认为《刑法修正案（十一）》是一味地重刑化。[2]但实际上，《刑法修正案（十一）》对包括职务侵占罪在内的诸多罪名法定刑的调整采取了三种方式，分别是"减轻、保持以及加重"。对于职务侵占罪就是"采取了增加一档加重法定刑的同时减轻前一档法定刑的修法方式"。[3]因为，"去重刑化是我国刑罚发展的重要趋势，新罪的刑罚配置与旧罪的刑罚修改也明显体现出该特征"。职务侵占罪基准刑的降低也是去重刑化的表现之一。[4]这说明《刑法修正案（十一）》不是一味地从严，而是严中有宽，该宽则宽。[5]所以，无论是《刑法修正案（十一）》对于职务侵占罪法定刑的调整，还是《刑法修正案（十二）》对行贿罪基准刑的修正，既凸显了刑法对违法性较大的行为的"严

---

[1] 孙万怀、崔晓：《法定刑的修订趋势及其反思》，载《法治现代化研究》2021年第5期。

[2] 参见孙国祥：《反思刑法谦抑主义》，载《法商研究》2022年第1期；冀洋：《我国轻罪化社会治理模式的立法反思与批评》，载《东方法学》2021年第3期。

[3] 刘宪权：《〈刑法修正案（十一）〉中法定刑的调整与适用》，载《比较法研究》2021年第2期。

[4] 参见刘艳红：《我国刑法的再法典化：模式选择与方案改革》，载《法制与社会发展》2023年第3期。

[5] 参见高铭暄、孙道萃：《〈刑法修正案（十一）（草案）〉的解读》，载《法治研究》2020年第5期。

惩",又彰显了刑法对法益侵害性和规范违法程度较小的行为的"厚爱",从而贯彻了宽严相济刑事政策。

最后,《刑法修正案(十二)》对行贿罪的法定刑进行调整,为行贿罪的定罪免除以及缓刑适用提供了更多的空间。如前文所述,行贿罪在治理过程中存在"行贿与受贿的起诉力度失调",以及"行贿罪的起诉率相对较低"的问题。全国人民代表大会常务委员会法制工作委员会刑法室负责人就《刑法修正案(十二)》答记者问时也强调,此次刑法对行贿罪进行调整的重要原因之一是:"从这些年法院一审新收案件数量看,行贿案件与受贿案件的比例大概为1:3,有的年份达到1:4或者更大比例。"司法实践中,未被(法院通过刑事判决的形式)追究刑事责任的行贿人(次)所占的比例过高。〔1〕实际上,从相关的数据来看,进入司法视野中的行贿人并不占少数,行贿人被查处的数量与受贿人相比,差距并不悬殊。即便是在"受贿行贿一起查"尚未被提出的2013年至2017年的办案数据也显示:五年来,全国检察系统"严肃查办国家工作人员索贿受贿犯罪59 593人,严肃查办行贿犯罪37 277人",〔2〕二者的比例也不过是1.6:1。但是,在法院审判阶段,通过判决认定犯罪的受贿人和行贿人的人数差距就开始显现。

产生上述差距的原因是,检察机关通过不起诉分流了大部分行贿人。检察机关针对贿赂犯罪大量通过不起诉进行处理,并非新现象。1990年10月23日最高人民检察院《关于进一步加强自侦案件免予起诉工作的通报》(已失效)就曾经指出:"最高人民检察院对……贿赂等自侦案件免予起诉工作进行了调查分析,总的看……贿赂案件免诉率过高。""今年上半年,全国检察机关共审结……贿赂等自侦案件的案犯37 972人,其中免予起诉22 503人,占审结总数的59.2%。"大部分省份的免诉率都超过了50%,甚至有高达74.3%的。

对于贿赂犯罪,尤其是行贿犯罪不起诉率较高的原因主要有两个:一是我国刑法在治理行贿犯罪时,除1979年《刑法》没有设定行贿罪特有的宽宥条款之外,其余主要刑法规范均设置了"可以免予刑事处罚"的规定。免予刑事处罚的认定标准较为模糊,可能会给司法实践带来较为强烈的暗示,即

---

〔1〕 参见蒲晓磊:《全国人大常委会法工委刑法室负责人就〈刑法修正案(十二)草案〉答记者问》,载《法治日报》2023年7月26日。

〔2〕 具体内容参见2018年《最高人民检察院工作报告》。

针对行贿犯罪宽大处理的幅度可以大一些。二是由于贿赂犯罪的重点一直都是受贿罪，而受贿犯罪的认定存在客观证据少、言词性证据多、难以固定等特点，故通过不起诉来激励行贿人"如实供述"，进而将该供述作为指控受贿人的受贿行为的关键证据；再从反面激励受贿人"如实供述"，承认行贿人对自己受贿所作出的"证人证言"，进而形成印证。这便减轻了司法机关侦破贿赂犯罪的难度，节约了司法成本。比如，在某起行贿不起诉案件中，行贿人邓某某为了在某医院医疗设备政府采购项目中谋取竞争优势，送给医院院长多某某感谢费现金40万元。邓某某在被追诉前主动交待行贿行为，对侦破多某某受贿这一重大案件起关键作用。[1]另外，在魏某某、吴某甲、顾某甲等人行贿案中，三人的供述均对于银川市平川区人社局局长李某某受贿案的侦破，起到极大的作用。[2]因此，上述行贿人均获得了酌定不起诉的处理。

如果不考察行贿罪治理的实践样态与模式变迁，在"受贿行贿一起查"背景下，实务中《刑法修正案（十二）》行贿罪修改的理解，可能会出现两种极端倾向：一是"受贿行贿一起查"就意味着"受贿行贿同样罚"；二是"受贿行贿一起查"就意味着对行贿罪的重刑打击，大量适用实刑。

针对上述两种可能出现的倾向，本文认为：其一，"受贿行贿一起查"与"受贿行贿同样罚"并非一个法律层面的概念。"受贿行贿一起查"更具有刑事程序法层面的意义，可以将其理解为司法机关既然对符合起诉条件的受贿人予以起诉，那么，对于同样应当起诉的行贿人，也不能不作起诉处理。而"受贿行贿同样罚"则是刑事实体法层面的内容，可以将它所要表达的内涵理解为：既然受贿罪要受到重刑处理，那么行贿罪也不能适用轻刑。显然，起诉受贿就起诉行贿和受贿重罚则行贿也重罚之间无法画上等号。"受贿行贿一起查"无法推导出"受贿行贿同样罚"的结论。而且如前文所述，行贿罪与受贿罪的罪责形式不一样，其法定刑和宣告刑应有一定的轻重之别。其二，"受贿行贿一起查"政策之下《刑法修正案（十二）》对行贿罪法定刑的调整，具有特定的目标指向，即解决通过法院裁判处理行贿犯罪案件数量过少的问题。如果单纯强调重刑打击行贿罪，不仅导致行贿人进入审判阶段的数量激增，而且会大幅度提升行贿人的实刑率，如此必然会使得我国经过长时

---

[1] 丹巴县人民检察院丹检刑不诉[2021]3号不起诉决定书。
[2] 参见白银市平川区人民检察院平检刑不诉[2021]69号、70号、71号不起诉决定书。

间经验、教训总结所形成的较为成熟的贿赂犯罪治理体系出现短板,甚至轰然崩塌。换言之,"受贿行贿一起查"以及对行贿罪的法定刑进行修正,不能让绝大部分行贿人有空间进行利益计算,进而决意与受贿人达成利益联盟,从而对贿赂犯罪的治理带来毁灭性打击。

因此,针对《刑法修正案(十二)》对行贿罪的调整,相对妥当的司法适用方案是:一方面,对根据《刑事诉讼法》第177条第2款作出酌定不起诉的行贿案件,以移送到法院由法院裁判为主,以由检察院作出酌定不起诉决定为辅;另一方面,倒逼法院通过适用《刑法》第37条——对于犯罪情节轻微不需要判处刑罚的,判决定罪但免刑,或者提高缓刑适用率等方式来对"主动交待行贿行为""对侦破重大案件起关键作用"的行贿人,给予刑罚上的优惠。需要指出的是,这一司法措施与我国现代刑事法治的建设以及最高人民法院的努力方向一致。中国式法治现代化,是要实现形式法治与实质法治融合的"良法善治"。〔1〕这在刑法领域中的表现则是刑事处罚从"厉而不严"向"严而不厉"的轻缓化转变。〔2〕按照这一标准,也可以说,我国目前正在走向轻罪化治理的时代。〔3〕轻罪化治理的实现措施便是非监禁刑适用率的提升。2021年《最高人民法院工作报告》就曾经指出:我国法院一直在探索轻罪治理的路径,2020年全国法院共"对41.4万名轻微犯罪被告人适用非监禁刑,对1.2万人免予刑事处罚"。非监禁刑及免予刑事处罚的适用率超过28%。《刑法修正案(十二)》对行贿罪第一档法定刑的调整,能够为法院对行贿人作出定罪免刑和适用缓刑,提供极好的规范基础。一是因为《刑法》第37条定罪免刑和《刑事诉讼法》第177条第2款酌定不起诉的适用条件都是"犯罪情节轻微,不需要判处刑罚",具有实质的同一性。原来由检察院作出酌定不起诉的行贿人,转由法院作出定罪免刑处理,在规范层面上能够有序衔接。二是因为我国刑法没有对定罪免刑的条件作出具体的标准,这导致"再重大的犯罪在理论上也存在免除刑事处罚的可能"。在司法实践中,诸如拐卖妇女、儿童罪,其最低法定刑幅度是"五年以上十年以下有期徒刑,并处

---

〔1〕 参见周佑勇:《推进国家治理现代化的法治逻辑》,载《法商研究》2020年第4期。
〔2〕 参见刘艳红:《民刑共治:中国式现代犯罪治理新模式》,载《中国法学》2022年第6期。
〔3〕 参见梁云宝:《中国式现代化背景下轻微犯罪前科消灭制度的展开》,载《政法论坛》2023年第5期。

罚金"，也有被判处免予刑事处罚的先例。[1]但是，如此滥用定罪免刑制度并不妥当。如前所述，定罪免刑与轻罪治理密切关联，最低法定刑为5年以下有期徒刑的犯罪，难以被贴上"轻罪"的标签。因此，行贿罪的基准刑被调整为"三年以下有期徒刑或者拘役"，就是将该罪纳入轻罪的治理领域中，对其"免予刑事处罚"的适用更为合理。

缓刑适用率的提升是轻罪治理的重要表征，有学者对35种常见罪名适用缓刑的情况作了实证分析，经统计发现贪污罪和受贿罪的缓刑适用率非常高，分别达到80.4%和75.9%，位居第四位和第八位。其适用缓刑的比例甚至要比作为过失犯罪的交通肇事罪和作为典型轻罪的故意毁坏财物罪。[2]如前文所述，行贿罪相较于贪污罪和受贿罪，无论是法定刑设计，还是刑罚裁量，都应该更为轻缓。既然连贪污罪和受贿罪的犯罪人都能够经常被判处缓刑，那么行贿人被判处缓刑的概率应该更高一些。基于这一基本逻辑，大部分行贿人的情节只能按照第一档法定刑进行处罚，就算行贿的情节本应属于第二档法定刑的层次，只要其具有特别从宽事由可以减轻处罚，也能够实现量刑的降档，按照第一档法定刑进行处罚。如此，《刑法修正案（十二）》对行贿罪基准刑的修改就具有扩大缓刑适用的内在指向。大量的行贿人能够被判处3年以下有期徒刑，便满足了缓刑适用最核心的条件，加之缓刑适用的其他条件——犯罪情节较轻、有悔罪表现、没有再犯罪的危险、宣告缓刑对所居住社区没有重大不良影响，可以行贿人是否如实交待行贿事实作为重要的判断要素，因而在司法判断中更具柔性和激励性，这便保障了行贿罪的缓刑适用率。

《刑法修正案（十二）》对行贿罪的法定刑进行修改后，通过提升该罪的定罪免处和缓刑适用率，来替换原本大量适用的酌定不起诉，其优势有二：一是虽然酌定不起诉与法定不起诉有差别，但是由于被不起诉人没有被法院宣告有罪，基于"未经人民法院依法判决，对任何人不得确定有罪"的宪法原则，被作出酌定不起诉的行贿人就是"实质无罪的人"。但是，定罪免处和判处缓刑都是以法院判决行贿人构成犯罪为前提，对于行贿人而言，法院通

---

[1] 参见郑超：《无刑罚的犯罪——体系化分析我国〈刑法〉第37条》，载《政治与法律》2017年第7期。

[2] 参见赵兴洪：《缓刑适用的中国图景——基于裁判文书大数据的实证研究》，载《当代法学》2017年第2期。

过判决赋予其犯罪标签是司法对其相对从严处罚的标志。二是定罪免处和判处缓刑与酌定不起诉在本质上也有共性，即都不需要被判处实刑。对于犯罪嫌疑人或者被告人而言，是否会被判处实刑是其在诉讼中进行行为选择的重要考量因素。通过定罪免处和适用缓刑来激励行贿人如实供述，对于行贿人来说是相对于酌定不起诉而言的次优结果，并非不可接受。这样便可以防止行贿人与受贿人形成攻守同盟，共同对抗贿赂犯罪的司法查处。

《刑法修正案（十二）》除了修改行贿罪的法定刑，还增加了六种行贿罪从重处罚的情节。这些情节的设计虽然维护着宽严相济刑事政策中"严"的部分，但是对于行贿罪的处理仍然是相对从严，而非表明刑法要重刑介入。

如前所述，1999年《"两高"通知》曾经规定了七种严重行贿犯罪行为，提示司法机关要特别注意依法严肃惩处。2021年《意见》又规定了需要重点查处的五种行贿类型。那么，《刑法修正案（十二）》所增加的从重处罚的行贿情节，与1999年《"两高"通知》和2021年《意见》中所列举的需要严惩的相似行贿情节是何种关系？尤其是对三者之间具有相似性的从重情节如何理解，需要加以厘清。〔1〕

1999年《"两高"通知》、2021年《意见》和《刑法修正案（十二）》相似规定表

1999年《"两高"通知》	2021年《意见》	刑法修正案（十二）
行贿数额巨大、多次行贿或者向多人行贿的	多次行贿、巨额行贿以及向多人行贿，特别是党的十八大后不收敛不收手的	多次行贿、向多人行贿的
向党政干部和司法工作人员行贿的	党员和国家工作人员行贿的	国家工作人员行贿的
为非法获取工程、项目的开发、承包、经营权，向有关主管部门及其主管领导行贿，致使公共财产、国家和人民利益遭受重大损失的	在国家重要工作、重点工程、重大项目中行贿的	在国家重点工程、重大项目中行贿的

---

〔1〕 需要说明的是，本文经过综合比较，认为1999年《"两高"通知》、2021年《意见》和《刑法修正案（十二）》中所规定的具有相似性的从重处罚情节，大致有上表所列的三种。

第一，无论是1999年《"两高"通知》还是2021年《意见》都提出了要对行贿数额巨大的行贿人加以严厉惩处，但是《刑法修正案（十二）》仅对"多次行贿、向多人行贿"予以从重处罚，并没有将"行贿数额巨大""巨额行贿"作为行贿从重处罚的情节。本文认为，《刑法修正案（十二）》的规定比1999年《"两高"通知》、2021年《意见》更为妥当。之所以不能将"行贿数额巨大"作为从重的量刑情节，是因为"数额"要素已经被作为划分行贿罪不同法定刑档次的标准，如果再将"数额"要素纳入从重量刑情节的因素，则有违反禁止重复评价原则之嫌。除此之外，在行贿犯罪案件中，"多次行贿"和"向多人行贿"都是常见现象，本文通过中国检察网检索到行贿罪起诉决定书共计9589份，其中涉及多次行贿和向多人行贿的样本达到4856份，占据总样本的50.6%。因此，本文认为在理解"多次行贿、向多人行贿"时，需要以法益保护为指导进行解释适用。法益是确定违法的核心要素，行为对法益侵害的程度越大，则行为人应受到刑罚处罚的严厉程度就越高。尽管学术界对于行贿罪所保护的法益有诸多争议，但是通说认为该罪的法益是国家工作人员职务行为的不可收买性。以此为出发点，如果行贿人仅针对某一个特定请托事项、对某个特定的国家工作人员进行行贿，无论行贿次数多寡，均仅损害了单个国家工作人员行使特定单一职务行为的不可收买性。因此，基于目的解释，"多次行贿"具有更高的法益侵害性，需要对其进行缩小解释，即行贿人是基于多个请托事项而多次行贿，使得特定国家工作人员的多次职务行为被收买的，才能从重处罚。而"向多人行贿"必然是对多个国家工作人员手中的职权进行收买，因此，在理解"向多人行贿"时不需要进行限缩解释。

第二，1999年《"两高"通知》将"向党政干部和司法工作人员行贿"作为从严打击的情节，2021年《意见》则将"党员和国家工作人员行贿"认定为应重点打击的行贿行为。但是《刑法修正案（十二）》仅对"国家工作人员行贿"进行从重处罚。其原因在于，向党政干部行贿是行贿犯罪的基本规律，基于期待可能性理论，不宜将该要素作为从重处罚的情节。"党员"身份在我国既不是构成身份，也不是加减身份，不能作为刑法从重处罚的影响因素。但是"国家工作人员"则常常被作为"加减身份"存在，比如在诬告陷害罪中，国家机关工作人员诬告陷害他人的，从重处罚。这样规定是基于责任论的考虑，故国家工作人员的可苛责性程度更高。

第三，《刑法修正案（十二）》沿袭了 2021 年《意见》中从重处罚"在国家重点工程、重大项目中行贿"的规定，但是这样的规定在 1999 年《"两高"通知》中并没有直接对应的类似条款。行贿人"在国家重点工程、重大项目中"对国家工作人员行贿是当前贿赂犯罪的新现象，并且有可能在未来的贿赂犯罪中持续发生。之所以将这一要素作为从重处罚情节，其原因无非是这样的行为有"致使公共财产、国家和人民利益遭受重大损失"的危险。尽管行贿罪保护的法益并不与公共财产、国家和人民利益直接关联，但是刑法保证国家工作人员职权不被收买，就会为了保障国家职权按照法定且正当的程序行使，从而间接保护公共财产、国家和人民利益。由于一般的职权被收买所带来的间接法益受到危险的程度微小且抽象，原则上不将间接法益受到侵害的危险计算到行贿罪的量刑中，但是"在国家重点工程、重大项目中"，国家工作人员的相关职权被收买，则导致间接法益受到侵害程度大，且危险更为具体、紧迫，因此可以作为行贿罪从重处罚的情节。但是，由于"重点""重大"的概念过于抽象、模糊，需要通过后续的司法解释以具体列举的方式加以明确。除此之外，由于各个阶段国家重点工程、重大项目的种类会因政治、经济和社会发展的变化而发生较大的变化，因此，有关"重点""重大"的关联司法解释可能也需要因时而动，经常被废除或修改。

五、余论

《刑法修正案（十二）》的修改仅是行贿罪治理过程中的冰山一角，行贿罪的综合惩治仍然有待于诸多措施的综合运用。行贿犯罪并非通过刑法积极介入、重刑打击就可以被团灭。综合我国行贿犯罪的治理实践，行贿犯罪中民营企业负责人占比较大。在本文检索到的 12 046 份行贿罪起诉或不起诉检察文书中，行贿人是民营企业负责人或者法人代表的共有 8697 份，占据总样本的 72.2%。在企业合规制度大力推行的当下，也许仅仅依靠对企业建立合规文化，还不足以阻断利益链条，需要建立更为成熟、完善和法治化的市场环境。合规建设所要圈定的范围也许还需要更大一些。当然，这仍然仅仅是行贿犯罪治理万里征程的局部图景。正如有学者所言，要实现根本性阻断利益集团"围猎"，除了需要审慎地"增加行贿违法成本"，起码还需要通过制定科学合理的行贿"黑名单"制度,建立一体化的企业反腐合规体系,[1]甚至是出台集中化反腐模式的《反腐败法》等,[2]从而为行贿罪的治理建构起体系严密、功能合理的组合拳措施。

---

[1] 参见刘艳红:《根本性阻断利益集团"围猎"的制度构建》,载《国家治理》2022年第14期。
[2] 参见刘艳红:《中国反腐败立法的战略转型及其体系化构建》,载《中国法学》2016年第4期。

《刑法修正案（十二）》下贿赂犯罪的均衡量刑

杨建民[*]

摘　要：从共同对向犯的立法原理和贿赂犯罪的条文比较来看，《刑法修正案（十二）》对行贿罪刑罚配置结构的调整并没有改变异罪异罚的基本立法模式。行贿罪与受贿罪法定刑相近却并未完全相同的原因在于，虽然立法者对贿赂犯罪发生机理的认识有所转变，强调对行贿的从严惩治，但并没有放弃受贿不法重于行贿的基本立场。这意味着，为确保贿赂犯罪参与者刑罚适用的均衡公正，不能采取"受贿行贿同等罚"的量刑方案。在对行贿者进行刑罚裁量时，应结合受贿事实，将行贿者在贿赂犯罪过程中所起作用大小作为判断依据，以受贿者的责任刑为参照对象，从而贯彻受贿不法重于行贿的立法预设。特别是在使用从重处罚条款时，应当注意避免从重后行贿者的责任刑重于受贿者。

关键词：《刑法修正案（十二）》；贿赂犯罪；均衡量刑；对向犯

一、问题的提出

2024年3月1日，《刑法修正案（十二）》正式施行。行贿罪的法定刑下调是本次修法的重要内容之一。在修法前，行贿罪前两档法定刑明显重于受贿罪、最高法定刑又显著轻于受贿罪，导致行贿罪与受贿罪之间的刑罚轻重失衡，也是造成实践中要么不处罚、要么处罚过重两难局面出现的诱因之一。[1]为

---

[*] 作者简介：杨建民，南京师范大学法学院讲师，法学博士。

[1] 在《刑法修正案（十二）（草案）》征求意见期间，有观点就指出："行贿罪法定刑档次配置过重，造成要么不处罚，要么处罚过重，影响法律适用，反而不利于严密法网。"张义健：《〈刑法修正案（十二）〉的理解与适用》，载《法律适用》2024年第2期。

此，《刑法修正案（十二）》调整了行贿罪的刑罚结构，将原来的"处五年以下有期徒刑""处五年以上十年以下有期徒刑"分别修改为"处三年以下有期徒刑""处三年以上十年以下有期徒刑"，从而与受贿罪形成衔接。

对于行贿罪的法定刑修改，刑法学界普遍给予了高度评价，认为其充分贯彻了"受贿行贿一起查"的反腐败政策，实现了贿赂犯罪法定刑设置的体系化、协调化，[1]克服了处罚不公平的实质缺陷。[2]与之相反的是，也有少数声音持有异议，批判立法的不足。如邱帅萍教授就认为行贿罪与受贿罪之间的刑罚配置仍缺乏均衡性考量，特别是新修正后的行贿罪起刑点与受贿罪完全一致，无法与受贿重于行贿的基本框架保持协调。[3]不过，既然规范已定，从刑法教义学的立场出发，理论研究的当务之急是，准确理解立法精神，尽量澄清因立法技术带来的可能的司法认识误区，合理界定贿赂犯罪参与人的刑事责任。

《刑法修正案（十二）》调整了行贿罪的刑罚结构，使之与受贿罪趋近，其中，行贿罪的起刑点与受贿罪完全一致。在此背景下，由于行贿与受贿之间的对向性关系，理论上存在分歧的是，行贿者应否与受贿者受到同等处罚？"受贿行贿同等罚"说的支持者认为，行贿与受贿的对向性关系决定了其互为因果，二者所侵害的法益具有同一性，因此，其不法与罪责也理应受到同等程度的非难。[4]据此而言，行贿者与受贿者的责任刑是相同的，在无其他量刑因素影响的情况下，二者最终的宣告刑原则上也应该是相同的。反对者则认为，对向关系的存在并没有要求行贿罪的刑罚必须与受贿罪完全一致，《刑法修正案（十二）》进行相关修订仅仅意味着"受贿行贿一起查"这一刑事政策在立法文本中得到确认，并不等同于采取"受贿行贿同等罚"的规制理念，应当综合受贿者的受贿事实，根据行贿者在法益侵害过程中的作用决定其所适用的刑罚量。[5]换言之，行贿者的不法评价具有独立性，其责任刑完

---

〔1〕参见彭文华：《〈刑法修正案（十二）〉视角下贿赂犯罪的罪刑关系及其司法适用》，载《中国刑事法杂志》2024年第1期。

〔2〕参见张明楷：《刑法修正的原则与技术——兼论〈刑法修正案（十二）（草案）〉的完善》，载《中国刑事法杂志》2023年第5期。

〔3〕参见邱帅萍：《贿赂犯罪刑罚配置的体系性完善——由〈刑法修正案（十二）〉展开》，载《比较法研究》2024年第1期。

〔4〕参见刘仁文：《贿赂犯罪的最新修正及其司法适用》，载《中国刑事法杂志》2024年第1期。

〔5〕参见马寅翔：《〈刑法修正案（十二）〉下行贿犯罪的均衡适用》，载《中国应用法学》2024年第2期。

全可能异于受贿者。

面对同罚说与异罚说的分歧，行贿与受贿的对向关系到底意味着什么？如何从教义学角度解释立法者对行贿犯罪的刑罚配置？二者之间的均衡量刑应当如何实现？为了回答上述问题，本文拟从共同对向犯的立法模式及其基本原理入手，通过对行贿罪与受贿罪的条文比较以及修法缘由的阐述把握立法精神，从判断依据和裁量基准两个方面构建贿赂犯罪刑罚适用的教义方案，从而确保贿赂犯罪参与人刑罚适用的均衡公正。

二、共同对向犯的立法模式与基本原理

一般认为，对向犯分为共同对向犯与片面对向犯两种类型。从逻辑上来说，若将罪名和法定刑是否同一作为判断标准，共同对向犯又可分为同罪同罚、同罪异罚、异罪同罚与异罪异罚四种情形。[1]其中，同罪同罚与异罪异罚的对向犯较为常见，前者的立法条文如重婚罪、代替考试罪，后者则以拐卖妇女、儿童罪与收买被拐卖的妇女、儿童罪为范例。而异罪同刑对向犯的立法现象较为少见，滥伐林木罪与非法收购、运输滥伐的林木罪是其表现之一。至于同罪异罚，我国《刑法》分则中不存在此类情形的对向犯条文。

毋庸置疑，从实然层面来看，行贿罪与受贿罪位于异罪异罚的对向犯之列。不过，在《刑法修正案（十二）》出台前，有学者就倡议，应在立法结构上实现贿赂犯罪法定刑的相称性，对侵害同一法益的不同行为主体配置法定刑时原则上不应区别对待。[2]依据这一倡议，贿赂犯罪应采取异罪同刑的立法模式。对此，有必要追问的问题是：立法者为何要对贿赂犯罪采取异罪异罚而非其他的立法模式？

尽管域外国家对贿赂犯罪的立法模式采取异罪异罚者不在少数，异罪同罚的立法例亦有之，[3]但我们绝不能就此将贿赂犯罪的立法模式单纯地视为立法者的任意选择，进而忽视其背后塑造这一立法模式的教义学原理。如果

---

〔1〕 参见罗翔：《论买卖人口犯罪的立法修正》，载《政法论坛》2022年第3期。

〔2〕 参见刘仁文：《论行贿与受贿的并重惩处》，载《中国刑事法杂志》2022年第3期。

〔3〕 关于贿赂犯罪异罪同罚的立法例，《新西兰刑事法典》第105条规定："（1）任何官员，在新西兰境内外利用权力使自己或他人实施某项作为或不作为，从而收受、获取，或同意帮助收受或试图索取贿赂的，判处7年以下监禁。（2）非法地向执法官员提供贿赂，或意图提供贿赂从而通过执法官的职权使自己或他人，实施某项作为和不作为的，判处7年以下监禁。"于志刚、赵书鸿译：《新西兰刑事法典》，中国方正出版社2007年版，第48页。

认为刑法教义学仅限于解释论而与立法论无关,那么,所导致的结果必然是立法的无序与任性,也无法回答"什么是正确的刑法"这一问题。过去学界往往聚焦片面对向犯的基本原理,明确对向性参与行为不可罚的实质依据,但对共同对向犯的研究有所缺憾。因此,刑法学者有义务构建起一种关于共同对向犯立法的理论框架,结合特定国情归纳具有本土化色彩的教义学知识,从而为刑事立法提供指导标准。由于刑法教义学贯穿于立法论与解释论之中,对贿赂犯罪立法原理的洞察也有助于我们正确解答"行贿犯罪在刑罚适用时应否与受贿犯罪同等处罚"这一疑问。

(一)法律语言的简洁性:共同对向犯立法考量的形式因素

共同对向犯采取何种立法模式,涉及一个重要的立法原则,即法律语言的简洁性。从历史角度来看,简洁是人类不断追求的永恒理想。古希腊时期,毕达哥拉斯学派就崇尚数的简洁美,认为"万物是数的摹写或模拟"[1],万事万物皆可以数学形式进行描述。14世纪唯名论的代表人物威廉·奥卡姆更是提出了著名的"奥卡姆剃刀定律"(Occam's Razor),提倡"如无必要,勿增实体"的基本原则,以此对唯实论提出的诸多实体概念删繁就简。是故,一个理想的法律文本也应当体现简洁性。尽管法律规范随着社会发展愈发复杂,但是,"语言的简短、精确的旧美德在今天也需要加以维护"[2]。如果一个法条已经能够清楚地向民众传递应为或不应为的意思,就没有必要用两个法条分开阐述。如果使用单句即可表述清晰、逻辑无误,就不要使用构成复杂的复句。法律文本越是繁复杂多,越是可能导致民众无所适从,也会使专业的法律从业者陷入如何解释相似条文关系的争议之中。[3]因此,为了保持刑法文本的简洁,立法者会在使用普通表达可能导致对犯罪类型的描述过于冗长时采用规范用语,[4]会大量地使用简单罪状、引证罪状与空白罪状等表述方式。与此形成鲜明对比的是,刑法分则中存在着一些反面例子。如我国《刑法》第284条之一第2款就是一个冗余表述,为他人实施组织作弊行为提

---

[1] [德]文德尔班:《哲学史教程》,罗达仁译,商务印书馆1987年版,第68页。

[2] [德]阿图尔·考夫曼、温弗里德·哈斯默尔主编:《当代法哲学和法律理论导论》,郑永流译,法律出版社2013年版,第297页。

[3] 参见张明楷:《刑法修正的原则与技术——兼论〈刑法修正案(十二)(草案)〉的完善》,载《中国刑事法杂志》2023年第5期。

[4] 参见张明楷:《刑法分则的解释原理》,高等教育出版社2024年版,第860页。

供帮助本就应该依照共犯理论认定其成立犯罪，无须通过专门立法的方式予以规定，以免导致立法的不经济。[1]因此，在进行对向犯立法时，基于法律语言的简洁性，理应首先考虑采取同罪同罚这一立法模式。

(二) 行为的不法程度：共同对向犯立法考量的实质因素

虽然法律语言的简洁性是对向犯立法时需要考虑的重要因素，但绝不是唯一因素。除了法律语言的简洁性这一形式因素，对向犯立法还必须考虑行为的不法程度这一实质因素。在刑事立法过程中，法定刑设定的首要根据是行为的不法程度。[2]其中，"行为的不法程度是由法益性质及其侵害程度与主观不法因素共同决定的"。[3]对向性参与行为的不法程度相当时，应当为其设定相同的法定刑，采取同罪同罚的立法模式，以一个法律条文对其进行规制。而对向性参与行为的不法程度存在差异时，如果依旧采取同罪同罚的立法模式，结果无非两种：或是为一个不法程度较轻的行为配置一个较重的法定刑，或是为一个不法程度较重的行为配置一个较轻的法定刑。无论何种结果，都违背了罪刑均衡原则。依照不法程度的差异，为对向性参与行为配置不同的罪名和轻重有别的法定刑，就形成了异罪异罚的对向犯立法模式。既然一个条文无法清晰表述异罪异罚的规范意思，那就用两个条文来予以规定，从这一角度来说，异罪异罚的立法模式同样符合法律语言的简洁性原则。

或许有人会产生以下困惑：不法程度的差异指向的是法定刑的不同，为什么不是在同罪异罚或异罪异罚的立法模式中二选一呢？从国外立法角度来看，同罪异罚的对向犯立法例确实存在。如《德国刑法典》第173条规定了乱伦罪，包括与有血缘关系的直系尊亲属和直系卑亲属性交，这两种行为虽然归属的罪名同一，但所对应的法定刑不同。[4]不过，我国刑法理论通常认为，确定罪名的最一般性原则是具有独立的罪状与独立的法定刑。[5]依此原则，"单

---

〔1〕 参见车浩：《刑法教义的本土形塑》，法律出版社2017年版，第224~225页。

〔2〕 参见王志远、吴亚可、沙涛：《遏制重刑：从立法技术开始》，中国政法大学出版社2020年版，第198~199页。

〔3〕 劳东燕：《买卖人口犯罪的保护法益与不法本质——基于对收买被拐卖妇女罪的立法论审视》，载《国家检察官学院学报》2022年第4期。

〔4〕 参见徐久生译：《德国刑法典》，北京大学出版社2019年版，第128页。

〔5〕 参见周道鸾：《中国刑法罪名解释的历史发展》，载《国家检察官学院学报》2009年第5期。

独刑罚配置的条款,一般宜单独确定罪名"。[1]既然对向性参与行为的法定刑不同,需要另立条款,那么,理当将其分别确定为两个罪名而不是归为同一罪名。因此,在我国的刑法语境中,法定刑的不同必然导向异罪异罚的对向犯立法模式,《刑法》分则中不存在如《德国刑法典》那般同罪异罚的对向犯立法现象。

(三)通权达变:异罪同罚立法模式的理据分析

理论上多是将出售假币罪与购买假币罪这一组罪名作为异罪同罚的例证。关于此组罪名采取异罪同罚立法模式的合理性基础,有学者认为,无论是出售假币还是购买假币,其行为都是对国家货币流通管理制度的侵犯,主观犯意难分高下,所以立法者对此种对向性参与行为作等值评价。[2]虽然这一见解正确地揭示了立法者对行为不法程度的评价态度,但它仅仅回答了此种对向性参与行为何以同罚,却没有对为何异罪作出有效解释。既然二者的法定刑相同,立法者完全可以用"买卖"这个上位概念来涵括"出售"与"购买"两种行为,采取同罪同罚的立法模式。《刑法》分则中也不乏此类表述,如非法买卖枪支罪、买卖身份证件罪等。因此,基于法律语言的简洁性原则,出售假币罪与购买假币罪的异罪同罚并不是妥当的对向犯立法,在未来的刑事立法中应将其修改为同罪同罚。当然,有必要指出的是,上位概念的存在不是采取同罪同罚立法模式的充要条件,如代替考试罪中,"代替考试"并不是"让他人代替自己参加考试"这一行为的上位概念,但也不妨碍立法者对其采取同罪同罚的立法模式。

如此看来,异罪同罚的立法模式与法律语言的简洁性原则之间的矛盾似乎不可调和,不过,下此定论为时尚早。在特殊情形下,异罪同罚的立法模式也能在刑法文本中拥有一席之地。例如,《刑法》第345条规定了盗伐林木罪、滥伐林木罪与非法收购、运输盗伐、滥伐的林木罪三个罪名。在此,盗伐林木罪与非法收购、运输盗伐的林木罪、滥伐林木罪与非法收购、运输滥伐的林木罪各自形成对向性关系。依据前述判断标准,原则上对滥伐林木罪与非法收购、运输滥伐的林木罪应采取同罪同罚的立法模式。然而,值得注

---

[1] 李静、姜金良:《〈最高人民法院、最高人民检察院关于执行〈中华人民共和国刑法〉确定罪名的补充规定(七)〉的理解与适用》,载《人民司法》2021年第10期。

[2] 参见孙国祥:《对合犯与共同犯罪的关系》,载《人民检察》2012年第15期。

意的是，之所以对盗伐林木罪与非法收购、运输盗伐的林木罪采取异罪异罚的立法模式，根本原因在于，尽管二者行为的对向性决定了它们都会侵犯林木资源这一生态法益，但是，财产法益也属于盗伐林木罪的保护法益之一，[1]法益内容的差异导致盗伐行为与非法收购、运输行为的不法评价有所不同。既然非法收购、运输盗伐的林木的行为必然作为单独条文出现，而非法收购、运输盗伐的林木和非法收购、运输滥伐的林木两种行为仅仅只是犯罪对象不同，法益侵害并无差异，那么将其合并规定显然更符合法律语言的简洁性原则。概言之，从整体文本来看，相较于同罪同罚，如果对向性关系中的某种行为与其他非对向性参与行为作合并处理能够让规范表述更为简洁，那么，在此情形下，采取异罪同罚的立法模式显然更为适宜。

综上所述，同罪同罚与异罪异罚是对向犯立法最基本的两种模式。在进行共同对向犯的立法时，立法者原则上需要辨识对向性参与行为的不法程度是否存在差异，进而选择同罪同罚或异罪异罚的立法模式。只有在能够满足法律语言简洁性的特殊情形下，立法者才可以选择异罪同罚的立法模式。依据上述共同对向犯立法模式的基本原理，立法者对受贿与行贿行为不法程度的不同评价态度直接决定了贿赂犯罪的立法模式。如果认为受贿与行贿的不法程度存在差异，则采取异罪异罚的立法模式；如果认为受贿与行贿的不法程度等同，但缺乏采取异罪同罚立法模式的基础前提，则采取同罪同罚的立法模式。

三、贿赂犯罪的条文比较与修法缘由

为确保贿赂犯罪参与人刑罚适用的均衡公正，首要前提是对刑法规范作准确理解。当前，不少学者简单地将行贿罪与受贿罪的法定刑作等同理解。这是对立法者如何预设行贿不法的不当理解，也会对司法实践准确把握修法精神带来负面干扰。因此，有必要细致比较行贿罪与受贿罪的法定刑差异，正确把握贿赂犯罪的发生机理及其治理重心，从而充分理解立法宗旨，为行贿犯罪的刑罚适用奠定基本方向。

(一) 似同实异：贿赂犯罪的刑罚配置比较

其实，"受贿行贿应否同等处罚"的争论早在修法之前就已经出现，当时

---

[1] 参见王彦强：《犯罪竞合中的法益同一性判断》，载《法学家》2016年第2期。

的主要争点围绕行贿罪法定刑下调幅度。作为异罚说的代表性学者,张明楷教授提出,由于行贿罪的不法程度轻于受贿罪,建议将《刑法》第390条第1款修改为"对犯行贿罪的,处二年以下有期徒刑或者拘役,并处或者单处罚金;因行贿谋取不正当利益,情节严重的,或者使国家利益遭受重大损失的,处二年以上七年以下有期徒刑,并处罚金;情节特别严重的,或者使国家利益遭受特别重大损失的,处七年以上有期徒刑,并处罚金或者没收财产"。[1]这一建议实质上是提倡立法者在设置行贿罪的法定刑幅度时,从起刑点开始就必须与受贿罪区分开来。但是,《刑法修正案(十二)》并没有接受这样的建议,而是使行贿罪的法定刑与受贿罪接近,特别是将第一、二档法定刑修改为了"对犯行贿罪的,处三年以下有期徒刑或者拘役,并处罚金;因行贿谋取不正当利益,情节严重的,或者使国家利益遭受重大损失的,处三年以上十年以下有期徒刑,并处罚金……"对此,有学者认为:"《刑法修正案(十二)》为上述争论暂时画上了句号,由于受贿罪适用死刑的案件数量极少,因此,此次修法基本上实现了受贿罪与行贿罪的法定刑相同"。[2]其言中之意是,本次修法采纳了"受贿行贿同等罚"的规制理念。

然而,"基本实现"并不等于"完全实现"。行贿罪与受贿罪的刑罚配置完全相同的只有第一档法定刑,其余两档法定刑均存在差异。没有异议的是,第三档法定刑的差异显而易见:受贿罪最高可判处死刑,而行贿罪最高仅能判处无期徒刑。不过,部分学者对行贿罪第二档法定刑的修改存在误解。如有观点认为:"《刑法修正案(十二)》只是将行贿罪的第一、第二档法定刑简单地等同于受贿罪,受贿罪虽然在死刑或适用终身监禁层面要重于行贿罪,但实践中因受贿判处死刑或适用终身监禁的相对较少,因此行贿者和受贿者在大多数情况下适用相同的法定刑档次,这有悖行贿的不法与责任轻于受贿这一应然事实。"[3]本文认为,这一论断值得商榷。之所以会认为《刑法修正案(十二)》只是简单地将行贿罪的第二档法定刑等同于受贿罪,原因在

---

[1] 张明楷:《刑法修正的原则与技术——兼论〈刑法修正案(十二)(草案)〉的完善》,载《中国刑事法杂志》2023年第5期。

[2] 马乐:《〈刑法修正案(十二)〉对行贿罪的修改与行贿罪的量刑》,载《中国应用法学》2024年第2期。

[3] 程红、张弛:《行贿受贿"并重异刑"模式的提倡与展开——兼评〈刑法修正案(十二)〉的相关修改》,载《河南财经政法大学学报》2024年第4期。

于该学者仅仅只是关注到行贿罪与受贿罪的主刑相同，并没有发现二者的附加刑设置存在不一致之处。受贿罪的第二档法定刑是除了可处 3 年以上 10 年以下有期徒刑，还要并处罚金或者没收财产，与之相对应的行贿罪法定刑则是"处三年以上十年以下有期徒刑，并处罚金"。可见，受贿罪的第二档法定刑较之于行贿罪多出了"没收财产"这一附加刑。尽管主刑是刑罚体系中最主要的刑罚方法，但恐怕没有人会认为，主刑的设置幅度是对行为不法程度的完全映射，否则也就不需要附加刑了。附加刑可以独立适用的特点表明，附加刑的轻重也同样是对行为不法程度的映射。因此，进行法定刑的比较时，不能仅仅关注主刑的设置幅度，也要考虑附加刑。确定刑罚轻重的结构性标准是，"在既有主刑又有附加刑的情况下，先比较主刑的轻重，在主刑相同的情况下，再比较附加刑的轻重"。[1]既然行贿罪与受贿罪的第二档法定刑中的主刑相同，那就要进一步比较附加刑的轻重。众所周知，尽管罚金与没收财产同属财产刑，但在严厉程度上，没收财产重于罚金。在第二档法定刑上，受贿罪可以并处没收财产，而行贿罪只能并处罚金，这说明新修正后的行贿罪的第二档法定刑仍然轻于受贿罪，二者似同实异。

依据前述共同对向犯的立法原理，"受贿行贿同等罚"意味着立法者对受贿与行贿的不法程度评价是相同的，故而其法定刑相同。实际上，通过贿赂犯罪的刑罚配置比较，可以发现，从整体上来看，相较于行贿罪，受贿罪的法定刑设置更重。这恰恰表明立法者并没有采纳"受贿行贿同等罚"的规制理念，对受贿与行贿的不法程度作同等评价，而是延续了受贿不法重于行贿的评价立场，故而采取异罪异刑的立法模式。

(二) 修法缘由：贿赂犯罪发生机理的认识转变

面对行贿罪与受贿罪法定刑近似的修法结果，自然而然地会产生下述疑问，即为何立法者既没有采纳异罚说的建议，在主刑设置上进一步凸显行贿罪与受贿罪法定刑的差异，也没有接受同罚说的主张，彻底实现两罪刑罚配置的统一？为了回答这一问题，必须从本次修法的现实背景出发，充分理解反腐形势的风向变化，正确把握我国贿赂犯罪的治理重心。

本文认为，之所以没有对贿赂犯罪采取主刑相异的法定刑设置模式，关键原因在于，立法者对贿赂犯罪发生机理的认识发生了转变。

---

[1] 袁彬：《刑罚轻重比较的基准与标准》，载《人民检察》2021 年第 1 期。

应该认为，行贿罪与受贿罪在主刑上所呈现出的差异，反映了立法者对受贿者在贿赂犯罪中所起到的绝对支配作用的强调。对此，日本刑法学者的论述可以为我们提供一些借鉴。《日本刑法典》第 197 条第 1 款、第 198 条分别规定，对犯普通受贿罪的，处 5 年以下惩役；对犯行贿罪的，处 3 年以下惩役或 250 万日元以下罚金。对于这一受贿行贿主刑相异的立法模式，西田典之的解释是行贿罪属于受贿罪的共犯行为，对其一律科处相对较轻的刑罚之理由在于，日本官僚具有强大的统治力这一传统决定了行贿者相对于受贿者处于弱势地位，故而其责任得以类型性减轻。〔1〕由于《日本刑法典》与我国 1979 年《刑法》在贿赂犯罪法定刑的设置上具有高度的相似性，〔2〕上述理由在一定程度上也可以用来解释 1979 年《刑法》对贿赂犯罪法定刑的配置。实际上，依据高铭暄教授的回忆，1979 年《刑法》采取主刑相异这一法定刑设置模式的原因正是"考虑到受贿是国家工作人员利用职务实施的犯罪，而且行贿人、介绍贿赂人的犯罪目的必须通过受贿人的犯罪活动才能实现，因此受贿罪的社会危害性一般应当认为比行贿、介绍贿赂罪的社会危害性更大"〔3〕。由此可见，传统认知将受贿者描述为贿赂关系中的强势一方，认为其对法益侵害具有支配性贡献，应当为其配置更重的主刑。受此影响，甚至有学者提出了"没有受贿，也就没有行贿"的论断。〔4〕正因如此，在过去的反腐败政策中，一直强调受贿者个人主观意志是腐败发生的决定性因素。党的十八大就提出，"反腐倡廉必须常抓不懈，拒腐防变必须警钟长鸣"。党的十八届四中全会更是提出，"形成不敢腐、不能腐、不想腐的有效机制，坚决遏制和预防腐败现象"。关于"三不腐"机制的提出背景，有评论明确指出："从审查的违纪违法案件和巡视工作发现的问题看，强的腐败动机和低的腐败成本是

---

〔1〕 参见［日］西田典之著，［日］桥爪隆补订：《日本刑法各论》（第 7 版），王昭武、刘明祥译，法律出版社 2020 年版，第 551 页。

〔2〕 1979 年《刑法》第 185 条规定："国家工作人员利用职务上的便利，收受贿赂的，处五年以下有期徒刑或者拘役。赃款、赃物没收，公款、公物追还。犯前款罪，致使国家或者公民利益遭受严重损失的，处五年以上有期徒刑。向国家工作人员行贿或者介绍贿赂的，处三年以下有期徒刑或者拘役。"

〔3〕 高铭暄：《中华人民共和国刑法的孕育诞生和发展完善》，北京大学出版社 2012 年版，第 159 页。

〔4〕 参见卢勤忠：《行贿能否与受贿同罚》，载《人民检察》2008 年第 14 期。

腐败发生最直接的原因。"[1]因此，在"三不腐"机制中，"不想腐"被认为是治本的最高境界。

随着反腐败斗争的逐渐深入，中共中央对腐败犯罪的发生机理有了新的认识，开始强调对行贿犯罪的从严惩治。具言之，当前腐败犯罪呈现出存量未尽、增量不断的局面，"围猎"型行贿的盛行被认为是导致该局面出现的重要原因。[2]最高人民法院原副院长李少平曾指出，在贿赂犯罪的因果链条中，行贿是"因"，受贿是"果"，过去希望通过宽纵行贿者来遏制贿赂犯罪发生的反腐策略违背了自然事物的因果规律。[3]尽管行贿与受贿属于先因后果的论断未必准确，但不可否认的是，行贿者在贿赂犯罪过程中所发挥的重要作用开始得到重视。因此，习近平总书记在党的十九大报告中明确提出了"坚持受贿行贿一起查"的反腐败政策。随后，中央纪委国家监委与中央组织部、中央统战部、中央政法委、最高人民法院、最高人民检察院于2021年9月联合印发的《关于进一步推进受贿行贿一起查的意见》指出："坚持受贿行贿一起查，是党的十九大作出的重要决策部署，是坚定不移深化反腐败斗争、一体推进不敢腐、不能腐、不想腐的必然要求，是斩断'围猎'与甘于被'围猎'利益链、破除权钱交易关系网的有效途径。要清醒认识行贿人不择手段'围猎'党员干部是当前腐败增量仍有发生的重要原因，深刻把握行贿问题的政治危害，多措并举提高打击行贿的精准性、有效性，推动实现腐败问题的标本兼治。"党的二十大报告更是再次强调："坚持不敢腐、不能腐、不想腐一体推进，同时发力、同向发力、综合发力。以零容忍态度反腐惩恶，更加有力遏制增量，更加有效清除存量……坚持受贿行贿一起查，惩治新型腐败和隐性腐败。"由于行贿与受贿在贿赂犯罪发生过程中的作用难分伯仲，且刑法对行贿犯罪的惩治较轻是贿赂犯罪屡禁不止的重要原因，[4]故，在下调行贿罪的法定刑时，《刑法修正案（十二）》并没有采取主刑相异的法定刑设置模式，令行贿罪的主刑低于受贿罪，而是使行贿罪与受贿罪的前两档法定刑中的主刑相同，以此体现对行贿罪的从严打击。

---

[1] 孙志勇：《不敢腐、不能腐、不想腐——"三不腐"有效机制探析》，载https://www.ccdi.gov.cn/lswh/lilun/201412/t20141216_119605.html，最后访问日期：2014年12月16日。

[2] 参见许永安：《我国历次刑法修正案总述评》，载《中国法律评论》2024年第2期。

[3] 参见李少平：《行贿犯罪执法困局及其对策》，载《中国法学》2015年第1期。

[4] 参见刘艳红：《中国反腐败立法的战略转型及其体系化构建》，载《中国法学》2016年第4期。

不过,正如前述,《刑法修正案(十二)》并没有完全接受同罚说的主张,彻底实现两罪的法定刑统一。本文认为,这是基于对贿赂犯罪治理重心的正确把握所作出的妥适之举。虽然继续维持"行贿人弱势"的前见已经不合时宜,应当对行贿与受贿并重惩治,但这并不意味着贿赂犯罪的法定刑就要完全相同。[1]必须意识到,"权力与生俱来的滥用性动机决定了国家应当将对受贿行为的预防和惩治置于刑事政策的中心地位"[2]。习近平总书记强调:"党的百年奋斗历程告诉我们,党和人民事业能不能沿着正确方向前进,取决于我们能否准确认识和把握社会主要矛盾、确定中心任务……面对复杂形势、复杂矛盾、繁重任务,没有主次,不加区别,眉毛胡子一把抓,是做不好工作的。"[3]因此,反腐事业的持续纵深推进有赖于对贿赂犯罪中主次矛盾的正确把握。在科学分析贿赂犯罪中的主次矛盾时,应当清楚地认识到虽然惩治行贿的重要性有所提升,但主次矛盾关系并没有发生根本变化,受贿仍是主要矛盾,行贿是次要矛盾。这是因为,贿赂犯罪的行为模式是围绕权力来构建的,受贿者是权力的实施主体,行贿者则是权力的作用对象。这一行为模式意味着,尽管二者可能难以在因果关系上总是先验性地确定孰先孰后,但与行贿者相比,受贿者总是处于相对优越的地位。正如周光权教授所言,"相对于受贿人而言,行贿人的行为无论如何要通过受贿人的行为才能实质性地侵害法益,在共同犯罪中处于边缘地位"[4]。这种相对优越地位决定了,想要实现贿赂犯罪的根本性治理,必须着眼于以受贿人为中心的权力运行制度的规范与完善,营造"想腐也不能腐"的政治土壤。正因如此,相较行贿,关于如何从制度、思想上惩治和预防受贿的论述在党的十九大报告、二十大报告中占据了更大的篇幅。故而,虽然提倡"受贿行贿一起查",但刑法在对贿赂犯罪的刑罚进行配置时仍然应当有所侧重,将治理重心放在受贿一侧而非行贿。若是彻底实现两罪的法定刑统一,反而可能导致贿赂犯罪的治理重心发生偏移,促使犯罪治理的施策对象由滋生腐败的制度转向制造腐败的个

---

[1] 参见张勇:《"行贿与受贿并重惩治"刑事政策的根据及模式》,载《法学》2017年第12期。

[2] 何荣功:《"行贿与受贿并重惩罚"的法治逻辑悖论》,载《法学》2015年第10期。

[3] 《习近平在省部级主要领导干部学习贯彻党的十九届六中全会精神专题研讨班开班式上发表重要讲话》,载 http://www.xinhuanet.com/politics/leaders/2022-01/11/c_1128253361.htm,最后访问日期:2022年1月11日。

[4] 周光权:《论受贿罪的情节——基于最新司法解释的分析》,载《政治与法律》2016年第8期。

人，进而影响治理的有效性，陷入治标不治本的困局。总而言之，相较于新修正后的行贿罪，受贿罪的刑罚配置整体上仍然偏重，这是立法者对中央精神的切实贯彻，对贿赂犯罪治理重心的正确把握。

四、贿赂犯罪均衡量刑的教义方案

从《刑法修正案（十二）》关于行贿罪的修正内容来看，行贿罪与受贿罪的后两档法定刑呈现出受贿重于行贿的立法考量，第一档法定刑则完全相同。那么，在仅满足第一档法定刑科刑要素的情况下，对于同一起案件中的行贿行为与受贿行为，如何对行贿者与受贿者进行量刑就可能成为司法实践中的困惑。接下来，本文将从判断依据和裁量基准两个层面来构建实现贿赂犯罪均衡量刑的理论路径。

（一）判断依据：行贿者在法益侵害过程中所施加的作用力大小

纵观学界分歧，"受贿与行贿应否同等处罚"并不仅仅只是在立法论层面关于贿赂犯罪刑罚配置结构的争论，也是在司法论层面关于贿赂犯罪刑罚适用规则的争论。因此，在阐述本文之主张前，有必要对"受贿行贿同等罚"予以检讨。细究"受贿行贿同等罚"的论述，其量刑逻辑在于，对向性关系意味着行贿与受贿所侵害的法益具有同一性，对行贿人与受贿人定罪量刑所依据的案件事实同一，因而二者的刑罚量相等。[1]然而，"受贿行贿同等罚"在具体刑罚适用中有悖公平原则，其量刑逻辑也难以成立。

第一，受贿罪相对于行贿罪在刑罚配置上整体更重的规范特征决定了受贿与行贿的刑罚量不可能相等。虽然行贿罪与受贿罪的第一档法定刑为"受贿行贿同等罚"提供了应用空间，但作为量刑理论，"受贿行贿同等罚"的主张应当同时贯穿于所有的法定刑幅度而不仅仅局限于第一档法定刑。当"受贿行贿同等罚"应用于第二、三档法定刑时，行贿与受贿的刑罚量在最高法定刑层面难以形成对等状态。如此一来，由于行贿与受贿并不是在所有个案中都能被科处同等的刑罚量，这就意味着，在司法论层面采取"受贿行贿同等罚"的刑法适用规则有违公平原则。

第二，在对向性关系中，法益同一性以及案件事实的同一仅仅只是说明

---

[1] 参见刘仁文：《贿赂犯罪的最新修正及其司法适用》，载《中国刑事法杂志》2024年第1期；刘仁文：《论行贿与受贿的并重惩处》，载《中国刑事法杂志》2022年第3期。

了行贿与受贿具有相同的刑事处罚基础，不应在查处问题上只重视受贿而放任行贿。除此之外，法益同一性以及案件事实的同一并不能有效推导出行贿与受贿具有同等非难程度。"法益同一只是法益属性上的类型划分，在法益归属一致的情形下，并不代表二者的刑罚就应当同等对待。"[1]实际上，具有法益同一性的两个行为完全有可能遭受不同程度的非难。例如，依据因果共犯论，共犯的处罚根据在于其通过介入正犯的行为引起了法益侵害，这说明正犯行为与共犯行为侵犯的是同一法益。但是，无论是《德国刑法典》还是《日本刑法典》，均认为共犯之不法弱于正犯，进而采取了正犯处罚一般重于共犯的层级化法定刑设置模式。这说明，在具有法益同一性的数个参与行为中，尤其是在对向犯中，影响刑罚量大小的并不是法益同一性。正如陈兴良教授所指出的，当参与者的行为性质、法益侵害程度存在差异时，忽视其差别而在刑罚科处上一概等同视之，必然导致量刑失衡。[2]

其实，对向性关系的存在以及共犯教义学的基本原理决定了我们应将法益侵害的作用大小作为确定行贿罪惩处力度的关键依据。"法定的刑罚幅度标明了受到违反之规范的价值，具体刑罚的严厉程度也与规范效力在个案中遭受的损害相匹配。"[3]因此，在共犯教义学中，采取犯罪事实支配理论的区分制通过支配性与非支配性的判断表明犯罪参与者对法益侵害结果实现所施加的作用力大小具有本质性的强弱之别，承认正犯与共犯的不法存在质的差别，故而采取层级化法定刑设置模式。[4]面对存在共同关系的犯罪参与者，法官基于作用力大小确定何者为正犯、何者为共犯，进而对共犯适用减等之刑。由此可见，在具体个案的判断中，不法评价是刑罚裁量的基础，而作用力判断是不法评价的前提。虽然一般认为对向犯排斥共犯原理的运用，但这种排斥指的是法律效果上的排斥，即对向犯的量刑依据独立的分则条文规定进行而不能使用总则关于共犯的量刑规定，并不意味着对向犯在不法判断上也排

---

[1] 陈伟：《对行贿犯罪从严治理的刑事一体化回应——以〈刑法修正案（十二）〉为切入》，载《比较法研究》2024年第4期。

[2] 参见陈兴良：《关涉他罪之对合犯的刑罚比较：以买卖妇女、儿童犯罪为例》，载《国家检察官学院学报》2022年第4期。

[3] ［德］乌尔斯·金德霍伊泽尔：《法益保护与规范效力的保障 论刑法的目的》，陈璇译，载《中外法学》2015年第2期。

[4] 参见杨建民：《双层区分制的理论反思与共犯体系模型的再建构》，载《环球法律评论》2024年第2期。

斥共犯教义学的理论逻辑。因此，面对同一案件中的行贿行为与受贿行为，对向性关系的存在决定了必须结合受贿事实判断行贿者在法益侵害结果实现过程中所发挥的作用力大小，如此才能正确评价行贿行为的不法程度，进而准确科处相匹配的刑罚量。

（二）裁量基准：以受贿者的责任刑为参照对象

行贿罪与受贿罪的量刑取决于各自的不法属性和预防必要性，[1]这是对现代刑法个人责任主义原则的贯彻。不过，基于受贿不法重于行贿的立法预设，在确定行贿罪的责任刑时，有必要将受贿者的责任刑作为参照对象。

从共犯教义学的学术发展史来看，过去依据行为外观先验性地锚定共犯类型的理论方案被逐渐放弃，取而代之的判断方法是依据犯罪事实支配理论个别性地判断共犯类型。比如，一个望风行为的实施者不再被单纯认定为帮助犯，而是依据在具体情境中所发挥的不同作用，既有可能被认定为帮助犯，也可能被认定为共同正犯。这种个别性的判断方法不仅影响了共犯类型的判定，也影响了参与者不法程度的评价。如在共同正犯的具体分析中，犯罪参与者对法益侵害结果实现所施加的作用力也未必完全相等，可能存在量的差异。[2]如此一来，共同正犯中各个参与者的刑罚量孰轻孰重，也需要具体情境具体分析。例如，重婚罪是典型的同罪同罚型对向犯，虽然一般认为可以依据双方的法律地位、作用大小相同推导出二者的不法与责任是相当的，[3]但这是针对法定刑配置的抽象理解。在具体刑罚适用中，完全可能因已婚者的主动性而认定其在犯罪过程中施加的作用要大于被动的相婚者，从而对已婚者科处更重的刑罚。也可能反过来，因相婚者的主动性更强而对其量刑更重。与此不同的是，对于异罪异罚的对向犯而言，由于立法者先在地预设了对向性参与行为不法之强弱，在量刑过程中就应该贯彻这一预设，避免出现弱不法之行为的刑罚重于强不法之行为这一失衡结果。在此，个别性判断带来的区别仅在于双方不法评价之间的差距是大是小而已。一般而言，由于异罪异罚型对向犯往往采取主刑相异的立法模式，这种主刑幅度上的差异会促

---

〔1〕 参见马春晓：《新时期行贿犯罪的治罪与治理——以〈刑法修正案（十二）〉为分析中心》，载《苏州大学学报（法学版）》2024年第2期。

〔2〕 参见杨建民：《双层区分制的理论反思与共犯体系模型的再建构》，载《环球法律评论》2024年第2期。

〔3〕 参见张明楷：《行贿罪的量刑》，载《现代法学》2018年第3期。

使法官在量刑时基本都会自觉或不自觉地贯彻这一立法预设。但是，修正后的行贿罪与受贿罪的第一档法定刑完全相同，因而有必要对受贿不法重于行贿这一立法预设予以强调，避免法官在对行贿罪的不法进行独立判断时误以为行贿者在犯罪过程中所起到的作用可以大于或等于受贿者，从而得出行贿者的责任刑重于或等于受贿者的裁判结论。

坚持在量刑过程中贯彻受贿不法重于行贿的立法预设，有助于正确适用行贿罪的从重处罚规定。出于从严惩治行贿犯罪的目的，除了法定刑调整之外，《刑法修正案（十二）》对行贿罪的另一大修改便是增设了从重处罚条款，涵括了以下七类情形：（1）多次行贿或者向多人行贿的；（2）国家工作人员行贿的；（3）在国家重点工程、重大项目中行贿的；（4）为谋取职务、职务晋升、调整行贿的；（5）对监察、行政执法、司法工作人员行贿的；（6）在生态环境、财政金融、安全生产、食品药品、防灾救灾、社会保障、教育、医疗等领域行贿，实施违法犯罪活动的；（7）将违法所得用于行贿的。由于从重处罚条款系行贿罪的专属规定，在受贿罪中找不到对应内容，因此，在实现贿赂犯罪均衡量刑的过程中，如何适用行贿罪从重处罚条款就成了重要问题。

上述问题的回答取决于对从重处罚条款的性质认识。一方面，"从规范保护目的来看，七种情节的从重处罚依据主要在于行贿行为具有引发严重法益侵害的危险性，或者行为人具有更大的主观恶性"。[1]如国家工作人员行贿的，其本应恪尽职守，在遵纪守法方面发挥模范带头作用，却知纪违纪、知法犯法，具有更大的主观恶性，故而有必要对其从重惩处。[2]因此，从承认主观违法要素的立场来看，在不法与责任的评价对象区分中，行贿罪的从重处罚条款涉及的七种情节仍属于不法评价的对象。另一方面，由于预防刑的裁量是对特殊预防必要性的判断，需要法官考虑犯罪人的年龄、性格、生活环境、成长经历、社会影响等各方面因素以对犯罪人的未来再犯罪危险性进行具体判断，因此，作为预防刑的量刑情节具有可调节性，由法官自由裁量以实现刑罚个别化，避免刑罚科处的僵硬化。以此观之，行贿罪的法定从重

---

[1] 马寅翔：《〈刑法修正案（十二）〉下行贿犯罪的均衡适用》，载《中国应用法学》2024年第2期。

[2] 参见张洋：《进一步推进受贿行贿一起查 巩固发展反腐败斗争压倒性胜利——中央纪委国家监委案件监督管理室负责人答记者问》，载《人民日报》2021年9月9日。

条款不符合这个特性：当行贿人一旦满足上述七种情形之一时，法官必须依法从重处罚而非可以自由决定是否从重处罚。就此而言，行贿罪的法定从重条款应被归为影响责任刑的量刑情节。鉴于此，由于同一案件中的行贿者所具备之情节对于受贿者而言也存在，如果认为行贿者的责任刑能够因这些情节的存在而高于受贿者，这一结论显然不乏疑问，对行贿者来说也难谓公平。因此，在适用行贿罪的从重处罚条款时，应当避免从重处罚后的行贿者的责任刑重于同一案件中的受贿者，否则会背离受贿不法重于行贿的立法预设。

综上所述，在对贿赂犯罪中的各参与者进行刑罚裁量时，应当将犯罪参与者在法益侵害过程中所施加的作用力大小作为判断依据，贯彻受贿不法重于行贿的立法预设，将受贿者的责任刑作为参照对象，以此确定行贿者的责任刑。在适用行贿罪的从重处罚条款时，应在行贿者原责任刑与受贿者责任刑的差距中去考虑从重，以此保持受贿者刑罚重于行贿者的基本样态。当然，在进行预防刑裁量时，由于其所指向是殊相的行为人而非共相之行为，因此，综合考量下，预防必要性大的行贿者的实际处罚也可能重于受贿者。

第五单元

作为准罪名的电信网络诈骗罪

叶良芳*

摘 要：电信网络诈骗罪不是有权机关确定的法定罪名，但司法规范性文件为其设定了独立的罪状并配置了独立的法定刑，因而其实质上是一种准罪名。与普通诈骗罪相比，电信网络诈骗罪具有手段的技术性、状态的非接触性、对象的不特定性和组织的共犯性等构成特征。其中，手段特征是核心特征，状态特征是派生特征，二者均是内部性特征，而对象特征和组织特征是外部性特征，是基于合理划定调整范围的政策需要而设的。基于这四个特征，可以合理划分电信网络诈骗罪与普通诈骗罪、信用卡诈骗罪和盗窃罪等犯罪的界限。

关键词：准罪名；电信网络诈骗罪；技术性；非接触性；法条竞合

一、问题的提出

为严厉惩治电信网络诈骗犯罪，最高人民法院、最高人民检察院、公安部先后联合发布《关于办理电信网络诈骗等刑事案件适用法律若干问题的意见》（本文以下简称《意见》）和《关于办理电信网络诈骗等刑事案件适用法律若干问题的意见（二）》等规范性文件，对电信网络诈骗犯罪的入罪标准、量刑情节、案件管辖、证据认定、追赃挽损等进行了详尽的规定，以遏制此类犯罪高发蔓延的态势。但是，这两个文件均未对电信网络诈骗罪的独立性这一基础性问题予以规定，从而在一定程度上影响了对此类犯罪的精准

---

* 作者简介：叶良芳，浙江大学光华法学院教授，博士生导师。本文系最高人民法院司法案例课题"网络诈骗犯罪典型案例研究"（2021SFAL009）、国家社科基金重大项目"总体国家安全观视域下网络犯罪治理对策研究"（20&ZD200）的阶段性研究成果。原文发表于《江西社会科学》2024 年第 4 期。

打击和治理成效。山东省淄博市临淄区人民法院审理的李某诈骗案凸显了这一问题的复杂性，是一个难得的研究范本。

该案的基本案情及裁判结果如下：被告人李某以非法占有为目的，经事先谋划，通过微信朋友圈、QQ，发布虚假信息，虚构购买手机、购买手机卡、代办信用卡事实，以及编造"钱盒支付"转账信息，虚构用第三方平台还钱事实，多次诈骗宋某等 8 人 19 730 元，香烟 37 条，价值 20 935 元，财物合计价值 40 665 元，用于个人消费。公诉机关指控被告人所有诈骗行为均为电信网络诈骗，建议对其在有期徒刑 3 年 6 个月至 5 年 6 个月之间进行量刑。一审法院认为，被告人有 7 个诈骗行为（数额为 19 730 元）应被依法认定为电信网络诈骗，但数额达不到"数额巨大"的要求，不能被认定为电信网络诈骗犯罪；有 1 笔（数额为 20 935 元）虽是利用网络实施的精准诈骗，但对象是特定的，故不构成电信网络诈骗犯罪，而只能认定为普通诈骗犯罪。遂以诈骗罪判处李某有期徒刑 2 年，并处罚金 2 万元。[1]

本案控审双方争辩的焦点在于，对于被告人李某利用第三方支付平台针对被害人李某某实施的 7 次点对点的诈骗事实（数额为 20 935 元），是否可以认定为电信网络诈骗？如果可以，则李某的 7 个诈骗行为均为电信网络诈骗，犯罪总额为 40 665 元，且属于"骗取他人财物数额巨大"的情形，应在 3 年以上 10 年以下有期徒刑的幅度内量刑；如果不是，则李某的 7 个诈骗行为均为普通诈骗，但属于"骗取他人财物数额较大"的情形，应在 3 年以下有期徒刑、拘役或者管制的幅度内量刑。不同的定性，将导致对被告人的量刑差别极大。这一问题产生的原因，是理论上对电信网络诈骗罪是否为独立的罪名、有无独立的构成特征等问题未能厘清，从而难以为司法实践提供明确的指引。

二、电信网络诈骗罪：一个司法上的准罪名

罪名，是对犯罪本质特征的高度概括。它具有概括功能、个别化功能、评价功能、威慑功能和教育功能。[2]正确确定罪名，对于区分罪与非罪、此罪与彼罪、一罪与数罪、刑罚裁量等，均具有重要的意义。但是，如何确定某个刑法分则条款是否规定了一个独立的罪名，学界研究不多。有观点认为，

---

[1] 参见山东省淄博市临淄区人民法院［2017］鲁 0305 刑初 321 号刑事判决书。

[2] 参见刘艳红：《罪名研究》，中国方正出版社 2000 年版，第 26~30 页。

确定罪名，应当遵循合法性原则、概括性原则和科学性原则。[1]但这些原则过于宏观，在具体判定某个刑法分则条款有无规定罪名时指导有限。因为无论在理论上还是实践中，需要解决的均是非常具体的问题，如某个刑法分则条款所规定的是一个罪名还是数个罪名？对结果加重犯、结合犯等构成要件的依附性变体，应否确定独立的罪名？对其构成要件的自主性变体应否确定为独立的罪名？[2]这些具体问题的解决，均有赖于明确独立罪名的确定标准。

笔者认为，判定某个刑法分则条款有无规定一个独立的罪名，其标准有两个：一是考察该条款有无创设独立的罪状；二是考察该条款有无配置独立的法定刑。所谓罪状，是指刑法分则条款对具体犯罪最独特的构成特征的描述。根据罪状，并结合刑法总则关于犯罪成立条件的一般规定，就可以确定具体犯罪的构成要件。例如，《刑法》第236条第1款"以暴力、胁迫或者其他手段强奸妇女的"，规定的是强奸罪的客观要件（行为手段、行为内容、行为对象），而根据《刑法》总则的相关规定可以确定本罪的主体要件、主观要件，这就完整地呈现了强奸罪的全部构成要件。由此可见，有无独立的罪状，意味着有无独立的构成要件，进而决定是否存在独立的罪名，因为每个罪名的构成要件均是独特的、唯一的。判断某个刑法分则条款有无独立的罪状，关键在于考察其有无创设独立的行为规范，包括禁止性规范或者命令性规范。例如，《刑法》第232条规定，"故意杀人的，处死刑、无期徒刑或者十年以上有期徒刑……"这就创设了一条"不得杀人的"禁止性规范。刑法中除了大量的根据事理定律创设的行为规范，还有一种特殊的规范，即法律拟制。所谓法律拟制，是指将原本不同的行为按照相同的行为处理，包括将原本不符合某种规定的行为也按照该规定处理。[3]例如，《刑法》第267条第2款规定："携带凶器抢夺的，依照本法第二百六十三条的规定定罪处罚。"携带凶器抢夺，本来并不符合抢劫罪的构成要件，但立法赋予其抢劫罪相同的法律效果，这相当于创设了一个新的行为规范。法律拟制不同于注意规定，后者只是对相关规范内容的重申，并未创设新的行为规范，因而亦未规定新的独立的罪名。例如，《刑法》第183条第1款规定："保险公司的工作人员利用职务上

---

[1] 参见高铭暄、马克昌主编：《刑法学》（第9版），北京大学出版社、高等教育出版社2019年版，第315~316页。

[2] 参见张明楷：《刑法学》（第6版·下），法律出版社2021年版，第857页。

[3] 参见张明楷：《刑法分则的解释原理》（第2版），中国人民大学出版社2011年版，第632页。

的便利，故意编造未曾发生的保险事故进行虚假理赔，骗取保险金归自己所有的，依照本法第二百七十一条的规定定罪处罚。"这一规定并未增添或删减职务侵占罪的构成要素，只是提示司法人员适用时需要关注，因而属于注意规定。所谓法定刑，是指刑法分则条款对具体犯罪所配置的刑种及其刑度。这在判断上一般不存在困难，但应注意以下两种情形：一是援引法定刑，应属于有独立的法定刑。例如，《刑法》第180条第4款规定，利用未公开信息从事相关交易活动，情节严重的，"依照第一款的规定处罚"。这一规定并不是说利用未公开信息交易罪没有自己的法定刑，而是指其法定刑与内幕交易、泄露内幕信息罪的法定刑完全相同。二是从重处罚，亦属于有独立的法定刑。例如，《刑法》第253条第2款规定，邮政工作人员"犯前款罪而窃取财物的，依照本法第二百六十四条的规定定罪从重处罚"。这一规定意味着对邮政人员的盗窃行为，虽然定性为盗窃罪，但应在普通盗窃罪的基础上从重处罚，这相当于设定了不同的法定刑。

上述两个标准中，罪状标准是实质标准，法定刑标准是形式标准。前者是决定性的，如果某个刑法分则条款规定有独立的罪状，必然存在独立的罪名；后者是映射性的，如果某个刑法分则条款规定有独立的法定刑，通常意味着存在独立的罪名。不过，应当注意的是，我国刑法中的立法罪名和司法罪名均采用大罪名的概念，即基本罪状和加减罪状，自然人主体和单位主体，一般主体和特殊主体，既遂犯和未遂犯，本犯和转化犯，均共用相同的罪名。但从实质来看，这些情形要么各自的构成要素存在差异，要么配置的法定刑存在差异，因而事实上均为独立的罪名。因此，如果刑法分则条款中有"从重处罚"的规定，通常意味着立法规定了独立的罪名。例如，《刑法》第236条第2款规定："奸淫不满十四周岁的幼女的，以强奸论，从重处罚。"这里"从重处罚"的表述，表明该款的罪状是独立的罪状，其对应的构成要件并不同于前款强奸妇女罪的构成要件，故存在独立的罪名（奸淫幼女罪），只不过最高司法机关为便宜适用起见，将二者统一命名为强奸罪而已。之所以强调法定刑的映射作用，是因为"命令或义务，是以制裁作为后盾的，是以不断发生不利后果的可能性作为强制实施条件的"。[1]如果一个罪名只有罪状而无法定刑，则其必然只有宣谕效果而无威慑效果，也就难以实现立法者导引人

---

[1][英]约翰·奥斯丁：《法理学的范围》，刘星译，商务印书馆2021年版，第21页。

们实施适法行为、不实施不法行为的目的。

就电信网络诈骗罪而言，其既有独立的法定刑，也有独立的罪状和构成要件，实质上应是独立的罪名。一方面，根据《意见》第 2 条第 1 项的规定，利用电信网络技术手段实施诈骗，诈骗公私财物价值 3000 元以上、3 万元以上、50 万元以上的，应当分别认定为诈骗"数额较大""数额巨大""数额特别巨大"。2 年内多次实施电信网络诈骗未经处理，诈骗数额累计计算构成犯罪的，应当依法定罪处罚。与普通诈骗相比，这一规定降低了入罪门槛、量刑标准并增加了诈骗数额累计计算的规则，改变了普通诈骗罪的法定刑标准，相当于一种"从重处罚"。此外，《意见》还增加了具有特定十种情节，并且达到相应数额标准的，酌情从重处罚；具有特定十种情节，并且诈骗数额接近"数额巨大""数额特别巨大"的标准（在相应数额标准的 80% 以上），应当分别认定为"其他严重情节""其他特别严重情节"；在互联网上发布诈骗信息，页面浏览量累计 5000 次以上的，应当以诈骗罪（未遂）定罪处罚；在确定量刑起点、基准刑时，一般应就高选择；严格控制缓刑适用的范围，严格掌握缓刑适用的条件；注重依法适用财产刑，加大经济上的惩罚力度，最大限度剥夺被告人再犯的能力等从严规定。另一方面，相关法律、规范性文件对电信网络诈骗罪有明确的定义（下文详述），而定义是对概念的内涵和外延的简要说明，通过定义可以发现罪状，进而挖掘出全部构成要件。不过，在我国现行刑法体系下，罪名的确定坚持严格的有权性原则。除少数罪名由最高立法机关在刑法中直接规定以外，绝大多数罪名均由最高司法机关确定。由于权威机关并未对电信网络诈骗罪单独命名，其只有罪名之"实"而无罪名之"名"，故笔者称之为"准罪名"。

三、利用电信网络技术：电信网络诈骗罪的核心特征

电信网络诈骗罪，是电信诈骗罪和网络诈骗罪的合称。前者与电话的发明相伴而生，后者与网络的普及如影随形。在"三网合一"的背景下，电信网络诈骗罪俨然已成为诈骗犯罪的主要形态。作为一种规范用语，电信网络诈骗始见于《意见》第 1 条的规定，即"利用通讯工具、互联网等技术手段实施的电信网络诈骗犯罪活动持续高发"。而首次对这一概念下定义的，是最高人民检察院印发的《检察机关办理电信网络诈骗案件指引》（本文以下简称《指引》），即"电信网络诈骗犯罪，是指以非法占有为目的，利用电话、短

信、互联网等电信网络技术手段,虚构事实,设置骗局,实施远程、非接触式诈骗,骗取公私财物的犯罪行为"。2022年9月2日颁布的《反电信网络诈骗法》对电信网络诈骗,也下了一个定义。该法第2条规定:"本法所称电信网络诈骗,是指以非法占有为目的,利用电信网络技术手段,通过远程、非接触等方式,诈骗公私财物的行为。"

对比上述两个定义,不难看出,二者在核心内容方面一致,如"非法占有目的""利用电信网络技术手段""通过远程、非接触方式""诈骗公私财物"等。主要区别在于,《指引》还多了"电话、短信、互联网"等技术手段的例举以及"虚构事实、设置骗局"等行为情状的描述。相比之下,作为我国第一部专门、系统、规范打击治理电信网络诈骗犯罪的法律,《反电信网络诈骗法》对电信网络诈骗犯罪的界定更为简练和精确,因而以下主要针对该定义展开对其构成特征的分析。

从现有的研究文献来看,对于电信网络诈骗犯罪的构成特征的探讨基本是采取描述分析法,将其概括为"二特征""三特征""四特征"等。"二特征"说认为,电信风险诈骗犯罪具有以下两个特征:一是对象的不特定性,即犯罪对象是一群人、一类人甚至所有社会公众;二是手段的特定性,即通过拨打电话、发送短信、网络聊天等非直接接触被害人的方式实施。[1]"三特征"说认为,电信网络诈骗犯罪具有以下三个特征:一是手段的特定性,即全部或主要环节均通过电信、网络手段完成,从信息的寻获、信息的发布到被害人的锁定,从诈骗行为的着手到深入,从被害人转账交款到行为人转移账款,各个环节均在虚拟空间中完成;二是对象的不特定性,即犯罪对象为不特定多数人,呈现以点对面、以一对多的局面;三是场所的虚拟性,即存在于虚拟空间,行为实施地和犯罪结果地往往是分离的,财物的转移和收付也是在虚拟空间中几秒内完成。[2]"四特征"说认为,电信网络诈骗犯罪具有以下四个特征:一是技术性,即行为人在实施犯罪的过程中,会利用一些专业技术,包括非法技术;二是隐蔽性、层级性,即主要犯罪行为在线上进行,行为人与被害人之间有天然的隔离屏障,且双方之间出现许多专业化的反侦查中间层;三是团伙化、产业化,即从诈骗网站创建维护、诈骗信息编

---

[1] 参见尹巍:《浅析电信网络诈骗犯罪的三个实务问题》,载《中国检察官》2017年第14期。

[2] 参见吴加明:《"电信网络诈骗"的概念界定与立法运用》,载《学海》2021年第3期。

写发布到诈骗赃款漂白接收，都有明确的分工和责任人，采用流水线作业，形成稳定和成熟的灰色产业链；四是涉众性，即对象是不特定多数人，覆盖面广、辐射面宽，被害人人数众多且具有明显的跨区域性，社会危险性容易发散。[1]

上述观点基于论者对电信网络诈骗犯罪的不同角度的观察和理解而得出，均有其合理之处。不过，这些观点在方法论上存在一个共同的问题，即论者所概括的构成特征均有电信网络诈骗的犯罪学特征的影迹，而犯罪学特征能否直接作为或从中推出刑法学规范意义上的构成特征，则是一个饶有意思的问题。罪名的犯罪学特征，是对犯罪客观现象的直观描述，旨在为犯罪的原因和对策提供事实根据，属于事实性科学的范畴；罪名的刑法学特征，是对犯罪规范内容的抽象提炼，旨在为犯罪的认定和界分提供价值根据，属于价值性科学的范畴。原则上，二者在内涵和功能上均不相同，不能混为一谈。例如，有论者认为，当前电信网络诈骗犯罪具有数量特征、类型特征、事由特征、损失特征、主体特征、地点特征，具体呈现为数量多、占比高、发案率较高、高中以上文化程度的犯罪人相对较多、女性占比远高于传统侵财犯罪、城区及农村发案多、小案居多和大案增长快等特点。[2]这是对特定地区特定时期案发的电信网络诈骗犯罪的现实状态详尽的样态归纳，有利于进一步揭示其生成原因，并提供相应的治理对策，但难以将其作为认定电信网络诈骗罪的构成标准。但是，罪名的犯罪学特征又是对特定犯罪类型的真实样态的描述和概括，这些特征如果被立法者所肯认并被规定在刑法条文中，则将转换为罪名的构成特征，成为规范的罪质认定和罪名界分的必要构成要素。例如，"乘人不备、公然夺取"原本是一些财产犯罪的犯罪学特征，但当立法者将其规定在《刑法》第267条抢夺罪的条文之中时，其就成为抢夺罪的必要构成要素，转换为罪名的构成特征。可见，罪名的犯罪学特征虽然不同于罪名的刑法学特征，但如果为立法者所承认，则存在向后者转化的可能性。

考察《反电信网络诈骗法》第2条的规定以及相关的司法规范性文件，电信网络诈骗罪的规范构成特征可以概括如下：（1）手段的特殊性，即将电信网络技术作为犯罪工具，包括利用电信手段、网络手段以及电信手段和网

---

[1] 参见赵凡、温小天：《电信网络诈骗犯罪疑难问题研究》，载《中国检察官》2020年第18期。
[2] 参见张应立：《电信网络诈骗犯罪实证分析——以N市为例》，载《犯罪研究》2022年第5期。

络手段的结合；（2）方式（方法）的非接触性，即行为人不与被害人在线下进行视觉交流、身体接触，而仅在线上进行语音交流、文字交流等；（3）目的的非法性，即以非法占有公私财物为目的；（4）行为的剥夺性，即诈骗公私财物。上述第三和第四两个特征是所有的诈骗犯罪的共同特征，并非电信网络诈骗罪所独有，只有第一和第二两个特征才是其独有的特征。但是，这两个特征在本质上是属于一个特征还是两个并列的独立的特征，却颇费思量。从生活用语来看，手段和方式（方法）基本属于同义词。根据《现代汉语词典》的释义，手段，是指"为达到某种目的而采取的具体方法"；[1]而方式，则是指"说话做事所采取的方法和形式"。[2]而从规范用语来看，手段和方式也存在替用的情形。例如，《刑法》第 236 条将强奸罪的行为方式表述为"以暴力、胁迫或者其他手段"，而《刑法》第 263 条将抢劫罪的行为方式表述为"以暴力、胁迫或者其他方法"。据此，可以说，手段特征和方式特征是相同的，实难区别。这也是不少学者将这两个特征合并为一个特征的原因，但为何立法者将其规定为两个不同的特征呢？笔者认为，这里存在一个名实区分的问题。在称谓上，手段特征和方式特征是相同的，可以互相替换，但在内容上却不尽然，而应看各自的具体规定。《反电信网络诈骗法》所规定的"通过远程、非接触等方式"这一内容，其实不是指方式，而是指状态。简言之，电信网络诈骗犯罪的手段是利用电信网络技术，而这一技术所产生的状态则是远程、非接触。可见，将这里的方式特征称谓为状态特征也许更为准确。手段特征和状态特征虽然同属于电信网络诈骗罪的构成特征，但在位阶上是有差异的。前者是核心特征，是决定性的；后者是附属特征，是派生性的。只要利用电信网络技术，必然产生行为人与被害人处于远程、非接触性的状态的结果。

作为准罪名的电信网络诈骗罪，之所以适用较普通诈骗罪更重的刑罚，根本原因在于其具有更严重的社会危害性。然而，电信网络诈骗罪的手段特征和状态特征仅表明行为人更容易实施和完成诈骗行为，这只是说明行为危害性程度的一个因素，尚不能证成其作为准罪名的充分合理性。为此，有必要从中挖掘出影响行为危害性程度的其他因素。其中，针对不特定多数人实

---

〔1〕 中国社会科学院语言研究所词典编辑室编：《现代汉语词典》（第 7 版），商务印书馆 2016 年版，第 1202 页。

〔2〕 中国社会科学院语言研究所词典编辑室编：《现代汉语词典》（第 7 版），商务印书馆 2016 年版，第 367 页。

施，在侵害对象的范围上具有涉众性和扩散性，是影响行为危害性程度的一个极其重要的因素，故应将对象的不特定性作为电信网络诈骗罪的第三个构成特征。首先，这有规范渊源上的依据。例如，最高人民法院、最高人民检察院《关于办理诈骗刑事案件具体应用法律若干问题的解释》第 2 条规定，对"通过发送短信、拨打电话或者利用互联网、广播电视、报刊杂志等发布虚假信息，对不特定多数人实施诈骗的"，可以酌情从严惩处。这里明确指出，这一规则适用的条件之一是诈骗对象必须是不特定多数人。其次，这也有权威解释上的依据。根据参与立法的同志对电信网络诈骗罪构成特征的释义，"电信网络诈骗通常是指针对不特定人，按照事先设计好的诈骗脚本，利用掌握的一些公民个人信息，采取广撒网方式在线上实施诈骗活动"。[1]这里也明确将不特定对象作为构成特征的内容。

除对象的不特定性外，笔者认为，电信网络犯罪之所以能够实施、完成、获利、转赃、逃避打击等，其中一个重要的原因，是行为人结成团伙或以共犯的形式存在，互相协力、互相配合、互相掩护，这在相当程度上增加了行为危害性程度。为此，有必要增加一个组织特征，即行为主体必须以必要共犯的形式存在。这虽然没有规范渊源上的依据，但却有司法实证的依据。从"两高"数次公布的电信网络犯罪典型案例来看，几乎无一不是共同犯罪案件或集团犯罪案件。当然，增加这个特征必然会缩减电信网络诈骗罪的成立范围，但更符合罪刑相称原则，毕竟电信网络诈骗从其产生以来就是以团伙犯罪的形式出现并以严重的危害后果、恶劣的社会影响而成为众矢之的。单独犯虽然也能利用电信网络实施诈骗，但在损害后果和社会影响方面均相对有限。需要指出的是，与状态特征的内部性不同，对象特征和组织特征并非手段特征派生的，而是基于控制从严打击范围的需要而另行增设的，属于外部性特征。

综上，电信网络诈骗罪具有以下四个方面的构成特征：一是手段特征，即利用电信网络技术手段；二是状态特征，即行为人与被害人处于远程、非接触的状态；三是对象特征，即针对不特定多数人实施；四是组织特征，即各行为人结成一个共犯关系。一个诈骗行为只有同时满足这四个特征，才能被认定为电信网络诈骗罪。

---

[1] 王爱立主编：《中华人民共和国反电信网络诈骗法释义》，法律出版社 2022 年版，第 13 页。

四、共性与个性：电信网络诈骗罪与相关犯罪的界分

（一）电信网络诈骗罪与普通诈骗罪的界分

电信网络诈骗罪与普通诈骗罪一样，同属于诈骗罪群中的一员，因而均具有诈骗犯罪的共性特征，即"以非法占有为目的"和"诈骗公私财物"。能够将二罪区分开来的因素是电信网络诈骗罪的个性特征，即上述所述的四个特征。需要注意的是，这四个特征必须同时具备，整体发力，才能认定为电信网络诈骗罪。如果只是符合其中一个或两个特征，则只能构成普通诈骗罪，而非电信网络诈骗罪。

上述四个特征中，手段特征和组织特征的认定一般不存在困难，比较棘手的是状态特征和对象特征的认定。就状态特征而言，除了单纯的、完全线上实施诈骗的非接触方式，还可能存在接触式和非接触式并存的情形。对此，既不能一概认定为普通诈骗，也不能一概认定为电信网络诈骗，而应当根据起主要作用的方式来认定。根据《指引》的相关规定，如果通过电信网络技术向不特定多数人发送诈骗信息后又转入接触式诈骗，或者为实现诈骗目的，线上线下并行同时进行接触式和非接触式诈骗，应当按照诈骗取财行为的本质定性，虽然使用电信网络技术但被害人基于接触被骗的，应当认定普通诈骗。例如，在"杀猪盘"型诈骗类案中，行为人主要通过微信与被害人聊天，但为加深"感情"又与被害人线下见面，后又让被害人通过网银将巨额资金转至其所控制的账户。这里虽然行为人与被害人进行联系采取的是接触式和非接触式两种方式，但"虚构事实""隐瞒真相""骗取财物"等行为主要是通过非接触方式完成的，线下接触只是进一步骗取被害人的信任而已，故应认定为电信网络诈骗罪。又如，在程某诈骗、信用卡诈骗案中，指控事实之一为：被告人高某从境外拨打被害人雷某电话，谎称其涉嫌诈骗案件，要对其进行调查，并通过电话得知其家庭住址。次日，受高某指使，被告人程某持虚假"广州市公安局专案人员"《协警工作证》到雷某家，哄骗其到银行柜台提取存款7万元并交给自己保管，声称案件调查清楚后会予以退还。[1] 对于该部分事实，虽然被害人提取、交付存款的行为发生在银行柜台，且是因为程某冒充办案人员身份所致，似乎起主要作用的是线下接触，但雷某之

---

[1] 参见贵州省贵阳市中级人民法院［2020］黔01刑终3号刑事裁定书。

所以对程某深信不疑，根本原因是高某在境外拨打的诈骗电话，所以起主要作用的是线上非接触方式，线下接触、转款等行为是线上非接触效果的延续而已，故应定性为电信网络诈骗罪。

最难认定的是对象特征，即如何判断行为人诈骗的对象是不特定的。通常而言，所谓不特定，是指行为人在实施诈骗行为时，并没有特别选定诈骗的对象，而是随意的、随机的。但在网络环境下，行为人诈骗的对象是特定的还是不特定的，因为技术因素的介入而呈现出相当的复杂性。随着信息网络技术的不断发展，电信网络诈骗亦有新的发展变化，即从最初的撒大网式的诈骗向精准式诈骗转变。具体而言，从技术上看，行为人既可以实施点对多的诈骗，也可以实施点对点的诈骗；从信息传播范围来看，行为人既可以将诈骗信息的传播控制在特定的范围内，也可以向社会各个层面扩散；从危害结果来看，既可能是特定的或少数的被害人被骗，也可能是多数的被害人被骗。因此，在具体判定时，应当根据具体案情具体分析。可以肯定，如果实际被骗的被害人是多数人，原则上可以认定诈骗的对象具有不特定性，除非行为人能够提供证据证明其对被害人有特别的筛选和控制程序等。如果实际被骗的被害人是一人或少数几个，判断诈骗对象是否具有不特定性，则不能一概而论，而应结合案情综合考察。例如，在上述李某诈骗案中，被告人之所以能够让被害人香烟店老板李某某同意赊购香烟，是因为其向被害人发送了虚假的第三方支付平台和网上银行的转账信息。这显然是利用了信息网络技术，但因该信息始终针对李某某发送，因而诈骗对象是特定的。但就宋某等7名被害人而言，李某均是通过利用女友的微信朋友圈、QQ好友以及自己的微信朋友圈等网络交友平台发布虚假信息，骗取对方的信任，并向自己转账。从结果上看，这些被害人也是特定的少数，但李某在最初实施诈骗计划时并未对虚假信息的传播范围、被害人的人数等有任何限制，其针对的对象是不特定的。这里关键要查明行为人在整个诈骗过程中主观意图是要诈骗不特定的多数人还是特定的少数人，而不能以最终实际被骗的被害人的人数作为认定根据。一般而言，电信网络诈骗的对象都有一个从不特定到特定的过程。最初行为人通过微信、短信、电话等广撒网的方式向不特定人发送虚假信息，诈骗对象是不特定的，但当有被害人上钩时，行为人就会咬定被害人，此时就成立精准诈骗，诈骗对象是特定的。但从行为人的主观意愿来看，其并非以骗取该特定的被害人为目标，而是将该特定的被害人作为整个诈骗计划中众多的被害人之一来看待的，因而诈骗对象是不特定的。所以，对于不特定的认定要结合整个犯罪过程，而不能仅针对行为人犯罪既遂的阶段单独进行。[1]当然，如果行为人在整个诈骗过程中，自始至终锚定某个被害人，并有意地控制诈骗对象的目标和范围，则应认定诈骗对象是特定的。

（二）电信网络诈骗罪与信用卡诈骗罪的界分

电信网络诈骗罪与信用卡诈骗罪通常不存在界分的困难，因为前者是利用电信网络技术作为犯罪工具的犯罪，后者是利用信用卡作为犯罪工具的犯罪，二者在犯罪手段和方式上存在明显的区别。但随着金融科技的发展，信用卡不仅有实体卡，还有"数字卡"，因而在网络支付平台上通过输入信用卡卡号、密码和验证码等数字信息，即能完成转账支付。这样一来，刷卡不必一定要持卡在线下进行，而完全可能在线上完成，从而涉信用卡犯罪也可能是涉网络犯罪——"网络信用卡诈骗犯罪"。对于骗取被害人通过网银或第三方支付平台转账的行为，是认定为信用卡诈骗罪还是电信网络诈骗罪，实践中存在争议。

对此，笔者认为，应按特别法优于普通法的法条竞合原则予以定性处理。信用卡诈骗罪和电信网络诈骗罪均是从普通诈骗罪中分离出来的罪名，故相对于普通诈骗罪而言，二者均是特别法条。但就二者之间的关系而言，究竟哪个是普通法条，哪个是特别法条，或者说哪个法条更具有特殊性，却较难判定。如果考虑到电信网络在信息社会使用的普及性，信用卡诈骗罪应是特别法条；但如果考虑到信用卡在当代社会生活中使用的普及性，则电信网络诈骗罪应是特别法条。如此一来，似乎无法判断哪个法条更为特别。不过，鉴于电信网络诈骗罪还具有涉众性和共犯性特征，认定其为特别法条相对更为合理。因此，对于"网络信用卡诈骗犯罪"，原则上应认定为法条竞合犯，以电信网络诈骗罪从重处罚。例如，在吴某等信用卡诈骗案中，被告人徐某操作伪基站设备群发假冒建设银行的短信，提示积分兑换现金，诱骗他人点击短信内的链接登录假冒建设银行的钓鱼网站，输入银行卡卡号、银行卡密码、身份证号码、银行预留手机号码、短信验证码等信息。被告人吴某和胡某通过钓鱼网站后台获取上述信息并提供给上线，由上线以网络消费的方式

---

[1] 参见李玉萍主编：《网络司法典型案例（刑事卷·2018）》，人民法院出版社2019年版，第190页。

转走被害人银行账户内资金。[1]对此,一审法院认定被告人的行为构成信用卡诈骗罪,但二审法院认定被告人的行为属于典型的电信网络诈骗,而非信用卡诈骗,主要理由是其诈骗的对象具有不特定性。"本案虽然实际被骗取财物的被害人只有3人,但诈骗短信是针对不特定对象发送的。虽然在被害人登录钓鱼网站输入银行卡卡号、密码、动态验证码时,犯罪对象已经由最初发送诈骗短信的不特定转为特定,但这并不影响其针对不特定对象实施诈骗的认定。"[2]这一说理指出了本案的涉众性特点,这无疑是正确的,但涉众性不应否定信用卡诈骗罪的成立。事实上,本案被告人的行为既构成电信网络诈骗罪,也构成信用卡诈骗罪,而最终之所以以电信网络诈骗罪论处,是因为这样更能对其进行全面和充分的评价。

(三)电信网络诈骗罪与盗窃罪的界分

刑法理论通说认为,诈骗罪属于交付型犯罪,行为人占有财物需要被害人因认识错误而"自愿"交付;盗窃罪属于取得型犯罪,行为人占有财物只需要自己单方窃取,不需要被害人"配合"。因此,二者一般不难区分。但在信息网络环境下,出现了电信网络盗窃或者"有盗有骗"的侵财行为,对此,是认定为电信网络诈骗罪还是(电信网络)盗窃罪,存在较大的困难。

笔者认为,电信网络诈骗罪本质上属于诈骗罪群中的一个罪名,仍属于支付型犯罪,因而其与(电信网络)盗窃罪的界分仍然要坚持诈骗罪与盗窃罪的区分原则,即视行为人取得财物的原因是其主动窃取还是被害人"自愿"交付而定。具体而言,主要有以下情形:

第一,如果财物的取得系行为人利用黑客、偷窥等手段,潜入被害人的账户,将后者的资金转移到其所控制的账户的,应认定为盗窃罪。例如,在一元木马案中,指控的事实之一为:郭某伙同章某、蔡某等人分工合作,由郭某作为"丢单者",通过虚构网络交易的方式获得熊某的支付宝账户等信息,并提供给章某。后章某冒充"客服人员"与熊某联系,并发送一个支付链接,利用熊某对网络支付程序的不熟悉,窃得其账户内的3301元。[3]对于该部分事实,法院认定构成盗窃罪。

---

[1] 参见浙江省温州市中级人民法院[2017]浙03刑终487号刑事判决书。
[2] 方彬微:《电信网络诈骗的定性》,载《人民司法(案例)》2018年第2期。
[3] 参见浙江省杭州市余杭区人民法院[2017]浙0110刑初404号刑事判决书。

第二，如果财物的取得系行为人骗取被害人将其资金转移到自己控制的账户的，应认定为电信网络诈骗罪。例如，在偷换二维码案中，被告人吴某、张某趁店员不注意，将自备的微信收款二维码粘贴覆盖在商家原有的微信收款二维码上，从而获取顾客通过微信扫描支付给商家的钱款。[1]法院认为二被告人构成盗窃罪，理论上也有学者赞同这种定性。[2]但是，本案法院将二被告人的行为定性为盗窃罪，在行为结构上存在一个问题，即被告人之所以能够占有顾客的钱款，不是因为偷换二维码行为本身，而是因为顾客主动扫码支付所致。在被告人偷换二维码—商家错误认为二维码是自己的—商家指示顾客扫码支付—顾客扫码支付—钱款进入被告人微信账户的流程过程中，被告人偷换二维码的行为，并不具有转移财物的原因力，但却具有使商家产生错误认识的效果，因而不是秘密窃取的"盗窃"行为，而是"虚构事实和隐瞒真相"的诈骗行为，故应认定为诈骗罪。需要指出的是，本案的被害人应是顾客而不是商家，因为虽然顾客和商家都被被告人所骗，但钱款是顾客直接支付给被告人的，商家自始至终没有占有钱款，不能认定其取得了所有权，因犯罪行为直接遭受财产损失的是顾客。不过，顾客是遵从商家的指示而扫码支付的，因指示错误造成的损失最终应由商家承担，即商家不能要求顾客二次付款。

第三，如果财物的取得系行为人骗取被害人点击带有木马病毒的支付链接，同时通过后台修改支付金额，进而获取被害人资金的，应认定为电信网络诈骗罪。例如，在一元木马案中，指控的事实之一为：被告人郭某通过虚构网络交易的方式获得被害人陈某的银行账户余额等信息，并提供给同伙。后者冒充"客服人员"与陈某联系，并发送交易金额标注为 1 元，而实际支付金额为 27 496 元的支付链接。被害人陈某完成支付后，其账户内 27 496 元即被转走。[3]对于该部分事实，法院认定为盗窃罪。笔者认为，应当认定为电信网络诈骗罪。因为虽然实际支付金额是被告人在后台偷偷重新填写的，被害人并不知情，但被告人之所以能够占有这笔资金的关键，不是其秘密修改支付金额的操作，而是被害人点击支付的操作。虽然被害人并不清楚实际

---

[1] 参见广东省佛山市禅城区人民法院［2017］粤 0604 刑初 550 号刑事判决书。

[2] 参见叶良芳、马路瑶：《第三方支付环境下非法占有他人财物行为的定性》，载《华东政法大学学报》2017 年第 3 期。

[3] 参见浙江省杭州市余杭区人民法院［2017］浙 0110 刑初 404 号刑事判决书。

的支付金额，但其支付的意思是存在的，而诈骗犯罪并不要求被害人必须明知所交付财物的确切价值，而只要求其认识到是在转移财物的占有。这里的关键，是被害人处分意思的内容的确定。对此，学界一直有严格认定说和放宽认定说之分。前者认为，处分者除需要有将财产的占有转移给对方的认识之外，还必须对处分的内容，包括交付的对象、数量、价值等具有全面的认定；后者认为，只要被骗者对财物或利益的外形有转移的意思与认识，即使对交付财物的价值有误认，也应认为具有处分意思的内容。[1]这两种观点均有不少支持者，均未取得通说之地位。但如果考虑到处分者客观上的交付是转移财物的决定性因素，而主观上对财物价值的认识并不产生转移财物的效果的话，放宽认定说应更为可取。例如，甲故意说乙收藏的清代花瓶是赝品，乙遂以低价转让给甲。如果采用严格认定说，则因乙在交付花瓶时没有准确认识到花瓶的价值，故缺乏处分的意思，应认定甲为盗窃。但这显然不合理。

第四，如果财物的取得系行为人诈骗被害人点击"钓鱼网站"，从中获取被害人的信用卡信息资料，并诱骗被害人刷卡将资金转移到其所控制的账户的，应认定为电信网络诈骗罪。例如，在一元木马案中，指控的事实之一为：被告人章某通过蔡某向被害人熊某发送"钓鱼网站"链接，诱骗熊某在网站中输入银行卡卡号、手机号等信息。与此同时，章某、蔡某利用该"钓鱼网站"窃得的支付信息，将熊某银行账户内的5000元转入"洗钱者"提供的账户。[2]对于该部分事实，法院认定构成信用卡诈骗罪。笔者认为，这一行为属于骗取信用卡而使用，无疑构成信用卡诈骗罪。但如果考虑到被告人还针对的是不特定人实施这类行为，认定为电信网络诈骗罪更为妥当。

第五，如果财物的取得系行为人诱骗被害人点击"钓鱼网站"，从中获取被害人的信用卡信息资料，并自己刷卡将被害人资金转走的，应认定为电信网络诈骗罪。例如，在朱某等诈骗、妨害信用卡管理案中，被告人以代办信用卡为名，假借验资等理由欺骗被害人开通网银，并利用"钓鱼网站"获取被害人银行卡卡号和密码，然后通过网银对被害人银行卡内的存款进行转账。在转账时骗取被害人收到的验证码，随即在网银上输入验证码，将被害人的

---

[1] 参见刘明祥：《财产罪比较研究》，中国政法大学出版社2001年版，第231页。
[2] 参见浙江省杭州市余杭区人民法院［2017］浙0110刑初404号刑事判决书。

钱款转至作案所用的银行卡账户内。[1]对于该部分事实,法院认定构成诈骗罪。笔者认为,这种情况属于骗取信用卡并予以冒用,应当成立信用卡诈骗罪和电信网络诈骗罪的竞合。需要注意的是,这里的被害人是银行而不是持卡人。虽然持卡人和银行均是被骗者,但持卡人是被骗提供信用卡信息资料,银行是被骗支付数额较大的资金。当持卡人将现金存入银行时,该笔现金即为银行占有,持卡人只享有债权。不过,根据存款合同,银行可以将损失转嫁给持卡人,因为存在过错的是持卡人(将银行卡交给他人并透露密码)。[2]而银行根据正确的卡号、密码和验证码付款,符合存款合同的约定,故没有过错,不应承担赔偿责任。但银行没有过错,并不等于银行没有被骗。根据信用卡交易规则,信用卡仅限持卡人本人使用,如果银行知道行为人冒充持卡人刷卡,当然不会支付款项。

五、进一步的思考

罪名的功能,不仅在于具有强大的宣谕效果,而且还有实质性的刑罚效果。关于电信网络诈骗罪,虽然司法机关没有在形式上将其确定为独立的罪名,但却在定罪的要素以及刑罚的配置、适用和执行等方面设定了独立的标准,故其是一种准罪名。这种做法在治理层面能及时调整规则的内容并最大限度地提高规则的适应性,但在规范的层面却存在立法权与解释权的界限混同的隐忧。值得注意的是,近年来这种"准罪名"现象有不断扩大的趋势,值得进一步关注和探究。

---

[1] 参见湖北省孝感市中级人民法院[2016]鄂09刑终74号刑事裁定书。
[2] 参见聂昭伟:《骗取他人信用卡及密码并使用构成信用卡诈骗罪》,载《人民司法》2019年第2期。

论网络犯罪的看门人规制*

单 勇*

摘 要：《反电信网络诈骗法》及相关网络法将互联网平台等市场主体视为维护网络空间安全的看门人，为其设定了愈发丰富的在线控制用户违法犯罪的看门人条款，形塑出"国家管看门人、看门人管用户"的看门人规则体系。看门人规则具有权力和义务二重性特质，看门人承担和履行国家设定的犯罪控制义务，但又由此拥有在线影响、干预用户的社会权力。制度能力决定治理能力，基于看门人规则的新型规制模式以元规制和自我规制的交互推动了犯罪治理的时点向前端防范和源头治理转移，回应了刑事规制作用范围有限、预防效果不显、治理主体单一等问题，催生出看门人规制和刑事规制二元并立的数字社会治理架构，成为数字化时代改善网络犯罪治理之国家能力的关键所在。

关键词：网络犯罪；国家能力；互联网平台；看门人规则；反电信网络诈骗法

一、引言

在传统犯罪与网络犯罪此消彼长的"犯罪分层"[1]下，数字时代的犯罪规律经历了从"城市吸引犯罪"到"网络吸引犯罪"的嬗变。盗窃等传统犯

---

* 作者简介：单勇，南京大学法学院教授，博士生导师。
　本文系中国犯罪学学会2022年度重大课题"从传统犯罪学到数字犯罪学的代际更新"（FZXXH 2022A01）的研究成果。
　[1] 在传统上，犯罪分层是指从刑事法视角按犯罪严重程度划分微罪、轻罪、重罪等类型；而今穿梭于网络空间和物理空间的新型犯罪在诸多方面有别于单纯发生于物理空间的传统犯罪。在犯罪学意义上，网络犯罪与传统犯罪呈现愈发显著的"犯罪分层"。关于犯罪分层的传统理解，参见卢建平：《犯罪分层及其意义》，载《法学研究》2008年第3期。

罪的立案数持续下降、电信网络诈骗等利用网络实施的新型犯罪的立案数大幅增长。2020年，诈骗立案数首次超过盗窃，成为公安机关刑事立案的第一大罪。〔1〕实际上，"除强奸等必须以行为人自身为工具的传统犯罪外，其他犯罪基本都可以通过互联网实施"〔2〕。中共中央《关于党的百年奋斗重大成就和历史经验的决议》专门提及防范和打击新型网络犯罪。

网络犯罪治理有赖于党政科层结构下的"组织化调控"〔3〕，支撑网络犯罪治理的组织化调控既是一种运用数字技术等方法的技术安排，也是一种面向多元治理主体关系的组织安排，更是一种为治理提供规制依据、搭建治理体系的制度安排。三种安排分别对应理解犯罪治理的方法视角、组织视角及规范视角。从制度与治理的关系看，制度能力决定治理能力，三种安排相互关联且相得益彰，而从根本上看，更具基础性、关键性的制度安排影响甚至决定着技术安排和组织安排，特定的技术安排和组织安排均可归结为特定制度安排的有机延伸；不同的制度安排蕴含着不同的制度能力且对应不同的治理模式，并展现出特殊化的治理能力。

从制度安排看，依据刑事法、政法部门统揽、事后处遇个案的刑事规制是传统治理模式；与之相对，《网络安全法》《网络信息内容生态治理规定》等网络法及《反电信网络诈骗法》（本文以下简称《反电诈法》）出于前端防范和源头治理的需要，将互联网服务提供者等市场主体视为数字社会的"看门人"（gatekeeper）〔4〕，为之设定以在线控制"用户"（国民的数字身份）违法为内容的犯罪控制义务，形塑出愈发丰富的看门人条款或看门人规则，推动了看门人规制的骤然勃兴。以互联网平台这一典型看门人为例，互联网平台大规模参与网络犯罪治理已成为数字时代犯罪治理转型的标志性特

---

〔1〕 根据《中国统计年鉴》，2015年至2021年，全国公安机关立案的诈骗和盗窃案件的数量变化此起彼落，诈骗案件立案数分别为104万件、97万件、92万件、115万件、143万件、191万件、195万件；盗窃案件立案数为487万件、430万件、345万件、278万件、225万件、165万件、160万件。

〔2〕 喻海松：《网络犯罪二十讲》，法律出版社2018年版，第3~4页。

〔3〕 作为综合治理的本质特征，组织化调控是指通过党的组织网络和政府的组织体系，在组织建设和组织网络渗入中不断建立和完善执政党主导的权力组织网络，使社会本身趋向高度的组织化，通过组织来实现国家治理目的的社会调控形式。参见唐皇凤：《社会转型与组织化调控——中国社会治安综合治理组织网络研究》，武汉大学出版社2008年版，第60~61页。

〔4〕 单勇：《数字看门人与超大平台的犯罪治理》，载《法律科学（西北政法大学学报）》2022年第2期。

征。通过平台的犯罪治理包括平台协助公安机关侦破案件，平台针对平台生态系统中的网络黑灰产业进行专项治理，平台对用户发布违规违法及不良信息的在线内容审核，以及科技公司以市场化机制参与网络犯罪治理等实践活动。[1]相对偏重在场控制、事后回应、外部规制的刑事规制，看门人规制具有在线控制、主动风控、内部规制等特质。尽管刑事规制与看门人规制两者不可或缺，但为实现网络犯罪的"源头治理、综合治理"[2]，必须理性审视事后回应导向的刑事规制之局限，探究互联网平台等市场主体大规模参与犯罪治理这一新兴社会法律现象，探查《反电诈法》等法律对"看门人"这一新型规制者的立法设定，阐释看门人规则的制度内涵、总结看门人义务的主要类型，剖析基于看门人规则的新型规制模式的内在逻辑，以此把握网络犯罪治理的转型方向。

二、刑事规制的局限反思

刑事规制是在刑事法框架下以政法部门统揽为组织形式、以事件性治理（个案处遇）为规制方式、以事后回应为导向的犯罪治理模式。刑法虽有一般预防和特殊预防之功能，但相对前端防范导向的《反电诈法》等预防性法律，其主要是在犯罪发生后为惩治犯罪提供依据，故而"事后法"色彩和"回应型法"属性鲜明。刑事规制可谓国家回应犯罪挑战的一般性反应，网络犯罪的刑事规制表现有三：在立法上，立法机关以积极刑法观为指引，通过刑法修正案增设新罪名、扩张犯罪圈的方式将类型化的网络越轨行为升格为犯罪[3]；在司法上，司法机关以司法解释推动网络刑法的实体法适用和证据调取等程序法完善[4]，以实现网络犯罪的司法惩治；在执法上，公安机关以日常治理

---

[1] 单勇：《数字平台与犯罪治理转型》，载《社会学研究》2022年第4期。

[2] "注重源头治理、综合治理"是2021年4月习近平总书记对打击治理电信网络诈骗犯罪工作作出的重要指示。

[3] 《刑法修正案（七）》增设"非法获取计算机信息系统数据、非法控制计算机信息系统罪"和"提供侵入、非法控制计算机信息系统程序、工具罪"；《刑法修正案（九）》增设"非法利用信息网络罪""帮助信息网络犯罪活动罪""拒不履行信息网络安全管理义务罪"三个新罪名，并修改"侵犯公民个人信息罪"。

[4] 为有效惩治网络犯罪，司法机关出台了一系列司法解释，如2019年11月施行的最高人民法院、最高人民检察院《关于办理非法利用信息网络、帮助信息网络犯罪活动等刑事案件适用法律若干问题的解释》、2021年6月17日公布的最高人民法院、最高人民检察院、公安部《关于办理电信网络诈骗等刑事案件适用法律若干问题的意见（二）》、2019年2月1日起施行的《公安机关办理刑事案件电子数据取证规则》等。

和专项治理相结合方式预警风险、抓获嫌疑人，开启刑事规制的司法程序。从治理效果看，2021年，全国检察机关起诉利用网络实施诈骗、赌博、传播淫秽物品等犯罪28.2万人，同比上升98.5%；起诉非法买卖电话卡和银行卡、帮助提款转账等犯罪12.9万人，是2020年的9.5倍。其中，帮助信息网络犯罪活动罪、诈骗罪、开设赌场罪分列起诉人数的第三至五位。虽然刑事规制取得了前所未有的成就，但在治理中也暴露出明显的局限。

(一) 刑事规制的作用范围有限

以司法漏斗为坐标系，刑事规制所能规制的案件数量相对犯罪总量甚为有限。司法漏斗效应表明，受犯罪黑数影响，真实犯罪数量远高于公安机关立案数；受破案能力制约，公安机关侦查的立案数远高于移送检察机关的案件数；在不起诉程序分流下，检察机关办案量高于移送法院审理的案件数。关于犯罪黑数，学界常引用"我国网络黑产从业者超过150万人，黑产规模达千亿级别"[1]的观点。据笔者2021年在某头部企业的调研，网络黑灰产从业者规模可能高达500万人。与之相对，2021年全国检察机关共起诉利用网络实施犯罪28.2万人。即便考虑到黑产从业者中有大量参与者未达犯罪标准，潜藏于执法司法视野外的犯罪黑数也相当可观。侦查能力不足导致破案率偏低也是司法漏斗形成的重要原因。非接触性电诈犯罪的破案率远低于接触性诈骗的破案率和全国刑事案件的平均破案率[2]，某些公安机关每年的全链条破案数仅为个位数。海量的犯罪黑数和较低的破案率意味着刑事规制仅能将有限的案件纳入司法流程，对更多的网络犯罪及嫌疑人力有未逮。"在运用刑法进行惩治的过程中，成功追究刑事责任的实际上是少数，多数仍游离在规制之外。"[3]以J省公安机关破获的"缅北天空一号"专案为例，专案组通过大数据技术锁定该"杀猪盘"团伙2669人的真实身份，但仅抓获回流人员187人，大多数嫌疑人因在境外而尚未到案。作用范围有限可谓刑事规制

---

[1] 陈慧娟：《网络黑灰产业如何治》，载《光明日报》2018年11月27日。

[2] 以J省某经济较发达地级市为例，2018年至2020年，电诈犯罪的立案数分别占当年全部诈骗立案数的86.5%、86.4%、92.5%。其中，线下接触性诈骗的破案率为80.2%、50.4%、80.1%，电诈的破案率仅为5.7%、12.8%、15.9%。以J省某经济发达县级市为例，2017年至2019年，电诈犯罪的立案数分别占当年全部诈骗犯罪立案数的86%、87.7%、62.1%。其中，线下接触性诈骗的破案率为41.2%、56.2%、72.2%，电诈的破案率仅为3.8%、3.4%、5.3%。与之相对比，2017年至2019年，全国公安机关刑事案件的平均破案率为38.03%、37.92%、39.3%。

[3] 喻海松：《网络犯罪黑灰产业链的样态与规制》，载《国家检察官学院学报》2021年第1期。

的先天不足,如何将更多的网络违法犯罪纳入治理视野成为亟待破解的难题。

(二) 刑事规制的预防效果不显

刑事规制并非仅注重事后回应而忽视犯罪预防,当下积极预防刑法观大行其道恰恰证明了这一点。"刑法早已由事后惩治犯罪的手段变为事先预防犯罪的工具,积极预防主义成为当下刑法观的主流。"[1]在立法层面,刑法修正案增设新罪名将刑法防线前移,如增设"非法利用信息网络罪"将预备行为正犯化,增设"帮助信息网络犯罪活动罪"将帮助行为正犯化;在司法领域,通过司法解释和规范性司法文件更好地发挥刑法的规制效能,如"两高一部"《关于办理电信网络诈骗等刑事案件适用法律若干问题的意见(二)》就是对电诈犯罪之上下游关联犯罪全链条打击的重要依据。必须承认,刑事规则无论如何积极、怎样主动将刑法防线前移,均以个案的司法惩治为依托。事件性治理或个案处遇乃是刑事规制的直接法律效果。

从实践看,无论如何强调预防,以个案处遇为基础的刑事规制具有明显的事后性和被动性,易陷入治标不治本的窘境。网络犯罪依附于庞大的网络黑灰产业。完整的网络黑灰产业包括上游的提供信息类物料和工具类物料环节、中游的网络诈骗及网络赌博等犯罪实施环节、下游的转移赃款及掩饰隐瞒犯罪所得等洗钱环节。"断卡行动"对黑产下游犯罪的打击力度空前,2021年检察机关起诉帮助信息网络犯罪活动罪(本文以下简称"帮信罪")129297人,起诉人数在全部案件中排名第三。从立法目的看,帮信罪系堵截性罪名,该罪名的大幅适用,"折射出对案件的处理'浅尝辄止',难以做到'罚当其罪'"[2]。打击黑产的重点应聚焦于上中游犯罪。既不能因"帮信罪"侦破难度小而罔顾网络犯罪的发生原因,忽视对黑产链条的根治;也不能仅强调个案治理而忽视黑产源头的预防,将刑法"惩罚法"属性盲目拔高为"预防法"[3]。"刑法的积极作为不意味着刑法的万能,尽管刑法在黑灰产治理中作用明显、效果突出,然而单一维度依赖刑事法规规制只能治标、尚难治本。"[4]2022

---

[1] 刘艳红:《积极预防性刑法观的中国实践发展——以〈刑法修正案(十一)〉为视角的分析》,载《比较法研究》2021年第1期。

[2] 喻海松:《网络犯罪形态的碎片化与刑事治理的体系化》,载《法律科学(西北政法大学学报)》2022年第3期。

[3] 刘艳红:《网络时代社会治理的消极刑法观之提倡》,载《清华法学》2022年第2期。

[4] 喻海松:《网络犯罪黑灰产业链的样态与规制》,载《国家检察官学院学报》2021年第1期。

年 4 月,中共中央办公厅、国务院办公厅印发的《关于加强打击治理电信网络诈骗违法犯罪工作的意见》明确"坚持打防结合、防范为先……坚持源头治理、综合治理"的理念。可见,"只依靠事后的刑法打击不能遏制新型网络犯罪,必须建立起有针对性的、系统化的犯罪预防与治理体系"〔1〕。

(三) 刑事规制的治理主体单一

事后回应为主的刑事规制依赖政法部门统揽的组织安排、执法和司法的程序安排而运行。以往,公安机关以数字技术实现了对现实空间中接触性犯罪的"在场控制";但该策略无法复制到网络空间。从事网络犯罪的不法分子依附于各大平台生态系统,形成了庞大人员基数的黑灰产犯罪圈层。从犯罪分工看,黑灰产从业者分处黑产的组织层、卡号贩卖层、信息贩卖层、技术产品层、技术服务层、洗钱服务层及犯罪实施层。从作用大小看,不法分子在黑产圈层中从边缘到核心依次是外围的黑产兼职圈、以黑产工作室为代表的职业圈、专业黑客及其背后"金主"组成的核心圈。核心圈搭建起黑产犯罪的运行体系,为职业圈提供黑产情报和技术支持;职业圈通过黑产资源、业务工具获利;外围兼职圈在职业圈操纵下从事网络违法的帮助、变现和套利等业务。黑产犯罪是一种在线犯罪,故而须臾离不开"在线控制";擅长"在场控制"的政法部门缺乏"在线控制"网络空间的有效途径,政法部门相对黑产核心圈、职业圈的治理距离过远,仅凭网安、反诈等部门的技术治理无法及时斩断犯罪圈层间的信息链、资金链、技术链、人员链。"从打击治理实践看,电信网络诈骗不是简单的社会治安问题,而是复杂的社会治理难题。"〔2〕这需要国家和社会开展分工、合作,引入新型社会力量开展"在线控制",以形成全新的数字社会治理架构和全社会反诈新格局。

综上,刑事规制存在自身无法修复的缺陷,网络犯罪的治理亟待适应数字时代的社会变迁与犯罪变迁,实现从事后回应到前端预防、从在场控制到在线控制、从政法统揽到社会治理的转型。这一转型的目的在于从根本上改善犯罪治理的"国家能力"。政治学的"国家能力"(state capacity)学说立足国家和社会的关系,强调社会在国家治理中的作用,关注国家对社会的吸

---

〔1〕 皮勇:《新型网络犯罪的防范与治理》,载《犯罪研究》2021 年第 6 期。
〔2〕 郭倩、张莫:《多部门发声 对电信网络诈骗保持严打高压》,载《经济参考报》2022 年 4 月 15 日。

纳与控制。"国家能力"以迈克尔·曼提出的"基础性权力"（infrastructural power）[1]为内核，包括"渗入社会的能力、调节社会关系、提取资源及以特定方式配置或运用资源的能力"[2]，指向国家对社会渗透、汲取与规制的能力。结合对刑事规制的反思，国家能力学说的启示在于：

第一，国家能力与社会能力是一种互补互融的关系。网络犯罪治理应面向数字社会从中汲取改善国家能力的新兴社会力量，借助互联网平台等市场主体将治理权力和规制能力从现实空间延伸至网络空间。

第二，国家权力及规制能力向网络空间延伸有赖于网络平台对用户的在线控制，在线控制成为科层国家渗透、汲取及规制数字社会的全新路径。

第三，国家能力的关键在于制度能力，制度能力决定治理能力。在线控制的实现以看门人规则为依据，基于看门人规则的新型规制构成了改善网络犯罪治理之国家能力的关键所在。

实际上，在线控制的看门人规则明显有别于刑事规制依托的回应型法，网络犯罪治理转型亦是一种制度安排及其规制方式的转型，故而探究看门人规则及其规制逻辑成为理解犯罪治理转型的勾中綮要。

三、看门人规则的立法创设

犯罪治理中的"治理"意指国家与社会、市场等多元主体的共治，有赖于国家对社会力量的吸纳和汲取，离不开社会及市场主体发挥基础性作用。在数字时代，以互联网平台为代表的网络服务提供者进化为整个社会须臾不可替代的数字基础设施，以数字在场方式吸纳最广泛的人群成为其用户，"渗透至社会的核心，绕过传统管理制度，改变了社会和公民行为，重塑着国民生活的社会结构"[3]。可以说，"网络空间与现实社会的最大差别之一在于网络空间的基本支撑主体是众多的互联网服务提供商或者中间平台"[4]。平

---

[1] [英]迈克尔·曼：《社会权力的来源》（第1卷），刘北成、李少军译，上海世纪出版集团2007年版，第380页。

[2] [美]乔尔·S. 米格代尔：《强社会与弱国家：第三世界的国家社会关系及国家能力》（第2版），张长东等译，张长东校，江苏人民出版社2012年版，第5页。

[3] José van Dijck, Thomas Poell and Martijn de Waal, *The Platform Society: Public Values in a Connective World*, Oxford University Press, 2018, p.2.

[4] 周汉华：《论互联网法》，载《中国法学》2015年第3期。

台兼具市场属性与公共属性，成为"重塑社会结构的新型规制者"[1]和控制网络空间、约束用户守法的"守门人"或"看门人"（gatekeeper）[2]，构成科层国家必须整合以及联合的新兴社会力量。

从规范视角看，平台对用户的在线控制是基于看门人规则的法律规制（看门人规制）。从法律渊源看，看门人规则既散见于网络法的丰富规范之中，还被《反电诈法》系统化设定。从法律性质看，看门人规则以义务性规范为主，国家通过看门人规则为平台设定愈发丰富的看门人义务（平台义务），义务履行的实质在于平台对用户的在线控制。"看门人规则"并非明确限于某部法律的条文字面，而是对一揽子看门人义务规范之制度内核的法理凝练，是对义务规范所孕育的全新的在线控制架构的制度表达。从规范文本的创设看，看门人在线控制用户的立法形成是一个制度积累、规则创新的过程，其法律渊源及义务内涵见下表。

看门人规则一览表

法案名称	看门人类型	看门人义务
全国人民代表大会常务委员会《关于维护互联网安全的决定》（2009年修正）	从事互联网业务的单位	发现互联网上出现违法犯罪行为和有害信息时，要采取措施，停止传输有害信息，并及时向有关机关报告
全国人民代表大会常务委员会《关于加强网络信息保护的决定》（2012年12月通过）	网络服务提供者	①确保信息安全；②加强对其用户发布的信息的管理；③用户实名制核验
《网络安全法》（2017年6月施行）	网络运营者	①履行网络安全保护义务；②为公安机关、国家安全机关侦查犯罪活动提供技术支持和协助；③加强对其用户发布的信息的管理

---

[1] Kate Klonick, "The New Governors: the People, Rules, and Processes Governing Online Speech," *Harvard Law Review*, 131 (6), 2018, pp. 1698~1670.

[2] 张新宝：《互联网生态"守门人"个人信息保护特别义务设置研究》，载《比较法研究》2021年第3期；单勇：《数字看门人与超大平台的犯罪治理》，载《法律科学（西北政法大学学报）》2022年第2期。

续表

法案名称	看门人类型	看门人义务
《反恐怖主义法》（2018年4月修正）	①电信业务经营者和互联网服务提供者；②铁路、快递等物流运营单位；③电信、金融等业务经营者、服务提供者	①对公安机关、国家安全机关防范、调查恐怖活动提供技术支持和协助，主动防控涉恐信息；②对客户身份及运输物品进行安全查验；③对客户身份进行查验
《网络信息内容生态治理规定》（2020年3月施行）	网络信息内容服务平台	加强对信息内容的管理，抵制、防范和处置不良信息和违法信息
《互联网信息服务管理办法（修订草案征求意见稿）》（2021年1月公布）	互联网服务提供者	①主动开展在线控制；②积极响应主管部门的犯罪控制要求
《未成年人保护法》（2024年4月施行）	网络服务提供者	防控用户利用其网络服务对未成年人实施违法犯罪行为
《反电信网络诈骗法》（2022年12月施行）	①电信业务经营者；②银行业金融机构、非银行支付机构；③互联网服务提供者	在电信治理、金融治理、互联网治理中的综合性反诈控制义务
《互联网平台落实主体责任指南（征求意见稿）》（2021年10月公布）	互联网平台	风险评估、风险防控、平台内用户管理、平台内容管理、禁限售管控、禁止传销、网络黑灰产治理、数据安全、配合执法等
《个人信息保护法》（2021年11月施行）	个人信息处理者	个人信息处理者在犯罪治理中使用个人信息的合法性要求
《移动互联网应用程序信息服务管理规定（征求意见稿）》（2022年1月公布）	①应用程序提供者；②应用程序分发平台	①用户实名制认证、信息内容审核、对上线具有舆论属性或社会动员能力的新技术进行安全评估；②内容审核、打击网络黑灰产
《互联网信息服务算法推荐管理规定》（2022年3月施行）	算法推荐服务提供者	①建立用于识别违法和不良信息的特征库；②对违法信息的处置；③对老年人的反诈被害预防；④对未成年人群体的网络保护

续表

法案名称	看门人类型	看门人义务
《未成年人网络保护条例（征求意见稿）》（2022年3月公布）	①网络产品和服务提供者、个人信息处理者、智能终端产品制造者和销售者；②重要互联网平台服务提供者；③网络服务提供者	①履行未成年人网络保护义务，配合监督检查、接受投诉举报；②对损害未成年人合法权益的平台内用户或服务提供者，停止提供服务；③防止未成年人私密信息扩散
《反有组织犯罪法》（2022年5月施行）	①电信业务经营者；②互联网服务提供者	防止含有宣扬、诱导有组织犯罪（包括涉网新型黑恶犯罪）内容的信息传播
《互联网信息服务深度合成管理规定》（2023年1月施行）	深度合成服务提供者	①落实信息安全主体责任，建立信息发布审核、反电信网络诈骗、真实身份信息认证、深度合成内容管理、辟谣机制、添加深度合成标识、建立用于识别违法和不良信息的特征库等制度；②依法处置违法和不良信息，管理深度合成服务使用者；③对新产品新应用的安全评估义务和配合监督检查义务

（一）网络法等法规范的分散性规定

1. 看门人规则的网络法源起

看门人规则根植于网络法的土壤，初见于2000年制定、2009年修正的全国人民代表大会常务委员会《关于维护互联网安全的决定》，彼时我国处于以网站为中心的Web1.0时代，网络违法犯罪刚冒头。该决定第7条要求"从事互联网业务的单位要依法开展活动，发现互联网上出现违法犯罪行为和有害信息时，要采取措施，停止传输有害信息，并及时向有关机关报告"。"从事互联网业务的单位"系初代互联网看门人，该决定可视为看门人规则的制度源头。随着移动互联网兴起（Web2.0时代）、数字社会肇始，2012年通过的全国人民代表大会常务委员会《关于加强网络信息保护的决定》以第4条至第6条为"网络服务提供者"设定保障个人信息安全、加强对用户发布信息的管理和用户实名核验的看门人义务。在这两部早期的网络法文本中，看门人义务的内涵直指网络违法犯罪防控，尤其是对用户发布信息的内容管理和用户实名核验具有浓厚的预防色彩；但上述义务在此时更多呈现为一种原则性义务。

2. 看门人规则的网络法发展

随着以互联网平台为中心的 Web3.0 时代到来，网络法的立法重心指向"谁能控制赛博空间"[1]的核心问题，聚焦拥有"媒介性权力"[2]的互联网平台。"以《网络安全法》和《互联网信息服务管理办法》等规范为基础，实定法构建起一个以平台为中心的规制体系。"[3]新增的网络法规范将平台视为国家在线控制数字社会的信息枢纽、组织通道和中间制度。2017 年施行的《网络安全法》为网络运营者设定网络安全保护义务、对侦查犯罪的技术支持和协助执法义务、对用户发布信息的管理义务。2020 年 3 月施行的《网络信息内容生态治理规定》第 10 条第 1 款规定，"网络信息内容服务平台不得传播本规定第六条规定的信息，应当防范和抵制传播本规定第七条规定的信息"。该条款要求平台加强内容治理，防范违法信息和不良信息传播。2021 年 1 月公布的《互联网信息服务管理办法（修订草案征求意见稿）》第 21 条为互联网服务提供者规定了主动控制网络违法犯罪和积极响应有关部门指令的犯罪控制义务。2021 年 10 月公布的《互联网平台落实主体责任指南（征求意见稿）》进一步明确了"平台管用户"的看门人义务内涵，包括超大型平台承担对用户传播非法内容的风险评估义务、建立内容审核机制的风险防控义务，还包括所有互联网平台承担的平台内用户管理、内容管理、禁限售管控、禁止传销、网络黑灰产治理、网络安全和数据安全保护、配合执法等义务。2022 年 1 月公布的《移动互联网应用程序信息服务管理规定（征求意见稿）》为应用程序提供者、应用程序分发平台设定用户实名认证、内容审核、对上线具有舆论属性或社会动员能力的新技术开展安全评估、打击网络黑灰产等义务。2022 年 3 月施行的《互联网信息服务算法推荐管理规定》为算法推荐服务提供者设定建立用于识别违法和不良信息的黑样本库、处置违法信息、对老年人的反诈被害预防、对未成年人的网络保护等义务要求。2023 年 1 月施行的《互联网信息服务深度合成管理规定》对深度合成服务提供者设定了一系列的信息安全主体责任和深度合成内容审核义务。

---

[1] 胡凌：《人工智能视阈下的网络法核心问题》，载《中国法律评论》2018 年第 2 期。

[2] 张龑：《网络空间安全立法的双重基础》，载《中国社会科学》2021 年第 10 期。

[3] 孔祥稳：《网络平台信息内容规制结构的公法反思》，载《环球法律评论》2020 年第 2 期。

上述网络法规范使用了互联网平台、网络服务提供者、网络运营者、算法推荐服务提供者等不同称谓，但大多指向互联网平台，平台成为承担看门人义务的责任主体。虽然网络法规之立法目的各有不同，但均以专门条款为平台设定网络违法犯罪的在线控制义务，推动了看门人的犯罪控制义务从一般性的原则性义务走向具体化的规则性义务。在网络法的发展中，看门人义务的履行标准发生了从被动协助执法向主动犯罪预防的变化，义务的涵盖范围从传统的实名制管理、内容管理扩展为包括风险评估和内容审核、网络黑灰产业治理、个人信息保护、数据安全保障、算法治理、针对老年人和未成年人的被害预防等更全面的主体责任体系。可见，看门人规则的创设得益于网络法的发展，散见于各领域、各位阶的网络法规范之中，并逐渐形塑出数字时代网络犯罪治理的基本制度依据。

3. 看门人规则的其他法律补充

随着数字法治的完善，看门人规则也出现在网络法以外的其他法律之中。2018年修正的《反恐怖主义法》第18、19、21条为互联网服务提供者设定对反恐活动的技术支持和协助执法义务、防止含有恐怖主义和极端主义内容的信息传播义务、用户实名管理等义务要求。2020年修订的《未成年人保护法》第80条第3款规定："网络服务提供者发现用户利用其网络服务对未成年人实施违法犯罪行为的，应当立即停止向该用户提供网络服务，保存有关记录，并向公安机关报告。"这是要求网络服务提供者防范未成年人遭受网络违法侵害的首个被害预防条款。2022年公布的《未成年人网络保护条例（征求意见稿）》明确了网络服务提供者应履行未成年人网络保护义务，对损害未成年人合法权益的平台内用户或服务提供者停止提供服务等义务要求。2022年5月施行的《反有组织犯罪法》第16条规定，互联网服务提供者应履行网络信息安全管理义务，防止含有宣扬、诱导有组织犯罪内容的信息传播。上述法律中的看门人义务条款或针对特定犯罪或聚焦特定群体，可以预见未来出台的其他法案必将进一步丰富看门人规则的义务内涵。

（二）《反电诈法》的体系化设定

《反电诈法》是针对电信网络诈骗的犯罪治理法。与刑事规制的事后回应不同，该法发展出一套针对犯罪信息链、资金链、人员链、技术链等关键环节的预防性法律制度。该法确立了预防导向的看门人规制模式，将电信业务经营者、银行业金融机构和非银行支付机构、互联网服务提供者设定为在线控制的看门人，分电信治理、金融治理、互联网治理三个领域为之设置详细的反诈义务。同时，该法还明确了国务院及地方政府组织领导、公安部门牵头负责、行业主管部门开展行业监管、互联网服务提供者等市场主体承担具体的风险防控责任的治理分工，形塑出"国家管看门人、看门人管用户"的双层治理体系，即政府监管部门支持、引导、监督看门人履行反诈控制义务，看门人在线控制用户。

以互联网平台为例，鉴于"网络服务提供者被视为对网络内容有重要控制权的中介者，处于控制违法内容的关键位置"[1]，《反电诈法》对之设定了全面的看门人义务。如，该法第5条要求平台对反诈活动中获取的个人信息承担保密义务；第6条要求平台建立内控机制、承担风险防控责任；第21条和第22条细化了用户实名制和二次实名核验的义务要求，列举出实名验证用户身份的互联网场景及互联网服务，明确了对涉案电话卡关联注册的互联网账号的在线处置措施；第23条规定对涉诈应用程序的登记核验义务；第24条规定域名管理的合规义务；第25条规定对涉诈帮信活动的监测识别和处置义务；第29条规定个人信息处理者的反诈预防义务；第30条规定看门人的反诈被害预防义务；第32条规定看门人对二次实名核验及处置所涉用户的申诉告知义务；第34条规定针对潜在被害人的预警劝阻义务。

《反电诈法》对看门人规则的体系性设定表现有三：

第一，通过市场主体的引入，将基于刑事规制的外部治理转化为基于看门人规制的内部治理。"国家行动必须超越对行政治理的依赖，发展出增进市场、激活社会的新治理模式并使之制度化。"[2]电诈犯罪的发生须臾离不开电话卡和物联网卡、金融账户和支付账户、互联网用户及涉诈黑灰产业的支撑，引入电信、金融及互联网产业的市场主体，依靠市场主体对其服务用户的内部风控，将电诈犯罪治理从外部治理转换为内部治理，能大大缩短电诈犯罪的治理距离。因不法分子均具有特定产业或平台的用户身份，其违法活动须借助用户身份实施。相对政法部门外部治理存在治理距离过远、治理主体单一、事后性和被动性等局限，市场主体对用户的内部治理具有治理距离近、

---

[1] 姚志伟：《技术性审查：网络服务提供者公法审查义务困境之破解》，载《法商研究》2019年第1期。

[2] 顾昕：《走向互动式治理：国家治理体系创新中"国家-市场-社会关系"的变革》，载《学术月刊》2019年第1期。

手段丰富、预防效果好、主动及时等优势。

第二，看门人的在线控制聚焦电诈的信息链、资金链、技术链、人员链，由此构筑起前端防范的制度基础。不同于刑事规制以个案处遇为重心，看门人规制强调对犯罪链条的源头治理和整体治理。为斩断犯罪发生的信息链条，《反电诈法》不仅要求核验用户信息，还规定金融机构和支付机构建立客户尽职调查制度，推动看门人建立卡号、用户、账户使用的风险监测机制和防止个人信息被用于电诈的内控机制等。针对资金链，《反电诈法》要求金融机构和支付机构调查客户利用账户洗钱的风险、查处异常开户和可疑交易、建立内部风控机制、完善涉诈特征的账户监测模型等。针对技术链，《反电诈法》支持看门人研发反制技术措施，加强看门人对非法服务、设备、产业的治理。针对人员链，《反电诈法》要求开展反诈被害预防、对潜在受害群体开展预警劝阻等。

第三，看门人的在线控制以反制技术措施为基本手段，发展出大数据反诈的技术治理体系。《反电诈法》50个条文中有十几个条文涉及反制技术措施，包括统筹推进跨行业、企业的统一监测系统，规定电信、金融、互联网领域的涉诈异常情形监测、识别和处置，加强行业主管部门的反制技术和公安机关的预警劝阻系统建设，完善看门人的可疑线索移送制度等，从而巩固了大数据反诈的法治依据。

综上，前述法规范确立的看门人规则为看门人设定了体系化的义务性规范。从义务类型看，具体层面的看门人义务还可归纳为中观层面的内容审核义务、个人信息保护及数据安全义务、用户实名核验义务、技术支持和协助执法义务、黑灰产治理义务、被害预防义务、安全风险评估义务七类义务。下图以法律文本的出台时间为纵轴，展现七类义务规范的出现频率和立法趋势。内容审核义务出现频率最高，系看门人最具日常性的治理义务；随着时代发展，看门人义务的类型愈发丰富，七类义务基本囊括了前文列表中法律文本的义务要求。从义务内涵看，看门人规则既包括"国家管看门人"的看门人治理规范及违规惩戒措施，也包括"看门人管用户"的用户行为规范及违规法律责任；既包括看门人必须履行的强制性规范，也包括支持、鼓励看门人参与治理的指导性规范；既包括看门人在线控制用户违法的实体性规定，也包括看门人如何履行犯罪控制义务的程序性规范；既包括针对看门人行业违法和用户一般违法的行政处罚等公法规范，还包括以《反电诈法》第46条第 2 款为代表的看门人失职应承担民事责任等私法规范。[1]

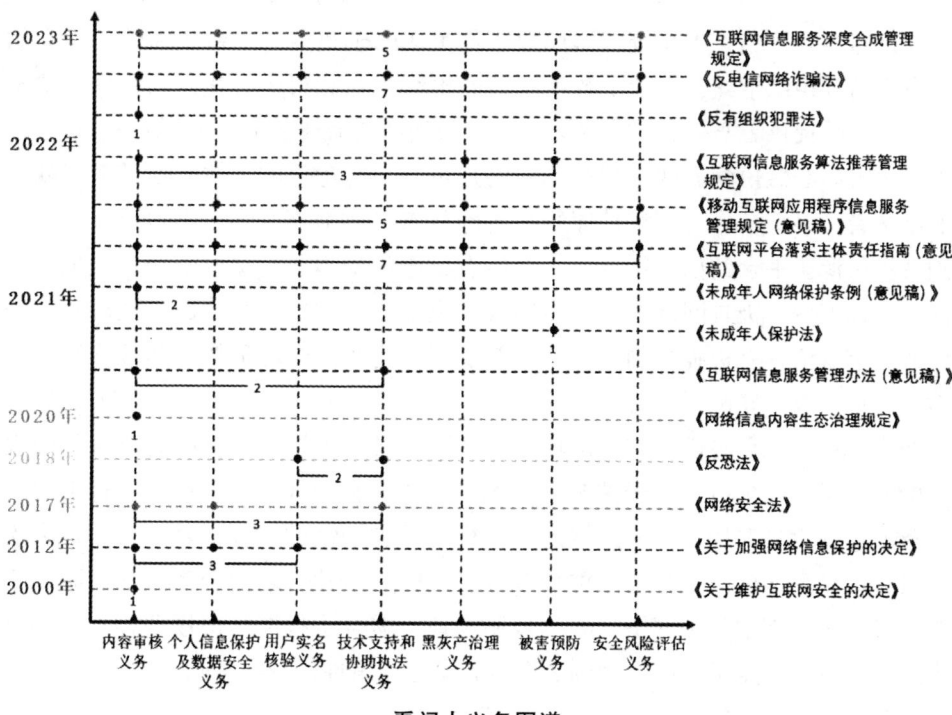

看门人义务图谱

(三) 权力和义务二重性的规则特质

不同于其他社会治理制度，看门人规则既是义务设定也是权力塑造，其具有鲜明的权力和义务二重性。从法理上看，法律规则分为授权性规则、义务性规则和职权性规则，看门人规则属于职权性规则，也有人认为其"不仅具有授权性规则的特征，也具有义务性规则的特征"[2]。对国家而言，看门人承担和履行犯罪控制义务；对用户而言，看门人拥有在线影响、干预、控制用户的社会权力。看门人规则既是国家为看门人设定的义务性规范，也赋予看门人在线控制用户的法定职权。那么，如何理解看门人规则的权力和义

---

[1]《反电诈法》第 46 条第 2 款规定："电信业务经营者、银行业金融机构、非银行支付机构、互联网服务提供者等违反本法规定，造成他人损害的，依照《中华人民共和国民法典》等法律的规定承担民事责任。"

[2] 雷磊：《法理学》，中国政法大学出版社 2019 年版，第 41 页。

务二重性?

1. 以看门人的"市场主体/规制者"二重身份为基础

随着各类平台生态系统对国民数字化生活的全覆盖,平台成为数字社会的信息枢纽和组织枢纽,实现了数字社会的再组织化和再中心化,以新秩序要素和公共产品提供者身份,愈来愈紧密地参与到社会治理之中。"任何一个平台在平台生态中必然扮演着两个截然不同的角色,一是竞争的主体,二是市场秩序的维护者……平台作为市场秩序维护者即具有'规制者'的责任。"[1]这一规制者身份源于平台的如下特征:平台拥有雄厚的资本、海量的资源和数据,链接生产和消费,极具网络效应、规模效应及市场支配地位,对数字经济乃至国民的数字生活具有极强控制力,拥有着不可替代的社会动员能力和社会组织能力。可见,以互联网平台为代表的看门人兼具经营属性的市场主体与公共属性的新型规制者二重身份。作为市场主体,平台必须承担和履行政府监管部门设定的各类义务性规范,处于被规制者地位;作为新型规制者,平台履行看门人义务的过程也是对用户在线违规违法进行干预和控制的过程,其相对用户来说又具有规制者地位。平台的二重身份形塑出国家与社会之间全新的社会联结机制,打通了物理空间和网络空间的规制通道,整合了科层与市场两种不同的制度逻辑,从而奠定了看门人规则之权力和义务二重性的现实基础。

2. 根植于"国家—看门人—用户"的双层治理结构

传统刑事规制一般基于国家直接控制个体违法的单层结构开展;随着网络平台逐渐成为整个社会的数字基础设施,平台成为国民实现社会连接、在线交互和有机团结的组织容器,构成了数字社会的规制中介。亿万国民都具有社交、视频、支付、购物等平台用户的数字身份,以用户身份"数字在场"。"新技术公司渐成公共治理主体,新技术改变国家权力运行,进而重塑了'国家—社会'关系。"[2]平台位于国家与国民中间层的规制中介地位愈发凸显,"国家管看门人、看门人管用户"的双层治理结构日臻成型。

在双层结构下,"国家管看门人"立基于国家与看门人的关系,表现为国家主导的看门人规则的制定,即国家通过看门人规则为平台等主体设定在线控制用户的一揽子义务;"看门人管用户"基于看门人与国民的关系,表现为市场主

---

[1] 叶逸群:《互联网平台责任:从监管到治理》,载《财经法学》2018年第5期。
[2] 樊鹏:《利维坦遭遇独角兽:新技术的政治影响》,载《文化纵横》2018年第4期。

体主导的看门人规则的适用,即各类看门人在义务履行过程中对其用户违规违法的影响、干预、控制。看门人义务的履行同时意味着看门人对用户的实质性影响和控制,这种影响和控制既非公权力,也非私权利,而是一种社会权力,"哪怕遇到反对也能贯彻自己意志的任何机会"〔1〕。黄宗智教授指出,"如今中国应该摸索的方向是,怎样更好地结合国家与社会-市场。两者的二元合一无疑是国家能力和发展的关键,怎样将其做到最好乃是未来的关键问题"〔2〕。以看门人为规制中介的双层结构在犯罪治理领域圆满地实现了"更好地结合国家与社会-市场"这一目标,黏合"国家与社会-市场"的独特方式就是将看门人义务和社会权力集于看门人一身。由此,这种集权力和义务二重性的看门人规则构成了数字时代全新的社会契约和整个社会的规范性预设。

3. 看门人义务的实现有赖于社会权力的行使

看门人义务在本质上是一种阻止用户在线违规违法的风险控制义务,其实现高度依赖于看门人社会权力的行使。看门人义务,既是一种积极保护义务,要求看门人在自身的平台生态系统内积极作为,主动控制和积极响应监管部门的控制指令,以保障用户的权利和平台秩序不受违法犯罪侵害;也是一种强制性义务,要求看门人依循特定规则开展治理,如若违反强制性义务则要承担法律责任,《反电诈法》第六章"法律责任"为此提供了详细的归责依据;更是一种综合性义务,全面涵盖前文列图中的七大义务类型。看门人义务的履行和实现表现为看门人以在线控制用户的方式行使社会权力的过程。

一方面,看门人义务的实现须臾离不开看门人对用户解析式社会权力的行使。在数字时代,人的存在形式进化出全新的"数字属性"。〔3〕"整个互联网络具有'全天候记录'的'雁过留痕'特性,是一个'个体'一旦'进入',就不容易真正'退出'的、带有终极性意味的系统和生态。"〔4〕在平台生态系统中,看门人有能力对用户在线活动进行全景敞视的解析。"数字社会权力的深入是建立在对每个人的身体、情绪、行为持续不断的观察分析基础

---

〔1〕[德]马克斯·韦伯:《经济与社会》(上卷),林荣远译,商务印书馆1997年版,第81页。
〔2〕黄宗智:《国家-市场-社会:中西国力现代化路径的不同》,载《探索与争鸣》2019年第11期。
〔3〕龚向和:《人的"数字属性"及其法律保障》,载《华东政法大学学报》2021年第3期。
〔4〕王水雄、王沫:《从单位社会到网络社会:个体权利的视角》,载《学习与探索》2021年第10期。

上的。数据越多,每个人的特征就越清晰……数据的解析前所未有地使我们看清楚个人或组织的微粒状态。"〔1〕以协助执法义务为例,平台对用户在线违法的解析式权力推动数字技术与生物性身体在数据宇宙中形成互嵌关系,最终催生出超级控制导向的"数字—生命政治"〔2〕。

另一方面,看门人义务的实现往往借助看门人社会权力的隐蔽化和在线化运行。"数字化以'看不见的手'让人们感受不到权力的存在形式和作用力。网络平台如同一个'单向镜'生态,平台企业可以掌握平台上用户的数据,用户却不了解被窥探的程度,也不完全知晓其在平台上留下多少数据痕迹。"〔3〕社会权力的运行之所以是隐蔽的,有赖于平台以在线方式通过算法予以实现。"我们生活在一个算法时代,以算法来助推、偏向、引导、激发、控制和约束人类行为,从而影响、塑造、指引我们的行为和社会的治理。"〔4〕以内容审核义务为例,基于人工智能的算法治理对用户发布信息进行了自动化、全覆盖、全周期、串联式、主动式的在线控制,从而保障绝大多数违规违法不良信息在最短时间内获得删除。

四、看门人规制的内在逻辑

从看门人规则的动态运行看,以权力和义务二重性为特质的看门人规则蕴含着独特的法律规制逻辑。"规制作为一种当代政策工具,其核心含义在于指导或调整行为活动,以实现既定的公共政策目标。"〔5〕规制最初源于经济学,指向对经济活动的政府规制的"正当性和可问责性"〔6〕。看门人规制的规制逻辑不同于"规制国"时代强调直接治理、事后回应的刑事规制等传统规制,而是在"后规制国"时代注重以"元规制"(Meta-Regulation)和

---

〔1〕 周尚君:《数字社会对权力机制的重新构造》,载《华东政法大学学报》2021年第5期。

〔2〕 蓝江:《什么是生命政治》,载《武汉大学学报(哲学社会科学版)》2022年第1期。

〔3〕 周辉:《网络平台治理的理想类型与善治——以政府与平台企业间关系为视角》,载《法学杂志》2020年第9期。

〔4〕 John Danaher et al.,"Algorithmic Governance: Developing a Research Agenda Through the Power of Collective Intelligence," *Big Data & Society*, 4 (2), 2017, pp. 1~21.

〔5〕 [英]科林·斯科特:《规制、治理与法律:前沿问题研究》,安永康译,宋华琳校,清华大学出版社2018年版,第3页。

〔6〕 [英]科林·斯科特:《规制、治理与法律:前沿问题研究》,安永康译,宋华琳校,清华大学出版社2018年版,第17页。

"自我规制"(Self-Regulation)的交互实现间接治理、前端防范等功效,从而在相当程度和较大范围上替代了传统规制,更新了数字社会的底层治理架构。

在"国家—看门人—用户"双层结构下,看门人规制的内在逻辑以元规制和自我规制的交互为内核。自我规制聚焦"看门人管用户"的治理层级,"是规制对象对自身施加命令和结果的规制……区分自我规制和其他规制进路的标准不在于命令抑或结果,而在于规制者与规制对象的同一性"[1]。元规制依托于"国家管看门人"的治理层级,是"对规制者的规制","无论他们是公共机构、私营企业还是第三方看门人"[2],"元规制是对自我规制的规制"[3]。具言之,元规制的任务在于通过设定看门人义务和形塑看门人社会权力的方式,搭建规制的原则、主体、方法、义务内涵及其法律后果等看门人规制框架;自我规制通过看门人义务的履行抑或社会权力的行使,以积极响应和主动风控、自行规制和规制外包、公法规制和私法规制相结合的方式,将元规制分析框架确定的规制事项一一落实。

(一)对看门人的元规制

从规制的原则看,"人们服从规制不仅是因为害怕制裁,而是因为他们认为规制的内容是正确和公正的,并且认为服从规制是一种道德义务"[4]。平台等看门人承担犯罪控制义务的正当性理由在于,平台负有保障网络安全的主体责任和防范平台用户被害的道德义务。国家对看门人的元规制的目的在于,将看门人设定为限制和防范用户在线违法犯罪的第一道防线,通过看门人规范和引导国民在线活动,实现国民自由与社会安全的均衡发展。对此,必须坚持看门人规制的法治原则。无论是对看门人的元规制还是对用户的自我规制,均不是无节制的规制和一味的限制[5],规制体系的运行、规制机构

---

[1] [英]罗伯特·鲍德温、马丁·凯夫、马丁·洛奇编:《牛津规制手册》,宋华琳等译,宋华琳校,上海三联书店2017年版,第167页。

[2] Christine Parker, *The Open Corporation: Effective Self-Regulation and Democracy*, Cambridge: Cambridge University Press, 2002, p. 15.

[3] Bridget M. Hutter, *Regulation and Risk: Occupational Health and Safety on the Railways*, Oxford: Oxford University Press, 2006, p. 215.

[4] Tom R. Tyler, *Why People Obey the Law*, UK: Princeton University Press, 2006, p. 161.

[5] John Braithwaite, T. Makkai & Valerie Braithwaite, *Regulating Aged Care: Ritualism and the New Pyramid*, UK: Edward Elgar, 2007, p. 323.

与个体之间的互动应当遵循相互尊重和程序公平的原则。[1]对看门人的元规制须有明确的法律依据，看门人义务的设定要有利于数字经济的健康发展，不能对看门人的正常经营造成严重妨碍，如《反电诈法》第 25 条对互联网服务经营者的监测、识别及处置涉诈帮助行为的义务要求设定为"履行合理注意义务"。看门人对用户的自我规制应依循法治程序开展，用户依法享有申诉和获得救济的权利，如《反电诈法》第 31 条第 2 款的规定。

从规制的主体看，看门人的类型极为丰富，几乎囊括全部涉及网络空间治理的市场主体，既包括反电诈领域的电信业务经营者、银行业金融机构和非银行支付机构、互联网服务提供者；也包括落实主体责任层面上的网络服务提供者或互联网平台，还包括针对专项治理的个人信息处理者、算法推荐服务提供者、应用程序提供者、深度合成服务提供者等。从规制监管链看，各类看门人负责规制用户的在线违法，而对看门人的行业违法行为的监管归属工业和信息化部、中央网信办、中国人民银行等行业部门。在看门人规则中，互联网平台及其用户应当被视为一个整体，它们共同构成了自我规制的主体，并受法律及国家机关的元规制。平台与用户之间并非相互独立的规制主体与规制对象的关系，鉴于平台对用户账号的所有权抑或支配权，两者之间的连带责任恐怕是无法断然割裂的。有的平台服务协议明确了用户账号的所有权归平台运营商所有，如《腾讯微信软件许可及服务协议》7.1.2 规定，"微信账号的所有权归腾讯公司所有，用户完成申请注册手续后，仅获得微信账号的使用权"[2]。支付宝和抖音虽未明确提及"账号的所有权"，但相关条款都将账号作为由平台提供、用户使用服务的凭证，平台对账号具有根本性的支配权。[3]

---

〔1〕 Kristina Murphy, *Procedural Justice and its Role in Promoting Voluntary Compliance*, in Peter Drahos (eds.), *Regulatory Theory*, Canberra: Australian National University Press, 2017, pp. 43~58.

〔2〕 参见《腾讯微信软件许可及服务协议》，载 https://weixin.qq.com/agreement，最后访问日期：2023 年 6 月 28 日。

〔3〕 《支付宝服务协议》第 2 条第 1 项规定"支付宝账户（或"该账户"）：是本公司向您提供的唯一编号"，第 4 条第 3 项第 4 点规定"除非另有法律规定或经司法裁判，且征得本公司同意，否则您的支付宝登录名及密码、支付宝账户不得以任何方式转让、赠与或继承（相关的财产权益除外）"。参见《支付宝服务协议》，载 https://www.taobao.com/go/chn/member/alipay_agreement.php，最后访问日期：2023 年 6 月 30 日。《"抖音"用户服务协议》第 3.4 条规定"您的抖音账号仅限您本人使用，禁止以任何形式赠与、借用、出租、转让、售卖或以其他方式许可他人使用该账号"。参见《"抖音"用户服务协议》，载 https://www.douyin.com/draft/douyin_agreement/douyin_agreement_user.html?ug_source=sem_baidu&id=6773906068725565448，最后访问日期：2023 年 6 月 30 日。

从规制的义务内涵及其法律后果看,立法机关及相关监管部门通过看门人规则为各类看门人设定了内容审核、用户实名核验、个人信息保护及数据安全、黑灰产治理、被害预防、安全风险评估、技术支持和协助执法七大类义务,并分别设定了相应的法律责任。设置这些看门人义务同样具有双重目的,一方面通过法律明确看门人必须履行的自我规制内容;另一方面让看门人适当实施自我规制,在自我规制中遵循相互尊重和程序公平的规制原则,以防止其不合理的自我规制损害用户合法权益。一旦看门人错误地实施了自我规制,那么依法应当承担的法律责任将对其予以纠正。换言之,看门人自我规制承担的元规制义务,是要让看门人的自我规制达到某种均衡,"一个优秀的规制体系应当受到充分制约和平衡,法律赋予并维护其规制权力的最终权威,司法机关确保其规制是基于有效的法律权威,不侵犯受保护的法律权利"[1]。

从规制的方法看,规制包含着劝说、学习、奖励、模仿、自我调节、影响、自主合规、威慑和强制等治理活动。[2]一方面,法律及相关监管部门对看门人的元规制大量采用了这些规制方法,如行政约谈是典型的劝说活动,法律责任的设置具有鲜明的威慑和强制色彩;另一方面,元规制目的的实现最终又落实在看门人的自我规制之中,而看门人的自我规制以用户服务协议为载体,看门人对用户的规制主要依循服务协议。在服务协议中,用户个人信息保护、反电诈义务要求、知识产权保护、网络安全责任及用户行为规范中的大多数内容,源于法律的强制规定或者行政机关等监管机构的要求,即来自元规制。看门人若要使服务协议真正发挥作用,也必然大量运用上述规制方法。

(二)看门人的自我规制

第一,响应指令与主动风控相结合。依据技术支持和协助执法义务,看门人应积极响应执法部门和监管部门的各类行政指令。最典型的莫过于个案侦破的执法协助和配合调证,如阿里巴巴集团安全部以公安机关刑事立案决定书和民警工作证为依据,在杭州市局审核下,为执法机关在线调证。响应

---

[1] Cary Coglianese (ed.), *Achieving Regulatory Excellence*, Washington D. C.: Brookings Institution Press, 2017, p. 97.

[2] Valerie Braithwaite, *Closing the Gap Between Regulation and the Community*, *Regulatory Theory*, Canberra: Australian National University Press, 2017, pp. 25~41.

指令是对看门人的最基本要求，也是其必须完成的自我规制事项。在响应指令基础上，各类看门人结合自身业务场景以用户在线违规违法的风险管理为规制对象，对用户在线活动的信息流、行为流、资金流、交易流、物流开展主动风控，通过数据中台监测在线交易、在线活动中的违法犯罪线索，如在用户注册和登录阶段，对网络账号的用户实名制进行管控，对用户异常在线活动的在线监测，对用户在线违法风险的识别、评分及干预。技术反制措施成为主动风控的主要规制手段，通过风险文本库、风险链接库、风险设备库等黑样本库建设，以"机审+人审"模式对关键词、语义、语音、图片等在线活动进行算法治理，将识别出的可疑线索向执法机关主动移送。实际上，响应指令与主动风控是相互补充、相互促进的，并形成了"案件线索挖掘—确定违法行为—用户实人确认—团伙集群串并—公安联合打击"的在线控制闭环。

第二，自行规制与规制外包并行不悖。根据看门人的规模大小，大型互联网平台一般内设专门的风控机构开展自行规制，依靠自身的数据中台监测用户在平台生态系统中的异常风险，同步开展反制技术措施。例如，阿里巴巴集团安全部具有庞大的组织规模，包括具有超强技术能力的数据中台、研究犯罪模式和犯罪链条的打防中心、共享共治团队、网络黑灰产业研究团队等，其业务范围广泛涉及平台规则的制定和执行、在线风险排查（异常订单分析）、音视频文字等内容审查、敏感物资管控以及对违法用户的全链路风控等。其中，对违法用户的全链路风控是将特定违法用户用一个ID将其在阿里平台生态系统各个应用程序中的各种业务串联起来，形成违规违法用户的精准数据画像。如今，阿里巴巴集团安全部的业务已从最初的挖掘和移送案件线索升级为全方位、系统化的网络空间治理。

与此相对，中小型互联网平台往往通过委托专业的技术服务商履行看门人义务，如某些婚恋交友平台委托"网易易盾"团队协助其履行内容审核义务，采用文字识别、语音识别、语义识别、图像识别、文本分类等AI技术手段，对用户聊天、电商评论、帖子、留言、视频、直播、弹幕等多个场景下的文本、图像、语音、视频等交互内容进行在线审查，以适应国家监管政策和防范"杀猪盘"等电诈犯罪发生。据调研了解，"网易易盾"在2022年共检测超过4000亿条信息，其中不良有害内容约占9.5%；"网易易盾"通过识别和处置黑产账号，有效治理了搬运洗稿、恶意营销、撰写黑稿、黑账号、刷粉刷量、推广作弊等网络信息内容黑灰产。自行规制与规制外包并行的现象进一步表明,多元化的规制主体基于各自不同的特点,既相互促进又相互制约,形成了一个个庞大且复杂的规制网络,共同推动着治理目的的实现。[1]

第三,公法规制与私法规制兼容并蓄。看门人规则包含着大量的公法规范,以对看门人及其用户的行政处罚甚至刑事处罚为法律后果,故而看门人规制主要是一种公法规制;但不容忽视的是,看门人规则也蕴含着丰富的私法规范,看门人规制也体现出私法规制的面相。《网络安全法》第74条第1款规定,"违反本法规定,给他人造成损害的,依法承担民事责任"。《反电诈法》第46条第1款针对组织参加电信网络诈骗活动或为电信网络诈骗提供相关帮助的违法犯罪人员,造成他人损害的,依照《民法典》承担民事责任;第46条第2款针对电信业务经营者、银行业金融机构和非银行支付机构、互联网服务提供者的行业违法行为,造成他人损害的,依照《民法典》承担民事责任。当然,私法规制最终也要以司法审判作为"其他一切手段都失败时的最后手段","并且是具有象征意义和文化独特性的手段",从这一点看,无论是公法规制还是私法规制,"国家始终发挥着锚定作用"[2]。

(三)元规制对自我规制的限制

在规制实践中,最为紧要的问题可能并非看门人该不该拥有社会权力,而是看门人在已拥有社会权力的情况下,哪些社会权力可以合法化、哪些社会权力不能合法化。这一问题指向看门人自我规制的法治边界。"网络服务提供商收集了太多关于我们的数据,而且保存时间太长。私人行为体致力于了解我们生活的每一个细节,从摇篮到坟墓。基于第三方协助执法义务,他们与政府在公共治理领域的互动对未来的社会结构提出了难题。"[3]对此,可结合C公司公安业务兴衰的案例,探讨元规制对自我规制是如何调控和限制的。

近年来,从A头部互联网平台分立出一个全新的数据技术公司——C公司,该公司是连接公安机关与A平台的中间通道,即数据通道、技术通道和服务通道。C公司的公安业务不是典型的看门人规制,而是由A平台提供主

---

[1] Jennifer Wood & Clifford Shearing, *Imagining Security*, London: Willan Publishing, 2007, p. 149.
[2] Adam Crawford, "Networked Governance and the Post-regulatory State? Steering, Rowing and Anchoring the Provision of Policing and Security," *Theoretical Criminology*, 10 (4), 2006, pp. 449~479.
[3] Ian Samuel, "The New Writs of Assistance," *Fordham Law Review*, 86 (6), 2018, pp. 2873~2924.

要数据且以 C 公司名义为公安机关侦查案件提供技术支持和数据分析协助的市场化业务，是 A 平台与 C 公司合作下的看门人自我规制的扩张和变种形态。具言之，C 公司依托 A 平台的支持，研发 SaaS（Software as a Service）云计算平台，在 SaaS 架构下开发出"云捕""云觅""风洞"等多款犯罪分析软件，将 A 平台内的数据盘活和增值，针对 A 平台生态系统内涉嫌犯罪的用户数据进行分析，包括识别用户的网络轨迹、提供侦破案件的"线头"、对立案后的嫌疑人进行精准定位、对复杂案件"拆链"和固定证据等，为公安机关侦办刑事案件提供基础性技术支持和数据支撑，从而实现独一无二的犯罪数据分析行业优势地位。在庞大的 A 平台生态系统中，公安机关通过购买 C 公司研发的犯罪分析软件账号，将特定嫌疑人的网购、出行、移动支付、物流、住宿、订票、本地生活等网络活动轨迹以一个 ID 串联起来，使嫌疑人的数据画像更为精准，使在线控制更为高效。2017 年至 2022 年，共有 1700 家公安机关以免费形式、900 家公安机关以付费形式接受该服务；仅 2020 年，C 公司协助公安机关抓捕逃犯 2 万余人。

看门人规制一般分列国家执法监管部门与看门人企业的两端，由公安机关直接向看门人企业提出犯罪控制指令，看门人以履行义务的方式实现规制目标。公安机关除要求履行技术支持和协助执法之外，为何还向 C 公司获取有偿的犯罪数据分析服务呢？这主要是出于以下考虑：首先，在网络犯罪挑战严峻的背景下，仅凭看门人的内部风控部门履行技术支持和协助执法等自我规制，无法及时有效地满足公安机关的办案需要。其次，在现行规制体系下，看门人的义务履行标准长期存在争议，企业出于市场属性担心扩张在线控制用户的社会权力将影响自身的市场竞争力，执法监管部门则希望企业承担更全面、更具渗透性的主体责任。在这种博弈下，《反电诈法》第 25 条仅对电信业务经营者和互联网服务提供者规定"履行合理注意义务"，但包括看门人在内的各类治理主体都非常清楚仅履行合理注意义务不足以有效防控电诈犯罪。最后，无论是执法监管部门还是看门人企业，都希望出现一种更具主动性和控制力的市场主体作为中间通道，以市场化机制扩张自我规制、提供看门人义务升级版服务，以满足更多层次、更高水平的犯罪治理需要。

虽然 C 公司曾经迅猛发展，但目前的情况是该公司的公安业务陷入收缩状态。凡在 2022 年底前购买犯罪分析软件账号服务的公安机关仍可在服务期内使用，但服务期届满不再延续服务；并不再向没有购买服务的公安机关提供服务。2023 年，C 公司将仍在服务期内的公安业务移交 A 平台安全部，预计逐步收缩并将这种扩张形态的自我规制回归常态化自我规制。这种看门人自我规制的扩张形态陷入萎缩的主要原因在于，该业务不符合对看门人元规制的义务要求，其原因主要有四：

第一，监管部门对云计算技术和个人信息处理的重视提高了 C 公司的合规标准。基于该公司的业务类型和云服务的技术特征，C 公司使用 A 平台用户数据的法律依据不足。依据《个人信息保护法》第 23 条，"个人信息处理者向其他个人信息处理者提供其处理的个人信息的，应当向个人告知接收方的名称或者姓名、联系方式、处理目的、处理方式和个人信息的种类，并取得个人的单独同意"。C 公司开展公安业务的基础在于，其能使用 A 平台的用户数据；但 C 公司不是 A 平台安全部，而是 A 平台之外的独立市场主体，其使用 A 平台用户数据的适格主体地位存疑。这种自我规制的扩张形态可能欠缺必要的数据合规基础。

第二，C 公司以犯罪分析为目的处理个人信息的法律依据不足。根据《个人信息保护法》第 13 条，看门人处理其用户的个人信息依据"为履行法定职责或者法定义务所必需"条款中的"法定义务"，即犯罪控制的看门人义务。在当前法律框架下，犯罪分析属于刑事侦查范畴，需在公安机关刑事立案后获得完整的外包授权，仅依据看门人义务难以为市场化的数据分析行为提供有效法律依据。

第三，C 公司面临着云计算安全评估的合规压力。根据 2021 年 11 月公布的《网络数据安全管理条例（征求意见稿）》第 34 条，"国家机关和关键信息基础设施运营者采购的云计算服务，应当通过国家网信部门会同国务院有关部门组织的安全评估"。C 公司的 SaaS 服务虽然在技术和数据资源上高度依附 A 平台，但由于其公司的独立性和经营业务的特殊性，必须接受单独的安全评估，这无疑增加了合规成本。

第四，C 公司的数据处理行为可能为 A 平台等业务相关主体带来额外的合规风险。SaaS 服务囿于云生态的复杂性，导致责任分配的泛化与模糊化，云平台、个人信息处理者及个人信息共同处理者均为个人信息保护的义务主体。作为 C 公司的业务合作方和技术支持方，A 平台在业务履行过程中可能承担同样的数据安全义务和看门人责任，从而增加了 A 平台的合规风险。

综上，鉴于数据法、个保法等法规范的元规制义务要求，看门人规制不能唯效率导向,看门人自我规制的扩张和创新应在数字法治的制度框架下运行,看门人社会权力的行使应源于明确的看门人规则授权。可见,A 平台与 C 公司合作下看门人自我规制的扩张探索可能尚欠缺较为坚实且严密的合法性依据。

五、结语

从制度视角看,合理地防范和打击网络犯罪包括刑事规制和看门人规制两种并行不悖、互补互促的治理模式。政法机关对已侦破案件适用刑事司法程序、运用刑事法、以事件性治理的方式予以事后回应;以互联网平台为代表的看门人等市场主体依据体系化的看门人规则,以履行看门人义务方式在线控制用户,实现更为科学、更高水平的犯罪治理目标。看门人规制有效回应了刑事规制作用范围有限、预防效果不显、治理主体单一等问题,依据刑事法之外的看门人规则,为相关市场主体设定了愈发丰富的看门人义务,将其作为犯罪治理的第一道防线,搭建起前端防范导向的"国家管看门人、看门人管用户"的双层治理体系,成为改善网络犯罪治理之国家能力的关键所在。

当前,看门人规制正处于建章建制、规则细化阶段,亟待对看门人的元规制和看门人自我规制的义务规范体系进行完善,尤其是对规制权力进行规范和制约。无论是国家对看门人的元规制还是看门人对用户的自我规制,均淋漓尽致地展露出权力的本质——"个人和群体将意志强加于其他人的能力"[1]。对此,既要运用法治缰绳牵好看门人社会权力的"马笼头",防范看门人在自我规制中对用户权利造成过度侵犯;更要注意不能随意扩张元规制的"指挥棒",过限加重看门人企业的义务负担。关于看门人规制的法治实现,至少有四个问题值得深入思考:

第一,对看门人元规制的制度明晰应严格遵循法治原则。以《反电诈法》为代表的看门人规则的明确性有限(仅有 50 个条文),应完善配套细则、出台行业标准,厘清执法监管部门的规制范围。据悉,工业和信息化部等部门有 20 多个行业标准正在制定中,旨在提供体系化的监管规则;但必须注意对

---

[1] [美] 彼德·布劳:《社会生活中的交换与权力》,孙非、张黎勤译,华夏出版社 1988 年版,第 137 页。

看门人的元规制不能无限扩张,更不能过度增加看门人义务,要以不严重影响看门人企业的正常经营为边界。以敏感物资管控为例,看门人管控网购中的敏感物资和禁限售商品应有稳定且明确的清单,要考虑企业在敏感物资管控中付出的经济成本。同时,执法监管部门在元规制中的职能范围宜分工明确,以公安机关执行《反电诈法》的处罚范围为例,《反电诈法》的行政处罚包括对一般违法行为的处罚和对行业违法行为的处罚。对于非法买卖"两卡"及涉诈软件设备、从事电诈等尚不构成犯罪的行为,由公安机关作为规制主体不存在争议;但对行业违法行为的处罚,如金融、互联网等企业违反实名制登记、未落实反诈内控机制、未开展监测识别预警等,究竟是由有关主管部门实施处罚还是公安机关也可对之处罚,存在较大争议。《公安机关对涉电信网络诈骗违法行为实施行政处罚工作指引》起草说明显示,公安部与中国人民银行、工业和信息化部的意见不一致。全国人民代表大会常务委员会法制工作委员会认为,对公安机关网安部门是否属于"有关主管部门",实践中有不同认识,问题较为复杂,建议不在工作指引中作出明确。最终,公安部考虑立法机关的意见,在上述工作指引中仅规范对一般违法行为的处罚,对于行业违法行为的处罚问题,不作明确规定。2023年7月1日公布的《江苏公安机关适用〈中华人民共和国电信网络诈骗法〉实施行政处罚裁量基准(试行)(征求意见稿)》参考立法机关的意见,将公安机关实施行政处罚的范围限于"一般违法行为"。

第二,对看门人自我规制的义务履行标准应作实质性理解。《反电诈法》第25条要求互联网服务提供者等看门人在对利用有关业务从事涉诈支持、帮助活动进行监测识别处置中承担"合理注意义务"。该规定实际是立法机关、看门人企业、监管部门各方博弈和妥协的产物。看门人规则为看门人企业设定了方方面面的反诈主体责任,但又迫于保障企业正常经营之压力在条文中写上"注意义务"。看门人企业处于国家与违法个体的中间层的"监控中介"[1]地位,其履行的反诈规制涵盖犯罪防控的全领域,实质是国家保护义务在数字时代向网络空间的延伸和展开,不是作为从义务和附随义务的"注意义务"能够涵盖的。在民法中,"注意义务"属于附随义务且不是法律关系中的主义

---

[1] Alan Z. Rozenshtein, "Surveillance Intermediaries," *Stanford Law Review*, 70(1), 2018, pp.112~114.

务。民法的注意义务源于诚信原则，是伴随主义务产生的从义务，但也不能急于履行。《反电诈法》的看门人义务与民法的注意义务有相似之处，但也存在显著差异。两者的相似之处在于，类似于房屋租赁合同的履行，房东应监督租客不得在房屋内实施卖淫嫖娼等违法活动；平台亦属于网络空间的"房东"，同样需防范用户利用其账号和平台服务从事违法活动。两者的不同之处在于，民法注意义务的履行基于私主体间的契约关系；"合理注意义务"则是看门人在社会治理中行使社会权力的表现，体现着看门人的主体责任。看门人反诈义务的履行表现出更加主动、义务内涵日趋丰富、需投入更多治理资源、更强调在线控制的及时性、主要依靠技术反制措施等特性。这些特性蕴含着更多监管义务或第三方义务的成分，绝非单纯的注意义务，且与欧盟《数字服务法案》中的"勤勉尽责义务"（Due diligence obligations）存在异曲同工之处。对看门人"合理注意义务"的理解，不能拘泥于字面，而应从看门人规则的立法目的及整个规则体系出发作实质性解读，以"勤勉尽责"为义务履行的一般性标准。

第三，看门人技术支持和协助执法的具体要求有待立法明确。《网络安全法》第28条规定："网络运营者应当为公安机关、国家安全机关依法维护国家安全和侦查犯罪的活动提供技术支持和协助。"看门人对侦查机关技术支持和协助执法的具体要求尚缺乏明确的法律依据。2021年公布的《互联网信息服务管理办法（修订草案征求意见稿）》第22条规定，"技术支持和协助的具体要求，由公安机关、国家安全机关会同电信主管部门等有关部门另行制定"。该征求意见稿为此问题的立法完善留下伏笔。对此，应尽快制定此问题的制度依据，从法律上将公安机关刑事立案作为启动看门人技术支持和协助执法的一般性程序起点，并以"例外清单"形式明确看门人在刑事立案前的线索经营阶段提供方向性信息的案件类型及其具体要求。此外，还应进一步明确技术支持和协助执法的类型、内容、方式，明确执法机关控制指令的形式与下达方式、看门人的响应流程及时间要求、针对不同类型犯罪的信息提取要求等内容。

第四，用户合法权利的正当程序保障亟待完善。看门人规制的底层逻辑在于对用户的在线控制，在线控制往往通过算法决策实现，而算法偏误有时无法完全避免。在《反电诈法》的施行过程中，一旦看门人"限制电话卡功能、暂停物联网卡服务、限制或中止银行和支付业务、限制网络账号使用"

等处置不当或失误,必然影响用户正常经营和生活。《反电诈法》第 32 条规定:"……对涉诈异常情形采取限制、暂停服务等处置措施的,应当告知处置原因、救济渠道及需要提交的资料等事项,被处置对象可以向作出决定或者采取措施的部门、单位提出申诉。作出决定的部门、单位应当建立完善申诉渠道,及时受理申诉并核查,核查通过的,应当即时解除有关措施。"这不仅要求电信业务经营者、金融机构及互联网服务提供者在内控制度上尽快完善事关用户权益保障的告知、申辩、申诉、救济等程序规则,形成便捷高效的申诉渠道和核查机制;还要求看门人修正和完善数据监测模型,优化算法决策的科学性,提高技术反制措施的精准度。

总之,在看门人规制初步搭建的时代背景下,如何保障看门人规制依循法治轨道有序发展已成为数字法治建设的重中之重。这有赖于对元规制和自我规制的规范体系进行持续更新与完善,离不开元规制对看门人自我规制的指引、规范和约束,更离不开规制权力行使与用户权益保障的均衡发展。

互联网融资非法吸收公众存款罪中被告人认定

石家慧[*]

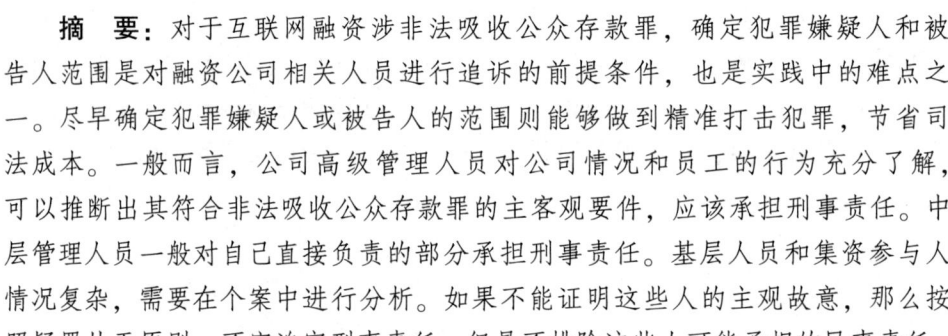

摘 要：对于互联网融资涉非法吸收公众存款罪，确定犯罪嫌疑人和被告人范围是对融资公司相关人员进行追诉的前提条件，也是实践中的难点之一。尽早确定犯罪嫌疑人或被告人的范围则能够做到精准打击犯罪，节省司法成本。一般而言，公司高级管理人员对公司情况和员工的行为充分了解，可以推断出其符合非法吸收公众存款罪的主客观要件，应该承担刑事责任。中层管理人员一般对自己直接负责的部分承担刑事责任。基层人员和集资参与人情况复杂，需要在个案中进行分析。如果不能证明这些人的主观故意，那么按照疑罪从无原则，不宜追究刑事责任，但是不排除这些人可能承担的民事责任。

关键词：互联网融资；非法吸收公众存款罪；被告人认定；共犯；被害人

一、引言

以 P2P 网贷为例的互联网融资，本质上是互联网与民间借贷相融合的产物。[1]现今大部分互联网融资公司一般都同时发展线上线下业务，先借助互联网、媒体、金融产品推介会等吸引潜在投资者投资，然后由公司进行再投资，用赚取的金额支付投资者利息。该种融资形式因为灵活性高且门槛低而

---

[*] 作者简介：石家慧，德国科隆大学法学博士，四川大学法学院助理研究员；四川省实证法学与智慧法治重点实验室成员。本文原载于《刑法论丛》2022 年第 1 期。

〔1〕参见姜涛：《互联网金融所涉犯罪的刑事政策分析》，载《华东政法大学学报》2014 年第 5 期。P2P 是英文 person-to-person（或 peer-to-peer）的缩写，意即个人对个人，是一种将小额资金聚集起来借贷给有资金需求的个人或企业的一种民间小额借贷模式。参见非法集资犯罪问题研究课题组：《涉众型非法集资犯罪的司法认定》，载《国家检察官学院学报》2016 年第 3 期。

吸引了大量闲置资金，论其能促进市场繁荣，本无可厚非。并且借助互联网传播优势，此类融资公司的集资能力较传统经营模式大大提高，动辄几百万元，多则上亿元。但是由于初期缺乏监管，公司经营不善以及犯罪分子趁机敛财等问题，网贷平台集中爆发了提现危机，对金融秩序造成恶劣影响。2018年6月1日至7月12日，全国有104家网贷平台"爆雷"。[1]其中有些公司违法经营、擅自使用投资资金等行为可能构成犯罪。例如2015年"e租宝"案，被爆非法集资500亿元。随着监管细则的出台，交易规模逐渐收紧。据报道，2019年四川有38家机构集体退出P2P网贷业务。截至2019年12月底，P2P网贷平台数量仅为343家，相比2018年底减少了678家。2019年全年网贷行业成交量达到了9645.11亿元，相比2018年全年网贷成交量（17 948.01亿元）减少了46.26%。2020年以来，网贷机构清退力度不断加大。例如，北京市发展和改革委员会在官方网站发布的《关于北京市2020年国民经济和社会发展计划上半年执行情况的报告》中提到，北京强化互联网金融风险专项整治。

随着政府对网贷行业整顿力度的不断加强，行业也变得越发正规。但是金融公司犯罪问题依然存在，其通常所涉罪名为集资诈骗罪和非法吸收公众存款罪。近年来中国刑法学界对于刑法介入此类金融犯罪的限度和方式多有讨论，[2]但是对被告人身份认定这一追诉的前提条件却讨论甚少。此类犯罪涉案人员在整个犯罪过程中扮演的角色并不如传统暴力类犯罪那样明确。融资公司一般都以法人形式存在，内部具有相对完整的架构层级。内部人员处于不同层级当中，不同层级的员工具有不同的分工，行为的具体内容可能有区别，而且对于自身行为的性质的认识也是不尽相同的。[3]以非法吸收公众存款罪为例，该罪中单个人员通常具有多重身份，可能既是集资参与人也是证人，部分集资参与人还可能拉拢、介绍、吸收别人投资，如果金额超过入罪标准，那么他们也可能成为被告人。这种身份的不确定性则会造成侦查起

---

〔1〕《42天104家P2P爆雷！7万亿资产、上千万受害人卷入！爆雷之后真的有晴天吗？》，载https://finance.ifeng.com/c/7efbm964V6S，最后访问日期：2023年3月25日。

〔2〕例如，参见邓超：《互联网金融发展的刑法介入路径探析——以P2P网络借贷行为的规制为切入点》，载《河北法学》2019年第5期。

〔3〕参见毛玲玲：《经济犯罪中共同犯罪问题的解决路径》，载《上海政法学院学报（法治论丛）》2017年第6期。

诉过程中实际操作不规范，而且涉案人员的诉讼权利也难以保障。所以，确定犯罪嫌疑人和被告人范围是对融资公司相关人员进行追诉的前提条件，也是实践中的难点之一。更早明确追诉人员范围不仅能够做到精准打击犯罪，而且利于司法机关集中力量，节省司法成本。鉴于此，本文将以非法吸收公众存款罪为例，结合罪刑法定原则重点讨论涉及融资公司非法吸收公众存款罪中被告人身份的认定。

二、单位犯罪规则的适用问题

《刑法》第 176 条规定了非法吸收公众存款罪，其第 2 款明确规定单位可以成为该罪主体。融资公司一般都是合法注册的法人，故在确认被告人时首先需要考虑是否能将相关法人作为单位犯罪主体处理。

至于融资公司是否满足成立单位犯罪的条件〔1〕，需要分两种情况进行分析。第一种情况，公司成立之初是为了经营融资业务，但是却以违法方式进行融资。〔2〕此时不宜认定为单位犯罪，而是应该按照自然人犯罪处理。2019 年最高人民法院、最高人民检察院、公安部印发的《关于办理非法集资刑事案件若干问题的意见》〔3〕作出了类似规定。第二种情况，公司成立之时另有主要营业范围，如房地产等，〔4〕或公司具有融资担保资质，但是后期超出允许营业的范围，无资质地吸收了公共存款。〔5〕此时则可以考虑成立单位犯罪。《关于办理非法集资刑事案件若干问题的意见》也再次强调："单位实施非法集资犯罪活动，全部或者大部分违法所得归单位所有的，应当认定为单位犯罪。"

---

〔1〕 参见最高人民法院发布的《关于审理单位犯罪案件具体应用法律有关问题的解释》《全国法院审理金融犯罪案件工作座谈会纪要》。

〔2〕 参见黄芳：《非法集资定罪困局之解析》，载《法律适用（司法案例）》2018 年第 24 期。

〔3〕 《关于办理非法集资刑事案件若干问题的意见》第 2 条是关于单位犯罪的认定："单位实施非法集资犯罪活动，全部或者大部分违法所得归单位所有的，应当认定为单位犯罪。个人为进行非法集资犯罪活动而设立的单位实施犯罪的，或者单位设立后，以实施非法集资犯罪活动为主要活动的，不以单位犯罪论处，对单位中组织、策划、实施非法集资犯罪活动的人员应当以自然人犯罪依法追究刑事责任。"

〔4〕 例如，于某忠、单位鹤岗市于生房地产开发有限公司非法吸收公众存款、逃税二审刑事裁定书，[2019] 黑 04 刑终 24 号；单位黑龙江豪庭房地产开发有限公司、李某峰集资诈骗、非法吸收公众存款、单位行贿二审刑事裁定书，[2018] 黑刑终 1 号。

〔5〕 例如，被告人黄某华、黄某某、被告单位湖南华友融资担保有限责任公司非法吸收公众存款一案一审刑事判决书，[2018] 湘 0211 刑初 213 号。

法院判决也证实了这种认定方法。以非法吸收公众存款罪为例，在威科先行数据库中输入关键词"非法吸收公众存款罪、单位"，共检索出 203 份判决书，其中 43 份判决书与单位犯罪无关，[1]其余 160 份判决中，单位被认定为被告并涉嫌非法吸收公众存款罪。[2]通过被告单位名称可以看出，除 45 个被告单位从事金融相关业务外，如投资担保公司，[3]大部分被告单位从事各种非金融业务，涉及房地产、[4]塑业、[5]生态农业开发、[6]私立学校、[7]艺术公司、[8]生物科技[9]以及化工[10]等领域。而如果仅仅在该数据库中搜索"非法吸收公众存款罪"，一共检索出 151 186 份判决书。[11]通过该巨大的数

---

[1] 该 43 份判决书因诸如"伪造公司、企业、事业单位"中的"单位"字样而被检索出，但是并无单位被告人。

[2] 数据来源：威科先行法律数据库，载 https://law.wkinfo.com.cn/judgment-documents/list?q=%E9%9D%9E%E6%B3%95%E5%90%B8%E6%94%B6%E5%85%AC%E4%BC%97%E5%AD%98%E6%AC%BE%20%E5%8D%95%E4%BD%8D%C7%81titleExtend：（%22E9%9D%9E%E6%B3%95%E5%90%B8%E6%94%B6%E5%85%AC%E4%BC%97%E5%AD%98%E6%AC%BE%20%E5%8D%95%E4%BD%8D%22）&tip=%E9%9D%9E%E6%B3%95%E5%90%B8%E6%94%B6%E5%85%AC%E4%BC%97%E5%AD%98%E6%AC%BE%20%E5%8D%95%E4%BD%8D，最后访问日期：2019 年 11 月 6 日。这 160 份判决中，并不都涉嫌以 P2P 的形式进行非法吸收公众存款。

[3] 被告单位沾化金桥投资担保有限公司、被告人韩某彩犯非法吸收公众存款罪一审刑事判决书，[2019]鲁 1603 刑初 72 号。

[4] 于某忠、单位鹤岗市于生房地产开发有限公司非法吸收公众存款、逃税二审刑事裁定书，[2019]黑 04 刑终 24 号；单位黑龙江豪庭房地产开发有限公司、李某峰集资诈骗、非法吸收公众存款、单位行贿二审刑事裁定书，[2018]黑刑终 1 号。

[5] 被告单位南京东泰新港塑业有限公司、被告人葛某禄等犯非法吸收公众存款罪一审刑事判决书，[2018]苏 0113 刑初 49 号。

[6] 被告单位运城市某生态农业开发集团有限公司、被告人张某某犯非法吸收公众存款罪一审刑事判决书，[2019]晋 0802 刑初 88 号。

[7] 被告单位怀化华美学校、被告人曾某非法吸收公众存款一审刑事判决书，[2018]湘 1221 刑初 30 号。

[8] 单位鹏华公司、胡某明等非法吸收公众存款二审刑事裁定书，[2018]沪 02 刑终 478 号。

[9] 单位铄洋生物科技（上海）股份有限公司、许某某非法吸收公众存款一审刑事判决书，[2018]沪 0117 刑初 1956 号。

[10] 单位上海凯欣化工贸易公司、卜某栋非法吸收公众存款一审刑事判决书，[2018]沪 0117 刑初 1264 号。

[11] 数据来源：威科先行法律数据库，载 https://law.wkinfo.com.cn/judgment-documents/list?rs=%E9%9D%9E%E6%B3%95%E5%90%B8%E6%94%B6%E5%85%AC%E4%BC%97%E5%AD%98%E6%AC%BEC7%81titleExtend：（%22E9%9D%9E%E6%B3%95%E5%90%B8%E6%94%B6%E5%85%AC%E4%BC%97%E5%AD%98%E6%AC%BE%22）&navSelected=legislation，最后访问日期：2019 年 11 月 6 日。

量差异可以看出，绝大部分非法吸收公众存款罪是按照自然人犯罪处理的。作为涉及融资平台非法吸收公众存款罪的典型案件，"e租宝"案涉及多个法人公司，但是最终涉案人员全部被认定为自然人。[1]虽然众多公司本身合法成立，但是其从事的业务从一开始就因无资质而是违法的，因此没有认定单位犯罪。

通过对上述两种情况的分析，可以看出，纯粹进行融资业务的公司如果因为没有经营资质而被认定为非法吸收公众存款罪，那么在原则上就排除了单位犯罪。但是如果公司合法从事其他业务，然后进行吸收公众存款，即使该公司同样不具有此类金融资质，却可能成立非法吸收公众存款罪的单位犯罪。针对单位犯罪的判定，《关于办理非法集资刑事案件若干问题的意见》赋予了办案人员自由裁量空间，要求办案人员"根据单位实施非法集资的次数、频度、持续时间、资金规模、资金流向、投入人力物力情况、单位进行正当经营的状况以及犯罪活动的影响、后果等因素综合考虑认定"单位是否构成犯罪。

值得注意的是，2022年修正的最高人民法院《关于审理非法集资刑事案件具体应用法律若干问题的解释》[2]（本文以下简称《非法集资案件的解释》）第3条不再就入罪标准区分自然人和单位，即，不论单位还是自然人，都按照第3条规定的统一入罪标准进行认定。此种修正虽然在一定程度上减轻了司法人员适用法律的压力，但是仍然要求司法人员对单位犯罪和自然人犯罪进行区分界定，因为这涉及涉案金额计算问题。

三、自然人犯罪中可能的被告人范围

如开篇所述，很多非法吸收公众存款案件都十分复杂，组织形式多种多样，涉案人员众多，并不能一概而论何人一定是被告人。某人是否构成犯罪的判断依据是犯罪构成要件。《刑法》第176条规定了非法吸收公众存款罪，并明确其客观构成要件为"非法吸收公众存款或者变相吸收公众存款"。《非

---

[1] 李某等非法吸收公众存款一审刑事判决书，[2017] 京0106刑初1010号。

[2] 《非法集资案件的解释》第3条第1款规定：" 非法吸收或者变相吸收公众存款，具有下列情形之一的，应当依法追究刑事责任：（一）非法吸收或者变相吸收公众存款数额在100万元以上的；（二）非法吸收或者变相吸收公众存款对象150人以上的；（三）非法吸收或者变相吸收公众存款，给存款人造成直接经济损失数额在50万元以上的。"

法集资案件的解释》第1条对该定义作出了较为具体的司法解释,第2条则对符合该条件的行为进行了不穷尽的列举,例如以投资入股或委托理财的方式非法吸收资金。[1]在主观构成要件方面,该罪要求行为人对实施具有违法性、公开性、利诱性和社会性的上述行为有主观故意。《关于办理非法集资刑事案件若干问题的意见》就犯罪人主观故意认定方面作出了进一步规定,详细列举了几项需要考虑的因素,即任职情况、职业经历、专业背景、培训经历、本人因同类行为受到行政处罚或者刑事追究情况以及吸收资金方式、宣传推广、合同资料、业务流程等,并要求办案人员结合相关人员的供述,进行综合分析判断。但是在实践中,案件情况和涉及的人员关系往往比较复杂,导致主观故意的认定仍然是一个办案难点和重点,需要根据人员在融资公司中的任职和发挥的作用进行综合考虑。一般涉及以下几类人员:公司发起人(通常为股东)、法定代表人、业务主管、总监、部门经理、分公司经理(如果存在分公司)、团队经理、业务员、行政人员、财政出纳等。

(一) 公司发起者、领导者和高级管理人员

公司发起者、领导者和高级管理人员一般是指公司股东(一般为发起人员)和法定代表人,总裁以及董事长等。这些人要么是在建立公司之初就设计公司的架构,并决定公司运营目的和业务,要么是在业务开展过程中决定公司发展方向。法院一般推定这类人对公司具有充分的了解。《关于办理非法集资刑事案件若干问题的意见》也规定此类人员是重点惩处对象。

例如,在"e租宝"案中,虽然各被告人(各涉案公司的总裁或副总裁)对"e租宝"产品公开性、利诱性、社会性的认识不存在争议,但是部分辩

---

[1]《非法集资案件的解释》第2条规定:"实施下列行为之一,符合本解释第一条第一款规定的条件的,应当依照刑法第一百七十六条的规定,以非法吸收公众存款罪定罪处罚:(一)不具有房产销售的真实内容或者不以房产销售为主要目的,以返本销售、售后包租、约定回购、销售房产份额等方式非法吸收资金的;(二)以转让林权并代为管护等方式非法吸收资金的;(三)以代种植(养殖)、租种植(养殖)、联合种植(养殖)等方式非法吸收资金的;(四)不具有销售商品、提供服务的真实内容或者不以销售商品、提供服务为主要目的,以商品回购、寄存代售等方式非法吸收资金的;(五)不具有发行股票、债券的真实内容,以虚假转让股权、发售虚构债券等方式非法吸收资金的;(六)不具有募集基金的真实内容,以假借境外基金、发售虚构基金等方式非法吸收资金的;(七)不具有销售保险的真实内容,以假冒保险公司、伪造保险单据等方式非法吸收资金的;(八)以网络借贷、投资入股、虚拟币交易等方式非法吸收资金的;(九)以委托理财、融资租赁等方式非法吸收资金的;(十)以提供"养老服务"、投资"养老项目"、销售"老年产品"等方式非法吸收资金的;(十一)利用民间"会""社"等组织非法吸收资金的;(十二)其他非法吸收资金的行为。"

护人根据钰诚集团的规模、媒体宣传等情况主张被告人无法认识到"e租宝"产品的违法性。法院则根据各被告人在金融业的从业经验,推定这些人应当知晓售卖该金融产品需要相应资质。而各被告人供认明知钰诚集团无金融资质或者未见过其金融资质。此外,各被告人还根据吸收存款的数量获得巨额工资提成,法院由此认定被告人在明知钰诚集团无金融资质的情况下,销售金融产品。[1]

而在另一个非法吸收公众存款案即李某翠案中,[2]纪某为北京天立鸿资产管理有限公司(本文以下简称"天立鸿公司")的法定代表人,与魏某和向某为该公司股东。郭某为总经理兼业务主管,李某翠和张某为分公司总经理,刘某为出纳和秘书。但是公诉机关仅指控了纪某和李某翠涉嫌非法吸收公众存款罪,而未对魏某和向某提出指控。郭某、张某和刘某仅被列为证人。限于此,法院也仅仅对纪某和李某翠作出了判决,指出"被告人纪某作为天立鸿公司的法定代表人、实际经营人,负责管理公司的人、财、物,公司的具体事宜都需要经过纪某的同意",从而认定其满足主观构成要件,构成该案主犯。被告人李某翠对其经手吸收的 302 万元公众存款具有主观故意。[3]一审判决之后,李某翠提出上诉,其中一条理由就是应追究其他人员的责任。而北京市第二中级人民法院给出的答复是"本案是否还有其他人员应承担法律责任,应以公诉机关的指控为前提,法院仅就公诉机关指控的事实进行审理"。[4]至于公诉机关为何没有对魏某和向某提出指控,判决中并未说明。[5]但是纪某辩称,投资款都会转给魏某一部分。此外,根据张某等人的证言,魏某作为大股东还曾召开会议保证公司运作正常,并以其名下房地产保证给集资参与人兑钱。如果证言属实,那么说明魏某对公司运营模式和运营情况充分了解,对非法吸收公众存款起到了促进作用,且从中获取了巨额利润。因此,其应该同纪某一样,承担刑事责任。此外,如果魏某转走投资额等相关行为满足《非法集资案件的解释》第 7 条集资诈骗罪的标准,那么不排除

---

〔1〕李某等非法吸收公众存款一审刑事判决书,[2017] 京 0106 刑初 1010 号。
〔2〕李某翠等非法吸收公众存款一审刑事判决书,[2017] 京 0101 刑初 82 号。
〔3〕李某翠等非法吸收公众存款一审刑事判决书,[2017] 京 0101 刑初 82 号。
〔4〕李某翠等非法吸收公众存款二审刑事裁定书,[2018] 京 02 刑终 254 号。
〔5〕张某在证言中提到魏某失联。判决未提及在审判之时魏某的状态。

魏某可能构成集资诈骗罪。[1]

(二) 中层管理人员

本文所称中层管理人员,一般是指在单位中除高层管理人员之外的具有一定管理职能,并能参与部分公司决策的人员,一般为部门经理或分公司经理等。例如前文李某翠案中的李某翠、张某和郭某。就中层管理人员而言,其主观心态并不一定都是故意,也可能是过失,或是既无故意也无过失。[2]且其并不一定对公司整个运作模式有充分的了解,需要在个案中具体分析。因为非法吸收公众存款罪是故意犯罪,所以只能追诉主观上具有故意的中层管理人员。

仍以李某翠案为例,李某翠经郭某介绍到天立鸿公司工作,并积极组织团队,拉拢投资,升任分公司总经理。其除工资外,还获得其团队投资的千分之一的业务提成。李某翠发展5名"团员队长",在团队长之下又发展业务员(即集资参与人),可见其对公司的运营模式充分了解。此外,公司要求所有集资参与人与公司签订劳务合同而非投资合同以规避金融监管,李某翠对此也照章执行。由此可见,李某翠应该能够通过该规定察觉出公司业务的违法性,但是仍然积极参与扩大公司非法吸收公众存款的规模。因此,应认定李某翠对非法吸收公众存款具有主观故意。法院也认定其对自己经手吸收的302万元公众存款起主要作用。[3]该认定并无不妥。

另一个分公司经理张某是经李某翠介绍到天立鸿公司工作的。根据其证言,其入职后便让亲戚朋友找公司进行投资,之后被提升为分公司总经理。此外,其也发展了自己的团队,成员有续某和王某1。这二人又发展了很多人。其根据公司的宣传向集资参与人确保资金安全。纪某和郭某认为其工作优秀进而决定在齐齐哈尔开分公司,让其担任分公司总经理。但是因为资金问题,该分公司只经营不到两个月就停业了。观其行为,与李某翠并无实质不同,同理可推断出张某主观上具有故意,客观行为也符合非法吸收公众存

---

[1] 向某情况不明,其在该犯罪中发挥何种作用无人提及,因此无法对其行为进行分析。

[2] 如前所述,虽然大部分非法吸收公众存款案件将行为主体认定为自然人,但是因其组织经营模式类似单位,对自然人主观的分析可以参照单位犯罪中的参与人员。其中部分中层管理人员的责任可以参照单位犯罪中的直接责任人员。参见石磊:《单位犯罪适用》,中国人民公安大学出版社2012年版,第121页。

[3] 李某翠等非法吸收公众存款一审刑事判决书,[2017]京0101刑初82号。

款罪的构成要件,因此,应该认定张某构成该罪既遂。之后齐齐哈尔分公司未能够正常开展业务,虽然吸收的公众存款不足 20 万元,但是已经算是着手实施,可以考虑认定张某构成非法吸收公众存款罪未遂。既遂吸收未遂,张某应被认定构成非法吸收公众存款罪既遂,而非仅仅作为证人。

郭某在天立鸿公司开始进行非法吸收公众存款之前就已入职,是李某翠和张某的上司。根据相关证言,郭某参与公司产品策划,担任销售经理,负责组织销售团队拉客户。也就是说,其对公司所售卖的理财产品非常熟悉,那么就应该推断出其满足主观构成要件。由于郭某在证言中并未提及其是否亲自拉拢客户,对于其客观行为的认定则依赖于共犯理论。但是根据其在公司中的职位和所起的作用,对其应该予以追诉。

(三) 基层人员

基层人员的构成更为复杂,可能包括普通业务员、行政秘书、财务出纳、技术人员等。中高层管理人员往往有相关从业经验,而这些基层员工则可以是毫无金融从业经验的普通公民,可能仅仅为了解决就业、挣到工资或是提成而为公司办事。[1] 所以,这些普通业务员并不一定清楚也可能不关心公司是否具有资质。此外,高层管理人员现在也越发精英化和专业化,有些在社会上还具有一定影响力,对于非专业人员具有较强的迷惑性。[2] 对此,司法人员应该认真甄别业务员的主观状态和客观行为,做到主客观相符合。这也符合《关于办理非法集资刑事案件若干问题的意见》中提到的"宽严相济"的刑事政策。

如果在调查取证过程中,业务员坦白自己知晓公司无资质,或是通过其他涉案人员的证词的相互印证可以确定某业务员知晓公司无资质,那么就可以认定该人员具有非法吸收公众存款罪的主观故意。此外,类似前文对于李某翠的主观推断,如果公司的一些要求明显具有违法性或是试图规避法律,例如吸收到的存款进入私人账户而非公司账户,或是没有正规投资合同等,按照理性第三人的标准,业务员应该能够察觉出公司异常,但是如果其继续按照公司指令工作,那么也可以推断其知晓业务的违法性。根据《关于办理

---

〔1〕 参见司伟攀:《非法集资犯罪若干问题研究》,载《法律适用》2017 年第 5 期。
〔2〕 非法集资犯罪问题研究课题组:《涉众型非法集资犯罪的司法认定》,载《国家检察官学院学报》2016 年第 3 期。

非法集资刑事案件若干问题的意见》第4条所列内容，办案人员综合分析各种情况从而认定犯罪嫌疑人、被告人是否具有非法吸收公众存款的犯罪故意。但是在实践中，司法机关仍然很难具有说服力地推断基层人员具有非法吸收公众存款罪的主观故意。该罪的主观内容要求业务员知晓公司不具有资质。公司资质是一个事实问题，且具有一定的隐蔽性，要证明某人是否知晓某件事实是非常困难的。如果业务人员声称相信（或至少无法证明其不相信）公司中高层管理人员所言的盈利方式合法，并相信客户真的能够通过投资获利，那么此时其就不满足非法吸收公众存款罪的主观要件。[1]尽管《非法集资案件的解释》第2条列举了可以认定非法吸收公众存款罪的几种情形，但是这几种情形也并不能具有说服力地推断出相关人员明知公司不具有资质。该解释第1条和第2条更类似对客观构成要件的解读，并未提及主观方面。可以看出，最高人民法院试图通过司法解释的方式弱化该罪中的主观要件，从而降低法律适用难度。但是这不乏违背主客观一致的嫌疑。

更难以证明的则是例如秘书等行政人员。这些人员并没有如业务人员一样"出门跑业务"，没有具体拉拢客户，例如李某翠案中的刘某。其任秘书和出纳，仅仅负责收客户的钱，按照公司安排转账，并保管合同。很难通过刘某行为认定其对公司违法经营是明知的。不能仅以员工实际上提供了帮助行为，就认定其主观上具有共同犯罪故意。[2]按照疑罪从无的原则，不能对其按照非法吸收公众存款罪进行追诉。

反观域外，德国联邦最高法院在一个涉及以公司形式进行诈骗的案例中，[3]判处全职秘书被告人P为诈骗罪的帮助犯。P负责公司与买卖和合同相关的日常事务。此外，其还负责敷衍安抚那些因为没有按照合同收到费用的被害人。判决认定P作为行政人员是明知或是至少应该能预料到公司在未来无法支付相关费用的，但是直到2010年初公司仍然以高于市场价的价格售卖车辆并签订广告合同。因此，P构成诈骗罪的帮助犯。[4]此处法院可以从P的行

---

　　[1] 但是这并不能完全排除这些人可能在民事上承担的赔偿责任。具体民事责任参见本文第五部分"民事赔偿责任对刑事追诉的补充"。
　　[2] 参见司伟攀：《非法集资犯罪若干问题研究》，载《法律适用》2017年第5期；参见李彦林：《当前非法集资犯罪案件存在的若干法律适用问题》，载《中国检察官》2013年第3期。
　　[3] 德国法中并无"非法吸收公众存款罪"这一罪名，所以此处以有组织的诈骗罪为例。
　　[4] 参见德国联邦最高法院判例：BGH NStZ 2016, 280.

为直接推定其具有诈骗故意。从这个角度而言，李某翠案中的刘某在纪某被逮捕前两个月就知道公司已经不能再给集资参与人发放利息了。可见，刘某是否能构成非法吸收公众存款罪的帮助犯也是存在讨论空间的。

在基层人员无法被证明实施了非法吸收公众存款行为的时候，可以根据个案情况考虑其是否成立诈骗罪或是集资诈骗罪。一般而言，诈骗类犯罪的证明标准要高于非法吸收公众存款罪，但是《非法集资案件的解释》第 7 条对于如何认定"以非法占有为目的"作出了具体的规定。[1]也就是说，法官可以明确根据相关人员的行为直接推定其主观内容，客观行为与主观故意之间具有直接对应关系。这反而比确认非法吸收公众存款罪的主观内容更加容易。这是因为非法吸收公众存款罪要求根据基层人员的客观行为解读出其是否知晓公司资质这一事实，而这二者之间不必然互相关联。也就是说，无论涉案人员做了什么，其都可能不知晓公司无资质这一事实。

四、集资参与人为被害人的认定

现今学界部分观点是完全否认集资参与人是非法吸收公众存款罪的被害人。[2]该观点主要从五个方面进行了论述：第一，最高人民法院、最高人民检察院、公安部《关于办理非法集资刑事案件适用法律若干问题的意见》（本文以下简称《非法集资案件的意见》）使用了"集资参与人"这一概念，而非被害人；第二，非法吸收公众存款的行为侵害了我国的金融管理秩序而不是非集资参与人的财产所有权；第三，对集资款的返还只是为了满足化解社会矛盾、维护社会稳定的需要，并不能成为认定非法吸收公众存款案件集资参与人属于刑事被害人的依据；第四，对非法吸收公众存款案件中的主动参

---

〔1〕《非法集资案件的解释》第 7 条第 2 款规定："使用诈骗方法非法集资，具有下列情形之一的，可以认定为'以非法占有为目的'：（一）集资后不用于生产经营活动或者用于生产经营活动与筹集资金规模明显不成比例，致使集资款不能返还的；（二）肆意挥霍集资款，致使集资款不能返还的；（三）携带集资款逃匿的；（四）将集资款用于违法犯罪活动的；（五）抽逃、转移资金、隐匿财产，逃避返还资金的；（六）隐匿、销毁账目，或者搞假破产、假倒闭，逃避返还资金的；（七）拒不交代资金去向，逃避返还资金的；（八）其他可以认定非法占有目的的情形。"

〔2〕例如，参见司伟攀：《非法集资犯罪若干问题研究》，载《法律适用》2017 年第 5 期，以及非法集资犯罪问题研究课题组：《涉众型非法集资犯罪的司法认定》，载《国家检察官学院学报》2016 年第 3 期；参见时方：《非法集资犯罪中的被害人认定——兼论刑法对金融投机者的保护界限》，载《政治与法律》2017 年第 11 期；参见郑旭：《非法吸收公众存款罪若干问题研究》，载《上饶师范学院学报》2017 年第 5 期。

与人,应尊重其意思自治并结合金融领域特有的投机规则,不宜作为刑事被害人认定;[1]第五,出于诉讼效率的考量,[2]《关于办理非法集资刑事案件若干问题的意见》第 10 条赋予了集资参与人代表人向法院提出意见和建议的权利,以及经法院准许可以参加或者旁听庭审,但是不能提起附带民事诉讼。这等同于变相否认集资参与人的被害人身份。

笔者并不赞同完全否认集资参与人的被害人地位。首先,《非法集资案件的意见》和《关于办理非法集资刑事案件若干问题的意见》都赋予了"集资参与人"参与诉讼的权利,这说明司法机关并未完全否认其被害属性。如果能够发展出一套明确的标准对集资参与人这一群体加以区分,那么并不排除部分集资参与人属于被害人。其次,非法吸收公众存款罪的保护客体确实是我国的金融管理秩序。但是保护金融管理秩序难道不包括对公民投入金融市场的财产进行保护吗?公民的财产权是金融市场存在的基础,没有财产权何谈金融。此外,笔者认为,恰恰是返还集资款的行为证明了集资人的被害人属性。如果不是被害人,那么返还集资款的法律基础是什么?也就是说,如果不是法定的刑事诉讼参与人,那么司法机关以什么理由在刑事诉讼框架下处理"不相干的人"的损失?此时,司法机关应该只能以犯罪所得的名义对相关集资款进行扣押,集资参与人通过民事诉讼请求返还。这样既不利于对被害人权利的保护,也增加了诉讼成本。至于意思自治的问题,其应该是区分刑民案件之后的考量,而不能作为区分刑民案件的理由。例如,甲和乙约定,让乙杀了自己。如果甲因此死亡,乙依然成立故意杀人罪,甲依然是被害人。退一步而言,就算要在非法吸收公众存款案中考虑集资参与人的意思自治,也是考虑其意思自治是否受到损害,例如是否受到蒙蔽。但是在金融涉众案件中,可以考虑让符合条件的集资被害人自愿决定是否成为相关程序的被害人。诉讼效率是一个实际的问题,此问题在集资参与人员众多的情况下尤其突出。但是并不能以实际操作中存在困难为由否定应然层面的法律认定。司法实践中针对操作困难可以考虑其他的解决方案,而不是粗暴地否定集资人的"被害性"。对于涉众的非法吸收公众存款案件,司法机关可以开设

---

[1] 参见时方:《非法集资犯罪中的被害人认定——兼论刑法对金融投机者的保护界限》,载《政治与法律》2017 年第 11 期。

[2] 参见非法集资犯罪问题研究课题组:《涉众型非法集资犯罪的司法认定》,载《国家检察官学院学报》2016 年第 3 期。

专案网页，实时发布案件进展，例如，在不危及侦查起诉的情况下公开案卷等；也可以定时召开案件发布会，与集资参与人面对面交流，消除后者的疑虑。通过提高集资人对诉讼的参与度，也有利于提高诉讼的公信力，降低集体上访的概率。

全面否认损失大量财产的集资参与人的被害人属性，是违反公众的普遍认知的。当然，笔者也并不认为所有集资参与人都是被害人。所以，解决问题的关键还在于是否可以发展出一套标准对集资参与人进行分类处理。

笔者将非法吸收公众存款罪中的集资参与人分为三类。第一种集资参与人仅仅自己进行了投资。在融资公司资金链断裂，无法返本付息时，犯罪行为人的行为直接导致了集资参与人的财产损失。此种集资参与人一般应该在非法吸收公众存款案件中被认定为被害人。相应的，其具有向犯罪行为人索赔的权利。在非法吸收公众存款案件的判决书最后，法官一般会同时判决继续追缴被告人违法所得，发还给集资参与人，如"e租宝"案，[1]或是判决各个被告人退赔集资参与人的金额，如李某翠案。[2]

第二种集资参与人进行了投资，但是因为投资时间较早或在融资公司资金链断裂前及时收回了本金，实现了"回本"，甚至按照约定赚取了一部分利息。如果单纯从金钱损失角度而言，此种集资参与人并未遭受财产损失，甚至有盈利。直观来看，此种集资参与人貌似没有"被害"。但是如果仅仅依据金钱的损失而认定被害人则会导致刑法对非法吸收公众存款案件中被害人的认定完全取决于融资公司市场发展的偶然性，[3]这种标准会增加法律的不确定性。

在德国涉及资本诈骗的案件，例如庞氏骗局，也涉及这个问题。早期集资参与人可能是获利的，而后期的集资参与人则可能在骗局崩溃后血本无归。德国学界主流观点将不同的诈骗行为分为承诺式诈骗（Eingehungsbetrug）和履约式诈骗（Erfüllungsbetrug）。[4]前者是指在投资合同成立之时，诈骗罪既

---

〔1〕 李某等非法吸收公众存款一审刑事判决书，[2017] 京 0106 刑初 1010 号。

〔2〕 李某翠等非法吸收公众存款一审刑事判决书，[2017] 京 0101 刑初 82 号。

〔3〕 Karl-Ernst Jaath, *Zur Strafbarkeit der Verbreitung unvollständiger Prospekte über Vermögensanlagen*, in: Ernst-Walter Hanack, Peter Rieß und Günter Wendisch（eds.）, *Festschrift für Hanns Dünnebier zum 75. Geburtstag*, De Gruyter, 1982, p. 591.

〔4〕 其他形式的诈骗包括非合同式诈骗，如骗取占有。Urs Kindhäuser, *NK-StGB*, Nomos, 5. Aufl., 2017, § 263, Rn. 313ff.

遂,并产生了损失。[1]损失数额根据合同成立的时间点进行计算,而对所投资的产品之后在经济市场上的发展趋势则不再考虑。[2]至于之后集资参与人事实上是赚是赔并不影响合同成立之时对诈骗的认定。[3]例如在期权投资中,可能投资者最终获利但同样存在欺诈。[4]后者是指投资合同签订之后,犯罪行为人不履行约定,或是履行的质量低于合同的约定,或是被害人承担了更多的义务。[5]此时则根据实际支付的情况计算损失。[6]

如果想要将该理论类比用于分析非法吸收公众存款案件中的被害人的财产损失,那么首先要分析融资公司的非法吸收公众存款行为是承诺式的还是履约式的。如前所述,此类公司往往是从一开始就不具有吸收公众存款的资质。也就是说,行为人在与集资参与人签订合同之时(如果投资数额超过20万元),就构成非法吸收公众存款罪的既遂,[7]其非法吸收公众存款的数额就是合同中的投资额。而由于该投资额直接来源于集资参与人,那么集资参与人就应该被认定为被害人。即使公司后期如约支付了利息,也不能掩盖行为人没有相应资质而吸收公众存款的违法行为。集资参与人之后实际的赚与赔,并不影响行为人非法吸收公众存款罪的成立。从这一角度而言,非法吸收公众存款更类似履约式的犯罪行为。

我国刑法中的非法吸收公众存款罪与德国法中的诈骗罪的一处不同在于,德国法中诈骗罪以被害人财产损失为犯罪构成要件之一,所以在德国,如果要认定诈骗罪,必须首先认定财产损失额。而我国《刑法》第 176 条规定的非法吸收公众存款罪并不以集资参与人的实际财产损失为犯罪构成要件,而是强调行为人的资质缺乏。所以在我国,即使非法吸收公众存款罪既遂,也不一定存在财产损失。换言之,要成为非法吸收公众存款案件的被害人,不

---

[1] Wolfgang Joecks, *Studienkommentar-StGB*, C. H. Beck, 13. Aufl. , 2021, § 263, Rn. 89ff. ; Urs Kindhäuser, *NK-StGB*, § 263, Rn. 316.

[2] RGSt 49, 21, 25; BGH NJW 1982, 1165; StV 2011, 726, 727; NStZ 2013, 711, 712.

[3] Scheu, JR 1982, 121, 122; Alexander Worms, *Anlegerschutz durch Strafrecht*, Deubner, 1987, p. 191.

[4] *Rochus*, NJW 1981 736, 737.

[5] Wolfgang Joecks, *Studienkommentar-StGB*, § 263, Rn. 92ff. ; Urs Kindhäuser, *NK-StGB*, § 263, Rn. 327; Samon/Günther, *SK-StGB*, Carl Heymanns, 9. Aufl. , 2017, § 263, Rn. 169.

[6] Oliver Borchard, *Gehalt und Nutzen des § 264a StGB*, Cuvillier Verlag, 2004, p. 131.

[7] 如果行为人总计非法吸收公众存款 19 万元,那么行为人则可能仅承担民事责任,而无刑事责任。此时自然不存在被害人。

一定遭受财产损失。如果行为人虽然非法吸收公众存款,但是却尽心经营,让集资参与人盈利,那么合同中的投资额仍然算是行为人非法吸收公众存款的数额,与入罪和量刑相关,但是不一定就等同被害人的财产损失。[1]综上所述,即使集资参与人盈利,也应该算是非法吸收公众存款案件中的被害人,只是此时其并不存在财产损失。

还有一种解释方法就是完全按照德国的承诺式诈骗中对财产损失的认定的方法进行,将合同订立之初的投资额视为被害人的财产损失。在一个案件中,新会员支付的金额被行为人支付给之前的老会员作为投资利润、利息等。德国联邦最高法院曾有判例认定此种骗局中的全部投资金额为损失额。[2]判决依据是新会员投资的财产应该被视为"受到威胁的"损失(Gefährdungsschaden)。这种损失是指财产虽然尚未丧失,但是却面临即将丧失的具体威胁。[3]如果财产马上就要遭受经济上的不利后果,例如合同内容会导致被害人丧失财产,那么一般会认定存在丧失的具体威胁。[4]将即将丧失的财产视为损失的做法也多次被德国联邦宪法法院认定合宪。在这种骗局中,老会员前期是按照合同约定获利,有部分会员则回收了部分投资额,而新的会员可能血本无归。而骗局何时崩溃完全依赖于偶然性的因素。如前文所述,这种后期发展中的偶然性不应该影响对罪行的认定。签订合同之后行为人对老会员支付回报的行为并不能影响其诈骗罪的定性,而是算作犯罪后的弥补,进而可能会在量刑阶段被加以考虑。[5]而且会员的具体收支情况会影响之后的获赔金额。例如,在一个雪球骗局中,集资参与人共投资 15 260.87 欧元。在破产程序开启之前,其共收到 12 782.30 欧元"利润"。民事法院认定的损失为 248 757 欧元。[6]该"受到威胁的"损失理论可用于非法吸收公众存款案件中行为人不尽心经营,用新集资参与人的投资返还之前集资参与人利息的情况,如前文所提的李某翠案。[7]那此时可以认定投资合同中的投资额为被害人的财产损失,对于行为人以利息形式返还的部分则认定为对被害人的补偿。被害人的

---

[1] Alexander Worms, *Anlegerschutz durch Strafrecht*, pp. 192~193.
[2] Urs Kindhäuser, *NK-StGB*, § 263, Rn. 319a.
[3] BGH NJW 2002, 905, 907; NStZ-RR 2007, 236, 237.
[4] BGHSt 21, 112, 113; 51, 165, 177; NStZ 1996, 203; 2003, 546, 548; 2004, 264, 265.
[5] 参见德国联邦最高法院判例:BGHSt 53, 199.
[6] 但是因为行为人财产不足以清偿所有负债,因此原告只能按照破产程序确定的比例获得赔偿。
[7] 李某翠等非法吸收公众存款一审刑事判决书,[2017] 京 0101 刑初 82 号。

投资额与行为人给予其的补偿额的差额才是被害人可以求偿的数额。

上述两种解释方法对于实际操作和集资参与人最终应该获赔的数量认定并无影响。如果集资参与人最终是盈利的，那么就算诉讼赋予其被害人的地位，其也因为没有财产损失，或是损失已被补偿而丧失了求偿权，对诉讼不会产生任何影响。此外，这种情况下，集资参与人也没有动机耗时耗力地参加诉讼。

第三种集资参与人不仅自己进行了投资，还拉拢、介绍、吸收别人投资，所得资金超过了司法解释规定的入罪门槛的金额（20万元）。《关于办理非法集资刑事案件若干问题的意见》则否认了"为非法集资活动提供帮助并获取经济利益的单位和个人"作为集资参与人参与诉讼的权利。对此，首先需要考查集资参与人此时的主观要件。具体标准可以参考上一小节关于"基层人员"主观方面的认定。集资参与人可能不清楚也不关心公司是否具有资质，或是被公司误导而误认为公司具有资质，为了提高返利比例而拉拢、介绍、吸收其他集资参与人。同样，司法机关往往很难证明其对非法吸收公众存款具有主观故意。如果无法证明此类集资参与人对于非法吸收公众存款具有主观故意，那么根据疑罪从无原则，不宜对其追究刑事责任。此外，在客观要件方面，还需要注意《非法集资案件的解释》第1条规定的例外情况，即，未向社会公开宣传，在亲友或者单位内部针对特定对象吸收资金的，不属于非法吸收或者变相吸收公众存款。

五、民事赔偿责任对刑事追诉的补充

如前文分析，按照主客观相符合的原则，在无法证明相关人员具有主观故意的情况下，无法对其进行刑事追诉。但是，不追究刑事责任并不排除其可能承担的民事赔偿责任。

追究民事责任和计算求偿额的基础是签订的投资合同。但是，《民法总则》（已失效）第8条规定："民事主体从事民事活动，不得违反法律，不得违背公序良俗。"非法吸收公众存款案件中签订的合同作为犯罪工具和手段可能因为违背公序良俗而无效。按照一般原则，被害人有权要求行为人返还之前基于此无效合同进行的投资。但是非法吸收公众存款案件的特殊之处在于其通常涉众广泛，众多的参与者有些明知或是本应该明知这是一个骗局或是违反公序良俗，但是因高额利益的诱惑仍然参与其中。如果法律支持返还这

些人的投资，那么这些参与者则不承担任何损失，这会助长其投机心理，使之继续参与下一个非法吸收公众存款行为，引发犯罪。但是，如果认定其因追求违反公序良俗的利益而签订合同，并因此丧失求偿权，那么融资公司中没有被追究刑事责任的员工则不用承担任何责任，甚至还可以保留之前挣到的工资和提成。这是一个两难境地。

德国作为典型的大陆法系国家，同样面临类似情况。《德国民法典》第138条规定违反公序良俗的法律行为无效。而庞氏骗局中的投资合同则公认地违反公序良俗。[1]因此，此类合同无效。这就涉及《德国民法典》第817条，即，如果合同一方明知合同违反法律或者公序良俗，仍然签订合同，那么其返还请求权便被排除。

德国法院就对庞氏骗局如何理解并适用上述两条文曾产生分歧。2005年5月，科隆高院对一个庞氏骗局作出了判决。在本案中，原告向被告支付了1万欧元，并在之后起诉请求返还。科隆高院认为原告明知这是一个骗局。原告参与骗局则是对该骗局的支持，从而令该骗局能够继续维持，并吸引更多人参与。[2]因此，科隆高院适用《德国民法典》第817条，排除了原告的求偿权。[3]此外，科隆高院还强调了个人责任，即自愿签订违反公序良俗的合同的，不受法律保护，自担风险。[4]此时参与人遭受的损失应被视为一种处罚。[5]科隆高院认为这将有利于制止公民参与此类活动。[6]此观点也得到部分学者的支持，他们指出，骗局参与人在明知违反公序良俗但仍然参与的，适用《德国民法典》第817条，不具有求偿权。[7]

但是，在同年11月，德国联邦最高法院就库布伦茨市的一个骗局作出的判决认定原告具有请求权。[8]其认为原告向被告支付金额并不能说明原告直

---

[1] 例如，德国联邦最高法院判例：BGH, NJW 2005, 3290, 3290.

[2] OLG Köln, NJW 2005, 3290, 3290.

[3] OLG Köln, NJW 2005, 3290, 3291.

[4] OLG Köln, NJW 2005, 3290, 3292.

[5] OLG Köln, NJW 2005, 3290, 3292.

[6] OLG Köln, NJW 2005, 3290, 3291.

[7] Adrian Schmidt-Recla, "Von Schneebällen und Drehkrankheiten—Vergleichende Überlegungen zur Restitutionssperre des § 817 S. 2 BGB", JZ 2008, p. 60.

[8] BGH, NJW 2006, 45.

接追逐了违反公序良俗的利益,原告更多的是处于一个被动的地位。[1]参与者中大部分是被发起人利用,从而损失了自己的投资金额。德国联邦最高法院承认,在此类情况下,《德国民法典》第138条与第817条发生了冲突。如果适用第817条,就意味着"上家"和发起人可以继续持有以违法公序良俗方式获得的利润。这等同于是对骗局的邀请。[2]因此,德国联邦最高法院认定,应该适用第138条,支持原告的求偿权。该观点得到了之后类似判决的支持。2006年的同类案件中,科隆高院承认了德国联邦最高法院的判决,更改了自己的观点,其认定,虽然合同按照《德国民法典》第138条的规定违反公序良俗,但是也不能适用第817条排除原告的求偿权。[3]同时指出,在民事赔偿方面,不区分骗局发起人和参与者,因为赔偿的目的是阻止每一个参与人参与到骗局中。[4]在另一个案件中,德国联邦最高法院强调,骗局中的每一个参与人都有权请求上家赔偿,但同时需要赔偿自己的下家。[5]在该案中,原告向被告支付了2500欧元,又从自己的下家处收到了1250欧元。德国联邦最高法院判决,被告需向原告偿还1250欧元,而下家遭受的损失则由被告代位承担。[6]解决非法吸收公众存款案件中不被追究刑事责任但是却参与拉拢投资的人的赔偿问题可以借鉴该做法。

六、结语

非法吸收公众存款罪对被告人的确认与其他犯罪一样,需要严格遵循罪刑

---

[1] BGH, NJW 2006, 46.

[2] BGH, NJW 2006, 46.

[3] OLG Köln, NJW 2006, 3288, 3289 („ Danach ist bei derartigen Spielen nach dem Schneeballsystem ausnahmsweise die Kondiktionssperre gem. § 817 S. 2 BGB nicht anwendbar. ").

[4] OLG Köln, NJW 2006, 3288, 3289 („ Auch wenn die Bekl. nicht zu den Initiatoren des Schenkkreises zählen, sind sie nicht schutzwürdig. Die der Entscheidung zu Grunde liegende Intention, derartige Spiele zu unterbinden, indem an dem erlangten Geld keine gesicherte Rechtsposition entstehen soll, rechtfertigt keine differenzierte Betrachtung der Spieler und der Initiatoren. ").

[5] BGH, NJW 2008, 1942, 1943 („ Dementsprechend stand jener anderen Mitspielerin gegen die Kl. ihrerseits ein Bereicherungsanspruch auf Rückerstattung dieser Zuwendung zu. Es gelten insoweit die gleichen Grundsätze wie für den Bereicherungsanspruch der Kl. gegen die Bekl., nur mit umgekehrtem Vorzeichen. "). 德国联邦最高法院在2009年的判决中再次强调了这一点。BGH, NJW-RR 2009, 345.

[6] BGH, NJW 2008, 1942, 1943 („ Die Aufrechnung beruhte darauf, dass die Kl. ihrerseits von einer weiteren Teilnehmerin eines „ Schenkkreises" eine Zuwendung in Höhe von 1250 Euro erhalten hatte. Den Rückforderungsanspruch jener anderen Mitspielerin hatte sich die Bekl. abtreten lassen. ").

法定原则[1]和疑罪从无原则。只有涉案人员的主客观要件都符合《刑法》第 176 条非法吸收公众存款罪的规定，才能追究相关人员的刑事责任。

本文结合大量案例和融资公司非法吸收公众存款罪的特点，对如何确定非法吸收公众存款罪中涉案人员的被告人身份作了详细的论述并提出了判断标准。一般而言，公司高级管理人员对公司情况和员工的行为充分了解，可以推断其符合非法吸收公众存款罪的主客观要件，应该承担刑事责任；中层管理人员一般对自己部门或所管业务充分了解，一般可以推断其对自己直接负责的部分承担刑事责任，李某翠案即是如此；基层人员和集资参与人的情况更为复杂，需要在个案中进行分析。如果不能证明这些人的主观故意，那么按照疑罪从无原则，不宜追究其刑事责任，但是不排除这些人可能承担的民事责任。只有根据涉案人员所起的作用精准甄别其主客观情况，确定各自的涉案金额，才能实现对此类犯罪的精准打击，做到量刑恰当、不枉不纵，做到惩处少数、教育挽救大多数。

---

[1] 参见王新：《非法吸收公众存款罪的规范适用》，载《法学》2019 年第 5 期。

电信网络诈骗犯罪联合惩戒机制的问题检视和完善路径

严 磊[*]

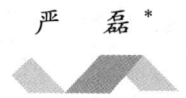

摘 要：电信网络诈骗犯罪联合惩戒机制将金融惩戒、电信网络惩戒和信用惩戒措施融入犯罪治理领域，并通过《电信网络诈骗及其关联违法犯罪联合惩戒办法（征求意见稿）》对相关措施的实体内容和适用程序进行了规定。电信网络诈骗犯罪联合惩戒机制的建立实现了治理主体从单一到多元、治理措施从简单到有效和治理程序从缺位到规范的转变，反映出国家对电信网络诈骗犯罪认识程度的深入和治理理念的升级。然而，从现有规定看，电信网络诈骗犯罪联合惩戒机制尚且存在主体关系定位不明、实体措施超出限度和程序规则不够详细的问题。对此，应当通过明确参与部门的功能定位、细化惩戒措施的实体内容和完善机制运行的程序规则等手段予以应对，进而提升电信网络诈骗犯罪治理的实际效能。

关键词：电信网络诈骗犯罪；联合惩戒；《电信网络诈骗及其关联违法犯罪联合惩戒办法（征求意见稿）》；综合治理

"推进国家治理体系和治理能力现代化，势必要求对国家的行政制度、决策制度、司法制度、预算制度、监督制度等进行突破性的改革。"[1]随着网络

---

[*] 作者简介：严磊，温州大学法学院讲师，清廉温州建设研究中心研究人员，法学博士。基金项目：【GDJC2024027B】广东省人民检察院2024年度检察理论研究课题"总体国家安全观视域下电信网络诈骗犯罪的刑事程序治理研究"。

[1] 俞可平：《推进国家治理体系和治理能力现代化》，载《前线》2014年第1期。

技术的不断发展，以电信网络诈骗犯罪[1]为代表的新型网络犯罪日益猖獗，严重侵害了公民财产权利和国家长治久安。与此同时，电信网络诈骗犯罪手段的专业性、过程的隐蔽性和后果的严重性导致传统的犯罪治理机制难以有效应对。基于此，公安部会同有关部门起草了《电信网络诈骗及其关联违法犯罪联合惩戒办法（征求意见稿）》（本文以下简称《办法》）[2]，明确对电信网络诈骗及其关联犯罪可以在传统的刑罚和行政处罚措施之外适用金融惩戒、电信网络惩戒和信用惩戒等综合治理措施。[3]这意味着电信网络诈骗犯罪治理机制逐步实现了从主要依靠刑法到追求综合治理的转型。在此过程中，电信网络诈骗犯罪治理呈现出主体多元化、措施有效化和程序规范化的发展趋势，切实提升了犯罪治理的实际效能。然而，现有的电信网络诈骗犯罪联合惩戒机制还存在着主体协作不够密切、适用措施不够有效和程序规则不够细化等问题。对此，需要以犯罪治理理论为指导，继续汲取实践中的有益经验，从加强主体协作、提升措施效果和完善程序规定三个角度入手，优化现有的电信网络诈骗犯罪联合惩戒机制（本文以下简称"联合惩戒机制"）。

一、电信网络诈骗犯罪联合惩戒机制的探索意义

联合惩戒机制经由《反电信网络诈骗法》第31条初步规定和《办法》具体细化而形成，是犯罪综合治理理念在电信网络诈骗犯罪治理领域的深刻体现。根据《办法》的明文规定，联合惩戒机制由公安机关、金融管理部门和网络管理部门等主体共同运行，兼采传统的刑事处罚措施和新型的治理措施，并按照严格的程序规范适用。这意味着电信网络诈骗犯罪治理实现了治理主体从单一到多元，治理措施从简单到有效和治理程序从缺位到规范的转变。

（一）治理主体从单一到多元

在传统犯罪治理领域，参与犯罪治理的主体主要是司法机关和执行机关，

---

[1] 需要说明的是，本文主要从犯罪人处遇的角度进行探讨，即以行为人被定罪为前提且将电信网络诈骗犯罪的关联犯罪纳入了电信网络诈骗犯罪的行为束中。

[2] 截至收稿，《办法》仍处在征求意见阶段，故本文主要针对以《办法》的征求意见稿为核心的电信网络诈骗犯罪联合惩戒机制进行解读，在内容上可能与正式出台的规范性文件有所差距，但分析的思路仍可以发挥一定的作用，特此说明。

[3] 《办法》第5条规定："惩戒措施包括金融惩戒、电信网络惩戒、信用惩戒。"

前者负责对相关行为进行定罪处罚，而后者负责将所判处的刑罚付诸具体执行。总体而言，参与犯罪治理的主体是较为单一的，诸多承担社会管理职能的部门没有充分融入犯罪治理体系之中。这不但显著减少了犯罪治理所能利用的资源，而且难以有效处理带有行业性和专业性问题的案件。究其原因，主要在于过去犯罪治理的手段较为单一，其他部门缺乏融入犯罪治理体系的渠道。在此背景下，《反电信网络诈骗法》的出台明确了金融、电信、网信、市场监管等有关部门应当履行自身职责，处理好本部门范围内的电信网络诈骗行为，并为电信网络诈骗行为的综合治理提供助力。[1]这为其他部门参与电信网络诈骗犯罪治理疏通了渠道，联合惩戒机制初现雏形。此后，《办法》就工业和信息化部、中国人民银行、电信业务经营者和互联网服务提供者等主体如何参与电信网络诈骗犯罪治理作了相对明确的规定。自此，电信网络诈骗犯罪的治理主体逐步实现了从单一到多元的转变。应当认为，上述转变具有以下三个方面的积极意义：

首先，治理主体的多元化意味着能利用更多的社会资源治理电信网络诈骗犯罪。"电信网络诈骗不是一个孤立的犯罪，其运营和组织已经具有规模性，其经营的过程是集团化的运作，多个环节已经模式化。"[2]这意味着想要有效治理电信网络诈骗犯罪需要消耗大量的社会资源。基于此，单纯依靠司法机关和执行机关对电信网络诈骗犯罪进行治理可能会面临无力为继的困境。司法机关和执行机关的资源社会占有量原本就相对有限，且职能发挥的被动性导致其无法及时、有效地对电信网络诈骗犯罪进行预防。与此同时，随着犯罪形势的变化，尤其是轻罪在立法层面的不断增设和在司法层面的频繁适用极大地增加了司法机关的办案压力和执行机关的强度。在此背景下，再为上述主体增加负担可能进一步扩大司法资源不足，尤其是基层司法资源和审判力量缺乏所带来的负面影响。[3]对此，适时吸纳新的主体参与电信网络诈骗犯罪治理有助于有效缓解上述问题。

其次，治理主体的多元化有助于提升电信网络诈骗犯罪治理的专业性和针对性。在社会治理领域，"分散的、多样的、广泛存在的多元主体都具有优

---

[1] 参见《反电信网络诈骗法》第6条的规定。
[2] 李雪峰、王铼：《电信网络诈骗的特征与治理路径》，载《人民论坛》2023年第20期。
[3] 参见杨立新：《基层司法资源不足的困境及完善路径》，载《人民论坛》2020年第5期。

势与不足,在促进分工的过程中,应本着优劣势互补、相互增益的原则,形成治理合力"。[1]这意味着参与社会治理的各个主体都具备独有的治理优势并发挥着不同的功能。在犯罪治理领域,以司法机关为主的治理力量在应对传统犯罪,尤其是自然犯时具有一定的优势。然而,面对逐渐网络化、专业化和链条化的新型犯罪,司法机关因其掌握的背景知识、专业技术和人力物力相对缺乏等显得力有未逮。此时,金融管理部门和网信部门等治理力量的加入不但解决了司法资源紧缺的问题,而且提升了电信网络诈骗犯罪治理的针对性和有效性。其中,金融管理部门可以有效地对以支付账户为核心的财物进行控制,进而破坏电信网络诈骗犯罪链条上的各个节点,限制个别电信网络诈骗犯罪人供给整体犯罪链条的能力。与此同时,中国人民银行的征信管理部门还可以对电信网络诈骗犯罪人的信用情况进行详细标记,并适用相应的信用惩戒措施。这不但可以有效限制电信网络诈骗犯罪人参与各类社会活动,尤其是经济、金融活动的资格,而且为社会公众提供预警,避免无辜人员遭受损失。除此之外,网信部门也可以对电信网络诈骗犯罪的联络媒介,尤其是社交网络账号进行有效监督,实现事前预防、事中监控和事后防范相结合。

最后,治理主体的多元化可以为其他犯罪治理机制的完善提供相应的借鉴思路。从文件名称可以看出,《办法》规定联合惩戒机制不但适用于电信网络诈骗犯罪,而且适用于电信网络诈骗犯罪的关联犯罪。这就表明联合惩戒机制具有一定的适配性和可推广性,即有可能在犯罪治理领域广泛运用。就电信网络诈骗犯罪的关联犯罪而言,电信网络诈骗作为一类行为,其不但可能触犯主体罪名诈骗罪,而且可能触犯帮助信息网络犯罪活动罪、洗钱罪等关联罪名。当关联行为与诈骗行为之间存在较为紧密联系,即对诈骗行为起到加功作用时,就可以运用联合惩戒措施进行治理。由此不难看出,联合惩戒机制具有较大的适用空间。与此同时,联合惩戒机制中蕴含的综合治理理念和有效治理追求可以为犯罪治理体系的完善提供借鉴。在刑事立法尚未修改的前提下,联合惩戒机制实质上是通过行政法与刑法之间的配合,扩充现有的犯罪治理措施,进而提升犯罪治理的效能。这在法定犯时代是具有效仿

---

[1] 刘智勇、吴件:《走向有机团结:我国社会治理的模式转型与创新路径》,载《西南民族大学学报(人文社会科学版)》2021年第8期。

意义的。其原因在于，法定犯往往具有专业性和复杂性，因而现有的刑罚措施难以起到很好的治理效果。基于此，对法定犯适用联合惩戒措施对完善现有的犯罪治理体系大有裨益。

（二）治理措施从简单到有效

在犯罪治理领域，犯罪与刑罚是一对密切联系的概念，即刑罚是犯罪最为常见的法律后果，也是犯罪人承担刑事责任的主要方式。与此同时，刑法虽然规定了非刑罚处罚措施和职业禁止等"非刑罚"内容，但是相对严格的适用前提导致前述措施不仅适用率一直不高，甚至在实践中处于虚置的状态。[1] 这意味着当电信网络诈骗行为已经具备严重的社会危害性且符合相关犯罪的构成要件时，可以适用的治理措施就主要限于既有刑罚体系中的内容。当治理措施种类过于单一时，治理的效能往往会大打折扣。因此，对电信网络诈骗犯罪的治理实现从过度倚重刑罚到强调综合治理的转变，有利于切实提升犯罪治理的有效性，具体表现为以下三个方面：

首先，构建联合惩戒机制有助于应对传统犯罪经由网络技术加持而不断异化的态势。"1997年《刑法》施行之后，基于运用刑法手段有效治理网络犯罪的现实需要，司法、立法层面接续而行，从具体案件到司法规则再到刑法修正，逐步建构起对网络犯罪的规制体系。"[2] 在罪名修正层面，刑事立法随着时代的变化而不断发展，积极针对网络时代的新型犯罪行为设置或修改相应的罪名，以期实现技术发展和社会防卫之间的平衡。而在制裁措施层面，我国的刑罚体系自1997年全面修订《刑法》以来却未曾有过较大的变化，刑种单一的问题迟迟没有得到解决。在网络技术的影响下，传统犯罪在行为方式和危害后果等方面出现了较大的变化且新型网络犯罪层出不穷。对此，主要针对线下犯罪而配置的刑罚措施显得力有未逮，亟待完善。而且，"从域外看，死刑废除、自由刑限制、财产刑提升、资格刑丰富等都是网络犯罪刑罚制度发展的趋势"。[3] 这表明治理措施的多元化是完善网络犯罪治理体系的普遍做法和趋势。质言之，联合治理机制在刑罚之外贯彻了综合治理的理念，将诸多兼具针对性和有效性的治理措施引入了电信网络犯罪治理领域，有助

---

〔1〕 参见石柏非、陈卫国、闫艳：《非刑罚处罚刑事适用的优化路径》，载《政治与法律》2010年第4期。

〔2〕 喻海松：《立法与司法交互视域下网络犯罪规制路径总置评》，载《政法论坛》2023年第1期。

〔3〕 李晓明：《网络时代的刑法立法体系及其建构》，载《中国法学》2023年第5期。

于弥补现有刑罚体系的不足。

其次,联合惩戒机制中的治理措施各具治理优势,提升了犯罪治理的现实效果。根据《办法》的规定,联合惩戒机制中主要包含金融惩戒、电信网络惩戒和信用惩戒。上述三类惩戒措施的内容不同,可以实现功能互补。就金融惩戒而言,其主要用于限制电信网络诈骗行为人的支付账户功能,进而切断电信网络诈骗犯罪的资金供给链条。"一个典型的电信网络诈骗,从预备到获得收益的整个过程可以容纳众多违法犯罪行为,它们共同构成以诈骗为中心的违法犯罪聚合体。"[1]这意味着虽然电信网络诈骗犯罪中可能出现的行为各异,但多数行为的实施都具有获利的目的或为谋取利益而服务。对此,适用金融惩戒措施不但可以切断电信网络诈骗犯罪的资金链条,而且有助于抑制行为人的犯罪动机,更具针对性和有效性。就电信网络惩戒而言,其主要用于限制电信网络诈骗行为人的通信业务,尤其是电话卡和互联网账户相关的业务。目前,"在宣传推广、信息类物料供应、工具类物料供应、技术支撑、资金结算等五个关键阶段滋生出大量的黑灰产,形成了复杂的网络犯罪生态体系"。[2]在网络犯罪生态体系中,除去资金支持以外,技术和工具成了引发网络犯罪滋生蔓延的重要推手。其中,通信业务起到了极为关键的作用。通信业务不但为电信网络诈骗行为的顺利实施提供了基础工具,而且极度扩大了电信网络诈骗行为的覆盖范围和负面影响。因此,对电信网络诈骗犯罪适用电信网络惩戒措施有助于从技术层面剥夺行为人实施犯罪的条件并尽可能地缩小犯罪可能影响的范围。就信用惩戒而言,其主要用于剥夺电信网络诈骗行为人从事各项活动,尤其是经济、金融活动的资格。"在我国由政府主导的社会信用体系建设下,广义的信用惩戒概念容纳了法律属性不同、运行机理各异的信用措施。"[3]从现有社会信用规范的内容上看,信用惩戒措施以失信评价为基础且主要表现为一种资格罚的形式,且可能对行为人日常生活的方方面面产生影响。对电信网络诈骗行为人适用信用惩戒措施不但可以有效限制行为人参与社会活动的范围和程度,进而压缩行为人实施违法犯罪行为的空间,而且能对行为人进行失信标记,进而提升社会公众的防范意识。

---

〔1〕 刘为军:《论电信网络诈骗的生态治理——以〈反电信网络诈骗法〉为主要研究样本》,载《法学论坛》2023年第4期。

〔2〕 喻海松:《网络犯罪黑灰产业链的样态与规制》,载《国家检察官学院学报》2021年第1期。

〔3〕 伏创宇:《信用惩戒适用行为人责任的法理及其限度》,载《法学研究》2023年第6期。

因此，联合惩戒机制中的惩戒措施各具特点和优势，着力提升了电信网络诈骗犯罪治理体系的实际效能。

最后，联合惩戒机制突破了"行刑区分"有限认知，真正实现了"行刑衔接"。根据《办法》的明文规定，在对电信网络诈骗犯罪适用传统刑罚之后，还可以继续采用其他联合惩戒措施。这意味着本属于其他部门法领域的治理措施可以被适用于犯罪治理领域。进言之，刑罚可以与包括行政处罚[1]在内的其他犯罪治理措施合并适用并实现功能互补。这在一定程度上纠正了理论界对行刑衔接的错误认识。行刑衔接是违法犯罪治理领域研究的重点问题，旨在实体层面清晰划定各部门法的规制范围并细化相应的衔接程序，进而克服"以罚代刑"和"以刑代罚"等问题。[2] 然而，现有的部分研究成果过度重视刑法与行政法的区隔，忽略了刑法与行政法可以相互协调、配合的事实。诚然，在处罚边界，即行为定性方面，刑法与行政法应当有所区别。这意味着既不能将符合犯罪构成要件的行为认定为一般行政违法，也不能将不符合犯罪构成要件的一般行政违法行为升格为犯罪进行处理。然而，即使在行为定性层面，也应当承认刑法与行政法存在一定的共性之处，尤其是当行为同时符合刑法规定的犯罪构成要件和行政法规定的违法构成要件时，犯罪行为兼具行政违法的属性。以此为基础，在处罚方法，即措施适用方面，对犯罪行为既可以适用刑罚措施，也能够采取行政处罚等手段。质言之，行刑衔接领域"以罚代刑"和"以刑代罚"均是围绕相关部门法的规制范围而展开的，并非措施适用的规则。联合惩戒机制以治理的有效性为目标，从犯罪治理的宏观角度对刑法与前置法的关系进行了重新梳理，有助于不断扩充犯罪治理的手段，进而提升犯罪治理的效能。当然，在此过程中，应当注意处罚措施的适用符合比例原则的基本要求。

（三）治理程序从缺位到规范

从宏观的犯罪治理领域看，借助信用惩戒等新兴治理措施应对犯罪在理论探讨和实践探索中并不鲜见。其中，信用惩戒等措施不但可以被用于治理

---

[1] 诚然，理论界对电信网络诈骗犯罪联合惩戒机制中具体措施，尤其是信用惩戒措施的性质还存在争议。然而，从相关措施的适用主体、具体后果和涉及法律关系等层面考量，将其视作广义的行政处罚并不违背行政处罚的定义。参见陈兴良：《论行政处罚与刑罚处罚的关系》，载《中国法学》1992年第4期。

[2] 参见武晓雯：《行刑衔接机制的基本问题》，载《中外法学》2023年第3期。

腐败犯罪等具体犯罪，[1]而且可以在犯罪治理的一般概念上得到适用。[2]这意味着综合治理的理念已经在电信网络诈骗犯罪治理的实践中初见端倪。然而，传统的电信网络诈骗犯罪治理机制对综合治理理念的贯彻只"得其形而未得其神"。其主要表现为，刑法之外的治理措施以犯罪附随后果[3]的形式加以适用，即相关措施的适用没有接受规范程序的监督。这不但会进一步助长犯罪附随后果的实体严苛性，过度克减犯罪人复归社会后的应有权利，而且会严重影响电信网络诈骗犯罪治理机制的实际效能。随着《反电信网络诈骗法》和《办法》的相继出台，联合惩戒机制不断完善，包括信用惩戒等在内的治理措施更加深度地融入了犯罪治理体系。在此过程中，相关治理措施实现了从附随性到规范性的转变。其中，一个重要的标志便是《办法》为相关措施的适用制定了相对详细的决定、异议和解除程序。

就决定程序而言，《办法》明确了各类惩戒措施的适用主体和操作规程。其中，《办法》第 6 条至第 8 条分别规定了金融惩戒、电信网络惩戒和信用惩戒的适用主体和操作规程。与此同时，《办法》第 11 条至第 13 条则对联合惩戒过程中各部门之间的沟通、协调程序进行了规定。在适用主体方面，金融惩戒措施和信用惩戒措施主要由中国人民银行具体执行，而电信网络惩戒措施则在工业和信息化部，以及公安部的组织下，由电信业务经营者、互联网服务提供者具体执行。在操作规程方面，联合惩戒措施由公安机关进行审核和协调，并向具体执行部门报送注明措施内容和期限的名单。在此过程中，《办法》既规定了同一部门之间纵向的申报和审核机制，又规定了不同部门之间横向的沟通和协作机制。这将有助于解决传统联合惩戒措施多头执法且可操作性不强的问题。

就异议程序而言，《办法》第 12 条明文规定了相关主体享有进行申诉的权利，同时该文件第 14 条至第 15 条相对详细地规定了针对申诉的审核程序和对应的处理方案。具体而言，在处理申诉方面，《办法》规定了由公安机关

---

〔1〕 参见李瑞华、魏昌东：《论信用惩戒与腐败治理》，载《首都师范大学学报（社会科学版）》2023 年第 3 期。

〔2〕 参见吴睿佳、王瑞君：《论犯罪信息的社会信用化——目标、利益及方法的冲突与调和》，载《犯罪研究》2020 年第 6 期。

〔3〕 需要说明的是，规范性犯罪附随后果虽然具有规范性文件的支撑，但其随着犯罪记录的出现而自动适用，缺乏相应的决定、调整和消灭程序。

主导，其他部门配合的模式。其中，公安机关的主导作用主要体现在以下两个方面：一方面，公安机关负有告知义务，即应当在作出惩戒决定时告知相关主体享有申诉的权利。这意味着公安机关一定程度上影响着异议程序的启动与否。另一方面，公安机关担负着对申诉进行核查的职责。这反映出公安机关对申诉是否成立有最终的决定权。在此基础上，其他部门根据公安机关的核查结果来决定是否调整相应的惩戒措施。上述程序反映出联合惩戒机制具有一定的弹性。相较于传统的犯罪附随后果，联合惩戒机制为相关主体提供了申请救济的渠道，有助于保障相关主体的合法权利。

就解除程序而言，《办法》分别规定了经异议解除和到期解除两类不同的审核程序。其中，《办法》第15条要求在异议审核通过的前提下，其他部门应当根据公安机关出具的解除联合惩戒对象报送表，及时解除相应的惩戒措施。同时，《办法》第16条明确了对相关主体适用的信用惩戒是有期限的，并说明了信用惩戒到期后的法律效果。由于我国的社会信用体系建设起步较晚，因而以既有法治化社会治理体制为参照，当下的信用惩戒的确存在一些问题。[1]通过审视现有的社会信用规范，尤其是地方制定的规范性文件，不难发现，上述问题主要表现为惩戒范围扩大化、惩戒期限延长化和惩戒后果严厉化。在电信网络诈骗犯罪治理领域，上述问题得到了一定的解决。其原因在于，一方面，《办法》规定了解除信用惩戒措施的前提，即信用惩戒到期或者经核查需解除。这意味着信用惩戒的主管部门，即国家发展和改革委员会和中国人民银行征信中心也承认了信用惩戒措施的有限性。这将有助于纠正目前各地方、部门信用立法中存在的部分问题。另一方面，《办法》明确了解除信用惩戒措施的法律后果，即将惩戒对象相关信息移出全国信用信息共享平台和金融信用信息基础数据库，终止信息共享。这不但有助于对相关主体进行信用修复，而且有助于淡化其他惩戒措施的负面影响。

二、电信网络诈骗犯罪联合惩戒机制的问题检视

联合惩戒机制初步实现了部门之间的相互配合，并就联合惩戒的实体内容和程序规则进行了规定，有助于遏制电信网络诈骗犯罪频发的态势。然而，就《办法》的规定而言，当前联合惩戒机制依旧存在着主体关系定位不明、

---

〔1〕 参见陈国栋：《功能主义视角下的信用惩戒》，载《经贸法律评论》2023年第6期。

实体措施超出限度和程序规则不够详细等问题。这些问题的存在将会阻碍电信网络诈骗犯罪联合惩戒机制实现其既定目标。

（一）主体关系定位不明

根据《办法》的规定，金融管理部门和网络管理部门等主体已经被纳入电信网络诈骗犯罪治理体系，成为犯罪治理的重要力量。在此前提下，现有的联合惩戒机制整体采取的是公安机关主导、其他部门参与的模式，难以充分发挥其治理优势。从《办法》第 11 条的规定看，联合惩戒措施的内容、限度，以及相关信息的审核、报送均由公安机关负责。[1]这表明在电信网络诈骗犯罪联合惩戒机制中，公安机关和其他部门之间呈现出一种"主导—参与"的互动关系。然而，这种互动关系不利于联合惩戒机制作用的发挥，具体体现在信息共享、措施决定和权利救济三个方面。

在信息共享方面，由公安机关单向负责信息的报送可能影响信息共享的全面性和及时性。就信息共享的全面性而言，此处的信息应当包括作为电信网络诈骗犯罪联合惩戒措施适用根据的信息和调整根据的信息。由于社会分工的不同，各部门可能基于其日常主管的业务掌握着相异的信息。在电信网络诈骗犯罪治理领域，金融管理部门和网络管理部门分别掌握着相关行为人的金融账户信息和通讯账号信息，并为案件的侦破和惩戒的落实起到了关键作用。在此过程中，金融管理部门和网络管理部门等主体拥有公安机关所未曾掌握的信息，因而也需要在信息共享时发挥其应有的作用。申言之，公安机关难以独自掌握电信网络诈骗犯罪中的全部有用信息，因而需要各部门共同构建信息共享机制。就信息共享的及时性而言，虽然经由公安机关收集信息后再共享可以解决信息共享不够全面的问题，但是上述做法的效率过于低下，难以应对不断变化的网络犯罪且过度占用了社会资源。"犯罪治理方式往往落后于技术发展，给及时、精准治理增加了难度。"[2]在此背景下，治理措施的及时性是评估电信网络诈骗犯罪治理效果的重要指标。其中，构建全面、

---

〔1〕《办法》第 11 条规定："县级公安机关在办理电信网络诈骗及其关联违法犯罪案件时，应当及时掌握嫌疑人判决情况，对符合本办法第三条规定的，及时呈报设区的市级以上公安机关审核。设区的市级以上公安机关审核认定后，出具联合惩戒对象报送表，注明惩戒措施及期限等信息。公安部通过'总对总'方式将地方公安机关出具的联合惩戒对象报送表移送国家发展和改革委员会、工业和信息化部和中国人民银行。"

〔2〕 赵靓：《论信息网络犯罪发展态势与刑事政策完善》，载《中国应用法学》2022 年第 1 期。

便捷、有效的信息共享机制是提升治理措施及时性的基础，因而现有的联合惩戒机制还有待进一步完善。

在措施决定方面，根据《办法》第11条的明文规定，目前联合惩戒措施的内容和限度均由公安机关决定，其他部门在联合惩戒机制中仅扮演着配合执行的角色。这种做法难以有效发挥联合惩戒机制的作用。一方面，公安机关的职能定位决定了其不宜作为联合惩戒措施唯一的决定主体。在社会治理领域，由于分工存在差异，公安机关对金融惩戒、电信网络惩戒和信用惩戒等措施的内容、效果和适用规则的认识是不够到位的。这意味着由公安机关单独决定联合惩戒措施的内容和限度难以实现惩戒措施和案件情况的有效对应，即难以精准确定联合惩戒机制的适用对象、具体内容和合理限度。与此同时，公安机关更倾向于采取"叠加适用"的方式对电信网络诈骗犯罪进行严厉打击，导致联合惩戒措施的内容过于庞杂且缺乏针对性。而且，由公安机关内部对联合惩戒措施进行审核会导致电信网络诈骗犯罪联合惩戒机制缺乏有效的外部监督。这不但会导致相关主体难以有效救济自身权利，而且不符合数字时代"构建决策科学、执行坚决、监督有力的法律监督权运行体系"[1]的基本要求。另一方面，由公安机关作为联合惩戒措施的唯一决定主体并不符合实践中的操作惯例，进而违背了社会治理的一般规律。目前，联合惩戒机制中蕴含的各种措施已经由专门的规范性文件进行了相对成熟的规定。在实践中，相关措施的适用是由对应的主管部门，而非公安机关负责。以信用惩戒措施为例，其主要被规定在各地方、部门制定的信用条例中[2]，并由金融管理部门具体适用。这表明在宏观的社会治理领域，由主管部门适用对应的治理措施不但有助于发挥各部门的治理优势，而且符合实践惯例。这种模式不当地理解了联合惩戒机制中各主体之间的相互关系且忽视了实践中治理经验的探索成果，不利于实现电信网络诈骗犯罪联合惩戒机制的构建初衷。

在权利救济方面，《办法》规定惩戒对象有异议时可以向作出认定的公安机关申诉。由此不难看出，惩戒对象申请权利救济的途径较为单一。在此前提下，惩戒对象无法对权利救济的效果抱有期待。与此同时，由于联合惩戒

---

〔1〕 胡铭：《论数字时代的积极主义法律监督观》，载《中国法学》2023年第1期。

〔2〕 据学者统计，截至2023年4月，我国（不含港澳台）共有21个省级行政单位以及6个市出台信用条例。参见张丽琴：《失信连带惩戒的立法比较与理论探析——以各省市信用条例为基础》，载《南海法学》2023年第5期。

措施的性质相对不明确,惩戒对象难以通过传统的救济路径维护自身权利。具体而言,联合惩戒措施是否属于行政处罚,进而可以成为行政复议和行政诉讼的对象仍然存在疑问。以信用惩戒为例,其蕴含的内容较为丰富,因而难以准确找到相应的规范定位。诚然,在"信用惩戒嵌入行政法律体系并取代一些传统的行政行为"[1]的背景下,学者们"在《行政处罚法》应当并且可以增设'信用惩戒条款'的判断上达成了初步共识"。[2]然而,信用责任属于与传统法律责任并行的第四类责任的观点也得到了一定的支持,成了有力学说。[3]造成上述分歧的原因主要在于,在缺乏全国统一的社会信用法和行政法领域中重要法律尚未修正的前提下,作为新型惩戒的信用惩戒难以充分融入传统规范体系。对此,是否能针对包含信用惩戒措施在内的联合惩戒措施寻求行政复议和行政诉讼的救济存在疑问。因此,现有的联合惩戒机制在权利救济功能方面是存在不足的。

(二)实体措施超出限度

在实体内容层面,联合惩戒机制中的惩戒措施弥补了传统刑罚手段存在的固有缺陷,有助于对电信网络诈骗犯罪进行全链条式的打击,进而实现事前预防、事中控制和事后惩戒的结合。在此过程中,全链条治理理念不但有助于"顺线追踪、追根溯源"[4],而且可以引导电信网络诈骗犯罪治理措施不断丰富且治理体系趋于完善。然而,现有的电信网络诈骗犯罪联合惩戒机制仅充实了违法犯罪行为的治理措施,却没有很好地制定措施适用的细则,导致联合惩戒的实体力度超过了应有的限度。

首先,在犯罪治理领域,联合惩戒措施的适用应以"受过刑事处罚"[5]作为前提条件。这意味着刑罚、金融惩戒、电信网络惩戒和信用惩戒等措施叠加适用于犯罪人,极有可能突破比例原则的限制。就刑法内部而言,无论是刑事立法还是刑事司法,都要受到罪责刑相适应原则的限制。这意味着犯罪人所承受的刑罚与其罪行是相适应的。进言之,在刑罚之外对犯罪人适用

---

[1] 林彦:《信用惩戒制度对行政法治秩序的结构性影响》,载《交大法学》2020年第4期。

[2] 梁尧:《行政法视域下的信用惩戒若干基本理论问题——兼论我国〈行政处罚法〉增设"信用惩戒条款"的可行性》,载《征信》2021年第4期。

[3] 参见刘俊海:《信用责任:正在生长中的第四大法律责任》,载《法学论坛》2019年第6期。

[4] 王晓伟:《如何提高电信网络诈骗侦破打击能力》,载《人民论坛》2019年第35期。

[5] 刑事处罚的概念目前仍然存在争议,此处仅根据《刑法》第37条的表述,将刑事处罚限定为刑罚。

其他惩戒措施一定程度上超出了其罪责。即使认为，各种法律责任在手段和功能上有所不同，因而相互之间并不存在必然的冲突。但是，法律责任的施加总是伴随着主体权利的克减，其应当受到比例原则的限制。其原因在于，无论认为比例原则体现出的价值理念是"禁止过度""正义"或"效率"，还是"价值平衡"，其都是在施加法律责任时需要坚守的。[1]更有学者认为，比例原则在我国宪法中亦有相应的规定，故其应当被视为一项宪法原则，进而在各部门法中得到贯彻。[2]

其次，在犯罪治理领域，涉电信网络诈骗犯罪人在承受刑罚和联合惩戒之外，还需要承受严厉的犯罪附随后果这一事实也不容忽视。在积极刑法观的影响下，犯罪圈不断扩张的进程重新引发了学者们对于犯罪附随后果的关注。"我国现有法律法规、规章制度等对犯罪附随后果的规定较为庞杂、繁复，在形式上也较为随意、多样，严重影响曾犯过罪之人及其特定关系人再社会化。"[3]除此之外，在社会交往领域，犯罪人也将面临以职业限制、交往抗拒等为代表的不利后果。质言之，联合惩戒机制的构建是建立在现有前科制度尚未改变的前提之上的。这意味着国家加重了对涉电信网络诈骗犯罪人的权利克减程度。而这种做法是否符合比例原则的要求不无疑问。与此同时，在电信网络诈骗犯罪中，有较多犯罪人触犯的是帮助信息网络犯罪活动罪等轻罪罪名，体现出部分轻罪的司法扩张趋势[4]，进而加剧了惩戒措施力度和所应承担责任之间的不平衡状态。当然，需要承认的是，因为部分规范性文件已经规定了可以对犯罪人适用信用惩戒等措施[5]，所以兼具实体内容和程序规则的《办法》在一定程度上提升了犯罪附随后果的规范性。然而，联合惩戒机制没有改变相关犯罪人权利遭受过度克减的事实，在正当性和有效性上都存在疑问。

最后，《办法》第9条虽然明文规定了需要对电信网络诈骗犯罪进行分级

---

[1] 参见于柏华：《比例原则的法理属性及其私法适用》，载《中国法学》2022年第6期。

[2] 参见范进学：《论宪法比例原则》，载《比较法研究》2018年第5期。

[3] 彭文华：《犯罪附随后果制度的体系定位与本土设计》，载《中国刑事法杂志》2023年第4期。

[4] 参见刘艳红：《帮助信息网络犯罪活动罪的司法扩张趋势与实质限缩》，载《中国法律评论》2023年第3期。

[5] 参见朱贺：《作为刑罚附随后果的失信惩戒政策文献研究——以营商环境的法治化为视角》，载《征信》2021年第10期。

惩戒，但在犯罪人处遇方面的积极意义相对有限。具体而言，虽然《办法》第9条以3年有期徒刑的宣告刑为界对涉电信网络诈骗犯罪人进行了划分，但其在内部规定和外部衔接方面仍存在不足，导致联合惩戒措施实体较为严厉。就内部规定而言，《办法》第9条只规定了对不同犯罪人适用的惩戒措施类型，实际上即使是触犯轻罪的涉电信网络诈骗犯罪人也需要承受《办法》第6条和第7条规定的所有惩戒措施。易言之，联合惩戒机制中的分级惩戒相对粗疏，没有根据具体犯罪的实际情况，尤其是轻重程度制定精细的惩戒方案。就外部衔接而言，《办法》第9条与已有的部分规范性文件之间存在着冲突。根据《办法》第9条的规定，只能对被判处3年有期徒刑以上的涉电信网络诈骗犯罪人适用信用惩戒措施，且只是"可以"而非"必须"适用。然而，部分社会信用规范却规定，犯罪记录将会作为失信记录，甚至严重失信记录，进而成为对犯罪人适用信用惩戒措施的依据。[1]在此前提下，《办法》中分级惩戒的既定目标存在着落空的危险，不利于实现保障人权和防卫社会的平衡。

由此不难看出，联合惩戒机制虽然体现了全链条治理的理念且在一定程度上可以弥补现有惩戒机制的不足，但没有对犯罪治理领域的现状进行全面观照，依旧有待完善。其原因在于，现有的电信网络诈骗犯罪治理机制未能完全恪守全链条治理的基本要求，仅着眼于事前预防、事中控制和事后惩戒的形式结合，没有遵循犯罪治理的基本规律。换言之，电信网络诈骗犯罪的全链条治理不但要求提升治理措施自身的多样性和有效性，而且强调在犯罪治理基本原则的指引下，对治理措施进行适当运用。因此，现有的联合惩戒机制仍旧属于国家面对严重犯罪形势所进行的对策式回应，在实体层面缺乏对犯罪治理体系的整体观照，相当程度上影响了犯罪人的合法权利和正常生活。

(三) 程序规则不够详细

从《办法》的现有规定看，其坚持了实体和程序一体化的思维，为联合惩戒机制的实际运行提供了有效指引，进而提升了电信网络诈骗犯罪治理的规范性程度。然而，审视已有规定不难发现，目前联合惩戒机制中的程序规

---

[1] 参见李怀胜：《犯罪记录对社会信用体系的耦合嵌入与功能校正》，载《法学杂志》2021年第3期。

则仍然不够详细，难以明确公权力克减私主体权利的边界和限度，可能对涉电信网络诈骗犯罪人的合法权利和正常生活造成不当侵害。

就决定程序而言，《办法》未能细化公安机关内部拟定和审核电信网络诈骗犯罪联合惩戒措施的具体规则。首先，《办法》没有明确县级公安机关在对电信网络诈骗犯罪联合惩戒措施进行拟定时向县级以上公安机关呈报的材料内容，可能导致上级公安机关在审核认定时缺乏充足的事实根据，这为上级公安机关的审核带来了困难。其次，《办法》没有明晰设区的市以上各级公安机关的审核职责和审核程序。《办法》第11条只明确了由县级公安机关对电信网络诈骗犯罪联合惩戒措施进行初审，最终由公安部负责对相关信息进行"总对总"报送。在此过程中，《办法》没有明确设区的市的公安机关和省级公安机关各自对应的相关职责和相互之间的衔接机制。这不但削弱了电信网络诈骗犯罪联合惩戒机制的内部监督力度，而且为相关主体申请救济和进行外部监督设置了障碍。再者，鉴于目前电信网络诈骗犯罪处于高发态势，如果所有联合惩戒措施的适用都需要经过公安部等国家部委，再下达至基层执行，势必会极大地提高治理成本。最后，《办法》规定的公安部移送联合惩戒对象报送表的程序也不够完善。申言之，《办法》不但忽略了公安部对特殊案件中联合惩戒措施的监督责任，而且只规定了被移送机关的结果反馈义务，缺乏完善的过程反馈机制。这将影响电信网络诈骗犯罪联合惩戒机制的实际效能。除此之外，根据《办法》的规定，电信网络诈骗犯罪联合惩戒措施的拟定权和审核权都掌握在公安机关内部，缺乏有力的外部监督。进言之，在电信网络诈骗犯罪治理领域，尚缺乏详细的程序规则为其他主体监督公安机关提供有力的抓手，导致包括检察机关进行法律监督在内的外部监督权仍仅存在于抽象宣示的阶段。这表明目前权力监督体系仍然存在不够完善之处，进而会对私主体权利保障和公权力合法运行造成负面影响。

就异议程序而言，《办法》虽然相对详细地规定了涉电信网络诈骗犯罪人就电信网络诈骗犯罪联合惩戒措施提出异议的程序，但相关程序依旧存在不完善之处。首先，《办法》规定的异议程序与针对联合惩戒机制内部措施的异议程序存在冲突。根据《办法》的规定，相关主体只能向作出认定的公安机关提出异议。这意味着公安机关在联合惩戒机制的运行过程中同时扮演了运动员、裁判员和仲裁者的角色。这不但导致联合惩戒机制缺乏有效的外部监督，而且与现有的规范性文件产生了冲突。以信用惩戒措施为例，现有的社会信用规范大多将公共信用管理机构或作出信用惩戒决定的行政机关规定为审核异议的主体。[1]这与联合惩戒机制中公安机关独占异议审核权的规定产生了矛盾。这实质上是未能充分发挥各部门的治理优势并全面观照现有犯罪治理体系的结果，容易导致联合惩戒不当沦为配合惩戒。对此，应当全面梳理现有的规范性文件并根据异议的具体内容选择合适的审核主体，进而提升联合惩戒机制的正当性和有效性。其次，《办法》应当秉持类型化的思维，针对不同情形，大致规定相关主体提出异议需要附加的材料。"法律作为重视'意义导向'的生活规范，更应关注的是'整体意义'的类型，而非关注高度抽象的概念。"[2]具体到联合惩戒机制中，相关主体一般会从适用前提、实体内容和程序事项三个方面针对联合惩戒措施提出异议。这意味着可以对实践中存在的异议申请进行初步分类，并根据各类型的不同特征确定相应的审核材料。以适用前提为例，能够证明相关主体"受过刑事处罚"的材料是法院出具的生效判决书。这意味着只有在判决书效力发生变化的情形下，相关异议才能成立。对此，人民法院之后出具的裁判文书成为判断异议是否成立的关键材料，理应随着异议本身一同交予审核机关。与此相对应的，针对其他两类异议，也可以根据影响惩戒措施内容的因素，确定提出异议的事实和规范根据，并大致确定所需要的材料。因此，可以适当修改《办法》中先提出异议后补交材料的规定，由相关主体在提出异议时附上支撑异议的佐证材料。这样将有助于提升联合惩戒机制的运行效率。最后，对于不予解除惩戒措施的情形，《办法》只规定了应当说明理由，缺少再次提出异议的程序指引。鉴于异议审核机关和惩戒认定机关的一致性，相关主体难以通过现有的异议程序有效保障自身权利。基于此，应当适当加强监督力量，保障联合惩戒机制的运行质量。诚然，根据《办法》第15条的规定，上级公安机关会介入异议审核环节，但其仅负责对审核通过的异议进行复核，而不会过问审核不通过的异议。这意味着联合惩戒机制内部的异议复核渠道没有得到有效疏通。换言之，《办法》没有规定针对异议审核结论向上申诉的程序规则，导致相关主体缺乏相应的救济渠道。在社会治理领域，法律为私主体寻求权利救

---

[1] 参见喻少如、邓稀文：《行政信用惩戒行为的司法审查及其展开》，载《时代法学》2022年第3期。

[2] 张斌峰、陈西茜：《试论类型化思维及其法律适用价值》，载《政法论丛》2017年第3期。

济提供了多元且畅通的渠道。例如，行政复议兼具纠纷解决、保护权益和监督行政的功能，有力地保障了行政相对人的权利。[1]又如，在刑事诉讼中，法律也赋予了被告人上诉权，进而实现了保障人权的目标。申言之，在联合惩戒机制运行的过程中，单一的权利救济途径不但违背了行政法的基本原则和行政行为的日常规律，而且严重影响了联合惩戒的实际效能，亟须完善。

就解除程序而言，《办法》针对经异议解除和到期解除两种程序设定的规则仍然不够详细，甚至有相互矛盾之嫌。首先，《办法》就经异议解除的情形规定了相对详细的解除程序，但没有保障有关部门提出异议的权利。其中，公安部负责将审核通过的解除联合惩戒对象报送表移送有关部门，并由有关部门在10日内解除相应措施。这意味着有关部门单纯负责执行公安机关作出的决定，无法根据自身的专业优势和实际经验提出更好的建议。联合惩戒措施的适用也是对涉电信网络诈骗犯罪人进行处遇的重要一环，要求实现保障人权和防卫社会的平衡。这意味着在联合惩戒机制运行的过程中，所有参与部门要结合人权保障原则的基本要求和犯罪治理的实际需要，决定措施的实体内容，进而兼顾多方主体的利益。进言之，由于缺少有关部门的参与，联合惩戒措施的解除决定可能偏重保障犯罪人的权利，而忽视了犯罪治理的需要，未必是最优解。其次，《办法》实质上没有详细规定到期解除的程序规则，可能导致联合惩戒机制遭受非议。从内容上看，《办法》第15条和第16条分别规定了经异议解除的程序规则和信用惩戒到期或解除后的效果。这表明当联合惩戒措施到期后，相关措施是自动失效，还是由有关部门分别解除，抑或参照经异议解除程序进行解除仍然存在疑问。正因如此，才会出现"相关惩戒措施到期未解除"的情况，进而导致一些异议的出现。对此，应当在《办法》中补充联合惩戒措施到期后的解除程序，实现联合惩戒机制运行的规范化和有效化。最后，无论是经异议解除还是到期解除，《办法》均未规定解除后的反馈规则，导致相关主体可能遭受持续性的权利克减。《办法》第13条规定了联合惩戒措施落实的反馈机制，却没有要求有关部门将措施解除的情况进行反馈或公开。这导致联合惩戒机制合理控制处罚力度的效果受到损害，而且后续引发的异议也会造成法治资源的浪费。除此之外，消极的解除

---

[1] 参见梅扬：《多元纠纷解决机制视域中行政复议制度的双重面相》，载《法学家》2023年第5期。

措施无法消除联合惩戒措施带来的标签效应。尤其是在"我国社会信用体系建设在功能上的拓展,使得社会信用概念不同于私法上信用的内涵以及域外对信用的通常理解"[1]的背景下,信用惩戒措施不但是一种规范性的制裁措施,而且蕴含着强烈的道德谴责意蕴。基于此,如何通过完善联合惩戒措施解除程序中的反馈机制,进而消解联合惩戒机制带来的负面影响仍是值得思考的问题。

三、电信网络诈骗犯罪联合惩戒机制的完善路径

"现代犯罪进化的一个重要方向是产业化和链式延展,产业化让违法犯罪行为披上了合法化的外衣,链式延展让不关键的外围犯罪行为暴露在外,两者的共同特征是掩藏核心犯罪行为。"[2]在此背景下,联合惩戒机制的构建旨在针对网络时代诈骗犯罪及其关联行为的新样态,在全链条治理理念的指引下,充分发挥各部门的治理优势,进而有效遏制电信网络诈骗犯罪的高发态势,维护社会长治久安。然而,当前联合惩戒机制依旧呈现出较为松散的"形式配合"形态,尚未实现功能意义上的"实质联合",严重影响了犯罪治理的实际效能。对此,应当以明确参与部门在联合惩戒机制中的功能定位为基础,细化联合惩戒措施的实体内容和相应的程序规则,进而实现保障人权和防卫社会的平衡。

(一)明确参与部门的功能定位

各参与部门在电信网络诈骗犯罪治理领域具有相异的治理优势是构建联合惩戒机制的基础。这意味着明确参与部门在联合惩戒机制中的功能定位不但是充分发挥治理优势、形成治理合力的基础,而且是实现联合惩戒的应有之义。然而,根据《办法》的规定,联合惩戒机制的运行还停留在公安机关主导、其他部门参与的"配合"状态。基于此,除公安机关外的各参与部门在联合惩戒机制的运行过程中只起到被动执行的作用,缺乏积极能动发挥自身治理优势的空间。与此同时,其他参与部门在联合惩戒机制运行过程中的"不作为"也可能导致其在联合惩戒机制外"乱作为",进而打破保障人权和防卫社会的平衡。"协同治理的本意,除了治理主体的多元化,还包括多元主

---

[1] 伏创宇:《如何界定社会信用:基于功能划分的类型化》,载《中国法律评论》2023年第5期。
[2] 夏伟:《网络有组织犯罪的组织进化与治理转型》,载《法学论坛》2024年第1期。

体间通过规范的合作，形成相互依存、共同行动、共担风险的局面，从而产生合理、有序的治理结构。"〔1〕因此，需要以综合治理电信网络诈骗犯罪的目标为出发点，明确该目标下各参与部门在联合惩戒机制中的功能定位。

首先，公安机关在联合惩戒机制中应当发挥整体协调的功能。这意味着由公安机关牵头负责运行联合惩戒机制本身并不存在问题，只是应当加强与其他参与部门之间的合作，疏通其他部门发挥自身治理优势的渠道。其原因在于，一方面，联合惩戒措施的作出以相关违法犯罪事实的存在为前提。具体到犯罪治理领域，联合惩戒措施的适用需要以生效的法院判决为前提，并以具体案件中犯罪行为和犯罪人的实际情况为依据。据此，全程参与案件处理的公安机关自然掌握着相对全面的材料，进而更适合启动联合惩戒机制。另一方面，犯罪治理一直属于公安机关的主要职责，由其牵头负责运行联合惩戒机制不但符合其基本职能，而且可以减轻其他参与部门的日常工作压力。因此，由公安机关作为联合惩戒机制的牵头负责部门是符合目前电信网络诈骗犯罪的治理需要和各部门自身工作职能的。具体而言，公安机关在联合惩戒机制中的整体协调功能主要通过以下事项得以发挥：一是负责提供具体案件中联合惩戒措施适用、异议和解除的各类事实材料和规范根据。这意味着公安机关不但要及时、全面地将手中掌握的犯罪相关材料分享给其他参与部门，而且需要立足犯罪治理的角度，针对联合惩戒措施的适用、异议的回应和解除的理由等向其他参与部门和社会公众进行释法说理。二是负责具体案件中联合惩戒措施的启动。这表明公安机关应当根据《反电信网络诈骗法》和《办法》的具体规定，结合案件的具体事实，尤其是可以体现行为社会危害性和行为人人身危险性的事实，决定是否需要启动联合惩戒机制，以及联合惩戒机制的适用对象。借助新兴网络技术，"犯罪组织间沟通摆脱了线性结构的束缚，呈现出一对多、多对多的网络关系"。〔2〕这并不意味着各犯罪参与主体应当承担的法律责任和承担法律责任的具体方式应当趋同，因而根据犯罪的具体情况，尤其是各参与主体预防必要性的不同决定是否适用联合惩戒措施和惩戒措施的具体内容是比例原则的应有之义。三是负责联合惩戒机制

---

〔1〕 刘为军：《论电信网络诈骗的生态治理——以〈反电信网络诈骗法〉为主要研究样本》，载《法学论坛》2023年第4期。

〔2〕 李威翰：《新型网络有组织犯罪情报分析方法研究》，载《网络空间安全》2022年第6期。

运行过程中的沟通协调。联合惩戒机制功能的充分发挥离不开各参与部门之间积极能动地进行双向，甚至多向互动。这要求改变目前联合惩戒机制运行过程中"移送—反馈"模式，搭建更加完善的多方沟通平台。基于此，公安机关不但应当负责各参与部门之间的信息中转和传递工作，而且需要着力组建由各参与部门人员共同参与的常态化工作专班，进而提升电信网络诈骗犯罪的治理效能。其中，常态化工作专班将具体负责联合惩戒措施的决定适用、异议审核和解除后续等工作。

其次，网信部门（包括电信业务经营者、互联网服务提供者）在联合惩戒机制中应当发挥节点控制功能。在有组织的电信网络诈骗犯罪中，一般存在非法获取个人信息、"供卡"、诈骗犯罪和"洗钱"四个节点。[1]这四个节点功能的发挥离不开网信部门提供的通信业务和通信工具。这意味着电信网络惩戒有助于有效限制甚至切断电信网络诈骗犯罪链条中的节点功能，进而实现对电信网络诈骗犯罪的多环节、全链条治理。实践中开展的"断卡"行动即是通过适用电信网络惩戒措施治理电信网络诈骗犯罪的典型，取得了较好的治理成效。对此，在联合惩戒机制运行过程中，网信部门主要通过以下三个方面发挥其节点控制功能：一是及时将开展日常互联网内容治理工作过程中发现的涉电信网络诈骗犯罪的相关信息发送给公安机关，并及时采取相应的干预措施。在互联网内容治理领域，"程式构建行动策略为互联网内容治理提供了基本的行动指南"。[2]这意味着网信部门对网络环境优化，尤其是重点的网络反诈业务已经形成了一套相对固定的处理机制。因此，在发现涉电信网络诈骗犯罪的相关信息时，网信部门应当在其职权范围内采取开展治理行动、重点约谈等措施遏制相关违法犯罪行为的进一步扩大，以维护网络生态环境。[3]同时，网信部门应当将相关材料及时移送给公安机关，以便快速侦破案件并适用更为强力、有效的治理措施。二是根据公安机关提供的犯罪材料，在《办法》的框架内，根据行为的社会危害性和行为人的人身危险性确定电信网络惩戒措施的力度，及时反馈给常态化工作专班，并根据常态化

---

[1] 参见夏伟：《网络有组织犯罪的组织进化与治理转型》，载《法学论坛》2024年第1期。

[2] 景怀斌、袁艺丹：《互联网内容治理的政府行动策略——基于Y市网信部门的分析》，载《社会科学辑刊》2023年第1期。

[3] 参见朱垚颖、张博诚：《演进与调节：互联网内容治理中的政府主体研究》，载《人民论坛·学术前沿》2021年第5期。

工作专班的决定具体执行。三是将开展日常互联网内容治理工作过程中发现的节点信息，包括行为人信息和账户信息等共享给金融管理部门，为金融管理部门发现互联网经济市场中的异常情况，尤其是治理关联节点提供助力。

最后，金融管理部门在联合惩戒机制中应当发挥财产处置和信用评价的功能。不同于公安机关采取的传统犯罪治理措施和网信部门使用的偏向技术治理手段，金融管理部门对电信网络诈骗犯罪的治理主要是针对涉案财产和涉案账户功能进行控制，即更注重对财产进行处置。金融管理部门在联合惩戒机制中承担财产处置的职责不但是其治理优势的体现，而且有助于对电信网络诈骗犯罪进行源头治理。诈骗行为作为电信网络诈骗行为束中的核心行为，应当成为电信网络诈骗犯罪治理领域的重点。在此意义上，电信网络诈骗犯罪中的关联犯罪行为都是为顺利实施诈骗犯罪提供助力的辅助行为。由于诈骗罪属于"利用被害人意思瑕疵型的财产犯罪"[1]，因而电信网络诈骗犯罪整体都是为了获取非法利益而展开的。据此，由金融管理部门对涉案财产进行处置贯彻了综合治理和源头治理的理念。一方面，在电信网络诈骗犯罪治理的过程中，金融管理部门应当及时将其日常开展业务时发现的违法犯罪信息，包括账户信息、账户持有人信息和交易记录等提供给公安机关，并采取开户审核、限制额度和暂停支付等手段防止损失进一步扩大。另一方面，金融管理部门应当根据常态化工作专班的决定采取相应的金融惩戒措施，切断电信网络诈骗犯罪的资金流通渠道。与此同时，金融管理部门在联合惩戒机制中还承担着对涉电信网络诈骗犯罪人进行信用评价并适用对应的信用惩戒措施的职责。在此过程中，信用评价和信用惩戒措施的适用应当秉持正当性和个别化的原则。这不但有助于在较长期限内防止相关主体再次实施电信网络诈骗行为，而且有利于社会公众准确识别异常人员，提升防范意识。经此过程，联合惩戒机制的效力实现了从短期的犯罪行为惩戒到长效的犯罪人处遇的转变。

（二）细化惩戒措施的实体内容

从刑事案件办理的角度看，联合惩戒机制可以视作一种后刑罚阶段的电信网络诈骗犯罪治理措施。换言之，联合惩戒机制和刑罚均属于电信网络诈骗犯罪治理体系的重要组成部分。因此，需要将联合惩戒措施置于犯罪治理

---

[1] 车浩：《重构财产犯罪的法益与体系》，载《中国法律评论》2023年第4期。

的宏观场域，结合刑事法治的基本原理、类型犯罪的一般情况和具体案件的实际样态进行决定。

首先，应当厘清联合惩戒措施在电信网络诈骗犯罪治理体系中的功能定位。换言之，需要明晰联合惩戒措施整体在治理电信网络诈骗犯罪的过程中应当发挥的功能。这需要以理顺联合惩戒措施与刑罚、犯罪附随后果之间的关系为前提。就联合惩戒措施与刑罚的关系而言，应当认为联合惩戒措施是刑罚的补充措施，旨在弥补现有刑罚体系在应对电信网络诈骗犯罪时存在的不足。而且，在兼采并合主义的前提下，刑罚主要追求报应的目的，兼顾预防等其他效果。同时，联合惩戒措施则更偏向于预防功能的发挥，兼具惩罚的色彩。据此，需要从综合治理和预防犯罪的目的出发决定具体案件中联合惩戒措施的内容和限度。就联合惩戒措施与犯罪附随后果的关系而言，联合惩戒机制既在一定程度上扩充了犯罪附随后果的数量，又尝试对犯罪附随后果进行了适当的规范化改造。申言之，联合惩戒措施实质上加重了公权力对犯罪人私权利的克减程度，并从实体内容和适用程序两个方面对电信网络诈骗犯罪相关的附随后果进行了限制。然而，由于规范对接不畅、实体内容严厉和程序规则粗疏等原因，联合惩戒机制在完善电信网络诈骗犯罪体系方面的积极作用未能得到充分发挥。

其次，应当明确联合惩戒机制内具体惩戒措施的各自功能并进一步完善。在以预防犯罪为主，兼顾惩罚犯罪、恢复法益等目的的指引下，挖掘金融惩戒、电信网络惩戒和信用惩戒的具体功能，为合理适用联合惩戒措施打下基础。就金融惩戒而言，其通过限制相关主体的银行账户等与资金支付相关的功能，切断电信网络诈骗犯罪的资金链条，重点在于对"财"的治理。不难发现的是，金融惩戒措施针对的还是资金支付的传统方式，即通过银行账户向关联用户进行转账，忽略了网络时代涉案财产转移方式的变化。在网络时代，为了逃避国家监管，电信网络诈骗犯罪人常常借助虚拟货币和加密媒介转移涉案财产。其中，支付以比特币为代表的虚拟货币已经成为网络犯罪，尤其是跨境网络犯罪的重要手段。[1]然而，《办法》中规定的金融惩戒措施只能针对银行和支付宝等业已成熟并纳入国家监管的第三方支付平台中的账户进行监管，难以应对利用其他非法渠道和虚拟货币转移财产的情形。对此，

---

[1] 参见田力男：《刑事涉案虚拟财产强制处分论》，载《中国法学》2023年第5期。

需要扩大监管面，实现"重点限制账户—账户持有人—关联主体—关联主体账户"的全覆盖。在此过程中，尤其要注意关联主体账户有大量资金转入的情形。其原因在于，犯罪人即使采取虚拟货币和加密媒介实现了涉案财产的转移，但涉案财产大多最终仍需要转化为合法货币并进入受监管的市场才能为犯罪集团带来实质收益。基于此，国家不但需要严厉打击电信网络诈骗犯罪下游的洗钱犯罪，而且要完善金融惩戒的实体内容，即在一定期限内加强对次一级关联主体及其账户的监管，以应对电信网络诈骗犯罪不断变化的态势。

就电信网络惩戒而言，其通过限制相关主体的通信业务和互联网账号的功能，缩小诈骗行为及关联行为的影响范围，重点在于对"物"的治理。纵观电信网络诈骗犯罪的全流程，"行为人为降低成本，不断优化犯罪的各个环节，将电信网络诈骗犯罪中的搭建、封装、分发、引流、作案、号商、技术、卡商、洗钱等行为进行全面分割"[1]，并着力加强网络技术的支持并寻找相关介质的帮助，进而顺利实施上述各个环节的行为。对此，应当通过规范治理与技术治理相结合的方式，应对电信网络诈骗犯罪不断变化的态势。在此意义上，融入了网信部门力量和电信网络惩戒的联合惩戒机制有助于补足传统犯罪治理体系中技术力量的不足，限制、截断犯罪人之间，以及犯罪人与受害人之间沟通的渠道。然而，现有的电信网络惩戒措施未能关注到网络犯罪的最新动向，着力点依旧是网信部门的日常监管领域。在电信网络诈骗犯罪治理领域，犯罪人运用新兴技术手段，尤其是加密技术和暗网平台绕开网信部门监管实施电信网络诈骗行为的现象并不少见。与此同时，受到限制的犯罪人完全可以借助剩余的社交账号等工具并通过"黑话"进行犯意联络，进而重新搭建犯罪链条。"数据监控是各类智能防控系统的底层逻辑。"[2]因此，需要对现有的电信网络惩戒措施进行优化，即要通过技术赋能的手段对联合惩戒机制运行期间与受惩戒主体有关的数据进行监控，进而实现节点控制。

就信用惩戒而言，其主要通过限制相关主体参与社会活动，尤其是经济

---

[1] 参见张启飞、虞纯纯：《论电信网络诈骗犯罪的刑法规制》，载《法律适用》2023年第8期。

[2] 单勇：《犯罪之技术治理的价值权衡：以数据正义为视角》，载《法制与社会发展》2020年第5期。

金融活动的资格,降低主体信用评价,重点在于对"人"的治理。不过,《办法》并未具体指出对电信网络诈骗犯罪人适用的信用惩戒种类。这意味着此处信用惩戒的适用需要参考信用法律法规的有关规定,因而信用惩戒适用过程中固有的合法性、时效性和精细性问题[1]依旧会存在于电信网络诈骗犯罪治理领域。据此,《办法》应当根据电信网络诈骗犯罪的特征,从已有的信用惩戒中选取适应犯罪治理需要的措施并明确地进行规定。鉴于信用惩戒和上述两类惩戒措施具有交叉性,此处可以规定限制主体在一定期间内从事与网络技术和金融活动相关活动或者担任相关职务的资格。

最后,应当统筹联合惩戒机制的整体定位和各类具体措施的相应功能,合理确定具体案件中联合惩戒措施的实体限度。这意味着联合惩戒措施的实体适用需要坚持以下三个原则:一是正当性原则,即考虑到相关主体多已受到刑罚处罚的事实,根据犯罪人的处罚必要性,合理选择能够发挥预防犯罪、恢复法益等正向功能的措施,反对过度惩戒损害相关主体的合法权利。二是有效性原则,即联合惩戒措施的适用应当遵循犯罪治理的目的指引,注重金融惩戒、电信网络惩戒和信用惩戒之间的功能互补,避免重复惩戒影响联合惩戒机制的实际效能。三是个别化原则,即根据案件的具体情况,尤其是体现行为社会危害性、行为人人身危险性和案件特殊性的情节,在《办法》规定的框架内适用相应的惩戒措施。

(三)完善机制运行的程序规则

科学细致的程序规则不但有助于推动联合惩戒措施的实体内容趋于合理,而且在权力协调和权利救济等方面具有独特的价值。就联合惩戒措施的决定程序而言,应当适时改变公安机关独占决定权的局面,由各参与部门人员联合组成的工作专班确定联合惩戒措施的实体内容。工作专班的设立应当覆盖各级别行政单位。其中,工作专班应当由各参与部门挑选出具有电信网络诈骗犯罪治理经验的实务骨干组成,并注重专班人员的稳定性和办公设施的专业性。同时,工作专班的运行应坚持日常线上沟通和特殊联席会议相结合的形式。以县级工作专班的运行为例,在适用联合惩戒措施时,公安机关代表应当将收集到的案件信息通过加密渠道共享至通讯群组。在此之后,其他参与部门代表需要及时将本部门掌握的相关情况,尤其是能够体现行为社会危

---

[1] 参见孙日华:《信用联合惩戒的检视与制度优化》,载《河北法学》2020年第3期。

害性、行为人人身危险性和案件特殊性的材料予以补充。在材料收集完毕后，应当由各参与部门代表在《办法》的指引下，分别决定相关措施的实体内容，并交由公安机关汇总制作成联合惩戒措施决定书。[1]联合惩戒措施决定书应当载明案件的基本情况、联合惩戒措施的实体内容和各项措施的适用依据。在此基础上，县级公安机关应当将联合惩戒措施决定书送达相关主体并明确告知后者享有提出异议的权利和具体形式。若相关主体没有提出异议，则由县级工作专班各部门落实相应的惩戒措施。

就联合惩戒措施的异议程序而言，应当坚持权利保障原则，充分发挥现有规范中权利救济条款的功能，疏通相关主体提出异议的渠道。进言之，应当做到内部救济和外部救济相结合。在内部救济层面，"正式的声明异议从制度设置和实践效果来看，主要发挥行政机关自我纠错的功能"。[2]对此，县级公安机关应当接收相关主体提出的书面异议，并主动、细致地对异议材料进行形式审查。其中，相关主体应当采用书面方式提出异议，并载明异议的事实和规范根据。县级公安机关在对异议材料进行形式审查后，应当将有关材料共享至同级工作专班的通讯群组，并针对相关事实和法律问题进行讨论，必要时可让对应的参与部门补充相应的材料。此后，县级公安机关应当及时将异议的处理结果以书面形式回复相关主体，并载明处理的结论、根据和救济方式。在外部救济层面，应当明确相关主体有权利通过行政复议和行政诉讼的方式申请救济。就行政复议而言，相关主体可以向设区的市一级公安机关或者县级人民政府提出行政复议申请。需要注意的是，基于行政复议在便捷性、专业性和审查强度等方面的优势[3]，以及需要合理配置社会资源治理高发的电信网络诈骗犯罪的现实情况，可以考虑采用行政复议前置的方式处理相关异议。基于此，当相关主体对异议处理结果存在疑问时，其可以通过向工作专班所在地的基层人民法院提起行政诉讼，司法机关通过相对严格的诉讼程序对行政行为的适法性进行严格审查后可作出判决。[4]

就联合惩戒措施的解除程序而言，应当细化解除联合惩戒措施的具体规

---

[1] 根据《办法》第17条的规定，直辖市的区县公安机关适用该办法中设区的市级公安机关的相关规定。

[2] 孔繁华：《作为特殊行政救济的行政复核》，载《北方法学》2021年第2期。

[3] 参见周玉超：《行政复议前置范围再讨论》，载《华东政法大学学报》2023年第4期。

[4] 参见成协中：《论我国行政诉讼的客观诉讼定位》，载《当代法学》2020年第2期。

则，进而为相关主体顺利复归社会提供助力。目前，联合惩戒措施的解除主要有到期解除和经异议解除两种类型。对于经异议解除，《办法》规定了相对明确的程序规则，包括审核认定、制作出具解除联合惩戒对象报送表、移送材料和解除措施（包含停止信用信息共享）等步骤。与此相对应的，到期解除目前采取的是"自动解除"的模式。这意味着此种情形下联合惩戒措施的解除单纯依靠各参与部门内部的行为，缺乏相应的外部规程和监督，提升了联合惩戒措施延期解除的风险。对此，《办法》可以将到期自动解除修改为到期后依程序解除，并参照经异议解除的步骤制定相应的规则。而且，无论是到期解除还是经异议解除，都需要由县级工作专班通过官方平台向社会公布解除联合惩戒措施名单并向相关主体出具证明文件，以解决"刑满释放人员社会回归与安置困难"[1]的问题。除此之外，还需要在《办法》中增加联合惩戒措施到期未解除时，相关主体寻求救济的法律途径和主管人员的应有责任。其中，救济途径可以参考异议程序的规定，而主管人员的责任则根据行政法和刑法的具体规定进行界定。

四、结语

"随着信息技术和信息产业不断发展，网络犯罪行为将趋于多样化而更具争议，网络犯罪的司法认定问题也将更为复杂，惩治网络犯罪更加富有挑战。"[2]在此背景下，联合惩戒机制作为电信网络诈骗犯罪多元治理体系的重要组成部分，反映了国家对犯罪现象认识程度的加深和犯罪治理能力的提高。然而，现有规定并未脱离重刑观念的影响，单纯强调从严惩治而非综合施策，不但有违背比例原则之嫌，而且可能导致建立联合惩戒机制的初衷落空。对此，应当在全面解读和细致梳理现有规定的基础上，结合电信网络诈骗行为和相关主体的具体特征，以及各惩戒措施的实际效能，修正联合惩戒措施适用的实体方案和程序规则，以提升电信网络诈骗犯罪的治理效能并为犯罪治理体系的完善提供借鉴。

---

〔1〕 刘艳红：《民刑共治：国家治理体系与治理能力现代化路径》，载《法学论坛》2021年第5期。
〔2〕 张佳华：《大数据时代新型网络犯罪的惩治困境及进路》，载《学习与实践》2022年第5期。

涉外犯罪治理视角下涉案财物公诉制度的功能适用、司法探索及实践展望

叶子祥　李灿[*]

摘　要：随着我国涉外法治工作的逐步深化，对涉外刑事犯罪中的涉案财物开展"对物之诉"的本土化建设势在必行。在当前涉外犯罪涉案财物处置工作中，除长期存在着证据收集、权属认定、财物执行不到位，处置周期长、重刑事责任追究而轻财产保护、处理程序行政化等问题外，还存在着涉外处置舆情敏感性、执行标的难以处置性、刑执衔接落实可行性、法律查明现实可行性等问题亟待解决。对此，检察机关应当围绕涉案财物公诉工作，构建"侦—检"诉前协同涉案财物处置、诉中财物处置建议职责、诉后财物处置跟踪监督机制，并从持续优化涉外法治宣传、依托国际法治优化刑事司法协助程序执行、完善涉案财物调查证据采纳使用标准规范、推动刑事犯罪领域准据法搜集查明工作持续开展等方面展开工作，确保涉外刑事犯罪涉案财物公诉制度得以落地落实。

关键词：涉外犯罪；涉外刑事犯罪；检察机关；涉案财物；公诉职能；功能定位

随着我国对外持续扩大开放，涉外刑事案件在近年来呈现出数量逐年增多的态势，其中既有长期以来一直存在的国内外企业、自然人相互勾结实施走私、洗钱等刑事犯罪的情况，也存在着部分犯罪人员因国内的重点打击逐步外溢、转移、转化至国外并继续实施相关犯罪的苗头趋势。例如，在我国

---

[*] 作者简介：叶子祥，上海市静安区人民检察院检察官助理；李灿，上海市人民检察院第一分院检察官助理。

当前涉外犯罪打击治理过程中，发现有相当部分犯罪人员外逃至东南亚、西亚等地，流窜于我国边境实施涉外犯罪行为；还有部分犯罪人员匿于境外，遥控"车手"实施走私、洗钱等非法犯罪；还出现了"两头在外"型走私、电诈—洗钱—走私三位一体化犯罪等新型涉外违法犯罪行为。对此，在涉外犯罪治理方面，推进涉外法治成为我国刻不容缓的重大工作。2024年7月，党的二十届三中全会通过中共中央《关于进一步全面深化改革　推进中国式现代化的决定》，提出建立一体推进涉外立法、执法、司法、守法和法律服务、法治人才培养的工作机制，深化执法司法国际合作。而在其中，对以涉外犯罪为代表的涉外刑事犯罪中的涉案财物开展追赃挽损工作成为人民群众在涉外法治工作中重点关注和讨论的议题之一。对此，强化检察机关对涉案财物的公诉职能，妥善处理涉案财物，为惩处犯罪与被害人权益救济提供法治保障，势必将成为在当前刑事司法中必须解决的重要问题。

一、涉外刑事犯罪涉案财物公诉制度设立的必要性和可行性

我国当前在刑法、刑事诉讼法中并未如德国等国家在涉案财产诉讼方面规定单独的"对物之诉"，但这并不意味着对于刑事犯罪涉案财物的处置不重要。学界认为，刑事对物之诉是与刑事对人之诉相并列的概念，主要是指检察机关代表国家对被告人违法犯罪所得提起的追缴之诉。[1]对于涉案财物的处置不仅关系到当事人以及案外人合法权益的涉案保护，更关乎人民群众对司法公正的获得感，其不仅是剥夺违法犯罪行为既得非法利益的手段，更是达到惩治犯罪和保障公民合法财产权益的双重效果的重要手段。[2]与此同时，刑事案件涉案财物处置可能涉及不同诉讼领域与执法司法环节，如何建机制、抓要点，确保在涉外刑事案件办理过程中，实现对涉案财物处置效果的最大化、最优化，是检察机关作为司法办案部门而言在进行涉案财物处置时的重要考虑。对此，进一步推进落实涉外刑事犯罪涉案财物公诉制度，是当前检察机关在涉外法治建设中更好发挥职能作用，以"三个善于"真正落实"高质效办好每一个案件"的重要路径。

---

[1] 参见陈瑞华：《刑事对物之诉的初步研究》，载《中国法学》2019年第1期。

[2] 参见徐翀、李舒悦：《高质效处置涉案财物　强化刑事犯罪治理》，载《检察日报》2024年7月17日；参见孔令营：《涉众型金融犯罪案件追赃挽损机制探究——以涉众型非法集资案件为视角》，载《山西省政法管理干部学院学报》2023年第2期。

（一）检察机关作为法定法律监督机关履行职责的必然要求

检察机关是宪法规定的国家的法律监督机关，在司法工作中，负有对司法案件办理全流程监督的职责。在案件办理过程中，涉案财物处置涉及的主体包括有监察、公安、人民法院、司法行政等多个部门，在全流程中还存在着跟踪不足、监督漏洞、管理缺位等问题。对此，由检察机关将涉案财物处置纳入以刑事指控为核心的公诉职能之中，加强对涉案财物处置各主体的法律监督，是检察机关的法律监督职能对检察机关在涉案财物处置工作上的必然要求。

（二）实现高质效办理每一个涉外刑事案件的必然要求

对于被害人而言，及时追赃挽损、弥补损失是其参与刑事司法程序的核心利益诉求之一，办案是否真正实现了高质效，不仅要看是否对被告人作出了合法判决，更取决于追赃挽损工作是否真正做到高质高效。对此，检察机关在贯彻社会正义追究违法犯罪行为刑事责任的同时，贯彻落实以审判为中心基本原则，履行涉案财物公诉职责，加强对于涉案财物的追赃挽损，是坚持人民至上基本价值追求，坚持维护人民群众根本利益，切实围绕人民诉求开展工作，让人民群众感受到公平正义的必然要求。

（三）实现涉外法治中三个效果有机统一的必然要求

贯彻落实三个效果是司法工作开展的重要目标，是检验检察工作好与坏、得与失的重要标准和抓手。检察机关在涉外法治工作中推进落实涉外刑事犯罪涉案财物公诉制度，是防范化解重大风险、维护社会秩序大局稳定、保持国内市场经济持续健康有序发展的重要路径。

对此，检察机关高度重视对于涉案财物的处置工作，在刑法、刑事诉讼法等实体性、程序性法律以及相关司法解释明确规定追赃挽损的情形下，最高检察机关在《2023—2027年检察改革工作规划》中提出，要求强化涉案财物公诉职责。在司法实践中，各地检察机关也结合地区经济社会发展和检察工作实际，借鉴域外相关经验和做法，逐步探索适合本地区经济社会发展法治需求的经济犯罪案件涉案财产公诉模式，更好地应对涉外刑事案件中的国际化挑战，为强化检察环节追赃挽损，更好实现检察工作高质效现代化发展目标，优化市场化、法治化、国际化一流营商环境提供有力保障。

二、构建涉外刑事犯罪涉案财物公诉制度的现实困境

在当前针对涉外刑事犯罪开展的涉案财物处置工作中，正如诸多实务人员以及专家学者发现并指出的那样，我国司法机关长期存在着证据收集、权属认定、财物执行不到位、处置周期长、重刑事责任追究而轻财产保护，处理程序行政化等问题，在不符合正当程序基本要求的同时，尚不能满足当前开展"良法善治"司法治理的要求。[1]除此之外，在涉外刑事案件尤其是涉外犯罪案件办理过程中，由于相关案件的特殊性、敏感性、复杂性，检察机关在对涉外刑事犯罪开展涉案财物公诉工作时，还要面对涉外处置舆情敏感性、执行标的难以处置性、刑执衔接落实可行性、法律查明现实可行性等问题，有待对其加以解决。

(一) 涉外财物标的处置存在着舆情敏感性

在涉外刑事案件办理过程中，由于涉外刑事犯罪可能涉及外事外交、国际经贸等多个方面，社会关注度高、舆论敏感性强；而在涉外财务标的的处置上，舆情风险极高，案件办理过程中稍有不慎就易引发负面舆情。[2]一方面，当前主要西方国家在产权制度设计上，多采私产至上不可侵犯的观点，与我国规定于《民法典》物权编第五章中关于私人所有权的制度有微妙差异；在司法执行方面，我国特色司法制度下的司法执行制度也与西方国家有一定差异。另一方面，我国司法体制中部分涉案财物处置主体与国外存在明显差异性，例如在涉外犯罪案件办理过程中，如发现有相关公职人员参与共同实施犯罪的情况，我国监察委员会根据《监察法》第23条、第25条，依法对所有境内外的涉案财物开展调取、查封、扣押工作。但是对于国外而言，在国外特有语境下的信息茧房效应可能会导致国外对于监察委员会性质及其工作的质疑，在出现恶意舆情炒作及引导情况下，极易对正常工作的推进产生极大阻碍。对此，在当前国际形势相当复杂的背景下，处理稍有不慎，可能会招致国外部分心有不轨的少数人士基于法律体系和司法体制的差异化恶意发声，诱导舆情开展攻击。

---

[1] 参见段鹍、石魏：《涉案财产处置虚化之现状分析及应对思路》，载《人民司法》2021年第19期；参见樊崇义：《刑事诉讼法哲理思维》，中国人民公安大学出版社2010年版。

[2] 参见胡勇：《高质效办理涉外刑事案件 提升涉外法治工作水平》，载《检察日报》2024年1月17日。

(二) 执行标的可能存在难以处置性

在实践工作中，相关涉案财物可能存在难以处置性。一方面，由于物理隔离、标的本身特性等原因，执行标的可能存在难以处置性。该情况多常见于犯罪实施人员的财产位于国外，并已转化为房产不动产、信托基金、公司股权等资产的情况，执行难度高、周期长。另一方面，我国法律规定，部分涉案财物无法成为执行标的，最为典型的是虚拟货币。在当前涉外犯罪打击治理过程中，发现已有大量走私人员利用比特币、以太币等虚拟货币作为走私对价支付手段或洗钱手段，通过虚拟货币去中心化和完全数字化的特性实施境内外的资产腾挪转移。此类涉案财物由于其价值不稳定性、其本身的非法性、交易平台违法性等，势必成为司法机关在处置涉案财物时的重点、难点。

(三) 国内外刑执衔接难以实际落地落实

尽管在判决或仲裁裁决的相互承认与执行方面，我国与世界绝大多数国家均为《纽约公约》的成员国且相互承认仲裁结果，但是在刑事犯罪处理上，根据我国规定，仅能以判决形式来确定刑事责任，而与之相应，也仅能以判决明确刑事犯罪涉案财物的处置情况。而在判决的承认与执行上，与我国相互承认判决的国家数量较少，尚未能覆盖全球的多数国家。在实际开展刑事判决的承认与执行过程中，执行的不确定性明显不符合法的安定性要求，会导致刑执衔接难以实际落地落实。

(四) 准据法的完全查明目前尚不具备现实可行性

在当前我国对国外法律的查明工作中，主要是通过司法解释，来明确民法规范查明的主体、路径、适用规则等。但是对于刑事法律规定的查明目前尚无相关规定。此外，由于不同国家在涉案财物的处置上采取刑民分立、刑民合立、特别立法等不同形式，准据法的查明和明确有较大难度，根据当前工作情况，尚不具备现实可行性。

三、推进检察机关涉案财产公诉制度的机制构建

在涉外刑事案件办理过程中，如何通过完善公诉职能的履行，加强涉案财产公诉制度落地落实，是检察机关在开展涉案财产公诉工作中的重要抓手与工作着力点。对此，笔者认为，可以通过强化检察机关诉前协同涉案财物处置、诉中财物处置建议职责、诉后财物处置跟踪监督工作，完善相关机制。

(一)构建"侦—检"诉前协同涉案财物处置机制

在公安机关开展涉案财物处置过程中,检察机关应当与公安机关开展协同冻结扣押工作,构建协同工作机制,根据诉讼要求和标准,进一步完善涉案财物的诉前处置工作。(1)进一步完善提前介入机制。在涉外犯罪打击治理实务工作中,检察机关一般情况下均围绕案件定性争议、证据情况、补侦方向等方面开展提前介入工作,对于涉案财物仅会根据其实际情况,提出补侦提纲,作出补侦要求。对此,笔者认为,应当进一步完善检察机关提前介入侦查工作,尤其在涉外刑事案件中,应当将涉案财物的处置前置到侦查环节,以起诉标准与公安机关开展提前介入、专案会商工作。对于权属复杂的财物,提前要求公安机关开展侦查,明确处置可行性。对于完全不具有处置可能或权属复杂、可能需要外事部门协同协调的财物,由公安机关、检察机关在提前介入阶段就予以明确,并在尚未进入刑事诉讼程序时就将相关情况及时层报上级部门协商协调解决。对于具备调查、查封、扣押、冻结工作可行性的涉案财物,由检察机关根据诉讼需要,商请公安机关调取财物权属证明、财物来源说明等材料,在材料充分完备的基础上,再对相关涉案财物采取查封、扣押、冻结措施。(2)建立价值易变动的财物先行处置机制。应当注重对涉案财物的评估和分类处理,针对在侦查过程中发现的不易保存、价值易贬损或存在价格高度波动性的财物或虚拟商品,公安机关应当第一时间与检察机关沟通联系,对相关涉案财物开展先行处置。在处置过程中,以集中统一处置涉案财物为原则,以易损财物先行处理为例外,探索先行处置的处置规则,针对例如生鲜货物、活体商品、易受潮财物、化学制品等易损财物依照法定程序先行处置,最大限度保障涉案财物价值。[1]此外,对于虚拟货币、虚拟商品等价值难以估定、价格波动剧烈,不具有价格上连续性的财物,也应当予以先行处置。(3)进一步规范公安、检察及相关行政部门涉案财物移送程序。针对涉案财物查封、扣押、冻结、移送等程序,应当构建统一适用的程序性规定。明确涉案财物处置的具体责任承担主体部门、责任划分、部门协同配合要求等,确保公安、检察及相关行政部门在相关程序规定之下,规范相关司法行为,杜绝出现涉案财物遗失、权属不明、"踢皮球"等不良现象。

---

[1] 参见李华伟、原佳丽:《涉案财物处置机制的优化》,载《人民检察》2024年第8期。

（二）构建诉中财物处置建议机制

公安机关将案件移送至检察机关审查起诉，检察机关受理相关案件后，应当从以下方面开展相关工作：（1）履行调查职责。针对公安机关移送审查起诉的涉案财物，依法履行调查职责，明确审查涉案财物的权属是否存在争议、是否具备执行可行性、是否有必要进行先行处置、是否具有执行敏感性、是否存在程序瑕疵等方面。（2）在提起公诉时，就财物处置提出建议。检察机关应当根据涉案财物的实际情况，在将案件提起公诉至人民法院时，在起诉书中事实部分增加说明涉案财物的权属、来源、涉案情况、与犯罪行为的关联性、是否存在不当得利等基于恶意的转移行为、提起公诉时财物的状态（调查、查封、扣押、冻结等）等，并在起诉书尾部增加对涉案财物处置的建议。（3）在庭审调查过程中，对涉案财物处置承担举证责任及说明、建议义务，并针对可能存在的第三人异议、被告人意见等问题予以答辩或驳斥。（4）在提起公诉全流程过程中，针对涉案财物处置可能存在舆情敏感性、权属有异议、相关权益人（包括犯罪嫌疑人、第三人等）存在意见等情况，将涉案财物的处置纳入听证审查范围，召开由相关行政部门、社会第三方独立专业人士、人民监督员、听证员等人员参与的听证会，决定涉案财物处置情况。

（三）构建诉后财物处置跟踪监督机制

在人民法院就相关涉案财物作出判决后，检察机关作为法律监督与诉讼办案一身二任、职能一体两面的国家法律监督机关，还应当承担对在判决后财物处置跟踪监督的职责。（1）对审判机关的执行开展法律监督。针对执行不存在法律及现实障碍的涉案财物，与法院及时沟通诉讼、执行阶段涉案财物处置工作，确保对于涉案财物相关判决的执行都严格落脚在法律的标准和尺度上。（2）协助人民法院针对涉案财物与相关行政部门开展沟通协调工作。对于财物所在地系国外的涉案财物，检察机关应当与人民法院加强合作，协同与外事、金融监管、边境管理等部门联系沟通，确保相关涉案财物判决送交对应国家职权部门开展执行工作。（3）后续进一步跟进监督，在对应国家法院执行时，同样开展法律监督，充分保障相关当事人的权益。

四、深化推进涉外刑事犯罪涉案财物处置的实践展望

在构建涉外刑事犯罪涉案财物公诉制度之外，检察机关还应当进一步完善涉案财物公诉相关工作，确保涉案财物公诉工作得以真正贯彻落实。笔者认为,应当从持续优化涉外法治宣传、依托国际法治优化刑事司法协助程序执行、完善涉案财物调查证据采纳使用标准规范、推动刑事犯罪领域准据法搜集查明工作持续开展四方面开展相关工作。

(一) 持续优化涉外法治宣传

对于涉案财物处置过程中可能会出现的舆情情况,检察机关应当积极推动持续优化涉外法治宣传,以创新举措破难题、补短板、强弱项,积极开展舆情宣传工作。(1) 借力典型案例,讲好法治中国故事。通过以法治视角观察、以法治思维切入国内外公众所关注的涉外刑事案件的办理过程,有针对性地对相关涉案财物的处置"讲中国案、解中国法、说中国理",积极推进指导性案例、典型案事例、检察故事汇等工作的开展,做好案件评析、释法说理、普法宣传等工作。(2) 在涉外法治工作中构建舆情快速响应机制。把握好案件处理的实效性、联系沟通的及时性,在相关涉案财物处置过程中敢发声、善发声,主动回应外界关切、澄清相关事实、消除无端误解、辟驳无稽谣言,主动服务对外工作大局,提升舆情宣传工作能力和传播能力。

(二) 依托国际法治优化刑事司法协助程序执行

检察国际合作工作是我国对外国际合作工作中的重要组成部分之一,也是我国司法工作走向国外的重要路径之一。对此,检察机关应当依托国际法治体系,持续优化刑事司法协助程序,为包括走私、洗钱、电诈等犯罪在内的涉外刑事犯罪涉案财物处置提供制度保障。(1) 依托双边、多边合作,深化国际司法检察合作机制。围绕涉外法治工作整体布局,充分发挥上海合作组织成员国总检察长会议、中国—东盟成员国总检察长会议、金砖国家总检察长会议、国际检察官联合会等多边司法合作机制作用,深化推进取证合作、调查便利化、判决互认、执行互助等工作,稳步推进刑事司法协助工作。(2) 积极参与全球治理体系的建设。检察机关应当务实开展国际司法协助,加大涉外刑事案件跨境调查取证、国际司法规则制定等工作力度,主动参与打击网络犯罪、洗钱犯罪等工作,反哺我国相关司法协助工作顺利开展。(3) 主动开展跨国边境犯罪治理。持续深化推动我国与相邻国家、友好国家的司法协作,针对走私、洗钱、电诈等边境上的涉外刑事犯罪主动加大打击力度,开展双边、多边针对跨国犯罪的联合治理,持续推进边境司法工作的常态化开展。

（三）完善涉案财物调查证据采纳使用标准规范

我国当前在境外刑事证据合法性审查过程中，对于境外证据采用严格审查模式，即对证据的关联性、真实性与合法性进行审查；此外，还通过《检察机关办理电信网络诈骗案件指引》《人民检察院办理网络犯罪案件规定》《关于办理电信网络诈骗等刑事案件适用法律若干问题的意见》等文件，确定了对电信网络诈骗犯罪、计算机网络犯罪等具体犯罪证据搜集的相关工作规范。[1]但是在当前规范下，还应当从以下方面开展相关工作：（1）进一步从涉外刑事犯罪角度确定统一、具体、可操作的证据标准，明确证据形式、证据排除、转化形式等方面的内容，为涉外刑事案件的办理以及相关涉案财物的处置提供法律依据。（2）在技术层面进一步完善相关证据传送的方式，借鉴"欧洲调查令"等制度，构建定向文本加密传送平台，同时以"电子—实物双道并行"模式开展证据传送工作，为涉案财物处置提供时间上的即时性及便利化。

（四）推动刑事犯罪领域准据法搜集查明工作持续开展

目前，根据我国《刑法》第6条、第7条、第8条、第9条的规定，检察机关的域外管辖权分为属地管辖权、属人管辖权、保护管辖权和普遍管辖权，这四类管辖权都有可能成为域外管辖的基础。2021年6月10日通过的《反外国制裁法》第3条第2款明确规定："外国国家违反国际法和国际关系基本准则，以各种借口或者依据其本国法律对我国进行遏制、打压，对我国公民、组织采取歧视性限制措施，干涉我国内政的，我国有权采取相应反制措施。"2018年颁布施行的《国际刑事司法协助法》对域外文书送达、调查取证、财产强制措施运用、追缴涉案财物等刑事司法协助活动作出系统规范。检察机关应当与监察机关、人民法院、公安机关、司法行政机关等部门携手开展刑事犯罪领域准据法对外法律查明、对内法律释明等方面的探索，并将之作为涉外法治工作中的重点工作之一。一方面，通过开展刑事犯罪法律查明工作，明确其他国家关于涉案财物的判决承认、调查、执行等工作的具体规定，明确相关工作开展落实可行性；另一方面，通过开展刑事犯罪法律查明工作，与国内相关规定进行比较研究，查漏补缺，以弥补国内规定之不足。

---

[1] 参见王玫黎、杨逸琼：《构建境外刑事证据合法性审查规则》，载《检察日报》2024年5月30日。

五、余论

除了持续性、长期性、常态化推进司法工作，不断推进关于涉外法治的立法工作也应当是司法工作的重中之重。对此，检察机关应当积极配合立法机关开展司法调研、案件汇编、经验反馈、规则提取等工作，在立法机关的指导下，开展独立的对物之诉、赃物处置介入监督等相关工作，协助立法机关持续完善涉外法治立法工作，切实完善涉外法律法规体系和法治实施体系，为构建中国特色社会主义法治国家出一分力。

在涉外刑事案件办理中推进涉案财物公诉制度是一项艰巨、系统的工作，它关系到人民群众能否从我国所办理的每一起涉外司法案件中感受到公平正义，关系到社会的稳定及司法的公信力。对此，检察机关只有在开展涉外刑事犯罪涉案财物公诉工作中主动作为、奋发有为、担当善为，推动涉外法治工作规范化、一体化、常态化，切实保障人民群众的利益，才能真正做到"三个善于"，真正实现"高质效办好每一个案件"。与此同时，检察机关也不能仅仅就案办案，而是应当在涉外刑事犯罪治理过程中找准检察履职的发力点和突破口，不断推动溯源治理、苗头治理，凝聚社会共力，塑造社会共识，持续深化做实强打击、重防范、压发案、筑平安，服务保障好国家建设大局。

电信网络诈骗下游犯罪量刑失衡的治理方案
——从以刑制罪的视角展开

李兰英　赖若涵[*]

摘　要：为应对电信网络诈骗下游犯罪量刑失衡，司法机关基于以刑制罪理念，形成了一系列方案：按被告人所处层级区分定罪；犯罪金额以查实的涉诈资金认定；扩张掩饰、隐瞒犯罪所得罪的从犯认定。既有方案存在以刑制罪适用的教义化隐忧，应在教义展开的基础上予以方案改造。以刑制罪的适用，应把握同笔犯罪事实下，下游犯罪量刑应轻于上游犯罪的实质依据，遵循以刑制罪的逻辑范式，以积极的罪刑法定与罪责刑相适应为底线。方案改造上，应变单一的层级区分为"行为功能—层级"双层次区分，起到分流罪名，限缩重罪认定范围的功能，并首先适用；在犯罪金额认定之外，扩充行为实施次数认定方案，与实质化的从犯认定方案一道，作为掩饰、隐瞒犯罪所得罪降档量刑的两条路径。

关键词：电信网络诈骗；下游犯罪；量刑失衡；以刑制罪

一、问题意识

在当前电信网络诈骗下游犯罪的治理中，如何实现类型化行为的定性统一与量刑均衡是司法机关颇为棘手的两大难题。一方面，行为人在同一案件中可能存在多环节上的行为类型，其行为竞合处断难度不言而喻，加之电信网络诈骗案件"沾边就管"的管辖规则形成当前分案处理的机制，加剧引发

---

[*] 作者简介：李兰英，厦门大学法学院教授、厦门大学经济犯罪研究中心主任、博士生导师；赖若涵，厦门大学刑法学博士研究生。

电信网络诈骗下游犯罪行为定性不统一的问题。另一方面，电信网络诈骗下游犯罪的相关罪名之间存在不小的量刑差异，定性的分歧传导到量刑环节，将直接导致同一行为类型异罪异罚，而下游犯罪"积量构罪"的罪行构造与发案金额的不确定性[1]又进一步加深了下游犯罪行为人量刑失衡的鸿沟。

长期以来，实务界与理论界都存在"重定罪、轻量刑"的倾向。这一倾向，在学界关于电信网络诈骗下游犯罪治理的讨论中，体现得尤为明显。学界普遍主张，解决行为定性分歧是破解量刑失衡困境的根本办法，故研究的重点一度聚焦于相关罪名的教义学分析，而忽略了量刑均衡问题。[2]然而，现实情况表明，不论是相继出台的司法解释、会议纪要还是当前如火如荼的信息网络犯罪理论研究，对解决定性分歧的助益都相当有限。当规范与理论供给的增加，未能有效解决电信网络诈骗下游犯罪行为的定性分歧时，法律共同体应当认识到，伴随着信息网络技术日新月异的发展，电信网络诈骗犯罪行为势必进一步衍生变化。相关下游犯罪行为的定性问题，将成为刑事司法治理的长期议题，试图在短期内寻求该议题的解决可能并不现实。

与之相对的是，量刑失衡困境的破解却迫在眉睫甚至更为关键。事实上，对被告人而言，量刑比定罪更为重要。尤其在法定犯领域，被告人的道德可谴责性相对较弱，[3]被告人对自身行为最终被认定为何罪其实不甚关心，其最关注的是量刑的结果。一旦出现量刑不均衡的情况，被告人能够迅速通过与同案犯量刑结果的比对，及同类案件类似行为判决结果的参照得知，继而产生不服判的心理，提出上诉、申诉，可能引发社会公众关注与舆情起伏。此时，司法机关须在保障被告人基本诉讼权利的同时，正视司法公信力被无形削弱与更多司法资源被消耗的客观事实，司法公正与司法效率价值的共同

---

[1] 在帮助信息网络犯罪活动罪中的涉两卡犯罪中，由于银行卡的使用不受供卡的行为人控制，涉案银行卡的流水与涉诈资金金额至行为人到案前呈现"开盲盒"特点。

[2] 参见江溯：《帮助信息网络犯罪活动罪的解释方向》，载《中国刑事法杂志》2020年第5期；刘宪权、魏彤：《电信诈骗"外围"帮助行为的刑法定性》，载《犯罪研究》2022年第4期；张伟：《帮助信息网络犯罪活动罪的教义学展开》，载《比较法研究》2023年第1期；徐翕明、陈曼莎：《电信网络诈骗中罪名认定争议及其教义学应对》，载《华南理工大学学报（社会科学版）》2024年第1期；杨新绿：《帮助信息网络犯罪活动罪与掩饰、隐瞒犯罪所得罪的区分标准》，载《江苏警官学院学报》2024年第1期。

[3] 参见张泽涛：《行政犯违法性认识错误不可避免的司法认定及其处理》，载《政法论坛》2022年第1期。

实现暂且被搁置。可以说，对司法机关而言，从刑事审判"三个效果"的检验出发，量刑均衡的实现也更有利于司法权威的确立与被告人及社会民意的认可。〔1〕

于是，近来有相当数量的司法工作人员，提倡在电信网络诈骗下游犯罪的治理中运用以刑制罪思维，以逆向的刑罚裁量思维，避免电信网络诈骗犯罪的末端打击趋重，出现上下游犯罪量刑倒挂，或下游犯罪类型化行为间因定性不同而量刑差异过大等量刑失衡现象。这种量刑反制定罪的思维模式，如果能在遵循罪刑法定原则的轨道上，消弭量刑失衡给当前电信网络诈骗下游犯罪治理带来的裂痕，也不失为一条可被接受的路径。然而，笔者在调研走访中发现，司法实践中对以刑制罪思维的运用仍停留在粗糙化的概念指导，相关司法调适方案缺乏以刑制罪理论运用的实质依据及方法归纳。

因此，要恰当发挥以刑制罪在解决当前电信网络诈骗下游犯罪量刑失衡问题中的矫正功能，需要着力解决以下三个问题：第一，明确电信网络诈骗下游犯罪量刑失衡的实践困惑；第二，有序展开当前量刑失衡的司法因应方案，从理论与实务的双重视角，检视以刑制罪的运用效果；第三，探讨以刑制罪指导量刑失衡治理的实质根据、方法及底线，以求实现电信网络诈骗下游犯罪量刑失衡治理方案的改造。

二、电信网络诈骗下游犯罪量刑失衡的实践困惑

（一）总体观察

笔者在调研中发现，电信网络诈骗下游犯罪，在不同地区或同一地区不同时期的量刑差异较大。此类案件中，涉"两卡"犯罪比例占据绝对多数，行为类型多为向上游犯罪提供转移支付、套现、取现工具。〔2〕自"断卡"行动开展以来，不难发现，电信网络诈骗犯罪链条过长、人员分散，同一宗上游犯罪关联的下游犯罪被告人可能遍布全国。近年来电信网络诈骗犯罪猖獗，刑事政策长期秉持严打方针，而各地司法单位对政策的理解与贯彻，存在尺度上的不同，导致行为类型、情节相似的不同被告人在不同地区的量刑结果，

---

〔1〕 参见周长军：《量刑治理的模式之争——兼评量刑的两个指导"意见"》，载《中国法学》2011年第1期。

〔2〕 参见最高人民法院刑事审判第三庭：《关于帮信罪司法治理的调研报告》，载《人民法院报》2023年8月25日。

存在相当差异。

更有甚者，即使是接受同一地区的司法机关审判的同案犯，也可能因为发案、到案、审判的时期不同，对应宽严幅度不一的打击政策，在类似的行为认定下，获得不同的量刑。除此之外，电信网络诈骗犯罪中，上下游犯罪量刑倒挂现象也不容忽视。电信网络诈骗案件中的上游犯罪团伙多盘踞于境外，导致上游犯罪通常无法查清、难以打击。目前对于电信网络诈骗犯罪的打击集中在下游环节，而下游犯罪积量构罪的罪行构造十分容易引发升档量刑。如此一来，在尚未查清上游犯罪的情况下，可能引发人们关于上下游犯罪"量刑倒挂"的担忧。

（二）类型表现

1. 刷脸行为定性分歧下的量刑失衡

当前电信网络诈骗下游犯罪的罪名集中在帮助信息网络犯罪活动罪（以下简称"帮信罪"）与掩饰、隐瞒犯罪所得、犯罪所得收益罪（本文以下简称"掩隐罪"）。对于明知他人利用信息网络实施犯罪而单纯提供银行卡的行为，一般认定为《刑法》第287条之二中规定的"等帮助"行为类型，满足"情节严重"的，构成帮信罪。[1]对于为上游犯罪转账取现的行为人，一般认定构成掩隐罪。定性分歧较大的问题是，"提供银行卡并配合刷脸验证"的行为应该认定为帮信罪还是掩隐罪，抑或行为分开评价，择一重处或数罪并罚。[2]对定性争议及相关理由暂时按下不表，不同行为人在量刑上可能面临巨大差异。《刑法》第287条之二将帮信罪的法定刑在自由刑的量刑区间规定为3年以下有期徒刑或者拘役；第312条将掩隐罪在自由刑的量刑区间划分了两档，第一档为3年以下有期徒刑、拘役或者管制，第二档为3年以上7年以下有期徒刑。而依据最高人民法院《关于审理掩饰、隐瞒犯罪所得、犯罪所得收益刑事案件适用法律若干问题的解释》（本文以下简称《掩隐罪解释》），掩隐罪的第一档量刑没有积量构罪的入罪门槛，第二档量刑的门槛仅为掩饰、隐瞒犯罪所得及其产生的收益价值总额达到10万元以上或掩饰、隐瞒犯罪所得及其产生的收益10次以上，或者3次以上且价值总额达到5万元

---

[1] 参见李睿懿、陈攀、王珂：《〈关于办理电信网络诈骗等刑事案件适用法律若干问题的意见（二）〉的理解与适用》，载《中国应用法学》2022年第6期。

[2] 参见孙亚、任留存、姜依菲：《"断卡"行动中涉银行卡刷脸行为的刑事规制》，载《人民检察》2022年第18期。

以上等情况。实务中,下游犯罪行为人提供银行卡后又配合刷脸转账的不在少数,且不论是金额还是次数都很容易达到二档量刑的条件,这不免引发量刑畸重的担忧。

2. 掩隐罪"情节严重"认定标准不一下的量刑失衡

近来,帮信罪案件的数量有所回落,掩隐罪的适用则被大幅激活。据最高人民法院公布的 2024 年一季度司法审判工作主要数据,全国掩隐罪一审案件增幅超过 30%。[1]这是因为,实务部门办理帮信罪,基本是参照最高人民法院刑事审判第三庭、最高人民检察院第四检察厅与公安部刑事侦查局联合发布的《关于"断卡"行动中有关法律适用问题的会议纪要》中第 4 条的规定——银行卡单向流水 30 万元加查证涉嫌诈骗资金 3000 元以上,这一标准入罪。如此,已经取消入罪具体数额的掩隐罪,可谓实务机关打击电信网络诈骗下游犯罪"称手的工具"了。在掩隐罪案件的办理过程中,犯罪金额与行为实施次数的认定,是直接影响被告人量刑档次及最终刑罚轻重的重要因素,但是否达到掩隐罪"情节严重"的相关认定标准并不统一。以犯罪金额认定标准为例,司法实践中,掩隐罪的犯罪金额认定存在着以涉案银行卡中查实的涉诈资金、涉案银行卡流水金额或行为人取现、转账的金额为不同执行标准的混乱问题。整体来看,上述三种认定标准中,金额认定的顺序上一般为涉案银行卡流水金额最先,行为人取现、转账金额次之,能够查实的银行卡涉诈资金最后。具言之,相比涉案银行卡动辄百万、千万的流水,行为人取现、转账金额有限,囿于电信网络诈骗犯罪被害人分布广、报案少、查实难度大等因素,能够查实的银行卡涉诈资金亦相当有限。这就容易形成三种标准运用下的行为人落入不同量刑档次的现象。如此一来,这种犯罪金额认定标准不一的情况,就可能造成一定程度的量刑失衡。

3. 犯罪参与类型判断分歧下的量刑失衡

对于电信网络诈骗犯罪末端,实施刷脸转账或取现行为的行为人,司法实践中存在两种认定观点,反映了实务部门对此类行为人犯罪参与类型判断的分歧。一种观点认为,掩隐罪的实行行为单一纯粹,即实施了转移赃款的行为,行为人直接实施了掩隐罪的构成要件行为,属于实行正犯,不能再划

---

[1] 参见《最高人民法院公布 2024 年一季度司法审判工作主要数据》,载 https://www.court.gov.cn/zixun/xiangqing/430712.html,最后访问日期:2024 年 8 月 9 日。

分其与上游犯罪行为人的作用大小而认定为从犯,给予量刑降档的宽宥。[1]另一种观点认为,此类行为人是电信网络诈骗犯罪链条的末端人员,综合主观明知程度、获利大小及行为的实施乃是接受上游犯罪行为人指令等因素,应当认为,他们在转移赃款这一构成要件行为的实施过程中,存在一定程度的工具化,并未起到直接作用或作出实质贡献,考虑将此类行为人与上游犯罪行为人认定为共同正犯,从而拓展出认定为从犯的空间,实现罪刑均衡。前一种"正犯主犯化"的观点,反映了单层次区分制的犯罪参与体系立场;[2]后一种将犯罪参与人均认定为共同正犯后,按作用大小认定主犯、从犯的观点,反映了单一制正犯体系立场。[3]上述分歧立场及其观点,将下游实施刷脸转账或取现行为的行为人之量刑结果引致不同的量刑档次。

(三)实践追问:以刑制罪何以可能?

面对当前电信网络诈骗下游犯罪存在的量刑失衡困境,如何破局成为当务之急。对此,司法实践存在以下两点追问:一则,依照罪刑法定原则展开的演绎推理继而作出此类下游犯罪的案件宣告,即使能够得到逻辑上具有可靠性的定罪结论,[4]但客观上仍难以避免同案异罚、量刑倒挂等量刑失衡现象。因此,是否能够在电信网络诈骗犯罪的刑事审判中,突破演绎推理的认定思维,寻求罪刑均衡的实现。二则,倘若在定罪过程中调整了原有演绎推理的思维路径,在定罪时先行纳入刑罚适当的考量,如何进行准确裁量以符合法律与司法解释的规定及立法精神?

经过盘点当前电信网络诈骗下游犯罪量刑失衡的具体类型表现,不难发现,司法机关产生分歧的背后,其实已显现对上述两个追问的实践探索与方案尝试。比如,在对听从指令实施转移赃款的行为人予以认定时,部分司法机关考虑到犯罪末端被告人的罪刑相一致,试图通过认定此类行为人构成掩隐罪的从犯,实现量刑的从宽。这种量刑反制定罪的做法,显然体现了司法

---

[1] 参见赵拥军:《"断卡"行动中掩饰隐瞒犯罪所得罪及其从犯的认定与限制》,载《人民法院报》2023年3月16日。

[2] 参见柳忠卫:《中国共同犯罪立法模式的归属与选择——"双层递进式"共犯立法模式的提倡》,载《政法论丛》2017年第2期。

[3] 参见张明楷:《共同正犯的基本问题 兼与刘明祥教授商榷》,载《中外法学》2019年第5期。

[4] 参见陈兴良:《刑法教义学中的演绎推理》,载《法制与社会发展》2024年第3期。

实用主义下的以刑制罪思维。[1]然而,正如对立观点所表明的那样,以刑制罪思维指导下的刑事司法裁判,难道可以突破逻辑推理顺序与刑法理论,为实现量刑均衡而牺牲教义推导的价值?因此,应当明确的是,以刑制罪虽然具有罪刑失衡的司法纠偏功能,但不是也不能成为司法恣意的工具。[2]为此,有必要从理论与实践的双重视角,对以刑制罪的运用效果予以检视,进一步把握以刑制罪运用的实质依据及方法、底线。

三、当前量刑失衡的司法因应:以刑制罪的适用及其评价

当前,为适应轻罪治理的要求,不管是实务界还是理论界,对于电信网络诈骗下游犯罪的治理问题,都较为一致地主张限缩掩隐罪的适用范围。为了避免造成电信网络诈骗犯罪末端参与人员之间明显失衡的量刑局面,司法机关以刑制罪思维为抓手,以"原则定帮信、例外定掩隐"为原则,在下游犯罪面临的量刑失衡实践中,针对前述三种类型表现,形成了三种司法因应方案。诚然,法律实际运作的呈现,离不开司法裁判,围绕法律规定所延伸开来的鲜活案件才是它的精髓所在。[3]为此,本文将择取方案适用下的相关案例辅助展开。不过,这些方案的运用,是否与以刑制罪思维之间具有实质契合根据,仍值得商榷。

(一)方案一:"卡农""卡商""卡头"不同层级区分定罪

案例1:被告人周某在寻找网络兼职过程中接触到"跑分洗钱"上线"空少",双方通过加密软件进行联系,后"空少"让周某提供银行卡或发展"卡农"抽成获利,周某多次到自助取款机前将卡内非法资金取现,抽成后将剩余资金转交给上线"空少"。法院认为,被告人周某与上游犯罪行为人达成的是自行供卡取现抽成的协议,虽然实施了帮助取款,但对上游行为的违法性没有充分的认识,认定被告人周某犯帮助信息网络犯罪活动罪,比较客观公允,也符合罪责刑相适应的原则。[4]

---

〔1〕参见苏力:《法条主义、民意与难办案件》,载《中外法学》2009年第1期。
〔2〕参见魏瀚申:《排斥抑或融合:民意在刑事司法中的作用及其实现》,载陈金钊、谢晖主编:《法律方法》(第41卷),研究出版社2023年版,第262~263页。
〔3〕参见[美]卡尔·卢埃林:《荆棘丛:我们的法律与法学》,王绍喜译,中国民主法制出版社2020年版,第44页。
〔4〕参见甘肃省庆阳市镇原县人民法院[2023]甘1027刑初85号刑事判决书。

电信网络诈骗犯罪链条化、层级化明显，其中，下游的涉"两卡"帮信犯罪已经形成了"卡农—卡商—卡头"的层级模式。笔者在调研中发现，有相当数量的司法工作人员，为了避免刷脸行为定性分歧造成犯罪链末端人员的罪刑失衡，及同地区范围内的量刑差距过大，在涉"两卡"犯罪中，倾向于通过区分行为人所在层级，来均衡定罪及量刑。例如，如果行为人是"卡头"，只要其实施了刷脸、转账或取现等转移赃款的行为，都一致认定为掩隐罪；如果行为人是"卡农"，比如案例1中的周某，则考虑到其层级较低，距离上游信息网络犯罪核心圈层较远，罪过不明显，不论其实施了取现还是转账的行为，都不认定为掩隐罪，而认定为帮信罪；如果行为人是"卡商"，则倾向于在其实施了转移赃款行为的情况下定掩隐罪，除非有其他影响定罪的情形。

应当承认的是，按照下游犯罪行为人所处的层级，对其惩罚必要性与可罚性予以考量，并在定罪过程中寻求一定程度的区分，体现以刑制罪基本思维的同时，总体上，也符合电信网络诈骗犯罪打击规律。毕竟，不同层级的"卡农""卡头"位于上游犯罪链条中的不同端口，对上游犯罪最终造成的财产损失结果，起到不同的作用，也应承担不同的罪责。[1] 不过，这种司法因应方案并未完全契合以刑制罪运用过程的基本范式，欠缺"寻找惩罚的罪名及理由"的基本步骤。[2] 因此，为了实现量刑均衡，而在定罪的区分上，武断划定所谓的层级角色标准，既背离了以构成要件为核心的定罪范式，也忽略了以刑制罪运用的基本范式中"寻找惩罚的理由"这一正当归罪的步骤，容易陷入"简单归罪"的怪圈。

（二）方案二：掩隐罪的犯罪金额以查实的涉诈资金认定

案例2：被告人左某某为获取非法利益，答应帮某网友找银行卡协助转账，并收取转账金额10%的好处费。后左某某等人通过支付报酬的方式，借用多人银行卡，协助他人转账共计291 920.41元，取现共计270 880元。在"国家反诈大数据"平台上，已查实的涉诈被害人金额为67 098.10元。公诉机关以转账的291 920.41元为掩隐罪的犯罪金额进行指控。法院认为，依据

---

〔1〕 参见于冲：《帮助信息网络犯罪活动罪的独立性与依附性》，载《国家检察官学院学报》2023年第1期。

〔2〕 参见李兰英：《"以刑制罪"在网络经济犯罪认定中的适用》，载《厦门大学学报（哲学社会科学版）》2020年第4期。

《掩隐罪解释》第 8 条"认定掩饰、隐瞒犯罪所得、犯罪所得收益罪，以上游犯罪事实成立为前提。上游犯罪尚未依法裁判，但查证属实的，不影响掩饰、隐瞒犯罪所得、犯罪所得收益罪的认定"的规定，本案的犯罪金额不应以进账的 291 920.41 元来计算，而是应当以查实的涉诈被害人金额 67 098.10 元来计算，未达到情节严重。[1]

对照帮信罪的罪刑规定，掩隐罪相较帮信罪可谓重罪。在这种情形下，不少司法机关，为了平衡电信网络诈骗下游犯罪中实施了多次或大额转账、取现行为，且涉案银行卡流水金额巨大的行为人之量刑幅度，在以刑制罪思维的影响下，形成了掩隐罪的犯罪金额以查实的涉诈资金为标准的认定方案。如同案例 2 中法院阐释的，掩隐罪应以上游犯罪事实成立为前提，对犯罪金额应查证属实。采查实的涉诈资金为标准，而非巨额涉案银行卡流水或行为人转账、取现的金额，能够有效平衡犯罪链末端层级低、获利少、罪过小的行为人量刑，避免出现上游犯罪查清后反而量刑可能低于下游犯罪量刑的"倒挂"现象。

从性质上看，司法机关选择在涉案银行卡流水金额、实际取现或转账金额及查实的涉诈资金金额中，以查实的涉诈资金作为掩隐罪的犯罪金额认定标准，与其说是受到以刑制罪思维的影响，不如说是"存疑时有利于被告人"原则的内涵体现。换言之，以数额较小的查实的涉诈资金作为犯罪金额认定标准与以刑制罪思维之间，可能并不存在实质勾连。此种方案是电信网络诈骗下游犯罪量刑裁量的应有之义，无须裹挟以刑制罪思维为其背书。

（三）方案三："共同正犯+次要作用"认定掩隐罪从犯

案例 3：被告人丁某某、被告人许某某在上游犯罪行为人安排下办理银行卡并将银行账户提供给上游犯罪行为人用于接收、转移赃款，并于宾馆房间内配合上游犯罪行为人进行刷脸支付验证等操作。其中，丁某某共计配合转移赃款人民币 3 830 090 元，许某某共计配合转移赃款人民币 3 551 789.1 元。许某某还亲自取现涉案赃款 9700 元。事后，许某某获得好处费 2000 元。法院认为，被告人丁某某、许某某向他人提供各自银行账户用于接收、转移赃款，过程中仅配合他人进行完成刷脸支付验证手续，虽然许某某曾亲自将涉案的赃款 9700 元取现，但除此之外本案所转移的其余犯罪所得并非直接由二

---

[1] 参见云南省西盟佤族自治县人民法院〔2023〕云 0829 刑初 85 号刑事判决书。

被告人操作接收和转出，且二被告人因此所能获得的报酬相比转移的 300 多万元涉案款项而言甚少。基于罪责刑相适应原则，本案应认定二被告人在各自掩饰、隐瞒犯罪所得共同犯罪中仅起次要作用，均是从犯。[1]

在电信网络诈骗下游犯罪中，当被告人实施了符合掩隐罪构成要件的不法行为，而失去以刑制罪对罪名选择的调适空间时，司法机关将在掩隐罪的认定下，从共同犯罪的"作用"考量要素出发，通过认定下游犯罪行为人掩隐罪从犯地位的方式，弥合重罪认定可能带来的量刑失衡现象。具体而言，在认定实施了刷脸验证、转账取现等转移赃款行为的下游犯罪被告人罪刑时，将充分考量被告人在赃款转移过程中发挥的作用：对于像案例 3 中的被告人仅配合刷脸验证、在上游犯罪行为人监管下于特定封闭空间协助转账、亲自取现但金额不高且与违法所得存在显著差异的，一般认为其在转移赃款过程中系接受上游犯罪行为人指令实施行为，所起的作用是次要、辅助性的，倾向于在掩隐罪的认定区间内，对此类被告人作出从犯的地位判断。由此，便可实现均衡电信网络诈骗下游犯罪被告人之间刑罚轻重的目的。

可以看出，以刑制罪虽然在此类行为认定的罪名选择上，未能发挥出轻罪隔离的功能，但在犯罪参与类型的认定过程中仍然产生了一定影响，最终实现了控制量刑失衡的目标。从规范契合上看，以作用作为各犯罪人在犯罪参与中的评价基准，符合当前我国刑法对不论是正犯还是共犯的所有犯罪参与人，都按其在犯罪中所起的作用来处罚的规定，[2]可被称为"单一制正犯体系"立场下，缓和量刑失衡风险的有效方案。不过，从理论检验上看，对没有实施构成要件行为，但在共同犯罪中起主要或重要作用的上游犯罪行为人，按共同正犯处理，或许可被视为一种正犯性的拟制，[3]而对实施了"亲自取现"等构成要件全部行为的正犯予以从犯的认定，就难免遭受突破罪刑法定的诘难。因此，这种调适被告人犯罪参与类型寻求量刑减轻的方案，可能是一种司法机关泛化运用以刑制罪思维而进行人为操作的结果，难以通过理论融贯性的检验。

---

〔1〕参见广东省中山市第一人民法院［2021］粤 2071 刑初 780 号刑事判决书；广东省中山市中级人民法院［2021］粤 20 刑终 439 号刑事裁定书。

〔2〕参见张勇、王杰：《帮助信息网络犯罪活动罪的"从犯主犯化"及共犯责任》，载《上海政法学院学报〈法治论丛〉》2017 年第 1 期。

〔3〕参见张明楷：《共犯人关系的再思考》，载《法学研究》2020 年第 1 期。

（四）总体评价：以刑制罪适用的教义化隐忧

以刑制罪长期被视为实现刑法教义学与刑事政策学相互贯通的中间路径，[1]这要求以刑制罪应当在两者的贯通中保持平衡，避免偏倚。然而，一方面，诞育于罪刑失衡的疑难争议案件解决中的以刑制罪，与能动的刑事司法政策理念具有天然的亲缘性；[2]另一方面，司法机关在以刑制罪的适用中，通常受强烈的结果导向主义影响，不太可能主动修正其教义欠缺。这就使得以刑制罪在教义化的构造上存在"先天不足"与"后天失调"的隐忧。在电信网络诈骗下游犯罪量刑失衡的司法因应方案中，具体体现为以下两点：

第一，以刑制罪适用方法不够明确。当前，司法机关为应对量刑失衡，运用以刑制罪思维指导电信网络诈骗下游犯罪的认定，存在以刑制罪适用流于表面的问题。纵观方案一至方案三，以刑制罪思维无疑是司法机关对量刑失衡困境作出因应的出发点，但不论是方案一还是方案三，均没有展示出以刑制罪实现量刑反制定罪的完整方法。在下游犯罪被告人最终量刑得以宽宥的依据上，也存在理论欠缺，不能完全使人信服。更为明显的是，在方案二中，以刑制罪与掩隐罪的犯罪金额认定标准选择较低的查实涉诈金额之间，其实并无实质联系。此外，三种方案之间的适用关系也不明确，缺乏体系性。以上种种表明，司法机关对以刑制罪的内涵理解及思维运用存在不足。

第二，以刑制罪的适用呈现刑事政策扩张下的工具化与象征化。在破解电信网络诈骗下游犯罪量刑失衡困境的过程中，以刑制罪俨然成为司法机关在轻罪治理及限缩掩隐罪适用的政策背景下，强行调适下游犯罪被告人量刑的工具。譬如，方案一在定罪的区分上，武断划定层级角色标准，人为主导犯罪链条末端人员的罪名隔离与降档量刑。再如，方案三对实施构成要件全部行为的正犯予以从犯的认定。这些在以刑制罪指导下的方案，所得出的解释结论是否正当合理，有待商榷。由此，刑法解释作为刑事政策的实践路径，在以刑制罪适用方法与底线不明的情况下，为了实现政策主导下的解释目标，难免导致解释过程与解释结论仅具有象征性意义，可能并不利于保障后续立

---

〔1〕参见赵运锋：《以刑制罪：刑法教义学与刑事政策学相互贯通的路径选择》，载《北方法学》2014年第5期。

〔2〕参见王彬：《司法裁判中的逆向思维及其证立——基于"以刑制罪"裁判模式的分析》，载《东岳论丛》2023年第8期。

法与司法的良性互动。[1]

总之，以刑制罪在电信网络诈骗下游犯罪量刑失衡的司法治理中，发生了一定程度的功能异化，从罪刑纠偏的方法演变为刑事政策指挥棒下机械司法的工具。要实现量刑失衡正当治理的目标，有必要对电信网络诈骗犯罪下的以刑制罪予以教义化展开。

四、以刑制罪指导量刑失衡治理的依据、方法及底线

（一）依据：同笔犯罪事实下，下游犯罪量刑应轻于上游犯罪

同笔犯罪事实下，下游犯罪量刑应轻于上游犯罪的量刑原则已成为司法实务界的共识，[2]也是电信网络诈骗下游犯罪治理中以刑制罪适用的实质依据。通常来说，同笔犯罪事实下，在上游犯罪尚未查清的情况下，其完全有可能处于相应罪名一般情节的量刑档次，而下游犯罪因"积量升刑"的刑罚构造，通常容易达到情节严重的量刑档次，"量刑倒挂"随之产生。[3]因此，正如当前司法机关仅对掩隐罪认定作政策性限缩所反映的，刑罚较轻且仅有一档量刑区间的帮信罪不是量刑失衡治理的主要罪名对象，而动辄因犯罪金额或行为实施次数等情节严重情形的认定，升档量刑的掩隐罪，才是电信网络诈骗下游犯罪量刑失衡治理的"主战场"。从方案一至方案三，其策略核心，无不体现司法机关限缩下游掩隐罪认定范围及量刑档次的态度。司法机关之所以千方百计地调适、干预掩隐罪的量刑，甚至不惜改变行为人定性以达到量刑均衡的目的，是为了符合同笔犯罪事实下，下游犯罪量刑应轻于上游犯罪这一量刑原则的要求。

该原则的正当性在电信网络诈骗案件中来自两方面。一方面，掩隐罪的法益侵害程度小于上游犯罪。掩隐罪依附于上游犯罪而存在，没有上游犯罪非法取得的财物，就没有该下游犯罪。掩隐罪赃物犯罪的属性，决定了其法益侵害对象主要是司法机关针对上游犯罪赃物展开的正常追缴活动，即正常的司法秩序，在性质与严重程度上不能与上游犯罪相提并论。另一方面，掩

---

[1] 参见孙道萃：《以刑制罪的知识巡思与教义延拓》，载《法学评论》2016年第2期。

[2] 参见陆建红、杨华、曹东方：《〈关于审理掩饰、隐瞒犯罪所得、犯罪所得收益刑事案件适用法律若干问题的解释〉的理解与适用》，载《人民司法》2015年第17期。

[3] 参见庄绪龙：《上下游犯罪"量刑倒挂"困境与"法益恢复"方案——从认罪认罚从宽制度的视角展开》，载《法学家》2022年第1期。

隐罪对犯罪源头的法益侵害并未加功或扩大。就被害人的财产损失而言，下游犯罪并未增加或扩大这一上游犯罪造成的财产法益侵害，不具有判处比上游犯罪更重刑罚的合理理由。[1]因此，对电信网络诈骗下游犯罪行为人的掩隐罪之量刑理应轻于上游犯罪行为人，且必须适当拉开量刑差距。就此而言，以刑制罪下的降档量刑，甚至刻意限缩认定范围、改变罪名，也是司法机关无可避免的现实选择。

（二）方法：以刑制罪逻辑范式的遵循

以刑制罪作为一种结果导向主义的非常规司法裁判思维，具有其基本的逻辑推断机理。司法机关如欲避免量刑失衡治理过程中，以刑制罪停留在表面指导的现象，须得在个案办理中遵循以刑制罪的逻辑范式。目前，学界就以刑制罪思维逻辑的展开，提出了以下观点：第一，如果解释者对于文义射程范围内的刑法规范存在两种以上的解释结论，则刑罚妥当性将成为解释结论的决定依据。第二，如果解释者在初次解释后已经预见到刑罚后果的不妥当性，则应据此反思对刑法规范的理解。基于批判的审查视角，在规范可能的文义射程范围内寻找更为妥适的解释结论。[2]有学者基于前述逻辑，进一步归纳以刑制罪的基本范式：首先，总结案件事实；其次，判断惩罚必要性及可罚性（刑罚妥当性）；最后，寻找惩罚的罪名及理由。[3]

有鉴于此，在电信网络诈骗下游犯罪的认定中，试图运用以刑制罪实现对下游犯罪行为人的重罪隔离、量刑均衡，应当遵循"事实总结—刑罚妥当性判断—寻找罪名及理由"这一逻辑顺序。具体而言，在以"刷脸行为"为代表的定性争议中，应当首先在个案中围绕"刷脸行为"等行为予以事实归纳，明确其行为的核心功能；然后，分析该功能行为在下游犯罪的刑罚判断上的妥当性；最后，在刑罚可能的区间内寻找法益侵害、行为涵摄同一的罪名及正当入罪理由。以上顺序步骤的展开，亦可实现正向检视上由罪入刑的逻辑融贯性。

此外，在掩隐罪的政策性限缩适用背景下，对于实际实施了掩隐罪构成

---

〔1〕参见江苏省南通市中级人民法院［2010］通中刑二终字第0106号刑事判决书。

〔2〕参见王华伟：《误读与纠偏："以刑制罪"的合理存在空间》，载《环球法律评论》2015年第4期。

〔3〕参见李兰英：《"以刑制罪"在网络经济犯罪认定中的适用》，载《厦门大学学报（哲学社会科学版）》2020年第4期。

要件行为的下游犯罪行为人,应当充分归纳总结其在赃款转移过程中实施的具体行为类型、行为过程中所处的环境、行为自由程度等可能影响行为性质及危害性判断的案件事实因素。紧接着,依据案件事实,对行为的危害性及刑罚的妥当性予以判断。最后,在上述刑罚评估的初步结论中,寻找合适的罪名及理由,准确定位下游犯罪行为人的犯罪参与类型,正当合理地调适重罪认定可能造成的下游犯罪刑罚过重结果。

(三)底线:积极的罪刑法定与罪责刑相适应

《刑法》第 3 条体现了罪刑法定的两个侧面,"法律没有明文规定为犯罪行为的,不得定罪处刑"可称为消极的罪刑法定,系无法无罪、无法不罚的出罪依据;[1]"法律明文规定为犯罪行为的,依照法律定罪处刑"则可称为积极的罪刑法定,明确有罪当罚且罚当其罪的态度。在积极刑法观的背景下,人们对以刑制罪适用的担忧,往往来自其可能突破消极罪刑法定原则的底线。这是因为,风险社会语境下的以刑制罪,被戏谑为"总有一款适合你",司法机关倾向于通过此种方法实现新型犯罪的扩张适用,满足惩罚犯罪的功利需求。但就当前的电信网络诈骗下游犯罪的治理而言,司法机关面对的则是重罪限缩政策下,通过适用以刑制罪限制掩隐罪的成立范围,扩张从犯认定,以达到下游犯罪量刑均衡的局面。因此,以刑制罪在电信网络诈骗下游犯罪适用中的边界与任务,应为如何保障积极的罪刑法定与罪责刑相适应,避免有罪不罚、重罪轻罚现象发生的同时,实现罪刑均衡、罚当其罪的治理目标。

一方面,积极的罪刑法定要求以刑制罪在刑法规范的框架内运行,警惕以人权保障为价值追求的结果导向主义司法对突破罪刑法定原则的试探,避免放纵犯罪。譬如,电信网络诈骗下游犯罪的被告人出于明知,亲自实施了能够被评价为"掩饰、隐瞒犯罪违法所得及其收益"的行为的,不能径行因其位于犯罪链条末端、获利不多就以帮信罪等轻罪予以认定,否则将放纵犯罪,使得司法机关针对上游犯罪赃物所展开的正常追缴活动这一法益价值落空,不利于追赃挽损与电信网络诈骗犯罪的整体打击。

另一方面,罪责刑相适应要求以刑制罪在适用中对行为人予以足够重视,准确评价行为人的行为本质及危害,使行为人罚当其罪。罪责刑相适应意味着,对犯罪规定刑罚和对犯罪分子量刑时,应根据其所犯罪行的性质、情节

---

[1] 参见童德华:《刑事合规司法效果的厘定及其刑法证成》,载《政治与法律》2023 年第 2 期。

和对社会的危害程度来决定。这些定罪量刑的判断因素,实质上是刑法主观主义与客观主义、行为人主义与行为主义碰撞的结果,体现的是刑法对作为主体的行为人的重视。[1]这就要求在电信网络诈骗下游犯罪的认定中,司法机关不能再局限于追求某一争议行为定性的一致性,如"有'刷脸行为'就构成掩隐罪"等此类结论的作出,而应纳入更多考量维度,如主观因素、犯罪参与程度、行为社会危害性评估及特定人群因素等。如此,则可在以刑制罪的指导下,综合吸纳各类定罪量刑情节,实现罚当其罪的判断。

五、电信网络诈骗下游犯罪量刑失衡治理方案改造

依照上文所述,方案一与方案三各自存在以刑制罪适用上的方法论短缺及解释过程、解释结论推导上的不足等问题;方案二则与以刑制罪之间不存在实质勾连,系"存疑时有利于被告人"的应有之义;三种方案彼此相对孤立,体系适用上缺乏有效构建。据此,下文将立足于以刑制罪指导电信网络诈骗下游犯罪量刑失衡治理的方法论归纳,把握各方案间的逻辑关系,对既有的三种司法因应方案进行系统改造。

(一)方案内容改造

1. "行为功能—层级"双层次区分的转变

方案一按"卡农""卡商""卡头"不同层级区分定罪,虽然揭示了以刑制罪适用下,上下游犯罪中犯罪参与人所处层级及作用角色对违法评价与责任承担的重要影响,但这种单一要素下的判断方案,显然属于"一刀切"的处理模式,不符合刑法规范化的定罪量刑要求。例如,同一层级内的行为人同样会因其实施的不同行为类型,产生刑罚妥当性的差异,继而影响后续罪名与理由的寻找。基于以刑制罪适用的逻辑顺序,司法机关是在事实总结的基础上对行为人的刑罚妥当性予以判断,然后展开罪名与理由的寻找。这其中的刑罚妥当性判断分为惩罚必要性(报应)与可罚性(预防)两个层面的判断。应当认识到,"层级"区分要素只能说明行为位于犯罪链条末端,可罚性相对较低,无法起到判断报应刑轻重的作用。众所周知,报应刑轻重应取决于法益侵害程度,而罪行是体现法益侵害的核心要素。因此,试图完全搁

---

[1] 参见郑延谱:《从罪刑均衡到罪责刑相适应——兼论刑法中"人"的消隐与凸显》,载《法律科学(西北政法大学学报)》2014年第6期。

置争议行为的定性分歧，粗暴地以行为人所处"层级"划定罪名认定范围，终究不是办法。

本文主张，应在区分定罪的要素中纳入行为功能的考量，即对争议行为予以类型化，运用功能主义的刑法解释，以目的导向与实质价值判断为主线，将行为的核心功能与争议罪名的法益进行比较分析，得出法益是否遭受实质侵害的结论，从而获得报应刑轻重的可靠判断。[1]此外，在行为功能与层级两大要素的判断顺序上，应当遵循"行为功能—层级"双层次的判断模式，先依据行为功能分析判断行为人的报应刑轻重，再考察行为人所在犯罪链条的层级，判断其可罚性。对于实际实施了较重罪名构成要件行为的"卡农"等犯罪链条末端行为人，将结合其主观因素、犯罪参与程度、特定人群因素等，在"寻找罪名及理由"环节发掘其他定罪量刑宽宥的正当理由。

2. 扩充掩隐罪降档量刑的解释规则

司法机关提出的"掩隐罪的犯罪金额以查实的涉诈资金认定"方案，在围绕"犯罪金额"控制掩隐罪量刑幅度及档次方面，取得了良好效果，但仍存在尚未补齐的漏洞。司法实践中，掩隐罪的"行为实施次数"也是升档量刑的重要审查要素。而关于"行为实施次数"的解释，缺乏明确的规范指引，实践中也颇有争议。为此，有必要对掩隐罪的"行为实施次数"展开解释，在掩隐罪降档量刑的规则中，扩充关于"行为实施次数"的解释规则。

不同于其他将行为实施次数设定为入罪条件的罪名，作为依附于上游犯罪事实成立的掩隐罪，将行为实施次数设定为情节加重情形。此时，掩隐罪对上游犯罪的依附不仅体现在犯罪金额应以查实的涉诈资金为准，也体现在行为实施次数应以上游行为达到犯罪程度为前提。此外，对于基于同一主观故意连续多次实施多起掩饰、隐瞒行为的，例如，一段时间内连续多次实施转账交易、银行取现等转移赃款的行为，也应整体评价为实施了一次行为。这样的解释结论符合刑法及司法解释对掩隐罪的规定，是对情节严重条件的合理限制，契合了当前控制掩隐罪量刑升档的需要，能够作为掩隐罪降档量刑解释规则的有效补充。

3. 明确掩隐罪从犯认定的实质条件

在方案三中，司法机关立足于"单一制正犯体系"立场，试图以"共同

---

[1] 参见劳东燕：《能动司法与功能主义的刑法解释论》，载《法学家》2016年第6期。

正犯+次要作用"的论证路径,剥离亲自实施了转移赃款行为之行为人的掩隐罪主犯身份。这一方案,在部分情形下,存在突破掩隐罪构成要件解释内涵与滥用作用界分标准的不当风险,应予修正。

比如,对亲自实施了到自助取款机取现等掩隐罪构成要件全部行为的正犯予以从犯的认定,就存在龃龉之处。掩隐罪的构成要件行为内核单一,表现形式多样,即运用各种方法对犯罪所得及其收益予以掩饰、隐瞒。不同于配合刷脸验证、在上游犯罪行为人监管下待在特定封闭空间协助转账等,亲自实施取款行为可被评价为分担掩隐罪构成要件行为的行为类型。行为人明知是上游犯罪所得及其收益,亲自到自助取款机上取现的,具有相对独立的行为、更为完整的行为意志、赃款转移的终局性作用,显系实施了掩隐罪构成要件全部行为。这也能够解释,为什么线下取现行为人的抽成比例通常要显著高于线上"跑分"[1]人员。当行为人为了转移赃款而实施线上多层级转账行为时,有关部门还具有通过冻结银行账户或要求银行止付等措施追缴赃款的可能性。然而,一旦赃款被行为人线下取出,资金分流及洗白的渠道众多,几乎切断了追赃挽损的所有机会。由此说明,亲自实施取款行为对掩隐罪所保护法益的侵害程度较大,且通常不具有法益恢复的可能。因此,即使取款行为实施过程中存在上游犯罪行为人的指令行为等意思通谋,但不论从实行行为说还是因果关系说分析,也不可能将该下游行为评价为在共同犯罪中起次要或辅助作用的行为,而认定下游犯罪行为人构成掩隐罪的从犯而非主犯。

本文认为,对电信网络诈骗下游犯罪中实施了转移赃款行为的被告人作掩隐罪从犯认定的方案,应当进行如下调整:第一,对于仅配合刷脸、在上游监管下协助转账等没有实施掩隐罪构成要件全部行为的被告人,可以结合主观罪过、行为效果、作用大小、特定人群等因素,综合认定其在掩隐罪的实施过程中起次要或辅助作用,宜认定为掩隐罪从犯;第二,对于亲自到自助取款机线下取款等实施了掩隐罪构成要件全部行为的被告人,应结合主观罪过、作用大小及法益侵害程度等因素综合认定,对在赃款转移中起主要作用的,不宜作掩隐罪从犯认定。否则,片面追求掩隐罪定罪量刑的限缩,将以牺牲积极的罪刑法定及罪责刑相适应原则为代价。

---

[1] 线上"跑分"指专门利用银行账户或第三方支付平台账户为他人代收款,再转账到指定账户,从中赚取佣金的行为。

（二）体系适用改造：从孤立到联动

当前电信网络诈骗下游犯罪量刑失衡的治理过程，其实主要是一个有针对性地限缩掩隐罪认定范围、控制量刑档次的过程。经过改造后的三种方案，是司法机关从以刑制罪出发，实现上述目标的有力抓手，彼此之间不是孤立适用的关系，而是联动适用的关系。展开而言，第一，"行为功能—层级"双层次区分方案，起到分流罪名，限缩下游犯罪中掩隐罪认定范围的功能，应当首先适用。第二，当下游犯罪行为人分流到掩隐罪时，掩隐罪"金额""次数"认定的降档量刑解释方案与掩隐罪从犯认定方案，共同作为控制掩隐罪量刑的两条路径，且在适用次序上并行不悖。如此一来，三种方案在电信网络诈骗下游犯罪的认定中接续适用，形成一套治理量刑失衡的"组合拳"，弥补了方案之间彼此孤立，缺乏适用上的体系性等先前不足。

六、结语

电信网络诈骗下游犯罪治理中的定罪分歧与量刑失衡两大难题，紧密联系、相互交织、彼此影响。应当意识到，"量刑问题的科学化与规范化，是刑事司法实践尤其是定罪工作的最终归宿"[1]，破解当前更为紧迫的量刑失衡难题，不仅对被告人意义重大，对司法公信力的维系也至关重要。近来，司法机关在限缩重罪重刑适用的政策影响下，运用以刑制罪思维，以"下游犯罪量刑应轻于上游犯罪"的裁量原则为实质依据，对电信网络诈骗下游犯罪中的被告人，采用若干罪名分流、量刑降档等限缩掩隐罪成立范围与控制量刑轻重的方案。整体来看，虽有不足，但还是起到了缓和量刑失衡矛盾的作用。这些响应及时的司法因应方案，不仅是罪责刑相适应原则的要求，也是"量刑反制定罪"的现实选择，在一定程度上，弥补了电信网络诈骗犯罪中行为定性思路的缺陷，值得肯定。为此，我们有必要在罪刑法定的原则底线内，运用合适的解释方法与刑法理论，对方案进行内容与体系上的修正、改造，使其在电信网络诈骗下游犯罪量刑失衡的治理中发挥应有的价值效用。

---

[1] 庄绪龙：《上下游犯罪"量刑倒挂"困境与"法益恢复"方案——从认罪认罚从宽制度的视角展开》，载《法学家》2022年第1期。